现代信息管理与信息系统丛书

信息资源管理导论
（第三版）

孟广均 等 著

科学出版社
北京

内容简介

本书立足于网络环境,突出资源特色,从学科集成和综合的角度,系统而全面地论述了信息资源管理(IRM)的概念与发展、信息资源管理的学科体系、信息资源管理的理论与技术基础、信息资源的过程管理、信息资源的网络管理、信息资源的宏观政策管理以及社会信息化与信息化社会等内容,对于我国信息管理教育和信息化事业均有重要的指导意义。

本书可作为信息科学技术专业、管理学门类各专业(特别是信息管理专业、图书情报档案专业)、大众传播与编辑出版专业师生的教材或参考书,也可作为相关领域(信息化工作部门、信息产业部门、信息中心、新闻传播机构、情报部门、图书馆等)业务、管理和研究人员的理论工具书。

图书在版编目(CIP)数据

信息资源管理导论/孟广均等著. —3 版. —北京:科学出版社,2008
（现代信息管理与信息系统丛书/马费成主编）
 ISBN 978-7-03-020508-7

Ⅰ.信⋯ Ⅱ.孟⋯ Ⅲ.信息管理 Ⅳ.G203

中国版本图书馆 CIP 数据核字（2007）第 179983 号

责任编辑:李 敏 刘 鹏／责任校对:张 琪
责任印制:徐晓晨／封面设计:东方上林

科学出版社 出版
北京东黄城根北街 16 号
邮政编码:100717
www.sciencep.com

北京建宏印刷有限公司 印刷
科学出版社发行 各地新华书店经销

*

1998 年 9 月第 一 版　开本:B5（720×1000）
2008 年 1 月第 三 版　印张:27 3/4
2019 年 4 月第十次印刷　字数:540 000

定价:68.00 元
（如有印装质量问题,我社负责调换）

《现代信息管理与信息系统丛书》编委会

主　任　马费成

副主任　沈固朝　孟广均　李　冬　王　虎　刘腾红

委　员　（按汉语拼音字母顺序排序）

　　　　　曹树金　陈晓玲　邓小昭　邓仲华　丁元耀
　　　　　方凌云　高京广　哈进兵　胡伟生　黄世祥
　　　　　黄水清　霍国庆　柯　平　李德华　李　纲
　　　　　李景峰　罗　曼　吕　杰　马海群　裴成发
　　　　　屈卫群　沙勇忠　宋克振　孙建军　唐晓波
　　　　　王伟军　王学东　王曰芬　谢阳群　许晶华
　　　　　杨　超　张　军　张李义　朱庆华　邹能锋

《信息资源管理导论》(第三版) 写作组成员

主著者　孟广均

合著者　霍国庆　罗　曼　谢阳群

　　　　汪　冰　王进孝　刘泳洁

序

2004年4月，由有关高等院校和科学出版社共同发起的信息管理与信息系统专业发展研讨会在安徽大学举行。来自武汉大学、南京大学、北京大学、中山大学、中南财经政法大学等30多所高等院校信息管理学院（系）的代表和科学出版社的代表出席了这次会议。会议议题包括专业定位、培养目标、课程建设、师资培养、教材建设、专业协作等方面的内容。会议在许多问题上取得了共识。会议的重要成果之一就是决定进一步联合编写《现代信息管理与信息系统丛书》，既作为本专业本科生和研究生的教材，又可供专业人员和相关人员阅读。

自1998年专业目录调整以来，信息管理与信息系统专业成为合并专业最多、跨度最大的一个专业，不仅汇聚了具有不同学科背景的5个专业，而且办学单位从原来的180多家扩展到300多家。尽管来自不同专业背景的人对信息管理与信息系统有不同的理解和阐释，但都希望能编写出适合于本专业的教材和参考书，尤其是许多新开办的专业对教材的需求更加迫切。为满足需求，曾有多家出版社与高校联合出版了信息管理与信息系统专业的系列教材，为信息管理与信息系统专业的教学提供了丰富的资源，同时也促进了信息管理与信息系统专业的发展。但这些教材往往有所侧重，或侧重于技术，或侧重于管理，或侧重于信息内容，而综合性的教材却较少且缺乏系统性。

近几年来，信息技术与信息的结合广泛渗透到各个行业和领域，对政务、商务和管理产生了革命性影响，对信息管理和信息系统专业提出了新的要求。信息管理与信息系统专业不仅应当关心在信息技术应用背景下业务流程和信息流程的变化，还要关注相应的制度和人们思想观念的变化。也就是说，信息管理与信息系统专业不应当只停留在技术层面和微观的管理层面，而应当将自身的触角延伸到社会人文和宏观的管理层面，才能最终有效地解决人类社会的信息资源管理和开发问题，从而真正提高管理的效率。

考虑到专业的发展及目前市场上已有教材的不足，本次会议提出17个选题：知识管理学、信息管理学、信息管理研究方法、信息安全管理、信息系统课程设计、信息化工程、信息组织、信息用户研究、信息伦理、信息传播、IT项目管理、决策支持系统、管理系统模拟、网络营销、电子商务、ERP技术、专业英语等，当然这也是对科学出版社过去已经出版的和即将出版的《现代信息管理与信息系统丛书》(包括管理信息系统，信息系统分析与设计，信息管理基础，信息经济学，信息资源管理导论，信息检索技术，竞争情报的理论与实践，信息分析——基础、方法及应用，信息政策，管理信息系统)的补充。与会代表们衷心希望这套丛书能写出特色、保证质量、反映信息管理与信息系统专业的发展趋势。现在这套丛书即将陆续出版，它能否达到预期目标，还有待广大读者和办学单位的使用和评价。承担编写任务的各位作者也热切希望读者提出建议、意见和批评。

马费成

2004年8月

第三版前言

在《信息资源管理导论》(第一版)成书10周年之际,在科学出版社的动议下,经大家一年多的努力,《信息资源管理导论》(第三版)即将出版了。

在第三版中重点对第二版的第2章、第6章、第7章、第9章的部分内容做了调整、补充、更新,特别是对第4章做了较多的改动:①第4节标题改为"网络时代的信息资源管理技术热点",下分为两小节:第一小节为信息存储和组织技术,包括光盘技术、多媒体技术、超文本技术、数据仓库、数据集市、数据挖掘、知识发现、文本聚类、信息可视化技术、地理信息系统、信息网格、网站分类目录、自动分类技术;第二小节为信息传播和服务技术,包括电子邮递、可视图文、视频通信、计算机报文系统、异步传输模式、电子出版、电子数据交换、数字图书馆、学科信息门户、个性化信息服务、Internet、内联网、P2P技术、Web2.0技术、语义网技术。②新增了第5节"以信息资源管理技术为基础的信息系统应用",包括专家系统、群体决策支持系统、执行信息系统、企业资源计划、产品数据管理、业务流程重组、计算机集成制造、客户关系管理、商务智能。

此次谢阳群博士、罗曼博士、王进孝博士和孟广均分别修订、补充了第4、6、7、9章,罗曼博士审校了部分章节,孟广均审校了全书,并补充、修改了多章的内容。但我们永远记得为所有三个版本做过贡献的老师(如今都已是大学教师,绝大多数都是教授了):参与具有奠基意义的第一版编著工作的霍国庆博士、汪冰博士、谢阳群博士、罗曼博士、沈英教授、郭志明高工和孟广均;参与第二版编著工作的霍国庆博士、汪冰博士、谢阳群博士、罗曼博士、王进孝博士、刘泳洁研究馆员和孟广均。

随着社会信息化进程的加速,从信息到信息资源、信息技术、信息服务业、信息产业、信息经济、信息高速公路、信息革命、信息社会、信息全球化等这一信息链条，正史无前例地、奇迹般地呈现在人类面前。而信息资源管理就是为这一链条的所有这些组分服务的，小至基层组织机构的一切信息活动，中至各行各业的信息化建设和全社会的信息化建设，大至信息全球化，都离不开信息资源管理这一主要基础的强有力的支撑。可以说，信息资源管理的水平如何，已成为一个国家社会发展水平的重要标志之一。

  本书旨在客观地反映信息资源管理已是一门实实在在的学科，一门为信息领域各行各业和各个学科专业服务的应用学科。它是学科之林中极有价值、极有前途的学科。让我们共同为促进它的发展做出最大的努力吧！

孟广均

2007 年 10 月

第二版前言

《信息资源管理导论》自1998年初版以来，受到广泛的欢迎，许多高等院校都将其指定为主要教材或重要参考书，出版社虽加印了不少仍供不应求。为了对广大读者负责，不负众望，我们在科学出版社的动议下决定出第二版，以期使其基本上能与时俱进。

根据经济、社会和科学技术的发展，根据信息化、信息产业和信息资源管理的发展，我们在内容上做了删除、更新、调整和补充，但不管怎样，总也达不到希望达到的完善程度，在很多问题上都只能"点到"，只能"举一"，只能"抛砖"。改动较多的地方涉及信息政策、信息组织、信息社会化等。原第8章社会信息化与信息化社会现拆分为两章，第8章侧重于理论探讨，第9章侧重于实践概述。

此次修订是在初版的基础上进行的，因此各章的撰写者仍以初版各章的撰写者为主，他们分别审读了所负责的章节。新增加的王进孝博士为第6章增补了许多新内容，李敏硕士为第7章补充了一些新内容，刘泳洁副研究馆员为第9章增补了大量新内容。孟广均、罗曼审读了全书，并随时进行了删除、更新、调整和补充。

我们要感谢广大的读者，感谢科学出版社，感谢我们所引用、参考的中外论著的所有作者，没有他们的大力支持和帮助，本书的修订再版本是不可能顺利出版的。

敬请大家批评指正。

孟广均
2003年5月
于北京中关村

前　言

　　1995年，国务院学位委员会办公室委托图书馆学情报学学科评议组讨论并解决本学科研究生课程设置问题。经过一年多的调查研究，学科评议组一致建议将"信息资源管理"规定为研究生必修课之一。由于这是一门发展中的新兴学科，正在进行现代化建设的各行各业都面临着信息资源的管理问题，培养专业人才的高等院校也都意识到了这一问题的重要性。据我们了解，最近已有几所大学图书情报学系（院）或信息管理系将此作为博士生或硕士生的研究方向之一，不少大学为本科学生开设了"信息资源管理"公共必修课或选修课。

　　随着社会信息化的发展，信息资源管理（Information Resource Management，IRM）现在已成为国外的研究热点之一。在国外，信息被看作是像材料、能源、资本、劳动力一样的基本经济资源，只是近些年的事；对信息资源管理的重要意义，也是20世纪70年代末80年代初以来才被逐渐认识到的。随着人们对其认识的加深，信息资源管理在国外已成为一门新兴学科。

　　信息资源作为一种普遍的社会活动，主要是在3个层面上展开的。在国家一级的宏观层面，政府的信息资源管理部门主要运用法律、行政、经济等手段来规范和实施信息资源管理，即主要通过政策法规、管理条例、投资方向、发展纲要、系统规划和标准化来指导、组织、协调和促进信息事业的发展，确保信息资源的充分开发与利用。在网络一级的中观层面，信息资源管理机构在国家信息政策框架和信息市场的范围内通过协约机制、利益机制、共享机制等手段来寻求相互之间的协调和管理；这种管理可能是相关行业或地区通过行政手段、管理条例、发展规划、学会或协会组织所实施的集中式网络化管理，也可能是单个的信息资源管理机构受利益的驱动以协约先导、经费分担、风险共享的形式自主加入某一网络所形成的分散式网络化管理，但无论哪一种形式的网络化管理，其最终目标都是寻求信息资源的共享。在机构一级的微观层面，信息资源管理活动在信息主管（Chief Information Officer，CIO）的协调下实施高度集中的一体化管理，这些活动不仅包括通常的图书馆和情报中心的业务工作，而且也包含一个机构的档案工作、文书工作、计算机信息管理系统、广告策划、公共关系、研究发展和决策咨询等；微观层面的管理主要是围绕机构信息用户需求的分析，信息资源的采集、组织、存储、检索、开发、利用和再生产过程，集中并利用一定的人力、财力和物力资源，通过计划、管理、协调、控制等活动实现的。

国外信息资源管理学科和信息资源管理实践的发展也带动了信息资源管理教育的发展。有些高等学校在图书馆与情报学系内增设了信息资源管理专业（如美国），有些甚至用信息资源管理系取代了原有的图书馆与情报学系的名称（如英国），还有些则从计算机专业中分流出信息资源管理专业（如美国）。与此同时，相应的专著、期刊和学会也都出现了。

国外信息资源管理的研究与发展很快引起了我国学者的注意。20世纪80年代末90年代初，国内几位学者开始系统地引进和介绍国外信息资源管理的研究成果，引发了改革中的图书情报领域和经济信息领域的信息资源管理研究浪潮。随后，原国家科委（现中国科学技术部）所属中国科技情报研究所宣布改名为中国科技信息研究所，原国家教委（现中国教育部）所属许多高校图书馆学、情报学系纷纷易名为"信息管理系"或"信息资源管理系"。到90年代中期，我国学者也推出了一批相关研究的专著和论文。

中国科学院文献情报中心在信息资源管理研究趋热的1993年经国务院学位委员会批准成为博士学位授予点。这是一种荣誉，但也意味着更多的义务和更大的责任。经过两年多的摸索，我们决定以国际上这一新兴学科领域作为自己的研究方向之一，力求保持与国外同类研究的同步发展，这样就产生了《信息资源管理导论》和一批相关学术论文。

《信息资源管理导论》旨在对信息资源管理进行全面、系统、深入的论述，在前人研究的基础上对信息资源管理研究领域的一些疑点和难点进行集体攻关。本书涉及的主要内容包括：准确地界定信息资源，确立信息资源管理的逻辑起点；追溯并全方位地分析信息资源管理的概念演变、功能与结构变化和发展阶段；建立信息资源管理学科体系，寻求实现信息资源管理类学科的整合；论述信息资源管理的理论基础和技术基础；探讨信息资源的一般管理过程；研究网络环境中的信息系统、信息技术、资源共享和管理模式问题；研究国家信息产业政策与法规的制定、信息市场的建立与管理和国家信息管理体制的形成与运转；研究信息经济和信息社会理论等问题。可以看出，本书以信息资源管理的本体研究为主，兼顾其外部环境研究。本书力求做到深入浅出，简明扼要，以提高为主，兼顾普及。

由于本书是国内信息资源管理领域以此为名撰著的第一本著作，我们所面临的各种各样的困难是很多的。所幸一开始就得到了中国科学院文献情报中心领导徐引篪、李广山、贾宝琦、戴利华、周金龙等同志和《图书情报工作》杂志社同仁的大力支持，并得到中国科学院出版图书情报委员会、中国科学院科学出版基金委员会、科学出版社等上级单位和有关部门的积极帮助。为此，我们对他们具有远见卓识的行动表示钦佩，并致以衷心的感谢。

参与本书撰写者为：第1章：霍国庆、孟广均，第2章：孟广均、霍国庆，第3章：霍国庆、郭志明，第4章：谢阳群、沈英，第5章：霍国庆，第6章：汪冰、罗曼，第7章：罗曼、汪冰，第8章：汪冰。此外，沈英、郭志明分别审校了部分章节，孟广均策划、组织了此项目并审校了全书。

我们真诚地欢迎大家批评指正，使本书不断完善，成为对大家有用的好书。

孟广均
1997年9月20日
于北京中关村

目 录

序
第三版前言
第二版前言
前言

1 信息和信息资源 ... 1
1.1 信息的定义 ... 1
1.1.1 信息的经典定义和对其评价 ... 1
1.1.2 对信息及其相关概念认识的最新进展 ... 4
1.1.3 信息的定义和概念体系 ... 7
1.2 信息的性质和功能 ... 11
1.2.1 物质、能量和信息 ... 12
1.2.2 信息的性质 ... 13
1.2.3 信息的功能 ... 15
1.3 信息的测度 ... 17
1.3.1 申农的信息测度 ... 17
1.3.2 语义信息的测度 ... 21
1.3.3 基于信息服务的信息测度 ... 23
1.4 信息资源及其生产和消费 ... 26
1.4.1 信息资源的概念、特征和类型 ... 26
1.4.2 信息资源的生产 ... 34
1.4.3 信息资源的消费 ... 37
主要参考文献 ... 39

2 信息资源管理 ... 41
2.1 信息资源管理的起源和发展 ... 41
2.1.1 信息资源管理概述 ... 41
2.1.2 信息资源管理的源起 ... 44
2.1.3 信息资源管理的发展阶段 ... 46
2.1.4 20世纪90年代至今的信息资源管理 ... 50
2.2 信息资源管理学 ... 53
2.2.1 信息资源管理学的研究对象 ... 53

2.2.2　信息资源管理活动 ·· 55
　　　2.2.3　信息资源管理学的研究内容 ································ 57
　　　2.2.4　信息资源管理学的体系结构 ································ 58
　　　2.2.5　信息资源管理教育 ·· 60
　2.3　国内外信息资源管理理论评述 ··· 63
　　　2.3.1　国外信息资源管理理论 ······································· 63
　　　2.3.2　国内信息资源管理理论 ······································· 79
　　　2.3.3　信息资源管理的理论流派和中西比较 ················· 83
　主要参考文献 ·· 86

3　信息资源管理的理论基础 ·· 89
　3.1　信息科学 ··· 89
　　　3.1.1　申农信息论 ··· 89
　　　3.1.2　"三论"的统合 ·· 93
　　　3.1.3　信息科学 ··· 96
　　　3.1.4　信息科学方法论 ·· 98
　3.2　管理科学 ··· 99
　　　3.2.1　管理及其基本原理 ·· 99
　　　3.2.2　科学管理理论和管理科学理论 ·························· 101
　　　3.2.3　一般管理理论和管理过程理论 ·························· 102
　　　3.2.4　人际关系学说和行为科学理论 ·························· 104
　　　3.2.5　社会系统理论和决策理论 ································· 106
　　　3.2.6　管理环境的变化和信息资源管理 ······················ 107
　3.3　信息传播和交流理论 ··· 109
　　　3.3.1　图书馆学 ··· 109
　　　3.3.2　情报学 ··· 111
　　　3.3.3　档案学 ··· 113
　　　3.3.4　文献信息学 ··· 114
　　　3.3.5　大众传播学 ··· 116
　　　3.3.6　经济信息管理 ··· 118
　主要参考文献 ·· 119

4　信息资源管理的技术基础 ·· 121
　4.1　信息技术概述 ··· 121
　　　4.1.1　信息技术的产生和发展 ····································· 121
　　　4.1.2　信息技术的内涵 ··· 122
　　　4.1.3　信息技术的分类 ··· 123

4.1.4 信息技术的层次和体系 ·· 125
4.2 信息传递技术 ··· 129
  4.2.1 通信系统原理 ··· 129
  4.2.2 通信系统分类 ··· 132
  4.2.3 有线通信 ·· 133
  4.2.4 传真通信 ·· 134
  4.2.5 无线通信 ·· 134
  4.2.6 卫星通信 ·· 135
  4.2.7 光纤通信 ·· 135
  4.2.8 数据通信 ·· 136
  4.2.9 计算机通信 ·· 137
  4.2.10 通信网 ·· 138
  4.2.11 计算机网络 ··· 138
4.3 计算机技术 ··· 139
  4.3.1 电子计算机基础 ··· 139
  4.3.2 电子计算机系统 ··· 141
  4.3.3 数据管理 ·· 146
4.4 网络时代的信息资源管理技术热点 ·································· 148
  4.4.1 信息存储和组织技术 ·· 149
  4.4.2 信息传播和服务技术 ·· 166
4.5 以信息资源管理技术为基础的信息系统应用 ························· 186
  4.5.1 专家系统 ·· 186
  4.5.2 群体决策支持系统 ··· 187
  4.5.3 执行信息系统 ··· 189
  4.5.4 企业资源计划 ··· 191
  4.5.5 产品数据管理 ··· 192
  4.5.6 业务流程重组 ··· 194
  4.5.7 计算机集成制造 ··· 196
  4.5.8 客户关系管理 ··· 197
  4.5.9 商务智能 ·· 199
主要参考文献 ··· 202

5 信息资源的过程管理 ·· 206
5.1 信息资源流和信息资源管理过程 ······································ 206
  5.1.1 信息资源流 ·· 206
  5.1.2 信息资源交流 ··· 207

          5.1.3 信息资源管理过程 ·· 209
    5.2 用户信息需求分析 ··· 211
          5.2.1 用户及其信息需求 ·· 211
          5.2.2 用户信息需求的决定因素 ·· 213
          5.2.3 用户信息需求的共同规律 ·· 215
    5.3 信息源分析 ··· 217
          5.3.1 信息源及其类型 ·· 217
          5.3.2 信息源的分布 ·· 218
          5.3.3 文献信息源分析 ·· 220
    5.4 信息采集和转换 ··· 222
          5.4.1 信息的选择和采集 ·· 222
          5.4.2 信息采集方法 ·· 225
          5.4.3 信息的转换 ·· 227
    5.5 信息组织 ··· 228
          5.5.1 信息组织原理 ·· 228
          5.5.2 信息组织的三个层次 ·· 229
          5.5.3 信息的综合组织方法 ·· 231
          5.5.4 信道组织和信息存储 ·· 233
    5.6 信息检索 ··· 234
          5.6.1 信息检索原理 ·· 235
          5.6.2 信息检索方法和技术 ·· 237
          5.6.3 信息检索过程和检索策略 ·· 239
          5.6.4 信息检索效果及其评价 ·· 240
    5.7 信息资源开发 ··· 241
          5.7.1 信息资源开发论 ·· 241
          5.7.2 信息产品结构论 ·· 243
          5.7.3 信息产品开发策略论 ·· 245
          5.7.4 信息产品开发的方法论 ·· 247
    5.8 信息资源传播和服务 ··· 249
          5.8.1 传播和服务 ·· 249
          5.8.2 信息资源传播和服务的方式 ······································ 251
          5.8.3 信息资源传播和服务对社会的影响 ································ 253
    主要参考文献 ··· 254
6 信息资源的网络管理 ·· 256
    6.1 信息系统和信息网络 ··· 256

            6.1.1 信息系统的概念和发展历程 …………………………… 256
            6.1.2 信息系统的开发和建设 ………………………………… 261
            6.1.3 信息网络 ……………………………………………… 265
        6.2 信息资源的布局和共享管理 ………………………………… 270
            6.2.1 信息资源的布局 ……………………………………… 270
            6.2.2 网络环境中的信息资源布局 ………………………… 275
            6.2.3 信息资源共享面临的问题 …………………………… 276
        6.3 网络环境中的信息资源管理 ………………………………… 278
            6.3.1 网络环境中信息资源的组织 ………………………… 278
            6.3.2 网络环境中信息资源检索的焦点——智能化搜索引擎 …… 284
            6.3.3 网络环境中信息资源管理面临的挑战 ……………… 287
    主要参考文献 ……………………………………………………… 288

7 信息资源的宏观管理 …………………………………………… 292
    7.1 信息服务业 ……………………………………………………… 292
        7.1.1 信息产业概要 ………………………………………… 292
        7.1.2 信息服务业 …………………………………………… 296
    7.2 信息市场 ………………………………………………………… 299
        7.2.1 作为信息资源宏观管理重要手段的信息市场 ……… 299
        7.2.2 划分电子信息服务市场的准则 ……………………… 300
        7.2.3 电子信息服务市场的统计准则 ……………………… 303
    7.3 信息政策 ………………………………………………………… 308
        7.3.1 基本要素 ……………………………………………… 309
        7.3.2 理论框架和方法 ……………………………………… 314
        7.3.3 层次和内容 …………………………………………… 316
        7.3.4 一些国家的信息政策 ………………………………… 317
    7.4 信息法规 ………………………………………………………… 321
        7.4.1 信息法规的含义 ……………………………………… 321
        7.4.2 总体上的信息法律问题 ……………………………… 321
        7.4.3 网络环境中的信息法律 ……………………………… 322
        7.4.4 具体信息法律例证分析 ……………………………… 326
    7.5 信息资源管理的宏观调控体制 ……………………………… 330
        7.5.1 美国信息资源管理的宏观调控体制 ………………… 330
        7.5.2 日本信息资源管理的宏观调控体制 ………………… 337
        7.5.3 中国信息资源管理的宏观调控体制 ………………… 338
        7.5.4 有关国际组织的行动 ………………………………… 341

主要参考文献 ··· 344
8　社会信息化和信息化社会理论探讨 ··· 346
　8.1　信息化的兴起、内涵和时代特点 ··· 346
　　8.1.1　信息化兴起的背景 ·· 346
　　8.1.2　信息化的内涵 ·· 349
　　8.1.3　信息化的层次和发展阶段 ·· 352
　　8.1.4　信息化的时代特点 ·· 353
　8.2　信息经济的特征和定量测算 ··· 356
　　8.2.1　信息经济的含义和特征 ·· 356
　　8.2.2　信息经济的定量测算 ·· 358
　　8.2.3　信息经济学的两大流派和主要研究内容 ···································· 361
　8.3　信息化社会的有关理论 ··· 364
　　8.3.1　信息化社会的含义和特征 ·· 364
　　8.3.2　有关信息化社会理论的争论和反思 ·· 368
　　主要参考文献 ··· 370
9　社会信息化和信息化社会实践概述 ··· 373
　9.1　国外重要的信息化工程 ··· 373
　　9.1.1　部分发达国家的重要信息技术发展计划 ···································· 373
　　9.1.2　部分国家和地区的信息高速公路计划 ······································ 375
　　9.1.3　国外建设国家信息基础设施的特征分析 ···································· 377
　9.2　我国推进信息化的历程和战略 ··· 378
　　9.2.1　我国走信息化之路的必要性 ·· 378
　　9.2.2　我国信息化发展历程 ·· 379
　　9.2.3　我国重点信息化工程和领域 ·· 384
　　9.2.4　我国推进信息化的战略 ·· 416
　　主要参考文献 ··· 420

1 信息和信息资源

信息是事物运动的状态与方式，这是最一般意义上的信息定义，如果引入约束条件，层层限定，则可形成信息的概念体系。信息不同于物质和能量，它有许多独特的性质与功能。信息也可以测度，事实上，正是信息测度导致了信息科学的出现。从资源的角度来认识，信息并非必然就是资源，只有经过人类开发与组织的信息才能构成信息资源。

1.1 信息的定义

人们每天都在与信息打交道。通常说，我们生活在信息时代，信息如同阳光、空气和水一样是人类生活必不可少的要素，然而，什么是信息？目前人们对此仍众说纷纭，莫衷一是。这也正是信息的独特性质所导致的现象。我们认为，信息是事物运动的状态与方式，是物质的一种属性。

1.1.1 信息的经典定义和对其评价

"信息"一词古已有之。在人类社会早期和在日常生活中，人们对信息的认识是比较宽泛和模糊的，多把信息看作消息的同义语。只是到了20世纪尤其是中期以后，由于现代信息技术的飞速发展及其对人类社会的深刻影响，信息工作者和相关领域的研究人员才开始探讨信息的准确含义，其中不乏精彩的论述。

1. 信息是选择的自由度

1928年，哈特莱（L. V. R. Hartley）在《贝尔系统电话杂志》上发表了一篇题为《信息传输》的论文。他在文中把信息理解为选择通信符号的方式，并用选择的自由度来计量这种信息的大小。

哈特莱注意到，任何通信系统的发信端总有一个字母表（或符号表），发信者发出信息的过程正是按照某种方式从这个符号表中选出一个特定符合序列的过程。假定这个符号表一共有 S 个不同的符号，发信息选定的符号序列一共包含 N 个符号，那么，这个符号表中无疑有 S^N 种不同符号的选择方式，因此也可以形成 S^N 种长度为 N 的不同的序列。这样，就可以把发信者产生信息的过程看作是从 S^N 个不同的序列中选定一个特定序列的过程，或者说是排除其他序列的过程。

这种选择（或排除）不是一步完成的，而是经过 N 次选择，一个符号一个符号地确定的。每选择一个符号，就排除了一批序列，直到 N 个符号全部选定，这时就把所有其他的序列都排除而保留了唯一的序列。因此，发信者所要表达的信息主要取决于他对符号序列的选择方式。哈特莱由此进一步推导出了最早的信息度量公式：

$$H = \log S^N$$

式中，H 为信息量；S 为符号数；N 为选择次数。

哈特莱的信息定义就其时代而言是一种进步，其意义在于为客观地测度信息提供了思路，从而为申农（C. E. Shannon）信息论的产生创造了条件。然而，这个定义也存在局限性，其局限性表现在三个方面：第一，他所定义的信息没有涉及信息的内容和价值，属于语法信息的范畴。第二，即使在语法信息的范畴内，也未考虑到信息的统计性质。第三，将信息理解为选择的方式，就必须有一个选择的主体作为限制条件，由此，这样的信息只是一种认识论意义上的信息。

2. 信息是用来减少随机不定性的东西

1948 年，申农在《贝尔系统电话杂志》上发表了《通信的数学理论》一文，在信息的认识方面取得重大进展，因而被公认为信息论的创始人。申农的贡献主要表现在两个方面：第一，推导出了信息测度的数学公式，标志着信息科学进入了定量研究阶段。第二，发现了信息编码的三大定理（详见第 3 章），为现代通信技术的发展奠定了理论基础。

申农在研究中发现，通信系统所处理的信息本质上都是随机的，因此可以运用统计方法进行处理。他指出，一个非常重要的事实是，一个实际的消息是从可能消息的集合中选择出来的，而选择消息的发信者又是任意的，因此，这种选择就具有随机性，是一种大量重复发生的统计现象。假设有一随机事件的集合：$x_1, x_2, \cdots, x_N$，它们出现的概率分别为：$p_1, p_2, \cdots, p_N$，并满足条件：$0 \leq p_i \leq 1, i = 1, 2, \cdots, N, \sum_{i=1}^{N} p_i = 0$，那么，该集合所包含的不定性数量可以表示为

$$H = -\sum_{i=1}^{N} p_i \log p_i \, (\text{Bit})$$

假如我们对上述随机事件进行处理并获得了满意的结果，也就是说出现了 0～1 概率分布，那么我们所需的信息量为

$$I = H - 0 = -\sum_{i=1}^{N} p_i \log p_i \, (\text{Bit})$$

式中，I 与 H 在数值上相等，而概念不同；H 是不定性；I 则是消除不定性所需

的信息量。

若引入条件，申农所定义的信息量公式可表示为
$$I(X;Y) = H(X) - H(X|Y) \geq 0$$
式中，$H(X)$ 是信源 X 的熵，即收信者在通信之前所具有的关于 X 的不定性数量；$H(X|Y)$ 是收信者在收到 Y 的条件下所具有的关于 X 的熵；$I(X;Y)$ 则是通信过程中收信者实际得到的关于 X 的信息量（图1.1）。

信源 —X→ 信道 —Y→ 信宿

图1.1 申农的信息模型[1]

申农的信息定义同样也具有局限性：首先，申农的信息概念也未能包容信息的内容与价值，因而主要还是一种语法信息。其次，它只考虑了随机型的不定性，不能解释模糊不定性等形式的语法信息。再次，它未能从根本上回答信息是什么的问题。

3. 信息是人们在适应外部世界，并使这种适应反作用于外部世界的过程中，同外部世界进行互相交换的内容的名称

1948年，就在申农创建信息论的同时，维纳（Norbert Wiener）出版了专著《控制论——动物和机器中的通信与控制问题》，并创立了控制论。后来，人们常常把信息论、控制论以及同时代出现的系统论合称为"三论"，或统称为"系统科学"或"信息科学"。

维纳从控制论的角度认为："信息是人们在适应外部世界，并使这种适应反作用于外部世界的过程中，同外部世界进行互相交换的内容的名称。"他还认为："接受信息和使用信息的过程，就是我们适应外部世界环境的偶然性变化的过程，也是我们在这个环境中有效地生活的过程。"维纳的信息定义包容了信息的内容和价值，从动态的角度揭示了信息的功能和范围，但是，人们在与外部世界的相互作用过程中，同时也进行着物质和能量的交换，若不加区别地将信息与物质、能量混同起来，是不确切的，因而也是有局限性的。

维纳的另一句名言也常被人们引为信息的定义："信息就是信息，既不是物质也不是能量。"其实，准确地说，维纳在此只是划清了物质、能量与信息之间的界线，指出信息是一类独立的研究对象，它并未回答信息是什么的问题。

4. 信息就是差异

意大利学者朗高（G. Longo）在1975年出版的《信息论：新的趋势与未决问题》一书的序言中指出，信息是反映事物的形成、关系和差别的东西，它包含在事物的差异之中，而不在事物本身。我国学者冯秉铨也赞同"信息就是差异"

的说法，他还用一个十分形象的例子来说明这个观点：若某人发出一个恒定的持续的声音"啊——"人们是无法从中得到什么信息的，因为它没有差异；如果发出的声音出现抑扬起伏，就会表达出某种信息。譬如，"啊↓"表示感叹；"啊↑"表示疑问；"啊⌒"表示恍然大悟，等等。总之，有差异就有信息，没有差异就没有信息。

无疑，"有差异就有信息"的观点是正确的，但"没有差异就没有信息"的说法却不够确切。譬如，我们在街上碰到两个长得一模一样的人，他（她）们之间没有什么差异，但我们会马上联想到"双胞胎"这样的信息。可见，"信息就是差异"也有其局限性。

据不完全统计，信息的定义有100多种，它们都从不同侧面、不同层次揭示了信息的特征和性质，但也都有这样或那样的局限性。信息作为物质世界的三大组成要素之一，其定义的适用范围是非常宽泛的。上述几种经典定义也只是适合于特定范围或层次的定义，是人们在探索信息的过程中所形成的几种含金量高的认识积淀。由于信息本身的普遍性、抽象性、高渗透性以及其他独特性质，至今人类仍在探讨其准确的内涵与界限。

1.1.2 对信息及其相关概念认识的最新进展

在信息及其相关领域，信息定义仍是一个研究热点。什么是信息？这是一个似乎已经解决但又似乎尚未解决的问题。在我们得出自己的结论之前，首要的事情还是了解不同学科领域对信息认识的最新进展。

1. 图书情报领域的认识

进入20世纪90年代后，图书情报领域对信息定义研究的兴趣有增无减。美国学者巴克兰德（M. Buckland）（1991）认为，当我们今天谈到信息系统的时候，我们是在"事物"（thing）的意义上使用"信息"一词的，因为信息系统是围绕记录、文本、数据等事物而运行的。也就是说，信息可以定义为事物或记录（record）。巴克兰德进一步归纳道，许多事物都可以是信息，文本固然是信息，图片、录音磁带、博物馆陈列品、自然物体、实验、事件等也是信息。[2]总之，只要环境条件许可，任何事物都可以是信息。巴克兰德的信息定义很实用，但却过于宽泛，它未能区别信息与信息载体和信息与信息源。

另一位美国学者萨克利夫（J. Tague-Sutcliffe）在其专著《信息测度》（1995）中从信息服务的角度对信息进行了界定。他认为，信息是人和人所生产的记录跨越时空与其他人所交流的内容。引入符号和限定条件，其定义可表述如下：

I 表示记录 S 在情境 C 中提供给一个用户的信息，此时，下述条件成立：

1)存在一份记录 S,故:
① Y 能够在情境 C 中阅读或感知记录 S。
② Y 能够利用其概念化能力去理解记录 S。
③ I 是用户 Y 通过记录 S 所理解的概念结构。
2)Y 一般将情境 C 视作真实句子(记录是由句子组成的)的来源之一。

信息是依赖于人类的概念化和理解能力的无形的东西,对于记录而言,它所包含的有形的字与图片等是绝对的,但它所包含的信息对于读者(或用户)则是相对的。信息是读者通过阅读或其他认知方法处理记录所理解的东西,它不能脱离外在的事物或读者而独立存在,它是与文本和读者以及记录和用户之间的交互行为相关的,是与读者大脑中的认知结构相对应的东西。[3]萨克利夫的信息定义是为其信息测度服务的,他引入了用户这一变量,从而使信息定义局限在认识论的层次上而无法广及本体论意义上的信息。

西班牙学者库拉斯(Emilia Currás)则在给《国际信息和文献工作论坛》(*International Forum on Information and Documentation*)(1993)的一封信中谈了自己对信息的认识。他首先用文学的语言对信息进行了描述:信息什么也不是但又是任何事物,没有它生活是不可能的;信息如风一般敏感,如沙滩上的沙子一般松散,如逝去的幸福一般不可捉摸……它是所有人类活动的内驱力和能量。信息可以被传递、被感知和被理解,它需要有形的载体以变为实实在在的信息。信息是一种现象和一个过程,前者是指无意识感知的信息,用来调整我们的知识状态和态度;后者是我们需要和寻求的信息,是从文献中的数据经处理而来的。[4]信息不应同知识和数据相混淆,信息是获取知识的方式,数据则是信息形成与获取的原材料。确切地说,将信息等同于现象和过程也不准确,物质与能量也可以说是一种现象。

2. 心理学领域的认识

从某种意义上说,心理学所研究和处理的也主要是信息现象。加拿大学者桑盖特(W. Thorngate)(1995)认为,心理学家在定义什么是信息方面与其他人同样感到困难,但他们至少能说明信息不是什么:信息不是知识,信息是存在于我们意识之外的东西,它存在于自然界、印刷品、硬盘以及空气之中;知识则存在于我们的大脑之中,它是与不确定性相伴而生的,我们一般用知识而不是信息来减少不确定性。桑盖特还从心理学家的角度谈及信息的用途:人们是为了许多原因而不仅仅是为了改进其政策与决策而寻求和利用信息的;人们为了刺激、快乐和满足好奇心而寻求信息,人们利用信息去协调和改进自己的行为,去获取地位和权力,去适应环境的变化。人们生产和消费信息以维系友谊、解决冲突和促进教学。[5]心理学家对信息的认知无疑带有明显的心理学烙印,但对我们却不无启迪：信息是外在的，是不依附于人的意志而存在的；知识则不然，它是人类大脑的产物。[5]

3. 信息资源管理领域的认识

信息资源管理是现代信息技术在管理领域的应用所激发的一种新的信息理论，在欧洲也简称为"信息管理"，其对信息的认识更多地受计算机领域的影响。美国学者史密斯（A. N. Smith）和梅德利（D. B. Medley）在其所著的《信息资源管理》中认为，信息是数据处理的最终产品。具体地说，是经过采集、记录、处理，以可检索的形式存储的事实或数据。关于数据、信息、知识关系的论述可用一金字塔模型来表示，如图1.2所示，这也是计算机领域常见的陈述。[6]

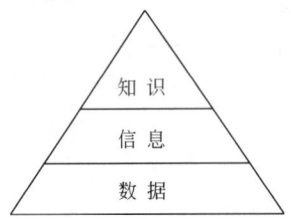

图1.2 信息、数据与知识的关系[6]

美国学者霍顿（F. W. Jr. Horton）则用"一个事实的生命周期"来解释数据、信息和知识的关系。他认为，原始数据总是与新生事物联系在一起的，对原始数据的评价产生了信息，成熟的信息构成知识，而事实的最终"死亡"形成了相关的知识库。相对而言，信息要比数据重要，知识则比信息重要。[7]霍顿对信息的认识也大致与计算机领域的认识相一致。

4. 通信和信息科学领域的认识

通信领域对信息的研究有着悠久的历史，信息科学的出现正是通信理论研究的最重要的成果之一。1988年，我国学者钟义信出版了《信息科学原理》一书，其中对信息的定义和信息的相关概念做了精彩的论述。他认为，信息是事物运动的状态与方式，是物质的一种属性。信息不同于消息，消息只是信息的外壳，信息则是消息的内核，以1分钟的消息为例，有的消息包含的信息量很大，有的则很小。信息不同于信号，信号是信息的载体，信息则是信号所载荷的内容。信息不同于数据，数据是记录信息的一种形式，同样的信息也可以用文字或图像来表述。信息不同于情报，情报通常是指秘密的、专门的、新颖的一类信息，可以说所有的情报都是信息，但不能说所有的信息都是情报。信息也不同于知识，知识是认识主体表述的信息，是序化的信息，而并非所有的信息都是知识。他还通过引入约束条件推导出信息的概念体系，对信息进行了完整而准确的论述。

5. 我们的认识

通过比较各家各派的信息定义，我们认为，作为与物质、能量同一层次的信息的定义，应该取钟义信所归纳的定义，即信息是事物运动的状态与方式。因为这个定义具有最大的普遍性，不仅能涵盖所有其他的信息定义，而且通过引入约束条件还能转换为所有其他的信息定义。此外需要说明，不同领域对信息及其相关概念的认识不是对等的，信息资源管理领域的数据概念不同于钟义信的数据概念，心理学家的信息定义也不同于图书情报领域的信息定义。也就是说，我们在应用不同的理论时，首先应该弄清有关概念并予以区别对待。

1.1.3 信息的定义和概念体系

在《信息科学原理》一书中，钟义信站在信息科学的高度，考察并比较了30多种信息定义，最后将信息界定为"事物运动的状态与（状态改变的）方式"，并由此导出了一个完整的信息概念体系。钟义信的信息定义与概念体系为信息研究和信息科学的发展提供了一个新的基点。

1. 信息是事物运动的状态与方式

信息是事物运动的状态与方式，具体地讲，是事物内部结构和外部联系运动的状态与方式。在此，"事物"泛指一切可能的研究对象，包括外部世界的物质客体，也包括主观世界的精神现象；"运动"泛指一切意义上的变化，包括机械运动、物理运动、化学运动、生物运动、思维运动和社会运动等；"运动方式"是指事物运动在时间上所呈现的过程和规律；"运动状态"则是事物运动在空间上所展示的性状与态势。由于宇宙间一切事物都在运动，都有一定的运动状态和状态改变的方式，因而一切事物都在产生信息，这是信息的绝对性和普遍性；同时，由于一切不同的事物都具有不同的运动状态与方式，信息又具有相对性和特殊性。这就是本体论意义上的信息定义，它不受任何条件约束，它所表征的事物实际的运动状态与方式也不受主体意志的影响，不以主体的条件为转移，因而具有最广泛的适应性。

如果引入认识主体这一约束条件，本体论意义上的信息定义就转化为认识论意义上的信息定义。可以认为，认识论信息就是认识主体所感知或所表述的事物运动的状态与方式。其中，认识主体所感知的事物运动状态与方式，是外部世界向主体输入的信息，可称之为感知信息；认识主体所表述的事物运动状态与方式，是主体向外部世界（包括向其他主体）输出的信息，可称之为再生信息。认识论层次的信息受认识主体约束，可以说，没有主体就没有认识论信息。一般而言，在人类所及的有限时空中，本体论信息与认识论信息是可以互相转化的，其转化过程大致与人类认识和改造世界的过程相统一，如图1.3所示。

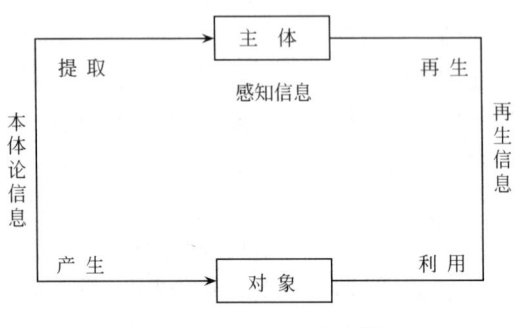

图1.3　信息转化模型[1]

在图1.3中，由对象产生本体论信息，作为主体的人类从本体论中提取所需信息尤其是结构功能方面的信息（感知信息），然后通过分析、综合等过程再生出优化结构和新型功能等方面的信息（再生信息），再作用于对象而使对象结构发生改变并产生人类期望的新功能。这样，对象又产生了新的本体论的信息，新一轮的转化过程又开始了……这种周而复始螺旋式上升的过程其实就是人类认识世界和改造世界的过程，这个过程不仅造就了大量的物质资源，而且积累了丰富的信息资源。

在认识论层次的信息定义中若再引入认识深度这一约束条件，认识论信息就可以进一步扩展为三个层次：语法信息，即主体所感知或表述的事物运动状态和方式的形式化关系，这是最低层次的认识论信息；语义信息，即主体所感知或表述的事物运动状态和方式的逻辑含义，这是较高层次的认识论信息；语用信息，即主体所感知或表述的事物运动状态与方式相对于某种目的的效用，这是最高层次的认识论信息。以爱因斯坦的著名公式 $E=mc^2$ 为例，如果我们不了解每个字母或数字符号所代表的事物的含义，那么我们只能获得有关"英文字母与数字的一种特定排列方式"之类的信息，也就是说，只能获得该公式的语法信息；如果我们知道 E 代表能量，m 代表质量，c^2 代表光速的平方，那么我们就能获得质能转换关系方面的信息，也就是说获得了该公式的语义信息；如果我们进一步了解到利用质能转换公式可以改变原子核的质量状态从而获得巨大的原子核能时，我们才最终获得了该公式的语用信息。一般说来，语法信息、语义信息和语用信息是密不可分的，不能撇开其中的一个方面而孤立地研究其他方面；当认识和研究一个事物时，人们多是遵循从语法、语义到语用的认识顺序，这可以看作是一个认识小循环，是人类认识和改造世界的方法论。

在认识论层次的定义中，如果我们再换一个约束条件，以主体的认识能力和观察过程为依据，则可将认识论信息分为三个部分：先验信息，是认识主体在观察之前通过某种途径所感知的事物运动状态和方式（认识主体具有记忆能力）；实得信息，是认识主体在观察过程中实际得到的关于事物运动的状态与方式（认识主体具有学习能力）；实在信息，是认识主体在理想观察条件下所获得的关于事物的全部信息，即事物实际的运动状态与方式。主体的认识能力是一个重要的约束条件，它的引入对于用户和信息工作者都具有重要意义：一方面，信息用户若想获得信息必须具备一定的认识能力（包括信息技能）；另一方面，信息工作者若想提高工作效率与质量，就必须了解用户拥有哪些先验信息，以便在信息服务过程中尽量增加用户的实得信息。

信息是事物的运动状态与方式，这是广义的信息定义，是最普遍的层次。由此而层层引入约束条件，信息的内涵就变得越来越丰富，适用范围则变得越来越窄；与此同时，信息的定义由一而众，逐级展开，自然形成了信息的概念体系。

2. 信息的概念体系

以本体论信息为基点，逐级引入认识主体、主体的认识能力与认识深度、认识对象的运动方式（随机型、半随机型、模糊型、确定型等）等约束条件，则可推导出一个层次严密、清晰的信息概念体系（图1.4）。

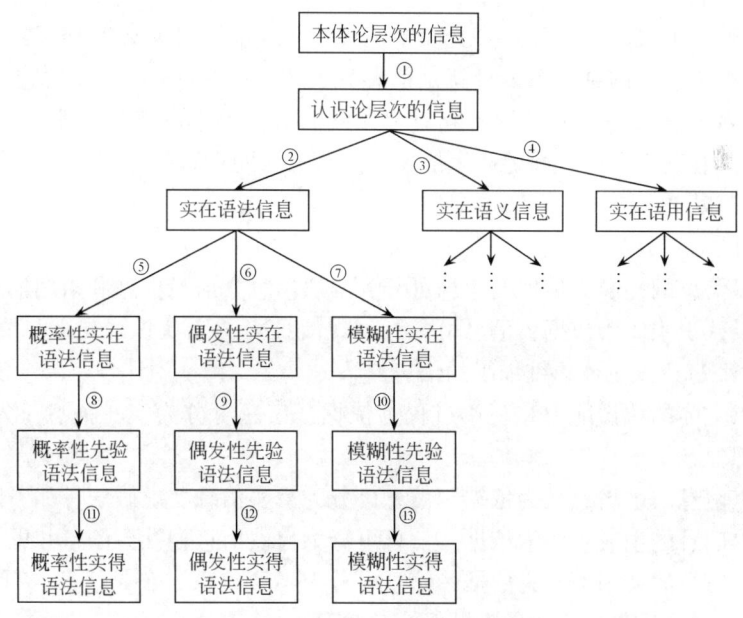

图1.4　钟义信的信息概念体系[1]

在图1.4中，箭头表示定义之间的转化关系，箭头旁的数字符号表示转化所需的约束条件；

具体如下：①一般性的观察者（认识主体）。②观察者具有感觉能力而缺乏理解能力。③观察者具有感觉能力和理解能力而缺乏目的性。④观察者具有感觉能力和理解能力，同时具有明确的目的性。⑤观察者具有感觉能力，所观察的事物具有明晰的状态并按随机运动方式运动。⑥观察者条件同⑤，所观察的事物具有明晰状态但按半随机方式运动。⑦观察者条件同⑤，所观察的事物具有模糊运动状态和确定的运动方式。⑧、⑨观察者具有记忆能力，其他条件分别同⑤、⑥、⑦。⑪、⑫、⑬观察者具有学习能力，其他条件分别同⑤、⑨、⑩。

钟义信的信息概念体系严谨有序、层次分明、令人有耳目一新之感。但正如图1.4所示，首先，钟义信的概念体系似乎过于注重语法信息，注重从定量的角度描述信息而较少定性地分析与研究。而事实上，定性分析在语义信息和语用信息的研究方面都是不可或缺的手段。其次，该体系偏于抽象，缺少相关知识的人们仅仅靠这个体系是无从了解信息的。再次，该体系基本上是单线展开的，未能包容所有的信息，因此是一种不完全的分类。

概念体系本身是一种认识的方法论，它是概念内涵与外延相对消长的产物。从概念体系入手，我们易于获得有关事物的整体认识。

3. 信息的分类

信息是一个大家族，我们要全面系统地认识信息，就必须对信息进行分类。事实上，钟义信的信息体系本身就是信息分类体系，是人们认识信息的方法论。但由于信息本身是一类独立的研究对象，我们有必要选择多种标准对其进行分类，这样既有助于人们全面地认识信息，同时又有助于我们弄清哪些信息属于信息资源的范畴。

常见的信息分类主要有：

1）以信息的性质为依据，信息可分为语法信息、语义信息和语用信息。

2）以认识主体为依据，信息可分为客观信息（关于认识对象的信息）和主观信息（经过认识主体思维加工的信息）。

3）以主体的认识能力和观察过程为依据，信息可分为实在信息、先验信息和实得信息。

4）以信息的逻辑意义为依据，信息可分为真实信息、虚假信息和不定信息。

5）以信息的生成领域为依据，信息可分为自然信息、社会信息和思维信息。

6）以信息的应用部门为依据，信息可分为工业信息、农业信息、军事信息、政治信息、科技信息、文化信息、经济信息等。

7）以信息的记录符号为依据，信息可分为语声信息、图像信息、文字信息、数据信息等。

8）以信息的载体性质为依据，信息可分为文献信息、光电信息、生物信息等。

9）以信息的运动状态为依据，信息可分为连续信息、离散信息、半连续信息等。

上述信息分类有一个共同特点，即它们每次只选择一个分类标准，它们是从信息的某一侧面切入来分析信息的。这样的分类虽然能给人们提供多种研究入口，能让人们多侧面地认识信息，却无法使人们形成完整系统的认识。为此，我们以本体论信息为基础，以信息来源、内容和应用领域等为主要依据，综合多种标准构建了一个信息分类体系，如图1.5所示。该体系在兼顾信息体系完整性的同时将重点放在再生信息这一大类上。再生信息是人们对感知信息进行思维加工并向外输出的结果，是信息资源的主体，因而也是我们研究的重点。

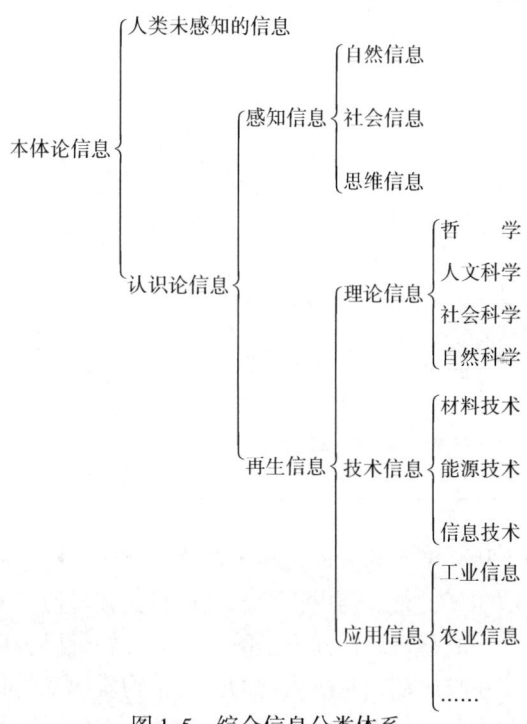

图1.5 综合信息分类体系

1.2 信息的性质和功能

信息定义揭示的主要是信息的本质属性，信息本身还有许多由本质属性派生出来的一般属性，这些属性大都从某一侧面体现了信息的特点，并直接或间接地决定着信息的功能。

1.2.1 物质、能量和信息

物质、能量和信息是构成现实世界的三大要素,美国学者托夫勒(A. Toffler)所谓的"三次浪潮"就是围绕这三大要素的开发依次出现的人类变革浪潮。"第一次浪潮的变革,是历时数千年的农业革命。第二次浪潮的变革,是工业文明的兴起,至今不过300年。今天的历史发展甚至更快,第三次浪潮的变革可能只要几十年就会完成"。[8]在此,托夫勒尽管没有明确提出第三次浪潮是什么,但依其所描述的内容,第三次浪潮无疑是信息浪潮,是以信息开发为核心的人类变革浪潮。

物质、能量和信息既有区别也有联系。谈到区别,我们首先会想到控制论创始人维纳的名言:"信息就是信息,既不是物质也不是能量。"确实,信息不同于物质和能量,但它们的区别是什么呢?1961年,克劳斯(Georg Klaus)出版了《从哲学看控制论》一书,他将物质、能量、信息和意识的主要特征进行列表比较,试图证明维纳的命题(表1.1)。[9]

表1.1 物质、能量、信息和意识的主要区别[10]

加以比较的各个领域的存在方式	事物、基本成分等	过程	守恒原理	熵	度量
物 质	电子、有机细胞、生产力等	扩散过程、发展过程等	存在于物理领域	结构熵	数目、重量、数量单位等
能 量	能量子、引力能等	能量转化过程	物理领域的守恒原理	热力学第二定律	各种不同的能量度量
信 息	信号、信号序列等	通信、信息的存储等	没有守恒原理	信息熵	信息量度量如比特
意 识	观念、概念等	抽象、逻辑推理等	—	—	—

克劳斯的比较表从几个大的方面列举了信息、物质、能量和意识的区别,这种比较的优点是简洁明了、重点突出,缺点是材料比较零散。概括地讲,信息不同于物质,信息是物质的普遍属性而不是事物本身,它可以脱离物质独立存在同时又不影响物质的存在与运动,它所表现的主要是物质运动的状态与方式,是物质之间的联系和相互作用。例如,一个物体在运动,它的运动状态和状态改变的方式可以被高速摄影机拍摄下来,经过一定的处理,还可以把它重现出来;这时,产生这种运动状态和方式的那个物体(源物质)已离开观察者,但它的信息却被记录并保留下来了;当然,保留下来的仅仅是信息,而不是源物质本身。

信息不同于能量,信息是物质运动的状态与方式,而能量是物质做功的本领,能量转换遵循守恒定律,而信息转换不存在守恒现象,能量不能共享而信息可以共享,能量为人类提供动力,信息为人类提供知识与智慧。

物质、能量和信息的联系集中表现在三者都统一于物质，物质是第一性的，能量和信息皆源于物质。首先，物质是信息的源泉，任何物质的运动过程同时也是信息的运动过程，而任何信息的运动过程（包括信息的开发、传递、存储、加工和利用等过程）都离不开物质的运动过程，信息的依附性就是物质与信息联系的集中体现。其次，信息的获取和传递离不开能量，而能量的转换与驾驭又离不开信息，物理学中著名的"麦克斯韦妖"问题的解决就充分证明了信息与能量之间的内在联系。再次，信息虽然不是物质与能量，但在一定条件下，信息又可转化为物质与能量，"知识就是力量"所表达的就是这种转化关系。

物质、能量和信息的关系问题是哲学范畴的问题，从马克思主义观点出发，信息是物质的，哪里有物质，哪里就有信息，这是本书立论的基础，也是探讨信息属性的依据。

1.2.2 信息的性质

信息来源于物质，又不是物质本身；信息也来源于精神世界，但又不限于精神的领域；信息归根到底是物质的普遍属性，是物质运动的状态与方式。信息的物质性决定了它的一般性，它们主要包括普遍性、客观性、无限性、相对性、抽象性、动态性、异步性、依附性、可传递性、可共享性、可变换性、可转化性和可伪性等。

1) 信息是普遍存在的。无论是无机界还是有机界，无论是宏观的宇宙天体还是微观的基本粒子，无论是单细胞生物还是结构复杂的人体，无论是自然界还是人类社会，任何物质都是信息的母体。无机界中铁与氧的相互作用所产生的化学反应是信息的一种表现形式，有机界中的花香鸟语是信息的一种表现形式，人类的语言、文字、服饰、机器、建筑等也无不是信息的表现形式。信息是无处不在的，信息是无时不在的。

2) 信息是客观的。信息不是虚无缥缈的东西，也不是可以随意想像和"创造"的事物。信息是现实世界中各种事物运动的状态与方式，它可以被人感知、被人处理、被人存储、被人传递和利用。信息本身是看不见摸不着的，但这并不影响它的存在和转换，正如一块石头，无论人们是否意识到它的存在，它的物理化学结构及其与周围的生物、气候、水文和其他无机物之间的相互作用是客观存在的，在一定条件下，人们还可以将这些信息以文字、照片等形式变换为具体的、可见的信息。需要说明的是，本体论信息的存在是不以人的意志为条件的，认识论信息中感知信息随认识主体而存在和变化，但感知信息一旦与载体结合而转换为再生信息，就成为一种高层次的客观存在，而不再受认识主体的局限，所谓"白纸黑字"就是这种效应。

3) 信息是无限的。就浩瀚的宇宙太空而言，物质是无限的，信息是无限的；

就无始无终的时间长河而言，物质的更替和人事的代谢是无穷无尽的，信息因而也是无限的；即使在有限的时空中，由于物质的多样性和物质运动的连续性，信息也是无限的。再以石头为例，物理学家可以从中获取物理结构方面的信息，化学家关心的是化学反应，建筑师研究石头的用途，摄影师观察石头的形态和质地，原始猎人需要它增强攻击力，儿童拿它做玩具，地质学家对其地质年代感兴趣，吴承恩和曹雪芹从中演绎出了长篇巨著……可见一块小小的石头竟蕴含了无限的信息。

4) 信息是相对的。从认识主体的角度而言，由于人们的认识能力、认识目的及其所储备的先验信息各不相同，他们从同一事物中获取的信息和信息量也不相同，上述石头的例子也能说明这一点。信息的相对性告诉我们，要想从客体中获取更多的信息，认识主体必须具有明确的目的性、高水平的信息技能和丰富的信息储备，舍此别无他途。

5) 信息具有抽象性。信息本身是看不见摸不着的，我们能够看得见摸得着的只是信息载体（包括文字、图画、符号、纸张、磁带、光盘等）而非信息内容。对于认识主体而言，获取信息和利用信息都需要具备抽象能力，正是这种能力决定着人的智力和创造力。信息的抽象性增加了信息认识和利用的难度，并从而对人类提出了更高的要求。

6) 信息具有动态性。信息所反映的总是特定时刻事物的运动状态和方式，当人们将该时刻的信息提取出来之后，事物仍在不停地运动，这样，已脱离源物质的信息就会渐渐失去效用，最终只能充作一种历史记录。古希腊哲学家曾言"人不能两次踏进同一条河流"，这可谓信息动态性的形象说明。在情报领域，信息的动态性也称为信息的时效性，只有充分重视和发挥信息的时效性，才能将信息转化为时间与金钱。

7) 信息具有异步性。异步性是动态性的延伸，一般包括滞后性和超前性两个方面。信息脱离源物质后需要经过输入、处理、传递和输出等过程才能为人们所理解和掌握，而此时源物质已发生新的变化，这些信息因而就成为"过时"的信息，它们所反映的已是若干时间前源物质运动的状态和方式。在当今社会，由于现有的知识产权制度和出版过程的影响，人们所发现和创造的信息内容常常要拖后几个月甚至几年才能发表，其滞后性是不言而喻的。另外，人们在掌握大量信息的基础上，又可以通过计划、预测等方式测知未来的信息，超前于现实，因而信息又具有超前性。

8) 信息具有依附性。依附性是抽象性的延伸，信息只有依附于物质才能为人们所交流和共享。信息所依附的物质称为信息载体，其中，既有语言、文字、图像、声波、电磁波等载体，又有纸张、磁带、胶片、软盘、光盘等载体。信息正是因为有了这些载体才变为一种广泛的信息资源和信息财富。

9）信息是可传递的。钟义信认为，信息传递的实质，就是一种事物运动的状态与方式脱离开源物质而附着于另一事物，并通过后者的运动将这种状态与方式在空间从一点传到另一点。其实，信息的传递不仅仅限于空间的传递，时空是统一的，信息也可以从一个时期传递给另一个时期，信息的存储就是一种时间传递活动。在此，信息之所以具有可传递性，是因为它可以脱离源物质而独立存在；信息能够在时间和空间中传递，因此它也能够为人类所共享。

10）信息是可共享的。信息能够共享是信息不同于物质和能量的最重要的特征。如果说物质不灭、能量守恒是物质与能量的运动规律，那么信息共享可视为信息的运动规律。由于信息可以共享，当信息从传者转移到受者时，传者不会因此丢失信息，正如萧伯纳所举的"苹果与思想"的例子，苹果交换之后交换双方仍然各有且仅有一个苹果，但思想交换之后交换双方都拥有了两种思想。信息共享是信息工作者永恒的追求目标。

11）信息是可变换的。信息是事物的运动状态与方式，它可以依附于一切可能的物质载体。同样的信息，可以用语言文字表达，也可以用声波载荷，还可以用电流和光波来表示；但无论其载体如何变换，信息内容可以保持不变。信息的可变换性是通信技术和计算机技术飞速发展和普及的理论支撑点。

12）信息是可转化的。信息在一定的条件下可以转化为物质、能量、时间、金钱、效益、质量和其他。具体地讲，正确而有效地利用信息，可以在同样的条件下创造更多更好的物质财富，可以开发或节约更多的能量，可以节省更多的时间。当然，信息不会真的变为物质与能量，其功效在于通过合理而有效的利用，"节约"更多的物质与能量。

13）信息是可伪的。信息的可伪性同样与信息的相对独立有关。信息脱离源物质后，一方面失去了与源物质的直接联系，人们容易凭主观想像来认识它理解它，从而易于产生虚假信息；另一方面，脱离源物质后信息又失去了与周围事物的联系，人们容易孤立地认识它理解它，从而易于产生片面的认识；此外，由于人们的认识能力有限或动机不纯，也容易形成伪信息，前者如"盲人摸象"，后者如军事上的"声东击西"、"明修栈道，暗渡陈仓"和"假情报"等。信息的可伪性提醒我们，做信息工作一定要注重信息的来源和信息的筛选，要有效防止信息污染。

1.2.3 信息的功能

信息的功能是信息属性的体现。相对于信息的本质属性和一般属性，信息的功能也可分为两个层次；信息的基本功能在于维持和强化世界的有序性，信息的社会功能则表现为维系社会的生存，促进人类文明的进化和人自身的发展。具体地讲，信息的功能主要表现在下述五个方面：

1) 信息是宇宙万物有序运行的内在依据。信息源于物质的运动，早在生命现象出现之前，自然界中无机物之间、无机物及其周围环境之间就存在着相互作用，存在着运动、变化的过程，因而也存在着信息的运动过程。无机界简单的信息交流在一定程度上维持着它们之间的有序形态。由于无机物不能利用信息而只能被动地接受信息，它们的运动最终是趋于混乱和无序的，只有有机体才能利用信息使自身通过进化不断向更高层次的有序态发展。物理学家薛定谔（Erwin Schrödinger）在其专著《生命是什么》中指出："有机体就是赖负熵（即信息）为生的。或者，更确切地说，新陈代谢中的本质的东西，乃是使有机体成功地消除了当它自身活着的时候不得不产生的全部的熵。"[10]有机体的进化本身是有序性的体现，而这种有序性正是有机体利用信息的结果，如向日葵选择阳光、植物传花授粉、蜜蜂酿制花蜜、燕子季节迁徙、狐狸变换毛色等都是一种利用信息的行为。可以说，缺少物质的世界是空虚的世界，缺少能量的世界是死寂的世界，缺少信息的世界则是混乱的世界。

2) 信息是人类认识世界和改造世界的中介。形象地说，信息如同一座桥梁，其作用在于实现人类与自然界的沟通。人类通过自己的感觉器官从物质世界中感知和提取信息，然后通过大脑的加工，以信息输出的形式作用于物质世界而达到改造的目的，信息始终是这个过程的中介和替代物。马克思曾谈到，蜜蜂筑巢的本领令世间最高明的建筑师都感到羞愧，但是最蹩脚的建筑师也比蜜蜂高明的地方在于他在建房子之前脑中已有了建筑的形象。在此，人类之所以比蜜蜂高明，就在于他的信息能力远远高于蜜蜂的信息能力；由于掌握了利用信息的知识和技能，人类才能够移山填海、改天换地，才能"运筹帷幄，决胜于千里之外"，才能改造世界使之服务于人的目的。

3) 信息是维系社会生存与发展的动因。人是一种社会动物，人类活动是一种社会性活动，这种社会活动赖以形成、维系和发展的根本保证正是人与人之间能够有效地进行信息交流。我国远古时有两个重大事件影响了历史的进程，一是"神农尝百草"，二是"仓颉造字"。这两件事之所以影响重大，是因为神农尝百草的经验能够在部落群体内部和部落之间交流，这样不仅可以避免人们不必要的死亡，也可增强群体的凝聚力；仓颉造字更是直接地促进了信息交流的深度和广度，并从而促进了社会的整合与发展。进入文明社会之后，曾被列入"四大发明"的我国古代造纸术、活字印刷术、火药和指南针，以及近现代的电信技术、现代通信技术和计算机技术，都先后带来了人类社会的加速发展。在此，信息技术固然重要，但更重要的是信息技术为人与人之间的信息交流和共享提供了强大的支持和可靠的保证。维纳认为，信息是人类社会的"黏合剂"，这也许只是一个方面；由于社会内部存在信息交流，每一代人都可以在前人的肩膀上起步，因此，信息本身也是社会前进与发展的基石，是人类进化的动力。

4）信息是智慧的源泉，是人类的精神食粮。人之所以不同于动物就在于人能够思维，人具有智慧。智慧是人独特的品质，但智慧不是与生俱来的，它是信息过程的产物。一个人存储的信息越多，信息处理能力越强，他的智慧也越高。毛泽东的智慧就是与他所读过的书以及他的丰富经历成正比的，古人云"读万卷书，行万里路"，其目的就是告诫人们要注重信息的采集、存储和利用。据心理学家的研究，信息与空气、水一样已成为人类生活必不可少的条件。当我们闲暇之时，我们总是设法找一些读物、找人聊天或收听、收看什么；当我们工作或学习时，信息是我们的工作手段或学习对象；即使当我们睡眠时，"意识流"依然不断，我们做梦、说梦话，一些科学家甚至在梦中解决了难题。总之，我们不能想像没有信息的生活，信息是我们的精神食粮。

5）信息是管理的灵魂。自人类诞生之日起，管理就一直是人类的一项经常性的社会活动。管理本身就是一个有序化的过程，在这个过程中，管理者不断向管理客体传递信息，监督客体的运行状态，及时收集反馈信息，并不断地做出调整，以保证目标的实现。管理最重要的职能之一是决策，决策就是选择，而选择意味着消除不确定性，意味着需要大量、准确、全面、及时的信息。20世纪后半叶，管理信息系统（Management Information System，MIS）风行全球；到80年代，西方发达国家的行政部门和许多大企业相继出现了信息主管（CIO）的职位，其职责是全面管理本部门的信息资源；进入90年代，在信息高速公路的热潮中，越来越多的企业进入了Internet，它们将信息视作企业的生命和管理的灵魂；而所有这一切都是管理活动中信息重要性的体现，是现代管理的发展趋势。

信息还是一种重要的社会资源。现代社会将信息、材料和能源看作支持社会发展的三大支柱，这本身说明了信息在现代社会中的重要性。信息还是信息产业的内核，是未来经济的希望，其作用是怎样估价也不会过分的。

1.3 信息的测度

信息测度是指从量的关系上来精确地刻画信息。信息量是客观存在的，对量的研究与把握在某种意义上决定着信息科学的成熟与发展。马克思曾断言："一种科学只有成功地运用数学时，才算达到了真正完善的地步。"信息科学的实践再次证明了这个论断的正确性。

1.3.1 申农的信息测度

信息测度源于哈特莱关于选择自由度的信息度量公式的推导，而成熟于申农概率熵公式的确立，可以说，申农在《通信的数学理论》中所导出的信息度量公式为信息论乃至信息科学的出现奠定了坚实的理论基础。申农的信息测度又称可能性（probability）测度、不确定性（uncertainty）测度或熵（entropy）测度，它引入了概率理论，创造性地将信息测度与不确定性的消除联系起来，从而促成了信息测度理论的质的飞跃。

1. 信息量的直观定义

信息测度对于今天的大多数人而言仍是遥远的事情。当人们收到一封电报、看电视或听广播时，他们通常只关心其中的内容，而很少考虑其中的信息量大小。然而，信息量是客观存在的，它与不确定性的消除程度相关，换句话说，信息量等于消除的不确定性的量。若引入通信过程（图1.1），信息量可以直观地定义为

收到某消息获得的信息量 = 收到此消息前关于某事件发生的不确定性
　　　　　　　　　　　－ 收到此消息后关于某事件发生的不确定性
　　　　　　　　　　　＝ 不确定性减少的量

"不确定性"用数学语言描述就是"随机性"，具有不确定性的事件也就是随机事件。为此，信息量可以运用研究随机事件的数学工具——概率论和随机过程理论来测度。

2. 自信息

信息量与事件发生的不确定性有关，而事件发生的不确定性又与事件发生的概率有关。事件发生的概率越小，我们猜测它是否会发生的困难程度越大，不确定性也就越大，一旦消除不确定性后所获得的信息量也越大，所谓"人咬狗是新闻"就是这个道理。而事件发生的概率越大，我们猜测它发生的可能性也越大，不确定性就越小，消除不确定性后所获取的信息量也越小，此即所谓"狗咬人不是新闻"。对于发生概率为1的事件，就不存在不确定性，譬如有人告诉你"太阳明天将从东方升起"，你不会从中得到任何新的信息。因此，某事件发生所含有的信息量应该是该事件发生的先验概率的函数。若用 X 表示信源，a_i 表示某一事件，$P(a_i)$ 为 a_i 发生的先验概率，$I(a_i)$ 表示事件 a_i 发生所含有的信息量，那么其概率空间如下：

$$\begin{bmatrix} X \\ P(X) \end{bmatrix} = \begin{bmatrix} a_1, a_2, \cdots, a_i, \cdots, a_q \\ P(a_1), P(a_2), \cdots, P(a_x), \cdots, P(a_q) \end{bmatrix}$$

如果知道事件 a_i 已发生，则该事件所含有的信息量称为自信息，定义为

$$I(a_i) = \log \frac{1}{P(a_i)}$$

$I(a_i)$ 代表两种含义：当事件 a_i 发生前，表示事件 a_i 发生的不确定性；当事件 a_i 发生后，表示事件 a_i 所含有或提供的信息量。

自信息所采用的计量单位取决于对数所取的底。若以2为底，信息量单位称比特（Bit，Binary unit 的缩写）；若以 e 为底，信息量单位称奈特（Nat，Nature unit 的缩写）；若以10为底，信息量单位称哈特（Hart，Hartley 的缩写，以纪念 Hartley 首先提出用对数度量信息）。信息量单位以采用比特较为经常，1比特的信息量就是两个互不相容的可能事件之一发生时所提供的信息量，以掷硬币为例，无论字的一面朝上还是图案的一面朝上，我们所获得的信息量都是1比特。

3. 信息熵

自信息是指某一信源发出某一消息所含有的信息量，发出的消息不同，其所含的信息量也不同；也就是说，不能用自信息来作为整个信源的信息测度。我们可以定义自信息的数学期望为信源的平均自信息量，即

$$H(X) = E\left[\log \frac{1}{P(a_i)}\right] = -\sum_{i=1}^{a} P(a_i) \log P(a_i)$$

这个平均自信息表达式与统计物理学中的热熵表达式很相似，但在统计物理学中，热熵是一个物理系统无序性的度量，而此处的 $H(X)$ 则是对信源平均不确定性的描述，为了区别起见，$H(X)$ 称为信息熵。由于信息熵是申农导出来的，因此，它也称做申农概率熵。信息熵是信息测度最常用的数学工具，申农之后的信息测度研究大多是信息熵的应用、改进或再推导。

信息熵是从平均意义上来表征信息总体特征的数量，它具有三种物理含义：第一，信息熵表示信源输出后，每个消息（或符号）所提供的平均信息量。第二，信息熵表示信源输出前信源的平均不确定性。第三，信息熵表示变量 x 的随机性。

以掷骰子为例，通过多次重复试验后可知骰子每一面朝上的概率相等，即

$$P_1 = P_2 = P_3 = P_4 = P_5 = P_6 = \frac{1}{6}$$

如果我们随意掷一次骰子，那么获得的自信息量 $I(a_i) = -\log P(a_i) = \log 6 = 2.58(\text{Bit})$；由于骰子每一面朝上的可能性相等，整个掷骰子事件的平均不确定性或我们从中获得的信息量等于自信息量：

$$H = -\sum_{i=1}^{a=6} P(a_i) \log P(a_i) = -6\left(\frac{1}{6}\right)\log\left(\frac{1}{6}\right) = \log 6 = 2.58(\text{Bit})$$

再以天气预报为例，设甲地各种天气情况出现的概率为晴$\left(\frac{4}{8}\right)$、阴$\left(\frac{2}{8}\right)$、大雨$\left(\frac{1}{8}\right)$、小雨$\left(\frac{1}{8}\right)$；乙地为晴$\left(\frac{7}{8}\right)$、小雨$\left(\frac{1}{8}\right)$。则甲、乙两地天气情况的平均不确定性或我们听到一则天气预报后获得的信息量为

$$H(甲) = -\sum_{i=1}^{a=4} P(a_i) \log P(a_i) = \left(-\frac{4}{8}\log\frac{4}{8}\right) + \left(-\frac{2}{8}\log\frac{2}{8}\right)$$
$$+ \left(-\frac{1}{8}\log\frac{1}{8}\right) + \left(-\frac{1}{8}\log\frac{1}{8}\right) = 1.75 \text{ (Bit)}$$
$$H(乙) = -\sum_{i=1}^{a=2} P(a_i) \log P(a_i) = \left(-\frac{7}{8}\log\frac{7}{8}\right) + \left(-\frac{1}{8}\log\frac{1}{8}\right)$$
$$= 0.55 \text{ (Bit)}$$

需要说明的是，由于在信息传递过程中存在着干扰，一般情况下信息熵并不等于平均获得的信息量，它只是信源平均不确定性的描述。设一个通信系统为如图1.6所示。

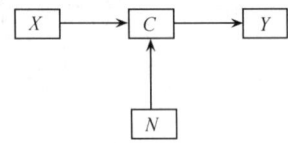

图1.6 最简通信模型

注：X表示信源发出的信号；Y表示信宿收到的信号；C表示信道；N表示干扰。

同时，$H(X)$表示信息熵，$I(X)$表示信宿收到的信息量，$H(X|Y)$表示条件熵（即信宿收到信号Y后对信源X仍具有的不确定性，或由于干扰而失去的信息）。在这样的通信系统中，信宿收到的信息量有三种可能：

在无干扰的理想条件下：
$$I(X) = H(X) = H(Y)$$
在有干扰的情况下：
$$I(X) = H(X) - H(X|Y)$$
在完全干扰的情况下：
$$I(X) = 0$$

4. 互信息

所谓互信息，就是信宿收到Y后获得的关于X的信息量，或者说是信宿Y实际上获得的关于X的信息。互信息与信宿收到的信息量在数值上是相等的，即$I(X) = I(X;Y)$，但两者考虑的角度不同，$I(X)$只是从信宿角度考虑，互信息$I(X;Y)$则从信源与信宿两者的关系角度考虑。

在通信过程中，如果信道中无干扰，那么接收端收到的消息（符号）b_j与发送端发出的消息（符号）a_i是一一对应的，不确定性可以完全消除。但一般信道总是存在干扰，这时b_j不同于a_i，我们用$\log\dfrac{1}{P(a_i|b_j)}$表示接收到输出符号$b_j$

后关于 a_i 尚存在的不确定性；这样，收信者在收到 b_j 后消除的不确定性就可以定义为先验的不确定性减去尚存在的不确定性，即收信者所获得的信息量，也即互信息：

$$I(a_i;b_j) = \log\frac{1}{P(a_i)} - \log\frac{1}{P(a_i\mid b_j)}$$

互信息 $I(a_i;b_j)$ 代表收到某消息 b_j 后获得的关于某事件 a_i 的信息量。互信息可取正值也可取负值。如果互信息取负值，说明收信者在未收到消息 b_j 之前对消息 a_i 是否出现的猜测疑难程度较小，但由于噪音的存在，收到消息 b_j 后收信者对消息 a_i 是否出现的猜测疑难程度反而增加了，所谓"信息污染"就是指这种情况。

互信息不同于平均互信息。平均互信息是接收到输出符号后平均每个符号获得的关于 X 的信息量，是先验熵 $H(X)$ 与条件熵 $H(X\mid Y)$ 之差，即

$$I(X;Y) = H(X) - H(X\mid Y) = \sum_{ij} P(a_i,b_j)\log\frac{P(b_j\mid a_i)}{P(b_j)}$$

由于信息熵 $H(X)$ 永远是正值，所以平均互信息也永远是正值。[11]

5. 申农信息测度的改进

申农信息测度方法问世以后，许多研究人员试图通过改进和解释使其适合于信号传输之外的其他领域，诸如发生学领域、认知领域、进化领域、机械学领域和计算机领域等。限于篇幅和本书的讨论范围，在此只介绍高艾斯（S. Guiasu）的改进方法。

1977 年，高艾斯和其他一些研究人员引进效用理论（utility theory），从效用的角度对申农概率熵进行了再定义：

$$H(X) = -\sum u_i P_i \log P_i$$

其中，u_i 表示第 i 个消息的效用或价值。这个测度公式可用于特定的消息比其他消息更重要的场合，譬如，在探测癌症的检验过程中有这样四个输出：第一，患有癌症但未探测出来。第二，患有癌症且已探测出来。第三，未患癌症但被探测出来。第四，未患癌症也未探测出来。在此，输出第一无疑最重要，它可能导致病人失去进一步治疗或检验的机会，所以研究人员在评价该测度方法时有必要赋予第一更大的负效用度。高艾斯的改进也有局限性，其难点在于如何赋予输出可靠的效用。1993 年，海斯（R. M. Hayes）提出，对应于用户需求的文献相关性也可看作是一种效用度或权重，这样，通过赋予不同的用户以不同的效用度，就可以对文献信息量和用户获得的信息量进行测度。[3]

1.3.2 语义信息的测度

申农的信息测度只是语法信息的测度，它无法处理消息的意义测度问题。有

鉴于此，不少研究者经过探索提出了多种语义信息测度方法，大约可归纳为两类：一类为逻辑测度方法，另一类为语言学测度方法。然而，由于语义问题的复杂性，所有的语义信息测度方法迄今都未臻于完善，这里所介绍的希勒尔（Y. Bar. Hillel）和卡尔纳普（Rudolf Carnap）的语义信息测度方法也主要是给有关人员提供一种思路而已。

希勒尔和卡尔纳普于1953年提出的语义信息测度方法是基于一般逻辑的一种方法。设一个语言体系$L(n, m)$，其中，n表示个体或实体（相当于名词），m表示与n相关的属性（相当于形容词）。$L(n, m)$由许多原子句和复杂句组成，原子句的形式为ap，意指将属性p分配给个体a，$L(n, m)$共包含mn个可能的原子句。较复杂的句子则是由原子句根据逻辑符所组成的，这些逻辑符包括非（¬）、或（∨）、与（∧）、蕴含（→）；复杂句也包括变量S，S可以代表任何句子。$L(n, m)$中还包括两个相当于动词的连接符，任意（∀）和存在（∃）。下面是用"或"与"任意"所组织的句子：

$$(\forall S)\ S \lor \neg S$$

这个句子读作：任意句子S，S或S的非为真。另一个句子是用"蕴含"和"存在"组织的：

$$(\exists S)\ S \to ap$$

这个句子读作：至少存在一个蕴含ap的句子S。可见，所有复杂句都是根据语言体系的语法规则来组织的。

在上述语言体系中，一个句子所含的信息量是随着它所含的其他句子数量的增加而增加的。根据这种关系，希勒尔和卡尔纳普定义一个内容元素为一个原子句"或"它的"非"的集合，而所有内容元素的集合C则为

$$C = \{C \mid C = V_{ij} \sigma_{ij} a_i p_j\}$$

其中，"或"存在于所有的原子句中，"σ_{ij}"代表"非"的存在或缺失。这样的集合C共有2^{mn}个内容元素。

对于$L(n, m)$中的任何句子S，其内容$C(S)$是其所含的所有内容元素的集合。若设$n=3$(实体)，$m=2$(属性)，则C所含的句子及其关系如下：

$$\sigma_{11}a_1p_1 \lor \sigma_{12}a_1p_2 \lor \sigma_{21}a_2p_1 \lor \sigma_{22}a_2p_2 \lor \sigma_{31}a_3p_1 \lor \sigma_{32}a_3p_2$$

在此，继续设n为一个星期中的3天（a_1为星期一，a_2为星期二，a_3为星期三），m为与n相关的天气情况（p_1为晴天，p_2为结冰），则一个内容元素可表示为这样一个句子：星期一是晴天或星期一不结冰或星期二是晴天或星期二结冰或星期三不是晴天或星期三结冰。这样一个内容元素当然不是天气预报，真实的天气预报包含更多的内容元素。诸如"星期一和星期二将是晴天并结冰"，这样一则天气预报S所包含的内容元素是所有可能的内容元素$2^{3\times 2}=64$个中的60个，因为，对于C中的所有内容元素，其4个符号σ_{11}、σ_{21}、σ_{12}、σ_{22}所组成的

24 种可能性中至少有一种为真（还有 15 种不定性），其他两个符号 a、p 则可真可伪（共有四种不定性），这样，天气预报 S 的内容 $C(S)$ 所含的实际内容元素为 $15 \times 4 = 60$ 个。

在希勒尔和卡尔纳普的方法中，一个句子 S 所提供的信息量是与它所含的原子句或其非的数量成正比的，可以这样来定义信息量：

$$I(S) = -\log[1 - \text{cont}(S)]$$

式中，$\text{cont}(S)$ 又称内容测度，它是一个句子实际所含的内容元素 $C(S)$ 与所有可能的内容元素 C 的比率。以此计算上述天气预报 S 的信息量，则得

$$I(S) = -\log\left[1 - \frac{60}{64}\right] = \log 16 = 4$$

也就是说，上述天气预报的语义信息量为 4。若继续推导，则

$$I(S) = -\log[1 - \text{cont}(S)] = -\log\left[1 - \frac{C(S)}{C}\right]$$
$$= -\log\frac{C - C(S)}{C} = \log\frac{C}{C - C(S)}$$

可以看出，一个句子真实的信息量取决于该句子实际包含的内容元素的数量，$C(S)$ 数量越多，信息量 $I(S)$ 也越大。换言之，$C(S)$ 所内含的内容元素越多，读者看到该句子 S 后所消除的不定性也越多，所获得的信息量也越大。[1]

希勒尔和卡尔纳普的语义信息测度公式与申农的概率熵公式很相似，它只不过以内容测度取代了申农的不确定性而已。它虽然比申农测度更切近信息的意义，但从根本上说，也只是测度了人工语言中句子出现的频繁程度而已，并未触及语义信息的本质。

1.3.3 基于信息服务的信息测度

1995 年，美国学者萨克利夫出版了专著 *Measuring Information: An Information Services Perspective*，他从信息服务环境中用户与信息记录的交互作用的角度提出了一种信息测度方法。这种方法强调信息记录对信息用户的效用，因此可以说是一种语用层次的信息测度方法。

萨克利夫的信息测度方法的全称是"对应于用户的信息需求或兴趣的信息记录的信息度顺序测度方法"。为了确立该测度的一般模型，萨克利夫首先假设信息服务的目的是在最短的时间内以某种顺序从可利用的数据库或藏书中为用户提供信息记录。其次，他赋予那些能够满足用户信息需求的信息记录以一定的信息度，信息度介于 0 与 1 之间，也就是说，未赋予信息度的信息记录的信息度为 0，能够完全满足用户信息需求的信息记录的信息度为 1。再次，假设用户能够从各种信息记录中识别出具有信息度的信息记录，并至少能够对其中的一些记录进行比较以排出顺序。最后，根据用户的排序确定一个理想的信息链（ideal chain），

即以信息度递减顺序排列的信息记录的集合。

从数学的角度看，信息度的一般测度是用三维空间 $\langle T, U, I \rangle$ 来表示的。其中，T 为信息服务环境中可利用数据库或藏书中所有信息记录的集合；U 是特定社区中具有信息需求的用户和潜在用户的集合或用户个体信息需求的集合；I 为 T 和 U 交互作用而产生的信息功能或产品。换句话说，$I(t,u)$ 的效用是将信息度效用与一份信息记录 t 和一个用户 u 的交互作用联系起来。

对于 $I(t,u)$，$t \in T$，$u \in U$，从 $I(t,u)$ 可推出下述公理：

1) 对于一个潜在用户的每一个信息需求 u，存在一个信息记录的集合 $T^*(u)T$，如果信息记录 $t \in T^*(u)$，则 $I(t,u) > 0$；如果信息记录 $t \notin T^*(u)$，则 $I(t,u) = 0$。

2) $T^*(u)$ 中的信息记录可以组合为一个或多个子集 $T^{(i)*}(u) \subset T^*(u)$，每个子集为用户提供同样的情报。$T(i)^*(u)$ 也称为对应于 u 的信息的集合。

3) 在 $T^*(u)$ 的范围内，给出一个用户 u 和两份记录 t_1 和 t_2，则下述关系有且仅有一种为真：

$t_1 > t_2$，t_1 的信息含量多于 t_2；
$t_1 \approx t_2$，t_1 的信息含量等于 t_2；
$t_2 > t_1$，t_2 的信息含量多于 t_1；
$t_1 \sim t_2$，t_1 与 t_2 无法比较。

在上述三个公理的基础上，引入用户的偏好或选择次序，即可将一个信息集合 $T^*(u)$ 发展为一系列最小信息链的集合即 $C^*(u) = \{C^*i(u) \mid i = 1,p\}$，而从这些信息链中又可以发展出一个单一的信息记录链，它将用作信息度顺序测度的基础。

一个信息链也就是一个页码序列，即 $C_i^*(u) = \langle E_{i1}, E_{i2}, \cdots, E_{iq}(i) \rangle$。其中，每个页码相当于一个含有 $T^*(u)$ 信息元素的子集，其页码排序对应于用户信息度选择的排序，即信息含量最大的信息记录在最前，信息含量最小的信息记录在最后。这样，页码排序即页码索引 $J(E_{ij})$ 就能形成顺序测度的基础。当然，如果 $C^*(u)$ 中存在单一的信息链，我们就可以从页码索引中直接导出顺序信息度测度。但由于用户不可能比较所有记录，即使在最小的信息记录中也存在着两个或更多的信息链。在这种情况下，只有一种替代的方法可行。由于信息链本身可以排序，就可创造出一种单一的信息链 $C(u)$，它也称为理想的信息链。

以理想的信息链为基础，就可以定义顺序信息度测度。该测度首先根据理想的信息链 $C^*(u) = (E_1, E_2, \cdots, E_q)$ 中的页码索引 $e^*(t)$ 给每一个信息记录 t 分配信息度，在此，当信息记录的页码索引增加时，其信息度将相应地降低。由于页码索引是一种顺序测度，与它相关的功能变化必然是一种信息度测度。据此可进一步推导出其他公理。

4) 信息记录的信息度介于 0 与 1 之间，即 $0 \leq (t, u) \leq 1$。

5) 信息链中与页码排序一致的任何序列信息度为1。令 $t^*(u)$ 代表下述记录序列：

$$t^*(u) = t_{11}t_{12}\cdots t_{1n(1)}t_{21}\cdots t_{qn(q)}$$

式中，$n(i)$ 为理想的信息链中第 i 页 E_i 的信息记录的号码，子序列 $t_{i1},\cdots,t_{in(j)}$ 代表 E_i 中信息记录的一个序列。$t^*(u)$ 也称作对应于用户 u 的理想序列，$I[t(u),u]=1$。

6) 令 n 为 $t^*(u)$ 中信息记录的号码，$t^{k*}(u)$ 为包括 $C^*(u)$ 中最前面页码 k 的子序列，即

$$t^{k*}(u) = t_{11}t_{12}\cdots t_{1n(1)}t_{21}\cdots t_{k1}\cdots t_{kn(k)}$$

则 $I[t^{k*}(u),u]$ 与子序列中信息记录号码之和 $\sum_i n(i)$ 的对数呈正相关关系。它说明，收集的信息记录越多，每份记录的信息密度越小。

7) 设 t_1、t_2 为两份记录，t_1 为 t_2 的子记录，$t_2=a_1,a_2,\cdots,a_n$，则

$$t_1 = a_i,a_{i+1},\cdots,a_{i+m}, 1\leq i\leq n-m, m\leq n-1$$

令 t_1，t_2，$\cdots$，t_m 代表子记录的集合 t，则

$$t = t_1 t_2 \cdots t_m = \sum_j t_j$$

这样的子记录集合也称做 t 的子序列，所以

$$I(t,u) = I(\sum_j t_j, u)$$

换言之，将一份记录分解为更小的单元（比如将章分为段等），并不影响序列的信息度。

有了前面的假设和公理，就可以给出信息度测度公式。第一个公式为 $t^*(u)$ 序列的信息度测度：

$$I[t^{k*}(u)] = \log\left[\sum_{i=1}^k \frac{n(i)}{n} + 1\right] = \log\left[\sum_{i=1}^k \frac{n(i)+n}{n}\right]$$

其中，$n(i)$ 为理想的信息链中第 i 页信息记录的号码，n 为理想的信息链中信息记录的总号码。该公式满足公理6)的条件，同时也满足公理4)和公理5)的条件。

第二个公式为理想的信息链中单个信息记录的信息度测度。如果一份记录 t 不在理想的信息链中，则 $I(t,u)=0$；否则，若 $t_k\in E_k$，可得

$$I_{(t_k,u)} = \frac{1}{n(k)}\{I[t^{k*}(u)] - I[t^{k-1*}(u)]\} = \frac{1}{n(k)}\log\left[\frac{\sum_{i=1}^k n(i)+n}{\sum_{i=1}^{k-1} n(i)+n}\right]$$

$$= \frac{1}{n(k)}\log\left[1 + \frac{n(k)}{\sum_{i=1}^{k-1} n(i)+n}\right]$$

在此，我们首先分配给第 k 页 E_k 一个信息度 $I[t^{k*}(u)] - I[t^{k-1*}(u)]$，然后将信息度平均分配给 E_k 页中的 $n(k)$ 份记录，即可得出上述公式。

$I(t_k, u)$ 是一个理想的信息链中信息记录的信息测度。而如前所述，$I(t,u)$ 是一种顺序测度。为此，设信息记录 t_j 的页码索引 j 比信息记录 t_k 的页码索引 k 少，即 $t_j \in E_j > t_k \in E_k$，则可利用第二个公式和数学不等式 $\frac{x}{1+x} < \ln(1+x) < x$，$x > 0$ 推导出 $I(t_j, u) > I(t_k, u)$。也就是说，对于 T 中的任意两份记录 t 和 t'，若 $t > t'$，则 $I(t, u) > I(t', u)$，在此，$I(t, u)$ 就是一个理想序列中单个信息记录信息度的顺序测度。

对于 $I(t_k, u)$ 测度，如果信息链是严格排序的，链中的每一页只包括一份记录，则对于 $t_k \in E_k(u)$：

$$I(t_k, u) = \log\left[1 + \frac{1}{k-1+n}\right]$$

这个测度公式与申农的概率测度非常相似，它可以说是申农测度在信息服务领域的大胆应用。萨克利夫的信息测度是一种应用性的信息测度方法，其本来目的是谋求解决用户与信息记录交互作用过程中信息量的测度问题，具体地说，是通过信息度的测度与比较，将信息度高的信息记录从那些与用户信息需求或兴趣相关的信息记录集合中识别出来，以提高信息服务的质量与效率。然而因为该测度的前提条件或制约条件比较多，语义信息测度和语用信息测度相对复杂得多，所以其应用前景不容乐观，换言之，它还需继续探索和改进。当然，作为一种尝试，萨克利夫的信息测度给我们提供了新的思维和新的方法，这将有利于信息服务事业和信息资源管理科学的发展。

1.4 信息资源及其生产和消费

信息是普遍存在的，但信息并非全都是资源，只有满足一定条件的信息才能称之为信息资源。换言之，只有经过人类开发与组织的信息才是信息资源。人类围绕信息资源所开展的活动主要包括信息资源的生产、管理与消费三大部分，其中，信息资源的生产与消费是信息资源管理的两个端点，信息资源管理则是连接信息资源生产与消费的通道和纽带。

1.4.1 信息资源的概念、特征和类型

信息资源作为一个核心概念是信息资源管理的逻辑起点，它的界定在很大程度上决定着信息资源管理的内涵和框架结构。但学术界迄今尚未就信息资源的定义达成一致，我们认为，信息资源是经过人类开发与组织的信息的集合，它具有

智能性、有限性、不均衡性和整体性等特征。

1. 美国学者的信息资源观

信息资源管理首先兴起于美国，从20世纪70年代后期至今，美国学者撰写发表了大量有关信息资源管理的论著，其中不乏对信息资源这一概念的探讨与论述。我国学者卢泰宏和孟广均在1992年编译的《信息资源管理专集》（以下简称《专集》）中曾将美国学者对信息资源的理解概述如下：

信息资源 = 文献资源

信息资源 = 数据

信息资源 = 多种媒介和形式的信息（包括文字、图像、声音、印刷品、电子信息、数据等）

信息资源 = 信息活动中各种要素的总称（包括信息、设备、技术和人等）

《专集》的编者最后指出，国外信息资源管理学者对信息资源的理解多取第四种解释。他们还援引了霍顿1979年对单数形式和复数形式的"信息资源"的解释：第一，当"资源"为单数时，信息资源是指某种内容的来源，即包含在文件和公文中的信息内容。第二，当"资源"为复数时，信息资源是指支持工具，包括供给、设备、环境、人员、资金等。[12]

然而，正是霍顿及其合作者马尔香（D. A. Marchand）在1986年出版的专著 *INFOTRENDS: Profiting from Your Information Resources* 中又区分了"信息资源"和"信息财产"两个概念。

"信息资源"的含义如下：

1）拥有信息技能的个人。

2）信息技术及其硬件与软件。

3）诸如图书馆、计算机中心、传播中心、信息中心等信息设施。

4）信息操作和处理人员。

"信息财产"（information assets）的含义如下：

1）公司所拥有的正式的数据、文件、文献等财产。

2）公司所拥有的实际知识，包括类似专利和版权的智力财产以及个人的专门知识。

3）公司所拥有的关于竞争对手、商业环境及其政治、经济、社会环境等方面的商业情报。[13]

可以看出，霍顿在两个不同时期对信息资源的认识是有差别的，这本身说明信息资源是一个发展中的概念，它只能随着人们认识的深化而趋于完善。针对美国学者尤其是霍顿对信息资源的理解，我们的认识如下：

1）美国学者对信息资源的界定总体上存在着泛化和随意化的倾向。究其根源，人们最初是从计算机的应用中受到启发，认为信息可以作为一种资源投入生产和管理过程，而人们对信息的理解不尽一致，这样信息资源概念就随人们对信息的理解而得以定形和传播。到20世纪80年代中后期，人们开始从资源的概念出发来演绎信息资源的概念，霍顿对信息资源的再表述当是这种演绎的产物。

2）霍顿的信息资源概念混淆了信息资源与信息源。信息资源从本质上说也是一种信息，它不同于信息源，也不同于信息生产者或生产工具，可以说，万物皆为信息源（信息资源本身也是一种高纯度的信息源），但唯有可利用的信息才构成信息资源。

3）信息资源与信息财产不是对立的。数据、文献、专利、版权、个人的专业知识、商业竞争情报等固然是信息财产，但在一般人的思维中它们同样也是信息资源。也就是说，我们不能机械地套用"资源"概念，而应该参照概念在现实生活中的发展变化来科学地准确地定义，否则我们只能谈"信息财产的管理"而不是信息资源管理了。

美国学者更多地是从管理学和计算机应用相结合的角度来研究信息资源管理的，他们在自己的论著中对定义往往采取非常实用的做法，即不做繁琐的论证，而只是简捷地规定某个术语在该论著中的含义与范围，如前述美国信息资源管理领域对信息及其相关概念的认识就是典型的例子。美国信息资源管理领域对信息的理解是高度统一的，但他们所理解的"信息"更类似于我们所理解的"信息资源"。

2. 我国学者的信息资源观

我国学者是从20世纪80年代中后期开始关注和研究信息资源管理问题的。起初他们只是简单地翻译和介绍国外的相关研究成果和进展，怀着发现新大陆似的心情向国内同仁引荐的。进入90年代，由于图书情报业在低谷中徘徊不前，国家科委（现中国科学技术部）宣布将"情报"改为"信息"，信息高速公路热遍全球，国内相关领域的研究者开始从不同角度介入信息资源管理领域；到90年代中期，已有几种信息管理方面的专著面世。我国学者在从引进到批判性研究的过程中，也曾从不同角度、不同层面应用和探讨过信息资源的概念，但多为"述而不论"。

据可查的文献记载，孟广均是最早介绍和使用"信息资源"概念的国内学者之一，他在1985年就曾著文指出，"我国的信息资源很多，经济的、科学的、技术的、政治的、文化的、教育的、军事的……现在国外普遍认为没有控制、没有组织的信息不再成为一种资源，因此都加强了对信息的管理"。[14] 1991年，孟广均在给《知识工程》杂志的贺词中进一步明确了信息资源的概念，他认为，"信息资源包括所有的记录、文件、设施、设备、人员、供给、系统和搜集、存储、处理、传递信息所需的其他机器"。[15] 孟广均这种罗列式的定义迄今还影响着国内许多研究人员对信息资源的认识。1992年，孟广均又与卢泰宏合作推出了《信息资源管理专集》，对国外信息资源管理研究进行了全面系统的评介，这可谓我国信息资源管理研究的里程碑式的文集，其中所列举的对信息资源的四种理解现在还常为有关学者所引用。

然而，我国学者对信息资源概念的认识过程基本上与美国学者相仿。20世纪90年代中期以前，大多数学者都是从各自专业或自我理解的角度使用信息资源一词而未做深入的研究，普遍流行的是类似于孟广均那种列举式的泛化定义。90年代中期，一些学者开始从科学的意义上来抽象和概括"信息资源"概念，他们的努力深化了人们的认识。现列举几种观点如下：

乌家培认为："对信息资源有两种理解。一种是狭义的理解，即仅指信息内容本身。另一种是广义的理解，指的是除信息内容本身外，还包括与其紧密相连的信息设备、信息人员、信息系统、信息网络等"。[16]

马大川认为："广义的信息资源是指信息和它的生产者及信息技术的集合。即广义的信息资源由三部分组成：第一，人类社会经济活动中的各类有用信息。第二，为某种目的而生产有用信息的信息生产者。第三，加工、处理和传递有用信息的技术。狭义的信息资源则仅仅指人类社会经济活动中经过加工处理有序化并大量积累后的有用信息的集合，它包括科学技术信息、政策法规信息、社会发展信息、经济信息、市场信息、金融信息等多方面内容"。[17]

朱立文认为："信息资源是反映客观事物的各种信息的总称，也是各种信息的集合体"。[18]

汪华明和杨绍武认为："信息资源是将信息通过在生产、流通、加工、存储、转换、分配等过程中，作用于信宿（用户）进行开发利用，为人类社会创造出一定财富而成的一种社会资源"。[19]

霍国庆认为："信息资源也就是可以利用的信息的集合……换言之，信息资源是经过人类开发与组织的信息的集合"。[20]

上述几种观点基本上能够代表和反映我国现阶段对信息资源的认识水平和存在的问题。归纳起来，可以得出几点结论：第一，信息资源归根结底是一种信息，是作为资源的信息，也就是所谓"有用的信息"或"可以利用的信息"，这是泛化定义的合理升华，标志着我国信息资源及其管理研究进入了一个新的阶段。第二，信息成为资源的必要条件是信息的加工、处理和序化活动，换言之，信息资源之所以"有用"或"可以利用"，是因为其中包含着人类的智能劳动，而智能性正是信息资源的本质特征。第三，现阶段我国学者的认识仍存在泛化、模糊化和复杂化等问题，如上述某些定义未能区分信息与信息资源，有的定义则趋于复杂化，而大多数定义未能区分信息资源和那些与信息有关的资源，因而存在泛化倾向，等等。

我国信息资源管理研究领域还存在着一个令人担忧的问题，即不少研究者将

"信息管理"等同于"信息资源管理",但却将信息管理的范围局限于"社会信息的管理"。然而,"社会信息"是否等同于"信息资源"?答案无疑是否定的。作为一种特定的概念,无论具体的研究人员如何理解,社会信息总是相对于自然信息而存在的,为此,我们认为有关人员最好在协商的基础上使用统一的规范的术语,以避免出现新的"情报"与"信息"之争。[21]

3. 信息资源的内涵与特征

信息资源是信息与资源两个概念整合衍生出的新概念,它归根结底是一种信息,或者说是信息的一个子集。如前所述,信息资源主要包括再生信息和一部分感知信息——那些虽被人们所感知但却稍纵即逝的感知信息不属于信息资源的范畴,因为它们无法为人类所利用。

信息资源也是一种资源。据《现代汉语词典》的解释,资源是"生产资料或生活资料的天然来源"。又据《经济地理学导论》的解释:"自然资源是自然条件中可以利用的部分,是在当前生产力水平和研究水平下,为了满足人类对生产和生活的需要,可以被利用的自然物质和自然能量。自然条件中目前尚不能利用的部分,诸如地震、山崩、泥石流等不属于自然资源的范围。"联合国环境规划署提出自然资源的概念是:"在一定时间和一定条件下,能产生经济效益、以提高人类当前和将来福利的自然因素和条件"。[22]又据《资源与我们》的解释,"资源是与人类的生产活动密切相关的。因此,我们说,只有当自然界物质被人类用到生产活动中时才能称之为资源。概言之,资源有这样两个特征:第一,它是自然界物质的一部分,这些自然界物质及其成分为人类生产活动所需。第二,这些自然界物质具有的丰度和凝聚度,足以使人类获取它的价值不大于由此而付出的代价","自然资源是通过人类的参与而获得的、在人类的生产活动中加以使用的自然界物质"。[23]资源的概念是我们定义信息资源的前提之一,为了彻底弄清资源的本质含义,前面引用了对资源有独到研究的经济地理界的几种观点,现在综述一下我们的认识:

1) 上述对资源的认识主要是针对自然资源或物质资源而言的,由于信息与物质有着质的区别,我们不能简单套用资源概念,譬如,我们若依《现代汉语词典》的解释将信息资源定义为"信息的天然来源",则无以区分信息源与信息资源。

2) 资源是一个动态的概念,其范围和数量是由当前的生产力水平和研究水平所决定的。

3) 物质资源也是一种物质,它是物质中具有丰度和凝聚度的那一部分,其界定取决于物质的可利用性,或者说,可利用性是物质资源乃至所有资源的本质特征。

4) 资源是与人类需求相关的,其获取离不开人的参与。

综上所述，资源可以定义为：通过人类的参与而获取的（或可获取的）可利用的物质、能量与信息的总和。

联系信息概念和资源概念来考察信息资源，可以这样认为：第一，信息资源是信息的一部分，是信息世界中与人类需求相关的信息。第二，信息资源是可利用的信息，是在当前生产力水平和研究水平下人类所开发与组织的信息。第三，信息资源是通过人类的参与而获取的信息，人类的参与在信息资源形成过程中具有重要的作用。概言之，信息资源就是经过人类开发与组织的信息的集合，而"开发与组织"正是信息资源可利用性的表征。所谓信息的开发，是指人类根据自身需求以感知、思维、创造等方式从物质和能量中提取、生产信息的过程；所谓信息的组织，则是指人类根据一定的规则以语言、文字等符号为手段对所开发的信息实施有序化的过程；信息的开发与组织通常是一个过程的两个方面，开发离不开组织，组织本身也是一种开发。据自然科学研究，物质资源的丰度与凝聚度是亿万年物质运动的结果；而信息资源的可利用性或信息丰度与凝聚度则是人类开发与组织的结果。

信息资源是可利用的信息，它具有除"无限性"之外信息的所有性质。相对于其他非资源型信息，信息资源具有四个明显的特征：

1）智能性。信息资源是人类所开发与组织的信息，是人类脑力劳动或者说认知过程的产物，人类的智能决定着特定时期或特定个人的信息资源的量与质，智能性也可以说是信息资源的"丰度与凝聚度"的集中体现。信息资源的智能性要求人类必须将自身素质的提高和智力开发放在第一位，必须确立教育和科研的优先地位。

2）有限性。信息资源只是信息的极有限的一部分，比之人类的信息需求，它永远是有限的，从某种意义上说，信息资源的有限性是由人类智能的有限性决定的。有限性要求人类必须从全局出发合理布局和共同利用信息资源，最大限度地实现资源共享，从而促进人类与社会的发展。

3）不均衡性。由于人们的认识能力、知识储备和信息环境等多方面的条件不尽相同，他们所掌握的信息资源也多寡不等；同时，由于社会发展程度不同，对信息资源的开发程度不同，地球上不同区域信息资源的分布也不均衡，通常所谓的信息领域的"马太效应"就是与这种不均衡性有关的现象。不均衡性要求有关信息政策、法律和规划等必须考虑导向性、公平问题和有效利用问题。

4）整体性。信息资源作为整体是对一个国家、一个地区或一个组织的政治、经济、文化、技术等的全面反映，信息资源的每一要素只能反映某一方面的内容，如果割裂它们之间的联系则无异于盲人摸象。整体性要求对所有的信息资源和信息资源管理机构实行集中统一的管理，从而避免人为的分割所造成的资源的重复和浪费。

4. 信息资源的类型

信息资源从本质上说是一种信息，是一种附加了人类劳动的信息。凡是未被个人开发和组织从而能够为个人或他人所利用的信息都不属于信息资源。进一步分析，信息资源是由信息、人、符号、载体四种最基本的要素构成的，其中，信息是信息资源的源泉，人作为认识主体是信息资源的生产者和利用者，符号是人生产和利用信息资源的媒介和手段，载体则是存储和利用信息资源的物质工具。换言之，信息资源是人通过一系列的认知和创造过程之后以符号形式存储在一定载体（包括人的大脑）上可供利用的全部信息。

信息资源的类型可以根据多种标准来划分：

1) 以开发程度为依据，信息资源可划分为潜在的信息资源与现实的信息资源两大类型。潜在的信息资源是指个人在认知和创造过程中储存在大脑中的信息资源，它们虽能为个人所利用，但一方面易于随忘却过程而消失，另一方面又无法为他人直接利用，因此是一种有限再生的信息资源。现实的信息资源则是指潜在信息资源经个人表述之后能够为他人所利用的信息资源，它们最主要的特征是具有社会性，通过特定的符号表述和传递，可以在特定的社会条件下广泛地连续往复地为人类所利用，因此是一种无限再生的信息资源。一般地讲，现实信息资源是信息资源管理的主要研究内容。

2) 现实信息资源以表述方式为依据可以划分为口语信息资源、体语信息资源、文献信息资源、实物信息资源和网络信息资源。口语信息资源是人类以口头语言所表述出来而未被记录下来的信息资源，它们在特定的场合被"信宿"直接消费并且能够辗转相传而为更多的人们所利用，如谈话、聊天、授课、讲演、讨论、唱歌等活动都是以口语信息资源的交流和利用为核心的。体语信息资源是人类以手势、表情、姿态等方式表述出来的信息资源，它们通常依附于特定的文化背景，如舞蹈就是一种典型的体语信息资源。文献信息资源是以语言、文字、数据、图像、声频、视频等方式记录在特定载体上的信息资源，其最主要的特征是拥有不依附于人的物质载体，只要这些载体不损坏或消失，文献信息资源就可以跨越时空无限往复地为人类所利用；文献信息资源是信息资源管理的主体。实物信息资源是人类通过创造性的劳动以实物形式表述出来的信息资源，这类信息资源中物质成分较多，有时难以区别于物质资源，而且它们的可传递性一般较差。常见的实物信息资源有产品样本、模型、碑刻、雕塑等。网络信息资源是指 Internet、外联网和内联网上处于流动状态的海量信息资源。其中，Internet 信息资源泛指链接在网络上的所有计算机和数据库中的信息资源，人们可以免费或付费获取这些资源；外联网信息资源是指一个组织与其合作伙伴之间通过专用电话线、数据封装技术或互联网建立的能够有限共享网络上的信息资源，只有外联网的成员才能利用其中的信息资源；内联网信息资源是指一个组织通过防火墙与 Internet 相隔离的内部专用网络上的信息资源，通常只有一个组织内部的成员能够利用这些信息资源，外部人员只有获得许可才能利用。网络信息资源目前已经成为教学科研人员、策划咨询人员和各类决策人员等高端用户获取信息的主渠道之一，为此，如何有效、合

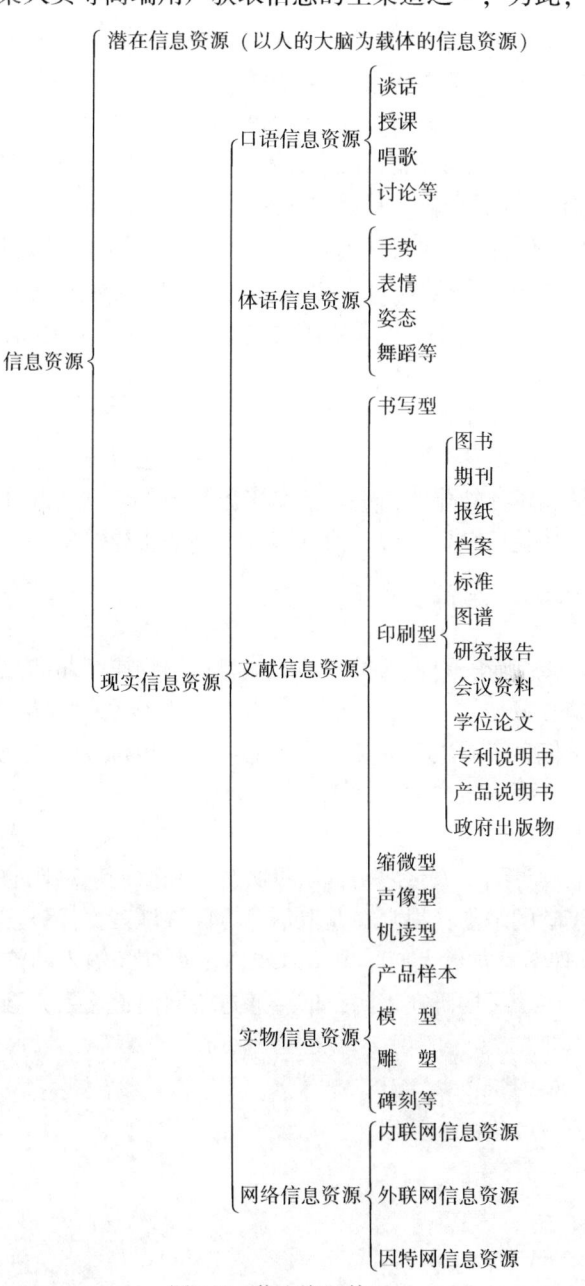

图 1.7 信息资源体系

法或组合利用网络信息资源将在很大程度上决定着一个组织或个体的发展。

3) 文献信息资源以记录方式和载体材料为依据可划分为书写型、印刷型、缩微型、机读型和声像型五大类。书写型文献信息资源一般以纸张为载体，记录方式为人工抄写，包括手稿、信件、日记、原始档案等。印刷型文献信息资源也主要以纸张为载体，记录方式主要是印刷技术，包括油印、铅印、胶印、木板印刷、复印、激光打印等。缩微型文献信息资源以感光材料为载体，记录方式主要是光学记录技术，主要类型有缩微胶卷、缩微平片、缩微卡片等。机读型文献信息资源以磁性材料为载体，记录方式为磁录技术，主要类型有磁带、磁盘、软盘、光盘等。声像型文献信息资源以感光材料和磁性材料为载体，记录方式为光录技术和磁录技术，主要类型有唱片、录音录像带、电影胶卷、胶片、幻灯片等。

4) 印刷型文献信息资源还可以出版形式的不同划分为图书、期刊、会议资料、研究报告、专利说明书、政府出版物、学位论文、产品说明书、档案、标准、新闻报纸、统计报表、图谱等。

信息资源是一个完整的体系（图1.7）。作为一个体系，它是一定范围内各种信息资源所构成的整体。在这个体系中，潜在信息资源与现实信息资源是相互依存、相互促进和相互转化的，潜在信息资源是未来信息资源开发的重点，现实信息资源尤其是文献信息资源则是信息资源管理的主要对象。

1.4.2 信息资源的生产

信息资源是凝结着一定量人类劳动的信息。与物质产品的生产不同，信息资源的生产是以脑力劳动为主导的过程，具体地说，信息资源是认知过程的产物，人脑与计算机是信息资源生产的最主要的机器，照相机、显微镜、望远镜、录音录像机等则是信息资源生产的辅助工具。

信息资源的生产是从人对外界信息的感知开始的。通常，人们主要是通过眼睛和耳朵来获取信息的，人生之初，通过听觉所获取的信息比通过视觉所获取的信息多，随着年龄的增加，视觉在获取信息方面逐渐占据优势，可谓"百闻不如一见"。近代生理学家告诉人们，单位时间内由视神经输入的信息量是听神经输入信息量的540倍。又据研究表明，信息通过不同通道输入大脑时大脑的吸收率分别为：

视觉通道——83%；

听觉通道——11%；

嗅觉通道——3.5%；

触觉通道——1.5%；

味觉通道——1%。

如果将视觉和听觉通道结合起来，大脑的吸收率还会明显提高[24]。在现实生活中，教学活动就是利用多通道来提高学生大脑吸收率的典型。

人对外界的感知也可以看作是外界对人的刺激。这些刺激大约可分为三类，即自然信息刺激、实践信息刺激和文化信息刺激（图 1.8），它们分别对应于人类的遗传知识（本能）、经验知识和文化知识。在外界信息刺激的作用下，人类相应器官的神经细胞将受到具有一定节奏和空间分布的信息力的作用，这些作用首先赋予人体的是感觉。据《信息时代的哲学思考》一书作者黎鸣的理解，感觉是外部世界的信息与人体的信息相互作用而在人的信息功能系统特别是人的大脑中留下的响应（即系统相应于外界刺激所引起的本身状态的变化及其过程）。这种响应与过去的信息作用在人体内信息存储器中留下的响应痕迹（即记忆）交互感应而形成某种响应群时，感觉就开始过渡为知觉。知觉也称映象，它能较完整地对于外界物质系统的外部状态或结构给出同态的响应（同态是控制论中的术语，是指两种事物之间存在某种非一一对应的变换）。感知、知觉（映象）、相应层次的记忆以及它们之间的多种联系，共同构成了人体系统的观察器部分（图 1.8）[25]，这个部分所产生的信息称为感知信息，其中被存储起来可资利用的那部分构成了潜在信息资源。

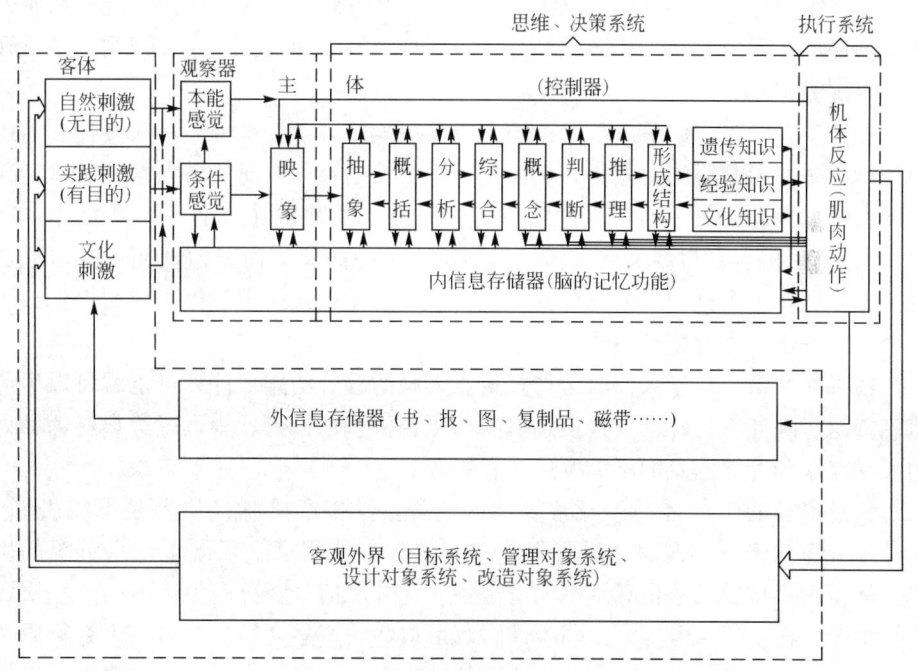

图 1.8　信息资源生产过程[25]

观察器部分所产生的信息进入控制器中的思维和决策系统后，信息流将顺次经过抽象、概括、分析、综合、概念、判断、推理、形成结构等思维过程，并最终产生知识形态的信息，这部分信息可称为再生信息，它们也是潜在信息资源的组成部分。但上述思维程序只是一般的顺序，在真实的思维过程中，信息流经常发生大量的随机运动，这种随机运动有时正是创造和灵感的物理机制。值得说明的是，在整个思维过程中，大脑的记忆功能成分始终是密切联系各级逻辑功能的通路，由此才可能在极短的时间内发生信息的多次流通和反馈，也就是说，良好的记忆是进行成功的思维活动的重要条件。

思维是信息资源生产的重要机制。所谓思维，从信息的观点来看，就是在不断的外界信息（负熵）流入的条件下，人脑中各种功能成分吸收负熵以形成趋向于有序的自组织运动过程。思维的存在和运行需要三种必要条件：首先，人类社会的实践活动是人类思维存在和运行的物质基础，没有实践就无法获取信息，思维也就会成为无源之水。其次，文化信息（以语言、文字等符号表达的信息）是思维存在和运行的信息基础，文化信息是一种外储信息，作为思维的产品，它是人们进一步思维的素材，现代社会漫长的学校生涯就是个人接受文化信息、强化思维训练的信息投入过程。再次，逻辑是思维存在和运行的规范基础，逻辑（包括形式逻辑、数理逻辑和辩证逻辑）不外是一种思维的程序和方法，它贯穿于整个思维过程，引导着信息流的有序运动。经过思维，人的认识实现了从感性认识到理性认识的飞跃，并形成具有一定信息结构的知识，这些知识构成了潜在信息资源的主体。

在信息资源生产的最后阶段，知识成为决策的力量，这种力量触发控制器中的执行系统，引起肌肉的紧张和机体的运动，其结果一方面使潜在信息资源转化为现实信息资源，另一方面通过机体的活动进一步影响（改造）客观世界（客体）；改造后的客观世界又向人体发出信息，……如此周而复始地使信息流完成大的循环，每一个这样大的循环就构成一个完整的单元认识过程，因而也构成了一个完整的信息资源生产过程。

在现代社会，由于人们赋予计算机以人脑的部分功能，计算机也就可以生产信息资源。除计算机外，其他信息机器如照相机、录音机、望远镜等只能辅助人的大脑获取和存储信息而不能生产信息资源。

信息资源的生产是一个异常复杂的过程，其生产机制（主要是思维机制）的许多方面对于人类而言还是不解之谜，这在很大程度上限制了信息资源的生产，从而也直接导致了信息资源的有限性。此外，信息资源的生产不同于物质资源的生产，物质资源经过开发与生产过程形成物质产品之后，一般不再将物质产品看作是一种资源，因为物质产品除非特殊处理外不能作为再生产的要素；但信息资源的生产不然，信息资源经开发和生产形成信息产品后，依然是信息资源，依然是进一步思维的素材。信息资源与物质资源的这种区别是信息资源难以界定的主要原因之一。

信息资源的生产也是一个相当个体化的现象。因为信息资源生产的主要工具是人的大脑，所以信息资源的生产任务主要是由个人来承担的，职业研究人员、职业作家、决策者、记者、教师、医生等都是社会中主要的信息资源生产者，他们可能选择或采用集体研究的形式，但最终的信息资源生产却是由每个个体的大脑分别完成的。社会个体信息资源生产的终结正是信息资源管理的起点——信息资源管理通过一系列有序的环节将个体所生产的信息资源传递给每一个信息消费者，从而在信息资源的生产与消费之间铺就了一条条"信息高速公路"。

1.4.3 信息资源的消费

消费是生产的目的，生产是消费的前提，生产与消费构成了信息资源运动过程的两个端点。对于个人而言，这两个端点在某种程度上是合而为一的，因为个人既是信息资源的生产者也是信息资源的消费者。但从社会的角度而言，这两个端点通常是分离的，任何一个人既为他人提供信息资源，同时也消费他人提供的信息资源，这正是信息资源管理活动存在的社会基础。然而，我们在此要探讨的问题是：信息资源消费的实质是什么？怎样来衡量信息资源的消费水平？

一般而言，人们消费某种物品意味着消费其使用价值，譬如人们穿衣消费的就是衣服的御寒、装饰等使用价值。同理，人们消费信息资源也主要是消费其使用价值。我们认为，信息资源的使用价值主要由三方面的要素构成：

1）信息资源的真实度。即信息资源所反映的事物运动状态和方式与其实际的运动状态和方式的相符程度，如学术论文的合理性和实证程度、科学研究的客观性和可重复性、史实材料的可靠性、艺术作品的感染力等都是信息资源真实度的体现。形象地说，信息资源的真实度如同金属矿的品位，越是优秀的作品，真实度越高，因而也越能减少用户的不确定性，使用价值也越高。

2）信息资源的时效性。由于事物皆处于运动之中，作为事物运动状态和方式的信息也在不停地变化，以信息为原料的信息资源也就或多或少地具有滞后性，这样，越是新颖及时的信息资源，其使用价值越高，有些信息资源尽管真实度很高但相对滞后，其使用价值就要大打折扣，例如上周乃至昨天的股市行情对于今天的股民就没有多大意义。

3）信息资源中附加的人类劳动。这是人们消费的主要内容，因为同样的信息资源由于附加的人类劳动不同，其思想性、真实性、艺术性等也不同，比如同样写岳阳楼，范仲淹的《岳阳楼记》包含的使用价值就高，这与范仲淹的人生经历、文化素养、知识积累、思想境界、写作磨炼、即时感悟等不无关系。

信息资源的消费可以根据消费目的的不同而分为中间消费和最终消费。中间消费是把信息资源作为生产过程的中间投入而生产出新的信息资源，如知识分子就是以信息资源的中间消费为手段通过生产新的信息资源赖以谋生的。最终消费是指消费者把信息资源作为获取满足或享受的媒介来使用的消费方式，如城乡居民看电影电视、听广播、读文学作品、聊天、听戏等只是一种自我满足和享受的行为，而不是一种职业行为。信息资源的中间消费和最终消费对信息资源使用价值的要求是不同的。

信息资源的消费水平是信息资源满足人们生产和生活需要的实际程度和规模，它反映信息资源消费的数量特征，一般用人均实际消费的信息资源及其劳务的数量来衡量，如人均图书馆藏书拥有量和利用册数、人均看电影次数、人均报刊发行量、人均电话通话次数等。在这方面，日本学者提出的信息化指数可以说是衡量现代社会信息资源消费水平的较好的定量方法（图1.9）。[26]

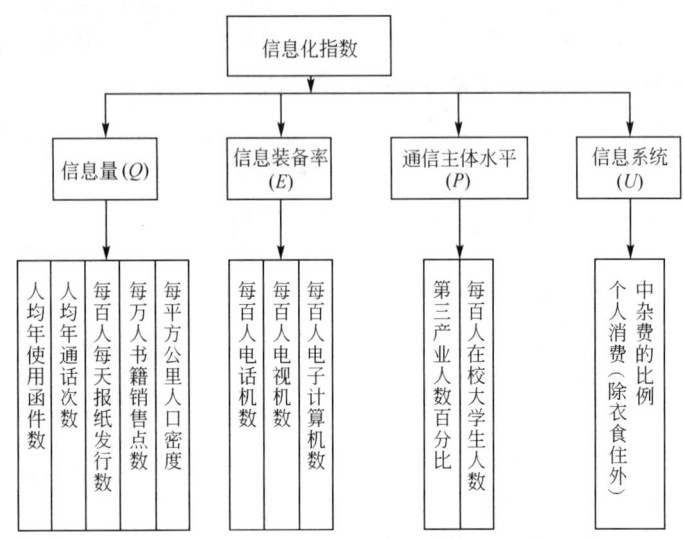

图1.9　日本信息化指数模型

在上述模型中，求最终信息化指数的方法一般有两种：一是将基年（比较的起始年度）各项指标值的指数定为100，然后分别将测算年度的同类指标值除以基年指标值，求得测算年度的各项指标值的指数，再将各项指标值指数相加除以项数，即为最终的信息化指数。二是先分别算出 Q、E、P、U 这四组的指数平均值，即对每一组的变量指标值求平均值，再对分组的指数平均值求算术平均值得出最终的信息化指数。在这两种算法中，各单项指标的贡献是不一样的。[26]

求信息资源消费水平的公式和模型还有很多，但它们大都类似于日本信息化指数模型，它们其实测算的是信息资源载体、生产者乃至生产机器等的数量特征，或者说是通过这些中介物的数量特征来估量信息资源消费的数量特征。真正的信息资源消费水平应以什么为单位来衡量？如何才能实施有效而精确的测算？这些还都是有待解决的问题。

信息资源的消费也就是信息资源的利用过程。人们对信息资源的使用价值有什么要求？目前人们的信息资源消费水平如何？这是信息资源管理人员首先应该关心的问题，从而也是信息资源管理成败得失的关键问题。[27]

主要参考文献

[1] 钟义信. 信息科学原理. 福州：福建人民出版社，1988

[2] Buckland M. Information as thing. Journal of American Society of Information Science, 1991, 42(5)：351～360

[3] Tague-Sutcliffe J. Measuring Information：An Information Services Perspective. San Diego：Academic Press, Inc., 1995

[4] Currás Emilia. The influence of systems science on the concept of information. International Forum on Information and Documentation, 1993, 18(2)：32

[5] Stone M B. Information：a plea for clarity of meaning. International Forum on Information and Documentation, 1995, 20(3)：3～8

[6] Smith A N, Medley D B. Information Resource Management. Cincinnati：South-Western Publishing Co., 1987

[7] Martin W J. The Information Society. London：Aslib, the Association for Information Management, Information House, 1988

[8] 阿尔温·托夫勒. 第三次浪潮. 朱志炎等译. 北京：三联书店，1984

[9] 克劳斯. 从哲学看控制论. 梁志学译. 北京：中国社会科学出版社，1981

[10] 埃尔温·薛定谔. 生命是什么. 上海外国自然科学哲学著作编译组编译. 上海：上海人民出版社，1973

[11] 常迥. 信息理论基础. 北京：清华大学出版社，1993

[12] 卢泰宏, 孟广均. 信息资源管理专集. 国外图书情报工作，1992，(3)：1～2, 15

[13] Marchand D A, Horton Jr F W. INFOTRENDS：Profiting from Your Information Resources. New York：John Wiley and Sons, Inc., 1986

[14] 孟广均. 关于情报概念、工程、信息业. 情报业务研究，1985，(1)：26～27

[15] 孟广均. 祝愿奇葩更鲜艳. 知识工程，1991，(1)：7

[16] 乌家培. 信息资源与信息经济学. 情报理论与实践，1996，(4)：4～6

[17] 马大川. 论信息资源网络建设. 见：信息资源与社会发展. 武汉：武汉大学出版社，1996

[18] 朱立文. 信息资源有效开发利用之探讨. 见：信息资源与社会发展. 武汉：武汉大学出版社，1996

[19] 汪华明, 杨绍武. 论信息资源开发利用与国际合作. 见：信息资源与社会发展. 武汉：武汉大学出版社，1996

[20] 霍国庆. 信息资源管理的三个层次. 中国图书馆学报，1996，(5)：68～71

[21] 霍国庆. 国内信息资源管理理论述评. 情报理论与实践，1997，(2)：120～123

[22] 胡兆量等. 经济地理学导论. 北京：商务印书馆，1987

[23] 郑文艺, 刘与任. 资源与我们. 上海：上海科技教育出版社，1995

［24］王通讯. 论知识结构. 北京：北京出版社，1986
［25］黎鸣. 信息时代的哲学思考. 北京：中国展望出版社，1987
［26］卢泰宏，杨伟萍. 信息宏观测度的研究（上）. 情报学报，1992，(5)：325
［27］孟广均等. 论信息资源及其活动. 见：情报学进展（1996～1997年度评论）. 北京：兵器工业出版社，1997

2 信息资源管理

信息资源管理（Information Resource Management，IRM）是介于信息资源生产和信息资源消费之间的一种人类活动。作为一种科学实践，信息资源管理源起于20世纪中期而迅速发展于70年代中期以后；作为一种学科理论，信息资源管理形成于70年代末期而成熟于80年代中后期和90年代。信息资源管理可谓是现代社会多种因素的综合产物，它的历史虽然比较短，但发展却极为迅速，仅就学科理论而言，现在已形成了信息系统学派、记录管理学派、信息管理学派等多种理论流派，这些流派代表着当今信息资源管理理论发展的主流。

2.1 信息资源管理的起源和发展

信息资源管理源起于政府部门的文书管理领域和工商行业的企业管理领域。从20世纪40年代到50年代后期，信息资源管理作为一种思想分别在上述两个领域开始萌芽；60年代和70年代是信息资源管理思想互相渗透、融合并走向成熟的时期；80年代迎来了信息资源管理发展的第一个高潮，理论的繁荣与迅速传播使信息资源管理在世界范围内确立了自己的地位；90年代的"信息高速公路热"进一步带动了信息资源管理的发展。但揭开网络的面纱，人们发现真正"为王"的还是资源。当然，信息资源管理从总体上来说仍处于发展之中，人们不可能在如此短的时间内就对如此复杂的对象形成深入的普遍认同的理论思想，不过值得欣慰的是，人们正朝着这个方向努力。

2.1.1 信息资源管理概述

信息资源管理的确切含义是什么？对此，研究者依然见仁见智，持"管理哲学说"有之，持"系统方法说"有之，持"管理过程说"有之，持"管理活动说"亦有之。美国学者马尔香和克雷斯莱因（J. C. Kresslein）认为："信息资源管理是一种对改进机构的生产率和效率有独特认识的管理哲学。"[1]史密斯和梅德利也持类似的观点，他们认为："信息资源管理比管理信息系统复杂得多，它可能被认为是整合所有学科、电子通信和商业过程的一种管理哲学。"[2]此即"管理哲学说"。但美国学者里克斯（B. R. Ricks）和高（K. F. Gow）则认为："信息资源管理是为了有效地利用（信息资源）这一重要的组织资源而实施规划、组织、用人、指挥、控制的系统方法。"[3]里克斯和高的观点可称为"系统方法说"。信息资源管理在英国等同于信息管理，英国学者马丁（W. J. Martin）认为："信息管理就是与信息相关的计划、预算、组织、指挥、培训和控制过程。"[4]美国的史密斯和梅德利也认为："在第一层次，……信息资源管理就其本质是一种指导哲学。在第二层次，信息资源管理将传统意义上的信息服务包括信息传播、办公系统、记录管理、图书馆功能、技术规划等统一起来，并从而由一种哲学演变为一种管理过程。"[2]霍顿也持类似的"管理过程说"。而另外两位英国学者博蒙特（J. R. Beaumont）和萨瑟兰（E. Sutherland）则认为："信息资源管理是一个集合名词，它包括所有能够确保信息利用的管理活动。"[5]博蒙特和萨瑟兰的观点可称为"管理活动说"。然而，信息资源管理究竟是一种管理哲学、一种系统方法、一种管理过程，还是一种管理活动呢？

全面地分析，上述各种观点都有独特的视角，都从某个侧面概括了信息资源管理的内在本质，当然也都欠全面。我们认为，信息资源管理的主体是一种人类管理活动，管理哲学是这种活动的升华，同时又是这种活动的指南，系统方法是这种活动的规则和实施程序，管理过程则是这种活动在某一组织机构内部的具体体现。需要说明，虽然马丁认为信息资源管理与信息管理没有什么区别，但在我国信息资源管理研究领域，这两个术语却有着很大的差别，其中最根本的差别在于信息资源管理以"信息资源"为逻辑起点，信息管理则以"社会信息"为逻辑起点。

信息资源管理是为了确保信息资源的有效利用、以现代信息技术为手段，对信息资源实施计划、预算、组织、指挥、控制、协调的一种人类管理活动。信息资源管理一般被认为是一个集成领域，是由多种人类信息活动所整合而成的特殊形式的管理活动。霍顿指出，"信息资源管理融合了诸如管理信息系统、记录管理、自动数据处理、电子通信网络等不同的信息技术和学科"[6]；马丁则认为信息管理的范围广及"数据处理、文字处理、电子通信、文书和记录管理、图书馆和情报中心、办公系统、外向型信息服务、所有与信息有关的经费控制活动"[4]；马尔香和克雷斯莱因又进一步将信息资源管理分为七个模块，即数据处理、电子通信、文书和记录管理、图书馆和技术情报中心、办公系统、研究和统计信息管理、信息服务或公共信息机构等[1]。可见，信息资源管理是一个覆盖面相当广的集成概念，其中的任何一种信息活动若单独而论，可以称为信息资源管理——因为它是信息资源管理的组成部分，也可不称为信息资源管理——因为只有多种信息活动有机融合的整体才是信息资源管理。换一个角度，我们还可将一体化的信息资源管理划分为过程管理、网络管理和宏观调控管理三个层次，相对于前述的平面分割，这可以说是一种立体划分。

信息资源管理是一种规范的社会活动，它通常需要遵循以下几个原则：

1）必须认识到信息是一种组织资源。信息资源管理的主要目标之一是确保一个组织机构在信息资源方面的投资能够以最佳的方式运作，这就要求有关人员必须将信息视为一种宝贵的资源，并视信息资源共享为一种规则而不是例外。

2）在利用信息资源和技术时，必须保证职责分明，也就是说，要明确规定谁管理这些资源、谁利用这些资源、彼此的权利和义务是什么、如何确保合作与资源共享等内容。

3）业务规划与信息资源规划必须紧密地联系起来。信息资源管理的许多活动领域从前都主要是依赖于用户需求的被动的辅助部门，随着信息资源管理的进化，它与最高层的战略规划的关系越来越密切，这种趋势最终形成了一种规则。

4）必须对信息技术实施集成管理。信息技术的集成管理是实现信息资源管理内部融合的前提，是在新技术环境下提高潜在生产率的必要条件，是最大限度地利用信息技术的集成优势的管理保证。

5）最大限度地提高信息质量，改进信息利用和促使信息增值是一个组织机构的战略目标。对于一个机构而言，主要的战略目标不是最大限度地利用信息技术或实现办公现代化，这些只是手段而不是目的，信息资源管理的最终目的是使机构中的每一个成员都成为有效的信息处理者和决策者，从而有效地提高每个人和整个机构的生产率。

信息资源管理也是在社会大环境中进行的，它不可避免地要受到各种社会因素的制约。其中，信息资源管理的主要制约因素有：

1）观念的制约。对于信息资源管理，通常有两种不正确的认识：其一认为人类不可能真正地管理信息；其二认为信息资源管理会导致对信息的垄断和滥用。针对前一种观念，随着现代信息技术的发展，目前的问题不是能否管理而是如何更好地管理的问题；针对后一种观念，人类将会借助政策、法律等手段加以解决。当然，如何使信息更易于利用和为全人类所共享还是有待解决的问题。

2）方法论的制约。如何测度和评价信息的真正价值，也是有待解决的方法论问题。正是因为所有形式的信息利用还不能精确地量化和测度，所以信息资源管理从整体上而言还是一种相对简单的活动。

3）政治因素的制约。在实施信息资源管理时，切切不要忽略一个教训：信息就是权力。引入信息资源管理将意味着一个组织机构原有的程序、政策、过程和结构都要发生变化，这就必然遭致部分人的反对，处理不好就会触礁搁浅。

4）结构和功能因素的制约。信息资源管理的实施将打破一个组织机构原有结构和功能的均衡，为稳妥起见，组织的决策管理人员可能会放慢调整的步伐，但事实表明，忽视信息资源管理的公司和政府部门终将在未来的岁月中付出昂贵的代价。

5) 法律因素的制约。法律因素的制约作用一方面表现为法律不健全，无法可依，另一方面则表现为法律具有副作用，譬如，版权法诚然保护了著作人的权利，但也给用户带来了诸多不便。

6) 财政因素的制约。以现代信息技术为依托的信息资源管理是需要大量投入的管理活动，但不幸的是，每当发生财政危机时这又是最容易被裁削的部门。

7) 人员因素的制约。信息资源管理的实施一方面易于导致部分人员失业或难以适从，另一方面又面临着所需人才的紧缺，这双重人员压力也是信息资源管理发展的限制因素。[1]

2.1.2 信息资源管理的源起

在探讨信息资源管理的源起之前，我们首先必须搞清信息资源管理的生成条件，即信息资源管理在什么情况下才会出现。一般地讲，信息资源管理产生的先决条件是"信息资源"的形成，根据第1章的有关定义，信息资源早已有之，但为什么说信息资源管理直到20世纪中期才出现呢？这里涉及一个观念问题，也就是说，尽管信息资源随着人类思维能力和语言能力的形成已经产生并广为流传，但人们并没有自觉地有意识地将它视为一种资源，只有当信息资源量的积累发展到一个临界点，人们的认识才可能发生质的变化，这可称为信息资源管理生成的观念条件。从另一个角度来分析，信息资源管理的生成是多种条件综合作用的产物，仅有信息资源量的积累是不够的，这种量的积累还需要其他因素的推动和刺激，换言之，这种量的积累还需要与其他因素相结合才能导致认识观念质的变化。当然，这些激发因素很多，但其中起关键作用的是现代信息技术，尤其是综合性的信息系统技术和网络技术，这些技术不仅促成了人类观念的质变，而且还直接促成了各类信息资源管理活动的集成发展，这可称为信息资源管理生成的技术条件。一旦具备了观念条件和技术条件，信息资源管理就必然会在某个生长点上生成，以史实而论，信息资源管理最早的生成领域是政府部门的文书管理领域和工商行业的企业管理领域，这可以称为信息资源管理生成的实践条件。总而言之，信息资源管理生成的观念条件、技术条件和实践条件是互相关联的，只有同时具备了这三个条件，信息资源管理才会形成与发展。

根据现有资料分析，到20世纪中期，现代管理科学最为发达的美国已初步具备了上述三个条件，这样，信息资源管理就开始萌芽和发育，而其最早的生长领域就是美国政府部门的文书管理领域。美国各政府部门向来有重视文书管理的传统，20世纪初开始的地方政府一体化和国际化进程，尤其是第二次世界大战期间临时增设的各种机构，导致了文书数量和文书管理成本的激增，对此，美国政府运用了行政和立法双管齐下的办法实施整治，其结果却意外地促成了信息资源管理的产生。

早在 1942 年，美国国会就通过了《联邦报告法案》，这是第一个控制文书的联邦政策，其目的是设法减轻公众的统计报告负担，减少报告中不必要的重复，最大限度地利用来自公众的信息。1947 年，联邦政府成立了"政府行政分支机构重建委员会"，由胡佛任主席，该委员会也称为"第一届胡佛委员会"。它在 1948~1949 年间提出了许多有益的建议，其中的《联邦记录法案》于 1950 年获国会通过，该法案涉及生产和维持联邦记录的标准、程序和技术等的发展与改进问题。1953 年，"第二届胡佛委员会"宣告成立，该委员会就实践中存在的问题进行了调查，并据此制定了一个适用于各级政府记录管理的计划，责成每个机构对怎样削减文书进行评估。在此后的 20 年中，美国政府还制定了许多与联邦文书管理有关的法案，其中，以 1966 年颁布的《信息自由法案》最为著名，它规定任何人都有权利用联邦政府部门的记录，同时还授权公开这些记录。1975~1977 年，美国政府再次成立了"联邦文书委员会"，该委员会由联邦和各州的政府官员以及来自商界、劳工界和顾客群体的代表组成，著名的信息资源管理学家霍顿就是该委员会的成员。在为期两年的工作期间，该委员会准备了 36 份独立的报告并提出了近 800 项改进文书管理的建议。特别值得指出的是，该委员会第一次认识到，应该强调对联邦记录和文献中的数据与信息内容进行管理，它据此发展了适合政府行政管理的信息资源管理战略，并通过 1980 年颁布的《文书削减法》予以肯定和传播。《文书削减法》是信息资源管理发展的里程碑，是信息资源管理理论形成的标志，它与配套建立的管理和预算办公室一道确保了信息资源管理在美国政府各部门的实施。[7]

回顾从文书管理到信息资源管理的发展，可以发现，这是一个理论与实践相互促进、紧密结合的过程。首先是文书数量和文书管理成本的激增导致了"实践危机"，为了解决这种危机成立了专门的委员会从事理论研究，理论研究的成果再应用于实践，如此螺旋式的发展和多次升华，终于铸就了全新的信息资源管理理论。当然，在这个发展过程中信息技术也扮演了非常重要的角色。马尔香和克雷斯莱因曾谈到，由于信息技术的应用，政府部门发生了四种主要的变化，"第一，许多政府（和商业）机构为了实施战略规划和操作，已用数据处理、办公自动化、通信技术等方面的集成管理取代了对这些技术的垂直管理和控制。第二，由于各种组织机构变得越来越依赖于信息技术的内部利用，它们也更加关注信息技术规划在组织机构的战略规划中的整合应用。第三，设计多功能办公自动化网络的需求对于数据处理、通信、办公室管理、文书管理等方面的跨领域利用提出了更多的要求。第四，许多机构在信息技术方面增加的投资要求最高管理层更多地介入对信息技术利用的监督"。[1]由于这些变化，信息管理功能的战略目标也发生了转移，其关注的焦点不再是文书或记录的物理控制，它更注重将信息视为组织机构的关键资源，这种资源如同人力、材料、资本等战略资源一样，是机构获取成功的重要保证。可见，信息资源管理是信息积累和信息技术的应用在文书管理这一特定领域相结合的产物。

企业管理是信息资源管理的又一生成领域。作为一种理论思想，信息资源管理是管理思想的重要组成部分。从某种意义上说，管理思想的发展过程也就是从科学管理到信息资源管理的思想演变过程，是管理重心从物的管理到人本管理再到信息资源管理的变化过程。具体地说，信息资源管理在企业管理领域生成的背景因素主要有四个方面：

1) 全球经济和市场的影响。由于现代通信技术和新型交通工具的发展，许多企业由地方性公司扩展为遍布全球的跨国公司，企业在地理空间上的扩展要求加强信息资源的管理。

2) 竞争态势的形成。为了适应全球市场的竞争，现代企业多采用多样化的经营管理模式，以石油起家的企业现在可能投资经营箱包、农场、食品包装、轮船制造和修理、汽车零件生产以及其他产品和服务，而要经营这样的企业就离不开计算机信息资源的管理。

3) 组织机构平面化发展趋势的要求。韦伯（M. Weber）的金字塔结构在现代社会产生了越来越多的反功能，为此，许多现代企业借助于信息技术大力缩减管理层次，缩短组织机构内部操作层与决策层之间的通道，以期提高信息交流效率并鼓励工人参与决策制定过程，现代企业这种平面结构的运行是信息资源管理所支持的。

4) 新技术的推动作用。管理方法和理论的演进是与新技术尤其是计算机技术紧密联系在一起的，计算机技术的应用使许多管理工作实现了自动化处理并因此而改变了工人的工作场所和工作方式，更多的工人变成了白领工人，他们与管理者的工作内容开始趋同——都是以信息资源的开发与管理为主要内容，这样，传统的管理也就开始演变为信息资源管理。[8]

信息资源管理在企业管理领域的生成具有更多的技术色彩。一方面，由于市场竞争所带来的压力，企业对新技术的引进和应用更为敏感和积极；另一方面，由于企业所具备的优势，它也有条件有能力引进和开发最新的技术。一般认为，信息资源管理在企业的发展中经历了数据处理、信息系统、管理信息系统和信息资源管理本身四个阶段，而信息资源管理正是各类管理信息系统综合集成的产物。

2.1.3 信息资源管理的发展阶段

信息资源管理源于何时？其发展阶段怎样划分？学术界目前对这些问题的看法尚不一致，前述"20世纪中期起源说"仅是我们的观点。就信息资源管理的发源国——美国信息资源管理学家的观点而言，主要有两种不同的认识：一是马尔香和克雷斯莱因的"四阶段说",二是史密斯和梅德利的"五阶段说"。

马尔香和克雷斯莱因认为信息资源管理始于19世纪末,从那时起到20世纪90年代,信息资源管理的发展大约可分为四个阶段:

第一阶段(19世纪末~20世纪50年代末):信息的物理控制;

第二阶段(20世纪60年代~70年代中):自动化技术的管理;

第三阶段(20世纪70年代中~80年代):信息资源管理;

第四阶段(20世纪90年代):知识管理。

马尔香和克雷斯莱因还详细论述了每个阶段的发展情况,并就每个阶段的推动力量、战略目标、基本技术、管理方法、组织状态等因素进行了比较(表2.1)。[1]

表2.1 信息资源管理的四个发展阶段

阶段	推动力量	战略目标	基本技术	管理方法	组织状态
第一阶段:信息的物理控制	商业与政府组织的增长和多样化远距离管理	程序效率和物理控制	纸张、打字机、电话、文件柜、制表机、缩微胶卷	文书管理 记录/报告管理 通信管理 邮件管理 指令和指示管理 重要记录的保护 办公室设计和陈设	监管和中低水平的管理 分化、松散的协作
第二阶段:自动化技术的管理	数据处理、电子通信和办公系统的独立发展和改进	技术效率和控制	第二代/第三代计算机、电子复印机独立的组合式文字处理机 语音通信的改进 "技术搜寻利用"是操作技术管理的主导状态	集中的数据处理部门的出现 电子通信协作者和管理者的出现 文字处理中心和独立的工作站的出现 复制中心和独立单元的出现	中级水平管理 分化、不合作,认为手工信息管理不同于自动化管理 信息技术用户和提供者之间存在分歧
第三阶段:信息资源管理	数据处理、电子通信和办公自动化系统的聚合	信息技术的集成管理视信息为一种战略资源	分布式数据处理(语音/数据)集成通信网络 多功能工作站(包括数据处理、文字处理、电子邮件、时间管理、个人计算机等) 个人计算机	传统资源管理技术(如规划、成本核算等)的应用 信息技术的水平管理 商业规划和信息资源规划的密切联系	中高水平的管理

续表

阶段	推动力量	战略目标	基本技术	管理方法	组织状态
第四阶段：知识管理	信息技术越来越多地渗入公司每一层次的操作和管理决策制定过程中	信息资源的物质/技术管理与决策层、管理层和操作层的信息管理的整合	专家系统或基于知识的系统 决策支持系统 办公智能系统	信息利用和价值与信息技术的集成 内部和外部信息处理的集成 信息规划和商业规划的紧密联系	管理知识资源已成为所有管理层次所采纳的管理哲学的基本部分

史密斯和梅德利则认为信息资源管理始于20世纪30年代，其标志是穿孔卡片会计系统的广泛使用。从30年代起，信息资源管理的发展大致经历了五个阶段，即：

第一阶段：数据处理；

第二阶段：信息系统；

第三阶段：管理信息系统；

第四阶段：终端用户及其战略影响；

第五阶段：信息资源管理。

史密斯和梅德利在具体论述时没有谈时间分期，估计各个阶段的持续时间与该阶段占主导地位的信息技术的持续时间相仿。史密斯和梅德利也从系统类型等几个方面对五个发展阶段做了比较（表2.2）[2]，但远不如马尔香和克雷斯莱因的比较详细。

表2.2 信息资源管理的五个发展阶段[2]

比较点	数据处理	信息系统	管理信息系统	终端用户	信息资源管理
系统类型	有限的财务系统	财务和操作系统	管理信息系统	决策支持系统集成系统	专家系统/战略系统
计算机信息系统管理者类型	非正式的督察员	受过计算机训练者	受过管理训练者	有广泛基础的公司	主管阶层
用户角色	信息处理者	项目参与者	项目管理者	小型系统建立者	全面的合作者
技术重点	批处理	应用	数据库/应用集成	第四代语言	第五代系统
信息存储技术	穿孔卡片	磁盘	随机存取/数据库	数据管理/第四代语言	光盘/超级芯片

事实上，信息资源管理分期的不同关键在于对信息资源管理的理解不同。比

较马尔香与克雷斯莱因的"四阶段说"和史密斯与梅德利的"五阶段说",可以发现,他们的共同之处在于以信息技术的发展作为分期的主导标准,不同之处在于他们考察的领域不同——马尔香和克雷斯莱因考察的是信息技术在政府部门信息管理工作中的应用,史密斯和梅德利考察的是信息系统自身的发展及其在企业管理领域的应用。但无论"四阶段说"还是"五阶段说"都包含着一个"信息资源管理阶段",而且双方对"信息资源管理阶段"起始时间——20世纪70年代末80年代初——的认识是一致的,这也说明信息资源管理的发展毕竟不同于信息技术的发展。我们认为,信息资源管理是一种集成的管理活动,在各种信息活动或信息系统完成整合过程之前实质上并不存在所谓的信息资源管理,为此,我们可将信息资源管理的发展过程划分为三个阶段,即:

第一阶段(20世纪40年代中~70年代中):信息资源管理的萌芽时期;

第二阶段(20世纪70年代中~80年代末):信息资源管理的形成时期;

第三阶段(20世纪90年代起至今):信息资源管理的发展时期。

信息资源管理产生于20世纪中期的美国,这绝不是历史的偶然。美国是现代管理科学最为发达的国家,同时也是计算机技术、现代通信技术、网络技术等现代信息技术发展最快的国家,这两方面的因素在两个对信息管理工作最敏感、最需要的领域——政府部门和工商管理实现聚合,便出现了信息资源管理。美国是当代国际社会的中心,美国所形成的理论思想很容易通过现代传播媒介与世界各地的学者交流。以信息资源管理思想和理论的传播而言,在其出现伊始就传入同语种的英国,并在那里形成了"信息管理理论",此后,信息资源管理理论或直接由美国传向世界各地,或间接地由英国传入欧洲再传向世界各地。到80年代末,信息资源管理的研究已成为一种世界化潮流。据我们所掌握的资料,美国和英国可谓信息资源管理研究的世界中心,这两个国家出版的有关学术专著数量多、影响大(见第2.3节),仅霍顿一人在80年代就撰写或参编了10本相关著作。此外,欧洲有法国学者贝尔泰与梅古罗夫所著的《信息管理》[9]和德国学者施特勒特曼(K. A. Stroetmann)的信息管理理论(见第2.3节),亚洲有日本学者山田进所著的《情报资源管理概论》[10]和我国学者撰写的各种论著(见第2.3节),非洲有赞比亚学者伦都(M. C. Lundu)所撰写的论文《赞比亚农村社区的信息资源管理:对全国信息政策制定的含义》[11],中南美洲有墨西哥学者阿森西奥(Margarita Almada de Ascencio)所撰写的论文《学术环境中的信息管理》[11]等。进入90年代后,由于社会环境和技术环境的变化,信息资源管理理论与实践也出现了新的变化,信息资源管理与Internet同时成为人们广为接受的现代观念。

2.1.4 20世纪90年代至今的信息资源管理

1. 20世纪90年代的信息资源管理

20世纪90年代是信息技术年代,明确地说,是信息网络年代,这样的社会和技术环境对于信息资源管理而言,可谓机会与挑战并存。当信息技术"大红大紫"的时候,人们可能会忽略资源的价值和作用,趋附者甚至会推出《网络为王》[12]之类的著作赶时髦;当"信息高速公路"的热浪过后,或者说,当网络真正建立起来后,人们才真切地体会到,信息技术包括信息网络都不过是工具,真正"为王"的还是资源。

在我们回顾90年代的发展历程时,可以发现,90年代初英国信息管理学家多塞特(P. Dossett)在《90年代的信息管理》[13]一文中所做的推断大都已成为现实,这里仅将该文的精要摘录出来。

信息管理(也就是信息资源管理)这一术语意味着信息如同人力、材料和金钱一样是一种需要加以管理的资源,它是一个概念而不是一种职业禁区,它是一种多学科活动,常常跨越部门的界限。在一个机构内部,信息管理功能的形式和种类很多,诸如会计、数据处理人员、电子通信工程师、人事官员、计算机程序员、市场营销专家、战略规划者、记录管理者、档案馆员、图书馆员和情报专家等,都是这些功能的执行者。在网络环境中,上述人员既是信息资源的提供者,又是信息资源的主要用户,同时还是不同程度的信息资源管理者。而将这些功能聚合起来实现集成,就会形成一个机构的信息资源管理部门,该部门的负责人也称为信息主管(Chief Information Officer, CIO),这是90年代国际性大公司中风行一时的管理职位。

从一个机构的角度来认识,有效的信息资源管理依赖于所有不同功能之间的理解与交流,每个功能都扮演着一个重要角色。但在现实中,不同功能之间常常戒备森严而殊少合作,信息技术也常常被视为所有信息管理问题的答案。当然,随着时间的流逝,"计算机是一种工具"的观念将会广为人们接受,信息技术的利用也将成为一种程序和惯例,其神秘将不复存在,而这些又意味着对技术的痴迷将让位于对信息技术所载带的信息和数据管理的关注。事实上,这正是90年代信息资源管理发展的最重要的特征之一。

早在80年代,人们已形成一种意识:信息是获取竞争优势的战略武器。这种意识说明人们已认识到产生于机构外部的信息的重要性。一个发育良好的管理信息系统,如果只能传送内部信息,那么无论它多么复杂,都不足以满足机构的需求,好的信息系统必须能够通过开发外部信息源来掌握产业和竞争活动的线索,而内部和外部信息系统的整合将是90年代信息管理的基础。从这个意义上讲，Internet 及其形形色色的网络工具正是实现这种整合的必要前提。

　　90 年代的终端用户不仅需要与内部信息源直接联通，而且也需要与他们所需的外部信息源直接联通，在 Internet 环境中，提供这种内部和外部信息源的多功能联通是比较简单的，多塞特在这方面的预测显然较为保守，他认为，通过局域网或广域网实现多功能联通要到 21 世纪才会普及。

　　新技术的应用也改变了信息传递和存储的格局。纸张和缩微胶卷依然是常见的信息存储和传递载体，CD-ROM 的流行则为联机数据库的利用提供了替代品。现在同样的信息可以不同的形式提供利用，但信息产业的迅速发展又增加了利用的复杂性；用户仅仅决定他所需检索的数据库是不够的，还需比较几个主机的优缺点，选择 CD-ROM 的不同版本，选择适用的界面和选择所需的信息传递方式（如联机打印、脱机打印、电子函件等）等。

　　90 年代对情报专家的传统技能如信息的采集、组织、控制、分析、评价和传播技能还有广泛的需求。图书馆员和情报专家的前景是光明的，他们将能够为组织机构未来迅速和健康的发展做出实际的公认的贡献，为此，他们也将获得相应的回报。对于那些渴望升迁的人们，由于信息资源管理功能的集成，获取组织机构中的高级职位已无障碍可言。然而，图书馆员和情报专家并不是机会的唯一候选人，竞争是无处不在的。如前所述，信息管理不是一个职业禁区，但这种观念在计算机、电子通信、市场营销、计划等领域依然存在，这些领域在所有信息资源管理领域中都具有特别的优势。因此，图书馆和情报单位在评价自己的竞争地位时，首先必须分析自己的优势与弱点，这种分析包括职业和个人两个层次。作为一种职业，图书馆和情报单位的优势在于它们所拥有的关于信息源的知识和处理信息的能力，劣势则在于它们的形象不明确，有时甚至被视为信息与用户之间的障碍。从个人的角度分析，图书情报人员的优势在于拥有各种传统的信息管理技能，但他们对技术进展所知较少，也不是职业管理者，而利用机会既需要信息技能也需要管理技能和技术技能。

　　90 年代的信息资源管理是沿着集成信息技术—信息高速公路—Internet 的轨迹发展的，它不可避免地带有浓厚的技术色彩，当然，这种技术色彩从根本上是不会消失的，因为信息技术尤其是应用型信息技术本身就是信息资源管理的有机组成部分。但是可以肯定，随着 Internet 走入更多人的生活，信息资源管理中存在的"技术中心论"必然会失去其耀眼的光环，信息资源及其管理将无可争辩地成为新时代的主角。

2. 20 世纪与 21 世纪之交的信息资源管理

　　20 世纪与 21 世纪之交的前后 10 年，随着以信息技术为核心的通信技术、网络技术、多媒体技术等现代技术突飞猛进的发展，信息资源管理涵盖的范围日益广泛，社会价值大大提升，众多学者的积极研究更促进信息资源管理在学科之林中的地位不断提高。

马塞维休特（E. Maceviciute）和威尔逊（T. D. Wilson）在《信息管理研究领域的发展》一文中，通过对有关期刊论文的分析，回顾了1989～2000年信息管理研究内容的发展，指出20世纪90年代主要涉及信息经济、信息管理实践（应用领域）、信息系统和信息技术（人工智能和系统论）、信息政策和策略、信息利用和信息用户等五个方面。到2000年主要涉及信息经济、信息利用和信息用户、信息系统、信息网络、信息政策、信息管理应用、知识管理等七类。从大类来看，只新出现了信息网络、知识管理，其他大类变化很小，但从具体内容看都有了很大的拓展。[14]

斯卡梅尔（Alison Scammell）在《信息管理手册》（第八版）一书中认为，信息管理包括：①版权、数据保护、信息的合理利用等影响信息工作的法律方面的问题。②人员、资金计划、项目、市场营销等管理方面的问题。③信息资源。④信息管理工具。⑤信息服务。⑥信息用户等。[15]

自2002年起，美国思想出版集团（Idea Group Publishing）出版了名为《信息资源管理前沿课题》的系列丛书。2002年第一卷包括的内容有知识管理、利用信息技术导致的业务变化、知识过程和系统设计、专家系统等主题。[16] 2003年第二卷包括的内容有知识管理、知识共享、信息系统、信息技术、用户研究、虚拟环境中的技术、电子商务等主题。[17] 2004年第三卷包括的内容有电子商务、组织机构中的信息技术、信息技术利用中的文化因素等三个主题。[18] 2005年第四卷包括的内容有用户需求影响因素、电子政务、知识管理及其对组织机构的影响、知识共享及其需求测定、信息系统及其影响因素、供应链管理中的信息技术和通信技术、信息管理的政治经济学等。[19]

甘加萨兰（M. Gangatharan）在《21世纪的信息资源管理》一文中提到，信息资源管理是管理支撑和维护组织系统的信息资源。信息资源由信息内容、信息技术、相关信息人员、相关信息设备等组成[20]。

2006年，设在美国的国际性组织——信息资源管理协会（IRMA）第17次年度国际会议的主题是"信息技术管理正在出现的趋势和挑战"，从其众多的论题看，包括数据仓库和挖掘、信息质量管理、地理信息系统、信息技术教育、知识管理等也都在上述内容范围内，只是又拓展了远距学习技术、虚拟组织等。

至此，可以说，我们从20世纪80年代中起一直持有的观点同国外学者的上述观点大同小异。我们与甘加萨兰一样，认为信息资源应包括信息内容、信息技术、信息人员、信息设备等。信息内容可包括物理的信息产品（书、刊等）、电子的信息产品（光盘、磁盘等）、联机的信息产品（Internet等）。信息资源管理就是对信息资源进行管理，为此也就必然涉及与其密切相关的信息经济、信息政策、法律法规、信息服务、信息用户等。同时，信息资源管理可以组织机构为主，但不应仅局限于组织机构这一微观层次，还应有中观层次和宏观层次的管理。本书从第一版开始总体上就是按照这一思路编写的。

还应提到，从20世纪90年代至今，中国在信息资源管理方面不仅有理论上的探索（大约有数十本专著和大量论文的成果），更有实践上的体现。中央设有专门的信息资源管理职能机构，进行宏观组织领导；许多政府部门、公司、企业、学校设有信息资源管理中心之类的机构，具体实施信息资源管理；许多大学设有信息管理之类的院系和研究所，从事信息资源管理方面的教育和研究；还有信息管理刊物等。

从知识管理这一名称在20世纪90年代出现以来这十多年间，几乎所有信息资源管理方面的文献都出现了有关知识管理的内容。但知识管理是信息资源管理发展的新阶段，还是一门新学科，或者仅仅是信息资源管理的另一名称，学者们各持己见。例如，有的学者认为，信息管理主要是对以某种确定形态存在的显性知识进行管理，而知识管理不仅要管理显性知识，更重要的是对隐性知识进行管理，因此知识管理是比信息（资源）管理更深层次的管理。[21]但也有学者认为，数据、信息和信息资源都是可以管理的，而知识是无法管理的，除非是拥有该知识的个人，但个人也无法完整地管理自己拥有的知识[22]；隐性知识是知识管理中最重要的内容和最大的特点，但也是最难真正实现的[23]。有的学者认为，知识管理仍处于定义不完整和难以理解的程度，因此还不能被称为一门新学科[24]，他们和另几位学者都认为知识管理仅仅是信息管理的另一名称[25]。但应该承认，目前被较多的人接受的观点是知识管理是信息资源管理的新的发展阶段。本书目前还不打算对此展开论述。

2.2 信息资源管理学

信息资源管理学是围绕人类的信息资源管理活动而形成的知识体系，是一门渗透性很强的横断学科。它的形成有两个基本前提。第一，20世纪70年代后期以来的信息资源管理研究为其提供了理论前提。第二，迅速发展的信息资源管理类学科之间的集成或整合进程是其现实前提。信息资源管理学不同于国内目前流行的所谓"信息管理学"，它具有明确的独特的研究对象、研究内容和学科体系。

2.2.1 信息资源管理学的研究对象

一门学科能否成立、能否自立于学科之林，主要标志在于它是否有相对独立的研究对象。学科的研究对象即人们进行科学认识的客体，现实世界中不存在的事物不能构成独立的研究对象。学科研究对象的客观性为人们系统的、不断的和反复的认识活动提供了物质基础，同时也为人们的认识成果提供了检验的可能性。

任何学科都有自己的研究对象。自然科学以自然界作为研究对象，社会科学以人类社会作为研究对象，即使是高度抽象的数学，它的产生也是以现实世界的存在为前提的，是研究现实世界中形式与数量之关系的科学。信息资源管理学无疑也有自己独特的研究对象，但因为它是一门新兴学科，人们的认识还不统一，所以在讨论信息资源管理学的研究对象之前，还首先考察几种与此相关的有代表性的认识：

1) 美国学者霍顿认为，信息资源管理是对信息内容及其支持工具（即信息资源）的管理，是对信息资源实施规划、组织、预算、决算、审计和评估的过程[6]。

2) 美国学者怀特（M. S. White）认为，信息资源管理是充分而有效地鉴别、采集和利用信息资源，以满足目前和将来的需要的过程[26]。

3) 英国学者马丁认为，信息管理与信息资源管理没有区别，信息管理是与信息相关的计划、预算、组织、指挥、训练和控制过程，它是围绕信息本身以及相关资源如人力、设备、资金和技术等展开的[4]。

4) 德国学者施特勒特曼认为，信息管理是对信息资源与相关信息过程进行规划、组织和控制的理论，信息资源包括信息内容、信息系统和信息基础结构三部分，信息过程则包括信息产品的生产过程和信息服务的提供过程[27]。

5) 我国学者胡昌平在《信息管理科学导论》一书中认为："信息管理科学是一门以普遍存在的社会信息现象为研究对象，在揭示其基本规律的基础上，围绕社会的信息服务从社会的运行机制、信息需求与利用形态分析出发，研究信息资源与技术开发、信息的有序化组织以及社会信息活动控制的一门新兴学科。"[28]

6) 我国学者符福峘在《信息管理学》一书中认为："信息管理学的研究对象是特定的社会信息管理系统，即由各种信息管理要素组成的综合性信息管理系统。人是信息管理系统的主体，整个系统需要人来控制，因而该系统属于人工系统，是人、事、物构成的开放型系统，人、事、物是组成信息管理系统的关键要素，也是信息管理学研究的主要对象。"[29]

7) 我国学者卢泰宏在《国家信息政策》一书中认为，信息资源管理是一种集约化管理。所谓"集约化"，有两个方面的含义：一是信息管理对象的集约化，即信息资源管理意味着信息活动中的信息、人、机器、技术和资金等各种资源的集约化。二是管理手段和方式的集约化，即信息资源管理是多种信息管理手段的总和。概括地讲，信息资源管理是三种基本信息管理模式的集约化，即信息的技术管理、信息的人文管理和信息的经济管理三种模式的集约化[30]。

8) 我国学者王万宗等在《信息管理概论》一书中认为："信息管理就是为各行各业各部门搜集、整理、存储并提供信息服务的工作。作为一种理论探索则主要研究信息管理的基础理论原理、技术方法及信息管理工作的计划、实施与信息部门的组织、控制等有关问题。"[31]

应该说，上述观点都有独特的认识角度，它们的共性是主要的，大都倾向于将信息资源管理学的研究对象定位在围绕信息的管理过程或管理系统方面，这无疑是正确的。然而也有值得商讨之处，例如，若将信息资源管理学的研究对象界定为"对信息内容及其支持工具的管理"，是否超越了信息资源管理学的研究范围而又忽略了它的动态特征？以"社会信息现象"作为研究对象，是否失之过泛而又难以区别于社会科学及其分支学科？若以"人、事、物"作为研究对象，又如何体现信息资源管理学研究对象的独特性呢？相比之下，倒是施特勒特曼的研究对象更为合理一些。

我们认为，信息资源管理学的研究对象是人类的信息资源管理活动。主要依据有两个方面：第一，信息资源管理活动是人类最基本的活动之一，信息资源管理活动的职业化和产业化又是当代社会的主要特征之一，它作为一种客观存在是我们认识和研究的客体。第二，信息资源管理活动作为研究对象能够使信息资源管理学区别于其他学科，也就是说，迄今为止其他学科没有将信息资源管理活动作为主要的研究对象。信息资源管理活动作为信息资源管理学的研究对象兼具客观性和独特性两方面的特征，因此是可以成立的。

2.2.2 信息资源管理活动

信息资源管理活动作为一种普遍的人类活动，主要是在三个层面展开的：在社会组织的微观层面，信息资源管理活动主要体现为一种过程管理；在社会组织体系的中观层面，信息资源管理活动主要体现为一种网络管理；在国家政府的宏观层面，信息资源管理活动主要体现为一种政策法规主导的调控管理[32]。

信息资源管理活动首先是一个过程。作为过程，它是由若干相关而有序的环节组成的。由于任何信息资源管理活动的终极目的都是向作为消费者的用户提供信息资源，所以分析用户的信息需求及其决定因素、表现形式、转化机制和满足方式等就构成了信息资源管理过程的第一个环节。信息资源管理过程的第二个环节是寻找和确定信息源，信息源的含义很广，在此主要是指作为信息资源生产者的个人或组织机构和信息资源本身。信息资源管理过程的第三个环节是信息采集和转换。信息采集是指以某种方式从已确定的信息源中收集信息资源；信息转换主要包括符号的转换（如口头语言到书面语言的转换）、载体的转换（如印刷文本到电子出版物的转换）和所有权的转换（信息资源所有权从生产者到出版者再到管理者和用户的转换），信息转换通常也意味着信息资源的批量制作和销售。信息资源管理过程的第四个环节是信息组织，信息组织是对所采集的信息资源实施序化的过程，它根据信息的内在结构要素又可分为语法信息的组织、语义信息的组织和语用信息的组织，信息组织从逻辑上还包括信息的存储，存储也称信道组织。信息资源管理过程的第五个环节是信息检索，信息检索可近似地看作是信息组织的反变换过程，信息组织将许多具体的信息依据一定的规则组成体系以利人们查询，信息检索则破译上述规则从信息体系中寻找特定信息以满足用户的需求。信息资源管理过程的第六个环节是信息资源的开发，信息资源开发以检索和采集到的信息资源为原材料，以开发人员的大脑和计算机为工具，以用户的信息需求为导向，对信息资源进行再生产，其结果是信息产品。信息资源管理过程的第七个环节是信息资源的传播与利用，通过各种信息传播渠道和服务方式，信息资源管理人员将经过组织和开发的信息资源传递给作为消费者的用户，至此完成了信息资源管理活动的一个循环。然而，用户消费掉信息资源管理机构提供的信息资源后还会产生新的需求，如此周而复始，信息资源管理活动在螺旋式运动中不断将用户和信息资源管理机构自身推向新的水平。

信息资源管理活动也是一种网络活动。作为网络活动，信息资源管理的目标是实现资源共享。由于单个信息系统的输入、存储和输出能力总是有限的，用户的信息需求却总是全面的和近乎无限的，所以单个信息系统必须同其他信息系统进行协调与合作，而现代通信技术的发展又提供了这种现实可行性，因此，真正的信息网络就逐渐形成了。信息网络是两个或两个以上的信息系统通过现代通信技术手段连接在一起的集成化系统，它的出现改变了长达数千年的信息资源分散管理的格局，从而使资源共享不再是一种理想。信息网络的出现也改变了作为其细胞的信息系统或管理信息系统，网络环境中的信息系统不再采用大而全的模式，其设计、建立和运行只求满足特定用户的主要需求，更多的用户需求则通过信息网络内信息系统之间的互通有无来满足。信息网络本身是信息资源、技术设备、通信网络、用户群体和信息资源管理人员的统一体，其中信息资源和用户需求构成了网络管理的主要矛盾，技术设备、通信网络和信息资源管理人员都是为解决这对矛盾服务的。从网络设计、运行和维护的全过程来看，管理是网络的灵魂，正是管理使众多的信息系统真正集成为一个整体，使网络内的信息系统能够根据变化了的用户需求提供高质量的网络信息服务。

信息资源管理活动还是一种宏观调控行为。从宏观的角度考虑，无论是协调信息资源管理活动与其他社会活动的关系，还是对所有信息资源管理活动实施集中统一的管理，都需要国家有关部门统一规划和组织落实。一般而言，宏观层面的信息资源管理活动包括以下几方面的内容：

1）通过信息政策和信息法规对信息资源的生产、交换、分配和消费实施宏观调控与规范。

2）通过培育和完善信息市场来加速信息商品化和信息生产的社会化，从而进一步发展信息生产力。

3）通过建立集中统一的管理组织来协调信息资源管理行业内部和信息资源

管理行业与其他行业的关系，为信息资源管理的发展提供组织保证。

4) 通过基础设施建设和信息资源管理教育等途径支持信息资源管理行业的发展。

信息资源管理活动是一种普遍的人类活动。就其范围和性质而言，可划分为上述过程管理、网络管理和宏观政策管理三个层次；就其服务面向的活动而言，可划分为面向社会或市场提供信息资源的法人型信息资源管理活动和面向社会组织内部提供信息资源的依附型信息资源管理活动。无论哪一种信息资源管理活动，都是信息资源管理学的研究对象。

2.2.3 信息资源管理学的研究内容

信息资源管理学的研究内容是由其研究对象决定的，是人们对其研究对象认识的具体化和系统化。联系上述三个层面的信息资源管理活动，我们认为，信息资源管理学的主要研究内容包括以下几方面：

1) 信息资源管理学学科理论研究。主要研究信息资源管理学的研究对象、研究内容、体系结构、学科性质、相关学科、研究方法、学科史与未来发展问题、学科理论基础和技术基础等。当前，信息资源管理学学科理论研究还应重点探讨现有信息资源管理类学科的范围、关系与整合的可行性，整合中可能出现的问题与对策，如何减少相关学科之间的交叉重复和如何保持各学科的相对独立性等问题。

2) 信息资源管理的基本理论研究。主要研究信息、信息资源和信息资源管理的基本概念、构成要素、类型、特征、功能与相互关系，信息资源管理活动的本质结构、一般规律和发展趋势，信息资源管理活动同其他社会活动之间的联系与制约等问题。

3) 信息资源管理的一般过程研究。主要研究信息流的形成、运动与发展规律，信息资源管理过程的构成环节及其内容、方法与衔接，信息资源有序运行的条件、机制与障碍，围绕信息资源管理的计划、预算、组织、指挥、协调、控制和培训等活动。

4) 信息用户研究。主要研究信息用户的分类、分析和教育，用户信息需求的决定因素、表现形式与满足方式，用户利用信息资源的行为与心理，用户潜在信息资源的开发等问题。

5) 信息组织与信息检索。主要研究信息的序化和优化，信息组织方法与工具，信息检索方法与工具，新技术在信息组织与检索中的应用，网络环境中的信息组织与检索，咨询理论与方法等。

6) 信息资源开发与利用研究。主要研究信息资源开发的原理、手段、程序与技术，信息产品的类型、结构、功能与编纂，信息服务的形式、内容与方法，潜在信息资源开发的新方法，信息资源的利用规律等。

7) 信息系统与信息网络研究。主要研究信息系统的分析、设计、运行、检测、维护与更新过程，现有信息系统的评价与改造，网络环境中信息系统的运行与发展，网上信息资源的共享与开发，数据库的建设，网络管理体制的优化，信息技术和信息资源管理的应用与发展（包括电子政务、电子商务、电子社区等）。

8) 信息产业与信息市场研究。主要研究信息的价值、价格、商品化、产业化与社会化，信息经济的一般理论，信息产业的形成、分类、发展、测度与管理，信息市场的培育、构成、运行、管理与发展走向，信息企业的内涵、类型、经营机制与市场竞争等。

9) 信息资源管理的政策法规研究。主要研究战略信息资源的规划与布局，信息资源管理各大系统之间的分工与合作，信息政策、信息法规的制定与实施，国家级信息资源管理领导机构的建立和信息资源管理活动的集中统一管理等。

10) 信息资源管理教育研究。主要研究信息资源管理实践对信息资源管理人才的新要求，信息资源管理人才的培养目标与教学计划，信息资源管理教育领域相关专业基础教学内容的统一，专业教学模式与特色的探索，信息资源管理人员的继续教育等。

信息资源管理学的研究内容非常广泛，除上述几个主要方面外，与信息资源管理活动相关的学科知识、文化背景、技术进展和实践活动等也可列入其研究范围。当然，无论研究范围多么宽泛，信息资源管理学的研究核心是不变的，其核心是过程管理、网络管理和宏观政策管理的研究。

2.2.4　信息资源管理学的体系结构

信息资源管理学是一个多层次的体系结构，就其生成而言，它主要是信息科学和管理科学相互交叉渗透形成的一门边缘性横断学科（图2.1），也就是说，信息科学和管理科学构成了它的主要理论基础（详见第3章）。就信息资源管理学体系结构本身而言，它是由信息资源管理理论、信息资源管理技术、信息资源管理应用三大板块组成的，其中，每一板块又分若干分支学科，分支学科之下又有子学科（图2.2）。

信息资源管理理论主要研究信息资源管理活动的本质结构和发展规律等问题。它又可分为一般理论和应用理论两部分。一般理论从总体上研究信息资源管理活动的基本原理和一般规律，其分支学科主要包括信息资源理论、信息资源管理理论、信息资源管理学方法论、信息资源管理史、信息资源管理的比较研究、相关学科理论与方法的应用研究等。应用理论研究信息资源管理活动某个环节或局部的结构与规律问题，其分支学科主要包括文献信息学、图书馆学、情报学、档案学、大众传播学、编辑学和出版发行学等。

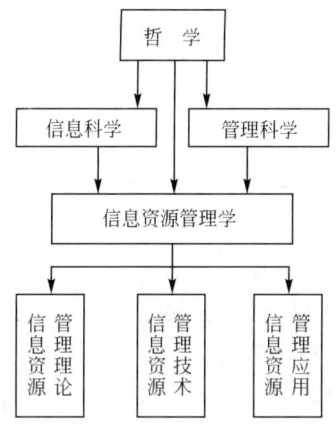

图 2.1 信息资源管理学体系结构生成

图 2.2 信息资源管理学的体系结构

信息资源管理技术主要应用信息资源管理理论学科的成果和相关领域的技术方法来研究信息资源管理工作的原则、程序、方法和技术等问题。它又可以分为软技术学科和硬技术学科两部分。软技术学科是指研究信息资源管理的程序与方法所形成的知识体系，包括信息需求分析技术、信息源分析技术、信息转换技术、信息组织方法、信息存储技术、信息检索技术、信息产品推销技术、信息资源开发技术、信息咨询方法、信息系统分析与设计等。硬技术学科是指研究信息资源管理设备和工具的应用与开发所形成的分支学科，主要包括信息资源管理自动化技术、信息资源传递技术、信息资源处理技术、信息资源保护技术、数据库技术、网络技术和新型载体技术等。

信息资源管理应用则是应用信息资源管理理论和信息资源管理技术解决某一行业领域的信息资源管理活动的具体问题所形成的学科体系，主要包括企业信息资源管理、市场信息资源管理、商贸信息资源管理、金融信息资源管理、科教信息资源管理、政务信息资源管理、农业信息资源管理、交通信息资源管理、能源信息资源管理、军事信息资源管理、医卫信息资源管理、气象信息资源管理、社会（大众）信息资源管理等。

2.2.5 信息资源管理教育

信息资源管理教育是信息资源管理学的主要研究内容和应用领域之一。信息资源管理学本身是信息资源管理实践的理论升华，是信息资源管理从业者必备的知识与技能；而信息资源管理教育则是培养信息资源管理从业者的活动，是信息资源管理学和信息资源管理实践之间的接力棒；它们是互为表里、密不可分的。

信息资源管理教育的首要任务是确定培养目标，通俗地说，就是培养什么样的信息资源管理人才。我们认为，信息资源管理教育总的培养目标是培养具备信息技能、管理技能、技术技能和相关行业专门知识，从而能适应不同行业信息资源管理活动的应用复合型人才。总的培养目标又可分解为三部分：①能适应某一特定行业信息资源管理活动的操作人员，他们必须具备信息技能、技术技能、该行业的专门知识和一定的管理知识。②能适应各行业信息资源管理活动的管理人员，他们必须具备管理技能、技术技能、信息技能和一般的经济理论知识。③能适应多种信息资源管理活动集成管理的信息主管，他们除具备前述技能和知识外，还必须具备战略决策技能、公关协调技能和灵活应变能力。信息资源管理教育的总体培养目标和分项培养目标本身体现了信息资源管理实践的需求。

培养目标一旦确定之后，针对培养目标所内含的要求设计相关的课程结构就成为迫切的任务。课程结构实质上也是培养目标所必备的知识结构的具体体现，现代教育多采用模块方法来设计课程结构。在此，我们选择中、美、英三国信息资源管理教育领域所设计的课程结构做一比较，以期发现三国对信息资源管理人才培养认识的异同。

1993年，美国圣凯瑟琳大学信息管理系的瓦格纳（M. M. Wagner）在《选择我们的职位：1998年及其后信息服务专业人员所需教育课程》[33]一文中，为未来的信息资源管理人才设计了一种课程结构。瓦格纳认为，未来的信息资源管理人员除应具备"信息存取"和"信息素质"等基本的职业价值观外，还应具备五个方面的知识，为此，信息管理专业也应构建相应的课程结构：第一，与信息流有关的课程，包括信息出版或生产、与信息存取有关的信息所有制、信息提供者和信息服务、基础和应用研究评估、知识领域的研究方法论、信息法规、版权和智力产权、不同领域内的信息及其利用、传播系统与网络、标引与文摘、分类、目录学、伦理学等。第二，信息分析类课程，包括逻辑学、主题分析/分类、研究分析、交流技能、表述技能、信息利用评估等。第三，信息用户和利用类课程，包括需求分析、市场研究、信息采集行为、信息资源评估、创造性问题的解决与决策行为、资源发展、信息经济学、信息资源的积累、信息存取的资助等。第四，信息载体类课程，包括视觉识知技能，批评性观察技能，格式分析技能，利用各种形式媒体的知识与技能，应用于信息包装和格式化的交流原则、版权、信息传递技术的利用、政策分析技能，文献工作检验技能等。第五，与智力史和情报职业的社会根源有关的课程，包括信息服务的管理、信息组织、存储和利用史、经济学、规划、未来学、知识史（含人文科学、社会科学和自然科学）、问题解答技能等。

英国谢菲尔德大学是世界上最早开展信息管理教育的大学之一，该校信息研究学系（Department of Information Studies）信息管理理学硕士生的课程设置大致可分为必修课、选修课和方向课三部分[34]。必修课主要包括计算机和信息、信息资源、信息存储和检索、信息管理、信息系统分析与设计、统计方法与调查等。选修课主要包括高级程序语言、商业信息、化学结构信息系统、社区信息、数据库设计、图解艺术、卫生保健信息服务、历史文献学、市场营销与公共关系、多媒体信息系统、人际能力、科学信息等。方向课（卫生信息管理方向）主要包括卫生信息服务管理、卫生信息资源、信息管理的理论与实践、卫生保健信息处理方法研究、卫生保健信息系统、多媒体系统与未来、卫生信息管理中的人际能力等。

我国信息资源管理教育始于1993年前后，山西大学信息管理系是最早实施信息管理教育的院系之一。该系在借鉴与探索的基础上所设计的信息管理专业课程结构与上述美、英两国的有关课程结构颇有相似之处。该系的课程结构是面向"经济信息管理"的，由信息资源管理系列课程、高等数学与计算机技术系列课程和经济知识系列课程三大系列所组成。信息资源管理系列课程主要包括信息管理基础、信息用户研究、信息组织、信息检索与咨询、计算机信息检索、实用信息分析、信息系统开发与管理、信息经济学等；高等数学与计算机技术系列课程主要包括高等数学、线性代数、概率统计、离散数学、运筹学、计算机基础、程序设计语言、计算机原理与结构、数据结构、操作系统、数据库系统原理等；经济知识系列课程主要包括西方经济学、政治经济学、企业管理学、财政与金融、市场学、会计学原理、成本会计、社会经济统计学、抽样调查、市场预测与管理决策、现代管理技术、经济法、广告学、公共关系学等。[35]

不难发现，上述三种课程结构的共性是主要的，它们都突出信息技能和技术技能而对管理技能重视不足，同时，这三个教学单位都是从图书情报教育转向信息管理教育的，这大约是其共性形成的主要基础。具体而论，美国学者瓦格纳所设计的课程结构详实、全面但却失之琐碎；英国谢菲尔德大学信息学系的课程结构重应用和技术但又失之粗略；我国山西大学信息管理系的课程结构重目标分解和结构平衡但也有特色不足之嫌。诚如多塞特所言，要充分利用信息资源管理领域的优势，不仅要具备信息技能，同时也要具备管理技能和技术技能；如果忽视管理技能的训练和培养，将不会造就高层次的信息资源管理人才，而只能培养中低层的管理人员和操作人员，这是上述三种课程结构有待改进的地方。当然，上述三种课程结构的先进性还是主要的，它们都不同程度地代表着信息资源管理教育的未来。

从更大的范围来讲，面向工商领域的"管理信息系统"教育也属于信息资源管理教育。管理信息系统专业（本科）在美国也称为计算机信息系统（Computer Information System，CIS）专业，在我国则称为经济信息管理专业。美国计算机信息系统专业的课程一般需由数据处理管理协会审定，其中，CIS-15号课程的名称就是"IRM"。我们未能获得该专业的教学计划，但可通过有关教材中对信息主管的论述间接地了解计算机信息系统领域对信息资源管理教育的认识。

美国信息资源管理学家史密斯和梅德利在其编著的教材《信息资源管理》（Information Resource Management）中曾用一章的篇幅专论"信息主管"。他们认为，信息主管除具备高层管理者所应具有的素养外，还应具备一些特殊的品质：第一，擅长交流，包括口语交流和书面交流两个方面。第二，善于处理不确定的事件。第三，善于应付压力。第四，精于财务。信息主管的职责范围一般包括以下几个方面：

1）提供技术。信息主管负责为组织中所有层次的管理者提供必要的计算机技术资源。

2）与用户有关的职责。包括为用户提供设备、软件和培训等。

3）与提供者有关的职责。包括与硬件、软件和服务提供者发展伙伴关系，参与制定产业标准，契约谈判，不同硬件和软件的集成，支持层级的谈判，影响商业的战略等。

4）与管理有关的职责。包括推广技术，提供预测，对外代表单位，教育员工和发展信息价值观等。

5）与技术有关的职责。包括理解信息技术的发展现状，洞察支撑信息系统技术的经济趋势，预测信息技术的发展及其对组织机构可能产生的影响，了解基本的技术因素（如集成电路块）对未来信息系统的影响等。[2]

管理信息系统领域对信息主管的理解实质上也就是对信息资源管理教育培养目标的认识，这与前述三种课程结构所包含的认识截然不同，它最强调的是管理技能，其次是技术技能，信息技能在此已升华为较为抽象的信息价值观。可见，信息资源管理的集成并非易事，这将是一个长远的目标，但也是必由之路。信息资源管理教育既可选择筑路人的角色也可扮演乘客的角色：选择是困难的也是要付出代价的，但无论如何，选择是必然的。

2.3 国内外信息资源管理理论评述

信息资源管理源起于20世纪70年代后期的美国，1980年美国国会通过的《文书削减法》可谓信息资源管理的里程碑，它以法律的形式确立了信息资源管理在联邦政府机构中的地位与作用[1]。整个80年代是美国信息资源管理理论迅速发展的时期，80年代中期，信息资源管理理论开始传入欧洲并在那里逐渐演化为"信息管理"理论。90年代初，孟广均和卢泰宏等系统地引入了信息资源管理理论，它为处于低潮中的图书情报学注入了活力，并在90年代中期形成了一个小的研究高潮。

2.3.1 国外信息资源管理理论

国外信息资源管理理论研究有两个中心，一是美国，二是英国；除此之外，德国和日本也非常重视信息资源管理理论研究。就已出版的专著或教材而言，美国学者多用"信息资源管理"概念，欧洲学者则多用"信息管理"概念，但它们的内容结构没有本质的区别。在此，我们依出版时间为序对欧美的几种主要的信息资源管理理论加以评述，以期大家对信息资源管理理论有一个轮廓性的了解。

1. 胡塞因的信息资源管理理论

美国新墨西哥州立大学的D. 胡塞因(D. Hussain)和K. M. 胡塞因(K. M. Hussain)在1984年出版了《信息资源管理》（*Information Resource Management*）[36]一书，这是为管理学专业本科高年级学生和硕士生所写的一部教材。该书共分七单元

27章,内容如下:计算机资源(导论;计算机处理器;软件;外围设备;数据);计算机资源的获取(选择供应商;财务与合同);系统发展(信息系统的规划;信息系统的发展;项目管理);资源控制(性能评价;质量控制;隐私与安全;计算机系统的审计);处理与管理(处理与系统改造;计算机处理的预算;标准;变化的管理阻力);资源组织(计算机部门的组织;分布式数据的处理;计算机中心的监控;计算机部门的用人;计算机服务);计算机处理的环境(计算机产业;计算机在管理中的影响;计算机与法律;系统为什么成功或失败)。

胡塞因的信息资源管理理论准确地说是一种"计算机资源管理理论",其核心是信息系统的开发、管理和计算机在工商企业领域的应用问题,因此它又称为"管理中的信息系统理论"。在该书第一部分的开篇,作者基于自己对计算机资源的理解,设计了信息资源管理的框架结构(图2.3),其中,第一部分为没有计算机知识的读者提供背景知识,其余六个部分则是计算机资源管理的展开。

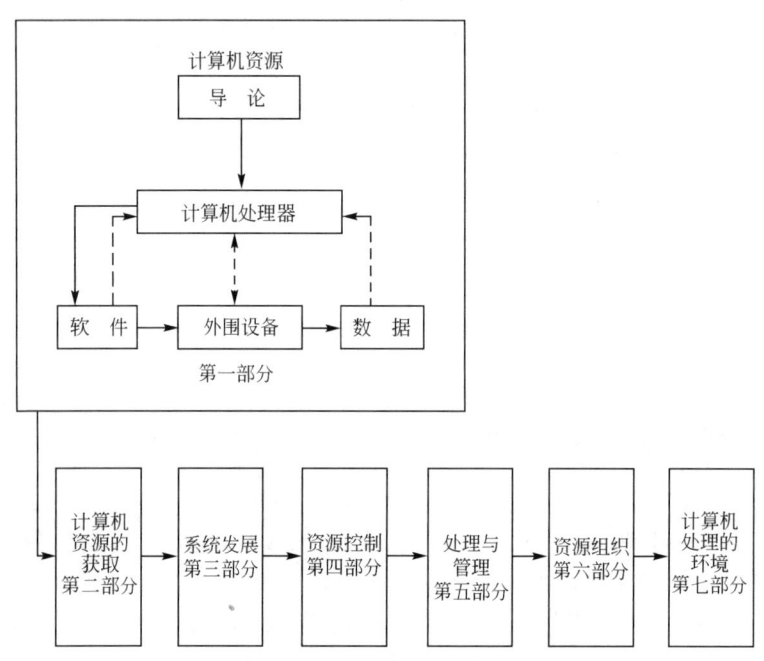

图2.3 胡塞因理论的框架结构[36]

综观胡塞因的信息资源管理理论,可以归纳出这样一些特点:

1)注重计算机信息系统理论和管理理论的结合。如质量控制、计算机系统的审计、计算机处理的预算、变化的管理阻力、计算机部门的组织与用人、计算机在管理中的影响等章节标题就直观而充分地体现了这种结合。

2)强调应用性。一方面通过案例研究强调信息资源管理理论在工商企业管理中的应用，另一方面通过附在每章后的关键词、思考题、参考书目和附在书末的若干份考卷，强调其在教学中的应用。

3) 突出实用性。通过大量图表、数据、事例，不仅详细地剖析了计算机和相关技术构成，而且还具体地介绍了如何选择供应商、如何评价计算机的性能、如何保证数据的安全、如何节省每一分钱等经验性知识。

4) 深入浅出，通俗易懂。该书以流畅的大众化语言讲述计算机信息系统的专业理论知识，即使毫无计算机背景知识，也可得其门径而入，诚如作者所云，本课程"不需要先行课"。

5) 计算机资源管理不等于信息资源管理，它充其量只是信息资源管理的一个子集，也就是说，该书存在名不副实的问题。

任何理论都有其特定的时代背景和适合的生存空间，若将胡塞因的信息资源管理理论置于20世纪80年代中期的美国，以管理和其他非计算机专业的学生和爱好者为对象，它无疑是非常受欢迎的能反映计算机发展前沿知识的热门理论，事实上，即便在Internet迅速发展的今天，它仍不失为有价值的参考书。但是，胡塞因的信息资源管理理论也有几处明显的缺陷：

1) 它未对信息资源和信息资源管理等概念做任何解释，简单地以计算机资源取代信息资源，这种做法未免有赶时髦之嫌。

2) 它是根据美国数据处理管理协会（Data Processing Management Association，DPMA）所推荐的CIS-15号课程的要求所构建的理论体系，面向本科高年级学生和硕士生，但书中却大量地讲述计算机基础知识，这不能不导致重复问题。

3) 信息资源管理理论从产生伊始就以战略层次的管理为主要内容，但该书却停留在信息系统管理的层次上，按霍顿等的时期划分，这只是信息资源管理初级阶段的理论。当然，作为早期的信息资源管理理论之一，胡塞因在理论方面的缺陷是可以理解的，从某种意义上讲，他们的理论也是对信息资源管理的一种诠释。

2. 里克斯和高的信息资源管理理论

里克斯和高都是美国弗吉尼亚州的信息资源管理研究人员，里克斯在该州老自治领大学做管理学教授，高则是记录管理和办公自动化系统方面的顾问，他们于1984年联合推出的《信息资源管理》（*Information Resource Management*）[3]代表了美国信息资源管理理论的另一种传统，这是一种类似我国文献信息学的信息资源管理理论。该书共分五单元20章。内容如下：导论（记录管理系统）；系统规划（功能规划；记录处理规划；设施规划；分类系统的选择；存储设备与用品；缩微记录学）；系统组织（记录管理手册；系统操作与检索；集成信息系统；应用特例）；系统人事（记录管理者；发展职员；记录管理职业）；系统控制（控制功能；函件和复本控制；文件指令控制；表格和报告控制；缩微记录控制；记录安全与保障）。

如前所述，美国联邦政府历来有重视记录管理的传统，早在1942年国会就通过了《联邦报告法》以控制联邦各机构的文书工作，此后又推出一系列有关记录管理的法案，1980年通过的《文书削减法》更明确地提出了信息资源管理的问题。里克斯和高的信息资源管理理论就是上述记录管理实践发展的直接产物，因此，实际上是一种记录管理理论。作者在"序言"中曾谈及信息资源和信息资源管理两个概念，但也仅此而已。"信息资源包括所有与信息的创造、采集、存储、检索、分配、利用、维护和控制有关的系统、程序、人力资源、组织结构、设备、用品和设施。信息资源管理则是为了有效地利用这一重要的组织资源而实施规划、组织、用人、指挥、控制的系统方法。"通观全书，里克斯和高的信息资源管理理论的核心概念是记录和记录管理系统，其体系结构大致由两部分构成，第一单元即导论部分是记录管理理论的浓缩，后四个单元即主体部分则是记录系统管理过程的理论展开。

记录是里克斯和高的记录管理理论的逻辑起点，它可以是记录在任何媒体上的信息。记录从形式上包括所有书籍、论文、图片、地图、信函、回忆录、文件、报告、表格、缩微胶卷、计算机磁盘、文字处理软盘、视盘、光盘乃至手稿等；从内容上则包括能够反映一个组织机构的功能、政策、决策、程序、操作和其他活动的资源。记录是一个组织机构的共同记忆，它既是一种组织资源又是一种组织财富；作为资源，它主要指记录所包含的信息内容本身；作为财富，它主要指记录信息的文献资料。比较而言，里克斯和高所理解的"记录"更接近于我国学者所理解的"文献信息"。

记录管理系统（RMS）是里克斯和高的记录管理理论的又一核心概念，它是针对一定的目标，由输入、处理和输出三大板块所构成的有机体（图2.4）。在图2.4中，"处理板块"所包含的记录的创造、分配、利用、维护（包括整理和检索）、存储和剔除过程也称为记录的生命周期，这是记录管理所依持的规律，是从记录角度展开的记录管理过程。

记录系统管理的核心则是围绕记录系统的计划、组织、用人、控制而形成的理论，这可以看作是从管理角度展开的记录管理过程。计划取决于实现预期结果的方法而又决定着组织期望达到的目标，其对象包括记录管理系统本身及相关设施、设备及用品等；组织是实现计划的过程，内容包括编写记录管理手册、建立检索系统、整合信息技术、记录管理系统在不同领域的应用等；用人是一种人力资源规划，内容包括制定当前和未来的用人计划、招聘和安置新职员、培训和发展专门人才、对职员的表现进行评价等；控制是一种对照目标来衡量结果的功能，内容包括指挥、评估、提供反馈信息等。里克斯和高的记录管理理

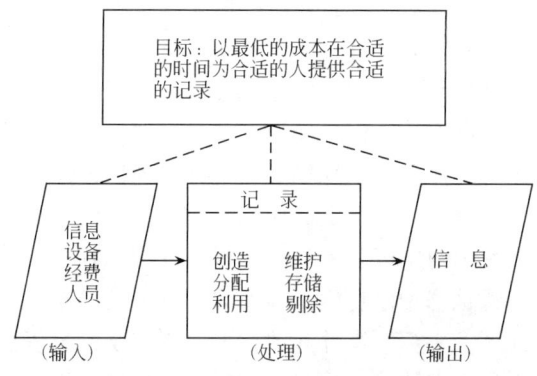

图 2.4 记录管理系统框图[3]

论主要是依据管理过程展开的,就此而言,它可以说是记录管理与管理理论的一种结合。

里克斯和高的理论是产生于文献信息领域的信息资源管理理论,作为一种教材,它具有结构流畅、叙述简洁、内容丰富、案例生动、编排灵活、体例规范等优点。此外,该书末尾所附的档案管理、记录管理史、归档规则及思考题等也颇有参考价值。然而,记录管理毕竟不等于信息资源管理,即便从文献信息管理的角度考察,记录管理理论也未更多地涉及图书馆与情报服务等方面的内容,因此,记录管理理论只是一种扩大化的档案管理理论,其局限性是不言而喻的。

3. 霍顿的信息资源管理理论

霍顿是美国著名的信息资源管理学家,曾在联邦文书委员会做信息管理方面的负责人,并且是许多外国政府和跨国公司(如 IBM 公司等)的信息管理顾问。霍顿在 1985 年出版的《信息资源管理》(*Information Resources Management*)[6]中构建了一种面向应用的信息资源管理理论,这也是第一部真正以信息资源为逻辑起点的信息资源管理专著。该书共分五单元 14 章。内容如下:生产率与信息资源管理(生产率;企事业单位中信息资源和财产的界定);办公室的信息资源和财产的管理(办公室信息流概述;案例分析;信息技术与产品在办公室的应用);工厂信息资源和财产的管理(工厂信息流概述;关键工具与信息工程师的角色;信息技术与产品在工厂的应用);实验室信息资源与财产的管理(实验室信息流概述;案例分析;信息技术与产品在实验室的应用);信息资源管理的方法论(信息资源管理方法论概述及其起点的确立;信息资源和财产的成本估算与定价;信息资源和财产的分析与综合)。

霍顿的信息资源管理理论是以如何提高生产率这一命题为出发点的。他认为,适合于农业时代和工业时代的生产率概念——产业除以投入——已不能适应信息时代的需要，必须植入信息资源和财产概念以重新定义和测度生产率。他进一步区分了作为单数和复数的信息资源概念和信息财产概念：作为单数的信息资源（resource）指信息内容本身，作为复数的信息资源（resources）指各种信息工具包括信息设备、信息用品、信息设施、信息工作者和其他信息处理工具，信息财产则指记录在任何媒体上的信息内容（诸如文献、书籍、数据库等）。信息是一种具有生命周期的资源，信息生命周期是信息运动的自然规律，它一般由信息需求的确定和信息资源的生产、采集、传递、处理、存储、传播与利用等阶段组成；信息资源管理就是基于信息生命周期的一种人类管理活动，是对信息资源实施规划、指导、预算、决算、审计和评估的过程。从信息资源管理产生的角度考察，信息资源管理是不同的信息技术和学科整合发展的产物，这些技术与学科包括管理信息系统、记录管理、自动化数据处理、电子通信网络等。

霍顿信息资源管理理论的核心是办公室、工厂、实验室环境中信息资源和财产的管理问题。霍顿之所以选择这三种工作环境是因为许多大型机构都必须对付这三类问题，诸如大型跨国公司、联邦级或州级政府机构、大医院、大学、专业学会或协会等大都同时拥有办公室、工厂和实验室。就三种不同环境中的信息资源管理而言，其过程与方法大致是相同的，但在细微之处，办公室管理更强调办公自动化、总裁工作站、无纸办公室、终端计算机利用等方面的活动，工厂管理更强调信息流对生产过程的导向与控制作用和信息工程师的核心作用，实验室管理则更注重研究与发展管理、项目管理、信息产品管理和计算机信息系统的管理。在此，霍顿收集了许多实例以证实、展开和帮助人们理解不同环境中的信息资源管理问题，这些实例客观上也丰富和激活了其理论体系。

霍顿信息资源管理理论的最后一个单元是关于信息资源管理方法论的论述，这些论述既是三种不同环境中信息资源管理理论的升华，又是人们理解和运用信息资源管理理论的工具，还是信息资源管理理论逐步走向成熟的标志。霍顿的方法论是围绕信息资源管理过程的五个步骤展开的：第一，认识本单位的信息资源与财产。第二，估算所利用的信息资源的价值以准确地了解信息技术和辅助资源的成本。第三，根据信息资源在问题解答或决策制定过程中的重要程度确定信息资源的价格。第四，分析测度信息流和信息财产中的重叠与重复现象和信息资源不能满足信息需求的脱节现象。第五，综合上述要素，重建信息系统，更好地满足用户的信息需求。

霍顿在 1986 年与马尔香合作出版的《信息趋势：从信息资源中获利》（*INFOTRENDS：Profiting from Your Information Resources*）[37]一书中进一步发展了自己的信息资源管理理论。该书强调每一个企业都必须将信息资源作为一种战略财产进行管理，必须将信息资源管理与企业的战略规划联系起来，在企业的每个层面上识别信息资源和获利机会，并借以构筑新的竞争优势。该书还提出了一个发人深省的理念——Work smarter, not just harder（精明地工作，而不仅仅是努力地工作），从而指明了信息经济时代智力资源的重要性和从信息资源中获利的关键所在。

霍顿的信息资源管理理论是美国乃至世界范围内最有影响的信息资源管理理论之一，它以其独到的理论视野与魅力征服了许多国家的政府官员和企事业巨头，从而极大地促进了信息资源管理理论的传播、应用和发展。就其所著的《信息资源管理》而论，主要优点包括理论体系严谨、概念术语规范、应用色彩浓重、案例援举得当、针对性强、注重规律性和方法论研究等；其不足之处在于没有充分认识到信息资源大户图书馆、档案馆和情报中心等在信息资源管理中的重要性，没有在更大的范围内展开信息资源管理理论。但就其所达到的理论高度而言，该书完全可称为信息资源管理的经典之作。

4. 史密斯和梅德利的信息资源管理理论

史密斯和梅德利是美国加利福尼亚州的学者，史密斯是大西洋·里奇费尔德公司的信息系统主管，梅德利是加利福尼亚州立理工大学信息系统系主任，他们联手于1987年出版的《信息资源管理》(Information Resource Management)[2]可以说是继霍顿《信息资源管理》之后的又一部经典著作。该书共分四单元12章。内容如下：导论（管理环境；信息、知识与管理的关系；信息资源管理的演化）；信息资源管理的原则（信息资源管理的角色与社会学；组织；计划和控制；信息资源管理的行为科学领域）；信息资源管理过程（系统发展；信息资源管理内部的安全与整合；信息资源管理思想的交流；信息资源管理中的人力资源管理）；信息资源管理的发展方向（进展与趋势）。

该书也是根据美国数据处理管理协会规定的"计算机信息系统本科教学计划模型"中CIS-15号课程（即"IRM"）的要求编写的一种教材，与此相关，它非常注重系统性、完整性、理论性和可读性，在每一章开篇都给出文摘，末尾则列出思考题，符合教学之所需。与胡塞因的《信息资源管理》相比，史密斯和梅德利的理论有着长足的进步，它已不再是一种计算机资源管理，它将信息技术和信息系统建设等有机地融入了管理理论与实践的框架中，从而使"已拥有计算机知识和技能的人可借以把握一般管理的概念和职责，使一般管理学家可借以获取计算机专业知识，从而在整合的过程中形成真正的信息资源管理理论体系"。

史密斯和梅德利的信息资源管理理论是从管理思想演变史的角度切入的。他们从最早的人类管理活动谈起，简略地追述了管理学思想的演变过程，剖析了现代管理所面临的新形势，并指明了信息资源管理出现的必然性[8]。随后，他们又从数据、信息、知识等基本概念入手，探讨了它们之间的相互关系及其对管理活动的影响[38]，并由此转入信息资源管理及其演化过程的论述。作者认为，信息资源管理还是一个发展中的概念，它至少有两层含义：其一，信息资源管理将一个组织机构所拥有的信息等价于资本和人力资源，其实质是一种指导性的管理哲学。其二，信息资源管理将传统意义上的信息服务形式如通信、办公系统、记录管理、图书馆功能和技术规划等整合起来，形成统一的管理过程，其实质是一种新的管理理论与实践。目前，信息资源管理正由管理哲学向管理过程理论发展。就信息资源管理本身的演化而言，它主要经历了五个阶段：数据处理（DP）阶段→信息系统（IS）阶段→管理信息系统（MIS）阶段→终端用户（end-user）阶段→信息资源管理（IRM）阶段。在此，信息资源管理体现了适合组织机构需求的多种技术的功能整合，它既包括信息技术的管理也包括信息内容的管理，已演变为与战略规划相对应的新型管理理论。

史密斯和梅德利的信息资源管理理论非常注重管理理论与计算机信息系统理论的结合，这种结合似一根红线贯穿始终，形成了其理论体系的主旋律。首先，这种结合在实践部门产生了一种新的职位——CIO，这是企事业单位中仅次于总经理（Chief Executive Officer, CEO）的新职位，CIO的任务是全面负责一个单位的信息资源管理，为本单位的战略规划服务。其次，这种结合产生了信息资源管理的过程管理理论，其内核是管理过程理论在信息资源管理中的应用，内容包括信息资源管理的组织、规划、控制、行为管理和人力资源管理。再次，这种结合给信息系统理论注入了新的活力，使信息系统的发展融入信息资源管理的框架之中，这样就形成了包括信息系统的发展、信息资源管理的安全与控制和信息资源管理思想的交流等内容的信息资源系统管理理论。

史密斯和梅德利信息资源管理理论的最后篇章是关于信息资源管理发展趋势的描述，其论述范围涉及计算机产业及其发展趋势、信息技术发展趋势、社会环境和组织机构的发展趋势等。作者最后指出，"信息资源管理能力已成为组织之间乃至国家之间竞争的关键，信息资源管理专业人员理应珍惜时代所提供的机会"。这里可引用伟大运动员佩奇（S. Paige）的忠告，"永远不要向后看，有人可能正在逼近你"（Never look back, someone may be gaining on you）。

史密斯和梅德利的信息资源管理理论是面向教学、侧重理论探讨的信息资源管理理论体系，它较好地处理了信息系统理论和管理理论的关系与融合问题，是基于信息与信息资源概念并按信息资源管理的逻辑结构展开的一体化信息资源管理理论。但它同样未能超越管理信息系统的约束，未能真正体现"通信、办公系统、记录管理、图书馆功能、技术规划等"多功能整合的理论思维。与霍顿的理论体系相比较，史密斯和梅德利的体系更富于理论的完整性，它们可以说是美国信息资源管理理论领域的两朵奇葩。

5. 马丁的信息管理理论

马丁在英国昆士大学任教,他于 1988 年出版的专著《信息社会》(*The Information Society*)[4]中专门辟有"信息管理"(Information Management)一章。需要说明,马丁的信息管理理论虽只有一章的篇幅,但作为一种理论框架,它浓缩了自己对信息管理的认识,足以使我们了解信息资源管理理论传入英国后所发生的变化。马丁的信息管理理论主要涉及以下内容:信息管理的内涵与意义、信息管理的要素、信息管理的原则、信息管理的认知、信息管理的制约因素、信息管理的实施与信息管理过程等。

马丁的信息管理理论受美国信息资源管理理论的影响非常大,他在文中多次引证霍顿和马尔香的论点,但其理论又不完全是信息资源管理理论的翻版。马丁是图书情报领域的学者,在谈及信息管理产生的背景时,他认为,信息管理可以从两个层次上理解:其一,信息管理是图书情报领域久已熟知的挑战的更为复杂的变体,它涉及信息扩散、信息载体的异质性、信息爆炸等问题。其二,这些问题的复杂化又是社会内部变化的结果,这些变化源于信息的机构化和人们对信息认知的深化——信息是竞争优势和利润之源。

马丁认为,信息管理是使有价值的资源隶属于标准的管理和控制过程以实现其价值的活动,它必须超越程式化的信息采集、存储和传播工作,必须致力于使信息利用为组织机构的目标服务。信息管理不同于管理信息系统,后者是为特定的管理层次提供特定类型信息的方法,前者则是为整个组织机构的所有层次包括战略层次、战术层次、操作层次等服务的。但信息管理与信息资源管理没有什么区别,"因为它们从根本上讲是一回事。信息管理和信息资源管理难以区分。鉴于这两个术语中'信息管理'比较短,人们多倾向于使用它——这种操作性的定义将形成信息资源管理领域最初使用的定义的一种变体"①。马丁的解释有助于澄清我国学术界对信息管理和信息资源管理认识的分歧,因为我们的学者虽然也认为信息管理就是信息资源管理,但他们所构建的信息管理体系却全然不同于信息资源管理[39],与国际共识的信息管理理论相违,无助于与国际接轨。

信息管理是一种特殊形式的管理活动,其范围广及数据处理、文字处理、电子通信、文书和记录管理、图书馆和情报中心、办公系统、外向型信息服务、所有与信息有关的经费控制活动等领域,其构成要素则包括技术、专家、可利用的

---

① "Because they are in an essentials the same thing, no distinction will be drawn between 'information management' and 'information resource management', whereas the shorter of the two terms will be preferred, the working definition employed will be a variant of one originally coined in respect of information resource management."

资源和系统等。信息管理建立在这些原则的基础上：其一，作为资源的信息的利用对于所有其他资源的开发都是至关重要的。其二，信息管理首先关心的是信息资源，它需要区分方法与结果和传递信息的方法与信息本身。其三，信息管理是对所有资源的集成管理。其四，信息管理的每一个领域都应由受过严格的专门化训练的个人来负责。信息管理不是孤立地发展的，它置身于社会大环境之中，因此它的发展不可避免地要受各种社会因素的影响，这些因素包括理论因素、方法论因素、组织机构因素、人的因素、法律因素、财政因素和政治因素等。

信息管理也是一种管理过程，是对信息资源进行规划、预算和决算的过程。马丁认为，信息管理建立在作为资源的信息概念的基础上，好的信息管理常常意味着用较少的信息来实现预定的目标，这就需要削减信息采集、存储和传播活动的成本，需要对目标、方法、预期结果、信息资源、信息需求与利用、限制条件等因素进行规划，需要对信息的投入和产出进行预算，需要对照计划成本和实际成本进行决算和评估，需要对信息管理全过程实施成本控制。总之，信息管理是利用信息来支持组织目标的活动，是战略层次的管理活动。

马丁的信息管理理论是一种英国化了的信息资源管理理论，其基本概念与理论框架虽直接承继霍顿和马尔香的理论，但又有所不同。将信息管理置于信息社会中论述表明了作者对信息管理重要性的认识程度，重视投入与产出理论的应用则体现了信息与资源的内在关联。遗憾的是，作者虽几次谈到图书馆与情报服务和记录管理，但却没有将图书馆与情报服务纳入信息管理的框架。我们认为，图书馆与情报学是信息资源管理理论体系的重要组成部分，有意无意地忽略其存在都将导致信息资源管理理论的不完整。

6. 克罗宁和达文波特的信息管理理论

克罗宁（B. Cronin）和达文波特（E. Davenport）于1991年合作出版的《信息管理的要素》（*Elements of Information Management*）[40]开拓了信息资源管理理论研究的新领域。克罗宁供职于美国印第安纳大学图书馆和情报学院，达文波特执教于苏格兰斯特拉思克莱德大学情报科学系，他们不满足于现有的理论思维和探索，试图从直觉入手，运用模型、隐喻和相关的方法论，剖析信息管理的深刻内涵，并使之上升到一般理论的层次。该书仅分五章，内容包括：模型、隐喻与转喻；激活财产；价值分析；竞争优势；商品与市场。

克罗宁和达文波特认为，迄今为止的信息资源管理理论多少都带有形式主义的特征，为了克服这种理论通病，他们放弃运用观察和统计解释方法而代之以直觉和模型方法，他们强调隐喻这一造模要素在信息管理理论中的重要性，更关心认知和概念层次的信息管理与信息本身。在他们看来，大家都是信息管理者，"当你存储、归档和参考那些构成你的公民和法律身份的记录（如保险号码，医疗卡片，出生、婚姻与死亡证明，抵押文献，地契等）时，你就在扮演信息管理者的角色"。而信息之所以能够被管理是因为它可以模型化。他们进一步归纳了信息管理中的三种模型：隐喻模型是根据源事物描述目标事物的方法，常见的隐喻包括资源、武器、资产、财产、商品等；转喻模型是以部分代表整体的方法，常用的转喻包括肖像、关键词、文摘、概要、屏幕菜单等；分类模型基于共同的明显的因素来约束分离的实体，常用的分类方法包括等级分类、综合分类、语义网、图形理论、结群分类等。模型方法能够帮助我们理解周围的世界，有助于我们把握各个学科领域的概念结构。究其实，克罗宁和达文波特的模型和隐喻方法是从已有概念所蕴含的丰富的语义内容来推知、建立理论模型的方法，这是一种需要想像和创见的方法。

信息财产是信息管理的一个重要概念，套用上述模型，它属于隐喻式模型。作者认为，信息财产是在特定情境中实现模型化的，具体的情境有很多种，但他们主要考察了企业、政府、大学和图书馆四种情境，并运用 2×2 矩阵表逐一分析了这四种情境中信息财产的表现形式、类型和如何激活这些财产的方法。以图书馆为例，其信息财产可以概括为藏书、不动产、职业技术、信誉、技术基础和继承物六种主要类型，这些财产又可归入财产矩阵模型中进行分析（图 2.5）。作者认为，由于缺乏生产、包装、分配、营销等有效手段，图书馆的财产只是一种静态的财产，我们必须运用财产管理战略才能激活这些财产，这些战略包括转让、出租、特许经营、合同承包、重新估价和开发等。

	有形财产	无形财产
流动财产	藏　书 特殊收藏	服务质量 职员技能
固定财产	建筑设施 汽　车	寄存物

图 2.5　图书馆财产[40]

信息价值是与信息财产相关的概念，从某种意义上说，价值是财产的内涵，没有价值的事物不可能称为财产。作者认为，信息只有在适合当前任务或处境时才有价值。信息价值有实际价值和符号价值之分，例如，商标和产品就分别对应着信息的符号价值和实际价值。在现有信息资源管理理论中，测度信息价值的常用方法是研究信息与生产率的关系，但其结果往往缺乏说服力，为此，作者发展了情境—模式—焦点相结合的信息价值三维研究模型，这可看作是信息价值分析方法的一种突破。

因为信息可转换为一种有价值的财产，所以它能帮助一个人、一个组织乃至一个国家确立竞争优势。从一般意义上讲，竞争优势源于超人的力量、神经和健康，源于对竞争对手优势和不足的洞察，源于对竞争意图的理解和追随，源于为取胜而又不犯规的小动作，源于联盟。从信息管理的角度而言，竞争优势主要源于对内、外部信息的分析、综合和管理。如果说竞争是一个游戏的过程，那么这种游戏是在战略层次上进行的，信息有助于竞争者理解自己扮演的角色，了解游戏规则和仲裁者，了解游戏本身和游戏工具等，而这些都是集聚竞争优势并确保竞争获胜的重要前提。

竞争本身为信息商品的出现创造了前提，"信息商品是直接或间接地在信息市场中买卖的信息财产、价值和竞争的统一体"。信息产品（书籍、杂志、软件包等）、信息服务（联机检索、信息咨询和分析、图书馆服务等）、信息软产品（专利、配方、处方、设计、商标等）、信息资产（计算机及其配件、计算机外围设备等）、信息渠道（商业网络、广播、有线电视等）皆可成为信息商品。当然，在许多情境中，信息还不是商品；但如果信息管理者不是将信息管理看作一种支持式服务或高高在上的服务，而是将信息管理置于开放的市场中加以发展，那么更多的信息资源将变为信息商品。

克罗宁和达文波特的信息管理理论是一种艰深的理论，它运用直观的而非实证的方法进行分析和推导，其理论深度和高度都是其他信息资源管理理论难以企及的。难能可贵的是，它完全超越了多年来形成的具体的信息行业及其观念的约束，在一般理论层次上发展了信息管理理论，因此具有普遍的指导意义。诚然，该理论也有曲高和寡、晦涩难懂、过于抽象、实证不足等缺陷，但作为哲学意义上的信息管理理论，其体系和方法的确立是成功的，它也可以称为信息资源管理的经典之作。

7. 施特勒特曼的信息管理理论

施特勒特曼是德国信息管理学家，他在1992年与杰德格伯尔（B. G. Geodegebuure）联合主编的《"为信息服务的信息管理——90年代的经济挑战"》会议论文集》撰写了一篇题为《90年代的信息管理：一个概念框架》的论文[27]，系统地阐述了自己的信息管理理论。其主要内容包括：信息管理的意义与定义、为信息服务的信息管理的背景、信息的经济转化过程、信息资源、战略管理、信息服务中战略信息管理的分析框架等。

施特勒特曼认为，信息管理是对信息资源与相关信息过程进行规划、组织和控制的理论。信息资源包括信息内容、信息系统和信息基础结构三部分，信息过程则包括信息产品的生产过程和信息服务的提供过程。引入"价值链"概念，信息管理可简单地概括为沿着价值链的信息资源管理；而所谓"价值链"，据施特勒特曼的理论，就是由信息资源的供给、输入、生产、输出、推销、用户服务等环节所组成的有序过程。施特勒特曼还针对图书馆与情报服务指出，它们必须在两个方面改进信息管理：在内部，它们必须改进信息资源管理以提高生产率，提高服务质量和改进服务效果；在外部，它们必须把握各类用户的信息需求并设法满足用户的特殊需求，以支撑它们的信息管理。

施特勒特曼信息管理理论的核心是对信息管理背景、信息的经济转换过程和信息资源的论述。他认为，信息管理的背景可分为三个层次，这些层次由内而外呈环状层层相套（图2.6），其中，信息管理是信息服务的内核，信息服务则构成了信息管理的第一重背景，图书馆和情报服务就是信息服务的有机组成部分；在信息服务的外圈，信息市场和信息环境依次构成了信息管理的中观背景和宏观背景。

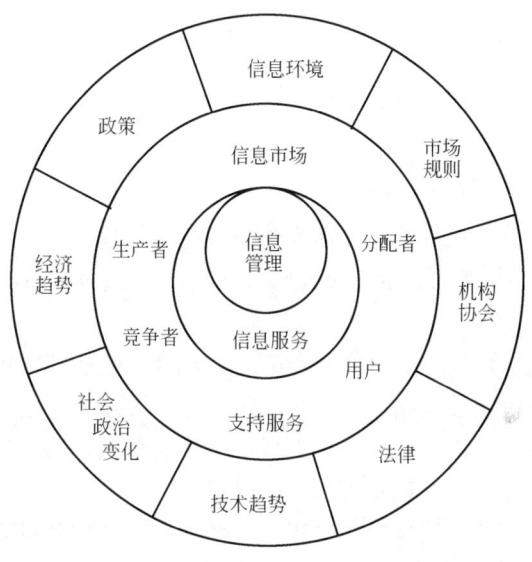

图 2.6 信息管理的背景[27]

信息的经济转换过程是施特勒特曼信息管理理论最为精彩的部分。在我们所接触的信息资源管理理论中，要么只描述信息资源的规划、预算、控制等所谓"管理过程"，要么单论信息资源的获取、组织、传递等所谓"信息过程"。施特勒特曼的成功之处则在于巧妙地实现了两种过程的统一，从而形成独具特色的信息转换过程（图2.7）。

在图2.7中，供应者和用户均处于市场之中，他们与信息服务系统进行着信息、资源、货币等多方面的交流，信息服务系统本身又分为两个层次，管理层次的功能是对操作层进行规划、组织和控制，操作层的功能则是实施信息转换。施特勒特曼的信息管理过程理论是一种比较理想的模式，它一方面统一了管理过程和信息过程，另一方面又为职业的信息管理（如图书馆、档案、情报服务等）

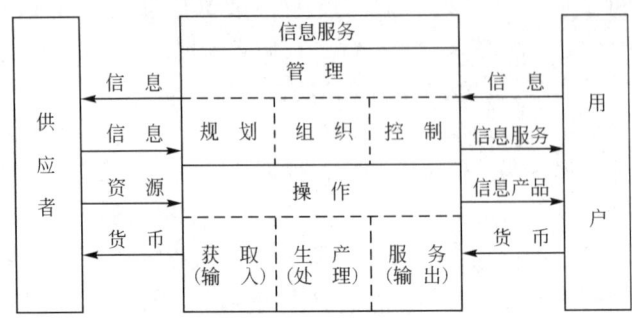

图 2.7 信息的经济转换过程[27]

与应用信息管理（如管理信息系统、办公系统等）提供了"结合点"，因此它具有较大的普遍性。

信息资源，据施特勒特曼的理解，包括三个组成部分：

1）信息内容，既包括产生于信息服务或从外部信息源获取的信息，也包括与内部活动有关的理论和方法论信息、管理和操作信息、与决策相关的信息，还包括与外部活动有关的交易信息、用户信息和市场信息。

2）信息系统，其要素包括系统目标、操作人员、信息内容、软件、硬件、内部规则等。

3）信息基础结构，在此是指一个组织机构的信息基础结构，它由各种可共享的数据库、计算机硬件设备、数据库管理系统和其他软件、局域网等所构成。信息内容、信息系统、信息基础结构形成了一个组织的信息管理三位一体结构。

信息管理是一种战略管理，施特勒特曼认为，战略信息管理重在创新，包括信息产品或服务的创新、信息转换过程的创新和市场营销的创新等。他还进一步抽象出了适用于信息服务领域的战略信息管理分析框架，这是由信息资源—信息转换过程—战略信息管理（即规划、组织和控制）所组成的三维结构，它可用于分析作为整体的图书馆和情报服务以及它们的个别服务或产品，可用于调节与外部活动相关的特殊战略管理领域。

施特勒特曼的信息管理理论闪烁着德国学者的理性思辨色彩，其宽阔的视野、准确的理解、细微的分析、简洁的模型等无不具有理论的魅力。尤其值得赞赏的是，作者试图将新兴的信息管理理论与"图书馆和情报学"统一起来并取得了成功。但与其他理论相比较，该理论缺乏实践案例的支持，它更多的是一种理论推导或创新。

8. 博蒙特和萨瑟兰的信息资源管理理论

博蒙特和萨瑟兰于 1992 年出版的《信息资源管理》（*Information Resources*

Management)[5]是为工商管理领域的管理者和工商管理硕士（Master of Business Administration，MBA）所提供的理论武器。全书共分九章，内容为：变化中的商界、我们的组织机构将走向何方、信息产业及其变化中的性质、在信息时代从商、计算机信息系统、信息系统战略与实施、我们能够对付吗、回报是什么、信息资源管理。

博蒙特和萨瑟兰的《信息资源管理》成书于20世纪90年代初，是作为《当代商业丛书》的一种出版的，它所选择的副标题"基于知识的社会和经济的管理"（*Management in Our Knowledge-Based Society and Economy*）表明本书作者对即将来临的新一轮信息热潮——信息高速公路已有所觉察和认识。作者认为，以往的信息资源管理著作都是从技术的角度强调信息和通信技术（ICT）的重要性，而未能捕捉商界中的现实问题并理解信息和通信技术所提供的机会，为此，作者更多地是从管理的角度来认识信息资源管理，来考察信息和通信技术的利用怎样影响一个组织机构并进而影响商业运行和竞争的。

博蒙特和萨瑟兰的信息资源管理理论大致可分为两大部分：前三章以理论分析为主，重点论述了20世纪90年代急剧变化的社会、经济和技术环境、工商企业的战略定位、新兴的信息产业及其服务与产品等内容；后六章以应用分析为主，重点论述了信息时代工商管理的独特性质，不同类型的信息系统（包括管理信息系统、办公信息系统、决策支持系统、基于知识的系统和组织机构内系统等），信息系统的规划、设计和安全保障，人力资源管理与企业文化，信息投资的回报，新型管理实践等内容。作者认为，90年代工商企业所面临的是日益信息化的社会与经济环境，任何企业都不可能回避信息和通信技术的全面影响，但技术的因素并非决定性因素，最终的决定力量仍是人——第一流的管理者才是最稀缺的资源，他们是信息时代商战的弄潮儿。

博蒙特和萨瑟兰对信息资源管理的理解也有独到之处。他们认为，信息资源管理是一个集合名词，它包括所有能够确保信息利用的管理活动，其管理对象则包括所有类型的数据、号码、文本、视像、声音和各种不同的信息与通信技术。他们还认为，信息资源不同于企业资源，它只是企业资源的一部分，其核心是由信息和通信技术所组成的技术平台（图2.8），这个平台用于获取、存储、处理、分配和检索数据；而在企业的所有活动中，信息资源管理作为整体又起着相当于"平台"的作用，所有其他活动都是在这个平台上进行的（图2.9）。就信息资源管理所包容的知识领域而言，它涉及如何应用信息和通信技术获取竞争优势的商业知识、信息经济如何改变市场的经济学知识、信息和通信技术如何影响法律框架的法律知识、信息和通信技术如何改变人们生活与工作方式的社会学知识、信息和通信技术的应用与发展趋势方面的技术知识等，这无疑是一个综合应用的知识领域。

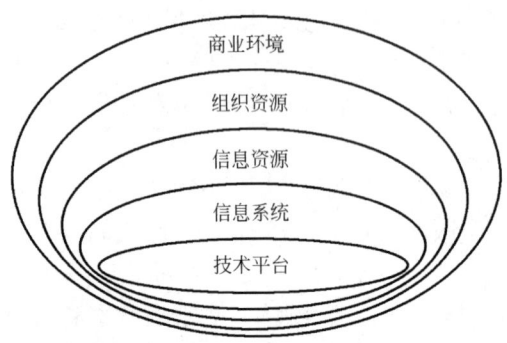

图 2.8　信息资源管理的范围[5]

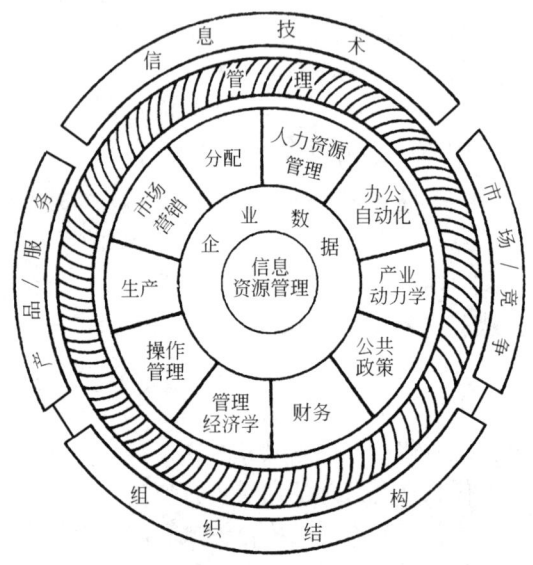

图 2.9　信息资源管理轮式结构[5]

博蒙特和萨瑟兰是管理学专业教师，他们长期为管理学专业的本科生、研究生和 MBA 讲授信息资源管理方面的专业课程，同时又在不同企业中从事过管理咨询和实际工作，足迹遍及英国、美国和欧洲大陆。他们丰富的经历和经验一方面有助于他们了解管理领域的最新变化和工商管理者的真实需求，另一方面又有助于理论与实践的相互印证和结合，有助于提高他们的理论品味。在他们的专著中，每一章开篇都提出本章的"学习目的"，文中则穿插大量的案例分析，末尾又列出复习题、讨论题和"泛读材料"，这样不仅有利于读者自学，而且也满足了不同层次读者的需求，有效地扩展了其著作的信息容量。博蒙特和萨瑟兰要求读者阅读时思考这样一些问题：怎样理解一个组织机构的战略信息环节，怎样发展一个组织机构的"信息文化"，怎样确定管理决策的信息需求，怎样预测潜在的投资回报，怎样设计和完善信息系统，怎样诊断企业问题。其实，这些问题也是作者试图解答的问题。

博蒙特和萨瑟兰的信息资源管理理论是一种高层次的应用管理理论，它对信息技术、信息资源及其管理、信息产业等问题的理解比之20世纪80年代的同类著作有明显的进步，在案例研究方面，它也有所突破。然而，该理论仍然是一种重技术的理论，未能对信息资源的建设予以更多的关注，也未能将图书情报等职业信息资源管理部门纳入统一的信息资源管理框架，其应用范围因而更多地局限在工商管理领域。

2.3.2 国内信息资源管理理论

国内信息资源管理理论研究主要集中在图书情报领域，这与20世纪90年代初国内许多高校图书情报学系易名为信息管理系后急于寻找理论依据有密切的关系。到90年代中期，国内学者已出版了多种信息管理方面的专著或教材，它们是我国信息资源管理理论研究的阶段性成果，有着鲜明的中国特色和学科特色，但这里的所谓"特色"只是指它们不同于国外信息资源管理理论而已，就理论体系和理论水平而言，国内学者的著作比之国外同类著作还有很大的差距，说得严重些，我们所推导出的理论体系缺乏借鉴和继承，难于与国际接轨。我们可以从下面所评述的国内有关著作得出上述结论。

1. 卢泰宏的三维结构理论

卢泰宏在1993年出版的专著《国家信息政策》[30]中纲要性地论述了自己的信息资源管理理论。他首先从"信息成为真正资源的必要条件是信息管理"的命题出发，论述了自己对信息管理的理解："一种认为，信息管理就是对信息的管理，即对信息进行组织、控制、加工、规划等，并引向预定的目标；另一种则认为，信息管理不单单是对信息的管理，而且是对涉及信息活动的各种要素（信息、人、机器、机构等）进行合理的组织与控制，以实现信息及有关资源的合理配置，从而有效地满足社会的信息要求。"随后他又将信息管理的基本问题归结为五个问题域：存—理—传—找—用。存即保存、存留；理即整理、加工；传即传播、传递；找即查找、检索；用即利用、使用。他认为，要解决这五方面的问题，需要研究"人—信息—技术—社会"相互作用的各个方面。

卢泰宏信息资源管理理论的核心是"三维结构论"（图2.10）。他认为，信息资源管理是三种基本信息管理模式的集约化，这三种模式分别是：对应于信息技术的技术管理模式，其研究内容是新的信息系统、新的信息媒介和新的利用方

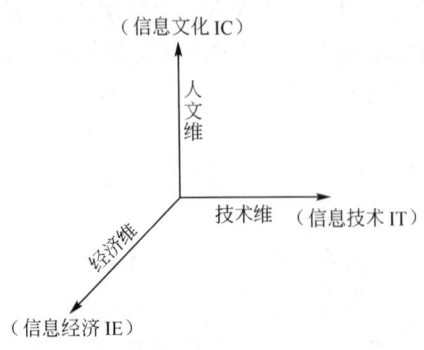

图 2.10　信息资源管理的三维构架[30]

式；对应于信息经济的经济管理模式，其研究方向是信息商品、信息市场、信息产业和信息经济；对应于信息文化的人文管理模式，其研究方向是信息政策和信息法律等。

卢泰宏较早接触了国外的信息资源管理理论，并以此为基础形成了自己的理论框架。但就其理论内容而言，似乎更多的是情报学的思路，真正吸收国外理论的精华并不多。"三维结构论"虽然从一定程度上可以概括信息资源管理的研究内容，但它只不过是信息资源管理理论的结构分解，国内外的应用实践领域并不存在单一的技术模式、经济模式或人文模式，进一步探讨，"人文模式"的提法本身也有问题。诚然，卢泰宏的理论思维与此后的其他著作相比，在吸收国外资料方面还是稍胜一筹，他与孟广均系统地引入国外信息资源管理理论，对国内相关研究也起了引导和推动作用，就此而言，他无愧为国内信息资源管理研究的奠基人之一。

2. 胡昌平的信息管理科学导论

胡昌平于 1995 年出版了专著《信息管理科学导论》[28]。在书中，他以社会信息为基点构建了宏观的信息管理科学体系。该书共分 12 章，内容为：信息管理与信息管理科学、社会主义市场经济的信息机制与信息管理规范、社会信息源与信息流、社会信息资源开发与管理、信息控制、计算机信息系统及其开发管理、信息用户与信息服务、信息工作的社会化组织与信息产业管理、信息市场及其管理、国家信息政策、国家信息法律、社会信息化及其信息管理。

胡昌平在《信息管理科学导论》中试图构建一种与社会主义市场经济背景下运行的信息机制相对应的大而全的信息管理体系，而这个体系又是以他已出版的三种专著——《情报用户研究》、《信息社会学》和《情报控制论基础》——为内核的。胡昌平认为，信息管理科学就是研究社会信息现象的科学，它的主要研究内容包括四个方面：社会信息现象与规律研究、信息组织与管理研究、信息服务与用户研究、信息政策与法律研究。综观全书，其信息管理科学体系有如下特点：第一，它是以"用户与服务"为中心来组织相关学科知识的。第二，它是以社会信息流的有序运行为纲来衔接有关章节内容的，其论述的重点是社会信息流的控制与产业化问题。第三，它的主导思想是统一科技信息与经济信息，形成一体化的信息管理新机制。第四，其实质是科技信息管理理论的推演与扩展。

胡昌平的信息管理科学体系是我国信息资源管理研究的代表性成果，它标志着我国情报学研究已开始走出科技情报的固有范围而面向社会信息这个更广阔的天地了。但由于原有知识结构的局限和信息资源管理研究本身尚未成熟，本书也存在一些有待进一步完善之处：其一，全书内容更多的是用户研究、情报控制和信息社会学等内容的有序组合，似乎缺乏基于信息管理的内在一致性。其二，全书的论述存在宏观展开充分而微观深入不够的问题。其三，关于社会主义市场经济中信息管理诸问题的论述略有牵强之感。最后，有些基本概念尚需进一步推敲，如信息管理与信息资源管理、社会信息与信息资源等。但就总体而言，该书体系严谨，内容充实，有创见，有新意，实为一部比较优秀的信息管理论著。

3. 符福峘信息管理学理论

《信息管理学》[29]是符福峘等编写的信息学系列著作中的一种，其他已出版的著作包括《信息学理论》、《信息资源学》等。该书从管理学的角度审视信息管理问题并组织相关的资料，可谓信息资源管理理论中的"管理学派"。该书共分12章，内容为：信息管理学概论、信息管理的基本原理、信息管理的哲学范畴、现代信息管理激励理论及组织行为、信息管理的科学决策、信息管理的领导艺术、信息管理体系、信息管理的政策与法规、市场经济条件下信息管理的模式、现代信息管理经营谋略、信息管理工程、现代信息管理的技术与方法。

《信息管理学》是信息管理研究的又一种尝试，它系统地植入管理学的理论与方法，针对信息管理的诸多问题，进行详实的对照分析。作者认为，"信息管理学就是研究科学地组织管理信息工作的理论与技能的一门学科。具体地说，是研究与探讨整个信息系统各种要素及其信息活动全过程的规律性，以及信息工作的组织、结构、应用技术与一般方法的学科"。也就是说，信息管理学体系是以信息管理工作为中心的，其目标是追求信息管理系统的优化和科学化。

客观地说，该书没有什么明显的特色，与其说是一种理论，不如说是一种方法论——一种管理的方法论；与此相关，该书对管理理论与方法似乎有套用之嫌，体系虽然庞大，信息虽然丰富，但真正论述信息管理的文字却不多，毫无疑问，管理科学毕竟不等于信息管理学。

4. 王万宗的信息管理理论

王万宗组织一批青年学者编写的《信息管理概论》[31]是《现代信息管理丛书》的一种，其视野并不局限于信息管理理论本身，它是将信息管理作为一个学科群来构建的。该书共分九章，内容为：信息与信息管理、信息技术、社会信息传播业、信息传递与社会信息流、信息资源管理、信息服务、信息服务业与信息市场、信息商品及其价值价格、信息管理业的管理。

从某种程度上讲，《信息管理概论》与其说是要建立一种理论体系，毋宁说是在寻求如何实现信息管理学科群的一体化。该书作者认为，"信息管理是信息科学的应用性子学科群"，其代表性学科主要由三部分组成：一是信息传播系列各学科，如传播学、新闻学、宣传学等。二是信息服务系列各学科，如档案学、图书馆学、情报学、咨询学等。三是信息整序系列各学科，如分类法、主题法、引文法等。而为了使上述学科整合为"信息管理"，该书竭力将有关学科的研究对象统统包容在信息管理的体系之中，但又未形成新的学科逻辑体系，加之全书为多人合编，整个体系显得松散、无序、衔接不当。而且，该书作者对"信息管理"的界定也未能给全书奠定一个统率全局的逻辑基点，"信息管理就是为各行各业各部门搜集、整理、存储并提供信息服务的工作"，这样的定义实质上就是图书馆工作或情报工作定义的翻版，它无助于作者所追求的学科整合的目标。此外，该书也未能严格区分"信息管理"与"信息资源管理"，将"信息资源管理"作为全书的一章表明作者对信息资源管理缺乏足够的认识；而将"信息管理"无限扩大为包括对信息、人员、设备、投资、技术、工作、信息管理业的大而全的管理，又使信息管理在发展的同时迷失了自我。

编写《现代信息管理丛书》是继务虚的"易名"活动（"情报"改为"信息"，"图书情报系"改为"信息管理系"等）之后的务实行动，该书作为这套丛书的龙头之作，内容广及传播学、科技情报学以及近年流行的信息产业和信息市场理论，洋洋大观，不失为一家之言。但令人担忧的是，以这样的体系来规划一个学科乃至建设一个学科，其结果将会把其引向何方？鉴于作者和作者所在单位的引人注目的地位与影响，不得不本着勇敢而求实地探讨学术的精神提出这一严峻的问题，望会得到作者和大家的理解。

5. 其他信息管理理论

在1995年出版的众多信息管理理论著中，党跃武所编写的《信息管理导论》[41]也是不可多得的新著。该书大量运用和阐述了大众传播的理论与方法，并由此切入信息管理领域，形成了一种新的研究视野。该书共分八章，内容包括信息与信息社会、信息交流、信息管理、信息政策法规、信息市场、信息系统、信息技术、信息组织。严格地说,该书的体系是值得推敲的,作者虽将重点放在社会信息交流的过程和规律方面,但并未按照信息交流过程来组织素材,章节之间的衔接也似乎缺乏内在的逻辑性,譬如将"信息组织"放在最后一章论述就令人费解。诚然,作为一位青年学者,作者广博的知识面、敏捷的思维和勇于探索的精神都是值得赞赏的,他所构建的信息管理体系也是一种新的尝试。

1995年高洁、代根兴编写出版了《信息产业管理》一书[42]。该书主要是一种宏观层面的信息管理体系,内容侧重于信息经济、信息产业和信息市场等方面。该书共分12章,内容包括:信息·经济·社会,信息产业,信息产业测度方法,信息产业内部结构,信息产业外部关联,信息产业管理,信息产业生产要素管理,信息产业再生产过程管理,信息市场管理,信息产业组织管理,我国信息产业发展,世界信息产业发展。该书的主要特色是对信息产业进行了全方位的剖析,并综合了国内外信息产业研究的大量资料,不足之处在于诸多方面的论述都停留在表面,不够细致深入。

国内较新的信息管理著作是刘磊等于1997年出版的《信息管理概论》[43]。该书共分16章,内容为:信息发展大趋势、信息管理学科的形成、信息管理原理与规范、信息系统管理概述、计算机信息系统管理、用户信息需求与利用管理、用户信息交流与获取管理、我国信息资源分布与管理、文献信息流的规律、信息的组织与控制、信息市场与信息产业管理、信息技术与社会信息化管理、现代信息技术在信息工作中的应用、信息政策管理、信息法律管理、信息管理专业教育。该书虽成书较晚,但囿于多方面的因素,它在体系结构、内容素材和研究方法等方面并没有推进一步,与其他著作一样,也只是情报学的逻辑与现行资料的某种组合。

2.3.3 信息资源管理的理论流派和中西比较

信息资源管理理论产生于20世纪70年代后期,迄今虽只有20余年时间,但因外部环境和条件极为有利,其发展和传播速度均快于常规学科。就信息资源管理理论的起因而言,一则得益于信息技术的发展与应用,二则归因于信息资源总量激增导致的信息供求矛盾的激化;而当这两方面的因素集约于同一个部门时,人们发现,现代信息技术并非包治百病的灵药,要解决信息实践中的种种难题,固然需要信息技术,但同时也需要一种新的理论,这样就产生了信息资源管理。据考察,信息资源管理理论最初萌芽于两个主要领域,一是工商管理领域,二是政府部门。美国1975~1977年成立的联邦文书委员会(US Commission on Federal Paperwork)主要就是由来自这两个领域的成员组成的。在为期两年多的活动过程中,联邦文书委员会的研究人员发展了信息资源管理的思维,向国会提交了《文书削减法》的议案。他们认为,信息实践中的种种困境皆可归因于低效率的信息资源管理，为此必须强化对数据或信息内容本身的管理而不是笼统的文献或文书管理，必须在各级联邦机构任命直属部门主管领导的"文书削减和信息管理官员"以提高信息管理效率，必须制定相应的信息资源管理发展战略。[38]联邦文书委员会事实上扮演了信息资源管理"始作俑者"的角色，该委员会解散后，工商管理领域和政府部门文书管理领域的研究人员在已形成的信息资源管理思维的基础上，又分别沿着不同的方向发展下去，于是便渐次形成了"信息系统学派"和"记录管理学派"两大理论流派。

到20世纪80年代中期，信息资源管理理论开始传入欧洲并直接或间接地传向世界各地。在欧洲，信息资源管理理论引起了图书情报领域研究人员的极大兴趣，他们首先接纳并消化了源自美国的信息资源管理理论，在随后的发展过程中又自觉不自觉地导入了图书情报学的思想，他们还将信息资源管理简称为"信息管理"。90年代初，当我国图书情报领域的一些学者在引进信息资源管理理论时，没有很好地消化源自美国发展于欧洲的信息管理理论，严格地说，我国学者的信息管理理论只是扩大化的情报学理论与90年代流行的信息产业理论、信息市场理论和信息高速公路理论等的某种组合。我国的信息管理理论虽然与国外信息管理理论有很大的差别，但它们均源自图书情报领域，从这个意义上讲，勉强可以组成一个"信息管理学派"。

信息系统学派是欧美信息资源管理理论研究的主流，主要代表人物包括霍顿、马尔香、史密斯、梅德利、博蒙特、萨瑟兰、D.胡塞因、K.M.胡塞因等。信息系统学派的理论学说是三大流派中最为系统最为成熟的理论学说，这些理论学说一则源于现代信息技术应用于管理领域所引发的新的综合，二则出于"管理信息系统"专业的教学需要。如前所述，美国数据处理管理协会所规定的CIS-15号课程的名称即为"IRM"。该学派的理论学说具有这样一些特点：第一，注重信息的资源特性和财产特性，注重对信息资源进行成本管理，注重投入—产出分析。第二，注重信息系统理论与管理理论的结合，一般以管理理论为纲，信息系统理论为内核。第三，注重信息资源的实用分析，强调信息资源管理在实践领域的应用，强调从信息资源中赢得竞争优势和识别获利机会。第四，注重信息资源管理的战略性质，注重信息主管及其职责研究，注重决策分析。第五，注重案例研究，注重集体研究，各种理论学说多为合作研究成果，而且合作者多由教学研究领域和实践领域两部分研究人员组成。第六，其面向对象主要是工商管理领域的管理者、工商管理硕士、管理信息系统专业师生和一般信息管理者。信息系统学派是"正宗"的信息资源管理理论流派，其影响超过了记录管理学派和信息管理学派，但由于它未能包容传统的信息管理学科如图书馆学、档案学、情报学等学科内容，其应用范围也受到一定的限制，从长远看，三大流派之间的整合或部分整合势所难免。

记录管理学派也是"正宗"的信息资源管理理论的创始者,但在后续的发展过程中未能坚持以信息资源为基点构建理论体系,它在吸收信息系统理论和管理理论的基础上逐渐形成了"记录系统管理"理论。该学派的代表作除里克斯和高的《信息资源管理》外,还有美国学者罗比克(M. F. Robek)等所著的《信息和记录管理》(Information and Records Management)[44]和英国学者库克(M. Cook)所著的《信息管理和档案数据》(Information Management and Archival Data)[45]等。记录管理学派的理论学说有这样一些特点:第一,它将信息资源等同于记录,认为记录是一个组织机构的重要资源和财产,高效率的记录管理有助于实现组织目标。第二,它注重记录的生命周期即记录的创造、采集、存储、检索、分配、利用、维护、剔除和控制过程,这实质上是一种信息管理过程,这个过程构成了记录管理理论的内在依据。第三,它注重多种媒体的集成管理,它所界定的"记录"已超越了文书记录的范围而演变为类似我国学者的"文献信息"概念,其目的是在记录的基点上实现文献信息类学科的集成。第四,它没有上升到战略管理的层次,依其理论内容而言,记录管理理论似乎介于经验学科和理论学科之间。第五,它也未能真正统一文献信息管理,它所讨论的主要内容依然是信函、文件、报告、表格、缩微品等,其实质是一种扩大化的档案和文书管理。第六,它虽然也应用了信息系统理论和管理理论,但这些理论在此只是一种框架,它所装的仍是记录管理的内容。记录管理理论是与办公室文书处理有关的一种信息资源管理理论,它有广阔的应用市场,因此,它在欧美各国尤其是美国流传甚广,影响也较大。

信息管理学派是三大流派中内部分歧最大的理论流派,粗略地看,它们之间似乎没有什么共同之处,但从研究者的学科知识背景等更大的范围分析,可以发现一个有趣的现象,即使用"信息管理"作为学科理论名称的多为图书情报领域的研究者,而这一点正是信息管理学派得以形成的最主要的依据。进一步分析,信息管理学派诸理论学说的异质性主要源于研究者对信息资源管理理论的消化吸收程度及其与图书情报学理论的结合程度,这里可以运用此标准逐一分析各种信息管理理论:第一,马丁的信息管理理论最接近信息资源管理理论,它几乎是霍顿和马尔香理论的翻版,但马丁又认为,信息管理所探讨的问题对于图书情报领域而言早已不是新鲜的事情,也就是说,图书情报学实质上是一种信息管理理论。第二,克罗宁和达文波特的信息管理理论致力于实现不同信息学科理论的统一,其中运用了图书情报学的知识,但这些知识只是一般信息管理理论极其微小的组成部分。第三,施特勒特曼的信息管理理论实质上也是信息资源管理理论,它将信息管理界定在信息服务内部,并巧妙地通过"信息的经济转换过程模型"实现了管理过程与信息过程的统一。第四,我国的信息管理理论则完全是扩大化的情报学理论与信息管理概念的组合[39],严格地讲,这些理论与信息资源管理理论几乎风马牛不相及，即便与欧洲的信息管理理论相比，也差别甚大。信息管理学派的理论学说是信息资源管理理论的变体，而导致这种变化的根本原因就是图书情报学理论的介入。

在信息管理学派内部，各种理论学说的最大差别乃是中西差别。具体地讲，信息管理理论的中西差别主要表现在下述几个方面：第一，理论传统不同，欧美信息资源管理各理论流派多追求管理传统，以管理理论来统率相关学科知识，我国的信息管理理论则眷恋情报学传统，以情报交流过程集约信息。第二，逻辑起点不同，西方理论多以信息资源和信息资源管理为逻辑起点，国内理论则多以"社会信息"作为逻辑起点。第三，技术含量不同，西方理论将信息技术和信息系统融合为一种理论思维贯穿始终，国内理论中的信息技术和信息流程始终是"两张皮"。第四，发展阶段不同，西方理论已发展到信息资源的战略阶段，国内理论更多地停留在操作层次上。第五，研究方法不同，西方理论注重实证研究和案例研究，国内理论研究则多采用理论推导方法，偶有案例也多是信手拈来或"构想"出来的。第六，治学态度不同，西方理论研究者为寻求问题的解答而发展理论，讲究体例规范，我国一些学者则为了寻求理论依据而创造理论，有的甚至心态浮躁、缺乏严谨等。总之，中西信息管理理论的差距是一种客观存在，它最主要地表现为发展阶段的差距，随着国际交流的增多及发展速度的接近，这种差距也必将呈现出不断缩小的发展态势。

信息资源管理理论还是一种发展中的理论，不同理论流派的存在乃至不同理论学说的存在都是正常现象，它们体现了信息资源管理理论的多样化特征，促进了信息资源管理理论的繁荣，我们应该提倡多种理论流派的并存共进，应当设法为信息资源管理领域的"百家争鸣"创造条件。但是，提倡多元化发展格局绝不是自由化发展格局，无论源于哪个学科领域，只要是信息资源管理理论，就应统一于信息资源和信息资源管理，只有这样，才能真正确保信息资源管理的内在一致性，才能真正促进信息资源管理全面而健康地发展。

主要参考文献

[1] Marchand Donald A, Kresslein John C. Information resources management and the public administrator. In: Jack Rabin, Jackowski Edward M. Handbook of Information Resource Management. New York: Marcel Dekker, Inc., 1988. 395~455

[2] Smith Allen N, Medley Donald B. Information Resource Management. Cincinnati (Ohio): South-Western Publishing Co., 1987

[3] Ricks Betty R, Gow Kay F. Information Resource Management. Cincinnati (Ohio): South-Western Publishing Co., 1984

[4] Martin W John. The Information Society. London: Aslib, Information House, 1988

[5] Beaumont John R, Sutherland Ewan. Information Resources Management. Oxford: Butterworth-

Heinemann, Ltd., 1992

[6] Horton Jr Forest Woody. Information Resources Management. Englewood Cliffs (New Jersey): Prentice-Hall, Inc., 1985

[7] Schwartz Candy, Hernon Peter. Records Management and the Library. Norwood (New Jersey): Ablex Publishing Co., 1993

[8] 孟广均, 霍国庆, 罗曼, 谢阳群. 从科学管理到信息资源管理——管理思想演变史的再认识. 图书情报知识, 1997, (2): 1~7

[9] 贝尔泰, 梅古罗夫. 信息管理. 左维汉译. 北京: 新华出版社, 1989

[10] 山田进. 情报资源管理概论. オーム社, 1987

[11] Cronin Blaise, Tudor-šiloviĉ Neva. Information Resource Management: Concepts, Strategies, Applications. London: Taylor Graham, 1989

[12] 胡泳, 范海燕. 网络为王. 海口: 海南出版社, 1997

[13] Dossett Patti. Information management for the nineties. In: Handbook of Special Librarianship and Information Work. London: Aslib, The Association of Information Management, 1992. 3~9

[14] Maceviciute Elena, Wilson T D. The development of the information management research area. Information Research, 2002, 7(3): 133

[15] Scammell Alison. Handbook of Information Management. 8th ed. Aslib-IMI, 2001

[16] Khosrow-Pour Mehdi. Advanced Topics in Information Resources Management. Vol. 1. Idea Group Publishing, 2002

[17] Khosrow-Pour Mehdi. Advanced Topics in Information Resources Management. Vol. 2. Idea Group Publishing, 2003

[18] Hunter Gordon M, Tan Felix B. Advanced Topics in Information Resources Management. Vol. 3. Idea Group Publishing, 2004

[19] Hunter Gordon M, Tan Felix B. Advanced Topics in Information Resources Management. Vol. 4. Idea Group Publishing, 2005

[20] Gangatharan M. Information resources management in the 21st century. SRELS Journal of Information Management, 2004, 41(1): 57~66

[21] Suliman Al-Hawamdeh. Knowledge management: re-thinking information management and facing the challenge of managing tacit knowledge. Information Research, 2002, 8(1): 143

[22] Wilson T D. The nonsense of knowledge management. Information Research, 2002, 8(1): 144

[23] Lee Jang-Hwan, Kim Young-Gui. A stage model of organizational knowledge management: a latent content analysis. Expert Systems with Applications, 2001, (20): 299~311

[24] France Bouthillier, Kathleen Shearer. Understanding knowledge management and information management: the need for an empirical perspective. Information Research, 2002, 8(1): 141

[25] Sangeetha M A, Rao I K R. Evolution of knowledge management. SRELS Journal of Information Management, 2000, 37(1): 17~32

[26] 卢泰宏, 孟广均. 信息资源管理专集. 国外图书情报工作, 1992, (3): 2

[27] Goedegebuure B G, Stroetmann K A. Information Management for Information Services: Economic Challenge for the '90s. Berlin: Deutsches Bibliotheksinstitut, 1992

[28] 胡昌平. 信息管理科学导论. 北京：科学技术文献出版社，1995

[29] 符福峘. 信息管理学. 北京：国防工业出版社，1995

[30] 卢泰宏. 国家信息政策. 北京：科学技术文献出版社，1993

[31] 王万宗等. 信息管理概论. 北京：书目文献出版社，1996

[32] 霍国庆. 信息资源管理的三个层次. 中国图书馆学报，1996，(5)：68~71

[33] Wagner Mary M. Selecting our position: educational curriculum needed for information services professionals, Year 1998 and beyond. International Forum on Information and Documentation, 1993, (3~4): 43~47

[34] Department of Information Studies, University of Sheffield. http://www.shef.ac.uk/is

[35] 霍国庆. 发展中的山西大学信息管理系. 图书情报工作，1996，(2)：67~68

[36] Hussain Donna, Hussain K M. Information Resource Management. Homewood (Illinois): Richard D. Irwin, Inc., 1984

[37] Marchand Donald A, Horton Jr Forest W. INFOTRENDS: Profiting from Your Information Resources. New York: John Wiley & Sons, 1986

[38] 霍国庆. 美国信息资源管理领域的信息观——兼论情报与信息之争及其他. 图书馆，1997，(2)：1~6

[39] 霍国庆. 国内信息资源管理理论评述. 情报理论与实践，1997，(2)：120~123

[40] Cronin Blaise, Davenport Elizabeth. Elements of Information Management. Matuchen (New Jersey): The Scarecrow Press, Inc., 1991

[41] 党跃武. 信息管理导论. 成都：四川大学出版社，1995

[42] 高洁，代根兴. 信息产业管理. 哈尔滨：黑龙江教育出版社，1995

[43] 刘磊. 信息管理概论. 南昌：江西科学技术出版社，1997

[44] Robek Mary F, Brown Gerald F, Maedke Wilmero. Information and Records Management. Encino (California): Glencoe Publishing Co., 1987

[45] Cook Michael. Information Management and Archival Data. London: Library Association Publishing, Ltd., 1993

3 信息资源管理的理论基础

作为一种理论或一门学科的信息资源管理主要有三个理论来源，即信息科学、管理科学和传播与交流学科群。这些来源学科及其理论共同构成了信息资源管理的理论基础。进一步讲，源于这些理论来源学科的信息资源管理理论主要有两大类型，它们分别产生于两个主要的领域：其一产生于管理领域，是现代信息技术在管理领域的应用所引发的信息科学和管理科学交叉渗透的产物，一般称为 IRM；其二产生于信息传播与交流领域（主要是图书情报领域），是图书馆学、情报学、档案学、文献信息管理学、大众传播学及至经济信息管理学等应用学科综合发展而形成的一般信息管理（information management）理论，也称信息资源管理。

3.1 信息科学

信息科学源于申农信息论而形成于"三论"的统合，它是研究信息及其运动规律的科学，是信息资源管理最直接和最主要的理论基础学科。

3.1.1 申农信息论

信息论是信息科学的前导，是一门用数据统计方法研究信息的度量、传递和变换规律的科学，是研究通信与控制系统中普遍存在着的信息传递的共同规律和研究最佳地解决信息的获取、度量、变换、存储、传递等问题的基础理论。信息论有狭义信息论、一般信息论和广义信息论之别。狭义信息论也称申农信息论，主要研究信息的测度、信道容量和编码等问题；一般信息论也称通信理论，主要研究信息传输的一般理论，包括信号与噪声理论、信号过滤与检测、调制与信息处理等问题；广义信息论即信息科学，其研究范围广及通信科学、心理学、语言学、语义学、遗传工程、决策科学等与信息有关的一切领域。但通常所说的信息论主要是指申农信息论。

申农信息论研究的主要对象是通信系统模型。所谓通信，就是在两个系统之间传递信息，由信源发出信息，通过信道传递信息，再由信宿（收信人）获取信息。这样就形成了通信系统模型，如图 3.1 所示。[1]

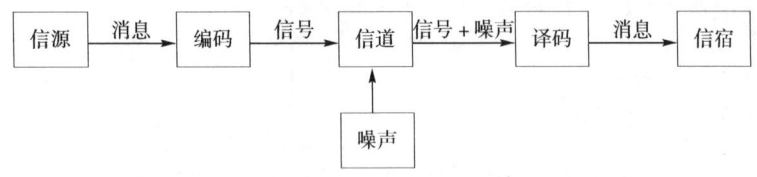

图3.1 通信系统模型

通信系统模型主要由六部分组成：

1）信源。信源即消息的来源，可以是人、机器、自然界的物体等。信源发出的消息具有随机性，是不确定的。如果消息是确定的，而且是预先知道的，那么对信宿而言，实得信息为零；如果消息是不确定的，信宿就可以从中获取信息，这正是通信的意义之所在。

2）编码。编码即把信息变换为信号的措施。所谓"码"就是一个符号序列和将这些符号序列排列起来时必须遵守的一些规则。或者说，码就是按照一定规则排列起来的符号序列。编码大致分为信源编码和信道编码两部分。信源编码就是把信源输出的符号序列，用某个给定的字母表中的字母编排成最优的字母序列，其过程大致相当于人们根据语法规则将文字组成文章的过程；信道编码则是把经过信源编码后的字母序列变换为适合在信道中传输的最优信号序列，其过程大致相当于计算机语言中十进制数字转换为二进制数字的过程。一般而言，通信系统中的消息变为适合信道传输的信号需要经过几次编码，如汉字要先编为四位数的阿拉伯数字，随后再编成莫尔斯码，然后转换成脉冲信号在信道中进行传递。

3）信道。信道即信息传递的通道或传输信息的媒介。信道的关键问题是信道的容量，即信道最多能传递或存储多少信息量。从某种意义上说，信息的传输过程也是信息的存储过程。例如，两人打电话，在他们通话的这段时间内电路就起着存储信息的作用。因此，信道研究的目的就是以最大的容量存储最多的信息。

4）噪声。噪声即信息在信道中传输时所受到的干扰。由于噪声的作用，信道输出端输出的已是叠加了干扰的信号。噪声有两类：系统内噪声，是由于系统自身的原因所产生的干扰，如任何温度在绝对零度以上的物体中的电子均有随机热运动，这种热运动可以在电路中形成干扰，而且这种干扰难以全部消除；系统外噪声，包括来自自然界的雷电、大气辐射等噪声和来自人为发射的干扰信号，这种干扰从理论上讲可以全部消除。噪声容易导致信息失真。

5）译码。译码即把信道输出的编码信号进行反变换，其过程类似于语言翻译过程。由于信道输出的编码信号已含有干扰信号，译码就不是编码的简单还原，它本身还包括剔除干扰信号的问题。

6) 信宿。信宿即信息的接收者,可以是人,也可以是机器(如电视机、收音机等)。信宿问题的核心是收信人能够收到多少或提取多少由信源发来的信息量。[1]

申农信息论就是用数学方法来实现上述模型(即信息传递过程)的一般信息理论,其研究内容主要包括信息的测度(见第 1 章)、信道容量和编码理论。在通信系统中,信息传递的最根本要求就是尽可能高效率、高质量地传递信息,高效率是数量指标,高质量是质量指标;如果考虑到实际的实现,还要增加低成本、易操作等方面的要求和指标。显然,这些要求之间是相互矛盾的:传递效率的提高,往往以牺牲传递质量为前提;提高传递质量又往往要牺牲传递效率;既要高效率又要高质量,往往就会导致技术复杂、成本昂贵;相反,为了保证低成本,就只能放弃高效率、高质量的指标,等等。申农信息论的意义就在于提供了一套方法来处理矛盾,它从理论上证明,通过适当的编码可以把高效率(传递信息的速率无限接近信道容量)和高质量(传递信息的差错无限接近于零或失真低于规定的允许值)这两个重要的要求完美地统一起来。编码理论是申农信息论的核心。

申农认为:"通信的基本问题是在消息的接收端精确地或近似地复现发送端所挑选的消息。"而只要在传输前后对消息进行适当的编码和译码,就能保证在干扰存在的情况下,最佳地传送和准确地或近似地再现消息。申农编码理论中的三大编码定理就是对信息传输过程中数量和质量辩证关系的揭示,它们所建立的一些重要的性能界限,明确了在一定条件下什么可以做到,什么不可以做到,从而指明了通信工程研究的努力方向。[2] 其三大编码定理为:

1) 无失真信源编码定理。也称申农第一定理。根据信息熵公式,当所有的信源符号呈等概率分布,即 $P(a_i) = \frac{1}{r}$ 时,信息熵取最大值,记作 $H_\infty(x)$,即

$$H_\infty(x) = -\sum_{i=1}^{r} P(a_i) \log P(a_i) = \log r \quad (i = 1, 2, \cdots, r)$$

信息熵的这种特性称极值性,又称最大离散熵定理,它对于信息组织具有极为重要的意义。根据熵的极值性,我们可进一步定义一个信源实际的信息熵与具有同样符号集的最大熵的比值为"熵的相对率"(η),再定义 1 减去 η 的值为"信源剩余度"(γ),即

$$\gamma = 1 - \eta = 1 - \frac{H(x)}{H_\infty(x)}$$

信源剩余度是信源可压缩程度的表征,它对所有的信息传递过程来说都是一个重要的概念,例如,常用成语"言简意赅"就是指剩余度小,"啰啰唆唆"则指剩余度大。据统计,当用英文词汇写文章时,有 71% 是由语言结构、实际意义等确定的,只有 29% 是写文章的人可以自由选择的。也就是说,在实际传递

或存储英文信息时，我们可以最多压缩掉71%的文字，而只传递或存储其中29%的内容。用申农信息论来描述，通过信源编码，可以减少信源剩余度，从而使信息传输率（等于平均互信息）无限地接近于信道容量（等于最大的信息传输率），这就是无失真信源编码理论的实质。

申农第一定理告诉我们，通过对信源进行适当的变换，使变换后新的信源符号尽可能为等概率分布，以使新信源每个编码符号平均所含的信息量达到最大，从而使信道的信息传输率（R）达到信道容量（C），实现信源与信道的匹配，就几乎可以做到使编码不失真。进一步讲，当信源给定后，无失真信源可压缩的极限值是信源熵。以英文字母组成的信源为例，可压缩的极限值是71%。

无失真信源编码定理是一种理论极限的探索，它为信息处理指明了努力的方向：信息工作者可以在最大限度地压缩信源剩余度的情况下实现无失真高效率地传输信息。

2）信道编码定理。又称申农第二定理。它表明，只要$R \leqslant C$，则存在一种编码方法，当输入的信源符号足够长时，它可以使信道输出端的错误概率任意小（即使干扰的影响尽可能小），而仍可以无限地接近C。

比较而言，信源编码是通过减少或消除信源的剩余度来提高信息传输率R的。但在某一固定的信道中，由于存在干扰，当信源剩余度减少到某一临界值时，在信道输出端输出的信息就会出现偏差或引起误解。以发电报为例，自然是字数越少越好，我们可以把电文"母亲病愈，身体健康"压缩为"母病愈"，这样原意没变而电文简洁，剩余度大大减少；但当信道中存在干扰，收到电文为"母病×"时，我们就很难肯定是"母病愈"还是"母病危"。因此，在实际传递信息之前，我们还要进行信道编码，通过适当增加信源的剩余度来提高信道的抗干扰能力，如我们可以将上述电文改为"母病愈，健康"，这样，即使存在干扰，收到电文为"母病×，健康"，我们仍然能够很容易地把它纠正为"母病愈，健康"。

申农第二定理告诉我们什么是通过努力可以做到的事情，什么是不可能做到的事情，这样，对于可能做到的事情我们可以去争取，对于不可能做到的事情就不必耗费人力物力财力去企求。同时，这个定理客观上也提供了一种评价信息传递系统质量优劣的标准：该系统的信息传输率在多大程度上接近信道容量？信道输出端的译码错误率在多大程度上接近于零？信道的技术潜力有多大？这些指标均可从信道编码定理中导出。

3）限失真信源编码定理。又称申农第三定理，或保真度准则下的信源编码定理。它表明，在保证一定质量（一定保真度）的条件下或者说在满足一定失真度（错误概率）的情况下，为了最大限度地提高信息传输率，就必须尽可能地压缩信源，使再现信源消息所必须获得的平均信息量尽可能地小。从理论上说，在满足一定失真度的情况下，信源可压缩的最低值就是信息率失真函数$R(D)$，它是对平均互信息求最小值的结果，即

$$R(D) = \min\{I(X;Y)\}$$

式中，D 为失真度；X 为信源；Y 为信宿接收的信息（图1.1）。$R(D)$ 小于信源熵 $H(X)$，它是限失真信源压缩的极限值。

如前所述，无失真信源编码只是一种理论极限的探索，我们只能趋近于使编码不失真而不可能真正做到这一点。在实际工作中，我们所要求和做到的都是限失真编码。以英文文章的处理为例，尽管从理论上讲我们可以压缩掉71%的文字而"无失真"地传递信息，但在实际处理中不可能压缩掉所有的虚词和语法结构同时保证做到无失真地传递原文，我们能够压缩掉的只是信息率失真函数$R(D)$，它小于71%而且只能保证主要内容不失真，也就是说存在允许失真度。

申农第三定理探讨了失真度 D 与信息传输率 R' 的关系，它告诉我们，在确定了允许失真度 D 之后，总能找到一种编码方法，使编码后每个信源符号的信息传输率 R' 大于 $R(D)$，而平均失真度又可以小于允许失真度 D。这个定理对于实际的信息处理具有重要的指导意义。[3]

申农三大编码定理是申农信息论的精髓。利用三大编码定理，我们可以构建一个理想的通信系统：首先，通过信源编码器从长的信源符号序列中去除剩余度或不必要的精度，只留由保真度准则确定的最少、最主要的信息，然后，由信道编码器重新加入特殊形式的剩余度，以提高信道传输的抗干扰性。这样，就可以实现高效率和高可靠地传输信息，就可以不断地向通信的理想目标迈进。申农信息论对通信领域之外的相关信息领域也有重要的指导意义，事实上，自20世纪50年代以来，信息论已应用到计算机、经济学、电子学、语言学、数学、哲学、心理学、统计学、大众传播学等广泛的领域。

3.1.2 "三论"的统合

"三论"通常是指系统论、信息论和控制论，但也有人将它们称为"老三论"，而将耗散结构论、突变论和协同学称为"新三论"。三论几乎是同时于1948年前后被提出来的，作为科学方法，它们对当代科学技术的发展和当代科学家的思维方式产生了重大的影响。

系统论是以一般系统为研究对象的理论，它的创始人是美籍奥地利生物学家贝塔朗菲（L. Y. Bertalanffy）。他在研究生物机体的运动时，发现一切生物体在有限的时空中都呈现出复杂的层次结构，都是由各要素（部分）组成的有机整体。整体的功能大于组成它的部分的功能的总和。作为生物有机体的组成部分的

功能离开整体便不复存在，而且生物体与环境也有着密切的联系，它是一个开放系统。生物体如此，其他类似的有机体也都一样。于是，贝塔朗菲便撇开一切对象的具体物质、能量形态，仅仅把对象作为部分组成的整体而加以考察；他把这种对象称为系统，并力图寻找出适用于一切综合系统或子系统的概念、模式、原则和规律，来描述和概括与问题相关的客体，从而创立了适用于研究一切系统的科学——系统论。系统论认为，系统是指相互联系相互作用并具有一定整体功能和整体目的的诸要素所组成的整体；在内部，这些要素相互作用，形成一定的结构；在外部，这些要素所构成的整体与环境相互联系，表现出一定的功能，具有一定的目的；要素—结构—系统—功能—环境构成了系统五位一体的关系。系统一般具有这样一些特征：

1) 整体性。系统是相关要素的整体。

2) 联系性。系统的组成要素之间具有相互关联关系，正是这种关联使系统的整体功能产生了质的飞跃，出现了"整体大于部分之和"的结果。

3) 层次性。系统相对于要素是整体，相对于环境则是要素或子系统，要素—系统—环境形成了最基本的层次关系。

4) 目的性。系统的整体性和联系性都是相对于它的目的而言的。

5) 动态性。任何现实的系统都存在于一定的时空中，都会随着时间的推移而发生变化。

系统与信息密不可分，要了解系统，必须获得信息。

控制论是研究控制系统的理论，它的基本原理是由美国数学家维纳在其名著《控制论：关于在动物和机器中控制和通信的科学》一书中奠定的。所谓控制，是指事物之间的一种不对称的相互作用。事物之间构成控制的关系，其间必然存在一个或几个主动施加作用的事物，称为主控事物或控制者；同时也存在一个或多个被作用的事物，称为被控事物或控制对象。一般说来，控制者具有一定的控制目标，控制者正是通过不断对被控对象施加作用和影响来逐步达到这一目标的。控制者对被控对象施加作用和影响的过程也是向被控对象馈送信息的过程，这个过程称为正馈；反之，由被控对象向控制者馈送信息的过程则称为反馈。反馈是控制论的基本概念，正因为有了反馈，控制的行为才有了目的性。从某种意义上说，控制过程也是一种信息过程，没有信息，控制就会是盲目的，就不能够达到控制的目的；信息是控制的基础，控制则是要从有关的信息中寻找正确的方向和策略。

系统论、信息论、控制论虽然是相互独立地提出来的，但它们有着广泛的一致性，它们都是以系统为研究对象，以系统和信息的观点与方法来处理各自的问题的。早在20世纪70年代，就有人提出三论应当统一。有人主张统一在信息概念上，称为信息科学；有人主张统一在系统概念上，称为系统科学；也有人主张统一在控制概念上，称为控制科学。例如钱学森就认为控制论、信息论、系统论，"实在说，只有一论，即系统论"[4]，主张三论统一于系统科学。在本书中，我们从信息研究的角度出发，主张三论统一于信息科学。

三论的统一有许多形象的说法，其中瑞典系统科学家萨缪尔森（K. Samuelson）的"心图"最为生动（图3.2）[5]。他认为，在目前我们所处的系统时代，最必要的知识实际上是由系统论、信息论、控制论三个领域组成的、相互加强的新兴学科，这个学科体系可用一个"心图"来表示。这个心图既包括一般系统，也包括特殊系统如生命系统、信息系统、控制系统、管理系统、人机系统、社会系统、词汇控制系统、全球知识系统等；它一方面表示系统论、控制论、信息论相互交叉的关系和定向统一的趋势，另一方面又可以说明三论交叉所产生的相互影响和多倍效应。萨缪尔森的心图还表明，这个新兴学科的要点是由三个心图重叠的部分即SCI（系统论、控制论、信息论三个英文词的首字母组合）和其他部分组成的，呈现为一种由中心和外围组成的圈层结构。他还认为，将三论统一起来，有助于解决当代的各种复杂问题。[5]

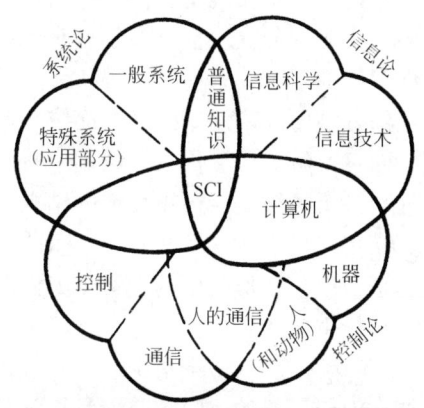

图 3.2　三论统一模型："心图"

三论统一的另一种模型是钟义信提出的，这是一种统一于信息科学的三论模型，也是一种对信息资源管理有直接指导意义的模型。在该模型中（图3.3）[2]，系统是认识和改造的对象，主体首先通过提取和处理信息来认识系统的初始运动状态和方式；然后在处理的基础上再生出新的信息，规定系统由初始状态转变为目的状态的方式；控制的作用则是理解和执行新的信息，引导系统达到规定的目的状态，完成主体对对象施加的变革。"系统模型"反映了人类认识世界和改造世界的过程，同时也体现了信息资源的生产、转化和利用过程，它还是信息科学研究内容的形象体现。

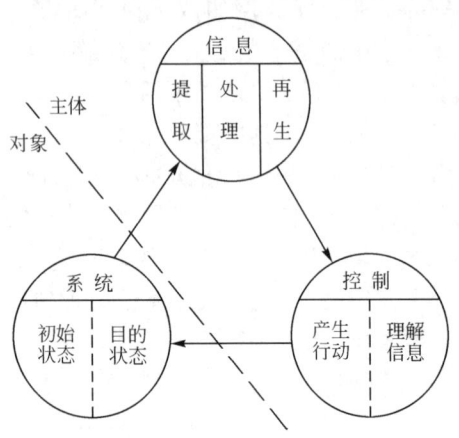

图 3.3 信息科学研究的系统模型

3.1.3 信息科学

信息科学在我国容易同情报科学相混淆，但正如情报不同于信息一样，情报科学也仅仅是信息科学的一个应用分支。信息科学有时也混同于信息论，但信息论充其量只能是信息科学发展的基础或者说是一种狭义的信息科学，它只解决了语法信息的度量及其在通信领域中的应用等问题，而统一于三论的信息科学则不仅要解决语法信息问题，而且要解决语义信息和语用信息问题。可以说，信息科学是信息论广泛应用于社会各个领域之后逻辑发展的结果。

信息科学是20世纪70年代提出的，我国正式使用信息科学一词是80年代初的事情。由于信息科学是一门正在形成中的学科，人们对其研究内容与范围的认识还不一致，兹列举三种最主要的观点：

1）信息科学是以信息论为基础，把控制论、系统工程、计算机咨询系统、仿生学、人工智能都包括在内而形成的一门综合性学科。其中，信息论与控制论是信息科学的理论基础，电子技术、自动化技术、计算机技术提供了信息科学的主要技术手段，仿生学、人工智能则代表着信息科学的发展方向。[6]

2）信息科学是以信息论为基础，并与电子学、计算机和自动化技术、生物学、数学、物理学等科学相联系而发展起来的一门横断学科。它的任务是研究信息的性质，研究机器、生物和人类对于各种信息的获取、变换、传输、处理、利用和控制的一般规律，设计和研制各种智能机器，实现操作自动化。[1]

3）信息科学是以信息作为主要研究对象、以信息的运动规律作为主要研究内容、以信息方法论作为主要研究方法、以扩展人的信息功能特别是智力功能作为主要研究目标的一门综合性学科。它的基础是哲学、数理化和生物科学，主体是信息论、控制论和系统论，主要工具是电子科学和计算机科学。[2]

其实，上述三种观点在细微之处虽各有特点，但在大的方面是一致的。它们都认为信息科学是在信息论的基础上发展起来的，是信息论、系统论、控制论以及相关的信息技术的统一，其中，又以第三个观点，即钟义信的概念最为明确：信息科学无疑是关于信息的科学。钟义信还进一步归纳了信息科学研究内容的五个方面：

1）探讨信息的基本概念和本质。

2）研究信息的数值度量方法。

3）阐明信息提取、识别、变换、传递、存储、检索、处理、再生、表示、施效（控制）过程的一般规律。

4）揭示利用信息来描述系统和优化系统的方法与原理。

5）寻求通过加工信息来生成智能的机制和途径。

钟义信认为，作为学科体系的信息科学是由信息哲学、信息科学基础理论、信息科学技术三个层次构成的；上述五个方面的研究内容基本上属于信息科学基础理论的研究范围。在《信息科学原理》一书中，钟义信还具体地展开了其信息科学基础理论体系：

1）信息科学概论，介绍作为学科体系的信息科学，包括信息技术。

2）信息科学的基本概念。

3）信息的描述。

4）信息的测度。

5）信息传递原理：通信论。

6）信息再生原理：决策论。

7）信息调节原理：控制论。

8）信息组织原理：系统论。

9）信息认知原理：智能论。

10）信息科学方法论及信息科学应用提要。

应该说，钟义信的信息科学体系基本上展示了信息科学的全貌，它巧妙地将信息论、系统论、控制论乃至决策科学、人工智能等理论融入信息科学理论，同时又包容了信息技术和信息科学应用两个层次，可谓信息科学研究的典范。

信息科学是一门发展中的科学，从广义上说，它至少应与材料科学、能源科学居于同一层次。我们认为，信息科学本身也是一个学科群，这个学科群是由信息理论科学（包括信息哲学）、信息技术科学和信息应用科学三个层次构成的完整体系（图3.4）。信息资源管理就属于其中的应用层次，它应用信息理论科学和信息技术科学研究的成果直接服务于人类的生产实践、科学实验和社会生活等各个领域，直接面向各种社会组织和一个个独立的个体，可以说，信息资源管理构成了信息应用科学的主体。

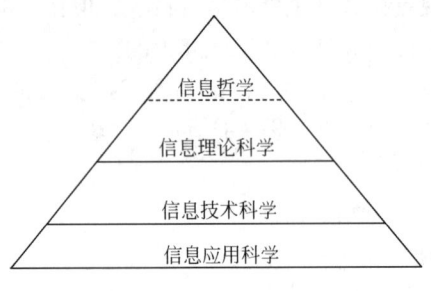

图 3.4 信息科学的构成

3.1.4 信息科学方法论

信息科学具有独特的研究对象和全新的研究内容，因而也具有不同于传统科学方法论体系的信息科学方法论体系。信息科学方法论最主要的特点是以信息为基础，撇开对象的具体物质形态与运动形式，以信息变换过程作为分析和处理问题的主要手段，从系统对信息的接收和利用过程中研究对象的特性，研究系统与外界环境之间的信息输入和输出关系，从而达到认识和改造对象的目的。钟义信曾简练地将信息科学方法论体系概括为一个方法和两个准则：一个方法即信息分析和综合方法（简称信息方法），两个准则为行为功能相似准则（简称功能准则）和整体性能优化准则（简称整体准则）。其中，信息方法是整个方法论体系的灵魂，功能准则和整体准则是保证信息方法能够正确实施的原则，它们一起构成了完整的信息科学方法论体系。

所谓信息方法包括两个基本的方面，即信息分析方法和信息综合方法。信息分析方法主要解决认识问题，通过信息分析来把握复杂事物的工作机制。具体地说，在认识复杂事物的工作机制时，要抓住事物内部结构和外部联系的运动状态和方式，把事物的运动过程看作是一个信息过程，并弄清这个信息过程包含的各个环节和这些环节之间的逻辑关联与数量关系，从而建立一个能够反映该事物工作过程的信息模型，这样也就明确了事物的工作机制。信息综合方法主要解决实践问题，通过信息综合来构造复杂的人工系统，达到给定的工作目标。具体地说，就是在模拟、设计、综合或构造一个人工系统时，首先要从信息的观点出发，根据用户提出的要求，运用自己的知识构造出能够满足用户功能要求的信息模型，并进一步明确各个环节应当满足的功能指标，然后再运用现有的物质、能量和技术手段来实现这个模型，在试验条件下检验这个模型，最后通过不断修正使模型系统逐步完善。在信息资源管理领域，信息分析和综合方法对于各种管理信息系统及其他应用信息系统的分析、设计与实现也具有直接的指导意义。

所谓功能准则，是指利用信息方法来分析或实现高级复杂的信息系统时，主要应当着眼于系统的功能，而不必关心它们的具体结构。具体地说，在进行信息分析时，要在分析信息过程、建立信息模型的基础上归纳出系统的主要功能，然后在实施信息综合时，使所综合的信息模型与原型系统在主要功能上相似，从而达到综合的目的。电脑对人脑思维过程的模拟是功能准则运用的典型例子，这个模拟过程是在没有弄清人脑结构的情况下对功能的模拟过程。

所谓整体准则，是指在利用信息方法分析或实现高级复杂的信息系统时，主要应着眼于整体的功能优化，而不必关心个别的局部功能的最优。具体地说，在运用信息综合方法构造一个人工系统时，一方面要抓住功能相似准则构造信息模型，另一方面还需抓住整体优化准则调整信息模型，从而使构造出来的信息模型真正达到"在整体上最优地实现用户提出的功能要求"。管理的过程就是实现整体最优的过程。

信息科学方法论是基于信息的方法论体系，信息方法、功能准则和整体准则构成了统一的整体，这个整体如同一把钥匙，是解决当代社会许多高级复杂问题的希望所在。信息科学方法论对于信息资源管理同样具有指导意义，无论是用户需求的分析与服务，还是信息资源体系的构建、信息网络的设计与建设或信息资源的全球共享，信息科学方法都是必不可少的方法中介。更为重要的是，信息科学方法论为信息资源管理的研究者和工作者提供了一种全新的观念，使我们能够从信息的角度来认识和解决问题，能够在扩展我们自身智力功能的同时为用户提供更为高效优质的服务。

3.2 管 理 科 学

信息资源管理（确切地说是信息资源管理中的"管理学派"）源于管理领域，它从诞生之日起就大量汲取了管理科学的养分来充实自己，换言之，信息资源管理也是管理科学的一种理论或一种发展趋势[7]。管理科学通常有广义和狭义两种解释，广义的解释是有关管理的科学，凡有关管理的理论如古典管理理论、行为科学理论和当代的各种管理理论，都可称为管理科学；狭义的解释则指西方管理学中的一个学派，该学派又称管理中的数量学派，它几乎是运筹学的同义语。本书取广义的解释。由于管理是人类最古老的活动之一，在当今社会又扮演着与科学技术同等重要的角色，古今中外的管理思想和理论可谓浩如烟海，我们在此只能概括地论及一些管理的基本知识和西方管理学中的重要流派，以作为信息资源管理的理论先导。

3.2.1 管理及其基本原理

关于管理的定义很多，刘中荣等[8]认为："所谓管理，就是把人力和资源，通过计划、组织和控制来完成一定的组织目标的过程；或者说，管理是通过计划、组织、指挥、协调、控制等基本管理功能，有效地利用人力、物力、财力诸种要素，促进它们相互密切配合，发挥它们最高的效率，以达到预期的目标。"简言之，管理是一种过程，是一种实现管理功能以达到预期目标的过程。管理不同于通常所说的行政或组织，行政的作用在于制定组织与管理的奋斗目标和实现目标的大政方针，管理的作用在于领导、指导和引导一个机构去实现预定的目标，组织的作用则是集中必需的人力、物力、财力资源以形成有效的结构并从而保证目标的实现。形象地说，行政好比人的大脑，它形成政策并决定组织；组织好比人体的骨骼，是结构；管理好比生理活动，是一种过程。

管理是从人类生产劳动活动中出现协作和分工时开始的，是有组织的社会所必需的活动。但作为一种理论的管理科学却是在企业管理从社会管理中分化出来时形成的。就管理科学本身的发展而言，管理科学大约可分为古典管理理论、行为科学理论和当代管理理论三个阶段。就管理科学的主要流派而言，古典管理理论有泰罗的科学管理理论、法约尔的一般管理理论和韦伯（Max Weber）的行政组织理论等流派；行为科学理论有人际关系学说、个体行为理论、团体行为理论和组织行为理论等流派；当代管理理论则包括管理过程学派、社会系统学派、决策论学派、系统管理学派、社会-技术系统学派、经验主义学派、权变理论学派、管理科学学派和经理角色学派等流派。[9]众多管理科学理论流派的出现和存在本身说明了管理和管理科学对于人类社会是何等重要。

管理科学是一门独立的学科，它有着独特的研究对象和完整的学科体系。管理科学本身也是历史地发展的，具有动态的性质。综观当代各种管理理论，可以归纳出当代管理活动都应当遵循的八个基本原理。它们是系统原理、整分合原理、反馈原理、封闭原理、能级原理、弹性原理、动力原理和效益原理。可以说，无论管理科学怎样发展，无论管理流派如何变化，这八个原理都是管理理论的基本内容和管理活动的基本原理。

1）系统原理。是指在进行管理活动时应遵循系统的整体性原则、目的性原则、层次性原则和动态性原则，充分协调各组成要素之间的关系，发挥它们的最佳功能，从而实现管理目标的优化。

2）整分合原理。是指开展管理活动时首先要把管理对象及其环境看作一个整体，从整体上把握管理对象、功能和目标；然后，再将整体科学地分解为各个部门，实施合理分工，明确各个局部的功能；最后，再从整体上进行协调和有效的综合，以实现总的目标。

3）反馈原理。是指开展管理活动时要注重管理对象对控制系统输出信息的响应，要及时地根据这些响应来调整控制方向，从而保持管理对象系统的稳定性及其与目标的一致性。

4）封闭原理。是指开展管理活动时既要注重执行过程，也要注重监督和反馈过程，要根据检验或评估的结果不断调整管理决策，从而保证决策的制定、实施、结果评估、新的决策制定的封闭式管理的实现。封闭原理是反馈原理的展开。

5）能级原理。是指开展管理活动时要按照不同的能级来建立管理的层次和秩序，建立各种规范和标准，对不同能级授予不同的权力并实行动态的对应，从而保证管理活动有序而有效地进行。

6）弹性原理。是指开展管理活动时要考虑到人和事物本身的可塑性和客观事物运动过程的可变性，进而把握一定原则下或一定范围内的可调节性，以实现有效的动态管理。

7）动力原理。是指开展管理活动时要正确认识、掌握种种动力源和提供一系列有效的动力机制，以正确地激发动力，使管理活动持续而有效地进行，从而不断地促进组织目标的实现。

8）效益原理。是指开展管理活动时要讲求实效，注重社会效果和经济效益的统一，要努力利用有限的人力、物力和财力资源创造出最大的效益。

上述管理原理是彼此联系、互为制约的，若能在管理活动中综合灵活地加以运用，必将大大提高管理的效能。对于信息资源管理活动，八个原理同样适用，它们有助于提高信息资源管理系统的效率和效益，有助于实现信息资源共享。

3.2.2　科学管理理论和管理科学理论

科学管理理论于19世纪末20世纪初出现于美国，其创始人是被誉为"科学管理之父"的泰罗（F. Taylor）。科学管理理论的要点为：第一，科学管理的中心是提高劳动生产率。第二，为了提高劳动生产率，必须挑选"第一流的工人"。第三，要使工人掌握标准化的操作方法，使用标准化的工具、机器和材料，并使作业环境标准化。第四，为了鼓励工人努力工作，完成工作定额，应实行激励性的工资报酬制度。第五，工人和雇主必须认识到提高劳动生产率对双方都有利，从而变相互对立为互相协作，共同为提高劳动生产率而努力。第六，把企业中的计划职能和执行职能分离，变经验工作法为科学工作法。第七，为了提高工效，实行职能工长制，每一工长只承担一种管理职能。第八，应用例外原则进行管理控制。[9]

泰罗的理论是一种基于效率的管理理论，它将企业的目标分解为若干细小、专业化和极端简单的任务，再将这些任务组成相对固定的序列，在严密的监视下由工人执行以提高劳动生产率。用今天的标准来衡量，泰罗强调产品定额和装配线记时的理论无疑是过时的，但在泰罗所处的时代还普遍缺乏对待工人的人道主义标准，装配线代表着一种将美国推向世界中心地位的新思想，无疑具有进步意义。因此，我们只能依据科学管理理论产生的时代背景来评价泰罗与其他先驱者们的理论及其贡献。泰罗的科学管理理论是人类第一次尝试用科学的系统的方法来探讨管理问题的结果。它出现之后，对美国和其他国家的管理活动与管理研究都产生了很大的影响。其中，第二次世界大战期间开始形成的管理科学理论一般认为是科学管理理论的直接继承或逻辑发展。

管理科学理论又称管理中的数量学派，形成于第二次世界大战期间及战后的一段时间。它认为管理是制定和运用数学模型与程序的系统，是用数学符号和公式来表示计划、组织、控制、决策等合乎逻辑的程序，求出最优解，以达到企业的目标。管理科学解决问题时大致采取七个步骤：第一，观察和分析。第二，确定问题。第三，建立一个代表所研究系统的模型。第四，从模型中得出解决方案。第五，对模型得出的解决方案进行验证。第六，建立对解决方案的控制。第七，将解决方案付诸实施。管理科学所采用的科学方法主要包括盈亏平衡分析、库存控制分析、决策理论、计划评审法和关键路线法、线性规划、整数规划、动态规划、目标规划、马尔可夫分析、排队论、模拟、对策论等。管理科学也运用电子计算机和管理信息系统进行科学分析与实施管理控制。管理科学学派在促进管理理论的定量化和科学化方面做了大量的工作，在当代管理理论中是一个有影响的流派，但它过于强调定量技术而忽略管理中实际存在的问题，客观上也有一定的局限性。与此相仿，管理信息系统由于忽视了人的因素以及过分依赖电子与量化手段而未能在管理领域发挥更大的作用。管理是一个既包含社会的人的因素又涉及自然的物的因素的综合领域，需要采用综合的方法，因此，超越管理信息系统而兼及定性与定量分析、强调从战略高度对信息资源进行全面系统管理的信息资源管理就成为当今管理领域的一种发展潮流。

3.2.3 一般管理理论和管理过程理论

一般管理理论是古典管理理论的另一代表人物法国管理学家法约尔（Henri Fayol）于 20 世纪初创立的重要流派，它后来几经演变发展并吸收了其他管理学派的一些思想，形成了影响很大的管理过程理论[9]。

法约尔首先区分了"经营"与"管理"。他认为，"经营"的意思是指导或引导一个组织趋向一个目标；经营共有六种活动，即技术、商业、财务、安全、会计、管理。"管理"只是经营的一种活动，它是由计划、组织、指挥、协调、控制五种要素组成的。法约尔所提出的管理五要素其实就是管理的五种功能，这些功能依照一定次序组织起来就是管理的一般过程。可以说，关于管理功能的论述构成了法约尔管理思想的核心。法约尔所讨论的管理功能包括：

1）计划。计划功能包括建立组织目标和发展那些实现目标的政策与程序，它是一种向前看并试图为未来做准备的方式，是一种伴随其他职能的完成而不断地预测获取有关背景知识的智力活动。

2）组织。计划形成后，紧接的管理功能是组织实现计划所必需的活动和资源。组织功能包括为完成计划中的各项任务和活动而分配职责。

3）指挥。在管理框架中，指挥既包括职责的分配，也包括提供完成任务的工具——这些工具当然包括完成任务所需的信息。指挥功能要求管理者对所有工人进行指导、教育、训练、劝导和监督。

4）协调。管理者通过序化组织活动来进行协调。通常，一项操作活动的效率取决于一系列给定的处理步骤所产生的次序，而协调活动步骤也就是提供一种测量该过程生产率的方法。

5）控制。控制是评价结果和必要时调整计划或指示的一种管理功能。它不仅仅意味着检查，还要求管理者必须采取必要的正确行动以确保组织活动趋向既定的组织目标。

除上述管理功能外，法约尔还提出了 14 条管理原则，它们是：劳动分工、权力与责任、纪律、统一指挥、统一领导、个别利益服从整体利益、人员的报酬、集中、等级系列、秩序、公平、人员的稳定、首创精神和团结精神。这 14 条原则可以看作是管理功能实现的条件与保证。

与泰罗强调管理原则的统一性不同，法约尔提倡弹性。他认为，管理者应该使管理原则和定义适用于特定的情境。法约尔的一般管理理论是一般管理功能与过程的理论抽象，它不仅适用于公私企业，而且也适用于军政机关和宗教组织。该理论的出现在欧洲产生了很大影响，直到今天它仍然是一种普遍适用的管理理论。

管理过程理论渊源于法约尔的一般管理理论，它认为，管理就是在组织中通过别人或同别人一起完成工作的过程。管理过程同管理功能是分不开的。管理过程理论的依据有：第一，管理是一个过程，可以通过分析管理人员的职能，从理论上很好地对管理加以剖析。第二，根据各种企业长期的管理经验，可以总结出一些基本管理原理，用以作为认识和改进管理工作的说明与启示。第三，可以围绕这些基本原理开展有益的研究以确定其实际效用，增大其在实践中的作用与适用范围。第四，这些基本管理原理可以为形成一种有用的管理理论提供素材。第五，管理是一种可以依靠原理的启发而加以改进的技能。第六，在实际管理工作中，管理学的一些基本原理一般是可靠的。第七，完整的管理理论包括两个组成部分，其核心部分是基本管理理论（包括普遍适用于各种组织和组织中各个层次的管理知识），另一部分是从其他学科吸取的与管理有关的知识。管理过程理论注重"过程"的研究，上述管理理论本身是一种过程，下述基本研究方法也是一种过程：第一步，把管理人员的工作划分为一些职能，例如划分为计划、组织、用人、领导和控制五种职能；第二步，对这些管理职能进行研究，并从中探索管理的基本规律。管理过程学派的代表人物主要有美国管理学家穆尼（James D. Mooney）、戴维斯（Ralph C. Davis）、孔茨（Harold Koontz）、丘茨（A. H. Church）、奥福德（Leon P. Alford）等，他们都出版了自己的管理理论专著，在管理过程理论方面做出了贡献。

3.2.4 人际关系学说和行为科学理论

人际关系学说出现于20世纪20年代中末期和30年代初，后来逐步发展为行为科学理论。人际关系学说产生的依据是著名的"霍桑实验"，其标志是1933年美国管理学家梅奥（George Eltow Mayo）出版的《工业文明中的人类问题》。人际关系学说的理论要点为：第一，职工是"社会人"，他们不单纯追求金钱收入，也追求友情、安全感、归属感等社会和心理方面的内容。第二，企业中除了"正式组织"之外，还存在着"非正式组织"，正式组织以效率为重要标准，非正式组织则以感情为重要标准。第三，新的领导能力在于提高职工的满足度（即为获取安全感和归属感这些社会需求的满足度），它要求管理人员同时具备技术－经济技能和人际关系技能。人际关系学说的出现在西方管理领域掀起了一场革命，它纠正了古典管理理论忽视人的因素的局限性，标志着管理理论已发展到一个新的阶段。

行为科学理论是人际关系学说逻辑发展的结果，它大约形成于第二次世界大战之后。行为科学理论本身可分为个体行为理论、团体行为理论和组织行为理论三个层次。

个体行为理论又可分为两大类。

第一类是关于人的需要、动机和激励问题的理论，较有代表性者为：

1）马斯洛（A. H. Maslow）的"人类基本需要等级论"，该理论将人的各种需要分为五个等级，即生理需要、安全需要、感情和归属需要、地位或受人尊重的需要、自我实现的需要。

2）奥尔德弗（C. P. Alderfer）的"生存、关系、发展需要理论"。

3）赫茨伯格（Frederick Herzberg）的"双因素理论"，即激励因素和保健因素理论。

4）弗鲁姆（Victor H. Vroom）的"期望几率模式理论"。

5）麦克莱伦（David C. McClelland）的"成就需要理论"。

6）亚当斯（J. S. Adams）的"公平理论"。

7）斯金纳（B. F. Skinner）等的"强化理论"。

第二类是关于企业中人的特性问题的理论，较有代表性者为：

1）麦格雷戈（D. M. McGregor）的"X理论"与"Y理论"。

2）莫尔斯（John Morse）和洛希（Jay M. Lorsch）的"超Y理论"。

3) 阿吉里斯（Chris Argyris）的"不成熟-成熟理论"。

4) 沙因（Edgar H. Schein）的"关于人的特性的四种假设"，即理性-经济人假设、社会人假设、自我实现人假设和复杂人假设。

团体行为理论亦有许多不同的理论观点，较有代表性者为：

1) 莱温（Kurt Lewin）的"团体动力学"。

2) 莫雷诺（T. L. Moreno）的"社会关系计量学"。

3) 贝尔斯（R. F. Bales）的"团体成员相互影响分析学说"。

4) 皮尔尼克（S. Pilnick）的"团体行为规范分析理论"。

5) 巴维拉斯（Alex Bavelas）等的"信息交流理论"。

6) 戴维斯（Keith Davis）的"团体士气理论"。

7) 布朗（L. D. Brown）等的"团体冲突学说"。

组织行为理论也可以从两个方面论述。

第一类是关于领导行为的理论，较有代表性者为：

1) 斯托格迪尔（Ralph. M. Stogdill）等的"领导方式双因素模式"。

2) 布莱克（R. R. Blake）和穆顿（Jane S. Mouton）的"管理方格法"。

3) 利克特（Rensis Likert）的"支持关系理论"。

4) 坦南鲍姆（R. Tannenbaum）和施米特（W. H. Schmidt）的"领导方式连续统一体说"。

5) 菲德勒（Fred E. Fiedler）的"领导模式"。

6) 雷定（W. J. Reddin）的"三因素领导模式"。

7) 豪斯（R. J. House）的"目标-途径理论"。

8) 弗洛姆（V. H. Vroom）和叶顿（Phillip Yetton）的"领导-参与模式"。

9) 卡曼（Karmann）的"领导生命周期理论"。

10) 德鲁克（Peter F. Drucker）的"目标管理理论"。

第二类是关于组织变革和组织发展的理论，较有代表性者为：

1) 莱温等关于组织变革的理论。

2) 布雷德福（Leland Bradford）等的"敏感性训练学说"。

3) "工作生活质量学说"。

人际关系学说和行为科学理论的共同之处在于重视管理中人的因素，它们的主导目的是通过满足职工的需求以最大限度地调动职工的积极性并进而实现企业或组织的目标。与此相对应，它们还发展了管理中的"参与方法"。依据这种方法，雇主邀请雇员参与决策过程，具体地说是参与各种思想激发小组，而每个小组的领导则通过讨论或咨询了解成员的思想。从信息资源管理的角度来认识，这种方法也是充分发挥每个人的信息资源生产能力并试图实现全面的信息资源管理的一种方法。此外，上述理论学说和观点对于信息资源管理中的用户需求分析和信息管理人员激励等方面也具有直接的指导意义。

3.2.5 社会系统理论和决策理论

社会系统理论形成于20世纪30年代，以后又进一步发展为决策理论。社会系统理论的创始人是美国管理学家巴纳德（Chester I. Barnard），其理论要点为：第一，组织是两个或两个以上的人有意识协调的活动或效力系统。第二，正式的组织都包含协作的意愿、共同的目标和信息联系三个基本要素。第三，组织中的经理人员的作用是在一个信息联系系统中作为相互联系的中心，并对组织成员的协作努力进行协调，以便组织顺利运转，实现组织的共同目标。经理人员的职能包括建立和维持一个信息联系系统，从组织成员那里获得必要的服务和规定组织的目标等内容。巴纳德认为，经营管理的过程就是了解作为一个整体的组织以及与它有关的全部形势，这就是管理的艺术，它是内部平衡和对外适应的综合。社会系统学派是从社会学的观点研究管理，它把企业组织中人们的相互关系看作一种协作的社会系统，并将这个系统置于社会大系统之中，这样就能全面地分析组织的行为及其管理，从而使其实现动态平衡。

决策理论是社会系统理论的继承与发展，其代表人物是美国管理学家西蒙（H. A. Simon）、马奇（James G. March）等。决策理论的要点为：第一，决策贯穿于管理的全过程，管理就是决策。第二，决策的过程包括搜集信息、拟定计划、选定计划和对已选定的计划进行评价四个阶段。第三，决策要遵循"令人满意"准则，涉及多种因素和多个部门时，应拟出决策的共同标准。第四，决策可分为程序化决策和非程序化决策两种类型，也可分为确定型决策、风险型决策和非确定型决策三种类型，它们各有其适用的决策技术。第五，决策过程要与组织机构相对应，有关整个组织的决策必须是集权的，但由于组织内部决策过程本身的性质和个人认识能力的有限性，分权也是必要的。决策理论认为现代管理主要不是作业而是决策，决策是管理的关键，因此必须有一套正确的决策新技术。决策理论是当代管理理论的主流之一，它对当代管理实践有很大的影响。

在当代管理理论中，与决策理论相关的管理理论是"经理角色理论"。该理论的代表人物、美国著名管理学教授明茨伯格（Henry Mintzberg）将经理的职能划分为三类10种角色[9]。第一类角色称为人际关系角色，来源于经理的正式权威，包括三种角色：第一，挂名首脑角色，它要求经理履行礼仪职责；第二，领导者角色，它要求经理利用自己的影响去激励和鼓励雇员；第三，联络者角色，它要求经理与同行以及工作圈外的人保持联络。第二类角色称为信息角色，这是与信息的采集、处理和传播相关的角色，也包括三种角色：第一，接受者角色，它要求经理以口语形式从个人联络网中采集信息；第二，传播者角色，它要求经理通过授权传递所采集的信息；第三，发言人角色，它要求经理共享圈外人采集的信息。第三类角色称为决策角色，这些角色利用经理的信息来制定决策，包括四种角色：第一，企业家角色，它要求经理充当变化的发起者；第二，故障排除者角色，它要求经理对他们无力控制的外部因素产生的压力做出反应；第三，资源分配者角色，它要求经理为其组织建立正式关系模型以决定工作如何划分和协调；第四，谈判者角色，它要求经理具备娴熟的谈判技能，因为经理常常需要在各种层次的谈判活动中花费大量时间。经理是管理的核心，管理思想需要通过他来体现，管理战略需要通过他来制定，管理任务需要通过他来层层落实与协调，任何一个称职的经理都是一身兼数任的人物，同时任何一个称职的经理又都是能够有效而合理地协调多种角色的人物，这正是经理角色理论的精义之所在。然而，对于信息资源管理而言，重要的不是经理有多少种角色和如何处理这些角色，令人感兴趣的是，明茨伯格所列举的经理的 10 种角色几乎都与信息活动直接相关。这意味着管理活动的重心已逐渐向信息资源管理倾斜。

3.2.6 管理环境的变化和信息资源管理

20 世纪后半叶，有两件大事影响了管理理论的演变历程：一是联合国和其他国际性组织的出现，它们促进了全球政治、经济与文化的一体化发展。二是现代科学技术尤其是计算机技术和现代信息技术的飞速发展，它们为全球经济与市场的一体化提供了物质基础。而上述两种力量联合起来又极大地改变了现代的管理环境，从而促进了管理理论的繁荣与质的飞跃。

管理环境变化的第一个表现是全球经济与市场的形成。追溯管理发展史，可以发现，大多数早期企业都是地方化的，它们只有单一的生产地点，只生产单一的产品；当这些企业的规模扩展之后，由于受有限的运输能力和通信条件的限制，它们也只是增加了可提供的产品数量而未能突破地方的约束。真正促使企业在地理上扩张的因素包括廉价的电力能源、生产流水线、电报、无线电、电话、铁路、高速公路和航空运输，这些使企业在大范围内调动原材料和产品成为可能。然而，它们还不足以促成全球市场的出现，综合利用全球的原材料、劳动力、运输能力和市场开展生产和管理活动，还需依赖现代通信技术和计算机技术。20 世纪 50 年代以后，这两种技术已臻成熟且日益紧密地结合起来，共同促进了全球经济与市场的形成。

管理环境变化的第二个表现是多元化竞争态势的出现。如前所述，早期企业大都是有限的和地方化的，它们只有单一的生产线，也很少担心来自其他地区的竞争者。然而，今天的企业却不然，它们都试图寻求多样化发展。例如，一个以石油起家的企业现在有可能投资经营箱包、农场、食品包装、船舶修造、汽车零部件和其他产品。同时，今天的企业也极少受空间距离的制约，一家企业可能将总部设在美国费城，生产车间设在墨西哥、加拿大和英国，组装车间设在美国西南部，销售部门设在欧洲、亚洲和南、北美洲。与企业的多元化经营和空间扩散相对应，现代雇员审视其职业的方式也发生了变化，他们不再忠于企业而更多地忠于自己的职业。

管理环境变化的第三个表现是计算机技术的应用。计算机技术的应用加剧了企业的兼并过程，导致了企业规模的膨胀。可以说，没有计算机和通信产业，地方企业要发展为遍布全球的多种经营的巨型企业是不可能的，此其一。计算机技术的应用改变了人们的工作场所，无论是工人还是管理人员，都可以通过计算机终端进行工作或管理，他们甚至可以坐在自己的家中或在旅行的过程中通过终端完成自己的工作任务，此其二。计算机技术的应用还改变了人们的工作方式，许多职工不再从事体力工作，他们的主要生产工具是计算机，所从事的主要工作是信息处理工作，他们拥有更多的闲暇时间，有更多的机会寻求全面发展，此其三。计算机技术的应用还带来了许多其他变化，诸如 Internet 及其他网络的盛行也可视为计算机技术所造就的新的管理环境。

管理环境变化的第四个表现是组织结构的平面化。根据古典管理理论代表人物德国社会学家马克斯·韦伯的行政组织理论，组织结构多为等级结构或称金字塔结构，这种结构通常由决策层、管理层和操作层三个基本层次构成，但随着组织规模的扩大，这三个层次本身和三个层次之间都可能派生出新的层次，它们在最高决策层和最低的操作层之间形成了等级森严的多重结构。与等级结构相对照，伴随信息技术的应用而产生的组织平面化结构大大减少了中间管理层次，缩短了决策层与操作层的距离，增加了职工参与决策的机会，并从而提高了企业经营管理的弹性和灵活度。[10]

管理环境的变化是管理思想与理论演变的先决条件，任何理论包括管理理论都必须适应其生存环境的变化，同时管理环境的每一次变化也都会激发新的管理理论的产生。具体地分析上述管理环境变化的四种表现都与现代信息技术的发展与应用密切相关，撇开现代信息技术，全球经济与市场不可能形成，多元化竞争态势不会出现，组织结构平面化也不可能成为现实；另一方面，信息技术在企业管理中的应用只是一种手段和技术支持，伴随信息技术而发展的信息资源管理才是管理领域的真正主流。

信息资源管理的出现也是管理理论逻辑发展的结果。在泰罗时代，由于普遍缺乏对待工人的人道主义标准，管理者所关心的主要是生产效率，或者说，所关心的主要是物的因素。20 世纪 20 年代之后，由于梅奥所领导的"霍桑实验"所取得的重要成果，人的因素才成为管理者和管理学所关注的焦点，这种潮流一直延续到 70 年代末 80 年代初。这时，由于计算机技术和现代通信技术的逐渐成熟和普及，由于人类生存与发展环境的改善，管理的重心开始向信息资源管理倾斜，管理者所关心的是如何开发、组织和利用各种信息资源（包括企业职工的潜在信息资源），如何将信息资源转化为现实的物质、能量、金钱、时间乃至生产率。

信息资源管理是当代管理理论的主潮流之一，它代表着网络时代管理的发展趋势。但信息资源管理还不是一种成熟的理论，渊源于管理领域的信息资源管理还需要汲取信息传播与交流领域已取得的成果来充实和完善自己，它将随着信息化社会的深入发展而走向辉煌。

3.3 信息传播和交流理论

信息资源管理中的"信息学派"源于信息传播与交流领域，它是该领域的图书馆学、情报学、档案学、文献信息学、经济信息管理学、大众传播学等学科综合发展的产物，是科学发展到信息时代形成的统一的研究领域。根据美国科学哲学家夏佩尔（Dudley Shapere）的"信息域"（information domain）理论，当科学发展到某一特定阶段，人们把某些具有内在联系的、相关的现象或事物归在一起，形成一个信息群，构成一个统一的课题或领域，作为科学在这个发展阶段的研究对象，称之为"信息域"。具体到信息传播与交流领域，信息资源管理就是这样一个信息域，它是上述诸学科综合发展形成的上位类学科，上述诸学科既是信息资源管理形成的应用理论基础，又是信息资源管理的应用学科分支。

3.3.1 图书馆学

图书馆学是信息资源类学科中历史最悠久也最成熟的学科。1807年，德国人施莱延格首次提出"图书馆学"一词，从此科学大家族中又多了一个新成员。在它的发展过程中，在西方相继出现了技术学派、管理学派、社会学派、交流学派、新技术学派和信息管理学派六大流派，在中国则走过了要素说、矛盾说、规律说、交流说四个主要阶段。到20世纪后半叶，随着研究的进一步深入，人们对沿用多年的"图书馆学"一词不断提出疑问：以机构名称命名一个学科是否科学？研究者们巧妙地对图书馆学研究对象进行"调整"，提出新的说法，如认为图书馆学是研究文献信息交流现象与规律的学科。这种规定标志着图书馆学的发展已超越了自身质的规定而嬗变为一种外延更广的学科。[11]

图书馆学所涉及的基本概念主要是图书与图书馆。"图书"一词在长期的演变过程中已形成了相对固定的内涵，它主要是针对以纸张为载体的手抄本和印刷本而言的。这样的概念显然不适应载体多样化时代的图书馆学的需要，为此图书馆学家对它进行了再定义："图书是以文字、图像、公式、声频、视频、代码等手段，将信息、知识记录或描述在一定物质载体上，并能起到存储和传播信息、知识的作用。"[12]这样的"图书"概念无疑比现实生活中人们所理解的"图书"

含义广泛许多，但也正是这种广泛模糊了图书、档案、文献等概念之间的区别。图书馆是图书馆学的另一核心概念，以图书为基点，引入信息概念，图书馆可定义为：对以信息、知识、科学为内容的图书文献进行采集、加工、整理、存储、选择、控制、转化并传递、提供给一定社会读者使用的信息子系统。简言之，图书馆主要是图书文献的存储和传递中心。

图书馆学是研究图书馆的学科，是围绕图书馆这一客体形成和展开的知识体系。如果将图书馆看作一个系统，那么它是由微观的具体图书馆系统、中观的图书馆网络系统、宏观的图书馆事业系统所构成的统一体，其中，微观图书馆系统是图书馆学研究的核心。

微观的具体图书馆系统不是指具体形态的图书馆，它是经过抽象而形成的一种科学概念的图书馆，或者说是从无数具体的图书馆中抽象出来的图书馆模型，这个模型又具体地表现为由若干图书馆环节（功能）依据一定次序组成的闭环系统，如图 3.5 所示。在图 3.5 中，每一个环节代表一种主要的图书馆功能，它们相对于图书馆组成要素而言又都是一种子系统，围绕这些子系统而形成的图书采访学、图书分类学、图书馆目录学、藏书组织学、读者服务与研究、文献检索与参考咨询等一直是传统图书馆学的分支学科。同时，所有环节依据图书馆工作过程而形成的系统作为整体又是图书馆学基础理论、图书馆史、比较图书馆学等分支学科的研究对象。

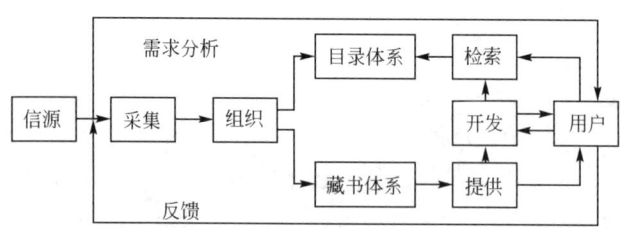

图 3.5 图书馆模型

中观的图书馆网络系统是指一定数量的图书馆依据某种共同的标准相互联系而形成的图书馆统一体。从某种意义上讲，一种类型图书馆的组合就是一种图书馆网络，有多少种类型图书馆的组合就有多少种图书馆网络。我国通常将图书馆划分为国家图书馆、公共图书馆、高等学校图书馆、专门图书馆、工会图书馆、儿童图书馆、学校图书馆等类型，它们分别构成了不同类型的图书馆网络，而围绕它们所形成的知识体系如专门图书馆学、儿童图书馆学等则构成了图书馆学中的应用分支学科。此外，随着现代信息技术的应用，在中观层次还出现了一门新的学科——图书馆自动化与网络化研究。

宏观的图书馆事业系统一般是针对一个国家的所有图书馆而言的，它不仅包括各种类型的图书馆,而且也包括图书馆事业的宏观调控与管理、图书馆学教育与研究、图书馆与社会等方面,所有这一切都是宏观图书馆学的研究内容。

图书馆学在近两个世纪中所探索与积累的理论知识是信息资源管理的重要组成部分,它所开发与提炼的有关文献信息资源的采集、组织、存储、检索和利用方面的规律性认识对于信息资源管理的其他领域同样具有指导价值。例如,阮冈纳赞的"图书馆学五原则:图书在于利用、人必有其书、书必有其人、节约读者的时间、图书馆是一个发展着的有机体",现在就常为相关信息领域的研究者所应用。[13]从这个意义上讲,图书馆学也是信息资源管理的理论来源学科。

3.3.2 情报学

情报学主要包括科技情报学和社会科学情报学两大分支,但就其源起和主流而言,情报学主要是指科技情报学。据美国有关文献[14]记载,"情报学"是1961年和1962年在佐治亚理工学院举办的科学情报专家培训会议上首次被提出来的,当时指出情报学是"研究情报的性质与行为、主宰情报流的力量、使情报最适于存取和利用的处理方法的科学。其涉及的情报过程包括情报的产生、传播、采集、组织、存储、检索、解释和利用。其相关领域则包括数学、逻辑学、语言学、心理学、计算机科学、运筹学、图解艺术、通信、图书馆学、管理及其他一些领域"。在原苏联,情报学形成于20世纪60年代中期[15],其奠基性的论著是米哈依洛夫1976年出版的《科学交流与情报学》一书。米哈依洛夫认为,"情报学的主要任务是研究科学交流的理论"。在我国,作为一门学科的情报学形成于70年代中后期,80年代之前通称为科技情报学,80年代之后由于加强了一般情报理论的研究而改称情报学,90年代情报学领域提出了"大情报观",一些学者试图建立包容科技情报学、经济情报学、军事情报学、企业情报学和商业情报学等分支学科的"大情报学"。[16]然而,由于情报概念的局限性和经济信息管理学的发展与普及等,"大情报学"的发展前景不容乐观。

情报学的生成领域主要是科技领域和图书馆学领域,从某种意义上说,情报学是运用图书馆学理论和方法以及现代信息技术以解决科技领域内的情报交流问题而产生的一门学科。情报学与图书馆学是密不可分的,在美国和西方其他国家,情报学与图书馆学合称"图书馆与情报学"(library and information science),它们只有联在一起才能为人们所理解,否则就是指完全不同的另一学科——信息科学(information science)。我国的情报学专业大多与图书馆学专业共存于同一母体——图书情报学系(院)之中,在多数院系,情报学与图书馆学相互渗透而难分彼此,因此,即便只有一个专业也称为图书情报学专业。通常,图书馆学研究人员倾向于认为,情报学是从图书馆学中孕育产生而侧重情报加工利用和新技术应用的新兴学科。

情报是情报学的核心概念和研究对象。关于情报的定义有很多种,《辞海》的解释是：战时关于敌情之报告,曰情报。这是传统意义上的情报定义,也是日常生活中普通人所理解的情报内涵。适合于情报学的情报定义是英国情报学家布鲁克斯的定义[15]：情报是使人原有的知识结构发生变化的那一小部分知识。用一个方程式表示,即

$$K(S) + \Delta I = K[S + \Delta S]$$

式中,$K(S)$为原有的知识结构；ΔI为吸收的情报量；$K[S + \Delta S]$为新的知识结构。布鲁克斯的情报定义区分了情报、知识与信息,强调情报的知识性、传递性和效用性,从而使情报构成一种独特的研究对象。

情报学是围绕情报而形成的知识体系,运用前述层次分析方法,情报学也可分为微观的情报过程理论、中观的情报系统理论和宏观的情报产业与政策理论。微观情报学是研究情报过程即情报的产生、传播、采集、组织、存储、检索、解释和利用过程的理论,它也可进一步归纳为三大板块：情报源理论、情报过程理论和情报用户理论。微观情报学的研究对象与内容也可简略地用模型表示,如图3.6所示。图中的"情报创造者"为最本质的情报源,围绕"科技文献系统"而展开的情报工作过程类似于图3.5的图书馆（工作过程）模型。它们的不同之处在于,图书馆工作最终提供给用户的是图书文献,而情报工作提供的是隐含于文献中的情报,此外,情报工作还包括情报创造者和利用者之间通过交谈、学术会议、信件等方式进行的非正式交流过程。

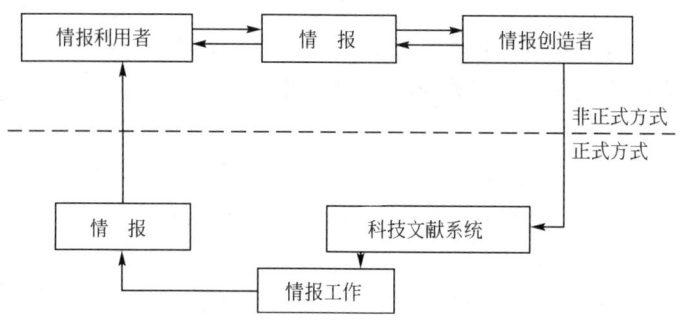

图3.6 最简情报交流模型

微观情报学研究的重点是作为情报源的科技文献系统及其定量研究（文献计量学）、情报组织理论（情报检索语言）、新技术应用与文献检索的结合（计算机情报检索）、情报用户和情报研究方法论（情报分析与研究）。

中观情报学是研究围绕情报交流模型所形成的情报系统和情报系统之间的联系、协调、合作与一体化的理论。其研究重点包括计算机情报系统的分析、设计、实施和评价,情报系统资源的布局、开发、利用与管理,情报网络的建设与

管理，国家情报系统的建立、开发与管理等。

宏观情报学是研究作为整体的国家情报事业及其外部联系的理论。它主要包括四方面的研究内容：一是国家情报管理体制。二是国家情报政策与法规。三是情报产业与情报经济。四是情报教育。

情报学始于第二次世界大战时期而形成于20世纪60年代，它随着冷战的对峙而走向繁荣，又随着冷战的消亡而陷入困境。但应该肯定，这是一种暂时现象，立足于科技情报（在冷战期间具有军事情报的价值）的情报学有其特定的生存空间和强大的生命力。在信息资源管理的框架中，情报学应定位在学术信息的范围之中，它是信息资源管理的一个应用分支，同时它面向用户、突出新知识（情报）研究和新技术应用的理论知识又是信息资源管理的理论来源之一。

3.3.3 档案学

档案学也是信息资源管理类学科中历史最为悠久的学科之一。早在18世纪，法国档案学家麦登就著有《论档案学》一书。他指出，档案馆兼具政治机关和科学研究机关双重性质。1821年，法国档案学院宣布成立，标志着档案学已渐趋成熟。但档案学理论的真正发展却是20世纪的事。在我国作为一门学科的档案学起步于20世纪30年代。早期代表作有何鲁成著的《档案管理与整理》等。40年代之后，随着武昌文华图书馆专修学院开设档案管理专科，各种档案学著作迅速增多，代表作有殷仲麟的《中国档案管理新论》等。中华人民共和国成立后尤其是70年代后期至今是档案学发展的黄金时期，中国人民大学和国家档案馆都曾出版了档案学系列著作或教材。[17] 档案学是文献学的一个分支，但它先天地与历史学有着不可分割的渊源，为此，我国的学科分类长期将档案学置于历史学门类之下，直到最近修订的研究生专业目录，才统一地将图书馆学、情报学、档案学划归管理学门类下的"文献信息管理"一级学科之中。但遗憾的是，专业目录的最后定稿又否定了上述一级学科名称"文献信息管理"，而用"图书馆、情报与档案管理"；我们认为即使目前不宜使用"信息资源管理"这一名称，也不宜用二级学科名称并列作为一级学科名称，相比较而言，我们仍倾向于先使用"文献信息管理"这一名称。

档案学是研究档案和档案事业发展规律的科学，"档案"是其核心概念。档案是最早出现的一种文献类型，是历史的真实记录，也是历史的凭证。据我国国家标准《档案著录规则》的定义，"档案：国家机构、社会组织和个人从事政治、经济、科学、文化等社会实践活动直接形成的文字、图表、声像等形态的历史记录"。从信息资源管理的角度来认识，档案是一种文献信息资源，它强调记录的"历史性"，因此，本源性是其最主要的特征。档案是行政的稽凭、生产的依据和参考、法律的信证、科研的第一手资料和宣传教育的素材。档案学的另一核心概念是与档案组织有关的"全宗",它是一个独立的机关、组织或人物在社会活动中形成的档案有机整体,是档案分类不同于图书分类和其他文献分类的重要标志。

档案学的学科体系同样可以划分为微观档案学、中观档案学和宏观档案学三个层次。微观档案学研究档案和档案管理过程(包括档案的采集、整理、价值鉴定、保管、统计、检索、编纂和提供利用),包括档案学概论、档案史、档案管理学、档案分类、档案目录学、档案文献编纂学等分支学科。其中,档案整理(包括档案全宗的区分和全宗内档案分类、组卷、卷内文件整理、案卷封面的编目、案卷装订、案卷排列和案卷目录的编制)与价值鉴定、档案统计和档案文献编纂最能代表档案学的特色,它们体现了档案学重实用的研究传统。

中观档案学研究档案系统(档案馆)及其组织,主要包括档案馆学和档案类型学两大部分。档案馆学主要研究档案馆及其发展规律、档案馆的布局与资源共享、档案馆管理体制、档案馆网络的建设等内容。档案类型学则主要研究不同类型的档案及其组织体系,主要包括科技档案管理学、家庭档案学、会计档案学、人事档案学和诉讼档案学等。

宏观档案学研究国家档案事业的组织、管理和发展规律。其研究内容包括国家档案管理体制、档案政策与法规、档案的开发与研究、档案现代化、档案学教育和档案人才培养等方面。[17]

档案学虽然历史悠久,但理论研究却相对薄弱。第二次世界大战后,档案研究人员大量吸收和应用了信息论、系统论、控制论、情报学和图书馆学等相关学科的研究成果,从而给档案学的发展注入了新的活力。对照上述分析,可以发现,档案学与图书馆学、情报学之间没有质的区别,它们所研究的都主要是文献信息资源,只是侧重点不同而已,这些不同的侧重点组合起来即可构成完整的文献信息管理理论。

3.3.4 文献信息学

文献信息学也称文献信息管理学,是研究文献信息和文献信息活动的学科,它本身是图书馆学、情报学、档案学、图书发行管理学等学科综合发展的产物,一般地也被认为是图书馆学等学科发展为信息资源管理的中间学科。迄今为止,还没有发现国外有"文献信息学"(documentary information science)的提法,因此"文献信息学"颇具中国特色。文献信息学源于图书馆学研究中的"交流说",是20世纪80年代图书情报档案一体化思潮发展的必然产物。1984年,况能富在其论文《应当探索文献信息理论——"文献信息论"导言》中首次提出"文献信息学",并试图在此基点上构筑"关于文献信息的交流和控制的科学"。[18]其后文献信息学成为图书馆学研究的主要内容之一。1992年,黄宗忠出版了专著《文献信息学》，对其做了全面系统的论述。

文献信息学的核心概念是文献信息。其中，"文献"等同于前述广义的"图书"概念，"文献信息"合起来指用文字、图像、符号、声频、视频等手段记录于一定物质载体上的信息。文献信息由信息内容、物质载体、信息符号和记录方式四种主要要素构成。从整体看，它包含三个层次：一是文献的内在信息，即文献的内容。二是文献的形式信息，即文献的外在形式和特征如书名、著者、发行者等信息。三是文献内容的信息，如目录、索引、文摘、快报、综述等。"档案、图书、情报是文献信息范围内的主要表征"[19]。其实，"文献（图书）"与"文献信息"本就是同一事物，文献是指记录信息内容的物质载体，文献信息是指记录于物质载体上的信息。

根据黄宗忠的概括，"文献信息学是研究文献信息的本质、结构、功能和文献信息的集聚、存储、转化、传递、利用与组织管理的活动及规律的科学"。它是"一门综合性的应用学科，是信息科学的分支学科，是图书馆学、情报学、档案学、图书发行管理学的综合，是图书馆学、情报学、档案学、图书发行管理学的共同本质、特征、方法的抽象与概括，是图书馆学、情报学、档案学、图书发行管理学的上位类学科"。文献信息学又有广义和狭义之分，广义的文献信息学是以整个文献信息系统作为研究对象，包括理论文献信息学、文献信息工程学、应用文献信息学三大部分；狭义的文献信息学主要包括理论文献信息学和文献信息工程学，而不包括应用文献信息学。

理论文献信息学是研究文献信息及其集聚与交流活动、文献信息学的基本理论、基本原理、一般规律和应用理论的学科。它包括文献信息理论、文献信息学原理、文献信息事业史、文献信息学方法论、比较文献信息学等分支学科。

文献信息工程学是研究文献信息集聚与交流活动（即文献信息过程）的原则、程序、方法和技术的学科。它包括文献信息采集、文献信息组织、文献信息分类与标引、文献信息编目、文献信息检索、文献信息服务、文献信息系统分析与设计、文献信息现代化技术等分支学科。

应用文献信息学是将理论文献信息学和文献信息工程学的理论、方法和技术应用到某一方面而形成的文献信息学门类。它包括图书馆学、情报学、档案学、图书发行管理学等分支学科。

文献信息学的兴起是晚近的事情，它的出现并未引起相关研究人员更多的兴趣，在上述学科领域中，只有图书馆学领域的研究者开展了较有深度的研究和应用研究，情报学和档案学领域似乎对此漠不关心。究其原因，是20世纪90年代初崛起的信息资源管理理论吸引了研究者更多的关注，他们试图在更高的层次和更大的范围寻求学科集成而不仅仅局限于文献信息范围之内。然而，任何学科的发展都是一个循序渐进的过程，从图书馆学、图书情报学、文献信息学到信息资源管理,学科发展呈现出一个有序的链式结构,文献信息学可以说是该发展链上一个中间环节;上述相关学科应首先以文献信息为基点实现集成,然后才能以信息资源为基点寻求与科技信息管理、经济信息管理、行政信息管理、商务信息管理等学科的集成。文献信息学是一门发展中的学科,虽不够成熟,但作为图书馆学、情报学和档案学综合的产物,也可说是信息资源管理的理论前提。

3.3.5 大众传播学

大众传播学也称传播学或传学,是研究人们运用符号进行社会信息交流的规律性和行为的学科。大众传播学是随着广播、电视等新型信息载体和传播手段的发展与普及而产生的一门新学科。它形成于 20 世纪 40 年代,与"三论"同龄,因此,它的发展过程本身也是与"三论"相互渗透和促进的过程。事实上,传播学领域一直将申农视为传播学的代表人物之一。大众传播学是一门具有多种学科起源的、多学科交叉和渗透的边缘学科,它的五位奠基人就来自不同的学科领域:美籍奥地利政治家拉扎斯菲尔德(Paul F. Lazarsfeld)是传学的先驱者之一,他用测验的方法对大众传播的对象和效果,对投票运动与媒介对个人的影响进行研究,提出"两级传播"、"意见领袖"和"传播媒介影响力有限"的学说;美籍德国社会心理学家卢因(Kurt Ruin)将心理学引入传播研究,提出"场所理论"和"守门人"学说;美国政治学者拉斯维尔(Harold Lasswell)是宣传分析的权威,他在 1946 年出版的《宣传、传播和舆论》一书中首次明确地提出"大众传播的科学",1948 年又在《传播的社会职能和结构》一书中提出"拉氏传播模式",如图 3.7 所示;美国实验心理学家霍夫兰(Garl I. Hovland)运用实验的方法研究传播者、单向和双向传播、抵抗宣传、传播与受传者态度改变等问题,提出用说服的方法改变人的态度的主张;美国新闻学者施拉姆(Wilbur Schramm)是传播学研究的集大成者,他运用传播学的方法将新闻学、社会学、心理学、政治学和其他相关学科综合起来进行研究,使之系统化,最终使传播学成为一门独立的学科。我国的传播学研究开展较晚,大约是 70 年代末期的事情,目前的研究力量主要集中在新闻学、社会学和心理学等领域。[20]

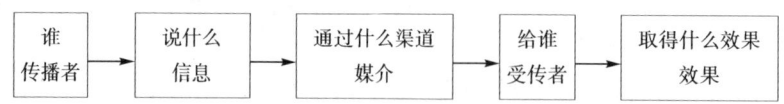

图 3.7 拉斯维尔传播模式

传播是大众传播学的核心概念,也有广义和狭义之分。广义的传播指人类社会、生物界乃至整个自然界的一切信息传输,如教育和行政管理中信息的传输、动物世界中色味声光的传递、电子技术中符号与图像的播送等。狭义的传播指人和人(包括群体)之间借助于语言和非语言符号,直接或间接地传递信息、意见、情感等的过程。传播主要包括四种类型或层次:第一,内向传播,即人的自我信息活动,如"自言自语"等。第二,人际传播,即个人之间的信息交流。第三,团体传播,即社会群体或社会组织之间的信息交流。第四,大众传播,即通过大众传播媒介(包括报纸、期刊、书籍等印刷传播媒介和广播、电视、电影等电子传播媒介),有目的、面向不确定的多数人的信息交流。如果在更大的范围内考察传播活动,图书馆、情报中心与信息中心的交流行为也应属于大众传播的范畴,它们是大众传播过程的延伸和补充,是大众传播在更大的时空中进行信息传播的中继站,或者说,它们处于大众传播的第二阶段。[21]大众传播是大众传播学研究的主要对象和内容。

传播学是围绕传播形成的知识体系,也可划分为微观传播学、中观传播学和宏观传播学三部分。微观传播学研究传播和传播过程,内容包括传播现象、传播模式、传播者、传播内容、受传者、传播效果等。微观传播学的研究内容也可用模型表示。[20]图3.7的拉斯维尔模式也可简洁地归纳为5W模式,代表大众传播研究的五个主要方面:第一,控制分析(who)。第二,内容分析(says what)。第三,渠道分析或工具分析(through which channel)。第四,受众分析(to whom)。第五,效果分析(with what effect)。图3.8的施拉姆大众传播模式则克服了拉氏模式单向直线型的不足,通过引入"对媒介的推测性反馈"使大众传播模型更符合人类传播的实际情况。上述模型本身也是传播过程的表征。

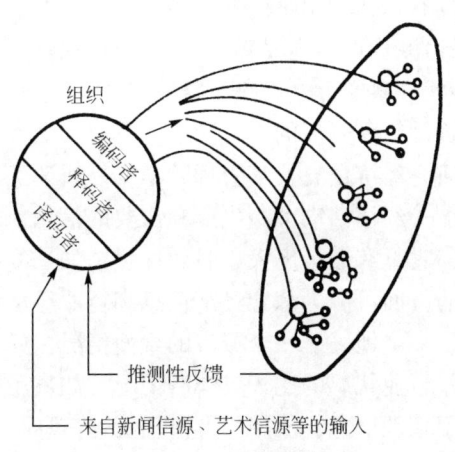

图3.8 施拉姆大众传播模式

中观传播学是研究传播类型的理论,主要内容包括舆论学、广告学、民意测验和公共关系。舆论学研究舆论产生和形成过程、构成因素、类别与特性、新闻事业与舆论的关系等。广告学研究广告产生和发挥效用的基本规律。民意测验本身是一种研究方法,由于它与政治的紧密关系而逐渐成为一种专门的学问,其研究内容包括民意测验的起源与发展、特点与功能、主观态度的测量等。公共关系研究公共关系的性质、功能、模式、传播和公关人员的素质等。

宏观传播学从战略的层次研究传播活动与事业。主要研究内容包括传播与国家发展、传播与现代化、传播与国际信息新秩序、传播在国家发展中的功能与作用、传播不平衡现象、大众传播的社会作用与社会责任等。

大众传播学实质上是研究社会信息资源的学科。它更关注新型传播媒介的研究,更注重信息论、控制论等相关学科理论与方法的应用。研究范围广及社会的各个层次和各个领域;研究重点深入到传播者和受传者心理行为之中和传播内容之中。其发展历史虽短,但理论流派之多、理论内容之深和影响与应用之广却为信息资源类其他学科所不及。大众传播学的另一突出特点是它自身也渗入或者说包含信息资源的生产领域,因此,在信息资源管理的诸学科中具有强大的优势。从整体而言,它是信息资源管理中的社会信息资源管理分支。

3.3.6 经济信息管理

经济信息管理也称管理信息系统,可说是计算机技术、现代通信技术和其他信息技术在经济领域应用与发展的产物。经济信息管理作为一门学科形成于20世纪70年代后期,1978年,我国"一批致力于数学和计算机在经济管理领域中应用的专家,在广泛了解国内外实际需要及技术发展状况的基础上,认定这个交叉领域将会需要大批具有综合知识结构的新型人才,并选择了经济信息管理这个名字"。[22] 当然,如果追溯管理信息系统(国外同行更多采用该名称)的历史,时间还要提前到60年代。事实上,信息资源管理中的"管理学派"也坚持认为管理信息系统是信息资源管理发展的一个阶段。

经济信息管理是研究经济信息及其管理的学科。所谓经济信息,是人类在生产、消费、流通和分配等经济活动中所生产和需要的信息。与社会信息、文化信息、科技信息等相比,它具有数量庞大、时效性强、加工复杂、强调人的因素等特点。经济信息从大的方面可分为综合经济信息和行业经济信息两大类型:综合经济信息是一个国家、一个地区、一个城市的全面情况,如国民生产总值等;行业经济信息是关于某一行业状况的比较具体的情况,如家用电器和计算机发展趋向等。经济信息不同于管理信息,从广义上讲,管理信息是经济信息的一个组成部分;在实际工作中,经济信息主要指宏观的、外部的、社会的信息,而管理信息则主要指具体的、企业自身的信息。

经济信息管理是一个相当宽的领域,包括信息系统的建设与管理、信息产业(主要是信息服务业)的经营、信息经济学的研究与应用、信息社会学的研究与应用等部分。我国学者陈禹认为,经济信息管理体系由四大部分组成,即经济信息管理基础理论、经济信息管理技术、经济信息系统建设与管理、经济信息管理与社会，它们构成了四位一体的"有的放矢"结构，其中，基础理论提供经济信息管理的任务与目标即工作之"的"，技术提供实现任务和目标的"矢"，系统解决如何实现"有的放矢"，联系社会的分析则为"有的放矢"提供保障。

经济信息管理基础理论主要研究信息、系统、信息系统工程、信息管理、经济信息与经济信息管理、信息产业、信息经济和信息社会等方面的理论问题。

经济信息管理技术主要研究现代信息技术在经济信息管理领域的应用，这些信息技术包括计算机技术、现代通信技术、信息采集技术、信息存储技术和信息显示技术等。

经济信息系统的建设与管理主要研究经济信息系统的规划、分析、认识、设计、改造、管理和标准化等问题，这是经济信息管理的核心内容。

经济信息管理与社会研究经济信息管理的社会环境，包括从经济学角度认识和研究信息的信息经济学、从社会学角度认识和研究信息的信息社会学、从法律角度认识和研究信息的信息法学、从认识论和方法论角度认识和研究信息的信息方法论以及经济信息管理人才培养等内容。

总之，经济信息管理是在管理信息系统的基础上发展起来的新兴学科，具有重宏观重战略的特点，但由于经济信息管理所研究和处理的只是信息资源的一种类型，它也只能是信息资源管理的一个分支。

主要参考文献

[1] 王雨田. 控制论、信息论、系统科学与哲学. 北京：中国人民大学出版社，1988

[2] 钟义信. 信息科学原理. 福州：福建人民出版社，1988

[3] 霍国庆. 信息论在图书情报领域中的应用. 图书情报工作，1995，(3)：31～34

[4] 钱学森. 系统思想、系统科学和系统论. 见：系统理论中的科学方法与哲学问题. 北京：清华大学出版社，1984

[5] 苗东升. 系统科学原理. 北京：中国人民大学出版社，1990

[6] 冯秉铨. 现代科学技术中的信息科学. 百科知识，1980，(5)：48

[7] 孟广均等. 从科学管理到信息资源管理——管理思想演变史的再认识. 图书情报知识，1997，(2)：2～7，17

[8] 刘中荣，张碧晖. 管理史话. 武汉：华中工学院出版社，1984

[9] 孙耀君. 西方管理思想史. 太原：山西人民出版社，1987

[10] Smith A N, Medley D B. Information Resource Management. Cincinnati：South-Western Publishing Co., 1987

[11] 霍国庆. 图书馆学·文献信息学·信息管理学. 山西图书馆学报，1993，(4)：1～3

[12] 黄宗忠. 图书馆学导论. 武汉：武汉大学出版社，1988

[13] Tague-Sutcliffe J. Measuring Information. San Diego：Academic Press, Inc., 1995

[14] Pao M L. Concepts of Information Retrieval. Englewood：Libraries Unlimited, Inc., 1989

[15] 严怡民. 情报学研究导论. 北京：科学技术文献出版社，1992

[16] 孟广均，霍国庆. 情报学研究的精品. 图书情报工作，1997,（3）：64

[17] 吴宝康. 档案学理论与历史初探. 成都：四川科学技术出版社，1986

[18] 况能富. 应当探索文献信息理论——"文献信息论"导言. 图书馆工作，1984,（4）：41~44

[19] 黄宗忠. 文献信息学. 北京：科学技术文献出版社，1992

[20] 张隆栋. 大众传播学总论. 北京：中国人民大学出版社，1993

[21] 霍国庆. 大众传播过程中的图书馆. 晋图学刊（增刊），1994

[22] 陈禹. 经济信息管理概论. 北京：中国人民大学出版社，1996

4 信息资源管理的技术基础

信息资源管理的技术基础是指信息资源管理理论发挥作用的技术条件，这种条件就是人们通常所说的信息技术。

4.1 信息技术概述

19世纪末20世纪初，物理学领域出现了三大成就，建立了相对论、量子力学和原子核物理学。这些新理论为后来的科学技术大发展奠定了雄厚的基础，并于20世纪中叶引发了一场规模空前的科学技术革命，人类在信息、新材料、新能源、生物、空间和海洋等几乎所有的自然科学领域都取得了重大突破。在这次科学技术革命中，信息技术的发展最为突出，从40年代以前出现的电话、电报到40年代以后出现的电子计算机技术、卫星通信、光纤通信、综合业务数字网和多媒体技术的发明与使用，信息技术不仅改变了原来仅从属于其他技术的发展史，而且大大加快了发展与应用的速度，并成为当代高技术中的关键技术、引导现代科学技术发展趋势的主导技术。信息技术的发展和广泛应用，加快了信息的生产、传播和消费，不仅带动了其他学科和技术的发展，而且对人们的生活、学习、工作、交往和社会经济的发展产生了极其广泛而又深远的影响。

4.1.1 信息技术的产生和发展

任何技术都产生于人类社会实践活动的实际需要。按照辩证唯物主义的观点，人类的一切活动都可以归结为认识世界和改造世界。而人类认识世界和改造世界的过程，从信息的观点来分析，就是一个不断从外部世界的客体中采集信息，并对这些信息进行变换、传递、存储、处理、比较、分析、识别、判断、提取和输出，最终把大脑中产生的决策信息反作用于外部世界的过程。

通常，人们把扩展人类各种器官功能的原理和规律称为"科学"，而把扩展人类各种器官功能的具体方法和手段称为"技术"。从历史上看，人类为了维持生存，在很长一段时间里一直采用优先发展自身体力功能的战略，因而材料科学与技术和能源科学与技术也相继发展起来。与此同时，人类的体力功能也日益加强。信息虽然重要，但在生产力和生产社会化程度很低的时候，人们仅凭自身的天赋信息器官的能力，就足以满足当时认识世界和改造世界的需要了。但随着生产斗争和科学实验活动的深度与广度的不断发展，特别是自蒸汽机的发明和应用以来，人类的信息器官功能已明显滞后于行为器官的功能了，人类要"上天"、"入地"、"下海"、"探微"，但其视力、听力、大脑存储信息的容量、处理信息的速度和精度等，已越来越落后于同自然作斗争的实际需要了。只是到了这个时候，人类才把自己关注的焦点转到扩展和延长自己信息器官的功能方面，于是发展信息科学技术就成了这一时期的中心任务。

从20世纪40年代起，经过50~60年代的酝酿，人类在信息的采集、传输、存储、处理和检索等的方法与手段，以及利用信息进行决策、控制、指挥、组织和协调等的原理与方法各个方面都取得了突破性的进展，这种进展是综合性的。这些事实从一个侧面说明了，当代科学技术发展的主流已经转向信息科学技术。

4.1.2 信息技术的内涵

"信息技术"目前还没有一个准确而又通用的定义。为了研究和使用的方便，学术界、管理部门和产业界等都根据各自的需要与理解给出了自己的定义。共计有数十种之多。信息技术定义的多样化，不只是语言、文字和表述方法上的差异，而且也有对信息技术本质属性理解方面的差异。

目前比较有代表性的信息技术定义主要有以下几种：

1）信息技术是借助于以微电子学为基础的计算机技术和电信技术的结合而形成的手段，对声音的、图像的、文字的、数字的和各种传感信号的信息进行采集、加工处理、存储、传播和使用的能动技术。

2）信息技术是指在计算机和通信技术支持下用以采集、加工、存储、变换、显示和传输文字、数值、图像、视频和声频以及声音信息，包括提供设备和提供信息服务两大方面的方法与设备的总称。

3）信息技术是人类在生产斗争和科学实验中认识自然和改造自然过程中所积累起来的采集信息、传递信息、存储信息、处理信息以及使信息标准化的经验、知识、技能和体现这些经验、知识、技能的劳动资料有目的的结合过程。

4）信息技术是在信息加工和处理过程中使用的科学、技术与工艺原理和管理技巧；这些原理和技巧的应用；计算机及其同人和机器的交互作用；与这些相关的社会、经济与文化问题。

5）信息技术是管理、开发和利用信息资源的有关方法、手段与操作程序的总称。

6）信息技术是能够延长或扩展人的信息能力的技术。

上述定义都试图从功能方面揭示信息技术的本质。从语法角度来看，"信息技术"作为一个专门术语，其中心概念是"技术"而非"信息"，而各种技术之所以会产生，就在于它们能直接或间接地通过加强或扩展人的各种器官的功能来辅助人类，增强人类同自然作斗争的本领。故此可以认为，信息技术是指能够扩展人类信息器官功能的一类技术的总称。这里定义的信息技术是广义的。

我们这里给出的只是信息技术的最一般定义，人们日常使用的"信息技术"因其使用的目的、范围或场合不同而具有某些特定的含义：有时它实际上仅指其物化的产物，即有形的物质手段，如望远镜、电视机、电子计算机等；有时则仅指抽象的智力成果，即信息活动中所使用的各种方法。在图书情报等领域出版的许多介绍信息技术的书籍中，着重介绍的基本上都是已经转化为具体物质形态的信息技术，而没有将那些不能物化的信息技术（如文献加工技术、信息组织技术、预测和决策技术）列入其中。

4.1.3 信息技术的分类

常见的信息技术分类包括以下几种：

1）按照信息技术是否可物化为实物形态，可将其划分为"硬"信息技术和"软"信息技术两大类。前者通常是指各种已经或即将转化为信息设备的信息技术，这类信息技术有时指各种具体的实物形态的产品，当然有时也指这类产品的功用，如望远镜、显微镜、复印机、电话机、电子计算机和通信卫星等；后者指那些不具有明显物质承担者，但又是人类在长期从事信息活动过程中积累而形成的有关信息采集和处理的经验、知识、方法与技能，如语言、文字、舆论调查技术、信息浓缩技术、信息组织技术、统计技术、预测技术、决策技术和信息标准化技术等。

2）按照专业信息工作的基本环节或流程可将信息技术划分为信息获取技术、信息传递技术、信息存储技术、信息检索技术、信息加工技术和信息标准化技术。信息获取技术是把人们的感觉器官不能准确感知或不能感知的信息转化为人能感知的信息，如显微镜、望远镜、气象卫星、行星探测器、温度计、湿度计、气压计和钟表等。信息传递技术是实现信息快速、可靠、安全转移的技术，如记录、存储因可看作是从"过去"向"现在"或从"现在"向"未来"传递信息的活动，所以也可将它们包括在信息传递技术中。信息存储技术是指跨越时间保存信息的技术，如印刷术、照相术、录音术、录像术、磁盘技术、光盘技术和缩微技术等。信息检索技术是准确、快速地从信息库中找出所需信息的技术，又称检索策略、技巧或方法，主要包括手工检索技术、机械检索技术和电子计算机检索技术三大类。信息加工技术是对信息进行分类、排序、转换、浓缩和扩充等的技术，传统的信息加工主要是通过人脑进行，随后相继出现了手工设备（如算盘）、机械设备（如机械计算机）和现代化的电子计算机，现在电子计算机已成为信息加工的重要工具。信息标准化技术是使信息采集、传递、存储、检索和加工等环节能有效衔接的技术，如语言文字的规范化、文献工作标准、字符编码和检索语言等。

3）按照人们日常所使用的信息设备种类或用途可将信息技术划分为电话技术、电报技术、电视技术、广播技术、缩微技术、复制技术、卫星技术和电子计算机技术等。这种分类通俗易懂，但由于分类的对象只限于"硬"信息技术，因而难免有以偏概全之虞。现在有一种说法，认为"硬"信息技术包括"软"信息技术的内容，比如一些发达国家出售的计算机往往是连同软件一起出售的，因此无需考虑什么"软"信息技术了。这种说法不完全正确，因为许多"软"信息技术目前还不能转化为软件进入计算机中，而没有这些"软"信息技术，"硬"信息技术是无法发挥作用的。

4）从信息系统功能的角度可将信息技术划分为信息输入输出技术、信息描述技术、信息存储检索技术、信息处理技术和信息传播技术。

5）根据人的信息器官种类来划分。人的信息器官按作用可分为四类（图4.1）：一是感觉器官，包括视觉、听觉、嗅觉、味觉和触觉等器官，这类器官的

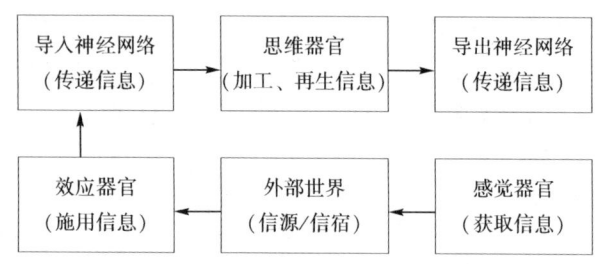

图 4.1 人的信息器官及其功能系统[1]

主要任务是获取外部事物的信息。二是神经器官，包括导入神经网络、中间传导神经网络和导出神经网络。通过导入神经网络可把感觉器官获得的信息传递给思维器官，通过导出神经网络可把思维器官加工产生的信息传递给效应器官。三是思维器官，即人的大脑，它可以对输入其中的信息进行记忆、比较、运算、分析和推理，并以这些结果为依据进行决策、指挥。四是效应器官，包括操作器官（手）、行走器官（脚）和语言器官（喉、舌、嘴）等，它们主要是执行思维器官发出的指令信息或是通过语言器官把大脑产生的信息表达出来以使这些信息对外发挥作用。与此相对应，信息技术就有感测技术、通信技术、计算机（智能）技术和控制技术之分（图4.2）。感测技术延长的是感觉器官采集信息的能力，包括传感技术和测量技术，它可将人类的感觉延伸到人力不及的微观世界和宏观世界以从中提取信息；通信技术延长的是传导神经系统传递信息的能力，包括信息的空间传递和时间传递技术；智能技术延长的是思维器官处理信息和决策的能力，包括计算机硬件和软件技术、人工智能、专家系统和人工神经网络技术等，它的目的是更好地处理和再生信息；控制技术是效应器官的延长，包括一般的伺

服调节技术和自动控制技术,其目的是更好地应用信息,使信息能够在改造自然过程中发挥更大的作用。

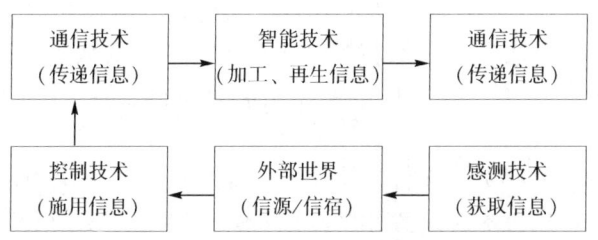

图 4.2　信息技术的基本类型[1]

4.1.4　信息技术的层次和体系

所谓层次是指按照一定的次序划定的等级,信息技术和其他技术一样也是分层次的。通常把按照技术的功能区分出来的信息技术称为信息技术的主体层次(或称主体技术),主体技术就是 4.1.3 节中提到的感测技术、通信技术、计算机技术和控制技术。其中通信技术和计算机技术是整个信息技术的核心部分,感测技术和控制技术则是该核心同外部世界的信源与信宿相联系的接口。由于采集(Collection,即"感测"的基本作用)、通信(Communication)、计算机(Computer)和控制(Control)四个词的英文第一个字母均为"C",故为了简便,人们便称信息技术为"1C"技术、"2C"技术、"3C"技术和"4C"技术。"1C"就是简单地把信息技术归结为计算机技术,显然,这是非常片面的。因为若没有信息的来源和信息的流通,孤立的计算机的作用是非常有限的。"2C"是指计算机技术和通信技术,由于人们认识到在未来社会里,计算机技术和通信技术将会紧密地结合在一起,因而便认为信息技术就是计算机和通信技术。为了描述计算机技术和通信技术的结合化趋势,法国的诺拉和孟克便创造了一个新词"la telematique"(英语中拼写成"telematics",含义为远程数据处理)。美国哈佛大学的奥廷格也创造了一个英语新词"compunication",含义为计算机通信技术,用来表示运用数字电子技术将计算机、电话和电视结合起来形成一个具有不同功能的系统。但是,"2C"这种说法同样也是不全面的,因为没有传感技术仅靠人自身的感觉器官,所获得的信息是十分有限的。"3C"是指计算机技术、通信技术和控制技术,不过有人认为控制技术不应单列为一项,因为它只是计算机的一项功能。但考虑到控制本身的多样性和复杂性,把它单列为一项也未尝不可。事实上,控制是使信息发挥作用,完成人类改造世界活动的基本前提。现在又有一种新的说法,认为"3C"是指 Computer、Communication 和 Content,即计算机技术、通信技术和内容分析技术。这种说法似乎是为了突出"软"信息技术的重要性。不管"3C"指的是什么,它几乎都没有考虑到感测技术,因而也不完整。"4C"是指"收集"(即"感测技术")、通信技术、计算机技术和控制技术。从我们人类自身信息器官所构成的功能系统角度来看,"4C"的说法应该是比较全面的。不过,如坚持认为控制仅是计算机的一项功能,那么把"4C"称为"3C"也是可以的。但要注意,这时的"3C"指的是感测技术、通信技术和计算机技术。

信息技术的应用层次(或称应用技术)是指针对各种实用目的由主体技术繁衍而生的各种应用技术群,包括由主体技术通过合成、分解和应用生成的各种具体的实用信息技术。通常,它可泛指按主体技术的应用领域——农业、工业、交通运输、财政金融、图书情报、科学文化、教育卫生、文艺体育、行政管理、社会服务、军事国防和家庭生活等区分出来的信息技术,构成了一个完整的应用技术体系(图4.3)。信息技术能够被各行各业应用,表明它具有强大的渗透力。从本质上说,信息技术在各个领域的普及应用实际上是增强劳动资料的信息属性,使劳动工具自动化、智能化,即将信息技术同其他技术结合起来,使这些技术的潜能得到最大限度的发挥,而这正是各行各业信息化的基本前提。比如,在制造业中,由于信息技术的渗透,出现了数控机床、工业机器人、计算机辅助制造、计算机辅助设计和柔性生产系统,从而使制造业得以逐步实现信息化。在其他传统行业、产业中也都出现了类似情况。

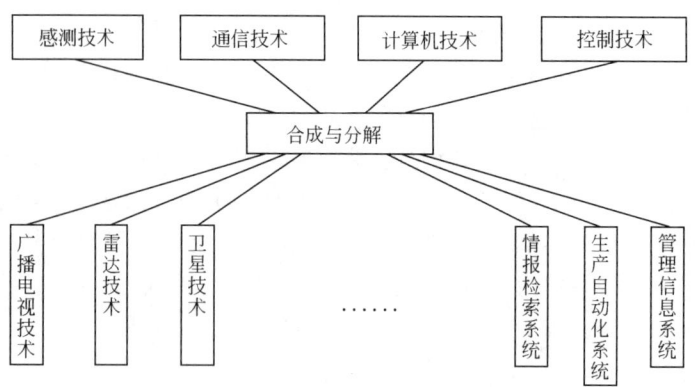

图4.3 信息技术衍生示意图[2]

按照通常的习惯,人们只把信息技术中的主体技术和应用技术层次称为信息技术,这就是狭义的"信息技术"。因为它们可以直接延长、扩展人类信息器官的功能。除此之外,还有形成广义信息技术的两个外围层次(图4.4)。一为基础技术层次,如新材料和新能源技术,信息技术在性能、水平等方面的提高有赖于这两类技术的进步。例如,电子信息技术从电子管向晶体管、集成电路、超大

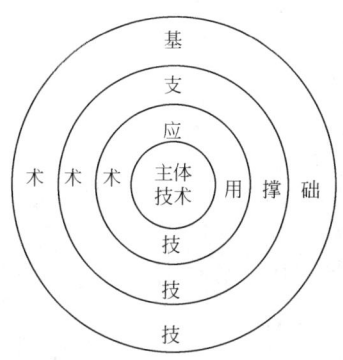

图 4.4 信息技术层次的文氏图（Venn diagram）

规模集成电路时代的迈进，归根结底是由于锗、硅、砷化镓、金属氧化物半导体等新材料的开发和利用；激光信息技术的发展则有赖于各种激光材料的开发和激光能量的利用。二为支撑技术层次，主要指机械技术、电子技术、激光技术、空间技术和生物技术等。信息技术总是通过各种支撑技术才能实现的，这是因为表征事物的运动状态及其运动状态变化方式的信息都可通过机械的、电信号的、光信号的等物理参量表现出来，并且比较容易地为人们识别、控制、处理和利用。于是，人们便把用机械技术实现的信息技术称为机械信息技术，如算盘、计算尺、手摇计算机和电动计算机等；把用电子技术实现的信息技术称为电子信息技术，如广播电视、电话电报和电子计算机；把用激光技术实现的信息技术称为激光信息技术，如激光光纤通信、激光控制和激光计算机；把用空间技术实现的信息技术称为空间信息技术，如通信卫星和行星探测器等；把用生物技术实现的信息技术称为生物信息技术，如生物传感器和生物计算机等。基础技术层次和支撑技术层次尽管也很重要，但只在某些特定条件下才称它们为信息技术，而这时所说的信息技术就是广义的。例如，我们不把制造集成电路的技术笼统地称为信息技术，而只把利用集成电路制造电子计算机、通信系统或传感器等的技术称为信息技术，这是因为只有这时它才被用于扩展人类信息器官的功能。同样，也不能不加区分地把激光器的制造技术都称为信息技术，只有当激光器被用作某种信息装置中的一部分时，才能称其为信息技术。当然，这种从功能角度对信息技术的划分也不是绝对的，事实上，如前所述，在某些情况下还要考虑人们的研究目的和使用习惯。例如，许多国家在制定产业政策时，都笼统地把电子技术作为信息技术的组成部分纳入信息技术产业中。

弄清了信息技术的层次，即可以此为基础来构建信息技术的体系结构（图4.5）。形象地说，一个完整的信息技术体系如同一棵大树，基础技术相当于大树扎根的土壤，支撑技术相当于大树发达的根系，主体技术好比是大树强劲的躯干，应用技术则类似于大树繁茂的枝叶（图4.5和图4.6）。该体系可从纵向上揭示信息技术的内部结构，从横向上展示出信息技术同其他技术之间的关系。当然，这个体系中的信息技术是广义的，而严格意义上的信息技术只包括主体技术和应用技术两大部分。

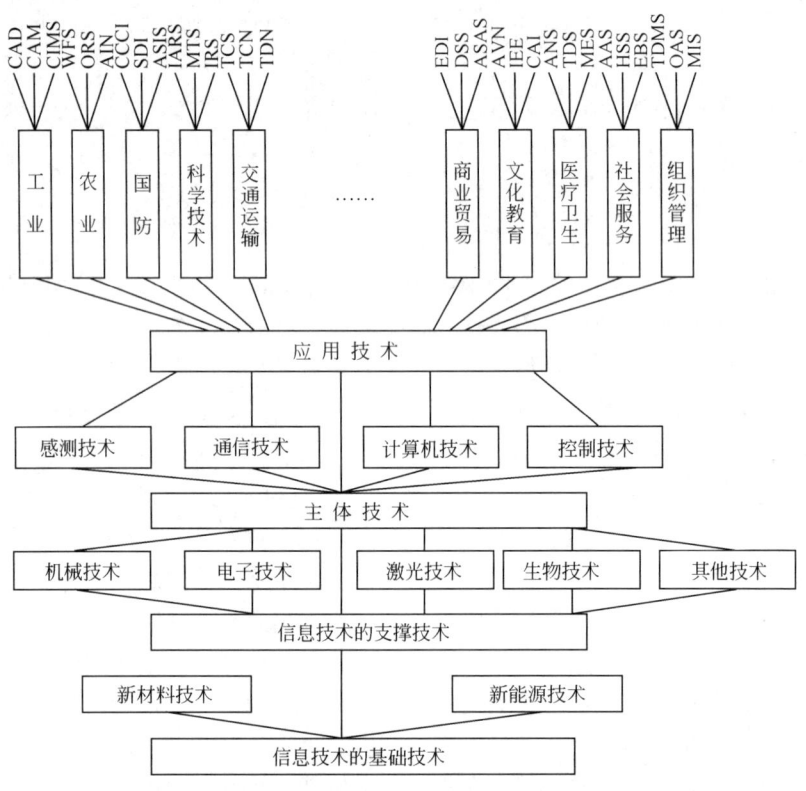

图4.5 信息技术体系[2]

注：CAD——计算辅助设计 EDI——电子数据交换 CAM——计算机辅助制造 DSS——决策支持系统 CIMS——计算机集成自动化制造系统 ASAS——自动出售—记账系统 WFS——气象预报系统 AVN——远程自动化视听教学网络 ORS——作业监测遥感系统 IEE——智能娱乐设备 AIN——自动化灌溉网络 CAI——计算机辅助教学 CCCI——指挥—控制—通信—情报系统 ANS——自动护理系统 SDI——战略防御系统 TDS——远程会诊系统 ASIS——空间情报系统 MES——医疗专家系统 IARS——情报自动检索系统 AAS——自动订座订票系统 MTS——机器自动翻译系统 HSS——家务操作系统 IRS——智能推理系统 EBS——电子银行系统 TCS——交通控制系统 TDMS——智能决策系统 TCN——远程会议网络 OAS——办公自动化系统 TDN——远程调度网络 MIS——管理信息系统

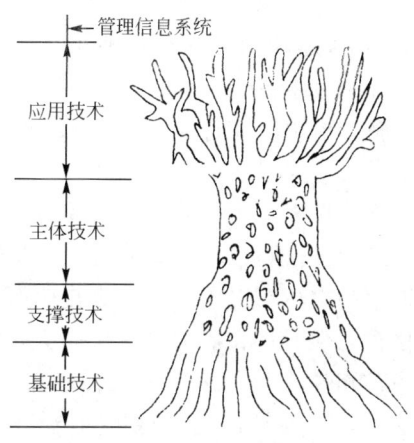

图4.6 信息技术体系的树形图[1]

4.2 信息传递技术

信息传递技术是指一切能使信息跨越时间或空间而流动的技术，主要包括时间传递技术和空间传递技术两大类。前者实际上是指各种信息存储技术，如印刷、出版、缩微、复制、照相、录音、录像等；后者则指通信技术。通信就是运用特定的方法通过某种媒介或传输线路将信息从一地传递到另一地的过程，这是最广义的通信定义。按此定义，一切信息的传递过程，包括面谈、讲演、广播、电报、电话、传真、电影等都可看成是通信。但通常人们所说的"通信"是狭义的，指借助于专业电信部门所进行的信息传递活动。本书中的"通信"主要是狭义的，一般不包括人与人之间的直接通信，而仅指人与机器或机器与机器之间的通信。

4.2.1 通信系统原理

通信是由信息发送者（信源）、信息接收者（信宿）和信息的载体与传播媒介（信道）三大部分组成的系统。申农最先提出了通信系统的理论模型（图4.7）。

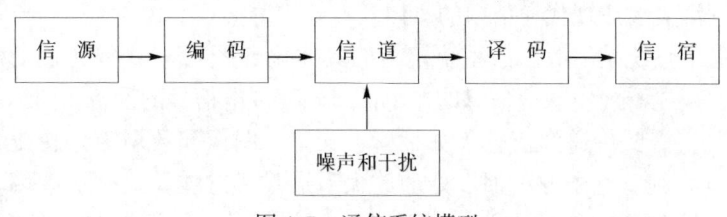

图4.7 通信系统模型

图中的信源是指发出信息的地方，可以是人、机器、自然物等，信息是信源待传播的抽象的东西。编码是将信息按一定的规则变换成可供传输的信号，目的是便于传输（提高传输效率）和抗干扰（提高可靠性）。信道是指信息的通道，通常为传递信号的物理设施，承担信号的传递和存储任务。对同一信道而言，信道越长，信息传输中受到的干扰越大。噪声和干扰是指影响信息传递的各种因素，包括：第一，系统内部的噪声，如电子设备内部的热噪声等，这是设备本身固有的，难以全部消除。第二，自然噪声，如雷电、大气辐射等。第三，人为干扰，如为使对方电台、通信和雷达等电子设备失去作用而人为施放的电子信号。译码是编码的反变换。信宿是信息的接收者，可以是人、机器或自然物。例如，在有线电话通信中，发话人和收话人分别相当于信源和信宿，发话人发出的话音为所要传递的信息，但它不能直接在信道（这里为电话线）中传送，必须要经过一定的变换，成为适宜在信道中传递的物理信号，这种变换过程就是信息编码，实现编码的设施称为编码器（如话筒）。信号被传递到收话人必须恢复为原来的物理形式（话音）才能为收话者所接受，信号的这种还原变换过程称为译码，相应的设施称为译码器（如听筒）。无论信道怎么好，都可能存在着影响信息传递效果的因素，这些被称为杂音或干扰，它或由自然界的雷电形成，或由同一信道中的其他信息引起。

1. 电子通信系统

电子通信系统是利用电信号来传递信息的通信系统，目前它已发展成为覆盖全国乃至全球的电信网络，构成了现代社会的"神经系统"。国际上常用每百人拥有的电话数来表明一个国家的通信发达程度。据国外学者对50多个国家历史数据的分析，若一个国家前五年的电话普及率提高1%，则其后七年的人均国民生产总值可提高3%。据国际电信联盟统计，一个国家对通信建设的投资每增加1%，其人均国民收入将提高3%。现代发达国家国民收入的10%得益于通信的社会效益。据我国邮电部经济技术发展研究中心的研究结果，20世纪80年代初期，我国每投资1元用于电话建设，给社会带来的宏观经济效益则为6.78元。[3]因此，各国都把电信系统建设当成一项重要的基础设施建设来抓。事实上，由于电信系统具有许多独特的优点，如传输的速度快、损耗小、电信号易于控制和处理，它已逐渐发展成现代通信中的主体。

电子通信系统是一般通信系统模型的具体化（图4.8）。要传递的信息从输入端输入，换能器（将载荷信息的非电信号转变成电信号的设备，如话筒、耳机和喇叭等）将需要传递的信息（如话音、文字、图像和数据等）转变为电信号（电能），并将其以电子方法加以处理放大后通过传输线路送到接收端。但许多系统在放大被传输的信息之前，还要经"调制"处理。调制是一种变换过程，其作用是使信号适于在给定的信道上传输，即要用换能器将一种代表信息的电信号加载于另一种便于远距离空间传播或更便于有效地多路传输的电信号上，这种用来运载信息的电信号称为载波。如给定的信息是微波信道时，就需把原来信号（通常称为基带信号）的频谱搬移到指定的微波波段上，并通过控制高频正弦信号的某一参量来实现。被控的高频正弦信号可控制载波的幅度（调幅）、频率（调频）和相位（调相）等。载波携带着信息通过信道在接收端经过"解调"处理，将携带于载波上的信号提取出来，再经过换能器转换为原始信息形态（语言、文字等）。由此即完成了一次通信过程。

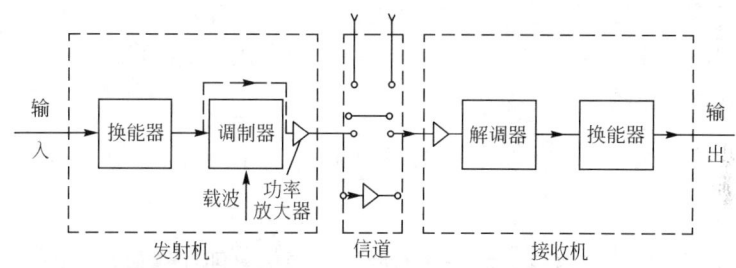

图4.8 电子通信系统基本结构[4]

2. 人工通信系统

电信中的信息传递模型和人们之间用语言或文字进行的通信过程十分相似，故申农又提出了包括人际通信的信息传输的一般模型，如图4.9所示。

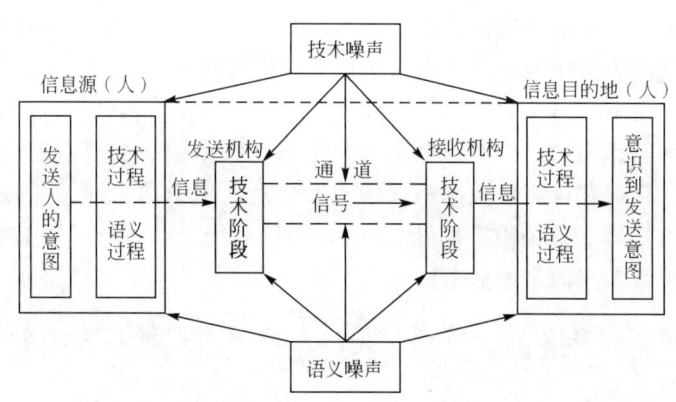

图4.9 信息传输的一般模型[5]

从图中可看出，发送人的意图要通过语言表达的语义过程和语言编码的技术过程交互作用才能产生信息，该信息经过发送机构再次编码和变换，产生适于传递的信号，到接收端接受机构把信号进行变换得到信息，信息再经过接收者的技术过程和语义过程的解码，使接收者能理解发送者的意图。像这种人与人之间不借助于电信号所构建的通信系统，称为人工通信系统，其他的如通过暗号、烽火、手势、邮寄和传送等所进行的信息传递系统也都属于这类系统。在人工信道中，信息传输的技术噪声和语义噪声十分严重，因而信息的歪曲、走漏、阻塞、丢失、假冒和扩充等现象时常发生。人工信道的干扰不仅有客观因素，比如语言表达能力不强，更重要的是主观因素，比如知情不报、故意谎报。学生对家长虚报自己的学习成绩，下级对上级虚报产值统计数据，为攻击他人散布流言蜚语都包含了主观因素。

4.2.2 通信系统分类

由于支持技术和系统功能等方面的不同，现代通信系统可区分为多种不同的类型。现仅就常见的通信系统分类方法略作介绍。

1. 按信源发出的信息是否呈连续状态，将通信系统划分为模拟通信和数字通信

模拟通信系统是传递模拟信号的系统。模拟信号即连续信号，因为它是原始信号的逼真摹写，故有此说法。连续信号是指它们输出的量是连续的，即其输出量在任一时刻、在某个范围内可以取无穷个数值，简单地说就是它是时间的连续函数。例如，语言、音乐等都是模拟信号，传真图片和活动图像也是模拟信号，传递这些信号的通信系统，就分别称为电话通信系统、传真通信系统、电视通信系统，通称模拟通信系统。

数字通信系统主要用来传递数字信号，数字信号是电信技术使用日渐频繁的一种特殊形式的离散信号，因为它只包括两种状态的离散信号。离散信号是指可以用一系列只能取有限个值的符号来代表的信号。它在传输时一段时间只送一个符号，在时间上是离散的，而每个符号只能取有限个值，所以取值也是离散的。文字、数字、字母和计算机数据都属于离散信息。离散信息通常用数字量表示，它可转换成电信号（称为数字信号）。电报通信系统、计算机通信系统和计算机网络通信系统都属于数字通信系统。

2. 根据信道的不同，将通信系统划分为有线通信系统和无线通信系统

有线通信系统是用有线信道传递电信号的通信系统。根据信道物理组成的不同又可细分为架空明线、平衡电缆、同轴电缆和波导管等类型。架空明线是架在电线杆上的一对或多对导线。一对导线构成一个电信道，可完成一路电话信号的传输。平衡电缆与前者相似，用一对铜线组成一个信道，但线间距离较小，线路外有防护层，可传输一路或多路电话信号。同轴电缆是用一根铜丝作线芯，外包

一同轴铜管代替电缆上的另一根铜线,可完成多路电话传输任务。波导管为一导电的金属管,一般为圆形或方形,在一定条件下电磁波可在其内部向前传输,可传输多路电话。现在市内电话、国内长途和电极等广泛采用有线通信系统。

图 4.10 (单向) 无线电信道的构成[4]

无线通信系统是用无线信道传输电信号的通信系统。无线信道由自由空间构成,利用电磁波在自由空间的传播来实现电信号的传输 (图 4.10)。为使电磁波能在空间传播,它的频率必须很高 (一般的电话信号是不能直接传递的),因此在无线通信系统的发送端必须有一个能产生很高频率载波的发射机,为使此载波能发射出去,还必须有发射天线。在接收端要接收到这种电磁波,也必须有接收天线和接收机。根据无线通信系统中所使用的电磁波的频率范围 (即无线信道或电磁信道的种类),它又可细分为:极长波通信,3~3000kHz,适用于水下通信;超长波通信,3~300kHz,适用于探测核爆炸、全球导航;长波通信,30~300kHz,远距离无线电导航与广播;中波通信,300~3000kHz,适用于远距离通信、声音广播、电视广播、移动通信和导航;短波通信,3~30MHz,用于远距离无线电通信与广播;超短波通信,30~300MHz,用于电视、调频广播、导航和移动通信;微波通信,300~30万MHz,用于雷达、微波中继通信和卫星通信;激光通信,300万亿MHz,用于光纤通信。

随着科学技术的发展,特别是电子计算机技术和其他技术的介入,现代通信技术已形成许多新的分支,如卫星通信、移动通信、数据通信、电子邮递和图文电视,下面仅选择几个有代表性的分支略作介绍。

4.2.3 有线通信

有线通信主要利用人工架设的电线、电缆中电信号的传输来实现信息的传递。有线通信系统包括线路、终端设备、交换机和传输方式。1837 年人类首次架设有线电报线,发明了有线电报机;1875 年又发明了有线电话;1920 年载波传输技术的发明是有线通信史上的大事,用不同频率的载波在一对导线中可以实现多路通信。之后,明线通信被埋于地下的对称载波电缆通信逐步取代,这种技术可提高载波频率,增加通话路数,提高通信的可靠性和保密性。20 世纪 50 年代使用的同轴电缆通信是有线通信的又一次革新,由偶数根同轴管组成同轴电缆,电缆内同轴管越多,可通电话路数也越多。由于同轴电缆载波频率高,其通信容量大大超过了对称电缆。

4.2.4 传真通信

传真通信可准确、迅速、原样地传送文件、报纸、相片、图表和信函等。其基本原理是：首先分解图像，将发送的图像分解成很多的微小单元（称为像素或像元），并依照一定的顺序将这些单元转变为电信号。电信号的幅度与所发送的单元亮度成比例，经放大调制后，通过有线或无线通路传送到接收端。在接收端将收到的电信号放大和解调处理，再转变成相应亮度的微小单元，同时把这些微小的亮度单元依照与发送端同样的顺序合成图像。将图像分解成很多微小单元的过程或相反的过程称为扫描，使图像上微小单元的亮度变成相应的电信号或相反的过程称为光电转换。传真通信的主要设备是传真机，它由发送部分、接收部分和同步同相设备3部分组成。传真机可根据传送和接收的色调划分为黑白传真机和彩色传真机，也可根据它的用途划分为真迹传真机、报纸传真机、相片传真机和信函传真机等。

4.2.5 无线通信

1895年波波夫和马可尼用他们发明的雷电指示器接收到雷电产生的电波，从而揭开了利用无线电的序幕。经过100多年的发展，无线电通信技术已获得巨大的发展和广泛的应用。在各种无线电通信技术中，目前被人们大量应用的主要是微波通信技术和短波通信技术。短波通信是利用电离层对电磁波的反射来实现远距离传递信息的。在地球大气层的上空有一层带电的离子区域，它由太阳的辐射形成，可反射短波发射机发射出的短波（3~30MHz），其原理如图4.11所示。

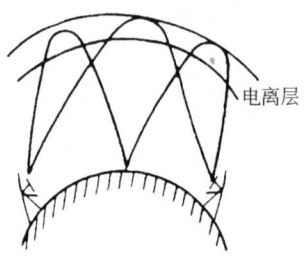
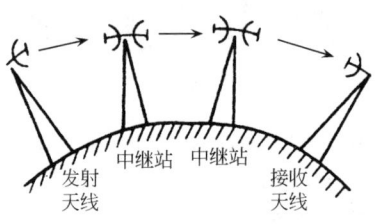

图4.11 短波通信[4]   图4.12 微波中继通信[4]

微波通信使用微波信道发射机，其频率工作于1~300MHz的频段，此时电磁波已不能从电离层反射回来，但可穿透电离层传输到外层空间。微波通信的波长易被障碍物阻拦，故只能实现视距范围的通信，即只有在接收天线和发射天线相互可见时才能实现通信。虽然架高天线可适当增加通信距离，但受地球曲率影响，通信距离不超过50千米。要实现远距离通信，就需每隔50千米设一中继站，其任务是接收前方站传来的信号，放大处理后再送到下一站去，如图4.12

所示。我国中央电视台的电视节目以前主要利用微波通信传送。比较而言,微波通信比短波通信稳定,后者因电离层一年四季、白天黑夜不断变化而不稳定。

4.2.6 卫星通信

卫星通信就是利用通信卫星来转发或反射无线电波,在两个或多个地球站之间进行的通信。因此,卫星通信实际上就是利用通信卫星作为中继站的一种特殊的微波中继通信,也是宇宙无线电通信的一种形式(图4.13)。宇宙无线电通信是以宇宙飞行体(人造通信卫星和宇宙飞船)为对象的无线电通信,简称宇宙通信或空间通信。卫星通信的主要优点是实现远距离通信只需1个中继站,频带宽,通信容量大,使用灵活,抗干扰性强。

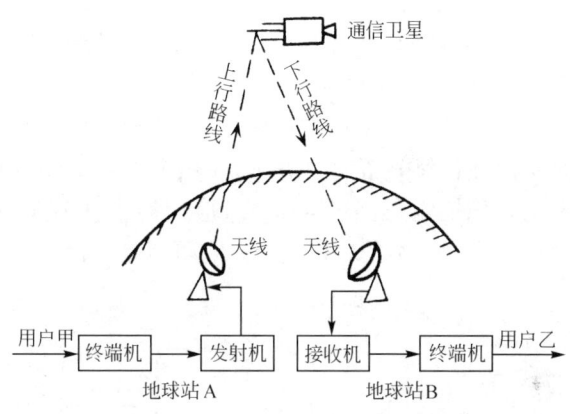

图4.13 卫星通信系统简图[4]

1965年美国发射第一颗地球同步卫星,同步卫星离地面约3.6万千米,只需向赤道上空发射三颗与地球自转同步的卫星,就基本上能实现全球通信和电视转播。

4.2.7 光纤通信

光纤通信是利用激光波作为信息载波,光导纤维作为载体的通信。它是一种以激光取代电流,以光导纤维取代铜线的地面有线通信。光纤通信系统由发送、传输和接收三部分组成。在发送端由电光转换器将需要传输的电信号变换为光信号,使光源辐射的光波由电信号调制成携带信息的光波。这种光波通过耦合器耦合到光纤中去,沿着光纤传输到接收端。在接收端由光电探测器将接收到的光信号变回成电信号(图4.14)。光纤是细如头发的透明玻璃丝,可用来传导光信息。光纤通信技术正在从短波长向长波长、从多模传输系统向单模传输系统发展,光纤通信系统的发展方向则是大容量、长距离、超小型和余光化。

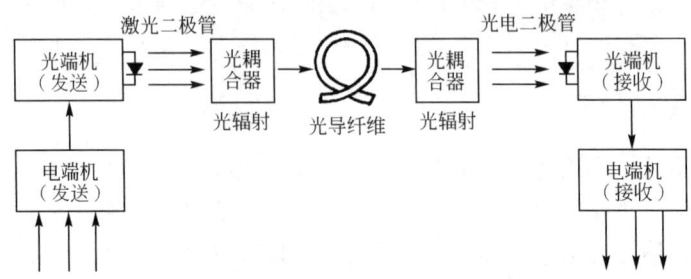

图 4.14 光纤通信系统简图[4]

4.2.8 数据通信

数据通信是把经过编码处理的信息,通过一条或数条通信链路,按照一定的要求在电信传输系统上进行传送的过程。它是计算机与现代通信技术相结合的产物。计算机与通信线路和设备结合,可实现人与计算机、计算机与计算机之间的通信。数据通信系统由数据终端设备（DTE）、数据电路终端设备（DCE,又称数据通信设备）和通信信道组成（图 4.15）。应用进程（AP）是终端用户的应用活动,通常由计算机程序一类的软件组成。它可能是一台终端或计算机。

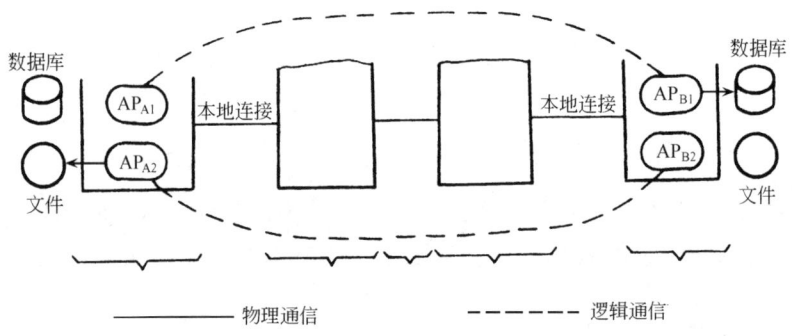

图 4.15 数据通信系统简图[5]

在图 4.15 中,地点 A 可执行一个软件形成的应用过程 AP_{A1} 来访问地点 B 处的一个应用进程。地点 B 的程序 AP_{B2} 通过一个应用程序 AP_{A2} 访问地点 A 的文件。用户的应用活动在 DTE 中进行。DTE 是描述终端用户机器（通常是计算机或终端）的一个通用术语。通信网的作用就是把多个 DTE 相互联结,使它们可以共享资源,交换数据,相互提供后备等。DCE 的基本功能是为 DTE 和通信网之间提供接口,调制解调器就是 DCE 的一个例子。

4.2.9 计算机通信

计算机通信技术是计算机和通信技术的结合体，它包括两方面的内容：第一，将计算机应用于通信中，解决复杂、庞大、快速的信息交换问题。第二，将通信技术应用于计算机，使分散在异地的计算机或其终端相互联结，成为计算机网，使计算机及其终端可以共享信息资源。

1. 程控交换技术

交换设备在通信网中起核心作用，将计算机应用于通信中就产生了程控交换技术。交换是指使用某种方式把需要互通信息的双方的传输途径连通起来。以电话通信为例，在一个城市中往往有成千上万，甚至几十万、几百万门电话，它们不可能彼此都直接两相连通，这就需要交换，交换的物理设施称为电话交换机。以前人们使用的是人工电话交换机，它需要话务员操作，用塞绳把主叫方和被叫方接通以达到电话交换的目的。后来，人工交换机被步进制、纵横制半自动交换机取代，这是一种机电式结构的交换机，用继电器来控制和完成自动接通电话的业务。在过去100多年中，模拟传输支配了所有的通信系统，特别是电话系统完全基于模拟传送。但自20世纪60年代开始，数字传输技术逐步兴起。随着计算机在电话交换机中的应用，出现了"储存程序控制电话交换机"，即程控交换机，它使整个交换工作按照计算机中事先编制好的程序进行，因而速度快，效率高，适应性强。

2. 计算机联网技术

将通信技术应用于计算机联网可实现一机多用、资源共享的目的。计算机网络结构形式主要有两种：一种是一部大型计算机和多个终端相连，用户按时分制方法，共用一部计算机。另一种是分布式计算机网络，它包含多部计算机，又有集中控制方式和分布式之分。集中控制的分布式计算机网络以中央计算机作主机，其他小型机、微型机作为卫星机，它与时分制网络的主要区别是其终端本身为计算机，各卫星机可自行处理和存储多种信息，也可送入主机进行中央处理和存储。分布式网络是多部大小规模相近的计算机直接互联，不存在某台计算机集中控制其他计算机的情况，彼此既相互独立又相互联系的网络结构。在分布式网络中，信息的传送是按分组转接的方式进行的；若要发送一条很长的消息，首先必须把它分割为一定长度的组，然后每次发送一组；数据组的前一部分提供原地址、目的地址、组号和顺序信息这些控制信息，后一部分是被发送的数据；系统给每一部计算机都分配一个地址码，当某部计算机从另一部计算机中接收数据时，首先要查对目的地址码是否与自己相同，若相同就接收数据，若不同再按目的地地址码直接或通过另一部中转计算机将信息送到目的地。这种技术也称分组交换技术。20世纪90年代初,美国国防部研究出的"包交换"技术是对分组交换技术的发展。其实际过程是把通过电话线传输的大数据量信息拆散成多个"小包裹",在网络中的数据流出现空隙时,分别承载到线路上去,经过不同的中间路径汇合抵达目的地,再重新组合成完整的信息。运用该技术,可节省数据传输时间,大大降低网络运行的成本。

4.2.10 通信网

通信网,又称电信网,是能为分处异地的许多用户之间传递信息的系统。其功能就是要适应用户呼叫的需要,以用户满意的程度沟通网络中任意多个用户之间的信息交流。为了降低网络的造价,不能在每两个用户之间都设置一条通信线路,而只能采用设置交换中心的办法。这样的网络称为转接网(即交换网),所有的用户都通过交换中心直接连通,任何两个用户之间的通信都通过交换中心转接。因为通信线路造价昂贵,所以即使转接网增设交换中心,但由于大大减少了通信线路数目,转接网仍比直接网便宜得多。

通信网中的主要设备包括:终端设备,即用户与通信网之间的接口设备,可将用户的信息转换成电信号或光信号,或进行相反的转换;传输系统,即传输电信号或光信号的信道,包括有线电、无线电、光缆等线路;交换设备,即在终端之间和局间进行路由选择、接续控制的设备。在通信网中起核心作用的是交换设备,它可使许多用户之间进行相互通信,尽管他们之间并无直接连通的线路。为使通信网能合理协调地工作,还要有各种规定和约定,如质量指标、网络结构、编号方案、路由方案、网络协议和资费制度等。

通信网有多种分类方法,按业务内容可分为电报网、电话网、图像网、数据网、传真网和广播电视网等;按规模可分为局域网、城域网和广域网;按信号形式可分为模拟网和数字网。在通信网发展的初期,重点是电话网,20世纪70年代起又纷纷建立数据交换网。随着数字通信技术的发展,现在这些专用网正向包括电话、数据交换在内的综合业务数字网方向发展。

4.2.11 计算机网络

计算机网络就是将地理上分散,具有独立功能的多台计算机、终端及其附属设备,通过通信设备和线路联结起来,且配以相应的网络软件构建的系统。它既可以是用通信线路将计算机和终端联成的简单网络,也可以是将数千台计算机和终端,用数百万米通信线路联成的全国性或全球性通信网,以实现信息传递和资源共享。通常,根据网络覆盖的地理范围、应用的技术条件和工作环境的不同,可将其划分为广域网 (Wide Area Network, WAN)、局域网 (Local Area Network,

LAN）和城域网（Municipal Area Network，MAN）等几种类型。广域网，又称远程计算机网络，一般可跨城市、跨地区，覆盖范围可延伸到全国或全球。它利用公共电话网、电报网、租用线路或专用线路，把远程的计算机或终端设备联结起来，实现远程终端与计算机之间的通信。局域网的覆盖范围一般在数公里以内，特别适合机关、工厂、学校等内部的信息管理和办公自动化；它现在已成为综合业务数字网的一个基本单元——综合业务局域网。城域网是将各个独立的局域网互相联结起来形成的一个规模更大的适合于大城市地区使用的网络，它是介于广域网和局域网之间的计算机网络。

综合业务数字网是20世纪80年代兴起的新兴通信技术，它综合应用计算机技术、光通信技术、数据交换技术、数字传输技术、分组交换技术和计算机网络技术等先进技术，把话音、数据、文本、图像等信息转换成数字信号并综合在一体化的网络上进行传输、存储、交换和显示等多项综合处理。该项技术是在原有的通信网不适应新业务的要求后出现的，因为过去是每开设一项新的业务，便建立一种新的通信网，如公用电话网、电报网、数据网和广播电视网等。这种做法投资大、专用性强且资源不能共享，从管理和使用的角度看很不方便。为此，人们便提出利用一个数字网来承担各项业务的信息传输思想，这就是综合业务数字网（ISDN）。它在同一网上承担话音和非语言的信息传输。我们可把综合业务数字网看作是一种向用户提供综合接入能力和综合传输、交换各种信息的现代化通信网络，它以信息形式数字化、通信业务种类多样化、通信传输一体化为突出特点。

4.3 计算机技术

目前人们常说的计算机技术主要是指电子计算机技术，它是现代信息资源管理的核心支持技术。电子计算机技术在信息资源管理领域里的广泛应用，加速了信息资源管理的自动化和产业化进程。因此，熟悉和应用计算机技术是信息资源管理工作者的一项重要的基本技能。本节拟对计算机技术的主要内容略作介绍。

4.3.1 电子计算机基础

1. 电子计算机的本质

控制论的创始人维纳曾说过："计算机本质上是一种记录数字、运算数字并给出数字结果的机器。"但是，今天的电子计算机已不仅仅能记录和运算数字，还可以处理数字以外的信息（如文字、图像、声音等）。因此，可以这样说，电子计算机是用电子管、晶体管、集成电路等电子器件和元件构成的复杂的机器

（电子装置），它能非常迅速、准确地对输入的信息进行自动加工处理，并可把加工后的信息输出来。对信息进行自动加工处理是电子计算机区别于算盘或计算器的重要标志，因为这些计算工具或者不具有自动性，或者只能自动进行一次运算而不能执行复杂的计算程序，也不能处理数字以外的其他信息。

2. 电子计算机的类型

按照不同的分类标准，电子计算机可划分为不同的类型。按功能和规模可分为巨型机、大型机、中型机、小型机和微型机。按应用范围可分为专用机和通用机，前者是为解决某些特定问题设计的，后者则可用于解决各类问题，具有一定的通用性、灵活性。按结构可分为模拟式电子计算机、数字式电子计算机和混合式电子计算机，模拟电子计算机能对连续变化的模拟量信息进行加工处理，主要用于过程控制和模拟，一般只要对算题进行简单的编排和连接，就能对连续输入的物理量进行运算，取得的结果是直观的图形和曲线，使用方便，但其精确度较低，程序自动化较差，变换题目慢，制造和调试困难；数字式计算机能对数字信息进行加工处理，解题精度高，灵活性大，便于信息存储；混合式计算机兼有模拟式和数字式的特点，在解最优化问题、统计分析、解偏微分方程等方面得到了广泛的应用。

3. 电子计算机的特点

电子计算机具有许多重要的特点：

1）运算速度快。一个熟练的计算员用计算器做4位有效数字的加、减、乘、除运算，每天工作8小时，平均1天只能达到8000次运算的工作量，而微机1秒钟就能运算几十万次，相当于几十个计算员1年的工作量。现在巨型机每秒能运算百亿次，甚至上千亿次。

2）具有记忆存储能力。电子计算机具有相当大的信息存储能力，可随时"记住"有用的信息，"忘掉"无用的信息。一台微机的内存储器可存放几万到几十万个数据，而大型机的存储器比微机要大几百、几千倍。一台大型机可存储一座大型图书馆的全部资料。

3）计算精度高。微机的计算精度可达到十进制的十几位，甚至更高。用巨型机控制卫星发射和宇宙航行，其误差在米级，计算精度极高。

4）具有逻辑判断能力。计算机不仅能进行数值运算，而且具有逻辑判断能力和对信息进行加工处理的能力，可对各种信息进行分类、比较、归纳和综合，并可进行逻辑推理和定理的证明。

5）能自动地进行工作。电子计算机可按人们预先编制好的程序自动地进行工作。

6）通用性强。除用于各种数值计算外，还可广泛用于信息处理、语言翻译、经营管理、实时控制和智能模拟等。

4. 电子计算机的发展

1946年世界上第一台电子数字计算机ENIAC诞生，自此以后，电子计算机经历了四代发展史，并正向第五代、第六代方向发展。第一代电子计算机是电子管计算机（1946~1958年）。它采用磁鼓作存储器，它的体积大、造价高、功耗大、速度不快，因而生产的少，主要用于军事计算。第二代是晶体管计算机（1958~1964年）。它的内存储器主要采用磁芯，外存储器大量采用磁盘，输入输出方式有了很大改进，有了高级语言和编译系统。晶体管计算机比电子管计算机的体积大为缩小，运算速度则增长了近百倍，其应用范围也开始扩大到信息处理、商业、银行、保险、企业管理等领域也开始引入计算机。第三代是集成电路计算机。它采用中小规模的集成电路（每平方厘米硅片上集成了上百个电路），有了操作系统，因此计算机发展成了一个系统。第三代计算机不仅出现了小型化趋势，而且功效、成本开始下降，运算速度、容量和可靠性则大大提高。用于程序设计的高级语言发展到数百种，出现了终端和网络。它的发展和应用推动了工业自动化的发展。第四代是大规模集成电路计算机（1971~1980年）。它以大规模集成电路（1千个以上的晶体管集成在一块硅片上）为主要器件，每平方厘米电路上能集成数十万个电路。整机体积变小，稳定性提高，成本降低，运算次数突破百亿次。同时出现了巨型机和微型机，以及世界范围的计算机网络。第五代是超大规模集成电路智能计算机（并研制光计算机、超导计算机等非冯·诺依曼型计算机）。该种计算机的特点是具有识别、推理、运筹和语言翻译等仿人脑的功能。第六代是生物计算机。它以比硅片小得多的蛋白质为原料，在同样的面积上，用蛋白质制成的生物集成电路比硅集成电路的元件密度要大1000~100 000倍。这种生物计算机可植入人体内，并可像生物体一样具有自我修复和增殖能力。但是，目前第五代和第六代计算机还处于研制阶段。

4.3.2　电子计算机系统

早期的计算机只有一台裸机，要使用它，就要了解机器各个部分的构造，熟悉它的一套命令，即所谓的指令系统。那时候计算机只是少数受过专门训练的人员的工具。现代的电子计算机已发展成一个系统，由硬件和软件两大部分组成。硬件是指运算器、存储器、控制器和输入/输出设备这些看得见、摸得着的装置，也就是通常所说的主机和外围设备，即系统的机器部分。软件是指指挥计算机进行运算、判断和处理信息的那些原理、规则与方法，即各种算法语言、编译程序、操作系统和应用程序等，也就是系统的程序部分。

1. 硬件部分

硬件部分包括输入/输出设备、存储器、运算器和控制器四个部分（图4.16），此外还有总线和接口。

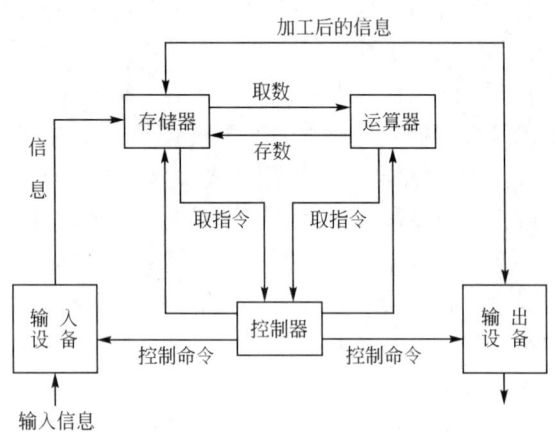

图4.16 计算机系统硬件设备[4]

(1) 输入/输出设备

电子计算机的输入/输出装置统称为计算机的外围设备。它是人与计算机互相联系进行数据处理的设备，即人机接口设备。如果将计算机的主机部分比作人的大脑，那么其外围设备则相当于人的眼睛、耳朵、皮肤和手。计算机要进行信息加工，就要把原始数据和运算程序通过输入设备输入主机的存储器中存储起来，而计算机运算的结果则需通过输出设备输出来。外围设备按功能划分，主要有两类：

1）输入设备。它是信息转换设备，是人与计算机之间进行通信的桥梁。其作用是将数据、程序和某些标志信息直接转换成计算机所能接收的电信号，然后输入计算机。常用的输入设备有键盘、穿孔纸带阅读机、穿孔卡片阅读机、电传打字机、键盘显示器、光学字符识别、光学符号识别、数字扫描器、光笔和数据站等。目前，输入技术正在向文字、图形、物体和声音识别方向发展。

2）输出设备。它是把计算机内部信息转换成人们熟悉的语言、文字、数字、图形和表格的一种设备，就是将计算机运行结果由电脉冲变成人们能识别的形式并予以显示出来。常见的输出设备有打印机、阴极射线管显示器、电传打字机、绘图机、制表机、缩微胶片输出机和制表机等。

(2) 存储器

又称"记忆装置"，用于接收和保存输入的数据与程序，是计算机的"仓库"。它一般由记忆元件如磁芯、磁鼓、磁带、磁盘等与电子线路构成。存储器由存储单元构成，存储单元为数据和指令。为了识别不同的存储单元，人们赋予每个单元一个编号，称其为"地址"。存储器可分为主存储器（内存储器）和辅助存储器（外存储器）。主存储器又有两种：一是只读存储器，它是一种对其内容只能读出不能写入的存储器，即预先一次写入的存储器，其中存放一些常用的由厂家提供或专门制作的重要程序。这类程序，计算人员只能使用，不能修改。二是随机存取存储器，它可以存放计算人员的程序和数据，也可用来存放中间计算结果，因为通过指令可随机地、个别地对它的各个存储单元进行访问。辅助存储器（如磁带、磁盘等）相当于人的笔记本，存储人脑无法记住的分门别类的数据、资料，平常放在主机外面。它用于存放用户的程序和数据，以及计算机系统的软件。由于其存取速度慢，故一般都是将外存中的程序和数据成批调到主存储器中执行。

（3）运算器

它是直接对进入计算机中的各种信息进行算术运算和逻辑运算的装置，好比做算术运算时使用的算盘和笔。运算器包括加法器、求补器、移位线路、逻辑运算线路、寄存器和运算控制线路。运算器的寄存器用于存放从存储器中取来的要进行运算的数据或运算器运算出来的中间结果。由于减法需要求补，所以有求补器。乘法和除法需要移位，所以有移位线路。加法器与求补器、移位线路配合起来就可以完成四则运算。逻辑运算线路用来完成逻辑加、逻辑乘等逻辑运算。

（4）控制器

控制器是计算机内发布命令的"决策机构"，它是用来指挥和协调计算机各功能部件工作的装置。控制器的控制过程实际上是执行程序的过程。它好比人的大脑、手和眼睛，其功能就像人们观察、判断和控制算盘的动作一样。控制器的任务是在计算机启动后，自动地从存储器中取出事先安排好的指令、分析和执行指令。控制器由程序计数器、指令寄存器、指令译码器、脉冲发生器和控制电路等组成。人们常把运算器和控制器合称为计算机的中央处理单元，它是计算机的运算和控制中心。

2. 软件部分

计算机软件出现于20世纪50年代后期，现已成为计算机系统的重要组成部分。在计算机价格中，软件占70%，硬件只占30%，而且软件所占的比例还在继续增加。软件把硬件包围在里面，它是硬件的直接外层。有了软件就把一台物理机器变成了一台具有抽象概念的逻辑机器，从而使人们不必更多了解机器本身就可使用机器。软件为系统的用户提供了共同使用的各种程序和资料，同时也为扩大系统功能和提高机器效率提供了所需的程序：汇编程序、编译程序、诊断程序、操作系统、数据库管理系统、库程序和各种专用程序，以及各种维护和使用手册、说明书等资料。软件主要分为两大类：

(1) 系统软件

它是为计算机有条不紊地且高效地工作而编制的一些程序,一般由计算机生产厂家预先编制好储存在机器的存储器内作为计算机的必要组成部分提供给用户。系统软件主要包括语言程序(编译程序)和管理程序(操作系统)两大部分。前者是指把源程序(应用程序设计人员所使用的高级语言或汇编程序)翻译为机器语言程序所需的程序;后者主要用于计算机的管理、维护、控制和运行。除了这两类外,还有一类称为系统支持软件,如系统诊断程序、系统开发工具等,主要用于补充操作系统的功能。

(2) 应用软件

它是为了解决用户在各特定领域的具体问题而编制的程序。用户可利用计算机和它所提供的系统软件自行编制。应用软件又可分为通用软件和专用软件两种。通用软件可支持系统执行许多不同的工作,如字处理软件、数据库管理软件和通信软件等。专用软件主要用于解决某些特殊问题,通常是由某些组织为自己的特殊需要设计的,其使用范围比前者小。许多专用软件已实现商品化,人们常把商业发行的软件称为软件包,它是规范化、标准化、通用化、模块化的各种典型问题的应用程序的组合,如会计软件、工程管理软件等就是专用软件包。

3. 算法语言

电子计算机是人造的机器,在人机关系中,人居于支配地位,人给计算机下命令,计算机执行命令。人与计算机之间交流信息也要使用语言,这就是计算机语言,也称算法语言,是一种典型的人工语言。计算机只能执行一条条指令,这种机器的指令也称为机器语言。但是,要用机器语言编程序是很费事的,一般人也较难掌握这些涉及计算机结构细节的"密码"。由于编制机器语言的程序要一条条指令地编写,效率很低,所以现在都采用算法语言,它与普通的数学语言很接近。可是计算机不懂算法语言,为此就要想办法把算法语言转换成机器语言,这就是编译程序的任务。目前普遍采用的方法是:算法语言经过存放在计算机中的编译程序转换成机器语言,这就好比把英文文献(算法语言)通过词典(编译程序)译成中文文献(机器语言)。借助于各种不同的编译程序系统(编译程序、解释程序等)就可把算法语言按照其语法和语义,"翻译"成机器语言。因此,从本质上说,算法语言是按一定规则排列的符号集合,编译程序则是把这些符号集合变成机器指令的转换器。

算法语言按照转换成机器语言的情况,可分为汇编型语言、解释型语言和编译型语言。汇编型语言与机器语言之间存在着一一对应的关系,它是机器语言的符号化表示。解释型语言是一个语句在运行中,先经过解释程序解释成一组机器语言,然后立即执行,一个语句执行后再取下一个语句来解释,再执行;这种语言可进行人机通信，可随时修改算法语言。编译型语言在运行中经过编译程序翻译成机器语言，在执行中该过程是不可逆的，因此，编译型的算法语言程序在运行中不能修改。

4. 操作系统

早期计算机的运算速度较低，主存储器容量小，外围设备少。使用时，一般由计算人员亲自上机操作，算完离开后才能让别人上机操作。这种使用方式，一方面要求使用者对计算机的构造比较了解，另一方面人工操作又花费了大量的机器时间。随着硬件的发展，计算机的运算速度越来越快，主存储器的容量也越来越大，外围设备的品种和数量越来越多。因此，如果用户直接使用计算机硬件提供的指令与输入/输出设备打交道，会造成人力和时间的浪费。当计算机上是单个用户时也会造成处理机空转，内存资源利用不充分。此外，硬件又不能提供文件信息管理功能。在改变这些不合理状况的过程中，软件发展起来，并出现了操作系统。

操作系统是紧挨着硬件的第一层软件，是对硬件性能的首次扩充，是用户与计算机对话的接口。从本质上说，操作系统是管理计算机硬件、软件，包括计算机用户在内的所有资源的程序集合，是计算机系统的控制管理中心。根据操作系统在用户面前的使用环境和访问方式可将其分为批处理系统、分时系统和实时系统三种类型。若一个操作系统兼有这三者的两种或三种处理能力，则称为通用操作系统。要了解这三种操作系统，则应先了解三个相关概念——作业、单道程序和多道程序。

作业通常是指用户程序和所需数据与命令的通称。单道程序是指一个用户程序执行完后，才允许启动另一个用户程序逐个顺序地执行的程序。多道程序指内存中驻留多个作业，并在外存存放若干个作业，当某些作业处理结束或因某种原因无法继续运行而暂停（中断）时，系统依据一定的调度原则，从后面要完成的作业中选几个作业调入内存中运行，如此操作直至完成全部作业的程序。

批处理操作系统可分为单道批处理操作系统和多道批处理操作系统。单道批处理操作系统使手工操作时间大为缩短，但由于一个用户作业独占全部系统资源，因而资源利用效率不高。多道批处理操作系统虽然实现了作业流程的自动化和系统资源的共享，但用户却不能干预作业的运行，不能观察程序的运行状况，不能发现和纠正错误，因此，便产生了分时系统。分时是指若干个用户共用一台计算机，分时操作系统则是实现这种分时的系统。在分时操作系统中，多个用户可通过自己的终端设备（常为微机）以联机方式使用计算机。实时操作系统是指管理、控制和协调实时系统的操作系统程序；实时系统则是指能及时地对信息进行处理或对过程进行控制的系统。

4.3.3 数据管理

计算机是管理数据（信息）的重要工具，掌握计算机管理信息的原理和方法，是充分发挥计算机潜能的前提。

1. 文件管理

文件是计算机信息管理中的一个基本概念，为便于理解它的含义，先介绍几个与它相关的概念，然后再介绍文件的概念及其组织方法。

（1）实体

在人工信息系统中，任何信息都是从客观事物出发，流经数据库，通过决策机构又返回来控制客观事物。信息在这一循环过程中经历了三个领域，即现实世界、观念世界和数据世界。现实世界是存在于人脑之外的客观世界，事物及其联系就存在于这个世界之中。观念世界是客观世界在人脑中的反映，客观世界在人们的观念中称为实体。广义地说，实体就是要为其记录信息的事物。事物之间的联系可用观念世界中的实体模型来表示。实体可以是具体的事物，也可以是抽象的事物，前者如人、汽车等，后者如课程、企业等。实体还可分为"个体"与"总体"两个级。例如黄河、长江是组成河流这个总体的个体，而鸡、狗、牛这些个体又可组成动物这个总体。至于数据世界，它是观念世界中信息的数据化，现实世界中的事物及其联系在数据库中用数据模型来表示。在数据处理时，先将现实世界转换为观念世界，再将观念世界中的信息数据化。

（2）属性

属性是实体的某一方面的特征。由于观察者角度不同，对同一实体的特征便可做出不同的分析，如"人"这个实体，人事部门要了解姓名、性别、年龄、民族和出生地等属性，劳动部门要了解入伍时间、工种、工资和奖惩等属性，医疗部门要了解身高、体重、血压、血型和病史等属性。属性具有名和值，属性名是给属性定义的标识，属性值是描述某个具体属性的数据。例如，某员工的姓名为"李平"，编号为"1997"，年龄为"35"，工种为"技工"，工资为"550"，则李平、1997、35、技工、550 分别是姓名、编号、年龄、工种、工资几个属性的具体值。

（3）数据项

数据项又称为字段，是命名和存储数据的基本单位。一个数据项可包括任意多个字节，数据项的作用是描述事物的属性，通常可用若干个数据项的组合来描述某一客体。数据项有型和值两个概念，型是对一个特征的总描述，可用名字、类型、值域来表示；值则是对应这一特征的数值或字符串。如"姓名"是一个型，而"李明"、"张华"等是它的具体值。

(4) 记录

记录是按照一定次序排列起来的数据项的集合。通常，每个记录都由若干个数据项组成，记录通过数据项来描述实体。例如，一名学生的成绩单、一位病人的病历、一位员工的人事档案等都是一个记录。人们把实体集合的总描述称为记录型。记录型又称为记录格式，是数据项型命名的集合。

(5) 文件

文件是指一组具有相同属性且有具体名称的记录的集合。文件是一个抽象的概念，其内容可以是文字、声音或图像。对信息资源管理来说，比较重要的文件组织方法有三种：

1) 顺序组织。它是指文件中的诸记录按唯一标识数据记录的某个数据项的关键字值的大小顺序存放在存储介质上的组织形式。按此方式组织的文件简称顺序文件。顺序文件的逻辑顺序与物理顺序是一致的，其优点是能以顺序或主关键字值用快速方法查找，缺点是不能任意对某个记录进行直接存取，而且修改困难，当插入一个新记录时还需移动该文件的大部分。

2) 索引组织。这种组织形式就是把文件中识别各个记录的关键字集中在一起组成一个目录文件（即索引）的组织形式，对应的文件称为索引文件。一个数据文件可按关键字的不同建成若干个索引文件。索引文件的内容包括按升序排列的某字段（索引关键字）的值和关键字在源文件中所记录的指针（即源文件的记录号）。索引文件的优点是可用于顺序操作，也可用于随机操作，缺点是文件量增加时，由于目录文件增多，占用的存储空间也增大。

3) 倒排文件。从信息管理和检索的角度看，仅有按关键字组织的索引文件（主索引）还不够，还必须有按其他特性标识项组织的索引，比如可按文献的作者、文献名、主题词和出版日期等。通常把这种按特性标识建立的索引称为倒排索引，把带有倒排索引的文件称为倒排文件。倒排文件的存取速度较快，但增、删、改的操作较慢。

2. 数据库技术

数据库技术是20世纪70年代开始从文件管理技术基础上发展起来的新型数据管理技术，它的诞生使信息管理从内容到手段都发生了一次飞跃。

(1) 数据模型

数据模型是建立数据库的基础；数据库是指以一定的组织方式存储在一起的相关数据的集合。常用的数据模型有层次模型、网络模型和关系模型三种。层次模型是以层次数据模型为基础建立起来的，其核心是以记录为结点的有向树或森林。它的特点是有且只有一个结点无父结点，其他结点有且只有一个父结点。网络模型又称丛结构，它与前者的主要区别在于可以有一个以上的结点无父结点，至少有一个结点有多于一个父结点,两个结点之间可以有两种或多种联系。关于关系模型,在该模型中可把数据的逻辑结构看成一个二维表,这个表就称为关系。实体及其联系均通过关系来描述,每一个关系为一个二维表,相当于一个文件,表中的每一行对应一个记录,每一列表示一个数据项。一个关系数据库中可以包含一个或多个关系。

(2) 数据库的逻辑结构

在数据库系统中,数据不是随便存放在介质上,而是经过组织有一定的结构。一个完整的数据库通常有三级结构,即物理级、概念级和用户级。物理级数据库对应于内模式,亦称存储模式。它包括数据库的全部存储数据,是数据在介质上的物理存储位置。数据要经过组织,以文件、记录数据项等形式,按照一定的方法存放到计算机的内、外存介质上。对一个数据库系统来说,实际存放的只是物理级数据库,它是数据访问的基础。概念数据库对应于概念模式,是对数据库整体的逻辑描述,它是数据库管理员眼中的数据库,与数据的物理存放无关。因此,概念级数据库只是物理数据库的一种逻辑描述而已。用户数据库对应于外模式,是用户看到并获取、使用的那部分数据的逻辑结构,是用户与数据库的接口。用户可用数据库查询语言或应用程序去操作数据库中他能使用的那一部分数据,这部分数据称为用户子模式。

(3) 数据库管理系统

数据库管理系统是在数据模型基础上发展起来的一系列专门用于描述、建立和管理数据库的专用软件。它通常由数据库语言、数据库管理程序和数据库使用程序三部分组成。数据库语言主要用于建立数据库,使用数据库和对数据库进行维护。数据库管理程序是对数据库的运行进行管理、调度和控制的例行程序。数据库使用程序是对数据进行维护使其处于运行状态而使用的各种各样的数据库服务程序。

数据库管理系统的功能因系统不同而有所差异,一般包括:定义数据库,它又包括概念模式、内模式、外模式定义和保密定义、数据格式定义等;装入数据库,即在定义基础上,把实际数据存储到物理设备上;操作数据库,接收、分析和执行用户提出的访问数据库的各种要求,完成对数据库的检索、插入、删改和修正等操作;管理和控制数据库,完成对数据库的安全性、保密性和完整性的控制;维护数据库,完成数据更新、数据库再组织、数据库结构维护、数据库恢复和性能监视等操作;数据通信,负责处理数据的传输和流动,具备与操作系统的联机处理、分时系统和远程作业输入的相应接口通信等。

4.4 网络时代的信息资源管理技术热点

自20世纪80年代以来,信息资源管理技术获得了飞速发展,其突出表现是人类在声、图、文信息的一体化管理上取得了许多突破,这里把这些突破姑且称为"技术热点"或"热点技术"。从理论上讲,所谓热点技术至少应符合以下两个条件或其中之一:一是研究人员竞相研究开发的技术。二是正被人们广泛应用或具有广泛应用前景的技术。但要精确地界定出哪些技术属于热点技术,哪些技术属于非热点技术,往往是很困难的,因为这不仅取决于上述两点,还取决于使用这一概念的特定需要。技术专家和一般用户使用的"热点技术",就未必是两个完全一致的概念。这里所指的信息资源管理热点技术主要是指 70 年代以来兴起的,借助电子或光学手段的,面向信息管理的,在目前的网络时代中正在或即将实用化的各种新型信息技术,主要包括电子邮递、电子出版、光盘技术、多媒体技术、超文本技术和网络应用技术等,下面简略地将它们分别归纳在信息存储与组织技术和信息传播与服务技术两大类中。

4.4.1 信息存储和组织技术

1. 光盘技术

光盘技术是 20 世纪 70 年代发展起来的光学信息存储技术,它是用光束存入和读取信息的。将记录信息的介质做成一只盘子,其外表酷似普通的唱片,信息的存取原理和普通唱片也基本相似,只是存取信息用的都是一束聚焦到十分细的光束,而不是唱片的唱针。光盘存入信息时用拾音器和摄像机把声音、图像转换成电信号,用该电信号的变化来调制激光束。被调制的激光束投射到正在以一定速度旋转的盘上,在盘上烧出一串长度和彼此间隔不同的小坑,这些小坑就是要存入信息的代码。如此烧成的盘子称为母盘,用母盘便可大批量复制生产。读出信息的过程是存入信息的逆过程,要用专门的光盘驱动器,用一束细激光照射光盘,从盘面反射的光束因为受到长短、间隔不一的小坑的调制,得到的反射光的强度也发生相应的变化,变化规律和存放信息时投射到光盘上的光束强弱变化规律相同。用光电接收器把反射光转换成电信号,送入电视机或微机便可从屏幕上再现存入的声音或图像。光盘上的小坑非常小,只有在高倍放大镜下才能看得见,可见使用的激光束之细,在制作时要求的精度之高。正因如此,光盘的尺寸虽然不大,但其存储信息的密度却是目前各种存储手段中最高的。光盘的种类很多,从存储的方式上分,有不可擦光盘和可擦光盘;从功能上分,有音频光盘(如激光唱盘)、视频光盘(如激光电视唱盘)、交互式光盘(CD–I)和只读式盘(CD–ROM)等。

光盘技术之所以取得迅速发展,是因它与以往的存储器相比具有许多不可替代的优点:一是存储容量大,一张直径 13 厘米的可擦写光盘,存储量可达 1000M 字节,相当于 830 余张高密度软磁盘。二是可靠性高,光盘在读写信息时，光头不接触光盘表面，光盘表面还有一层保护膜，因而不易划伤；同时，光盘不受外界磁场干扰，所以可靠性高，信息保存时间长。三是存取速度快，光盘一般采取随机存取方式，尽管存储容量很大，但平均寻道时间仍低于0.1秒，不到半秒钟便可从一张存储约5万幅图像的光盘中检索出任何一幅图像，数据速率可达每秒几千兆字节。四是应用范围广，光盘将声、图、文、像融为一体，是全新的多媒质、交互式信息载体，因而在环境模拟、多媒体信息存储与检索、多媒体电子图书等领域显示出广阔的应用前景。五是单位成本低，光盘的存储密度可达每平方毫米15万字节，一个5.25英寸的光盘可存储上百亿个汉字，一个直径30厘米的光盘可存储10万幅标准电视图像。

2. 多媒体技术

多媒体技术是将计算机应用领域进一步拓宽的新兴技术。媒体有两种含义：一是指用以存储信息的实体（载体），如磁带、磁盘、光盘和半导体存储器等。二是指人类知识表达与传播的客观存在形式，如数字、文字、声音、图形和图像等。多媒体技术中的媒体是指后者，它是对这些不同的媒体信息进行综合处理的一种技术，由此而形成的系统称为多媒体系统，如可视电话、电视会议、外语动画教学、电子地图、展览馆信息查询和旅游景点指南等。由于多媒体技术正处于迅速发展阶段，目前对究竟什么系统才可称为多媒体系统还很难下一个确切的定义。现在大致界定的概念是：多媒体系统是一种支持文字、声音、静态和动态图像的系统，具有声音和视频信号的处理能力、高质量的图形显示能力和音频、视频信息的输入输出能力，采用高级交互式操作方式。一个多媒体系统必须有显示屏、键盘、鼠标、操纵杆、视频录像带（盘）、摄像机、音频输入/输出和电信传送等多种外部设备，但其核心是多媒体计算机。多媒体计算机技术是多媒体技术中的关键技术，它是运用计算机综合处理多种媒体信息（文本、图形、图像和声音），使多种信息建立逻辑连接，集成为一个系统，并具有交互性。简言之，计算机综合处理声音、图像（形）、文字信息；具有集成性和交互性。

概括地说，多媒体系统的主要技术至少有以下几个方面：第一，多媒体创作工具，又称多媒体编辑软件，它是多媒体专业人员在多媒体操作系统上开发的供应用领域组织编辑多媒体数据，并把它们联系成完整的多媒体应用系统的工具。第二，图形、图像和视频处理技术，主要有图形扫描转换技术、静态图像数字化叠加技术、动态图画捕捉技术、视频信息转换技术。第三，声音或音频处理技术，包括声音（模拟信号）采集与模数转换技术，数字化声音/音乐的录制与编辑技术，音效（音量、音速）处理技术，声音、音乐播放技术。第四，数据压缩解压技术。数字化声音和图像数据的信息量很大，为减少存储空间和节省传递时间，必须研究各种数据的压缩技术和解压技术。第五，触摸屏技术。触摸屏是无键盘交互式操作工具,目前有红外式、电阻式和电容触摸屏等五种传感方式,主要涉及电阻膜技术、红外技术、声表面波技术、电容技术和压力矢量技术等。第六,多媒体软件平台。它是多媒体应用系统的开发基础,位于操作系统与应用系统之间,目前通用的平台有微软的 Windows/MDK 和苹果公司的 QuickTime。第七,虚拟现实技术,又称灵境技术,它是在计算机三维图像技术应用领域日臻成熟的基础上,综合运用模拟仿真技术、机器人传感技术、通信和显示技术等高新技术而兴起的。所谓虚拟现实通常指以仿真的方式给用户创造一个反映实体对象变化和相互作用的三维虚拟世界,并通过头盔显示器、数据手套等辅助传感设备,提供用户一个观察并与该虚拟世界交互的三维界面,使用户可直接参与并探索仿真对象在所处环境中的作用与变化。身临其境、交互作用是虚拟现实的基本特征。随着多媒体技术的发展,未来家庭中使用的多媒体装置,将集电视机、个人计算机、录像机、电话机、传真机和收录机等功能于一身,成为一种新型的家电产品。

3. 超文本技术

20 世纪 80 年代以来,随着多媒体计算机技术的兴起,超文本技术也成了一个新的热点。这其中一个重要原因是超文本较适合表达多媒体信息。超文本是按照人脑的联想思维方式,非线性地组织管理信息的一种先进技术,可以简单地定义为:由"结点"和表示结点之间关系的链组成的网,用户可以对网络进行浏览、查询和注释等操作。从计算机的角度看,首先,超文本是一种数据库方法,提供了一种沿链访问数据库的新方法;其次,超文本是一种表达思想的方法,一个思想工具,是一个类似于人工智能中的语义网式的表达方法;最后,超文本是一种接口技术,它采用"控制按钮"的方式组织接口。这些"按钮"由作者设置在正文中,用户通过按钮访问下面的数据,"按钮"就是人们通常所说的连接结点之间的"链"。超文本可以看作是三个要素的结合:结点、链和网络。结点是表达信息的一个单位,结点表达信息的方法可以用文本、图像、图形、音频、视频、动画,甚至一段计算机程序,不同系统中结点的表示方法也不同。结点一般以窗口形式显示,此时结点和窗口是一一对应的。链在超文本系统中用来连接结点,有显性链和隐性链之分,显性链又可分为索引链和结构链两种。网络是超文本中由结点和链构成的一个有向图,其中结点用以表示概念,结点之间的链表示两个概念之间的关系。超文本的结点可以看作是单一概念或思想的表达,结点之间的链则表示概念之间的语义关系。超文本网络也可以看作是一种知识工程,但与人工智能的知识工程不同的是,超文本作者的目的不是为了进行机器推理,而是将各种思想、概念组合到一起以便浏览。

理解超文本的最简单的方法是与传统文本作对比。传统文本,无论是书,还是计算机的文本文件，都是线性的，读者在阅读时，必须一页一页地按顺序阅读而无选择的余地。超文本则与此不同，它不是线性的结构，而是非线性的网状结构。作者在制作它时，可将写作素材按其内部联系划分为不同层次、不同关系的思想单元，然后用著作工具将这些思想单元组成一个网状结构。读者在阅读时，不必像阅读线性文章那样按顺序往下读，而是有选择地读自己感兴趣的部分。早期超文本主要是文字，在一篇文章中插入一些链指向其他文章，链表现为字符串，是文章的一部分。读者在浏览时可沿链交叉参考其他文章。随着多媒体技术的发展，计算机中表达信息的方式已不再限于文字与数字，而广泛采用图像、图形、视频、音频等信息形式来表达思想，通常称后者为超媒体。简单地说，超媒体就是超文本加多媒体。许多计算机软件都具有超文本的某些特征，但一个真正的超文本系统应能保证读者自由地浏览信息。这就要求有较快的响应速度和对浏览的内容有一个简短的描述，以便使读者能很快地了解哪一部分是其所需的。因此，一个系统是否是超文本系统，并不取决于某些特殊的命令、特性和数据结构，而更多地取决于人机界面、用户看到和感觉到的东西。

4. 数据仓库

如何有效地管理公司、企业在运营过程中产生的大量数据和信息一直是信息系统工作人员面临的重要问题。20 世纪 70 年代出现并被广泛应用的关系型数据库技术为解决这一问题提供了强有力的工具，然而从 80 年代中期开始，信息系统的用户已经不满足于用计算机仅仅去管理日复一日的事务数据，他们更需要的是信息——支持决策制定过程的信息，这种需求促生了 80 代中后期数据仓库思想的萌芽。90 年代初期，著名的数据仓库专家英蒙（W. H. Inmon）在其里程碑式的著作《建立数据仓库》（*Building the Data Warehouse*）中提出了"数据仓库"的概念，数据仓库的研究和应用得到了广泛的关注。[6]

传统的数据库技术是以单一的数据资源，即数据库为中心，进行事务处理、批处理直至决策支持分析等各种类型的数据处理工作的。然而不同的数据处理有着不同的处理特点，以单一的数据组织方式建立的数据库并不能反映这种差异，满足不了数据处理的多层次多样性的要求。总的说当前的数据处理可以分为两大类型：操作型处理和分析型处理（或信息型处理）。操作型处理即事务处理，是指对数据库的联机的日常操作，通常是对一个或一组记录查询的修改。主要是为企业的特定应用服务，人们关心的是响应时间、数据的安全性和完整性。分析型处理则用于管理人员的决策分析，如 DSS、ESS 和多维分析等，经常要访问大量的历史数据。两者之间的巨大差异使操作型处理和分析型处理的分离成为必然。

英蒙在书中提出：数据仓库（data warehouse）是面向主题的（subject-oriented）、集成的（integrated）、相对稳定的（non-volatile）、反映历史变化（time variant）的数据集合，用于支持管理决策[7]。

面向主题：操作型数据库的数据组织面向事务处理任务，各个业务系统之间各自分离，而数据仓库中的数据是按照一定的主题域进行组织的。主题是一个抽象的概念，是指用户使用数据仓库进行决策时所关心的重点方面，一个主题通常与多个操作型信息系统相关。数据仓库中的数据面向主题与传统数据库面向应用相对应。主题是一个在较高层次将数据归类的标准，每一个主题对应一个宏观的分析领域。[8]

集成：面向事务处理的操作型数据库通常与某些特定的应用相关，数据库之间相互独立，并且往往是异构的。而数据仓库中的数据是在对原有分散的数据库数据抽取、清理的基础上经过系统加工、汇总和整理得到的，必须消除源数据中的不一致性，以保证数据仓库内的信息是关于整个企业的一致的全局信息。数据仓库的集成特性是指在数据进入数据仓库之前，必须经过数据加工和集成，这是建立数据仓库的关键步骤，首先要统一原始数据中的矛盾之处，还要将原始数据结构做一个从面向应用向面向主题的转变。

相对稳定：操作型数据库中的数据通常实时更新，数据根据需要及时发生变化。而数据仓库的数据主要供企业决策分析利用，所涉及的数据操作主要是数据查询，一旦某个数据进入数据仓库以后，一般情况下将被长期保留，也就是数据仓库中一般有大量的查询操作，但修改和删除操作很少，通常只需要定期加载、刷新。数据仓库的稳定性是指数据仓库反映的是历史数据的内容，而不是日常事务处理产生的数据，数据经加工和集成进入数据仓库后是极少或根本不修改的。

反映历史变化：操作型数据库主要关心当前某一个时间段内的数据，而数据仓库中的数据通常包含历史信息，系统记录了企业从过去某一时点（如开始应用数据仓库的时点）到目前各个阶段的信息，利用这些信息，可以对企业的发展历程和未来趋势做出定量分析和预测。数据仓库是不同时间的数据集合，它要求数据仓库中的数据保存时限能满足进行决策分析的需要，而且数据仓库中的数据都要标明该数据的历史时期。

5. 数据集市

数据仓库作为企业级应用，其涉及范围和投入成本常常是巨大的，它的建设很容易形成高投入、慢进度的大项目。这一切都是设计者和使用者所不希望看到和不能接受的。使用者要求在部门内部获得一种适合自身应用、容易使用且自行定向而方便高效的开放式数据接口工具。正是这种需求使数据集市应运而生。[9]

数据集市（data market）[10]是一种更小、更集中的数据仓库。简单地说，原始数据从数据仓库流入不同的部门以支持这些部门的定制化使用，这些部门级的数据库就称为数据集市。一个数据集市就是一个部门的数据集合。数据集市是为特定部门的决策支持而组织起来的一批数据和业务规则，习惯上称它们为"主题域"。不同部门有不同的"主题域"，因而也就有不同的数据集市。例如，财务部门有自己的数据集市，市场部门也有自己的数据集市，它们之间可能有关联，但相互不同且在本质上互为独立。

尽管数据集市与数据仓库在很多方面有类似之处，但它们之间也存在着区别。主要体现在：

1）面向的对象不同。数据仓库面向的是整个企业，为整个企业提供所需的数据；数据集市则面向各个部门。

2）数据粒度不一样。数据仓库中的数据粒度非常小；数据集市中的数据主要是概括级的数据。

数据集市的数据源主要来自数据仓库和其他数据源。实际上，如果先建数据集市，后建数据仓库，则数据集市的数据就不能来自数据仓库，因此在实际应用中数据集市最主要的数据源来自业务数据库。

在实际应用中，因为业务数据库的服务器承担着繁忙的业务活动，所以我们将数据集市服务器与业务数据库的服务器分开。因此，有关系统以及 Web 的开发，都是基于数据集市服务器的。它们的相互关系如图 4.17 所示。

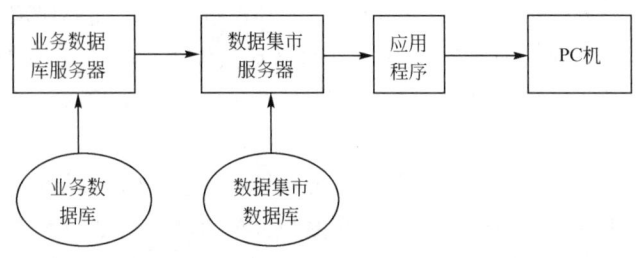

图 4.17　数据集市数据库与业务数据库的关系

数据集市的特征包括规模小；有特定的应用；面向部门，由业务部门定义设计和开发，业务部门管理和维护能快速实现；购买较便宜；投资可快速回收；工具集的集成紧密；可提供更详细的、预先存在的、数据仓库的摘要子集；可升级到完整的数据仓库。

6. 数据挖掘

随着数据库技术的迅速发展，如何从拥有海量信息的数据库中提取更有价值、更直观的信息和知识，就成了人们必须面对的一个重要问题。一些学者结合统计学、数据库、机器学习、神经网络、模式识别、模糊数学、粗糙集理论等技术，提出了"数据挖掘"这一新的数据处理技术来解决这一难题。数据挖掘

（data mining）就是从大量的、不完全的、有噪声的、模糊的、随机的数据中，提取隐含在其中的、人们事先不知道但又是潜在的有用的信息和知识的过程。这些数据可以是结构化的、半结构化的、分布在网络上的异构性数据。数据挖掘在许多领域得到了成功的应用，使数据库技术进入了一个更高级的发展阶段，很多专题会议也把数据挖掘和知识发现列为议题之一。

数据挖掘的概念有多种描述，最常见的有两种[11]：①夏皮尔（G. Piatetsky Shapior）和弗罗利（W. J. Frawley）将数据挖掘定义为：从数据库的大量数据中揭示出隐含的、先进而未知的潜在有用信息的频繁过程。②数据挖掘的广义观点是：数据挖掘是从存放在数据库、数据仓库或其他信息库中的大量数据中挖掘有用知识的过程。

数据挖掘的特点有：①用户需要借助数据挖掘技术从大量的信息中找到感兴趣的信息。②处理的数据量巨大。③要求对数据的变化做出及时的响应。④数据挖掘既要发现潜在的规则，也要管理和维护规则，规则的改变随着新数据的不断更新而更新。⑤数据挖掘规则的发现基于统计规律，发现的规则不一定适用于全部的数据。

数据挖掘的核心技术是人工智能、机器学习、数学统计等，但它并非多种技术的简单结合，而是不可分割的整体，还需其他技术的支持，才能挖掘出令用户满意的结果。具体来说，数据挖掘方法可分以下几类[12]：

1）人工神经网络方法。从结构上模仿生物神经网络，是一种通过训练来学习的非线性预测模型。它将每一个连接看作一个处理单元，试图模拟人脑神经元的功能；可完成分类、聚类、特征挖掘等多种挖掘任务。最大的优点是能精确地对复杂问题进行预测。相应缺点是：人工神经网络虽在预测方面有用，但却难于理解；人工神经网络易于受训练过渡的影响；构造神经网络需要对其训练多遍，花费时间。

2）统计方法。统计学为数据挖掘提供了许多判别和回归方法，有贝叶斯推理、回归分析、方差分析等技术。贝叶斯推理是在知道新信息后修正数据集概率分布的基本工具，处理数据挖掘中的分类问题。回归分析用来找到一个输入变量和输出变量关系的最佳模型，或用来描述一个变量的变化趋势和别的变量值的关系的线性回归，还有的用来为某些事件发生的概率建模和预测变量集的对数回归。方差分析一般用于分析估计回归直线的性能和自变量对最终回归的影响。

3）决策树方法。是常用的方法，它可用来进行数据分析，也可用来进行预测。决策树（decision tree）用树形结构表示决策集合，进而通过对数据集的分类产生规则。

4）模糊数学方法。客观事物往往具有某种不确定性。系统的复杂性越高，其精确性越低，模糊性越强。在数据挖掘过程中，利用模糊数学方法对实际问题进行模糊评判、模糊决策、模糊识别和模糊聚类，往往能够取得更好的效果。

5）其他数据挖掘方法。此外还有粗糙集法、聚类分析、关联规则、遗传算法，以及近年出现的数据可视化方法和联机分析处理等。事实上，任何一种挖掘工具往往是根据业务问题选择合适的挖掘方法，每种方法都有其长处，要视具体问题选定。

7. 知识发现

1989年8月在美国底特律市召开的第11届人工智能联合会议的专题讨论会暨第一届KDD（Knowledge Discovery in Database）学术会议上，正式形成了KDD一词。迄今为止，美国人工智能协会主办的KDD国际研讨会已召开了7次，人数由二三十人发展到七八百人，论文收录比例从2:1到6:1，研究重点也逐渐从发现方法转向系统应用，并且注重多种发现策略和技术的集成，以及多种学科之间的相互渗透。其他内容的专题会议也将数据挖掘和知识发现列为议题之一。目前，知识发现不仅被许多研究人员看作是数据库系统和机器学习方面的一个重要研究课题，而且被许多工商界人士看作是一个能带来巨大回报的重要领域。数据库中的知识发现可用在信息管理、查询响应、决策支持、过程控制等许多方面。

众多学者根据自己对KDD的认识和理解给出了很多定义，其中被公认比较完整、深刻和全面的是由弗罗利和费亚德（Fayyad）分别在1991和1996年的会议论文中给出的。他们将KDD定义为：从大量数据中提取出有效的、新颖的、有潜在作用的、可信的、并能最终被人理解的模式的特殊的处理过程。[13]

可以看出，KDD是从数据库中提取有价值的知识的过程，进行KDD的研究是为了将知识发现的研究成果应用于实际数据处理中，为科学决策提供支持。一般认为，从实际数据到发现潜在知识的整个KDD过程大体包括数据准备、数据选择、数据预处理、数据转换、确定KDD目标、确定知识发现算法、数据挖掘、模式解释与评价和知识表示。具体步骤大致是[14]：

1）问题的理解和定义。数据挖掘人员与领域专家合作，对问题进行深入的分析，以确定可能的解决途径和对学习结果的评测方法。

2）相关数据收集和提取。根据问题的定义收集有关的数据。在数据提取过程中，可以利用数据库的查询功能以加快数据的提取速度。

3）数据探索和清理。了解数据库中字段的含义及其与其他字段的关系。对提取出的数据进行合法性检查并清理含有错误的数据。

4）数据工程。对数据进行再加工，主要包括选择相关的属性子集并剔除冗余属性，根据知识发现任务对数据进行采样以减少学习量和对数据的表述方式进行转换以适于学习算法等。为了使数据与任务达到最佳的匹配，这个步骤可能反复多次。

5）算法选择。根据数据和所要解决的问题选择合适的数据挖掘算法，并决定如何在这些数据上使用该算法。

6）运行数据挖掘算法。根据选定的数据挖掘算法对经过处理后的数据进行模式提取。

7）结果的评价。对学习结果的评价依赖于需要解决的问题，由领域专家对发现的模式的新颖性和有效性进行评价。

数据挖掘是 KDD 过程的一个基本步骤，它包括特定的从数据库中发现模式的挖掘算法。KDD 过程使用数据挖掘算法需根据特定的度量方法和阈值从数据库中提取或识别出知识，这个过程包括对数据库的预处理、样本划分和数据变换。

8. 文本聚类

聚类是一种应用很广的数据挖掘形式，它广泛应用于模式识别、图像处理、数据压缩等领域。近年来，随着网络的发展，特别是国际互联网和基于 http 协议的 Web 技术的飞速发展，网上文本信息的激增，搜索引擎、文本挖掘、信息过滤和信息检索等的研究出现了前所未有的高潮。而聚类作为一种知识发现的重要方法，也日益广泛与中文信息处理技术相结合，应用于网络信息处理中以满足用户方便快捷地从互联网获得自己需要的信息资源。

文本聚类首先遇到的问题是如何将文本内容表示成在数学上可分析处理的形式。萨尔顿（G. Salton）等提出的向量空间模型（Vector Space Model，VSM）[15]的基本思想是，对于文档集中的每一篇文章都将按照事先规定好的词序，表示成为高维空间中的一个向量。规定好次序的词可看成是向量空间的维，词的权重则可看成是向量在高维向量空间中某一维的取值，这样一篇文章就可被表示为高维空间中的一个向量，从而便于利用各种数学工具对其进行处理。

目前常用的文本聚类方法主要有划分的方法（以 k-means 为代表）、凝聚的层次聚类算法、基于密度的聚类算法（以 DBSCAN 为代表）等。

k-means 方法[16]以 k 为参数。首先选择 k 个对象作为一个簇的平均值，对每个对象根据其与各个簇中心的距离将其划分给最近的簇，然后重新计算各个簇的中心值。该过程不断重复，直到某个准则函数收敛为止。该算法在时间复杂度上占有优势，但它需要指定参数 k 来确定最终的簇的数目，而且该算法对孤立点很敏感。

凝聚的层次聚类算法[17]首先将每个原始对象看作一个簇，再不断按照某种条件合并这些原始的簇生成越来越大的簇，直到所有的对象都被合并在一个簇里，或者满足某个终结条件。该算法的缺点是经常遇到合并或分裂选择的困难，而且一旦确定了被合并的对象，这个过程就不能撤销。

DBSCAN 算法[18]是通过连接高密度的区域来得到任意形状的簇。该算法可以发现孤立点，可以生成任意形状的簇，而且具有很高的时间效率。但是，该算法要求用户指定两个参数来确定高密度区域，因此聚类的结果受这两个参数的影响很大。

9. 信息可视化技术

可视化是一种计算和处理的方法。它将抽象的符号表示成具体的几何关系，使研究者能亲眼看见他们所模拟和计算的结果，使用户看见原本不能看见的东西。如今的信息量比以往任何时候都要多，有了信息可视化，人们可以利用天生的视觉功能处理所有这些信息。

1989年，罗伯逊（Robertson）、卡尔德（Card）和麦金利（Mackinlay）在《用于交互性用户界面的认知协处理器》一文中首次提出了"信息可视化"这个概念[19]。

信息可视化方面的研究带来了诸多应用。施奈德曼（Ben Shneiderman）按数据类型进行归类，将信息可视化应用分为七类：一维数据、二维数据、三维数据、多维数据、时态数据、层次数据和网络数据的可视化。

1）一维数据的可视化。一维数据就是简单的线性数据，如文本或数字表格。大多数情况下，用不着对文本文档进行可视化。不过在一些情况下，我们可以充分发挥计算机和数字信息的功能，利用可视化增强一维数据文本文档的效用，以便用户浏览。

2）二维数据的可视化。在信息可视化中，二维数据是由在空间体现的两种主要属性构成的数据。最常见的二维数据可视化就是地理信息系统（GIS）。例如，美国佐治亚理工学院的一些研究人员利用"信息壁画"这项技术来准确地自动显示数据，如人口密度（图4.18）。

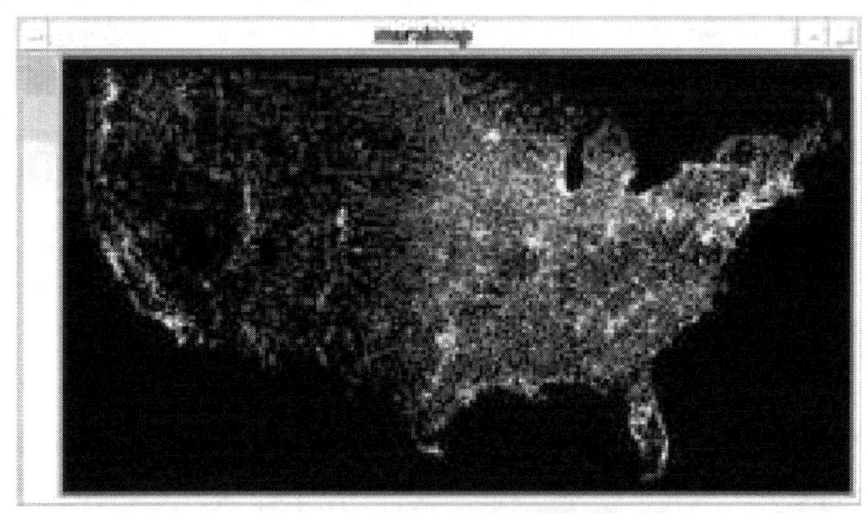

图4.18 人口密度可视数据

3）三维数据的可视化。三维数据比二维数据更进了一层，它可以描述立体。

科学可视化的许多应用是三维可视化，因为科学可视化的用途主要就是表示实际的三维物体。这种计算机模型为科学家提供了进行操纵和试验并以此预测真实物体实际行为的方法。如改用实际物体，不是成本高、难度大、风险大，就是完全不可能。

4）多维数据的可视化。在信息可视化环境中，多维数据是描述有三种以上属性的物体的数据，每一种属性在视图上大体相同。如果一个数据库列有房子的诸多属性，用户可用其中任何一种属性对房子的信息进行排序，那么这些数据就是多维数据。

5）时态数据的可视化。以图形方式显示随着时间不断产生的数据是可视化信息最常见、最有用的方法之一，并且在过去200多年不断得到应用。近年来，时间线（timeline）作为排列数据的基础已普遍出现在诸多商业软件中。

6）层次数据的可视化。树形数据就是有这样一种内在结构的数据，每个项目或结点都有一个父结点（最上面的结点即根结点除外）。结点分兄弟结点（拥有同一个父结点的结点）和子结点（从属某个父结点的结点）。

7）网络数据的可视化。网络数据指与任意数量的其他项目存在着关系的项目（有时又叫结点）。网络数据没有固有的层次结构，两个结点之间可以有多条路径。因为属性和项目之间的关系可能非常复杂，如果不用某种可视化方法，网络数据很难显示。

信息可视化有两大基础：认知心理学和图形设计。认知心理学是有关人类如何感知和认识世界的理论，主要研究人类感知和思维信息的过程，认知理论是信息可视化的重要的理论基础。图形设计则提供了更具艺术性地表现可视化的方法，是实际操作经验方面的向导。

信息可视化的基本过程应包括信息组织与调度、静态可视化、过程可视化和探索性分析等四个过程，如图4.19所示。

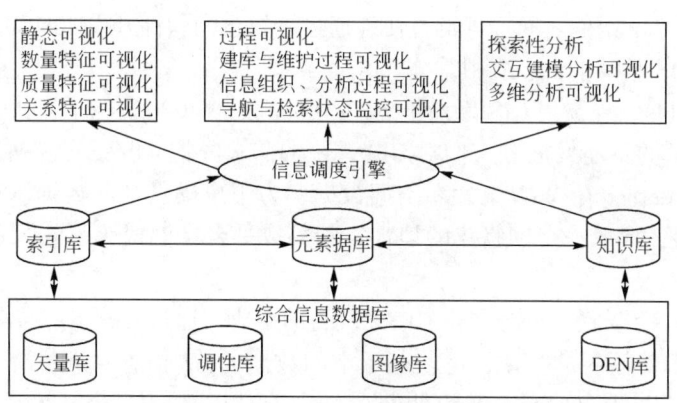

图4.19 信息可视化的过程

10. 地理信息系统

地理信息系统（Geographic Information System，GIS）是一种基于计算机应用的信息工具，可对地球上存在的事物和发生的事件进行成图与分析。这种能力可将它与其他信息系统区分开来，从而使它在公共和私人企事业单位中解决复杂的规划、决策和管理问题的能力得到提高。[20]

GIS 技术的创立和发展与地理空间信息的表示、处理、分析和应用手段的不断发展紧密相连。地理信息系统起源于地图。地图是地理学的第二代语言，而 GIS 将成为地理学的第三代语言。GIS 可分为以下几个阶段：①开拓发展阶段。20 世纪 60 年代的软件主要是针对当时的主机和外设开发的，算法粗糙，图形功能有限。②巩固阶段。20 世纪 70 年代计算机硬件和软件技术飞速发展，为空间数据的录入、存储、检索和输出提供了强有力的手段。③突破阶段。随着计算机软、硬件技术的发展和普及，GIS 也逐渐走向成熟，这一时期是 GIS 发展的重要时期。④社会化阶段。进入 20 世纪 90 年代，随着地理信息产业的建立和数字化信息产品在全世界的普及，GIS 已成为许多机构必备的工作系统，尤其是政府决策部门在一定程度上受 GIS 影响改变了现有机构的运行方式、设置和工作计划等。[21]

GIS 系统是一门综合性技术，软件是 GIS 系统的核心。随着计算机和互联网技术的发展以及应用领域的扩展，以 GIS 软件发展为特征的系统主要呈现以下几种趋势：

1）组件式 GIS（ComGIS）系统。ComGIS 是采用面向对象技术和组件式软件的 GIS 系统（包括基础平台和应用系统）。ComGIS 的基本思想是把 GIS 的各大功能模块划分为几个组件，每个组件完成不同的功能。各个 GIS 组件之间和 GIS 组件与其他非 GIS 组件之间，都可方便地通过可视化的软件开发工具集成起来，形成最终的 GIS 基础平台和应用系统。

2）WebGIS 系统。GIS 系统正成为 Internet 或 Intranet 的主要内容。随着 Internet 技术的不断发展和人们对 GIS 系统的需求，把 GIS 系统与网络技术相融合，利用 Internet 在 Web 上发布空间数据，为用户提供空间数据浏览、查询和分析等功能，形成一个网络化的地理空间集成平台，已成为 GIS 系统发展的必然趋势。

3）GIS 系统与多媒体数据、GPS 和 RS 的集成。通过 GIS 系统与多媒体数据、GPS 系统和 RS 系统的集成，可使基于空间数据的 RS 信息管理系统变得更加灵活多样，并极大地拓宽信息来源渠道，方便用户对各种信息进行存储与管理，同时也能建立起更加科学的决策系统。目前在 GIS 系统中可使用多种形式的多媒体数据。

4) GIS 与虚拟现实的结合。虚拟现实（VR）是目前 GIS 系统研究领域的另一重要方向。GIS 与虚拟现实技术结合，提高了 GIS 图形显示的真实感和对图形的操作性。

11. 信息网格

要了解信息网格，需先知道网格计算（grid computing）。网格计算的定义为在开放标准的支持下，通过异质资源的网络进行的分布式计算。信息网格是网格计算模型的核心组件，它使最终用户和应用程序可实现对任何信息源的安全访问，而不管它在什么地方。信息网格提供了对异质文件、数据库和存储系统的访问，并且支持共享数据以用于处理和大规模的协作。

"网格"（grid）一词来源于人们熟悉的电力网（power grid）。目前虽然对计算力的需求巨大并且在持续不断地增长，但对许多现有的系统都还没有充分利用。网格计算使组织机构可以更加有效地和灵活地利用它们的分布式计算资源，从现有的系统中获取更加有用的计算能力，帮助组织机构获得竞争优势。

网格不是一种可有可无的技术，而是网络技术必然的发展方向。一方面，网络的带宽将更宽，网络的地址将更多，网络上的资源将更丰富；另一方面，随着网络资源的增多，面临的一个最重要的问题就是如何管理好它们，让它们形成一个有机的整体，发挥最大化的效益——这就是网格所要做的事情。

目前世界上的主要信息网格项目有：美国科学网格（DOE Science Grid）、远程分布式计算与通信（Distance and Distributed Computing And Communication，DisCom2）、地球系统网格（Earth System Grid II，ESG）、TeraGrid 和国家地震工程仿真网格（Network for Earthquake Engineering Simulation Grid，NEES Grid）等。目前我国主要的信息网格项目有：中国国家网格（China National Grid）和国家空间信息网格（China Spatial Infomation Grid）。

美国 Globus 项目提出的格网体系结构模型采用本地服务层、核心服务层、高层服务与工具层、应用层四层结构。在此基础上，美国的 Argonne 国家实验室、芝加哥大学、南加州大学和 IBM 公司共同提出了开放式格网服务体系结构（Open Grid Services Architecture，OGSA）。OGSA 采用纤维层、联络层、资源层、协作层、应用层五层结构。现在的体系结构已逐渐向 N 层结构发展，包括客户端的显示、服务端的表示逻辑、服务端的处理逻辑、后台数据库系统等[22]，如图 4.20 所示。

信息网格的关键技术包括下一代互联网建设、网格结点建设、网格系统软件、网格应用开发环境等。具体来说包括以下几个方面：

1) 信息检测、搜集和发现技术。信息搜集和信息发现模块可通过信息动态监测软件来实现。资源监测器周期地检测网格目录中的各种资源的可用性。每个

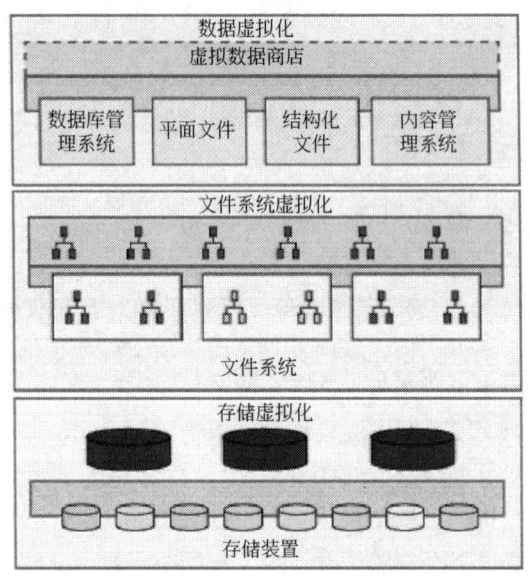

图 4.20 信息网格的体系结构

注册结点安装一个守护进程，监视本机的资源变化情况，定期刷新网格目录，监视结点的开、关机情况。

2）信息登记技术。网格信息登记过程使用的机制包括：①事件驱动的登记机制。②网格对象安全传输机制。为了防止信息泄漏，尤其是防止用户认证信息被非法网格实体窃取，必须采取某种安全传输机制进行数据传输。

3）信息搜索技术。信息请求者根据需要请求提供其他网格实体的信息。信息提供者动态搜集自身或其邻近实体的信息，并将收集到的信息登记到元数据目录。利用元数据访问协议，信息请求者可发现或查找其请求的实体信息。[23]

21 世纪初，同样由于科学研究的迫切需求，神奇的网格技术将互联网推向新的发展高峰。网格可将各种计算机资源连接起来，实现真正意义上的计算机资源共享。随着网格技术的应用与发展，未来的信息流像电和自来水一样自由流动到用户手中的时代已初见端倪。

受到网格巨大威力吸引的不仅仅是科学家，从 IBM 到 SUN 这样的信息技术公司，都把目光和资金投向了这个正在兴起的领域。20 多年以前，欧洲核子研究理事会（CERN）的一位计算机专家为了让互联网更容易使用，发明了划时代的万维网（WWW）技术。20 多年过去了，现在我们把 WWW 视为一种普通的技术。也许有一天，计算机网格就像电网一样，会成为我们生活中最平常的组成部分之一。

12. 网站分类目录

对事物进行分类是人类在认识自然、改造自然的过程中所习得的一项重要技能[24]。在网络出现之前，对信息和知识分类的研究与实践主要集中在文献文类的方法上。网络信息分类的历史与网络信息搜索紧密相连，只有正确分类的信息，才会被正确而有效地检索到。英国软件工程师科斯特（Martijn Koster）首次提出人工描述网页并编制网页索引数据库的构想，于1993年11月30日创建了 AliWeb（Archie like indexing in the Web）。[25] 1994年1月，美国得克萨斯大学推出了第一个可供检索的网络分类目录——EINet Galaxy[26]，这对分类搜索引擎有着划时代的意义。

Yahoo（www.yahoo.com）是美国斯坦福大学的两名博士生费罗（David Filo）和杨致远（Jerry Yang）于1994年2月不经意间创造出来的奇迹，他们创立了网站分类目录的核心理念，开创了分类目录导航搜索的新时代。1998年6月5日是网站分类目录的又一个有历史意义的日子：ODP 网站 www.Gnuhoo.com 问世。ODP（Open Directory Project），即"开放式分类目录搜索系统"，是一个本着建立一个无偏见的、为大众服务的、阐述各种不同观点的、以及全面描述人类智慧为宗旨的，并由来自不同国家、不同文化背景、不同兴趣爱好的编辑共同维护的社区所组成。[27]

对于目前网络信息资源的使用，不仅要考虑资源的收集和甄别，还要注重信息资源的科学合理的组织和有效揭示。"分类"对于信息高速公路的修建者和信息高速公路上的行人来说十分重要，网站分类目录就是人们把信息放在网络上进行分类的成果。它与被称为"搜索引擎"的检索工具共同完成人们对网络信息资源的组织和揭示，并满足使用者快速查找的愿望。这是作为网络信息组织者所应注重的。

当网络出现后，文献信息分类方法对网络信息的分类产生了很大影响，但文献信息分类不是网络检索系统的最佳分类方法的选择。其中最本质的问题是组织和提供网络信息的网站所面对的和所要解决的问题不仅是对本身内容进行划分，还必须完成一些互动项目的任务；它要面对的是一种崭新的以信息化生存为表现形式的人类生活。因此，它在类目（主题概念）的设置和编排方式上与文献信息分类法的等级列举有很大的不同。文献信息在分类时往往把自身的知识属性作为分类的主要标准之一，而把具有检索意义的形式特征作为分类时的辅助标准。网络信息在分类时无论是信息的知识属性还是形式特征，会同时出现在同一级的类目中，注重的是速度、简捷、直观，如图4.21所示。

无论是综合性的还是专业性的网站，其目录设置上的开放性、灵活性特点主要是由网络文献的易重复反映的特性决定的。一般在目录设置上，都会采用多重

休闲 旅游,运动,饮食……	地区 亚洲,北美洲,欧洲……	科学 科技,生物学,农业,天文学…
体育 足球,奥林匹克,羽毛球……	家庭 宠物,园艺,家庭育婴……	艺术 文学,音乐,电影,动画…
健康 疾病与症状,医学,药物与药品…	新闻 电视,报纸,杂志刊物……	计算机 互联网络,软件,硬件……
参考 教育,图书馆,博物馆……	游戏 互联网,电动游戏,电脑游戏…	购物 鲜花,服装饰品,计算机及其配件…
商业 化工,工业产品与服务,电器与电子…	社会 人物,法律,历史,宗教……	

图 4.21　网站的分类

列类的方法组织信息。在具体的运作中，网络分类目录有许多共同的特点，主要表现在以下几个方面：首先是树形的结构：根据其拥有的信息或网站的多寡和知识组织的需要程度，在每一个基本类目下细分不同层次的次类目或子类目，越往下子类目中的主题越特定。其次是在类目的表示方法上采用具有实际意义的语词而非符号。用词汇的好处是自然灵活善变，非常适合网络这种开放型互动式的信息载体。再次是分类以事物和用户习惯为中心，并且分类不固定。网络自身的开放性和互动性使网络资源在被使用时有非常灵活和便捷的特性，这使它在划分事物时，宜采用灵活的、简单的自然语言处理，便于随时调整。

目前，各大门户网站都已经建立了自己的网站分类目录供用户查询。而网络搜索引擎则将目标设定为网络上的所有信息，Google、百度已分别成为世界和中国搜索引擎中的领导者。未来的网站目录将发挥网络的优势，变得更加灵活和开放。未来的开放式分类目录搜索系统将更为强大，它与传统的分类搜索引擎在形式上如出一辙，但有着本质的区别。机器分类目录也不会消失，相反，随着人工智能技术的发展，网站自动分类技术会变得更加成熟，错误率也会更低。

13. 自动分类技术

Internet 的开放性导致了 Internet 上信息的杂乱性和冗余性。因此，自动分类技术应运而生。作为一种有效的信息处理方法，自动分类技术将各类信息按照一定的分类体系进行分类整理，从而大大提高了用户搜集情报的效率。自动分类技术是在手工分类技术的基础上发展起来的[28]，目前已成为"大势所趋"了。

自动分类算法有两种：一是基于规则的方法，一般由知识库和推理机两大基础部分组成。知识库储存了从专家那里获得的关于某领域的专门知识。推理机具有推理的能力，即根据知识推导出结论，而不仅仅是简单搜索现成的答案。二是基于数据的机器学习方法，研究从观测样本出发，寻找规律（即利用一些做好标识的训练数据自动地构造分类器），利用这些对未来样本进行预测。

信息激增的现实使人们越来越注重对自动分类的研究，目前，专家已提出许多理论上较为优秀的分类算法，例如支持向量机、向量空间模型、Bayes 方法和决策树方法等，并有许多模型系统被开发出来。以下四种算法是最常用的：

KNN 算法（K-Nearest Neighbor）：即 K 最近邻法，最初由科弗（Cover）和哈特（Hart）于 1968 年提出，是一个理论上比较成熟的方法。该方法的思路非常简单直观：如果一个样本在特征空间中的 k 个最相似（即特征空间中最邻近）的样本中的大多数属于某一个类别，则该样本也属于这个类别。

SVM 算法：即支持向量机（Support Vector Machine）法，由瓦普尼克（Vapnik）等于 1995 年提出，具有相对优良的性能指标。

VSM 算法：即向量空间模型（Vector Space Model）法，由萨尔顿等于 20 世纪 60 年代末提出。其基本思想是将文档表示为加权的特征向量：$D = D(T_1, W_1; T_2, W_2; \cdots; T_n, W_n)$，然后通过计算文本相似度的方法来确定待分样本的类别。

Bayes 算法：是一种在已知先验概率与类条件概率的情况下的模式分类方法，待分样本的分类结果取决于各类域中样本的全体。

自动分类技术的应用主要有：

1）网络信息自动分类。WWW 页面的特征是以 HTML 页面的形式出现的，用 HTML 语言写成的原文本质上仍是文本文件，分析 HTML 语言时，把 HTML 语言形式的页面分解成文本块和标记矢量（tag vector）。标记矢量中的每个元素都是一个包含各种属性的复杂特征集。HTML 文本中的某些标记与信息分类密切相关。Internet 上的 WWW 页面在编写时，为了突出重点引起浏览者的重视，常常在编写时对文本中重要的词冠以不同的颜色或字体，在分类时就可将这部分词或句子设以较高的权重，以提高分类的准确性。

2）文本的自动分类。文本的自动分类涉及以下关键技术：

一是中文文本自动分词技术。自动识别词边界，将中文文字串切分为正确的词串的汉语分词，无疑是实现中文文本自动分类各项任务的首要问题。

二是文本特征抽取技术。特征选择是文本分类中的重要环节之一。由于文本特征集的数量非常庞大，一般的学习算法无法对其进行类别学习，所以在原始文本特征集中抽取有分类效用的特征子集就显得十分必要。

三是文本表示模型。文本和数据库中纪录的最大不同是它的非结构化特点。文本是一维的线性字符流，需要进行大规模真实文本的深层次自然语言处理。目前这种技术还没有达到实用的程度。

四是分类算法。现在文本分类越来越被作为数据挖掘的一个特例进行研究。大量经典的数据挖掘方法已被应用于文本分类中，其基本思想是将训练集矢量集与文档矢量集相比较。[29]

自动分类技术发展至今已有50多年的历史，目前看来，未来自动分类系统的发展方向应该主要聚集于以下三个方面：①立体性：文本的内容可从不同角度或不同侧面进行考察，从而挖掘出不同偏重的信息。②动态性：分类法可动态地随信息内容概率分布的变化而变化。③面向用户：指的是分类系统的实时调节能力。

4.4.2 信息传播和服务技术

1. 电子邮递

电子邮递是指通过电信号的产生、发送和接收从一个地方到另一个地方定向地传递信息。电子邮递系统（亦称电子邮政系统）是一种能把声音、数据、文字、图像或各种信息的组合用电子手段（计算机网络）从一处传送到另一处或多处的交换系统。广义的电子邮递包括电话、电报、电传、传真和计算机的电子邮递系统，狭义的电子邮递仅指计算机与终端用户对用户的电子邮递。由电子邮递系统传递的文件、信件和消息等统称为电子函件。电子邮递系统为每个注册用户分配一个存储器空间，用户可通过市话、长话和分组网进入信箱系统，用自己的计算机、电传机向电子邮递系统取送信函。它的典型终端是个人计算机，在向多个收信人发送同一函件时优点尤其突出，用户只要列出所有收件人的信箱名即可一次完成操作。发送的函件直接存到收件人的存储空间（即信箱），用户要读自己的函件时，直接从自己的信箱中将函件调出即可。电子信箱是非实时通信方式，用户可自定发送和调阅函件的时间。

目前最大的电子函件网络是交互式网络，即 Internet。每一位 Internet 用户都有一个邮政地址，它类似于用户自家的门牌号码。这个地址的一般格式是×××@×××，@代表英文"at"，其前是自己选择的字符和代码，其后是服务器名称。发送一个电子函件和寄出一封信同样简单：敲入收信人的地址，同时加上介绍信内容的主题词，再按一下发送按钮，就完成了一次电子函件发送过程。电子函件到达收件人的时间长短与传输线路的拥挤程度和发送与接收服务器的繁忙程度有关。电子邮政和传统邮政一样，也可寄送"包裹"。包裹里的内容十分丰富，可以是一组图像数据，也可以是诱人的应用程序，当然这些都要转化成电子数据进行传递。

电子邮递具有传统邮政系统无法比拟的优点：

1）电子函件的发送和接收几乎同时进行。而且，用户可在自己的计算机前完成这些工作。

2）电子函件可实现成组投递。一封同一内容的函件可发给多个收信人，从而避免重复劳动。

3）电子函件具有引用功能，也便于整理。回复一封函件时，可以方便地拷贝将要答复和讨论的内容，同时用户还可把发出和收到的电子函件储存起来建立相应的文件夹进行管理。

4）不受时空限制。通信人的网络地址不因其住处变化而改变，因而可在任何可以上网的地方，在任何时候打开自己的邮箱或给别人发送函件。

5）费用低廉。用户只需支付当地的市话和上网费用即可同国内外进行交流。

尽管电子信箱具有许多优点，但也并非十全十美：它未必比纸质邮件更安全；信箱中可能被塞进一些莫名其妙的广告甚至黄色内容；函件地址容易被人冒用；电子函件的收发双方必须都具有同一语种的同一编码系统。

2. 可视图文

可视图文是指将用户的直观显示器或经改装的彩色电视机作为终端，接收电视中心播放的信息，或与计算机中心的数据库进行对话，并存取该中心数据库信息的整个设备组成的系统。简而言之，它是一种公用的、开放的交互式信息服务系统，可向社会公众提供信息通信信息服务。国际电报和电话咨询委员会建议采用 videotext 作为其英文名称，我国有人将其译为（交互式）可视数据技术或双向电视。可视图文利用两个业已存在的公用电信网——公用电话交换网和公用分组交换数据网开展业务，利用公用分组交换数据网将分布在各地的数据库连接起来，通过接在电话交换网上的可视图文用户终端将数据库信息提供给用户。具体地说，就是利用普通的家用电视机，加上一个适配设备或可视终端，然后接到电话线上，通过公共电话网和公用数据网接入数据库，用户通过拨号方式沟通线路，以人机交互方式从数据库中获取所需的文字、数据和图像等可视信息。可视图文系统很像联机检索系统，利用它可以进行情报检索、通信、计算、提供公用信息和个人用信息。例如，在可视图文技术处于世界领先地位的法国，其可视图文业务已深入到银行、金融、工业、农业、新闻、商业、教育、旅游和娱乐等领域，它向社会开放的服务内容达 23 000 多种。[30]

可视图文与图文电视是两个不同的概念，前者是交互式的，即双向的，用户可根据自己的需要从数据库中获取自己所需的信息；后者则是广播型的，即只能单向传输，它利用电视广播作为传输信道传递文字、数据和图像等可视数据资料，电视机作为终端只能接收电视台播放的信息。图文电视的英文名称为 teletext，在汉语中还可译为单向电视、图文广播、电视文字广播等。通常只要在标准电视接收机上装上一个解码装置便可接受图文电视信号。可视图文和下文中的"可视电话"也不同，实际上，在技术上和应用上，它们都是两个截然不同的系统，可视电话通过电话线路，在传播话音的同时传送通话人的实时图像；而可视图文则以信息服务为主，用户通过连在电话网上的终端可以检索接在分组网上数据库中的信息。可视图文虽可给用户提供各种图像和图形，但更多的是文字信息。

可视图文的特点是它具有公用性和开放性。公用性就是它不只是为某一单位或部门提供服务，还可为公众提供内容广泛的信息服务。开放性是指系统对数据库和终端用户都是开放的。可视图文的主要性能表现在它规定了统一的显示格式、统一的检索方式、统一的数据库进网标准和统一的网内协议。

3. 视频通信

人际视频通信包括可视电话和电视电话会议（又称电信会议或电子会议）等视频通信。可视电话不仅能听到声音，还能看到活动的图像，向远地的对方展示办公室、家庭内部的情景，展示实物现场、图片资料和表演操作程序。从长远来看，可视电话将被视为办公室和家庭中最重要的视频信息业务。电视电子会议是利用通信技术、计算机技术和视频技术将处于不同地理位置的办公室或会议室通过通信网络联结起来，进行话音、文本、数据和图像等传输与交换，使与会者不必到同一会议室，便可通过视听系统相互会面和交谈。例如，经卫星通信传输的电视电话会议系统通过终端设备（如摄像机、话筒、电视电话会议设备），可将某个会议室内的活动或固定的图像和声音，如会议场景、会议参加者、各种图表、讲演和表演等，转换成电信号并经数字编码和频带压缩后，通过卫星信道传送到各个地面站去。接收站再将收到的信号进行译码，还原成原有的图像显示在屏幕上，并把声音信号送入扬声器中。控制系统将按照会议日程安排和会议主持者的指令，指挥和控制各地会场的信号发送或接收。电视电话会议一般可分为两种类型：一是开会之前与会者可用网络内的全部伺服装置把会议线路上的各部电视电话连接在一起，与会者不必离开自己的工作场所，可视电视的屏幕既可单独显示出每个与会者，也可采用屏幕分割方式，同时显示几个人。二是利用图像、话音和数据链路把会议室连接起来。会议室配备一些特定的兼容服务设施，如高质量的传真设备、大型壁式屏幕、电子黑板等，以便提供可视电视之外的其他性能。视频通信是一种很有前途的通信方式，它对于节约能源、改善交通、增进个人情感、提高工作效率、延伸信息服务等都具有十分重要的意义。将来随着连接设施的普及和大众化可视电话的出现，可视电话业务将会逐渐普及。

4. 计算机报文系统

计算机报文系统（Computer Based Message System，CBMS）是计算机化电子邮递系统中应用最广、作用最大的系统。计算机报文系统主要由三部分构成：终端工作站，包括显示器、操作键盘、打印机与一种具有通信功能的字处理机或微机等；软件系统，包括基本操作系统、网络通信软件和各种用户软件；计算机网络，又可分为集中式网络和分布式网络两种。在集中式网络中，电子邮递软件运行在一台主机上，用户通过终端硬件或终端仿真软件与主机对话。因此，用户和计算机报文系统的每一次对话都是通过用户主机之间的通信信道来传递菜单、提示信息和数据来完成的。主机除为用户编排、处理和转发函件之外，还能代用户管理信箱，存储函件等。在分布式网络中，电子邮递软件在用户的机器上运行。因此，用户和电子邮递软件的交互式对话是在用户机内部进行的。实际的信息传递，只有当函件要发送给其他用户时才发生。用户本机上的电子邮递软件管理自己的信箱，函件也存储在本机中。每个用户工作站同时也是一个电子邮局，它可暂存函件，然后转发给其他收信人。

计算机报文系统的主要功能包括：

1）文件制作与编辑功能。即可对字段进行插入、删改与归并。

2）信件传送功能。有两种传送方式，即专递式（一对一）和广播式（一对多）两种，前者指发信给某一特定的对象，后者指发信给非特定公众或若干个收信人。

3）信件接收功能。计算机报文系统靠每个用户的电子信箱接收信件，用户信箱是由一定的存储区和管理软件组成的，每个人还有自己的信箱钥匙——口令，每个用户的口令都不相同，以保证不同的钥匙开不同的信箱。

4）信件的管理功能。包括信件的登录、分类与存档，索引显示，信件检索与删除，文件修改等。

下面再介绍两种新的电子邮递系统。一种是智能电传系统，又称智能用户电报技术，英文为 teletext。它是用智能电传机取代普通电传机实现远距离用户之间的电文传输和处理，是在综合运用文字处理技术、电报技术和电子邮递技术基础上发展起来的。电传机之间是通过专用线路或直接拨号线路连接的，并通过信息转接计算机进行信息传递。普通电传机只能把事先拟定好的文稿通过键盘操作发送出去，只能传送文字数据，且无编辑与存储信息的能力；智能电传机具有编辑文稿和存储信息的能力。另一种是智能传真系统，又称数据传真技术，对应的英文为 telefax。它是相对模拟传真而发展起来的一种新型通信技术，可利用现有的电话网和公共数据网高速传输图形、手稿和印刷品等，具有自动收发、自动存储等智能化功能。随着计算机技术在传真系统中的运用，近年来传真技术正在向用户传真方向发展，传真设备则向数字化、智能化和多功能化方向发展。

5. 异步传输模式

异步传输模式（Asynchronous Transfer Mode，ATM）是信息在网络上传输的一种方式，但它却是十分关键的通信技术，以至有人认为它是带动计算机进入网络世纪的火车头。在网络中，甲和乙通信，不是它们之间有一条专用线路，而是要经过网络中许多节点的切换，使它们之间形成一条临时或虚拟的线路，从而实现信息的传输。这和普通的邮政通信十分相似，当甲向乙寄信时，并非由专人把信送给乙，而是把信投入邮筒，经邮局分拣后，选择最佳邮路，经过中间局逐站传递，最后送到收件局，再由收件局分发给收信人。在这里决定邮件能否迅速送到收件人手中的因素，除了道路质量、道路网的发达程度外，还有邮局的工作制度是否能保证安全、快速地将信送达收信人，其中后者是关键因素。现在网络通信也面临着类似情况，20世纪70年代出现的光纤通信相当于有了高质量的道路，80年代出现的 ISDN（综合业务数字网）相当于有了发达的道路网，于是，相当于邮局处理信件工作制度的异步传输模式便成为发挥网络能力、提高网络传输速度的关键因素。

原先的网络通信中，信息交换采用两种方式：线路交换方式和分组交换方式。异步传输模式克服了这两者的弱点，把线路交换的高速性和分组交换的柔软性融为一体，成为理想的信息交换方式。采用异步传输模式传输时，传输线路上的交换机把来自各自用户端的单元，按其到达顺序混在一块传递。由于每个单元都有一个表示接收方地址的报头，一看报头内容，便知道这一单元从哪里来，往哪里去。因此尽管混在一起，也知道哪些单元是一起的，各单元应传递给谁。由于异步传输模式具有很大的优点，它正在取代旧的通信方式，首先用在骨干通信网中，还将扩展到用以连接终端的线路。现在通信卫星的线路中也在试验利用异步传输模式。使用异步传输模式后，综合业务数字网的传输速度可提高2000～9000倍。异步传输模式不仅使通信速度大大提高，还大大提高了通信的柔软性，即能传输声音、图像等不同类型的信息，因而成了建设信息高速公路和使计算机进入网络世纪的关键技术。利用异步传输模式是今后通信技术的发展方向。

6. 电子出版

电子出版是随着信息技术的发展而出现的一种新型出版技术。广义地说，它是指将文字、数据、声音、影像和指令等各种形式的信息转换为电信号，经过编辑、加工和处理，录制和储存在光盘、磁盘而非纸张上。狭义地说，仅指将传统的出版物制作过程转换为利用电信号，其输入和输出需借助电子计算机来完成。

电子出版物是与传统出版物相对应的"无纸印刷品",它有只读光盘(CD-ROM)出版物、交互式光盘(CD-I)、磁盘出版物、网络信息库等几种类型。人们常说的 VCD 就是只读光盘的一种形式。在只读光盘中还有一种重要形式,即多媒体光盘,它是现阶段电子出版物的主要组成部分。多媒体光盘与 VCD 的主要区别是:前者是以文字、声音和图像等资料为内容,后者则是以单一的视频信号为内容;前者在制作过程中需经过创意、编辑处理、编程连续等许多工序,后者只需对影片的信号进行处理、压缩,不需进行再创意;前者在使用时,是根据读者的要求播放,具有很强的交互性,后者在播放时是线性的,即只能按一定的顺序播放,不具有交互性。多媒体电子出版物的阅读需要使用专门的阅读设备,电子计算机是其最好的阅读平台。现在大部分电子出版物是在 Windows 平台上阅读。大致步骤是:多数电子出版物在阅读前需要进行安装,安装完备后系统会在 Windows 里建立与电子出版物相对应的图标,用鼠标双击此图标便进入相应的多媒体光盘。多数电子出版物是用鼠标操作的,读者只需使用鼠标进行简单的选择便可阅读整个光盘的内容。其他的电子出版物也需利用计算机阅读,亦即利用计算机把记录在磁盘或光盘上的供人们阅读的文字、图像等内容通过阴极射线管输出,在电子荧光屏上显示出来。电子出版系统是采用电子计算机等技术手段进行文字等的录入与处理、计算机排版来进行的出版物生产技术,其最终产品可以是磁盘或光盘等电子出版物,也可以是纸质印刷型出版物。如需后者,可将从光盘或磁盘中读出的信息通过打印机打印出来,或是利用复制到软盘上的信息经过照相制版再印刷并装订成册。电子出版系统这一新技术的出现,使编辑过程的手工操作变成由电子计算机控制的信息处理。过去一本 20 万字的书稿正常出版周期要超过 7 个月,采用此技术则只需 1 个月。

7. 电子数据交换

电子数据交换是以计算机应用、通信网络和数据标准化技术为基础发展起来的电子信息应用技术。它于 20 世纪 60 年代末诞生于欧美,经过 70 年代、80 年代的发展,到 90 年代步入成熟期。电子数据交换是一种在公司之间传递订单、发票等商业文件的电子化手段。它通过计算机通信网络将贸易、运输、保险、银行和海关等行业信息,用一种国际公认的标准格式,实现各有关部门或公司、企业之间的数据交换与处理,并完成以贸易为中心的全过程。国际标准化组织称其为电子数据交换(EDI),并定义为"将商业或行政事务处理按照一个公认的标准,形成结构化的事务处理或报文数据格式,从计算机到计算机的电子传输方法"。传统的贸易是以纸质单证为基础的,全球贸易额的上升导致各种贸易单证、文件数量激增。据美国森林及纸张协会测算,年国民生产总值每增加 10 亿美元,用纸量就会增加 8 万吨。[31] 纸质单证的激增不仅浪费了宝贵的自然资源,也浪费了人力和时间，降低了贸易效率。使用电子数据交换可以减少甚至消除贸易过程中的纸质单证，因而被人们称为"无纸贸易"。

电子数据交换一般由四大要素组成，即计算机信息系统、电子数据交换标准、电子数据交换软件和电子数据交换网络。计算机信息系统不仅可自动生成所要传递的数据，还能对接收到的数据进行自动处理。电子数据交换标准包括两个方面：一是通信方式的选择，目前采用的是电子邮政国际标准；二是所传递的单据数据的标准，单据没有一定的格式就无法进行交换。电子数据交换软件是用于生产一定格式的交换数据，对传输的数据进行转换，将电子数据交换系统中的数据与信息系统中的数据库和其他应用软件相连接的计算机程序。为了实现电子数据交换，还需设立电子数据交换中心，通过这个中心的主计算机与各业务单位的计算机构成电子数据交换网络。该中心的任务是进行格式转换，对数据做集中处理，将经过汇总和转换的数据传递给各业务单位。

电子数据交换与传真、用户电报（telex）和电子函件等的主要区别是：

1）电子数据交换传输的是格式化的标准文件，并具有校验功能，而传真、用户电报和电子函件等传递的则是自由格式的文件。

2）电子数据交换是实现计算机到计算机的自动传输和自动处理，其对象是计算机系统，而传真、用户电报和电子函件等的用户是人，接收到的报文必须人为干预或人工处理。

3）电子数据交流对传送的文件具有跟踪、确认、防篡改、防冒领和电子签名等一系列安全保密功能，传真、用户电报没有这些功能，电子函件的安全保密功能则远弱于电子数据交换。

4）电子数据交换具有法律效力，而传真和电子函件则没有。

5）传真建立在电话网上，用户电报建立在电报网上，而电子数据交换和电子函件都建立在分组数据通信网上。

6）传真目前大多为实时通信，而电子数据交换和电子函件都是非实时的，具有存储转发功能。

据统计，使用电子数据交换业务，可提高商业文件传递速度81%，降低文件成本44%，减少由于错漏造成的商业损失40%，提高竞争能力34%。美国通用汽车公司采用电子数据交换后，每生产一辆汽车的成本下降了250美元。现在在美国位于前100名和前500名的大企业中，采用电子数据交换的分别占97%和65%。美国海关总署从1989年2月底起对用电子数据交换方式报关者给予优先处理，美国政府还宣布从1992年起全国采用电子数据交换方式办理海关业务，不采用者清关手续将被推迟。欧共体也宣布，1993年1月1日起，所有成员国海关都要采用电子数据交换技术。[31]

8. 数字图书馆

在20世纪70年代至80年代初，美国90%以上的大学图书馆已完成本馆计算机管理集成系统的建设，到90年代，各馆的书目记录已能在网上共享。同时，一些出版社也纷纷加入电子文献资源的服务体系中。

西方有影响的数字图书馆计划有：美国国防部高级研究署（ARPA）资助的"计算机科学技术报告项目"（CSTRProject），美国国家科学基金会（NSF）、国防部高级研究署（ARPA）和国家宇航局（NASA）联合实施的"美国数字图书馆创导计划"（DLI）等[32]。主要的数字图书馆有：美国国会图书馆（http://www.loc.gov）、俄罗斯国立图书馆（http://www.rsl.Ru）、英国不列颠图书馆（http://www.bl.uk）[33]。

数字图书馆涉及的技术领域很宽广，需要大量的技术作支撑，例如基于内容的多媒体检索技术和智能化、个性化与自动化服务技术，这样数字图书馆的真正潜力才能发挥出来。数字图书馆的技术基础有：

1）海量信息资源建设相关技术。如何快速、有效、有序、合法地把包括历史资料在内的各种媒体资源数字化后放入数字图书馆，是涉及技术、管理和法律等诸多方面的难题，其中中文图书的自动录入将是最繁重的任务。

2）存储与压缩技术。如何有效地压缩、保存和方便地使用这些海量数据，使系统的成本不至于过高而且系统响应很快，是数字图书馆系统设计最需要技巧的环节之一。

3）分类、索引和检索技术。为了规范化和易于后续开发，数字图书馆一开始就需要定义能够覆盖包括电子图书在内的多种媒体类型的元数据规范，以及基于此规范的内容标引方法和分类方法。为了支持海量数字化资源的自动分类和检索，需要研究基于内容的多媒体处理技术。

4）安全技术。安全性包括版权保护和系统安全性的保护。版权保护是数字图书馆能够健康发展的前提，但数字图书馆不能因为过分追求保护版权而增加用户使用时的难度。

5）用户界面技术。智能化用户界面是数字图书馆系统与用户交流的窗口，其设计的技术核心是为用户使用数字资源库提供方便的支持。

6）信息表现技术。数字图书馆中的许多非文本数据都可直觉化、可视化，可用图像、图形、语音等直接表现出来。但是如何使知识或信息的表现最有效，目前还没有很好的答案。

7）标准与开放技术。国内现在还没有数字图书馆领域的电子图书标准、多媒体信息表达标准、元数据标准、服务与互操作标准。

目前数字图书馆面临的问题主要有：

1) 技术问题。数字图书馆面临的技术问题可归纳为信息资源建设、存储与压缩、分类、标引与检索、安全性、用户界面等 10 个技术挑战。这些都是亟须解决的，其中最关键的是统一技术标准。

2) 法律问题。实质是版权和知识产权在网络时代的运用问题，这个问题在数字图书馆的建设中已日渐突出。

3) 运营模式问题。如何在既保证社会效益的同时，又保证经济效益，是必须面对的一个问题。早在 1999 年，全国人大、全国政协组织专家考察国家图书馆数字图书馆建设时，许多专家就指出：国家图书馆的藏书是国家投资购买的，是公益事业，在不考虑版权的前提下，将这些图书上网并收费，那如何体现公益呢？

9. 学科信息门户

学科信息门户（Subject Information Gateway，SIG）是按照一定的资源选择和评价标准、规范的资源描述和组织体系，将特定学科或主题领域的信息资源、工具和服务集成到一个整体中，对具有一定学术价值的网络资源进行搜集、选择、描述、组织和整合，并提供浏览、检索、导航等增值服务的专门性信息门户[34]。它为用户提供一个方便的信息检索和服务入口，实现网上对此学科信息资源的一站式服务。学科信息门户对专业主题信息的组织、揭示和管理已被一致认为是网络信息资源的新型有效的组织方式，在网络信息资源组织和开发利用方面做出了积极的贡献，已成为国内外网络信息服务发展的新趋势和新热点。[35]

学科信息门户的概念最早由科奇（T. Koch）等提出，学科信息门户的建设始于 1996 年 DESIRE 项目的一期工程，目前国外的研究和发展已达到了较高的水平。现在，学科信息门户在欧洲渐趋普及，一大批面向数学、工程技术、医学、社会科学的学科信息门户相继建立，到 2001 年 DESIRE 项目第二期工程时，世界范围内有名的学科信息门户已达上百个。国内图书情报机构参与网络信息资源的选择与组织，大约始于 1999 年上海图书馆的"数字图书馆资源总汇表"和 2000 年 CALIS 组织的学科导航库。2002 年 1 月以来，在中国科学院知识创新工程科技基础设施建设专项"国家科学数字图书馆（CSDL）项目"的资助下，我国已建成生命科学、化学、数学物理、资源环境、图书情报等学科信息门户网站，同时产生了长江流域资源生态环境、天然药物、微生物、科技政策与管理等特色学科门户，以及由国家科技图书文献中心（NSTL）建设的热点门户，如纳米科技、认知科学、食物与营养、艾滋病预防与控制等热点门户。另外，武汉理工大学利用自主软件建设了"材料复合新技术信息门户"和"交通运输工程信息门户"，中国林业科学研究院科技信息研究所和图书馆合作建设了"林业学科信息门户"。[36]国内外重要的学科信息门户见表 4.1。

表4.1 学科信息门户[37]

国　家	门户名称	学　科	开发者
美　国	WWW Virtual Library	综　合	HTML的创立者Tim Berners Lee和志愿者
美　国	Argus Clearinghouse for Subject-oriented Internet Resources	综　合	Argus Association
美　国	INFOMINE	综　合	加州大学、底特律大学等
美　国	Isaac Network	跨门户	威斯
英　国	CrossRoads	跨门户	经济与社会研究协会
英　国	Social Science Information Gateway（SOSIG）	社会科学	经济与社会研究协会、欧盟
美　国	Librarians' Index to the Internet（LII）	图书情报	加州大学图书馆和加州其他馆
英　国	Bulletin Board for Libraries, Libraries of Network Knowledge	图书情报	合作信息系统委员会（JISC）
中　国	CSDL学科信息门户系列	图书情报、数学、物理、化学、生命科学、资源与环境	科学院
美　国	Education Resources Information Center（ERIC）	教　育	教育部
澳大利亚	Education Network of Australia（EDNA）	教　育	教育部和高等教育机构
英　国	Edinburgh Engineering Virtual Library（EEVL）	工　程	爱丁堡大学和其他6所大学
澳大利亚	Australian Virtual Engineering Library（AVEL）	工　程	工程研究所和皇后岛大学等
澳大利亚	Agrigate	农　业	墨尔本大学等
澳大利亚	MetaChem	化　学	新南威尔士大学等
美　国	The Art, Design, Architecture & Media Information Gateway（ADAM）	艺　术	ADAM联盟
美　国	Virtual Business Information Center（VBIC）	商业与经济	马里兰大学商学院、信息研究学院和图书馆
英　国	BIOME	生命与健康科学	牛津大学等

发展至今，学科信息门户经历了不断深化的若干形式[38]：

1）以网络学科信息导航为主的学科信息门户。这类学科信息门户提供权威、可靠、规范、可持续的网络信息资源的选择、描述和检索，主要限于特定的专业领域，将该领域的各种资源和服务（包括网站、图书情报系统、文摘索引、电子期刊、科技报告、学位与会议论文、研究机构、学术团体、教育机构、学术会议、工具书、专业服务系统以及与学科科研紧密相关的其他资源系统）汇聚到一个知识体系中，辅以学科专家和信息工作者的知识劳动，为本专业的研究型用户提供智能的浏览和检索服务。

2）以专业机构或图书情报服务系统为基础的信息门户。它根据专业机构性质或其信息服务要求，将各类资源（包括网络资源、数据库、文件系统、知识库、指南手册等）组合在统一门户下向用户提供服务，其中部分门户可支持横向整合检索、参考文献链接、用户虚拟社区等功能。

3）基于跨学科门户检索的学科门户体系，即门户的集成。门户集成支持多个学科信息门户的整合检索。

4）基于门户体系的数字信息服务机制。将多个分布的学科信息门户作为整个数字信息资源的整合机制和服务渠道，让用户通过门户体系方便地搜寻、调用和利用各种不同的信息资源与服务。

5）开放数字信息服务机制。它不但支持基于学科信息门户的资源与服务集成，还进一步支持按照用户个性化需要定制信息门户，根据逻辑业务流程整合多个信息服务环节，支持多个信息门户间的开放集成和定制。

10. 个性化信息服务

个性化信息服务是一种新兴的技术，是 Internet 信息增长的必然结果。1995～1997 年，美国人工智能协会（AAAI）春季会议、国际人工智能联合大会（IJCAI）、ACM 智能用户接口会议（ACMIUI）和国际 WWW 大会等重要会议发表了多篇个性化服务原型系统的论文，标志着个性化服务研究的正式开始。2000 年 8 月，*Communications of the ACM* 再次组织了个性化服务专刊，自此个性化服务进入快速发展阶段。2000 年，美国国家科学基金会开始支持有关个性化服务的研究。

个性化信息服务的概念大致有以下几种：

1）个性化信息服务是根据客户的特性提供具有针对性的信息内容和系统功能[39]。

2）个性化信息服务是将用户感兴趣的信息主动提交给用户[40]。

3）个性化信息服务是基于信息用户的信息使用行为、习惯、偏好和特点，来向用户提供满足其各种个性化需求的一种服务[41]。

结合上述定义，我们认为：个性化信息服务是以人为核心，以先进的信息服务技术为基础的信息服务和信息服务理念。它通过记录用户的设置或使用习惯来推测和总结用户的个性，并据此对所提供的信息服务在形式上予以再加工，并将加工后的信息传递给用户，从而满足用户的个体信息需求。

个性化信息服务的特点有：
1）以用户为中心。所有的服务必须以方便用户、满足用户需求为前提。
2）允许用户充分表达个性化需求。能够对用户需求行为进行挖掘。
3）服务方式更加灵活、多样。
4）能够主动将用户所需信息推送给用户。
5）在技术上，个性化信息服务更为先进。

目前个性化信息服务的支撑技术已经基本成熟，主要包括 Web 数据库技术，完成用户登录、身份认证、数据匹配等；网页动态生成技术（ASP、ISAPI、CGI 等），根据用户数据动态生成网页；过程跟踪技术，跟踪用户身份、监控用户过程，例如 cookie 等；安全身份认证技术，提供安全严密的身份认证管理，例如 X.509、PKI 技术等；数据加密技术，保障数据（尤其是私密数据）在网络环境下的安全传输，例如公开密钥技术、SSL 协议等；智能代理技术，克服搜索引擎和在线浏览的缺陷，智能化地理解用户的信息需求，使用自然语言、信息检索、机器学习等，为用户提供准确、可靠、方便的信息；数据推送技术，它是完善个性化信息服务的关键技术，推送技术又称 push 技术或 Web casting 技术（Web 广播技术），它实质上是一种软件，可以根据定义的准则，自动搜集用户最可能发生兴趣的信息，然后在适当的时候，将其传送至用户指定的"地点"，因而从技术上看，推送技术就是具有一定智能性的、可以自动提供信息服务的一组计算机软件，或者我们可以将其描述为：基于 Internet/Intranet 网络环境下一个高度专业化、智能化的网络专题信息服务系统，该软件能够根据用户提供的兴趣类型主动从网上搜寻信息并推送给用户。事实上，基于网络的个性化信息服务的思想在国外网站设计与发展中已经盛行。

个性化服务可按照特定用户的请求为用户提供定制的 Web 页面、信息频道或信息栏目，实施代理服务（图 4.22）。未来的个性化信息服务将会在以下几个方面继续发展：首先是更加人性化。其次是服务送达平台和推送技术更加合理，以后的服务将会严格根据用户的喜好和订阅内容进行发送，平台将不仅仅是计算机或图书馆，而会向移动平台和无线平台扩展。再次是安全性将大大提高。

11. Internet

网络技术是现代信息技术中的重要组成部分，但本书不研究网络技术本身，

图 4.22 Google 的个性化主页

只介绍它的应用技术。首先介绍 Internet。它诞生于 1969 年，是美国国防部一项实验的产物，最初是由美国政府出资将国家实验室和大学的计算机互联而成的阿帕网（ARPAnet），其宗旨是为教育、科研工作者提供先进的计算机网络环境，加强信息交流，促进资源共享和科技合作，因而也称为科学教育网。它的运行经费主要来自州一级的政府、大学和个人，此外还有从美国科学基金会得到的每年 3000 万美元的联邦政府补贴。目前互联网已发展成全球规模最大、影响最广的网络互联系统。

　　Internet 在诞生 20 年后突然热起来，主要得益于两大技术。一是在 Internet 上建立了万维网（World Wide Web，WWW）。二是出现了浏览器（browser）软件。以前人们从 Internet 获得所需信息很麻烦，自从有了这两项技术便非常容易了。因此，Internet 便迅速发展起来。万维网是 1989 年由欧洲粒子物理实验室（CERN）提出的一种新型信息传播与处理技术，其目标是为高能物理界提供一种通报研究成果和交流各种观点、想法的手段，它是 Internet 诸项功能中最具特色、发展最快的一种信息传递方式。该中心开发出了一套软件，放在 Internet 上运行，作为科学家在 Internet 上发表超文本文件的工具。所谓超文本，用过 Windows 的用户都知道，对文件中某个加变色的词用鼠标连击之后就会从后台调出第二个文件来解释这个词。依此类推，可以有多层次的文件调用，但它要求整个帮助文件系统都在本地主机上。万维网的原理与此类似，用户可通过一个 Web 文件中的标识（或变色）词调出另一个万维网文件，来解释这个标识词。不同的是，另一个万维网文件（超文本形式）与前一个 Web 文件可以不在同一台计算机或服务器上，它可以分布在全球任何一个 Internet 的万维网服务器上。同时万维网的开发者又使用了一种超文本置标语言（HTML），信息的内容如文字、图像、声音等经过这种语言加工后，就可以多媒体形式显示在用户的屏幕上。1991 年欧洲粒子物理实验室向世界发表了万维网，它是一种分布式多媒体超文本系统，所谓分布式是指它可以把全世界任何地方连接 Internet 上的计算机信息有机地结合在一起，各个地方的计算机都可建自己的万维网服务器，向所有 Internet 用户提供声、图、文并茂的信息。至于超文本是指它的信息组织形式不是简单地按顺序排列，而是用复杂的网状交叉索引方式对不同来源的信息进行链接。

仅有万维网服务器还不够，为了使信息的取出变得容易，还需有浏览器同它配合工作。浏览器是一种在客户机端上用以访问万维网服务器的工具软件。有了它便可从自己的计算机向万维网服务器进行检索、查询、采掘，获取各种信息。它是一种对用户非常友好的 Internet 界面。事实上，在最初几年里，万维网发展并不快，关键是缺少浏览器。1993 年底，美国伊里诺斯大学超级计算机应用中心（NCSA）的开发人员发表了一个叫"马赛克"（mosaic）的软件。这个软件就是万维网的一种浏览器，是一种在 Windows 环境中运行的用户端软件。它把从万维网服务器端调过来的超文本置标语言文件转换成可视性非常好的显示方式，用户在使用时只需用鼠标简单操作即可。开发人员还将它免费向公众赠送，使其得到迅速普及。于是，Internet 也被带动起来，并随着万维网服务器和用户的迅速发展而发展。在马赛克推出后的一两年，它已不再是一枝独秀了。Netscape 公司开发出的 Navigator 和微软公司的 IE（Internet Explorer）后来居上，在世界浏览器市场上占据了很大份额。目前能够提供浏览器的企业或公司至少有十几家，提供万维网服务器软件的也有好几家。由于万维网被使用它的人不断地赋予新的含义，浏览器的功能也在不断地扩充和更新。但概括起来，其基本功能是：第一，可在万维网上漫游，检查和查询各种多媒体信息。第二，可把万维网上所需的文档下载到客户机上，并对所查阅的文档随时进行保存、打印和前后浏览等。第三，可把用户最近访问过的万维网服务器地址自动编制成"热表"，这样可使用户很快地回访刚访问过的万维网服务器。第四，可提供 Internet 上的各种服务，如收发电子函件等。将来，万维网的浏览器将发展成把电子函件、远程文件调用、Gopher 服务、远程登录、新闻组等功能集成起来，形成一个使用方便、功能很多的软件。

现在 Internet 已成为继广播电视之后的新一代传播媒体。由于可以把文字、声音、图像、交互式表格甚至电视录像综合起来进行多媒体演示，并通过超文本语言进行编写，因而人们编写了大量的所谓"主页"（home page），放在 Internet 的各个万维网节点上，表达各种信息内容。由于编写容易，它可随时更新。对开放的万维网节点，任何一个万维网用户都可以访问，它实际上起到了类似广播的作用。万维网的这种先进的媒体作用已被许多公司和企业看中，并用它来为本公司做产品广告、形象广告和为用户提供售后服务。

12. 内联网

现代通信、电子计算机和信息资源（信息内容）三者各自网络化和相互渗透、联结、联合逐渐形成的全方位服务网络，是名副其实的网络革命。就计算机网络而言，除了20世纪90年代以来Internet风靡世界外，又兴起了内联网（Intranet）的热潮。所谓内联网就是企业网（enterprise network），即应用Internet技术的企业内联网络。它针对的是企业内部信息系统结构，服务对象为企业内部员工和关系密切的商家或客户，以联络公司内部群体为主，目的是促进公司内部沟通，提高工作效率。内联网具有这些特性：第一，和Internet一样采用TCP/IP作为网络的传输协议。第二，采用简单邮件传递协议HTML、SMTP和其他开放的基于Internet的标准作为客户机，向服务器传送信息。第三，全部为企业拥有，用防火墙（firewall）与Internet隔离，一般公众不能从外部访问它。第四，采用与目前管理传统的VTAM网络相似的组织工具和过程、姿态。

内联网是在Internet基础上产生的。近两三年，随着Internet的迅速普及，许多公司企业纷纷在其上公布自己的万维网页，将公司简介、新闻、产品发布等放在首页提供给一般大众浏览，有些企业还利用Internet来进行客户服务，接收订单等。当企业应用Internet技术日渐成熟并认识到它的长处时，就开始将其引进内部作业环境，于是内联网便产生了。许多人认为Internet的生命力在于其商业前景，但不久便发现它是一个无人管理的网络，因而网上的内容大多未经编辑，不具有权威性、可靠性，同时它的安全性也差，这些又阻碍了它的商业化应用。内联网的出现在一定程度上弥补了Internet的缺陷。内联网已被信息界公认为是与Internet同等甚至更重要的技术。美国著名的《电信》(Telecommunications) 杂志将其评为网络与电信领域十大热点技术之一。

内联网的发展如此迅速，关键在于它拥有自身独特的优点：

1）克服了Internet的缺点。内联网建立在公共的Internet上，并且应用了Internet的技术（有些专家认为Internet并非是内联网的理想应用平台），但它缩小应用范围，服务专门化，网络管理严格。Internet在商业应用上的许多难题都可由此而化解。内联网上的信息大多经过严格的编辑，其电子函件定位清楚，需求明确，从而使与企业相关的信息一目了然，信息查找效率高，同时摒弃了外界的杂乱信息和电子函件，信息量大大减少。此外，由于内联网系统相对简单，系统内在安全性和可控性也大为改善。

2）费用低廉，安装、维护方便，人员培训简单。建立内联网的关键是TCP/IP协议和万维网服务器，如已有TCP/IP结构网络，那么建设内联网只需增加几台万维网服务器而不必更换原有设置。内联网上的所有文件、资料都能以超文本置标语言格式展现，资料格式统一，而且包含文字、图形等信息，多媒体人机界面使应用简单易学，所以系统建立后人员培训也较容易。

3）具有跨平台运行的性能和统一、友好的用户界面。内联网采用 TCP/IP 和万维网服务器，前者的优势是标准化，容易集成各种信息系统，能很好地处理广域网/局域网的结合。万维网使用的是独立的平台，它支持异种计算机环境，现有的软件和硬件均可与其相连，因此建置内联网不必更换已有的技术，但却可扩展和增强现有系统的能力。超文本置标语言源于万维网犹如 TCP/IP 源于内联网，它是信息存入万维网服务器所使用的语言，是目前任何厂商都不能控制的开放标准，不论浏览器程序运行在任何计算机上都能同样地工作。超文本置标语言简单易学，企业内各用户通过浏览器存取文件即可实现共享，并使信息的提供和更新速度大为提高。

13. P2P 技术

P2P 即 Peer to Peer，称为对等连接或对等网络。P2P 技术主要指由硬件形成连接后的信息控制技术，其代表形式是软件。peer 在英语里有"（地位、能力等）同等者"、"同事"和"伙伴"等意。因此，P2P 就可理解为"伙伴对伙伴"的意思，或称对等联网。目前人们认为其在加强网络上人的交流、文件交换、分布计算等方面大有前途。简单地说，P2P 可直接将人们联系起来，让人们通过互联网直接交互。

P2P 的应用在最初出现时和现在并不相同。事实上可认为它是若干不同技术和流行趋势的产物。下面是导致 P2P 技术发展的两个最重要的趋势：①某些新技术与软件工程结合，形成了一种将工作分散的趋势。P2P 计算正是这种分散工作趋势的自然结果。②从工程的角度看，在企业应用集成等因素的驱动下，过去10 多年渐渐形成了一种从集中的单机系统转向分布式系统的趋势。除了技术方面之外的社会因素也是一个重要原因。

然而必须指出的是，最初的 P2P 应用大约出现于 20 年前，但其中的许多应用至今仍然存在。P2P 起源于最初的联网通信方式，如在建筑物内 PC 通过局域网互联，不同建筑物间通过 modem 远程拨号互联等。现在 P2P 再度被关注主要是由于 Napster 和 ICQ 类软件的出现，但在 Napster 之前 P2P 方式的研究也从未停止过。

P2P 是一种基于互联网环境的新的应用型技术，主要为软件技术：①对于互联网上众多的计算机，P2P 应用比其他应用更多地考虑那些低端 PC 的互联，涉及的技术有 IP 地址解析、NAT 路由和防火墙。②在应用层面上，如果两个 Peer 分别代表两家不同的公司，而且它们已经通过互联网建立连接，那么一方的信息就必须能为另一方识别，所以当前互联网上关于数据描述和交换的协议，如 XML、SOAP、UDDI 等都是一个完善的 P2P 软件所要考虑的。③有通信就要有安全保障，加密技术是必须要考虑的。④其他需考虑的有如何设置中心服务器，如何控制网络规模等。

P2P 技术的特点是：①既是 S 又是 C，如何表现取决于用户的要求，网络应用由使用者自由驱动。②信息在网络设备间直接流动，高速及时，能降低中转服务成本。③构成网络设备互动的基础和应用。④在使网络信息分散化的同时，相同特性的 P2P 设备可以构成存在于互联网这张大网中的子网，使信息按新方式又一次集中。

目前 P2P 的代表性产品和技术有：①QQ 类的即时通信软件。两个或多个用户互相使用文字、语音或文件进行交流。②Farsite（Microsoft）、Ocean Store 类数据存储软件。用于在网络上将存储对象分散化存放，而不像现在存放于专用服务器。③Napster 类软件。实现数据共享，使用者可直接从任意一台安装同类软件的 PC 而不是从服务器下载和上载文件。④Infrasearch、Pointera 类数据搜索和查询软件。用来在 P2P 网中完成信息检索。⑤Netbatch（Intel）类协同计算软件。可连接近 1 万台 PC，利用它们的空闲时间进行协同计算，完成超计算量的工作（如空间探测、分子生物学计算、芯片设计）。⑥Groove 类数据或行动协同软件。它是基于 P2P 连接的软件工具，可建立一个安全的企业级协同工作平台（P2P 网）。

P2P 技术也存在一些问题：每个具有划时代意义的创新出现后往往可能被人们误读，P2P 也不例外。Napster 让人们开始关注 P2P，但也使许多人认为 P2P 就是歌曲交换、文件交换，甚至认为 P2P 与盗版有着必然的联系。可以说人们对 P2P 的理解是被误导和不完全的。P2P 技术所面临的主要问题有：①版权问题。就像 Napster 的出现冲击着唱片公司的利益一样，大多数 P2P 服务都不可避免地与知识产权发生冲突。每一个提供文件共享服务的 P2P 公司都不得不认真审视 P2P 网络面临的版权问题。②管理困难。P2P 网络的精髓在于其"乌托邦"式的管理方式，这种方式给了用户更多的自由，但是这也陷入了"无政府主义"的困境。③垃圾信息。由于 P2P 网络的用户众多，当某个用户进行搜索时，自然会得到大量的搜索结果。④占用网络带宽。P2P 使网络变得空前活跃，大多数用户愿意利用 P2P 网络在计算机之间传送文件，但这将大量吞噬网络带宽。

14. Web2.0 技术

一般来说，Web2.0（也有人称之为互联网 2.0）是相对于 Web1.0 的新一类互联网应用的统称。Web1.0 的主要特点是用户通过浏览器获取信息，Web2.0 则更注重用户的交互作用，用户既是网站内容的消费者（浏览者），也是网站内容的制造者。[42]

迄今为止，关于 Web2.0，人们更多的是把它理解为一种新型的技术，或是互联网的一种新的使用方式，但是，让全民共同决定和编织传播的内容与形式，让每个个体的知识、热情和智慧都融入其中，让人们在具有最大个性选择的聚合空间内实现共享，恰恰是新传播时代的价值真谛。

公认的 Web2.0 的基本特征有：①基于 RSS/ATOM/RDF/FOAF 等 XML 数据的同步、聚合和迁移，[43]独立的数据不再与页面、网站混粘在一起，而是跟着用户走。②内容跟着用户走，而且又能够被用户自由组合，也就是说，用户能够自由地借助内容媒介，创建起一个个社群，发生各种社会性的（网络）行为。③开放 API，例如 amazon、flickr、google map 等。

其实，Web2.0 并不是一个具体的事物，而是一个阶段，是促成这个阶段的各种技术和相关产品服务的一个称呼。因此，至今无法给 Web2.0 下一个统一的定义。图 4.23 显示了 Web1.0 和 Web2.0 的区别，纵轴的两端是技术和数据，横轴的两端是个人与社区，Web1.0 位于个人与数据的一端，而 Web2.0 则相反，位于技术与社区的一端。

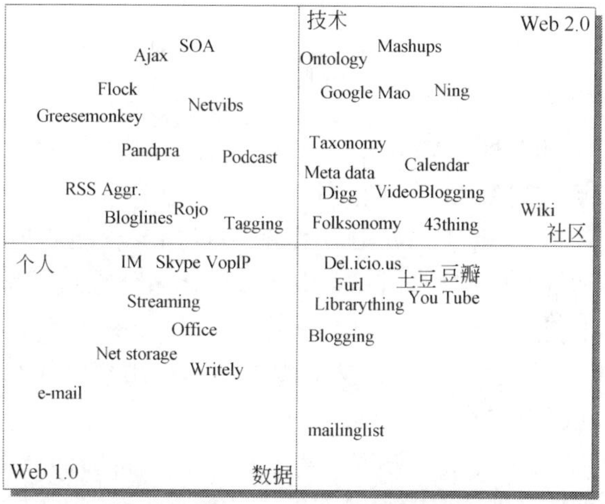

图 4.23 Web1.0 和 Web2.0 的区别

2004 年 3 月，欧雷利媒体公司（O'Reilly Media Inc.）负责在线出版与研究的副总裁多尔蒂（Dale Dougherty）在公司的一次会议上随口将互联网上最近出现的一些新动向用了 Web2.0 一词来定义，该公司主席兼 CEO 欧雷利（Tim O'Reilly）立刻被这一说法所吸引，并召集公司相关人员用头脑风暴的方式进行探讨。在欧雷利媒体公司的极力推动下，全球第一次 Web2.0 大会于 2004 年 10 月在美国旧金山召开。从此 Web2.0 的概念在全球迅速传播开来。

Web2.0 的理论基础包括六度分割理论、长尾理论、公共版权理论等。1967 年，哈佛大学心理学教授米尔格兰姆（Stanley Milgram）想描绘一个连接人与社区的人际联系网，为此做过一次连锁性实验，结果发现了"六度分隔"现象，即"你和任何一个陌生人之间所间隔的人不会超过 6 个"。"六度分隔"说明了社会中普遍存在的"弱纽带",但是却发挥着非常强大的作用。长尾（long tail）理论的基本原理是:只要存储和流通的渠道足够大,需求不旺或销量不佳的产品所共同占据的市场份额就可以与那些少数热销产品所占据的市场份额相匹敌甚至更大,即众多小市场汇聚成可与主流大市场相匹敌的市场能量。下面的图 4.24 是部分研究者所给出的长尾示意图,表明主体和长尾巴与总量之间的关系。

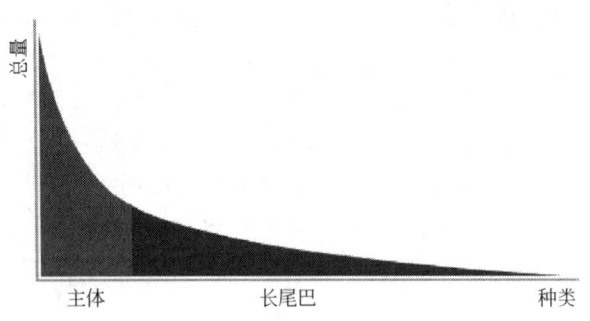

图 4.24　主体和长尾巴与总量之间的关系

Web2.0 的应用包括:

1) Blog。Blog 的全称是 Web log（网络日志）,后来缩写为 blog。它被用来表达个人思想、内容,按照时间顺序排列。

2) RSS。从"RDF Site Summary" RDF 站点摘要,到"Rich Site Summary"丰富站点摘要,到现在的"Really Simple Syndication"真正简单聚合,RSS 是一种 Web 内容联合格式,包含了一套用于描述 Web 内容的元数据规范。

3) 网摘。又名"网页书签",这项服务使网络用户可随时将自己浏览的网页保存在网上,还能将这些信息与其他用户共享。

4) Wiki。Wiki 提供的是一种超文本系统。它支持面向社群的协作式写作,同时也包括一组支持这种写作的辅助工具。

5) tag,即标签,是用来描述内容的分类信息的标识。它是一种分类系统,也是组织信息的一种新方式。但是每个 tag 由用户自建,不必遵从某一分类体系。

6) SNS。SNS 是 Social Network Service 的缩写,为社会性网络软件,依据六度理论,以认识朋友的朋友为基础,扩展自己的人脉。

15. 语义网技术

所谓"语义"就是文本,语义网就是能够根据语义进行判断的网络。万维网创始人伯纳斯－李（Tim Berners-Lee）将语义网定义为:"语义网"是一个网,它包含文档或文档的一部分,描述事物间的明显关系,且包含语义信息,以利于机器的自动处理。

1998 年,在发明万维网 10 年后,伯纳斯－李提出了下一代万维网——"语义网"的理念。从 1990 年开始，伯纳斯－李和他领导的 W3C（World Wide Web Consortium）致力于开发一种能理解人类语言的智能网络，而其中最令人瞩目的就是语义网技术。语义网是互联网研究者对下一代互联网的称谓，通过扩展现有互联网，在信息中加入表示其含义的内容，使计算机可以自动与人协同工作。语义网力图将"理解信息的含义是人类的专利"这一局面成为历史，使计算机在一定程度上也同样可以做到，从而有助于信息共享和再利用，并使网络能够提供动态的、个性化的、主动的服务。简单地说，语义网是一种能理解人类语言的智能网络，它不但能理解人类的语言，而且可使人与电脑之间的交流变得像人与人之间交流一样轻松。在伯纳斯－李看来，语义网是对万维网本质的变革。[44]

伯纳斯－李在 XML2000 大会上提出了语义网的体系结构。他认为语义网是一个多层次结构，各层功能逐渐增强，下层向上层提供支持，其结构如图 4.25 所示。[45]

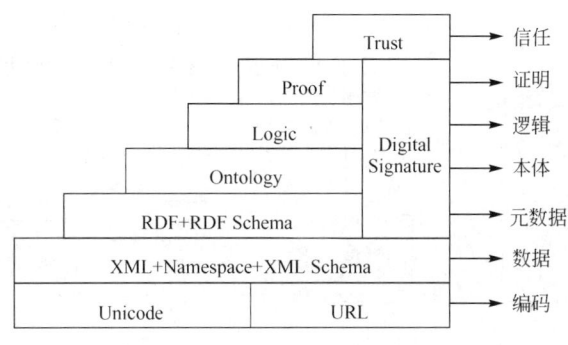

图 4.25　语义网架构

第一层：Unicode 与 URL 是整个体系结构的基础，其中 Unicode 负责处理资源的编码，URL 负责资源的标识，它们使信息精确检索成为可能。第二层：XML＋NS（Namespace）＋XML Schema，负责从语法上表示数据的内容和结构，通过使用标准的格式语言将网络信息的表现形式、数据结构与内容分离。第三层：RDF＋RDF Schema，提供的语义模型用于描述 Web 上的信息和类型。第四层：本体词汇层，负责定义共享的知识，描述各种信息之间的语义关系，揭示信息本身和信息之间的语义。第五层：逻辑层，负责提供公理和推理原则，为智能服务提供基础。第六层证明层和第七层信任层负责提供认证和信任机制。在整个语义 Web 体系结构中，XML、RDF(S) 和 Ontology 是它的核心，它们支持从语义上描述网络信息和知识。

到目前为止，语义网研究主要集中在以下方面：Web－Services、基于代理的分布式计算、基于语义的网页搜索引擎、基于语义网的信息资源整合和基于语义的数字图书馆，以及构建大型的知识管理系统。有一些系统已成型，如雅虎

（Yahoo）网站、COHSE 系统、SHOE 系统、Onto broker 系统、KAON 系统等，但在相当长时间内语义网仍将是研究热点之一。

4.5 以信息资源管理技术为基础的信息系统应用

4.5.1 专家系统

专家系统（Expert System，ES）的概念是基于这样的一种假设：专家们的知识——即解决问题的方法与方式，可被保存和习得，它可被存放在计算机设备中，并可被别人需要时使用。

ES 和 DSS（决策支持系统）一样可以提供独特的能力。首先，ES 可使众多专家的智慧为管理者所用，这为管理者做出超出自己能力的决策提供了可能。例如，一个银行投资新手可利用由首席财务专家设计的 ES，在自己做出投资决策时借鉴专家的知识。其次，ES 可在获得特定的结论时解释其推理的过程，在大部分情况下，过程比结果更重要。[46]

一个专家系统由四个主要部分组成（如图 4.26 所示）：

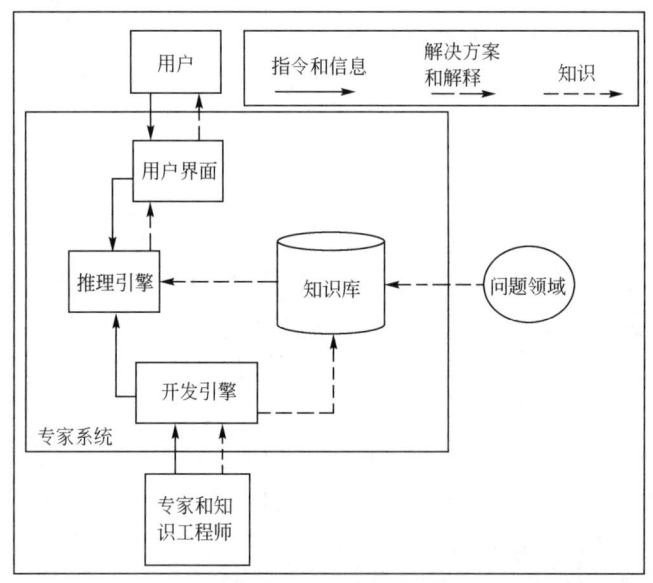

图 4.26　专家系统的组成部分

（1）用户界面

用户界面可使管理者向 ES 输入指令和信息，并从中获得有用的信息。输入的指令约定 ES 推理过程中所使用的参数，而输入的信息则用来为特定的变量赋值。设计 ES 的目的是提出解决问题的方案和对方案的解释。解释有两种类型：对管理者所问问题的解释和对问题解决方案的解释。

（2）知识库

知识库中包含用来描述问题所在领域的事实性数据和描述如何将这些数据以逻辑的方式组织在一起的知识表达技术。术语"问题领域"就是用来描述问题所在的领域的。常用的知识表达技术是使用规则。一条规则说明在某一特定的条件下应该做什么，它包含两部分：一个可能成立或不成立的条件和当条件成立后应采取的行动。例如：

IF Economic. Index > 1.20 and Seasonal. Index > 1.30 Then Sales. Outlook = 'EXCELLENT'

ES 中所有的规则构成条件集。条件集规模的变化范围可从一个简单的 ES 所包含的 20 条左右到复杂系统的 500 条、1000 条甚至 10 000 条规则。

（3）推理引擎

推理引擎是 ES 的组成部分，其工作原理是依据特定的顺序使用知识库里的内容进行推理。在咨询 ES 的过程中，推理引擎会逐条检验知识库中的规则。当某条规则的条件满足时，相关的动作就会发生。在 ES 的术语中，采取某种动作就意味着其规则被"命中"了。

逐条检验规则的过程会继续下去直到在整个规则集中形成一条完整的路径。有时为了使解决方案更有价值，会形成不只一条路径，这被称作"目标变量"。只要有命中规则的可能，这些路径都会继续延伸。当无法命中更多的规则时，推理过程即告结束。

（4）开发引擎

ES 的第四个主要构件是开发引擎，它通常用两种基本方法来构造 ES：程序语言和专家系统外壳。专家系统外壳是一个现成的处理机制，通过搭配使用恰当的知识库应用于特定的问题领域。目前，对于应用 ES 解决商业问题的关注更多地集中在使用 ES 外壳上。[47]

4.5.2 群体决策支持系统

过去 10 年，在决策支持系统方面努力的主要目标是完善所谓的群体决策支持系统（Group Decision Support System，GDSS）的概念。GDSS 基于以下被广泛认同的一个事实：管理者很少单独解决问题。很多公司中的项目委员会、项目团队或任务小组，都是利用集体智慧解决问题。系统开发者认识到这一点后，就将 DSS 的概念应用于群体决策中，于是 GDSS 应运而生。

群体决策支持系统是"一个支持多个群体成员完成同一项任务（或目标）的基于计算机的系统，它为一个共享的环境提供用户界面"。还有其他一些术语可用来描述群体环境下对信息技术的应用，如决策支持系统（DSS）、计算机支持下的协同工作（CSCW）、计算机化的合作工作支持（computerized collaborative work support）和电子会议系统（EMS）。用于这些环境的软件被称为群件（groupware）。[48]

GDSS 的潜在假设是：改善交流为改善决策提供可能性。而问题往往是由于交流不畅而产生的。要提高交流的质量就需要把讨论的焦点一直集中在问题上，这样就可减少时间上的浪费。节省的时间可被用来对问题做更为彻底的讨论，从而有利于对问题的定义。节省的时间也可被用来识别更多的可行方案，对更多可行方案的评价可增加获得好方案的可能性。当然，GDSS 的优点不仅仅是节省时间，更重要的是提供了一个平台或者说是一种解决问题的方法。在这个平台上，通过改善交流，群体决策的优势得到了最大限度的发挥，而其局限性会得到抑制；根据这个方法，更多人可以发挥他们的智慧，平等地参与到决策中来，使问题的解决更为有效。

如上所述，GDSS 通过改善交流为解决问题做贡献，而改善交流的方法就是提供一个有助于交流的环境。这种环境可以是物理上的，如特定大小的房间和桌椅的摆设，也可以是虚拟的，如计算机会议。图 4.27 所示的是四种可能的 GDSS 环境设置，设置的根据是团队的规模和成员所在的位置。在每一个环境中，成员可同时会面或不同时会面。当群体成员同时交流时，称为同步交换（synchronous exchange），如委员会会议；当成员不同时交流时，就是异步交换（asynchronous exchange），如通过电子邮件交流。

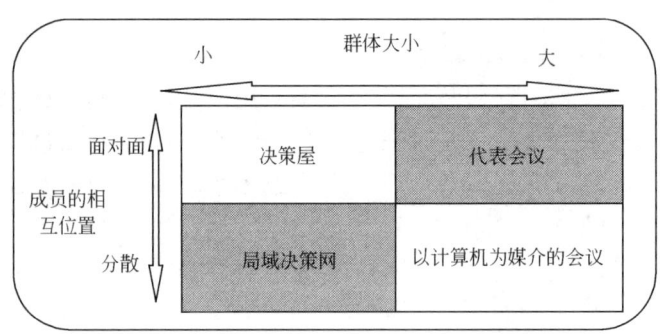

图 4.27 GDSS 的环境设置

（1）决策屋

决策屋（decision room）是供小型群体进行面对面交流所使用的环境设定。房间通过家具、设备和布局的合理搭配增进交流。设备包括计算机工作站、扩音话筒、摄像机和大屏幕的组合。在房间的中间是督导员的控制台，督导员的主要任务是保证讨论集中于问题而不会跑题。

根据为每一次会议所作的安排，群体中某一成员向另一成员提供的信息可在大屏幕上显示出来以供所有群体成员都能看到。其他与讨论有关的资料也可通过类似于 PowerPoint 图片、录影带、彩色幻灯片和投影仪等媒介加以展示。

GDSS 的两个特性是并行交流和匿名性。并行交流是指所有的参与者同时表达自己的意见，而匿名性则是指没有人可识别出某一条意见是谁表达出来的。匿名性非常重要，它保证所有参与者都可畅所欲言，表达自己的真实想法，而不用担心其他成员的反应。这就保证了对任何意见的评价所依据的是其真正价值，而不是提出它的人。

(2) 局域决策网

当小群体成员没有办法面对面交流时，成员可通过局域网相互交流。成员使用计算机工作站输入意见并通过屏幕看到其他成员的意见。

(3) 代表会议

当群体规模超过决策屋可容纳的范围时，就无法再邀请所有的参与者了，这时就需要一个代表会议。过多的人数会妨碍有效的交流。为此，可取消某些成员平等参与的机会，或减少成员发言的时间；还可由督导员决定哪些材料应该显示在大屏幕上让每个成员看到。

(4) 以计算机为媒介的会议

当团队成员的相互距离更为遥远，以至于超出局域网所覆盖的范围时（如那些业务涉及跨洲跨国的企业），就需使用信息技术作为中介进行交流。一些虚拟办公软件允许分布在不同地理位置上的成员进行交流。这些应用软件被通称为电子会议，它们包括计算机会议、视频会议和音频会议。支撑这些应用的是通信技术和网络技术，随着这些技术在准确性、安全性上的不断发展，电子会议会被更多地使用。[49]

4.5.3 执行信息系统

执行信息系统（Executive Information System，EIS）面向的是组织中的执行者，即那些管理管理者的人。因此 EIS 构建于职能部门信息系统之上，如图 4.28 所示，它负责向执行者提供来自于组织内外的信息。其中环境信息，尤其是涉及竞争对手的情报，对于执行者来说显得更为重要。

EIS 是为执行者提供企业整体绩效信息的系统。其中的信息可以很便捷地被检索，并且可以根据用户的不同而提供不同的表达形式和不同的详细程度。执行支持系统（ESS）一词也经常被提及。本书使用 EIS 并且假定系统中已经包含了计算机。

构建在计算机之上的 EIS 配置一般都包括一台个人计算机（PC）。在大型组织中，PC 通过网络连接到大型机，如图 4.29 所示。[50] 执行者的 PC 称为执行者

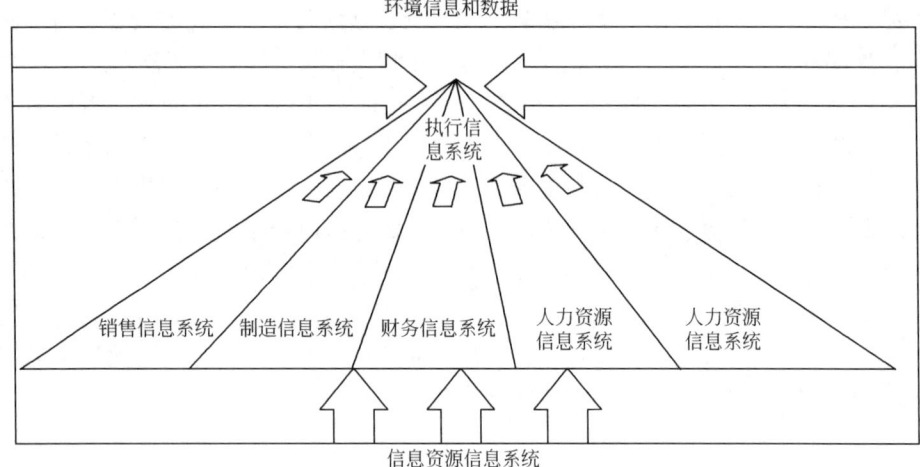

图 4.28　拥有执行信息系统的组织

工作站。硬件配置还包括辅助存储设备，如硬盘，上面有执行数据库。执行数据库包含由企业中央计算机进行预处理的数据和信息。执行者通过菜单来选择根据预先设定的格式生成的信息显示，或者执行少量的处理工作。系统同时提供一些电子交流的方式，如电子函件或语音函件功能。总之，系统为执行者提供简洁的访问信息的方式。在某些情况下，EIS 还支持下级职员输入最新的新闻项目，并对其加以解释。

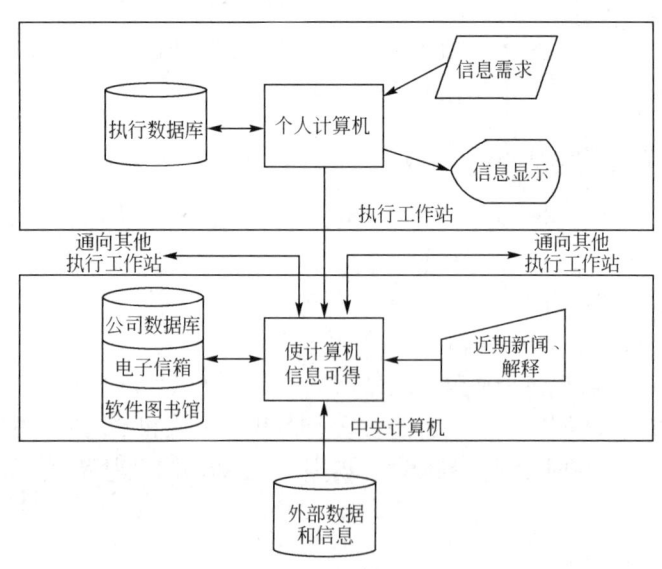

图 4.29　EIS 模型

执行者与 EIS 之间的交流是双向的。执行者通过菜单向系统输入指令。菜单的选择通过鼠标点击或触摸屏来实现,对键盘的需求相对于 MIS 或 TIS(技术信息系统)来说较小。因为 EIS 系统直接面对执行者,而不是一般工作人员或专门的计算机专业人员,所以对界面的简洁清晰、易用性和友好性的要求更高些。从以前的字符界面到图形界面,再到未来的自然语言界面,EIS 一直都在不断利用计算机人机界面的最新技术提高自己被执行者接受的程度。

信息可以表格、图形和文字的形式加以表现。有些软件被设计成能够在表格和图形两种显示模式之间切换。对图形和表格的解释可由手工输入,或者借助机器自动生成。

未来小公司的发展趋势目前尚不明朗,个人产品化的软件获取还不是合适的选择。对于小公司来说,吸引人的是现成的软件,对这些软件的要求是高质量、易于实施和使用。当软件提供商数量增加时,这些要求是可以达到的。

4.5.4 企业资源计划

企业资源计划(Enterprise Resource Planning,ERP)的概念是美国 Garter Group 公司于 20 世纪 90 年代初首先提出来的[51],是 MRPⅡ(制造资源计划Ⅱ)的扩充和发展。我国于 20 世纪 80 年代开始接触 MRPⅡ,近年来已有越来越多的企业关注或应用 MRPⅡ/ERP。

MRPⅡ的思想集中体现了制造企业生产经营过程中的客观规律和需求,其功能全面覆盖市场预测、生产计划、物料需求、能力需求、库存控制、车间管理直到产品销售的整个生产经营流程和相关的财务活动,从而为制造业提供了有效的计划与控制工具和完整的知识体系。

ERP 是将企业管理理念、业务流程、基础数据、制造资源、计算机软件和硬件技术整合于一体的企业资源管理系统,是管理与信息技术的有机结合体。ERP 系统以企业的供应链管理为核心,以业务流程为导向,打破企业部门间的相对独立,实现企业管理组织结构从"金字塔式"向"扁平式"的转变。此外,ERP 系统还要求企业对现在的业务流程进行重新评估、分析和优化,对整个供应链的业务流程进行重新定义,以实现企业内外资源优化配置,消除生产经营过程中一切无效的劳动和资源,实现业务处理的合理化、规范化、标准化。[52]

ERP 系统通常具有以下特点:①ERP 是一个集成的管理软件,除财务、库存、分销和生产管理外,还集成了企业其他管理功能,如人力资源、质量管理、决策支持等。②ERP 系统不仅着眼于供应链上各个环节的信息管理,而且还能支持不同生产类型企业的需要。③ERP 是一个驾驭市场需求变化的系统,可使企业在需求的驱动下,对自身的人力、资金、设备、原材料、产品运输和销售等随时进行优化配置,以实现企业的目标并使企业的利润最大,成本最低。[53]

ERP是将企业所有的资源进行整合集成管理，简单地说是将企业的3大流：物流、资金流、信息流进行全面一体化管理的管理信息系统。其功能模块主要包括生产控制、物流管理、财务管理等。[54]

（1）财务管理模块

一般ERP软件的财务部分分为会计核算和财务管理两大块。会计核算主要是记录、核算、反映和分析资金在企业经济活动中的变动过程及其结果。它由总账、应收账、应付账、现金、固定资产、多币制等部分构成。财务管理的功能主要是基于会计核算的数据，再加以分析，从而进行相应的预测、管理和控制活动。它侧重于财务计划、控制、分析和预测。

（2）生产控制管理模块

这一部分是ERP系统的核心所在，它将企业的整个生产过程有机地结合在一起，使企业能够有效地降低库存、提高效率。同时各个原本分散的生产流程的自动连接，也使生产流程能够前后连贯地进行，而不会出现生产脱节、耽误生产交货时间等问题。生产控制管理是一个以计划为导向的、先进的生产和管理方法。企业先要确定它的总生产计划，再经过系统层层细分后，下达到各部门去执行。

（3）物流管理模块

物流管理主要分为分销管理、库存控制和采购管理三大部分。分销管理是从产品的销售计划开始，通过对其与销售产品、销售地区、销售客户等各种信息的管理和统计，对销售数量、金额、利润、绩效、客户服务等做出全面的分析。因此分销管理模块大致有三方面的功能：对于客户信息的管理和服务、对于销售订单的管理、对于销售的统计与分析。库存控制用来控制存储物料的数量，以保证稳定的物流支持正常的生产，但又最小限度地占用资本。它是一种相关的、动态的、真实的库存控制系统。它能够结合、满足相关部门的需求，随时间变化动态地调整库存，精确地反映库存现状。采购管理负责确定合理的定货量、优秀的供应商和保持最佳的安全储备，保证能够随时提供定购、验收的信息，跟踪和催促对外购买或委外加工的物料，确保货物及时到达，并建立供应商的档案，用最新的成本信息来调整库存的成本。

企业实施ERP是提升管理能力的有效手段。ERP无论是在中国，还是在全世界都掀起了一场关于管理思想和管理技术的革命。这一新的管理方法和管理手段正在以一种人们无法相像的速度在中国的企业中被应用和推广。

4.5.5 产品数据管理

产品数据管理（Product Data Management，PDM）技术是20世纪80年代后期在企业计算机制造环境中数据管理和设计过程自动化的需求驱动下出现的。

PDM 是帮助工程师和其他人员管理所有与产品相关的信息（包括零件、配置、图档、CAD 文件、结构、权限等）和所有与产品相关的过程（包括工作流程、更改流程等）的一种技术。它提供产品全生命周期（包括市场需求调研、产品开发、产品设计、销售、售后服务）的信息管理，并可在企业范围内为产品设计和制造建立一个并行化的协作环境。PDM 是在数据库基础上结合面向对象技术发展起来的一门新的数据管理技术，是企业实施 CIMS（计算机集成制造系统）工程的重要组成部分。[55]

从数据管理来看，PDM 系统管理各种与产品有关的零件族、文档和其他的属性，如规格、重量、所属产品等，零件族、文档的分类管理，产品结构管理，各种数据的检索等。

从过程管理来看，PDM 控制人们创造和修改数据的过程，可协调管理如设计、审查、批准、制造等工作，工作流的管理与优化和产品发布等过程事件[56]。

PDM 技术的研究与应用在国外已非常普遍。目前，全球范围商品化的 PDM 软件产品虽然有许多差异，但一般来说，大多具有以下主要功能[57]：

（1）项目管理

项目管理是建立在工作流程管理基础之上的一种管理，包括项目自身信息的定义、修改以及与项目相关的信息，如状态、组织等信息的管理。项目管理的内容包括项目和任务的描述、研制阶段的状态、项目成员的组成和角色的分配、研制流程、时间管理、费用管理、资源管理等。PDM 系统中的项目管理为控制项目开发时间和费用、协调项目开发活动和保证项目的运作提供了一个可视化的工具。

（2）电子资料库和文档管理

对于大多数企业来说，需要使用许多不同的计算机系统和不同的计算机软件来产生产品整个生命周期内所需的各种数据，而这些计算机系统和软件还有可能建立在不同的网络体系中。在这种情况下，如何确保这些数据总是最新的和正确的，并且使这些数据能在整个企业范围内得到充分的共享，同时还要保证数据免遭有意或无意的破坏等，都是迫切需要解决的问题。PDM 的电子资料库和文档管理提供了对分布式异构数据的存储、检索和管理功能。

（3）产品结构和配置管理

产品结构和配置管理是 PDM 的核心功能之一，利用此功能可实现对产品结构与配置信息和物料清单（Bill of Materials, BOM）的管理。用户可利用 PDM 提供的图形化界面对产品结构进行查看和编辑。在 PDM 系统中，零部件按照它们之间的装配关系被组织起来，用户可将各种产品定义数据与零部件关联起来，最终形成对产品结构的完整描述，传统的 BOM 也可利用 PDM 自动生成。

（4）产品生命周期（工作流）管理

PDM 的生命周期管理模块管理产品数据的动态定义过程，包括宏观过程

(产品生命周期)和各种微观过程(如图样的审批流程)。对产品生命周期的管理包括保留和跟踪产品从概念设计、产品开发、生产制造直到停止生产的整个过程中的所有历史记录,以及定义产品从一个状态转换到另一个状态时必须经过的处理步骤。

(5)集成开发接口

各企业的情况千差万别,用户的需求也是多种多样的,没有哪一种PDM系统可适应所有企业的情况,这就要求PDM系统必须具有强大的客户化和二次开发能力。现在许多PDM产品提供了二次开发工具包,PDM实施人员或用户可利用这类工具包进行针对企业具体情况的定制工作。[58]

随着企业信息化的发展,信息孤岛已成为制约制造业信息化进一步发展的致命问题,而PDM和ERP(企业资源计划)系统是企业信息化的两个重要组成部分,并且它们互为信息基础。PDM系统为ERP系统提供了产品设计相关信息,ERP系统则为PDM系统提供了制造、成本的相关信息。因此将不同公司开发的PDM系统与ERP系统进行集成具有重要的现实意义和价值。PDM、ERP集成的主要任务是将用于进行产品数据管理的PDM系统与用于进行企业资源计划管理的ERP系统集成在一起,将产品开发和产品制造的各项子业务集成为一个通贯全局的产品形成过程,保持其业务流和信息流的畅通。[59]

4.5.6 业务流程重组

BPR(Business Process Reengineering)即业务流程重组(或企业过程重组、企业经营过程再造),是最早由美国的哈默(Michael Hammer)和钱皮(Jame Champy)提出的一种管理思想,并在20世纪90年代达到了全盛。它强调以业务流程为改造对象和中心,以关心客户的需求和满意度为目标,对现有的业务流程进行根本的再思考和彻底的再设计,利用先进的制造技术、信息技术和现代化管理手段最大限度地实现技术上的功能集成和管理上的职能集成,以打破传统的职能型组织结构(function-oriented organization),建立全新的过程型组织结构(process-oriented organization),从而实现企业经营在成本、质量、服务和速度等方面的全面改善。它的模式是:以作业流程为中心,打破金字塔状的组织结构,使企业能适应信息社会的高效率和快节奏,适合企业员工参与企业管理,实现企业内部上下左右的有效沟通,具有较强的应变能力和较大的灵活性。[60]

根据BPR的思想精髓,可将BPR的实施建立一种多层次的立体结构,即整个BPR实施体系由观念重建、流程重建和组织重建三个层次构成,其中以流程重建为主导(图4.30),每个层次内部又各有相应的步骤过程,各层次之间也交织着彼此作用的关联关系。

BPR观念重建所要解决的是有关BPR的观念问题,即在整个企业内部确立

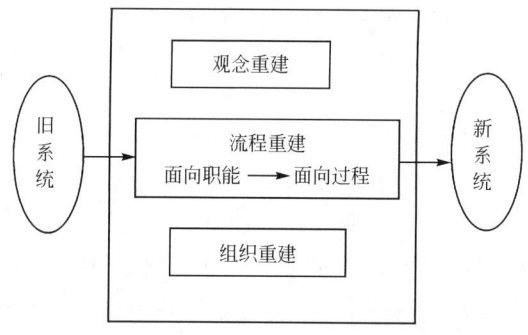

图 4.30　BPR 实施体系结构

实施 BPR 的正确观念，使企业的员工理解 BPR 对于企业管理、企业信息化的重要性。这一层次主要涉及三个方面的工作：

（1）组建 BPR 小组

因为 BPR 需要广泛而深刻地进行变革基本信念、转变经营机制、重建组织文化、重塑行为方式和重构组织形式，所以需要有很好的领导和组织保证。

（2）前期的宣传准备工作

它可以帮助企业员工从全局和长远的角度看待并理解 BPR 及其对本企业的重要意义，以避免由于员工的不理解而造成企业内部人心恐慌和对 BPR 的抵触情绪。

（3）设置合理目标

这是为了给 BPR 的实施设置一个明确要达到的目标，以便做到"心中有数"。常见的目标有：降低成本、缩短时间、增加产量、提高质量、提高顾客满意度等。

BPR 的流程重建是指对企业的现有流程进行调研分析、诊断、再设计，然后重新构建新的流程。它主要包括三个环节：

（1）业务流程分析与诊断

它是对企业现有的业务流程进行描述，分析其中存在的问题，并进而给予诊断。

（2）业务流程的再设计

根据上一环节分析诊断的结果，重新设计现有流程，使其趋于合理化。流程再设计的具体形式可以表现为：①合并多道工序，将其归于一人完成。②将完成多道工序的人员组合到同一小组或团队共同工作。③将串行式流程改为同步工程等。

（3）BPR 的实施

这一阶段是将重新设计的流程真正落实到企业的经营管理过程中。

BPR 组织重建的目的是要给 BPR 提供制度上的保证，并使组织追求不断改进。具体也包括三方面：

（1）评估 BPR 实施的效果

通过与事先确定的绩效目标进行对照，评价是否达到既定的目标，例如确定在时间、成本、品质等方面的改进有多少，流程信息管理的效率如何。

（2）建立长期有效的组织保障

只有这样才能保证流程持续改善的长期进行。组织保障的建立具体可包括建立流程管理机构，明确其权责范围；制定各流程内部的运作规则与各流程之间的关系规则；逐步用流程管理图取代传统企业中的组织结构图。

（3）文化与人才建设

企业必须建立其与流程管理相适应的企业文化，加强团队精神建设，培养员工的主人翁意识。同时新的业务流程对员工提出了更高的要求，从而要求企业必须注重其内部的人才建设，培养出适于从事流程管理的复合型人才。

企业必须围绕自身发展的要求对传统的业务流程进行业务流程重组，业务流程重组的目的是建立以信息化、网络化和知识化为基础，以市场为导向，以具有创造性的合作关系为纽带，以效率和效益为核心，对客户的需求能做出迅速反应，对企业内外资源能进行快捷组织的新型业务流程[61]。

4.5.7 计算机集成制造

计算机集成制造（Computer Integrated Manufacturing，CIM）是信息时代的一种组织、管理企业生产的理念。按照 CIM 理念，采用信息技术实现集成制造的具体方式便是计算机集成制造系统（Computer Integrated Manufacturing System，CIMS）。

CIMS 于 1973 年由美国哈明顿（Joseph Hamington）博士首先提出，并在 20 世纪 80 年代得到发展和趋于成熟。CIMS 是通过计算机和自动化技术把企业的销售、开发设计、生产运作和过程控制等全过程综合在一起。它把信息技术、现代管理技术和制造技术相结合，并将其应用于企业产品全生命周期的各个阶段。它通过信息集成、过程优化和资源优化，实现物流、信息流、价值流的集成和优化运行，达到人（组织、管理）、经营和技术三要素的集成，从而提高企业的市场应变能力。[62]纵观 CIMS 的发展过程，其发展历史可分为三个主要阶段：

（1）以信息集成为特征的 CIMS 阶段

20 世纪 70 年代后期，随着端子信息技术的快速发展，特别是大规模集成电路的出现、各种工艺技术和装备的进步以及自动化技术的发展，劳动力消耗已不是企业关注的唯一因素，降低成本的焦点开始转移到如何提高企业整体效率上来。这一时期企业的关注点主要围绕系统科学、运筹学和系统工程学原理与方法的应用，实现现代化管理，提高企业综合经济效益，从而提高竞争能力，赢得生存和发展。同时，相应的各种单元技术（例如 CAD——计算机辅助设备、CAM——计算机辅助制造、工业机器人、FMS——柔性制造系统）也得到了广泛应用，这些自动化单元技术的集成给企业带来了明显的技术和经济效益。

（2）以过程集成为特征的 CIMS 阶段

20 世纪 80 年代以来，企业要改善产品的 T(时间)、Q(质量)、C(成本)、S(服务)、E(环境)，除信息集成这一技术手段外，还要对过程进行重构（process reengineering）。传统的串行设计、开发过程往往造成产品开发过程经常反复，这无疑使产品开发周期变长，成本增加。如果把产品开发设计中的各个串行过程尽可能地转变为并行过程，在设计时就考虑可制造性、可装配性，考虑质量功能分配，则可减少反复，缩短开发时间。

（3）以企业集成为特征的 CIMS 阶段

20 世纪 90 年代初，CIMS 进入以"企业集成"为特征的发展阶段。市场竞争越来越激烈，个性化产品的需求增大，这都要求企业对其组织结构和设备进行重组，实现"柔性生产线"。企业如果在今天要提高自身的市场竞争力，就不能走追求产品线全面和相对封闭的道路，而必须面对全球经济、全球制造的新形势，充分利用全球的制造资源，更快、更好、更省地响应市场。

CIMS 作为现代制造业的一种新的生产模式，包括 TIS(技术信息系统)、MIS(管理信息系统)、MAS(制造自动化系统) 和 QCS(质量控制系统)四个功能子系统以及数据库和网络两个支持子系统，是人、物、信息的综合集成系统。①TIS。TIS 用于支持产品设计和工艺准备，具体包括计算机辅助设备（CAD）、计算机辅助工艺设计（CAPP）和数控程序编制（NCP）等功能。②MIS。MIS 的功能包括经营管理、生产计划与控制、采购管理、财务管理等。③MAS，也称计算机辅助制造（CAM）分系统。它包括不同自动化程度的制造设备和子系统，用以支持 CIMS 的制造功能。④QCS。该分系统具有制定质量管理计划、实施质量管理、处理质量管理的信息、支持质量保证等功能。

系统的总体技术包括：系统总体模式、系统集成技术、标准化技术、企业建模与仿真技术、CIMS 的开发与实施技术。

同其他制造技术不同，CIMS 着眼于从整个系统的角度考虑生产和管理，强调制造系统整体的最优化，它像个巨大的中枢神经网络，将企业的各部门紧密地联系起来，使企业的经营活动更加协调、有序和高效。

4.5.8 客户关系管理

客户关系管理（Customer Relationship Management，CRM）是通过培养企业的最终客户、分销商和合作伙伴对企业及其产品更积极地偏好或爱好，留住客户并以此提升企业业绩的一种营销策略,其目的是从客户利益和企业利益两方面实现客户关系的价值最大化,将企业的客户作为重要的企业资源,通过完善的客户服务和深入的客户分析来满足客户的需求,保证实现客户的终身价值。[63]

CRM 的核心思想是将企业的客户作为最重要的企业资源,它要求企业从传统的"以产品为中心,以销售为目的"的经营理念中解放出来,确立"以客户占有率为中心,从客户利益和企业利润两方面实现顾客关系的价值最大化为目标"的企业运作模式。这就意味着企业将客户作为运作的核心,企业的一切活动都围绕客户展开——客户需要什么,企业就做什么。CRM 的宗旨就是改善企业和客户之间的关系,使企业随时了解客户的需求变化,客户时刻感觉到企业的存在。这种理念推动企业最大限度地利用与客户的关系资源,实现企业从市场营销到技术支持再到售后服务的交叉立体管理。

CRM 通过为企业的市场销售人员、专业技术人员和客户服务人员提供全面的、个性化的、及时的数据和客户资料,让他们能够建立和维护一系列与客户或生意伙伴之间卓有成效的一对一关系,使企业能够提供更快捷和周到的优质服务,提高客户满意度,吸引和保持更多的客户,从而增加营业额,CRM 通过信息共享和优化商业流程也能更有效地降低企业经营成本。客户关系管理应是这样一个过程:建立关系→维系关系→增进关系;或者是:吸引客户→留住客户→升级客户。[64]

CRM 作为一个集成系统,其模块结构如图 4.31 所示。

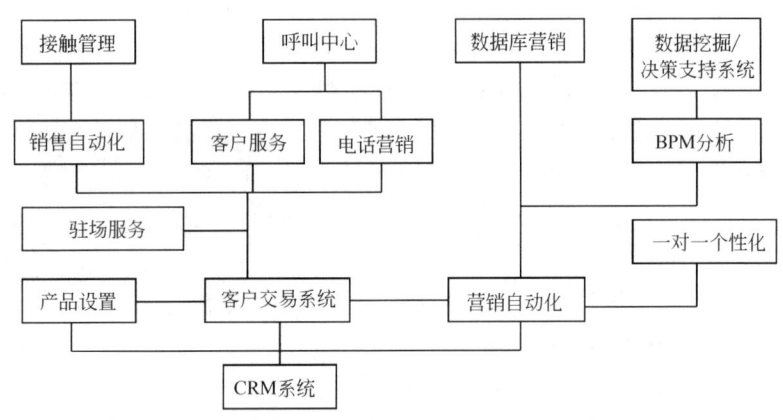

图 4.31　CRM 结构简图

CRM 是一个包含企业与客户关系的产生和使其关系得到增值的管理方法理论。无论是关系产生,还是关系增值,这一系列的管理决策都是建立在对客户数据的充分掌握和综合利用的基础之上的。

客户数据构成了企业决策的依据。通常,客户数据可分为两类:①事实数据

(factual data)。包括客户特征、产品所有权的归属、产品使用权的归属、产品购买权归属、购买渠道等。②引申数据（derived data）。包括交叉购买（dross-sell）潜力、增值购买（up-sell）潜力、获利潜力、信用风险等。

有了客户的数据后，企业还要对客户的数据进行筛选、分类、整合，使这些数据结构同构、集成性好并有很好的预测性能。

数据构成了企业决策的依据，而且数据在企业各个管理层传递和流动，便形成了企业 CRM 的工作流程，如图 4.32 所示。

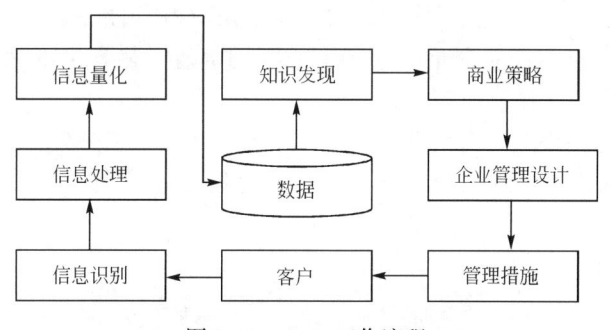

图 4.32　CRM 工作流程

CRM 在管理理念上与以往的有所不同，用博弈论解释，可以说客户和企业之间不再是供需矛盾的对立关系，而是合作的博弈双方，是"学习关系"[65]。

4.5.9　商务智能

商务智能（Business Intelligence，BI）的概念最早由 Gartner Group 公司于 1996 年提出，当时 Gartner Group 公司将商务智能定义为"以帮助企业决策为目的，对数据进行收集、存储、分析、访问等处理的一大类技术及其应用"。随着对商务智能研究的不断深入，对商务智能的定义也可谓见仁见智，目前还没有一个权威的描述。

具体地说，"商务智能"的概念包括四个层面的含义[66]。

（1）商务智能是由多个功能组件构成的集成式软件包

一般包括数据仓库构造和维护软件、数据挖掘软件、联机分析软件等。其功能是随时对企业存储的各种数据进行各种分析，给出报告，帮助管理者认识企业和市场的现状，以做出正确的决策。

（2）商务智能是多种技术综合应用的解决方案

它提供了采用多项数据处理技术、应用系统以及咨询服务来考察、发现和形成可付诸实施的关于市场、客户和经营管理的见解的一种方法。

（3）商务智能是一个过程

它是企业各级决策人员利用查询/报表工具、联机分析处理工具、数据挖掘工具以及自己的行业知识，从数据仓库中获取有用信息，做出明智决策，逐步提升企业竞争力的过程。

（4）商务智能是一种状态

它是企业能够有效地将所存储的数据转换成高价值信息，并在适当的时间和地点满足各级管理者科学决策的信息需求，从而提高企业决策能力和运营能力的一种状态。一个智能的企业能够更快地做出好的决策，比对手更为精明，从而获得竞争优势，让企业总是在行业的第一方阵里竞争。

总之，商务智能是根据一定的解决方案，采用相应的软件，发掘企业存储数据中所隐含的信息，使企业最终达到有效利用信息、科学决策状态的过程。因此，商务智能是一个内涵丰富的综合概念。

商务智能的出现是一个渐进的演变过程，它经历了事务处理系统(TPS)、经理信息系统(EIS)、管理信息系统(MIS)、决策支持系统(DSS)等阶段，如图4.33所示。[67]

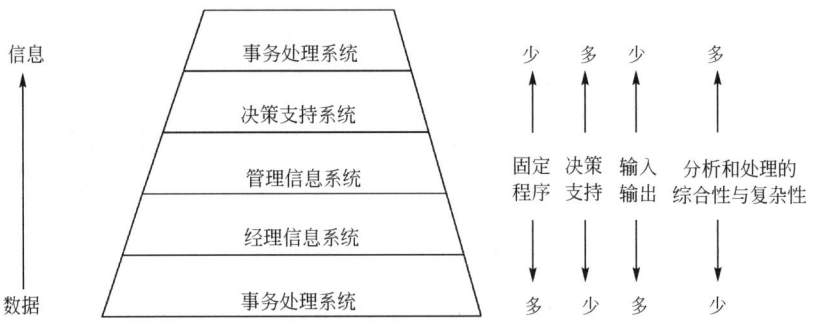

图4.33 商务智能发展过程

实施商务智能，首先需要准备正确可用的数据，其次要将这些数据转换成有价值的信息，再用于指导商业实践。这个过程包括数据抽取、分析和发掘三个主要环节，分别由数据仓库、联机分析处理（OLAP）和数据挖掘技术来完成。数据仓库是商务智能的基础，存储按照商务智能要求重新组织来自业务系统的数据；联机分析处理和数据挖掘是在数据仓库的基础上进行分析，提供给最终用户灵活自主的信息访问途径、丰富的数据分析与报表功能。[68]这三项技术是支撑商务智能的主要技术，此外还有一些，这些技术如何构筑商务智能？IBM 公司给出了一个商务智能的体系结构图，见图4.34。[69]

这里对该体系结构中的各组成部分做简要说明：

（1）可操作的和外部的数据

这些是商务智能的数据源。其中内部信息来自企业的日常业务处理系统，如ERP、前台交易系统等，外部信息来自 Internet、行业期刊等。

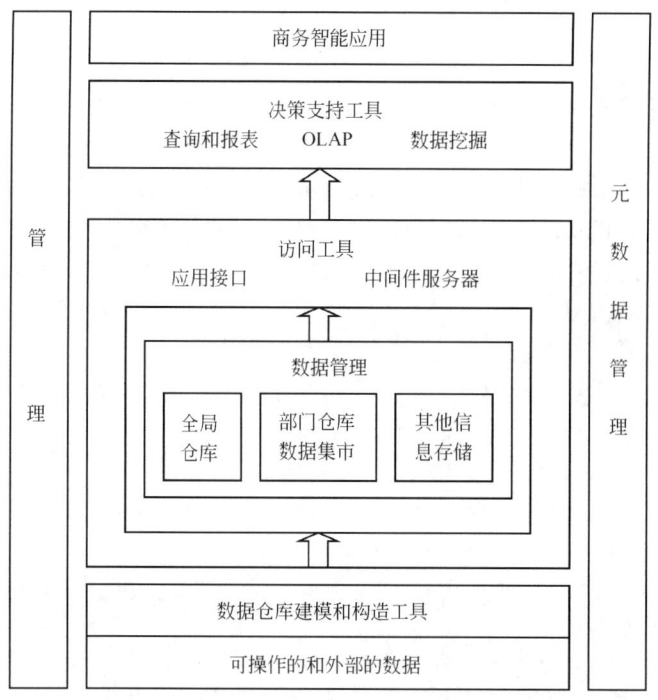

图 4.34 商务智能体系结构

（2）数据仓库建模和构造工具

用来从数据源系统中捕捉数据，经过加工和转换后装入数据仓库。

（3）数据管理

管理终端用户感兴趣的信息。一般采用三层存储结构，即数据仓库—数据集市—特定主题的信息存储。经数据仓库建模和构造工具处理后的数据装载进全局仓库，然后按部门从全局仓库中抽取相关数据载入部门仓库，再根据终端用户要解决的特定问题从部门仓库中抽取关于该主题的数据载入其他信息存储。

（4）访问工具

包括应用接口和中间件服务器，使客户工具能够访问、处理数据库和文件系统中的信息。

（5）决策支持工具

包括基本的查询和报表工具以及 OLAP 和数据挖掘工具。

（6）商务智能应用

这是许多针对不同行业或应用领域经过裁剪的完整的商务智能解决方案软件包。

（7）元数据管理

这是用来管理与整个商务智能系统有关的元数据，包括技术元数据和商业元数据。

（8）管理

包括商务智能管理的所有方面，如安全性和验证、备份和恢复、监控和调整等。

商务智能作为辅助决策的有力手段，可广泛应用于众多领域。对亚太地区关于商务智能应用现状的分析结果显示，金融、电信、保健、政府、交通和制造等行业目前是需求最旺盛的行业。

主要参考文献

［1］中国版协科技出版工作委员会. 高技术现状与发展趋势. 北京：科学出版社，1993

［2］钟义信. 信息科学原理. 福州：福建人民出版社，1988

［3］刘昭东，宋振峰. 信息与信息化社会. 北京：科学技术文献出版社，1993

［4］关士续，于克旺. 自然科学基础知识. 哈尔滨：哈尔滨工业大学出版社，1985

［5］薛华成. 管理信息系统. 北京：清华大学出版社，1992

［6］Joachim Hammer et al. Stanford Data Warehousing Project. http：//www-db. stanford. edu/warehousing. 1998-02-11

［7］Ted Gannon, Don Bragger. Data Warehousing with Intelligent Agents. Dbms, 1998

［8］萨师煊，王珊. 数据库系统概论. 北京：高等教育出版社，2000

［9］陈宇翔，鲍鸿. 数据集市技术. 微机发展，2002，（6）：23～24

［10］Inmon W H. 数据仓库管理. 王天佑译. 北京：电子工业出版社，2000

［11］范明，孟小峰等. 数据挖掘——概念与技术. 北京：机械工业出版社，2001

［12］夏火松. 数据仓库与数据挖掘技术. 北京：科学出版社，2004

［13］姜晚云，胡学钢. 浅析数据库知识发现与数据挖掘. 滁州学院学报，2006，（6）：19～20

［14］王志宏. 数据库中的知识发现概述. 商业视角，2006，（8）：170～171

［15］Salton G, Wong A, Yang C. A vector space model for automatic indexing. Communications of the ACM, 1975, 18(11)：613～620

［16］Mac Queen J. Some methods for classification and analysis of multivariate observation. In：Proc. of the 5th Berkeley Symp. Math. Statist. and Prob. 1. California：University of California Press, 1967

［17］Kaufman L, Rousseeuw P J. Finding Groups in Data：An Introduction to Cluster Analysis. New York：John Wiley & Sons, 1990

［18］Ankerst M et al. OPTICS：Ordering points to identify the clustering structure. In：Proc. of the 1999 ACM SIGMOD Int'l Conf. on Management of Data（SIGMOD'99）. New York：ACM Press, 1999

［19］张聪，张慧. 信息可视化研究. 武汉工业学院学报，2006，（9）45～48

［20］傅兆敏，胡金宝. 地理信息系统概述. 重庆工学院学报，2006，（2）：135～136

［21］高刃. 地理信息系统的发展趋势. 软件导刊，2006，（7）：32～33

［22］何淑贞，王晓海. 主宰互联网未来发展的信息网格技术. http：//telecom. chinabyte. com/

132/1642132_ 2. shtml. 2004-06-13

[23] 桂小林. 基于 Internet 的信息网格的软件框架研究. 西安交通大学学报, 2004, (6): 551~554

[24] 吕凤英. 关于网络信息分类的一点思考. 天中学刊, 2002, (10): 94~95

[25] Sherman Chris. Happy birthday, Aliweb! http://searchenginewatch.com/searchday/article.php/2161311. description, http://www.sunstorm.com/amazing/aliweb.htm#desc. 2005-04-15

[26] Galaxy History. http://www.galaxy.com/info/history.html. 2005-04-17

[27] Open Directory 编辑指引. http://www.dmoz.org.cn/guidelines/index.html. 2005-04-17

[28] 尹中航. 网络新闻智能分类技术的研究与实现. 上海交通大学博士学位论文, 2002

[29] 李淑文. 试论文本自动分类. 现代计算机, 2004, (7): 38~41

[30] 中国邮电电信总局. 可视图文. 北京: 人民邮电出版社, 1996

[31] 中国邮电电信总局. 电子数据互换. 北京: 人民邮电出版社, 1996

[32] 李静霞. 国外数字图书馆的发展趋势及其启示. 图书情报知识, 2000, (2): 18~19

[33] 张艳霞, 齐东峰, 段洁滨. 国外图书馆数字化的发展与思考. 四川图书馆学报, 2004, (4): 9~10, 19

[34] 祝忠明, 吴新年. 学科信息门户元数据格式的选择与设计. 大学图书馆学报, 2002, (2): 2~4

[35] 冯玉, 雷菊霞. 网络时代学科信息门户的信息组织. 图书馆理论与实践, 2006, (2): 60~62

[36] 吕慧平, 陈益君, 周敏. 中国学科信息门户网站建设的现状和问题研究. 现代情报, 2006, (9): 137~141

[37] 黄如花. 学科信息门户信息组织的评价. 武汉大学学报（社会科学版）, 2003, (5): 653~657

[38] 丁宁, 张婷. 学科信息门户探析. 新世纪图书馆, 2004, (4): 18~20

[39] 薛菘. 基于 Web 数据库平台的图书馆个性化服务: MyLibrary. 图书情报工作, 2002, (8): 22~25

[40] 张玉峰等. 基于 Agent 的个性化信息服务模型研究. 情报学报, 2001, 20 (5): 555~559

[41] 史田华. 因特网的个性化信息服务. 情报资料工作, 2002, (1): 31~32, 38

[42] 网上营销新观察. 什么是 Web2.0? http://www.marketingman.net/FAQ/0051.htm. 2007-03-10

[43] Olga Kharif. All Your Info in One Place. Business Week Online. http://www.businessweek.com/technology/content/feb2005/tc2005028_3828_tc203.htm. 2007-03-12

[44] 梁燕. 浅谈万维网与语义网. 吉林华侨外国语学院学报, 2005, (2): 108~109

[45] 王晓红. 基于本体的语义网技术及其研究现状. 第十九届全国计算机信息管理学术研讨会论文集. 万方会议论文库, 2005

[46] （美）麦克劳德, 谢尔. 管理信息系统：管理导向的理论与实践（第 8 版）. 张成洪等译. 北京: 电子工业出版社, 2002, 6: 233~238

[47] （美）麦克劳德, 谢尔. 管理信息系统（第 9 版）. 北京: 北京大学出版社, 2006. 263~264

[48] （美）麦克劳德, 谢尔. 管理信息系统：管理导向的理论与实践（第 8 版）. 张成洪等

译. 北京：电子工业出版社，2002. 228

[49]（美）麦克劳德，谢尔. 管理信息系统（第9版）. 北京：北京大学出版社，2006. 265~266

[50]（美）麦克劳德，谢尔. 管理信息系统：管理导向的理论与实践（第8版）. 张成洪等译. 北京：电子工业出版社，2002. 280~293

[51] 刘伯莹，周玉清，刘伯钧. MRPⅡ/ERP原理与实施. 天津：天津大学出版社，2001

[52] 宋红. 应用ERP系统促进企业管理变革. 中国科技信息. 2006，(3)：93

[53] 刘媛媛. ERP：企业信息化的机遇与挑战. 合作经济与科技. 2006，(2)：12

[54] 何光文. 企业资源计划系统（ERP）原理与应用. 中国优秀博硕士学位论文全文数据库，2001

[55] 庞士宗，肖平阳，唐加福. 产品数据管理（PDM）——现代企业信息化管理与集成的理想平台. 北京：机械工业出版社，2001

[56] 宋威. 基于BOM的PDM与ERP系统集成的研究与实现. 万方学位论文数据库，2005

[57] 俞涛. 产品数据管理技术及其应用. 机电一体化，2000，6(4)：1

[58] 朱世和. 基于产品结构与配置管理的PDM系统研究与开发. 万方学位论文数据库，2006

[59] 胡常伟，陈新度，陈新. PDM系统与ERP系统的集成方法研究与应用. 制造业信息化，2006，(3)：24~26

[60] BPR：推动企业成功应用ERP. http：//www.i-power.com.cn/ipower/erp/bpr/bpr010330004.htm. 2007-03-18

[61] 刘德三. BPR的重要目标是优化工作流程（之一）. 中国市场，2006，(25)：32~38

[62] 金凤鸣，邓志平. 我国CIMS技术应用与展望. 机电新产品导报，2006，(6)：104~105

[63] 李先国. 营销师. 北京：中国环境科学出版社，2003

[64] 郭自明. 建立有效的客户关系管理系统. 化工进展，2005，24（增刊）：243

[65] 单友成. CRM理论与应用研究. 中国优秀博硕士学位论文全文数据库，2003，10~12

[66] 孙蕾. 商务智能及其应用探索. 万方学位论文全文数据库，2004

[67] 专题. 追寻商务智能的发展轨迹. 软件世界，2001，(6)：56

[68] 杨俊锋，董丕明. 商业智能系统的设计与实现. 大连铁道学院学报. 2002，(1)：87~90

[69] AMT. 商业智能初探. http：//seekjob.myrice.com/bi.htm. 2001-12-25

[70] 石履超等. 情报技术. 北京：科学技术文献出版社，1994

[71] 钟义信. 信息的科学. 北京：光明日报出版社，1988

[72] 张远. 信息与信息经济学的基本问题. 北京：清华大学出版社，1992

[73] 乌家培等. 经济信息与信息经济. 北京：中国经济出版社，1991

[74] 经济企划厅国民生活局. 信息社会与国民生活. 高敏行译. 北京：科学技术文献出版社，1986

[75] 马费成，王槐. 情报经济学. 武汉：武汉大学出版社，1991

[76] 西蒙·诺拉等. 社会的信息化. 施以旺等译. 北京：商务印书馆，1988

[77] 舍梅涅夫. 哲学和技术科学. 北京：中国人民大学出版社，1989

[78] 钟玉琢等. 多媒体计算机技术. 北京：清华大学出版社，1996

[79] 陈宇. 经济信息管理概论. 北京：中国人民大学出版社，1996

[80] Haefer K. Evolution of Information Processing Systems. Springer-Verlag，1992

[81] Inose H. Information Technology and Civilization. Freeman, 1984
[82] Bannon L. Information Technology Impact on the Way of Life. Tycooly International Publishing, 1981
[83] Forester T. Information Technology Revolution. MIT Press, 1985
[84] Zorkoczy P. Information Technology: An Introduction. Knowledge Industry Publishing Inc., 1982
[85] 潘培新等. 信息社会化和新技术革命. 北京: 世界知识出版社, 1988
[86] 黄秋斌. Email: 一种全新的交流方式. 光明日报, 1997-02-07
[87] 陈幼松. 网络世纪谁是火车头. 光明日报, 1997-01-16
[88] 姚为克. 美国Internet现状与管理. 中国信息导报, 1997, (1): 35~37
[89] 陆小珊. Intranet挑战Internet. 中国信息导报, 1997, (1): 20~21
[90] 苗东升. 系统科学原理. 北京: 中国人民大学出版社, 1990

5 信息资源的过程管理

信息资源一旦脱离生产过程,就必然不以人的意志为转移地遵循一定的模式和规律在社会内部传播和交流。一般来说,信息资源的流动是有向的,总是从信息资源的生产者或控制者流向信息资源的使用者;这些不停地流动着的信息资源称为信息资源流,而信息资源从生产者或控制者流向使用者的可控过程称为信息资源交流。信息资源交流过程是由信息源、信息采集、信息转换、信息组织、信息存储、信息检索、信息资源开发和传递服务等环节构成的,引入管理过程即计划、组织、指挥、协调、控制过程,使之相互契合,则可形成信息资源管理过程。围绕这个过程所产生的理论与方法即为信息资源的过程管理。

5.1 信息资源流和信息资源管理过程

信息资源交流是一种有目的的社会活动,其控制对象是流动着的信息资源即信息资源流。

5.1.1 信息资源流

信息资源流是有序运动的信息资源的集合。与河流水系一样,信息资源流的形成也必须至少具备源头、渠道和目的地三个要素。信息资源流的源头是拥有生产信息资源能力的人或机器;流通渠道一般分为正式渠道和非正式渠道两大类;目的地则是需要信息资源的人即用户。与河流水系不同的是,信息资源流的源头与目的地常常可以互换,彼时的源头此时可以是目的地,此地的源头在彼地则可能是目的地,一个人或一个组织也可以同时既充当源头又充当目的地。因此,信息资源流的运行与控制比河流的运行和控制复杂、艰难得多。

通常,任何正常的具有思维能力的人都可以成为信息资源流的源头,同时又必然是信息资源流的目的地。但在实际生活中,信息资源流的源头多为那些善于发掘、创造和积累信息资源的人,如科学家、教师、作家、记者、律师、管理者、工程师、决策者等;一般大众更多是充当信息资源流的目的地的角色,他们接受信息资源,将其转化为物质、能量或自身的能力与素质。在信息资源流流动的过程中,出于永久利用、反复利用和有效利用的目的,人们也常常通过人工设施来拦截和储蓄信息资源流,这样就形成了类似"水库或人工湖"的图书馆、档案馆、情报中心、信息中心等形式的信息资源中心。信息资源中心既可以改变信息资源流的流向和时间,在用户需要时为其提供所需的信息资源,从而提高信息资源的利用率;又可以通过类似发电的方法对信息资源进行开发,以改变信息资源的结构和功能,提高信息资源的品位,实现信息资源的增值。

信息资源流的渠道大致可分为非正式渠道和正式渠道两类(见图5.1)。非正式渠道指信息资源流的源头和目的地之间不存在作为"第三者"的控制者,信息资源不经过其他中介环节而直接从生产者流向消费者,如个人之间的信息资源交流就利用这种渠道。正式渠道则指在源头和目的地之间存在独立的控制者的交流渠道,它是社会分工高度发达的社会内部的主体交流渠道,正式渠道中的信息资源流将在控制者的控制下经过一系列有序的环节流向用户。信息资源流的非正式渠道与正式渠道互为补充,共同构成信息资源交流的通道。

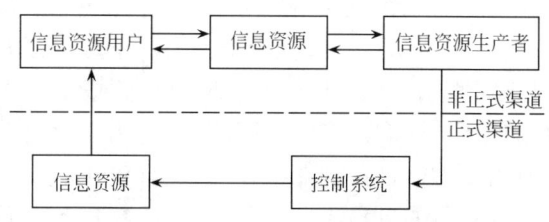

图 5.1 信息资源流的两种渠道

准确地说,信息资源流是一个纵横交错、"江河湖泊"密布的动态的资源网,任何人都是这个网上的点,任何一个组织都是一个或大或小的网中之网。在如此宏大的信息资源网中,要实现信息资源的有向、有序、高效的流动,信息资源的管理与控制是必不可少的。我们通常把人类管理和控制之下的信息资源的有序运动称为信息资源交流活动。[1]

5.1.2 信息资源交流

信息资源交流是一种有目的的社会活动,是人们为实现资源共享而对信息资源流实施组织、规范、引导和控制的过程。从要素分析的角度认识,信息资源交流的出现和存在需要具备交流者、交流对象、交流内容(信息资源)、交流媒介和控制者等要素。这些要素依据一定的方式可整合为特定的信息系统,如出版社、广播电台、电视台、报社、图书馆、档案馆、情报中心(信息中心)等,虽然它们的具体交流内容、方式和任务各不相同,但究其实质都是对信息资源流的管理与控制活动。

信息资源交流可根据不同的标准划分为不同的类型。以有无反馈机制为标准,信息资源交流可分为两类:一是单向交流,即没有反馈回路或反馈较弱的信息资源交流，如听广播、看电视、一般的教学活动等都属于单向交流，其中，交流者起主导作用，他输出信息资源并控制交流过程，交流对象多为被动地接受信息资源。二是双向交流，即交流双方互为交流者和交流对象，反馈频繁的信息资源交流，如讨论、谈话、采访、咨询、交互网络服务等都属于双向交流，其中，交流者的主导作用是有限的，他所提供的信息资源将随交流对象的反馈而变化。

以时空特性为标准，信息资源交流可分为时间交流和空间交流两大类型。时间交流即跨越时间的信息资源交流，它具有如下特点：①交流媒介固定不变。②交流没有明确的意图。③属于顺时间轴的单向交流。④交流过程侧重于"储藏"环节。⑤交流过程本身是一个淘汰和优化过程。现实中的"档案馆"就是以信息资源的时间交流为主流的。空间交流指跨越空间注重交流速度的信息资源交流，其特点主要表现为：①交流目的比较明确。②属于不对称交流，即信息资源总是从密集区域流向稀疏区域。③注重交流速度，突出"传递"环节。④交流过程本身是一个扩散过程。现实生活中的大众交流、会议交流、网络交流等多属于信息资源的空间交流。当然，信息资源的时间交流和空间交流是相对而言的，任何一种交流都同时兼具时空特性，区别仅在于考察角度不同而已。

以交流的性质和范围为标准，信息资源交流可分为自我交流、人际交流、组织交流和大众交流四种类型。自我交流基本上停留在潜在信息资源的层面上，是个人为适应周围环境而进行的自我调节，严格地讲，自我交流不能称为交流的一种类型。人际交流属于非正式渠道交流，是人类社会中无处不在、每时每刻大量发生的信息资源交流类型，是个人之间通过面谈、书信、电讯、网络等方式进行的交流，一般具有交流范围小、反馈及时、有助于促进和谐的人际关系等特点。组织交流介于非正式渠道和正式渠道之间而兼具两者的特征，又可分为自上而下、自下而上和横向三种交流模式，其特点包括交流范围局限于组织需求、交流具有针对性、交流方式多样化等。大众交流属于正常渠道交流，是通过专门的机构，利用现代传播媒介或大型会议等方式向公众进行的交流，其特点包括交流对象广泛而不确定，交流速度快，交流活动职业化，反馈难等。

在社会环境中，信息资源交流通常会遇到许多障碍，概括地讲，主要包括技术性障碍和社会性障碍两个方面。

常见的技术性障碍有：

1) 自然语言障碍。由于信息资源主要是以各种自然语言（如汉语、英语、俄语等）表述的，用户通常又只能掌握一种或几种语言，这样势必无法充分利用人类所创造的信息资源。

2) 学科专业语言障碍。每个学科都有自己的专业术语体系，不同学科领域的专业人员进行交流受专业语言的制约。

3) 检索语言障碍。信息资源是通过检索语言加以组织和提供检索的，人为的各种检索语言限制了人们对信息资源的利用。

4）信息技术障碍。现代信息技术的应用导致各类电子文献的产生，人们必须借助于一定的设备和具备一定的技能才能阅读和利用电子文献，从而出现了障碍；

5）其他障碍。信息资源数量的急剧增加、交流的时滞及其离散式分布等也为信息资源交流设置了障碍。

常见的社会性障碍有：

1）版权与专利制度。这是保护著作权和创造发明权的法律制度，它们虽能调动有关人员的创造和发明积极性，但却不利于信息资源的广泛交流。

2）政治因素。各国政府出于政治、外交和其他方面的考虑，都对信息资源的交流有所限制，"文化封锁"就是一种交流限制。

3）经济因素。信息资源的价格和用户的经济承受能力也是制约信息资源交流的重要因素，等等。

5.1.3 信息资源管理过程

信息资源管理过程是信息资源交流过程和管理过程相契合的产物。该过程始于对用户信息需求的分析，以此为起点，通过信源分析、信息采集与转换、信息组织、信息存储、信息检索、信息资源开发和传递等环节，最终满足用户对信息的需求（图5.2）。与纯粹的信息资源交流过程相比，信息资源管理过程具有更为明确的目的、更为严密的组织和更为强烈的服务特征。[2]

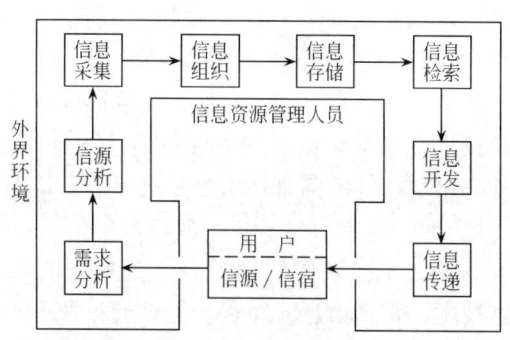

图5.2　信息资源管理过程

信息资源管理过程是围绕用户信息需求的产生和满足而形成的闭环系统，这样的系统也称为信息资源管理系统。如图5.2所示，用户既是信息资源管理过程的出发点，又是其必然归属，因而也理所当然地是信息资源管理过程的核心。但此处的"用户"并非泛指所有的用户，对于信息资源管理系统而言，它要么是为特定用户群服务的，要么是为用户的特定信息需求服务的；以此为标准，信息资源管理系统可分为两大类，即面向社会组织为特定用户群服务的依附型信息资源管理系统和面向社会、面向市场为广大用户的特定信息需求服务的法人型信息资源管理系统。用户是第一位的，信息资源是第二位的，如何用有限的信息资源去满足近乎无限的动态的用户信息需求，永远是信息资源过程管理所必须正视的首要问题。

信息资源管理过程是由信息资源管理人员控制和操作的过程，如何满足用户的信息需求，在多大程度上满足用户的信息需求和一个信息资源管理系统能够达到什么样的运行状态，在很大程度上都取决于信息资源管理人员的整体结构、素质和能力。一个信息资源管理人员最好既了解信息资源及其交流过程，又了解用户的信息需求并掌握各种适用信息技术，但严格说来这样全面发展的人才可谓不多；一个信息资源管理系统的工作队伍往往是由分别精通上述某种知识或技能的专门人才所组成的整体。在现代信息社会中，知识和技术的更新呈加速态势，信息资源管理人员的继续教育和培训因此也成为一个永恒的话题。信息资源管理人员是信息资源管理的主体，他们有思想，有感情，有追求，也有惰性，一个具体的信息资源管理系统必须灵活地运用管理理论、心理学理论、社会学理论和其他相关理论及经验知识，才能最大限度地调动他们的积极性和创造性，才能为信息用户提供更高水准的信息服务。

信息资源管理过程是由信息技术支持和衔接的过程，在现代信息环境中，信息技术的主导地位越来越明显，信息资源管理人员的主要任务将不再是从事具体的信息资源的采集、组织、存储、检索、开发和传播工作，而将主要从事信息资源管理的研究，并设法将研究成果转化为信息技术，然后由这些信息技术组成的自动化系统代替人来完成上述这些具体工作。概括地讲，信息技术主要包括软技术和硬技术两类：软技术也称信息方法，它们是信息资源管理所需的知识、程序和技能等的总和。硬技术也称信息设备，主要包括计算机系统、现代通信系统、现代信息媒体、各种应用系统等。信息技术也是单个信息资源管理系统互联为信息网络的重要媒介。

从系统的角度来认识，信息资源管理过程本身是一个系统，它是由信息资源、信息用户、信息技术、管理信息、经费和信息资源管理人员等要素组成的整体，它的运行有赖于计划、组织、指挥、协调、控制等管理功能的实现。从实践的角度来考察，如何利用有限的经费和信息资源最大限度地满足用户的信息需求，如何调动信息资源管理人员的积极性和创造性以提高信息资源管理系统的效能，如何不断改进和完善信息技术以期适应新的工作要求，如何促进和维持信息资源管理系统的有序运行和良性循环等，都属于管理功能的范畴。管理可谓信息资源管理系统的灵魂。

如果将信息资源管理过程放在信息活动的大系统中，那么这个过程也就是信息资源生产与消费之间的通道。在现实世界中,信息资源生产者和消费者之间存在着许多这样的通道,而每一个通道又都是一个信息资源管理系统,这些系统通过现代通信技术和计算机技术联结起来即构成信息网络:信息资源的网络管理所研究的正是由单个信息资源管理系统互联而成的信息网络。

我们也可以近似地将作为整体的信息产业看作信息资源管理过程的宏观展开,其中,信息产业的每个部门或每种行业都是某个信息环节的放大,信息调研或社会调查部门是以用户信息需求分析为主的行业,大众传播部门是以信息采集、转换和传播为主的行业,图书馆和档案馆是以信息组织和存储为主的行业,情报部门是以信息检索和服务为主的行业,信息中心或信息企业是以信息开发和利用为主的行业,等等。所有上述行业以国家(或国际)信息基础结构为中介,以微观信息资源管理过程各环节的分工、合作与衔接为模型,互为补充、互相联系所形成的整体就是通常所谓的国家信息产业体系。

信息资源管理过程是信息资源管理活动的概括,以社会组织或社会机构形式出现的信息资源管理系统则是信息网络和信息产业的细胞。

5.2 用户信息需求分析

用户通常指特定的人类个体或群体,其信息需求是信息资源管理系统构建和运行的基础,是信息产业发展的动因,同时也是职业化信息资源管理应予研究的首要问题。

5.2.1 用户及其信息需求

用户是一个涵义非常广泛的概念,在信息领域,用户通常指那些接受信息服务的人类个体或群体,或者说,归根结底用户就是社会的人。精确地分析,作为用户的人类个体或群体具有三方面的特征:①拥有信息需求,即需要接收信息以解决未知问题。②具备利用信息的能力(包括观察能力、理解能力、概括能力、抽象能力、分析与综合能力、判断与推理能力等),即有能力接收、处理和利用信息。③具有接受信息服务的行动,即事实上接收和利用信息。一个人只有具备这三方面的特征才能称为真正的信息用户,如只具备信息需求和信息能力而未形成实际的行动,则为潜在信息用户。信息用户可分为个人用户和团体用户,或根据多种标准划分为不同类型的用户。

信息用户在信息资源管理的不同领域有不同的称谓。在文献、档案、图书馆和部分大众传播领域,信息用户也称为读者,读者除具备用户的所有特征外还有一个严格的先决条件,即读者必须拥有阅读能力。在大众传播领域,信息用户还称为传播对象、观众或受者:对于报纸、杂志等新闻、出版单位,受者也就是读者；对于广播、电视、电影等部门，受者又称为听众、观众，他们不一定具备阅读能力，但必须具备起码的语言能力、理解能力等。在现代化的信息服务部门诸如计算机、数据处理和网络通信等部门，"信息用户"概念本身非常流行。比较而言，读者、听众、观众、受者等皆为信息用户的子集，信息用户相对具有最大的包容性。

信息需求是信息用户最为本质的特征。据《信息检索概念》（*Concepts of Information Retrieval*）一书的解释："需求常常是某些未解决的问题的产物。它可能与工作相关。当一个人认识到他或她现有的知识储存不足以应付当前的任务，不足以解决某一主题领域的矛盾，不足以填补某知识领域的空白时，需求便出现了。"[3] 当然，情报检索领域所界定的需求更多的是信息需求，这种需求更多的是与未解决的问题相关的。更深入更广泛地探讨，需求是由人的需要引起的要求，而需要则属于人的本能的范畴，"我们还有一些生来就有的基本驱力——自卫的需要、对食物和饮料的需要、对性的需要，也许，还有对别人陪伴的需要。但是，我们满足这些欲望的实际做法却是从文化经验中学来的"[4]。也就是说，人的需要一般都可以还原为对物质、能量和社会的需要，这些需要往往是具体的，但由于存在信息与物质、能量的转换关系，这些需要又常常以信息需求的形式首先表现出来，信息需求逐渐成为人的本质需要与人的行动之间的中介物；当人的本质需要与人的信息需求的转换和交互关系发展到一定阶段时，信息需求也成为人的一种基本需要，人可以直接用信息来满足自身的某些需要。

人的具体需要是以一定客观现实为条件的，是在一定社会生活条件下，即在一定社会和教育要求下不断发展的。人的需要一般地也表现为愿望、意向、兴趣、理想和信念等，这些需要形式都可以直接地转化为信息需求。据马斯洛的研究，人的需要可归纳为五大类，它们互相关联，若依其重要性和发生的先后次序，可排成一个需要等级（图5.3），人们一般是按照这个梯级从低级到高级追求各项需要的满足，但在特定的条件下，也可能越过较低级的需要而追求较高级的需要，如安于清贫追求自我发展的知识分子就是特例。[5] 对照信息需求理论进行分析，前三级需要即生理需要、安全需要、感情与归属需要的满足，需要"信息需求及其满足"为中介，后两级需要即受人尊敬的需要和自我实现的需要的满足，则可直接通过"信息需求及其满足"来实现。

人的需要也可以在一定条件下转化为动机和行动。根据需要理论，人一旦有了某种需要，同时又存在有可能满足这种需要的条件时，就会产生一种能引起某种行动以满足这种需要的主观愿望，并能进一步形成相关的行动，这就是需要、动机和行动的关系（图5.4）。联系信息用户的特征需求理论，可以认为，人皆有信息需求，但要把人的信息需求转化为实际的信息行为，还须为他们创造和提供条件。事实上，大众传播的普及已经极大地扩展了信息用户的范围。

5 信息资源的过程管理

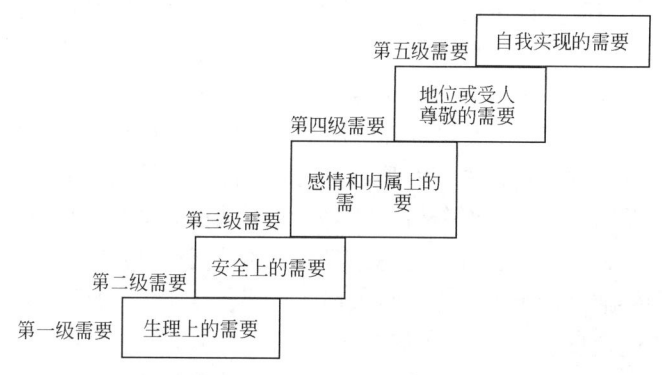

图 5.3 马斯洛的需要等级模型[5]

图 5.4 需要、动机、行动的关系[6]

用户的信息需求体现了人的需要,是由人的需要决定的。人的需要是一种客观存在,它的产生通常不取决于人的主观意志,它是人自身及其所处的自然环境和社会条件等多种因素的综合产物。当我们分析用户的信息需求时,必须首先分析这些因素及其与信息需求的关系,这样,就不仅可以了解用户的信息需求结构,还可以预测用户将会产生哪些信息需求,从而可以更准确、更及时地组织信息资源来满足用户的这些信息需求。

5.2.2 用户信息需求的决定因素

如前所述,信息需求是一种客观存在,是多种因素的综合产物。引入社会学的角色理论,我们认为,人的信息需求的多样性是由其所扮演的社会角色的多样性所决定的。"社会角色是指与人们的某种社会地位、身份相一致的一整套权利、义务的规范与行为模式,它是人们对具有特定身份的人的行为期望,它构成社会群体或组织的基础"[7]。社会角色依其获得的方式可分为先赋角色和自致角色两大类。先赋角色是建立在血缘、遗传等先天的或生理的因素基础上的社会角色,如性别角色、种族角色、民族角色和家庭出身角色等;自致角色是主要通过个人的活动和努力获得的角色,如职务角色、职称角色、学历角色和荣誉角色等。在社会生活中,任何人都不可能仅仅承担某一种社会角色,总是承担着多种社会角色,这些角色又总是与更多的社会角色相联系,所有这些就构成了"角色丛"。例如,一位女医生,在家里,对丈夫她是妻子,对儿子她是母亲,对母亲她是女儿;在医院,她可能同时承担着内科医生、科主任、工会会员、学术团体成员、先进工作者和党员等多种角色；在日常生活中，在商店她是顾客，在汽车上她是乘客，对老同学她是朋友，对同一楼居住的人她是邻居，对报社她是订户或投稿的作者；此外，在国家生活中，她还是公民、市民和选民等。集于这位女医生身上的角色丛现象在任何人身上都存在，所不同的仅在于角色的数量多少而已。对于角色丛中的每一种角色，承担者都需要相应的知识或信息才能胜任，这就是信息需求产生的动因。换个角度分析，社会个体所承担的每一种角色都与他的某一特征相对应，个人具有多少特征也就拥有多少种社会角色；我们大体可以把社会个体即用户的特征分为个人特征、组织特征和社会特征三大部分，它们作为整体决定着一个人的信息需求。

用户的个人特征反映用户生理的、社会的独特性和多样性，又可分为自然特征和社会特征。自然特征是用户与生俱来的特征，包括性别、年龄、血型、肤色、体质和种族等，这些决定用户信息需求的类型和范围。例如，女性爱美，儿童爱玩，体弱多病和黄皮肤黑头发等特征都会使用户产生相应的信息需求。社会特征是用户后天发展的特征，包括兴趣、爱好、家庭、宗教、学历、职称和荣誉称号等，这些决定用户信息需求的性质与数量。例如，爱好足球、工人家庭、信奉佛教、大学生、教授和体育冠军等特征都会激发相关的信息需求。

用户的组织特征反映用户所从属的社会组织的数量及其性质，这些组织大致可分为职业组织、业余组织和社区组织等类型。职业组织是建立在社会分工基础上的社会组织，包括政治组织、经济组织和文化组织等，它们以其目标、制度、职位结构、职业活动、物质基础、技术设备和组织规模等因素直接规定着用户信息需求的主体结构，可以说，职业组织及其活动是用户信息需求的最重要的决定因素之一。例如，培养各种专门人才、教师法、校长、教学管理、大学校园、信息网络和万名师生等因素必然决定着一位大学校长的主要信息需求。业余组织是相对于职业组织而言的，它建立在兴趣爱好的基础上，可以说是职业组织的补充，它主要以其活动和参加人员等影响用户的信息需求。例如，足球比赛及其相关活动就对足球爱好者的信息需求有积极的影响。用户所参加的业余组织的数量和参与程度也反映用户的全面发展情况。社区组织是建立在地域基础上的社会组织，以空间特征为标准可分为城市社区和乡村社区，它们以其地域环境和资源、人口结构、社区文化、社区活动和社区变迁等因素影响用户的信息需求。例如，鱼米之乡、流动人口、高雅文化、自由市场和城市化等因素都能导致用户新的信息需求。

用户的社会特征从宏观上反映用户所处的时代背景和社会环境，这些特征大约包括以下几个方面：一是国家的社会制度、政治局势和方针政策等。二是经济发达程度。三是科学技术发展水平。四是社会教育水平。五是民族特点和文化传统，等等。这些特征一方面决定着用户信息需求的内容、新颖程度、量与质和发展趋势等，另一方面还为用户信息需求转化为实际的信息行为提供了条件。用户的社会特征也反映了用户信息需求的共同特征。

用户信息需求是多种因素的综合产物。当我们进行研究时，可以把这多种因素分解为一个个积木式的独立的因素，并分别进行全面深入的研究；当我们将研究应用于实际的用户分析时，可以用类似"搭积木"的方法将某个用户或某类用户的信息需求决定因素叠加起来，进而引入矛盾分析法和动态分析法等予以全面系统的分析。经验证明，没有任何两个人（包括双胞胎）的所有特征是相同的，因而也没有任何两个人的信息需求完全一致。一个用户所有的特征相加，就构成该用户的独特个性，从而也构成其信息需求的独特的激发机制。

5.2.3 用户信息需求的共同规律

用户信息需求的决定因素所研究的主要是单个用户的信息需求规律，若扩大范围，研究多用户的信息需求，则可寻找出一些共同的规律，这些规律主要包括用户信息需求的全面性、集中性、叠加性、阶段性和马太效应等。

（1）用户信息需求的全面性

如前所述，每个个别的用户都具有个人的、组织的和社会的多方面特征，而每一特征都能够激发相应的信息需求，如果条件许可，人们会将每一特征所激发的信息需求都转化为实际的信息行为。例如，现在中国的家长不仅希望自己的孩子学习成绩优良，还不惜代价送孩子上音乐舞蹈班、书法绘画班、游泳跳水班、武术健美班、电脑网络班等，希望孩子能全面发展。这类现象表明用户信息需求全面性的存在。如果说人的全面发展是全人类的奋斗目标[8]，那么人的信息需求的全面性就是推动人的全面发展的动因。

（2）用户信息需求的集中性

用户具有多方面的生理、心理和社会特征，但这些特征并非具有同等的重要性，通常，只有当某一特征或某些特征在经常性的人际互动和社会活动中形成相对稳定的社会关系时，才能在用户信息需求方面起到决定性的作用。我们认为，由血缘关系决定的种族、家族、家庭、性别和年龄等特征，由地缘关系决定的地域环境、风俗习惯、价值取向、邻里和乡亲群体等特征，由业缘关系决定的职业目标、职业活动、职位结构、职业变迁和职业文化等特征，以及由这三种关系综合决定的兴趣、爱好和朋友群体等特征，共同构成用户信息需求的最主要的决定因素，这种情况充分体现了用户信息需求的集中性。此外，这种集中性还体现在由时代背景和社会环境所决定的社会制度、科技进步和教育水平等特征的宏观影响方面。

（3）用户信息需求的叠加性

这是用户信息需求在空间特性方面所展示的规律性。每个用户都生活在特定的空间，其出生和成长的空间称为"故乡"，其求学、服役或工作的空间称为"第二故乡"，其旅游、探亲、参加学术会议和公差所及的空间可称为"缘乡（有缘之乡）"，所有这些空间和与这些空间有关的人物叠加起来，可称为"生命空间"。一个用户的生命空间对其信息需求有重要的影响，例如，人们即使离开故乡也会不由自主地关心和眷恋故乡，在报纸或广播电视中偶然发现来自故乡的报道时，常常会表现得极为关注和异常兴奋，可见这则报道满足了潜藏在他内心深处的信息需求；同样，当他获悉亲人或老友的消息时，也会得到满足——信息需求的满足。生命空间也可以理解为人们的经验、知识、观念和思想等的叠加，这些经验、知识等本身是信息需求满足的产物，但作为一种存在同时又是新的信息需求产生的源泉。

（4）用户信息需求的阶段性

这是用户信息需求在时间纬度上所呈现的规律性。人的生命是一个单向的不可逆的过程，该过程呈现着强烈的阶段性。从大的方面讲，该过程可分为幼儿期、儿童期、青年期、壮年期、中年期和老年期等阶段。就青年期而言，又可分为中学阶段、大学生阶段、研究生阶段等；就大学阶段而言，又可分为一年级、二年级、三年级、四年级四个阶段；就每个年级而言，又可分为两个学期；每个学期又有开学、期中、期末、放假等阶段划分，等等。人的生命旅程还可做进一步的细分，这种生命的节律性运动现象也称为"生命周期"，生命周期是影响用户信息需求的又一重要因素。根据社会学理论，人生的每一阶段都有一个需要解决的主要矛盾或主要问题，例如，青春期主要解决建立稳定的角色、克服角色混乱感问题，成年期主要解决获得创造力、克服停滞感等。[8]每个阶段的主要矛盾必然决定着用户该阶段主要的信息需求，这就是用户信息需求阶段性的意义所在，据此可分析和预测特定用户信息需求变化的规律性。

（5）用户信息需求的马太效应

这是指用户信息需求及其累积信息量之间的相关性。由于经历和职业等方面的关系，用户的信息需求量不会相等，因而所累积的信息量也不会相等。一般而言，信息需求量大的用户，随着时间的推移，累积的信息量越多，信息需求量也越来越高于平均水平；信息需求量小的用户，随着时间的推移，累积的信息总量呈现停滞的态势，信息需求量则越来越低于平均水平，这就是用户信息需求的马太效应。例如，科学家、教授、记者等为了生产信息资源，不断地搜索和累积信息，从而就不断衍生出新的思想与成果，也不断地激发出更多的信息需求；而某些坐办公室的干部，满足于靠老经验办事的工作方式，久而久之，思想僵化，也就不再产生新的信息需求了。

用户的信息需求是一个涉及多学科的研究论题，深入进行下去，应可发现更多的规律性。以这些规律性为指导，准确地、动态地分析和把握特定用户的信息需求，将能更合理地组织信息资源并最大限度地满足用户的信息需求。

5.3 信息源分析

用户的信息需求确定之后，信息资源管理过程便进入第二个阶段，该阶段的目标是对照用户的信息需求寻找信息源，或者说，是在广泛分散的信息源与特定的用户信息需求之间寻找平衡点。

5.3.1 信息源及其类型

信息源简称信源，顾名思义，也就是信息的来源。信息源的含义十分宽泛，不同学科通常有着不同的理解。在通信领域，研究者认为："信源也就是消息的来源，可以是人、机器、自然界的物体等"，也可以是一个事件[9]。在传播领域，研究者认为："传播的来源是指生成、制作和发送信息的源头或起点；传播的来源可以是个体——即某个具体的制作、传递信息的人，也可以是群体——指发生信息的部门或机构。"[10]在图书情报领域，研究者认为，情报源是"人们在科研活动、生产经营活动和其他一切活动中所产生的成果和各种原始记录，以及对这些成果和原始记录加工整理得到的成品"[11]；情报源可分为非文献情报源（包括口头情报源、实物情报源等）和文献情报源两大类型，等等。比较而言，上述各领域对信息源的认识互有区别，各有侧重，但可以肯定，它们所论述的都是一类信息源。深入地分析，信息源概念是与信息概念紧密联系在一起的，信息有不同的层次和类别，信息源也有不同的层次和类别。

依据信息源的层次及其加工和集约程度，信息源可分为四次信息源：一次信息源也称本体论信息源，所有物质均为一次信息源，从一次信息源中提取信息是信息资源生产者的任务，信息资源管理者一般不直接从一次信息源中采集信息。二次信息源也称感知信息源，人的大脑所储藏的潜在信息资源是最主要的二次信息源，传播、信息咨询、决策等领域所研究的也主要是二次信息源，对于信息资源管理者而言，二次信息源既是最重要的信息来源之一，又是最主要的开发对象之一。三次信息源也称再生信息源，主要包括口头信息源、体语信息源、文献信息源和实物信息源四大类型，其中又以文献信息源（包括印刷型文献信息源和电子文献信息源）最为重要。四次信息源也称集约信息源，是文献信息源或实物信息源的集约化，前者如档案馆、图书馆、数据库等，后者如各类博物馆、标本室等，它们是现代社会人们获取信息的最主要的源泉。

依据信息源的内容类别，信息源可分为五类信息源：

1) 自然信息源。自然界是最主要的自然信息源，举凡大自然的延展分布和进化变迁等信息均可从大自然中获取。

2）社会信息源。民间是最主要的社会信息源，我们可从民间获取社会的组成结构、功能变化和发展态势等方面的信息。

3）经济信息源。产业界是最主要的经济信息源，我们可从产业界获取产业结构、支柱产业、商品贸易和国民收入等方面的信息。

4）科技信息源。学界是最主要的科技信息源，我们可从学界获取科研力量及其分布、科研成果的积累与应用、科技与学术的发展走向等方面的信息。

5）控制信息源。政界是最主要的控制信息源，我们可以从政界获取政党、军队、政体、政策和法律等方面的信息。

依据信息源的运动方式，信息源还可分为静态信息源和动态信息源两大类。静态信息源包括文献信息源、实物信息源和集约信息源，它们一经产生便固定下来，若无人的参与便不再自发地产生新的信息；在信息运动过程中，它们也只能被动地等待人们的采集与获取，因此又称为被动信息源。动态信息源主要包括本体论信息源和感知信息源，它们均处于持续的变化之中，能够自发地产生新的信息，但本体论信息只能自我更新而不能主动传播，感知信息由于人具有目的性和信息能力，不仅能自我更新，也能主动寻找吸收源（即用户）。

信息源还可套用信息分类标准进行多种划分，但无论哪一种信息源都具有积累信息的功能。由于信息源可以积累信息，在它与吸收源之间就形成了信息位差，这种位差也称信息势；信息势的存在是信息流和信息交流活动产生的前提。[12]需要指出的是，信息源不等于信息资源，信息源是蕴含信息的一切事物，信息资源则是可利用的信息的集合；信息资源可以是一种高质量高纯度的信息源，但信息源不全是信息资源。对于信息资源管理者而言，他们所研究和管理的对象主要是集约信息源、文献信息源、实物信息源和部分感知信息源。

5.3.2 信息源的分布

从绝对的意义上说，一切事物都可产生信息，因此，宇宙万物莫不是信息源；从信息传播或交流的角度而言，信息源指拥有相对信息优势（即信息势）的信息媒体，包括善于积累和储藏信息的人以及生产、制作、储存和传播信息的机构等。我们在此所论及的信息源分布就是指相对的信息源的分布。

信息源的分布不同于信息资源的布局，信息源分布是一种自然现象，信息资源布局则是一种主观行为。可以说，信息源分布是长期的信息运动的结果，其实质是一种不平衡分布：从地理的角度而言，有的地区信息密集一些，因而信息源功能强一些，有的地区信息稀疏一些，故以信息吸收功能为主；从机构的角度而言，有的机构以信息资源的生产、传播和管理为主要功能，因而形成了信息源，有的机构以信息资源的消费为主要任务，因而成为吸收源；就人而言，有的人善于积累和储存信息，可谓信息源，有的人利用信息的能力较弱而且不注重积累，只能充当吸收源；等等。信息源的不平衡分布是信息势存在的表现形式，信息势同时具有动态性和相对性，即随着信息环境和信息源机制的变化，任何信息源都可能转化为吸收源，为此信息源分布也会出现新的变化。信息源的不平衡分布及其变化的规律性是信息源研究的主要内容之一。

信息源的不平衡分布首先表现在地区差异上。各类政治、经济、文化、科技和教育中心集中了大批信息资源生产者、传播者、管理者和消费者，并形成了大批的信息资源管理机构，因此在特定区域内承担着信息源的角色，例如北京和上海就是我国最主要的信息源地区；相对于各类城市，广大的乡村只是一种吸收源，它们只有在特定情况下才扮演信息源的角色。在世界范围内，发达国家更多地处于信息源的位置，发展中国家则以吸收信息为主，Internet 就是以美国为主要信息源的一种洲际信息网。

信息源的不平衡分布也表现在机构的差异上。各类决策机构、教育与科研部门、协会与学会、广播电视部门、编辑出版发行机构、档案馆、图书馆、情报中心、数据中心、信息中心、调查和咨询中心、策划中心和统计中心等集中了社会上主要的潜在信息资源和现实信息资源，成为社会中的信息源机构；而其他一般的职业组织和社区组织则多为吸收源。

信息源的不平衡分布还表现在人的差异上。各类决策人员、管理人员、研究开发人员、技术人员、教师、统计人员、策划人员、调查人员、咨询人员、传播人员、信息资源管理人员、有丰富实践经验的工作人员或长者以及具有大学文化程度的一般劳动者等由于积累了丰富的潜在信息资源和（或）一定量的藏书，而在社会中扮演着信息源的角色；一般大众、实践第一线的工作人员、未成年的求学者和文化程度较低的居民等则多为吸收源。

信息源的不平衡分布是一种绝对现象，无论何时何地，这种不平衡性都会存在，但不平衡的格局即信息源和吸收源的具体分布，则是相对的和动态的。一般而言，信息资源管理所探讨的信息源是人类参与的信息源，它们表现为信息源和吸收源的统一体；如果一个信息源累积信息的功能强一些，即信息输入大于信息输出，它就能持久地维持信息源的地位；相反，如果其累积信息的功能减弱乃至消亡，它的信息优势也会逐渐丧失，最终将会沦为一个以吸收信息为主的吸收源，这就是信息源不平衡分布变化的内在机制。例如，一个地区可能因为资源枯竭、交通位置变化和经济衰退等而导致人才流失，最终由信息源地区变为吸收源地区；我国的许多县级公共图书馆由于经费拮据等原因多年未进新书，这种趋势持续下去将会导致有"知识海洋"之称的图书馆丧失信息源的地位；而一个高考落榜的农村青年可能通过自学成才成为实用技术人员，从而在乡村社区充当信息源；等等。

信息源分布是一种客观存在，是长期信息运动的结果。了解信息源的分布是做好信息采集工作的前提。一般而言，相对于特定信息需求的信息源的分布也是不平衡的，能满足用户主要信息需求的信息源大约集中在少数相关的领域、机构或媒体中，而那些满足用户一般信息需求的信息源则分散在众多的领域、机构或媒体中。为此，信息资源管理者要结合信息源和用户的信息需求进行交叉分析，以期发现对应于特定用户信息需求的信息源分布格局，这也是信息源分析的主要目的。

5.3.3 文献信息源分析

文献信息源（包括印刷型文献信息源和电子型文献信息源）是一般信息资源管理研究和管理的主要对象，因而也是信息源分析的重点。对文献信息源的分析主要集中在两个方面，一是对其信息势即文献信息源的价值的分析，二是对其分布规律和变迁规律的分析。

文献信息源的价值建立在一定信息量的基础上，没有一定的量，就谈不上一定的质。但信息量并不是文献信息源价值的决定因素，对于特定用户的信息需求而言，100 万册藏书也许不比 20 万册藏书具有更多的价值，即基于一定信息量的文献信息源的质量才是最重要的。然而，怎样衡量文献信息源的质量呢？目前常用的方法有两种：一是信息资源管理者根据对文献信息源的一般要求对其进行评分评定；二是由信息用户根据自己的实践需要进行评定[13]。因为第二种方法较为繁杂且变化度过大，所以第一种方法运用得较多。有关研究者常用及时性、完整性、新颖性、可靠性和简明性等指标来评定文献信息源，如表 5.1 所示，这些指标全部采用 10 分制。[13]

表 5.1 文献信息源评分评定表[13]

评定标准	文献信息源											
	I	II	III	IV	V	VI	VII	VIII	IX	X	XI	XII
及时性	10	5	1	8	8	10	8	4	8	2	4	8
完整性	4	6	10	8	6	9	8	8	9	9	7	6
新颖性	8	7	4	9	10	9	6	10	6	5	9	8
可靠性	5	8	8	10	8	10	10	9	10	8	7	8
简明性	8	7	4	7	5	8	3	6	6	6	3	6
总 分	35	33	27	42	37	46	35	37	39	30	30	36

在表中，罗马数字所代表的文献信息源分别为：I——大众传播媒介，包括报纸、广播、电视、电影等；II——期刊；III——专著、汇编、手册、图集等不定期出版物；IV——科技报告、技术总结；V——产品样本、目录、使用说明、广告等；VI——技术档案；VII——标准文献；VIII——专利说明书；IX——生产总

结、总结、统计报表等；Ⅹ——政府出版物；ⅩⅠ——学位论文；ⅩⅡ——会议录、学术报告、展览会资料等。文献信息源的评分评定法本身带有很大的主观性，上述评分结果也只是科技信息研究人员的一种直观认识，若由社会科学研究人员评分，结果可能会有很大出入。但这种方法如果运用得当，还是可以作为文献信息资源选择和采集的工具。

文献信息源的分布规律是对特定文献信息源的不平衡分布的描述，主要包括布拉德福定律、洛特卡定律和齐普夫定律。布拉德福定律主要探讨特定学科期刊论文的不平衡分布，"如果将科学期刊按其刊载某个学科领域的论文数量，以递减顺序排列起来，就可以在所有这些期刊中区分出载文量最高的'核心'区和包含着与核心区同等数量论文的随后几个区，这时核心区和后继各区中所含的期刊数成 $1:a:a^2:\cdots$ 的关系（$a>1$）"[13]。换言之，一个学科的期刊论文通常大量集中在一定数量的核心期刊上，剩余部分则依次分散在大量的相关期刊上，这种不平衡现象也称为期刊论文的集中－分散规律。洛特卡定律主要探讨科学文献著者的不平衡分布状况，如设撰写 x 篇论文的作者的出现频率为 $f(x)$，则

$$f(x) = \frac{c}{x^2} \quad (c\text{ 为常数})$$

即撰写 x 篇论文的作者数量与这些作者所写的论文数 x 成平方反比关系，例如，写两篇论文的作者数量大约是写一篇论文作者数量的 $\frac{1}{4}$，写三篇论文的作者数量大约是写一篇论文作者数量的 $\frac{1}{9}$，写 n 篇论文的作者数量大约是写一篇论文作者数量的 $\frac{1}{n^2}$；更一般地表述，可以说"杰出科学家的数量仅仅是科学家数量的平方根。"齐普夫定律描述自然语言词汇在文献中的不平衡分布[13]，如将一篇较长文章（约 5000 字以上）中每个词按其出现频次递减排列起来（高频词在前，低频词在后），并用自然数给这些词编等级序号，出现频次最高的为 1 级，其次为 2 级，……这样一直到 D 级，则

$$fr = c$$

在上式中，f 表示词在文章中出现的频词；r 表示词的等级序号；c 为常数。齐普夫定律也称为"最省力法则"。

上述定理描述了文献信息源的某一部分或相关要素的分布规律，它们已在文献信息工作中得到了广泛应用，但它们都是经验定律。随着文献信息的急剧发展，尤其是电子型文献信息的大量涌现，它们本身还有待于进一步证实。

文献信息源的变迁规律揭示的是文献信息源的动态发展和新陈代谢的规律性，主要包括文献增长规律和文献老化规律两部分。文献增长规律揭示科学文献随时间而呈指数增长的规律，如果用 $F(t)$ 表示时刻 t 的文献量，a 为统计的初始

时刻（$t=0$）的起始文献量，b 表示文献持续增长率，则

$$F(t) = ae^{bt} \quad (e = 2.718)$$

上述指数增长模型是文献学家普赖斯发现的，因此又称普赖斯曲线[13]。严格地说，普赖斯曲线只是一种理想的模式，科学文献不可能长时期地按指数增长，当文献增至最大值的一半时，其增长率开始变小，最后缓慢增长，并以 k 为极限（即文献增长的最大值），这就是经过修正的普赖斯曲线，或称逻辑曲线：

$$F(t) = \frac{k}{1 + ae^{-kbt}}$$

逻辑曲线相对较好地反映了未来科学文献总量增长的规律。文献老化规律揭示文献信息资源价值的衰减规律，如果以 $C(t)$ 表示 t 年间文献信息资源的利用次数，a 表示价值衰减率，则

$$C(t) = ke^{-at} \quad (k \text{ 为常数})$$

文献老化是一种自然现象，是文献信息资源利用的必然结果，利用越充分，价值衰减也越快；同时，文献老化也是文献增长的必然结果，增长与老化本身是相对应的。

文献信息源对于信息资源管理而言是最重要的信息源，信息资源管理者所处理和提供给用户的信息资源大都来自文献信息源，为此，信息资源管理领域尤其是图书情报部门非常注重对文献信息源的研究。

除上述规律外，有关研究者还发展了文献引文分析方法，内容涉及引文出版年代的分布、学科或主题的分布、文献类型的分布、语种的分布、作者的分布、国别的分布和期刊的分布等。它们从总体上揭示了文献信息源之间的关联性。

5.4 信息采集和转换

信息源分析和信息采集是一个微观过程的两个方面，信息源分析侧重宏观的理论研究，信息采集则注重具体的实际行动。信息采集一般也意味着信息的转换，或者说，信息转换是信息采集的延续。

5.4.1 信息的选择和采集

对于一个具体的信息资源管理机构，无论是广播电视机构、出版发行机构，还是图书馆、档案馆、情报中心，信息源的总体格局确定后，在一段时期内保持相对稳定，这时的工作重心就转移到信息的采集方面了。信息的采集，简言之，就是信息的选择过程，是根据不断变化的用户信息需求从已确定的信息源体系中连续地选择、提取和搜求信息的过程。信息采集包括新闻记者的采访、咨询调查人员的调查统计、出版编辑人员的征稿和约稿、发行人员的采购、档案的接收和

集中、图书馆藏书的选择和邮购、情报资料的索取和交换、网络信息的检索和获取等。

选择是信息采集的核心，也是信息资源管理成败得失的关键。一般来说，与特定用户信息需求相关的信息资源是广泛分散并且异常丰富的，而具体的信息资源管理机构的人力、物力和财力都是有限的，这就要求信息采集人员一方面要摸清用户的主要信息需求，用传播学的专业术语说，即找准用户的"兴奋点"，另一方面还要选准能够满足用户主要信息需求的核心资源。这两个方面的工作都属于选择的范畴，选择是一个动态的过程，一个消除不确定性的过程，也是一个艰巨的工作过程。

信息选择的质量主要取决于信息采集人员的整体素质。一个合格的信息采集人员不仅要有较高的思想政治水平、较强的分析鉴别能力和广博的知识面，还必须明确和熟知以下内容：①明确本机构的方针任务。②明确信息采集的原则和评估指标。③熟悉信息采集的工具和技术。④熟悉信息获取的渠道和信息积累。

信息资源管理机构的方针任务是根据它所面向的信息用户群体来确定的，其实质是用户信息需求分析结果的升华。从总体而言，信息资源管理机构的任务可归纳为宣传思想，交流信息，开发智力，满足兴趣爱好乃至盈利（部分机构的任务）等。具体到每一类、每一个信息资源管理机构，由于分工不同，方针任务也就各异。例如，新华书店是营业性机构，在不违背思想性原则的前提下，盈利是主要任务，其采集工作也必然以盈利为指导思想；但盈利并非书店的全部任务，作为信息资源管理机构，它也承担着宣传思想等任务，也需要分析读者需求并以此为指导方针。总之，明确本机构的方针任务是信息采集工作的首要问题。

信息采集的原则是方针任务的具体化，主要包括针对性、计划性、科学性、预见性和系统性等。针对性要求采集人员根据本机构的性质、任务和服务对象确定采集的范围和重点。系统性要求采集人员注重信息采集的连续性和完整性。科学性要求采集人员注重信息源、用户信息需求和采集方法的科学研究。预见性要求采集人员不仅研究用户当前的信息需求，也要研究用户未来的信息需求。计划性则要求采集人员制定科学合理的采集计划，有目的有步骤地采集信息。

信息采集的评估指标是采集原则的量化，主要包括采全率、采准率、采集的及时率、采集的费用和采集的工作量等，这些是通过文献内容与情报需求的相关程度即切题性来衡量的。采全率 Q 是一个机构（或系统）所有的切题性文献数 a 与当时潜在的切题性文献数 b 之比：

$$Q = \frac{a}{b}$$

采准率 Z 是一个机构所有的切题性文献数与该机构采集的所有文献数 c 之比：

$$Z = \frac{a}{c}$$

采集的及时率 T 是由采集过程的所有工序（从出版物的发表到信息输入信息资源管理系统）花费的总时间来计算的：

$$T = \sum_{i=1}^{n} t_i \quad (i = 1, 2, \cdots, n)$$

采集的费用 F（存储信息的单位费用）是年采集费用 d 与年采集量 e 之比：

$$F = \frac{d}{e}$$

采集的工作量 G 可用采集过程所有工序的劳动消耗总数来计算：

$$G = \sum_{i=1}^{n} g_i \quad (i = 1, 2, \cdots, n)$$

就上述指标而言，采全率和采准率用于衡量信息采集的质量与水平，及时率、费用、工作量则用于衡量信息采集的效率和效益。

信息采集所需的工具和技术主要包括各种新书目、回溯性书目、期刊征订目录、音像资料征订目录、数据库联合目录和核心期刊目录等以及联机检索技术、各种应用软件使用技术和网络实用技术等。熟悉这些工具和技术有助于采集人员广、快、精、准地采集本机构用户所需的特定信息资源。

信息获取的渠道是指控制信息源的中介组织与个人，如各类信息咨询组织、书商、信息经纪人、各类基金组织、各类学会与协会、各类信息发布组织、各类决策组织和不同类型的信息资源管理机构等。信息采集人员不可能是全知全能的，但如能积极地谋求与上述中介组织和个人合作，则可在很大程度上弥补自己在知识面和对信息源认识等方面的不足，并能极大地提高采集的效率。

熟悉本机构的信息积累也是信息采集人员的基本功。一个信息资源管理机构的信息积累既体现了其用户信息需求的特色，同时又限定了其信息采集的范围；信息采集人员只有对信息积累的基本情况了如指掌，才能强化本机构信息资源体系的特色，杜绝重复，高效率地满足用户的信息需求。即使大众传播这样的部门，在采集信息时也应熟知本部门的信息积累，这样才能对以往报道过的人和事进行连续跟踪报道，从而保证信息传播的连续性和系统性，真正形成自己独特的风格。

信息采集是以信息选择为核心的过程，这是一个科学的、客观的过程。选择什么信息并不取决于采集人员的主观意志，而是取决于用户信息需求的分析结果和信息源实际能够提供什么信息；但这还不够，前已详述，实际的信息采集工作还需分解和熟悉信息采集的原则、评估指标、工具与技术、信息获取渠道、本机构的信息积累等。这是一个需要广博的知识面和灵活的应变能力的工作，是一个对能否满足和能够在多大程度上满足用户信息需求的决策过程。

5.4.2 信息采集方法

信息采集方法是获取信息的步骤、程序和过程的总和，它通常随信息源的不同而变化。对应于四次信息源，信息采集方法分别为：①对于一次信息源，主要的信息采集方法包括观察、实验、检测、考察和科学研究等。②对于二次信息源，主要的信息采集方法包括调查、采访、谈话、通信、网络交流、媒介分析和机器测定等。③对于三次信息源尤其是文献信息源和实物信息源，主要的信息采集方法包括咨询、检索、参观、浏览、交换、索取、收听收视和网络查询等。④对于四次信息源，主要的信息采集方法包括检索、咨询、借阅、复制和购买等。对应于不同的信息资源管理机构，信息采集方法也有不同：对于大众传播机构，采访、调查和非正式交流是其主导的信息采集方法；对于信息咨询部门和各类信息公司，调查、统计、咨询和检索等是其主导的信息采集方法；对于图书馆、档案馆和情报中心，检索、咨询、浏览、交换、索取、接收和网络查询等是其主导的信息采集方法。就总体而言，信息资源管理机构常用的信息采集方法主要包括调查、采访、媒介分析、咨询、交换、接收和网络查询等。

调查方法是各类信息资源管理机构最常用的信息采集方法之一，主要用于获取潜在信息资源和关于现实信息资源的各种信息。调查方法本身又可进一步细分，但以问卷调查和访问调查最为常见。

问卷是为了索取信息而设计的一组问题或变量指标体系，有结构式问卷、非结构式问卷和混合型问卷之分。问卷设计、印制完毕后，可通过邮寄、组织分配、集体当面填答、携问卷登门察访等方式，将问卷分发给抽样选择的样本群体，并设法寻求回答者的合作和尽可能高的回收率。问卷调查法有这样一些特点：①它是易于管理且花费最小的方法，可在最短的时间内从地理上广泛分散的最大限度的人口群体中收集信息。②对于结构式问卷，所收集的数据能以一种统一的格式组织起来，因此数据分析相对要容易一些。③它的有效性比较差，因为人们倾向于回避一些敏感的问题，尤其是在没有监督的情况下，不仅不可靠的回答或数据颇为常见，而且问卷回收率很低，回收的问卷也不能代表作为整体的调查对象。④问卷设计对于调查成功与否甚为重要，问卷必须具有严密的逻辑性，所提问题必须避免模棱两可，在正式调查之前问卷应进行小范围的测试和调整等。问卷调查法本身是包含统计调查而便于定量分析的一种信息采集方法，也常常用于用户信息需求的分析和相关信息的获取。

访问调查法又称采访方法，是大众传播机构和各类信息公司最常用的信息采集方法。采访方法又可分为个别访问、座谈采访、现场观察、参加会议、电话采访和通信采访等多种方式。成功的采访一方面要求采访者认真做好采访前的各项准备，包括选择和了解采访对象，了解和收集背景资料，收集和分析有关报道信息,拟订采访计划和提纲,准备所需采访工具等;另一方面也要求采访者善于应变,善于提问,善于引导,善于观察,善于利用各种先进的现代化采访工具等。采访方法的主要优点是允许做深入的探索,能够就一些复杂的议题展开讨论,并收集到高质量的数据,同时,它又富于灵活性和互动性,能够在很大程度上消除误解和含糊其辞的问题,并赢得很高的回答率。采访方法的主要限制因素是成本太高,因此采访对象和地点较为有限,有时不足以代表作为整体的调查对象;采访还容易因采访者个性和偏见等因素的影响而出现信息失真;等等。采访方法一般也包含观察调查法,也主要用于获取潜在信息资源。

媒介分析是信息咨询部门、图书馆、情报中心和编辑出版部门常用的信息采集方法。通过对信息媒介的分析,可以获取三方面的信息:①媒介的内容信息,即媒介所论述或报道的内容。②媒介的形式信息,包括媒介名称、责任者和出版发行数据等。③关于媒介信息的信息,包括目录、索引、文摘、快报、综述和评论等。媒介分析的对象包括著作、报纸、杂志论文、实验报告、日记、档案、电视栏目和广播节目等。例如,电视台开设的"新书架"栏目对于图书馆的书刊采购很有助益;出版物及其著者分析对于出版社约稿则是必不可少的手段;等等。媒介分析法因媒介本身的性质难以完备和量化,但对于以媒介为主要工作对象的信息资源管理部门,它是最常用的信息采集方法。媒介分析法也是获取现实信息资源的主要方法。

交换和接收是另一类获取现实信息资源的信息采集方法。交换以大众传播部门、情报中心和各类信息公司较为常用,它们所交换的多为自己编辑出版或开发的信息产品,如杂志社之间的杂志交换,信息调查公司之间的数据交换等。接收是大众传播部门、档案馆和版本图书馆等机构较为常用的方法,接收多建立在某种法律条约或某种利益关系的基础上,例如,档案馆接收档案和版本图书馆接收样本是基于法律赋予的权利;出版社和杂志社接收稿件则基于利益的考虑。此外,交换多发生于同级信息资源管理机构之间,接收则多发生于上下级信息资源管理机构之间。

咨询和网络查询是各类信息资源管理机构通用的信息采集方法。它们的原理相同,但技术基础不同;咨询多指传统的人工咨询,网络查询则是基于现代化技术的机器咨询。咨询和网络查询都建立在这样的基础上,即被咨询方或被查询方都拥有一个信息源"数据库",据此可以提供信息采集线索或所需信息。例如,需要了解技术专家,可咨询有关专业学会或协会;需要了解和订购外文期刊,可查询美国的《乌利希国际期刊指南》(Ulrich's International Periodicals Directory)数据库;等等。咨询和网络查询本身也包含检索过程,对于用户而言,检索也是一种信息采集方法,是一种行之有效的获取信息的方法。

5.4.3 信息的转换

信息转换是伴随信息采集而产生的一种信息实践活动,是信息资源管理过程必不可少的环节之一。信息转换大体包括信息资源所有权或使用权的转换、信息资源符号的转换、信息资源记录方式的转换和信息资源载体的转换等多种形式,其中,有些形式的转换(如使用权的转换)与信息采集同时并行,有些形式的转换发生在信息采集之后(如记录方式的转换)。究其实质,信息的转换也就是信息资源价值的实现过程和信息资源内容的共享过程。

信息资源所有权或使用权的转换是信息转换的核心内容,其他形式的转换都是所有权或使用权转换的延续和补充。在大众传播领域,记者采访和报道信息的过程属于信息资源所有权的隐性转换,报社、杂志社和出版社付酬印发稿件的过程则属于所有权或使用权的有限转换——因为著作权归根结底属于作者,未经作者许可,他人不得以表演、播放、展览、发行、摄制电影、电视、录像或者改编、翻译、注释、编辑等方式使用作品(信息资源)。[14]在图书情报档案领域,采购书报杂志和音像制品等的过程或接收档案的过程也属于所有权和使用权的有限转换,但用户从这些机构借用信息资源则仅仅是使用权的有限转换。在信息市场中,买断专利意味着所有权或使用权的彻底转换。接受咨询一般只是所有权或使用权的有限转换。信息资源所有权或使用权的转换是与信息采集过程相伴而生的,它通常涉及一系列法律和商业程序,其主要依据是现行的知识产权制度。对于广大用户而言,当他们购买到一本书、一盒磁带或一份软件时,虽然不是这些媒介所内含的信息资源的所有者,但却实实在在地拥有这些具体的媒介,这些媒介构成了他们的财产的一部分。

信息资源符号的转换也有多种形式。记者采访和撰稿的过程通常意味着口语信息资源或体语信息资源到文献信息资源的转换,在这个过程中存在着信息资源所有权的"隐性转换"问题,因为记者稿件中内含的信息资源至少有一部分的所有权归被采访者,但稿件的所有人却是记者。翻译是两种语言的信息资源之间的一种转换,翻译出版公司的主要职能就是采集适用的信息资源并实现不同语言符号之间的转换。电影或电视剧的拍摄是抽象的文字语言符号到形象的画面语言符号的一种转换,这种转换通常意味着信息资源的增值。信息资源符号的转换必然导致信息资源所有权的某种转换,这可视为信息转换的一种规律性。

信息资源记录方式的转换与符号的转换密切相关。作者的原稿一般为手写稿或打印稿,经出版、印制和发行后,原稿转换为大批量的印刷文本或电子文本,这种转换是在出版者的权限范围内进行的。此外,乐谱转换为磁带或录像带,文学名著改拍为电影或电视剧,印刷文本转换为电子文本,通常也包含着信息资源记录方式的转换。

信息资源载体的转换是记录方式转换的结果。载体转换在信息技术迅速发展和广泛应用的当代社会是一项经常性的活动,数据库建设是一种载体转换,计算机打印输出是一种载体转换,远程传真通信也是一种载体转换。从某种意义上说,蓬勃发展的录入业就是以载体转换为核心内容的。

信息转换大致是介于信息采集和信息组织之间的一项活动,常常与信息采集混为一体,难分彼此。在细分的现代信息市场,出版社、翻译公司、录入公司、印刷公司和发行单位等,就是以信息采集和转换为主要任务的,它们处在信息生产者和信息资源管理过程的结合部,担当着"把关人"和资源共享第一重保障者的重任,肩负着为消费者和中介服务部门提供信息资源的使命,因而也从宏观上决定着信息资源管理过程的效率和质量。

5.5 信 息 组 织

对于所采集的信息资源,信息资源管理机构一般要做序化处理。信息资源的序化也称信息组织,从宏观上包括两个部分:信源组织是根据某种规律或结构对信息资源进行序化处理;信道组织则是为了有效利用存储空间和提高传递效率而对信息资源实施重组。信息组织是信息资源管理过程的核心内容之一。

5.5.1 信息组织原理

信息组织是一种普遍的社会活动,是一切事物有条不紊地运行的前提。"信息组织是将处于无序状态的特定信息,根据一定的原则和方法,使其成为有序状态的过程。其目的是将无序信息变为有序信息,方便人们利用信息和有效地传递信息"[15]。信息组织与事物组织既有区别又有联系,信息组织是对事物运动状态和方式,或者说是对事物属性的组织,事物组织则是对具体的物质和事件的组织,它们是在不同层面上进行的;但无论人们是否意识到,事物组织都首先是在信息层面上进行的,或者说它包含着信息组织过程,而信息组织的最终目的则是为事物组织服务的。例如,日常生活中居民对衣服的整理是一种事物组织,但这种组织可根据衣服的原料性质、季节用途、长短厚薄和内外顺序等不同标准来实施。在此,居民的抽象组织(即信息组织)在前,具体的衣服的整理在后;信息组织是内核,事物组织则是结果。

信息组织是基于事物属性的一种序化方法,事物具有多少种属性,就可能形成多少种序化方法,上述例子中居民对衣服的整理可以说明这一点。据古希腊哲学家亚里士多德的分析,事物一般都具有 10 种属性,即本质(substance)、数量(quantity)、质量(quality)、关系(relation)、作用(operation)、过程(process)、状态(state)、空间(space)、时间(time)和位置(position)[16],这些属性都可作为信息组织的依据。具体说，信息组织的过程就是依照事物属性之间的同一性、包容性、交叉性和排斥性等关系对信息实施序化的过程。

在信息资源组织的层面，语言是最基本的信息组织工具。人们一般将事物属性抽象为字、词或概念，然后再用字、词或概念的序化来表征信息的组织；从这个意义上说，语言学是信息组织最重要的理论基础。信息组织的另一理论基础是逻辑学，信息组织本身是思维的一种表现形式，概念是思维的元素，逻辑则是思维的规则。信息组织也是一个系统化的过程，其最终目的是将无序的、零散的信息结构化，形成一种有序的体系或系统，因此，系统科学也是信息组织的重要理论基础。

信息组织是一个序化过程，这个过程通常可分为两个阶段，即序化阶段和优化阶段。信息的序化是按照一定的方法将无序的信息组织成为有序信息的过程，它又包含两层意义：一是把没有必然内在联系的信息，为了利用和管理上的方便而加以组织；二是把本质上具有必然内在联系的信息，按照其自身的客观逻辑结构加以组织。前者融入了更多的主观因素，后者则依据更多的客观因素。信息的优化是在序化的基础上，针对某种目的，依照结构功能优化原理对信息进行再序化的过程，它是信息序化的继续和升华。在实际的操作过程中，信息的序化和优化没有十分明确的界限，它们是一个辩证统一的整体。

信息组织最本质的依据是事物的属性，事物的多种属性又可归纳为形式、内容和效用三种类型，以衣服为例，颜色、样式、大小、生产厂家、生产时间和地点等属于形式特征，衣服原料的物理和化学结构属于内容特征，御寒、防雨、防晒和炫耀等属于效用特征。总之，一切事物都具有形式、内容和效用三方面的特征或属性，相应地，所有的信息组织方法都可以归纳为语法信息组织（形式）、语义信息组织（内容）和语用信息组织三大类型以及它们的不同组合形式。

信息组织是信息资源可资利用的最重要的条件之一，是信息资源不断增值的内在依据。在信息资源管理过程中，信息组织是一种经常性的活动，信息采集阶段的信息组织主要是一种语用信息组织，是根据用户信息需求组织信息的过程；信息组织阶段的信息组织属于综合型信息组织，既包括形式组织，也包括内容和效用的组织；信息检索和开发阶段的信息组织则属于优化型语用信息组织，是根据具体的用户信息需求组织和提供信息的过程。信息组织是一种理论，也是一种思维；作为一种理论，它是信息组织活动的方法论，作为一种思维，它贯穿于信息资源管理的全过程。

5.5.2 信息组织的三个层次

语法信息、语义信息和语用信息分别对应着信息的形式、内容和效用三个层次。与此相关，语法信息组织、语义信息组织和语用信息组织也就形成了信息组织方法的三个层次。

语法信息组织是以信息的形式特征为依据序化信息的方法。语法信息的组织需要遵循方便性、多向成族性和标准化等原则。常见的语法信息组织方法有以下几种：

1）字顺组织法。这是历史最悠久、使用最广泛的一种信息组织方法，其实质是从字、词的角度集约有关信息，又有音序法、形序法、音序和形序并用三种形式，诸如书名的排序、著者姓名的排序和主题词的排序等均属于字顺组织法。

2）代码组织法。即以代码表征信息和集约信息的方法，其突出的优点是简便易用，尤其适合计算机等现代化手段的管理，诸如专利代码组织法、商标条形码组织法、身份证代码组织法、军队番号组织法和电话号码组织法等均属于代码组织法。

3）地序组织法。即以信息的空间特征为依据序化信息的方法，它的最大特点是能反映地域特色。它又有行政区划组织法和地名字顺组织法之分。行政区划组织法能反映地区之间的隶属关系和横向联系；地名字顺组织法则仅反映地区之间的形式关系。诸如各种地图、地理文献和风景名胜介绍等所采用的就是地序组织法。

4）时序组织法。即以信息的时间特征为依据组织信息的方法，它的优点是能反映事物的发展规律，它的结构多为线性结构，诸如史书、年表、日记、传记、档案和连续出版物等多采用时序组织法。

5）其他组织法。包括颜色组织法（如绿色代表邮政）、形状组织法（如以书刊的开本大小为依据的组织法）和重量组织法（如拳击手的分类）等。语法信息组织最重要的特征是标准化，因为语法信息一般不涉及信息的含义和用途，必须用标准加以约束；而标准形成和应用的过程，也就是语法信息的优化过程。在图书情报档案领域，文献著录可视为一种综合型的语法信息组织方法。

语义信息组织是以信息的内容或本质特征为依据序化信息的方法。语义信息组织需要遵循客观性原则、逻辑性原则和发展性原则。常见的语义信息组织方法有以下几种：

1）元素结构组织法。元素是构成系统的基本单元，依据系统的功能来结构元素是自然科学和应用科学领域常用的信息组织方法，诸如建筑设计就是一种元素结构组织法。

2）逻辑组织法。根据信息之间的逻辑关联组织信息是科学研究、文体写作和正常思维的基本功能，诸如政策的制定、研究报告的撰写和文学作品中人物性格的发展等都属于逻辑组织法的应用范围。

3）分类组织法。分类组织法也属于一种逻辑组织法，常见的分类组织法包括科学分类、文献分类、专利分类、商品分类和职能分类等，它能反映事物之间内在的、本质的联系和区别，便于人们系统地认识和了解信息。以文献分类为例，它通过对科学知识的层层划分，使每一种文献都能在其中找到唯一的位置，而读者则能从事物某方面的属性出发系统地了解某一学科的所有文献。

4) 主题组织法。主题组织法是从事物内含的主题（或问题）属性出发，以语词作为概念标识，并通过概念标识的字顺排列和参照方法等间接地揭示概念之间相互关系的一种信息组织法。它包括标题法、单元词法、叙词法和关键词法等几种类型，以事物为中心集约信息，便于人们了解与某一事物相关的所有信息。语义信息组织最重要的特征是能反映事物的本质属性和事物之间的联系与区别，它不仅具有序化的功能，还兼具引导和认识的功能。可以说，语义信息组织是信息组织的核心，语法信息组织是其补充，语用信息组织是其延伸和发展。

语用信息组织是以信息的效用特征为依据序化信息的方法。语用信息的组织需要遵循目的性原则、实用性原则和个性化原则。常见的语用信息组织方法有以下几种：

1) 权值组织法。即赋予不同信息以不同的权重值，然后通过复杂的计算，以权值大小组织信息的方法，诸如决策方案的选择和教学质量的评估等都涉及权值组织法。

2) 概率组织法。即根据事件发生的概率大小序化信息的方法，诸如预测体育比赛的胜负和期货交易等都涉及概率组织法。

3) 特色组织法。即根据用户某一方面的特殊需求组织信息的方法，例如，根据用户的兴趣组织球迷信息、摄影信息和旅游信息等就属于特色组织法。

4) 重要性递减组织法。即依据信息的重要程度序化信息，通常的做法是突出重要信息使其处于醒目位置，而将其他信息置于相应位置，如大众传播的栏目设置就属于这种信息组织。语用信息组织的主要特征是能反映和满足用户的信息需求，它属于一种应用性信息组织方法，在实际工作中运用极为广泛和多样化。

5.5.3 信息的综合组织方法

上述三种层次的信息组织方法基本上能涵盖所有的信息组织方法，但在实际操作过程中，人们很少简单地运用某一层次的信息组织方法，通常的做法是将不同层次的不同信息组织法综合起来加以运用。目录学就是研究信息综合组织方法的一种理论，目录学实践的产品包括各种目录、文摘、索引和题录等，它们也是检索的工具。

文献分类法是语法信息组织和语义信息组织的综合。作为文献分类法的具体表现形式，文献分类表通常由类目、号码、正表、附表、说明和索引等部分组成，其中，类目和正表展示了事物的本质属性及其相互关系，属于语义信息组织；号码（类号）、附表（复分表）和索引则属于语法信息组织，常用的附表和索引包括总论复分表、地区复分表、时代复分表和类目字顺索引等，它们具有简化类表和易检易用的功能。主题组织法属于另一种语义信息组织和语法信息组织的综合，以我国的《汉语主题词表》为例，它是由主表（字顺表）、附表、词族索引、范畴索引和英汉对照索引组成的，主表本身是以语法信息组织为主、以语义信息组织为辅的一种综合信息组织体例；词族索引和范畴索引分别展示主题词之间的等级关系和学科关系，属于语义信息组织；附表和英汉对照索引主要属于语法信息组织。文献分类法便于从学科角度集约信息，便于人们进行族性检索；主题组织法便于从事物角度集约信息，便于人们进行特性检索，各有优缺点。[17]为了发扬它们各自的优点，互补不足，人们经过多年研究，推出了分类主题合一的《分类主题词表》，这是更为复杂的综合信息组织方法。

　　档案分类法则是语用信息组织、语义信息组织和语法信息组织的综合。以《中国档案分类法》为例，它"是以马列主义、毛泽东思想为指导，以国家机构、社会组织从事社会实践活动的职能分工为基础，结合档案内容记述和反映的事物属性，设置类目加以编制的"[18]。也就是说，档案分类是以档案所反映的国家机构、社会组织和个人的活动过程为主要依据，突出职能分工和"全宗理论"，具有鲜明的语用信息组织的特色。当然，《中国档案分类法》也不是完全的语用信息组织，其主表本身兼具主题组织的性质，此外，其附表和标记符号还涉及语法信息组织。档案分类以全宗理论为指导，能保证同源档案的完整性，但不利于从学科的角度系统地检索档案信息。目前，已有一些国内外学者提出建立图书、情报、档案合一的文献信息分类体系[19]，其目的是促进文献信息分类和检索的标准化，提高各类文献信息的利用率。

　　大众传播活动中的编辑工作也是一种综合信息组织方法。我国学者徐伯蓉在其专著《杂志编辑学》中曾谈到杂志编辑的"四经"、"四纬"。[20]"四经"是指杂志编辑要做到突出中心，面向主要读者，贯穿互补关系和整体的逻辑优美性，简言之，要效用当先，充分体现语用信息组织的特色。"四纬"是指杂志编辑要做到集中（突出一点）、平衡（点面结合）、连续（承先启后）、对比（正反事例互为烘托），具体地说，就是要围绕杂志的主要读者集约信息，并尽量使这些信息有主有次，平衡中有变化，连续中出新意，在动态发展中形成一个逻辑整体。总之，如何将若干篇论文编成一期杂志是一种宏观的信息组织，它以语用信息组织为主但又涉及语义信息组织（逻辑性）和语法信息组织（比例平衡）。其他如报纸栏目的组织、电视栏目的组织等虽与杂志编辑有所不同，但基本原理是相似的，都属于以语用信息组织为主的综合信息组织。

　　信息组织是一个多层次的方法体系，当我们进行理论研究时，可将它分解为简单的、原子式的、分层次的信息组织方法，以利迅速掌握其规律性和应用技巧。当我们进行实践操作时，则需将不同层次、不同类型的信息组织方法组合起来，以放大它们的优点，克服它们各自的不足。这是信息组织研究的方法论，也是掌握和活用各种信息组织方法的秘诀。

5.5.4 信道组织和信息存储

信道是通信理论中的一个概念。在通信理论中，信息组织也称为编码，编码本身有信源编码和信道编码之分。信源编码的着眼点是信息本身，它通过压缩信源或减少信源的剩余度（如除去文章中的虚词和连词等），以达到尽可能不失真（允许存在一定的失真度）、高效率地传输信息的目的。信道编码则联系信道特性对信源符号实施变换，由于信道容量有限且存在信道干扰，要实现高效率、不失真地传输信息，就必须在压缩信源的同时保留适当的信源剩余度。[21]联系信息组织方法分析信道编码，它一方面要保证信息逻辑意义（语义信息）的完整性，另一方面必须压缩无意义或意义不大的信息（通常是语法信息），同时还要兼顾信道容量（语用信息组织），也就是说，信道编码属于一种综合信息组织。从传输的角度考察信道编码，如果时间一定，单位时间内信息的传输量等于该时间内信道的存储量，换言之，信道编码是与信息存储有关的一种信息组织方法。

信息存储是广义信息组织的组成部分，是有组织的信息的一种表现形式，是一种异时信息利用行为。就其主体而言，它是一种语用信息组织过程，它必须考虑两方面的因素：一是存储介质的空间容量问题，无论人的大脑还是纸张、磁盘、图书馆建筑或计算机网络，其容量都是有限的，而信息存储的根本问题就是如何通过有效的信息组织高效率地利用有限的存储空间；二是存储信息的利用问题，信息存储的最终目的是为人们的异时利用提供方便，如仅考虑空间的集约，就可能妨碍人们对存储信息的利用。例如图书馆全部实行密集式藏书排架就会大大降低藏书的利用率，书报杂志的小号字密集式排版也会使一部分人根本无法利用。因此，信息存储的关键就是设法在节约存储空间和提高信息利用率之间寻找平衡点。信息存储首先是一种语用信息组织，在此前提下，它也涉及语义信息组织（如分类组织）和语法信息组织（如顺序组织），从信息资源管理的角度而言，它更多的是一种宏观信息组织。

在大众传播领域，一本书、一份杂志、一张报纸、一个电视栏目或广播频道，都可视为一种信道，它们的共同特点在于信息传播过程和存储过程的统一。大众传播的信道组织更多的是编辑组织，具体的文字写作相当于信源组织。就编辑组织而言，它一方面要面向主要用户或用户的主要信息需求集约信息，要充分利用有限的信道容量传递和存储更多的信息量；另一方面，它必须联系信道特性对信源组织做适当的变换，具体包括审稿和编稿、文稿内容的局部调整、文字的修改与加工、审定文稿的有机组织、版式与封面设计、校对等工作，也就是说，大众传播的信道组织本身包含信息的加工过程，这是一种优化过程，是一种精彩化的过程。

图书馆、档案馆和信息资源中心等在宏观信息产业分工中的主要职能就是信息存储，它们相当于建立在信息源和信息用户之间的一种类似"水库"的装置，其信息输出（即信息服务）的形式、种类和特色都与信息存储有关。相对于大众传播的信道组织而言，图书馆等领域的信道组织是一种更为宏观的信息组织，它们一方面要结合用户的主要信息需求选择和建立信息资源体系；另一方面还要根据信息资源利用率决定信息组织方法。图书馆的"三线制藏书模式"就是一种信道组织方法，它依据藏书利用率的高低来决定藏书排架和服务方式；利用率高、针对性强的新书新刊为一线藏书，采用分科开架借阅服务方式；利用率较高、参考性强的书刊为二线藏书，采用半开架或闭架借阅方式，空间利用较为集约；利用率低、陈旧过时的书刊为三线藏书，采用密集式排架，空间利用极为集约；[22]在三线制藏书的范围内，具体的藏书排架又涉及语义信息组织（如分类排架法和主题排架法）和语法信息组织（如字顺排架法、登录号排架法、固定排架法、种次号排架法、年代排架法和书型排架法等），但此处的信息组织都已融入了信道的因素，也就是说，藏书范畴内的分类排架不同于采编范畴内的文献分类，它固然要顾及文献的学科性质，但同时也要考虑信道空间和信息存取效率等因素。

数据库是采用磁性存储介质的一种新型存储空间和存储方式。它是按一定方式组织的待管理数据的集合。数据库中数据的存储结构大体为三级模式结构：外模式是数据库局部逻辑结构的描述，是概念模式的子级，也是最接近用户的模式结构；概念模式是对数据库全局逻辑结构的描述，介于外模式与内模式之间，主要考虑数据的逻辑意义和数据之间的逻辑关系；内模式是数据库数据的存储方式和物理结构的描述，包括顺序存储、B树结构存储和索引顺序存储等结构模式，内模式更接近于通信中的信道编码。[23]进一步分析，上述数据库的外模式、概念模式和内模式相当于语用信息组织、语义信息组织和语法信息组织，而作为整体的三级模式结构则是面向用户，采用现代技术和充分利用磁性存储空间的一种信道组织。

信息存储本身是一种信息组织过程，是面向未来的信息组织，但它不同于单纯的信息组织，它更多地顾及信道容量的有效利用和存储信息的存取效率等因素，相当于一般意义上的信息组织在信息传递过程中的延伸，借用信道的概念，可称之为信道组织。从检索的角度考虑，信息存储的过程也是集约信息源的形成过程，是可检索的信息的积累过程。

5.6 信息检索

信息检索是信息组织的反变换过程。信息组织的目的是将零散的信息组成一个有序的体系，信息检索的目的则是迅速地从这个体系中搜寻用户所需的信息。

5.6.1 信息检索原理

从一般意义上讲，信息检索就是一种搜索过程，这也是一种广泛的社会活动，诸如科学家的实验取证过程、刑侦人员的破案过程、居民的日常购物过程、地质工作者的勘探过程、最佳决策方案的形成过程等都是一种搜索过程。信息搜索具有这样一些特征：①有确定的目标。②有一个可能的信息解的集合。③有一定的线索（即启发信息）可依。④搜索的过程是针对一定的目标，遵循一定的线索，不断缩小搜索范围的求解过程。以"八数码游戏"为例（图5.5）[24]，图中九宫格棋盘上摆有八个数码，留有一个空格，允许空格周围的某一数码向空格移动，求解的问题是如何运用最少的步骤实现从初始状态到目标状态的转变，这是一个典型的搜索过程。在人类的学科体系中，有许多学科理论都涉及搜索问题，但以人工智能领域的研究最为系统和深入。到目前为止，人工智能领域已提出许多具体的搜索方法，概括起来有：第一，求任一解路的搜索方法，包括回溯法、爬山法、宽度优先法、深度优先法、限定范围搜索法和最佳优先法（best-first）等。第二，求最佳解路的搜索方法，包括大英博物馆法、分枝界限法、动态规划法和最佳图搜索法等。第三，求与或关系解图的搜索法，包括一般与或图搜索法、极小极大法、$\alpha\text{-}\beta$剪枝法和启发式剪枝法等。这些搜索方法都可应用于信息检索。

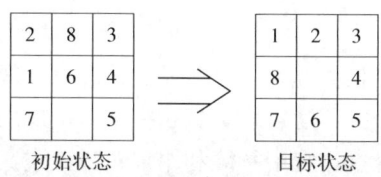

图5.5 八数码游戏实例

从信息资源管理的角度讲，信息检索是从已存储的信息资源中检索出与用户提问相关的文献、知识、事实、数据的逻辑运算和技术操作过程的总和，有文献检索和事实（数据）检索之分，但以文献检索为本源。"情报检索"（Information Retrieval，IR）一词，一般情况下意味着文献检索。文献检索也可以理解为文献调查的意思，这里检索就有调查的含义。也就是说，这是一种从大量集合的文献中查找出主题及其属性符合用户要求的情报过程。查找的对象不一定就是文献，有时也可能是正在研究中的课题，或正在进行某项工作的人员及机构，或图书馆的藏书目录等，但基本原理是一致的。[25]事实检索是查找特定事实或数据的过程，它所查找的是直接结果而非文献，但"文献检索和事实检索之间没有原则上的区别。从检索方式看，这两种检索是相同的。区别仅在于检索对象的内容上：前者检索的是文献或有关文献的报道，后者则是检索文献中所反映的事实"[26]。总之，文献检索是信息检索的主流和初始形式，"它最初是图书馆学的一种副产品，现在已扩展到诸如办公自动化、基因数据库、指纹识别、医学影像管理、数据库中的知识查寻和多媒体管理等广泛的领域"[27]。

文献检索的核心问题是实现文献特征与用户提问特征的匹配，为此，检索者一方面要弄清文献的组织编排方式（包括文献的信源组织和信道组织），要具有"解构"的能力；另一方面要善于分析用户的提问，善于将用户的信息需求转化为可检索的概念术语。这是一个双向分析和匹配的过程（图5.6）[3]，是一个以满足用户信息需求为目标，以用户提问为线索，不断缩小检索范围并查找用户所需文献的过程。

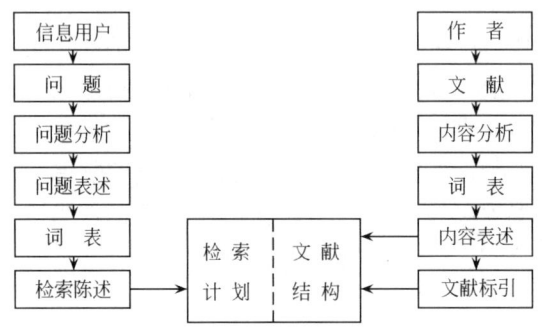

图5.6 文献检索过程的系统表述[3]

对于文献检索理论，相关性是一个重要的概念。一般认为，相关性是被检索出的文献与用户提问的相关程度，它本身是一个多层次的概念。联系信息组织的三个层次，我们可以把检索过程中系统和用户对被检索文献的相关性评估，划分为相对应的三个层次，如图5.7所示。[28]图左边的线性流程是检索过程的简化，其中，信息需求是指用户的一种心理状态，信息问题是用户以自然语言表述的需求，检索词和提问式是用系统可接受的语言或符号系统表示的用户信息问题。图右部是三种不同层次的相关性评估，其中，形式相关评估由系统硬件和软件完成，只考虑检索词或提问式与文献标识在形式（词形、句法）上是否匹配，若匹配则作为命中文献输出；语义相关评估由检索者完成，主要考虑命中文献与用户信息问题之间在语义或内容上是否匹配，若匹配即为相关文献；语用相关评估由最终用户完成，主要考虑命中的相关文献是否有实用价值，若符合用户信息需求即为适用文献。[28]

文献检索是信息资源管理领域中信息检索的代名词，它的原理同样适合于其他形式的信息检索。但文献检索并不能涵盖信息检索，从更大的范围内考察，信

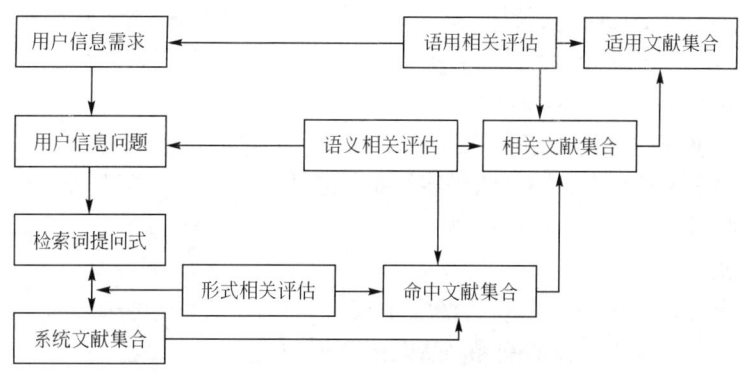

图 5.7　相关性评估层次

息采集也是一种检索行为，是一种"粗放型"的信息检索。如果说信息组织是一个"建构"的过程，信息检索就是一个"解构"的过程，是以用户提问为线索破解信息源的结构并获取所需信息的搜索过程，就此而言，信息搜索理论是更为本质的信息检索理论，文献信息检索理论则是应用层面的一种信息检索理论。

5.6.2　信息检索方法和技术

信息检索方法是依据用户提问特征查寻所需文献、事实或数据的途径和步骤的总称。与信息检索技术相比较，信息检索方法更多地是在手工检索或思维的层面上界定的，信息检索技术则更多地与机器检索尤其是计算机检索有关，此其一。其二，信息检索方法的运用离不开各种信息检索工具（如目录、索引、文摘等），信息检索技术的利用则需相关硬件和软件的支持。信息检索方法和信息检索技术是互相关联的方法统一体，从某种意义上说，信息检索技术就是信息检索方法在机器环境中的发展和变体，它们共同构成了联结信息资源体系和用户信息需求的纽带与桥梁。

信息检索方法依据不同标准可划分为多种类型。对应于四次信息源，信息检索方法可分为事实（或数据）检索方法、人名或机构名称检索方法、文献检索方法和信息资源体系（如图书馆馆藏等）检索方法等。对应于信息组织方法，信息检索方法可分为字顺（如题名、著者等）检索方法、类号检索方法、主题检索方法、关键词检索方法和加权检索方法等。对应于检索的时间范围，信息检索方法可分为定期从新文献中检索适用信息的现状追踪调查（如定题服务）和系统地调查过去资料的回溯检索两大类型。对应于信息检索方法的操作主体，信息检索方法可分为利用文献检索工具查询文献的手工检索方法、使用卡片系统和缩微系统的机器检索方法和利用计算机硬件和软件的计算机检索方法三大类，后两类检索方法常被称为检索技术。

信息检索技术是应用于提问与文献表示的匹配比较的技术。依据检索文献集合及其所用的标引方法的特性,又可分为准确匹配技术和局部匹配技术两大类。

(1) 准确匹配(exact match)

要求文献(标识)中包含的需求模式必须与提问式所表达的模式完全匹配,才能作为命中文献输出,目前大型实用系统采用的布尔逻辑检索、原文检索和字符串检索技术均属于准确匹配技术。

(2) 局部匹配(partial match)

只要求文献(标识)中包含的需求模式与提问式表达的模式部分匹配,即为命中。它又可分为个体匹配和网络匹配两种类型。

1) 个体匹配是用个别化的标识表示文献主题和提问,包括基于属性表示的匹配技术和基于结构表示的匹配技术两部分。基于属性表示的个体匹配技术把提问与文献标识的比较转化为属性(标引词)集合的比较,这样,通过对属性进行加权计算就可求出问题的解。基于结构表示的个体匹配技术把提问和文献表示为某种较复杂的结构,如逻辑表示和图结构表示等。逻辑表示一般用一阶谓词来表达文献和提问的内容,然后借助规则和推理来回答提问;图结构表示可采用语义网或知识框架表示文献和提问的内容结构。

2) 网络匹配技术把文献集合表示为一个互相联结的网络,它又有聚类检索、浏览式检索和扩展激活式检索三种形式。聚类检索是这样一种技术:系统先根据文献之间的相似度建立聚类文档,然后将提问与聚类文档进行相似度比较,大于某一相似度阈值的文献按相似度大小降序输出。浏览式检索带有随机性质,检索者开始不清楚要查什么,检索目标和选择标准很模糊,随着浏览的进程,检索者把系统中的文献、词汇或其他书目信息逐步表示为由节点和链构成的网,并用扫视技术检出自己感兴趣的信息。扩展激活式检索类似于浏览式检索,用户提问在此被用来激活网络中描述文献内容的部分和描述它们是如何相关联的部分,从提问提供的起始节点开始,其他相关联的节点将被顺序激活,那些被激活的经常聚集的、高度活跃的、与许多链相连的特定文献节点随即被检出。需要说明,此处的节点和链表示主题领域的概念、相互关系和含有这些概念的文献。

信息检索技术在网络时代越来越显示出巨大的优越性和强劲的生命力。由于20世纪90年代以来Internet的迅速发展和Internet上资源的激增,从网中寻找与特定主题相关的有价值的信息变得益发困难。因此,网络组织发展了一系列解决方法,其中包括指导式服务(如 x.500 和 NetFind)、资源目录(如 Barron's and st. George's lists of Internet-accessible online library catalogs)、服务器注册目录(如 the University of Minnesota-maintained menu of worldwide Gopher servers)、网络目录和电子图书馆(如 the Whole Internet catalog, Yahoo)等[29],这些解决方法本身是信息检索方法在网络环境中的应用,但它们都具有更多的技术特征,它们是网络环境中人们查询信息的"领航员"。

5.6.3 信息检索过程和检索策略

无论作为一种方法还是一种技术,信息检索都表现为一种过程,该过程始于用户的信息提问而终于检索结果的输出(图5.8)[26]。信息检索策略是针对一定的检索目标,围绕信息检索过程而制订的具体实施计划或实施方案,其实质是对检索过程的科学规划。与信息检索方法或技术相比较,信息检索策略更为具体,更为实用,更富于可操作性。

信息检索过程可理解为信息检索方法或技术的具体化,它本身是由一系列具体的实施步骤组成的(图5.8):①检索者要弄清用户信息提问的实质,并用确切的语句表达提问。②要对提问做分析—综合处理,确定提问形式是否符合书目著录,提问内容涉及哪种类目、主题或文献类型,并给提问标出编号、代码和分类号。③要用情报检索语言表达提问内容,形成能表达提问语义内容的提问检索标志和能完成逻辑运算顺序的指令的提问检索式。④要将提问检索式同文献检索标志或事实数据检索标志进行逐项比较,必要时借助计算机技术设备检出切题文献和信息。⑤要对照提问的特点形成检索结果,其形式可以是文献、目录、事实、数据和图表等。⑥要根据用户的要求输出和显示检索结果。最后,要对输出的检索结果进行相关性评估,若相关则检索过程结束,若不相关则须重新明确提问的实质,并进行新一轮的信息检索。

信息检索过程是由检索者(也可以是用户本人)控制的直接满足用户信息需求的过程,为了充分而合理地利用现有的物力,尽量缩短检索时间和提高检索效率,最大限度地实现预定目标,检索者一般需要制定检索策略或检索计划。检索策略通常要涉及检索目标、检索的范围与重点、信息源的选择、检索方法的确定、检索过程的组织和检索的时间安排等内容。从检索手段的角度考虑,检索策略又可分为适用于手工检索的检索策略和适用于计算机检索的检索策略。在实际检索中常用的从远及近的顺序检索、从近及远的回溯检索和顺序与回溯相结合的循环式检索就是几种不同的手工检索策略。

计算机检索用的检索策略是目前的研究热点,有多种理解和多种类型。据美国学者伯恩(Charles Bourne)的研究,有五种供联机检索用的检索策略:积木型检索策略、引文珠状生长型检索策略、逐次分馏型检索策略、最专指优先检索策略、最低登录量优先检索策略。[28]据另一位美国学者保(M. Lee Pao)的研究,检索策略有布尔检索策略、引文检索策略和可能性检索策略三种类型[3]。又据原苏联学者塔拉卡诺夫(К. В. Тараканов)的研究,检索策略有单层次检索、多层次检索、迭代检索和自适应检索之分[26]。检索策略还有其他形式,但无论怎样变化,其实质都是对检索过程的科学规划。

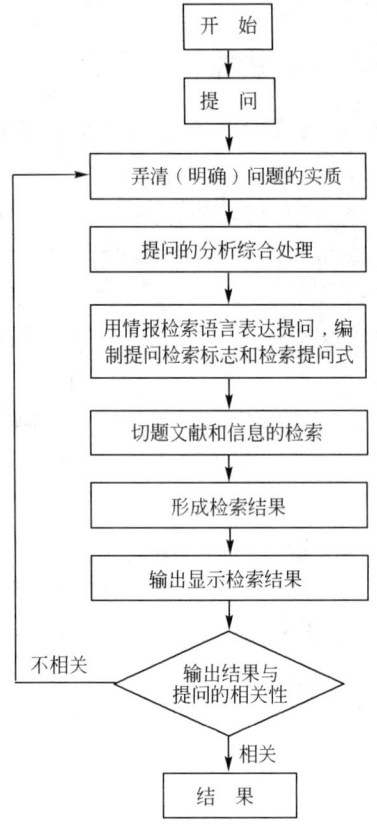

图 5.8　检索过程框图[26]

5.6.4　信息检索效果及其评价

信息检索效果是信息检索服务所反映的效率和结果，有技术效果和社会经济效果之分。技术效果主要指信息检索系统的性能和服务质量，以及系统在满足用户信息需求时所达到的程度。社会经济效果是检索系统通过满足用户信息需求所产生的社会效益和经济效益。技术效果和社会经济效果不是对立的，它们是互相联系的统一体。

信息检索效果是通过评价相关信息检索过程的各种指标来衡量的。据美国学者克莱弗登（C. W. Cleverdon）的研究，评价信息检索效果的指标主要有六个：收录范围、查全率、查准率、响应时间、用户负担和输出形式[28]。收录范围是信息检索系统（信息存储）所能提供的文献信息的数量和范围。查准率和查全率指信息检索系统的效率。响应时间是从提交检索课题到查出文献所需的时间。用户负担是用户在检索过程中所耗费的物力、财力乃至精力的总和。输出形式则指检索系统所提供的检索结果和形式（可能是文献号、题录、文摘或全文等）。上述六种指标又以查全率和查准率两项指标最为重要。

查全率（recall ratio，简写为 R）是从信息检索系统中检出的相关文献量 a 与检索系统中相关文献总量 $a+c$ 的比率，即

$$R = \frac{a}{a+c} \times 100\%$$

查准率（precision ratio，简写为 P）是检索系统检出的相关文献量 a 与检出的文献总量 $a+b$ 的比率，即

$$P = \frac{a}{a+b} \times 100\%$$

用 2×2 表（表 5.2）[28]来表示查全率和查准率，可从两方面描述检索的结果：纵向方面是系统的相关性评估，可将检索系统中的文献分为检出部分 $a+b$ 和未检出部分 $c+d$；横向方面是用户对检索系统中全部文献所做的相关性判断，也可分为相关文献 $a+c$ 和非相关文献 $b+d$ 两部分。经多年实践证明，查全率和查准率呈逆相关关系，也就是说，若提高查全率则查准率必然下降，反之亦然。

表 5.2　检索结果矩阵表

文献类型	相关文献	非相关文献	总　计
检出文献	a	b	$a+b$
未检出文献	c	d	$c+d$
总　计	$a+c$	$b+d$	$a+b+c+d$

总之，信息检索是直接面向信息用户的工作之一，是信息资源管理过程的重要中介环节，此前的信息采访、信息组织和信息存储等活动的价值需要通过它来实现，其后的信息资源开发和服务则要以它为基础，而所有这些都与信息检索效果有关。

5.7　信息资源开发

经检索获取的信息资源可直接提供给用户，也可在此基础上进行深层次的加工和开发，然后再提供给用户。信息资源管理过程中的信息资源开发主要是一种新的信息产品的生产活动。

5.7.1　信息资源开发论

目前，对信息资源开发有两种流行的认识。一种是"信息资源开发神秘论"，即认为信息资源开发是一种高深的研究导向活动，诸如图书馆、档案馆和

情报中心等一般信息资源管理机构不具备开发的能力，也没有开发的任务。另一种是"信息资源开发泛化论"，即认为信息资源开发是一种普遍的活动，举凡"承办美术书法、音乐舞蹈、实用技术、家电维修、会计电算等热门学习班；承接各类函大、夜大、电大辅导站的组建及日常业务；出租场地、经销图书设备和文化用品、设立书店代销部、经销出版社的部分图书和教材，从中提取批零差价和发行费；有条件的图书馆设立录像厅、舞厅、音乐厅、卡拉 OK 厅、文艺沙龙和体育健身房等文化体育设施；利用馆内创收资金购买一些可读性（非黄色）较强的热门书刊，对社会开放"等活动皆属于信息资源开发活动[30]。无疑，这两种认识都有局限性，第一种将信息资源开发与信息资源管理对立起来，第二种则混淆了信息资源开发和创收开发，因此都是不足取的。究其原因，这两种认识的形成都与人们对信息资源的理解有关，有什么样的信息资源概念，就有什么样的信息资源开发论。

信息资源开发有广义和狭义之分。乌家培从其信息资源界定出发陈述了自己对狭义信息资源开发与利用的认识："开发狭义的信息资源（即信息内容本身）有两重含义：一是从外延上发掘信息来源，开拓信息渠道，建立信息库存，加速信息流动；二是从内涵上不断重组和加工信息内容本身。利用狭义的信息资源则是在理解原有信息的基础上，扩展联系，挖掘内核，转换思路，进而产生和运用新的信息，使信息内容本身释放潜能，为政府、企业、民众的各类活动服务。由此可见，狭义的信息资源的开发和利用有一定的'重合'，即利用过程同时也是内涵意义上的开发过程，它使信息资源的消费表现为信息资源的生产。"[31]比较而言，乌家培所说的"狭义的信息资源开发"仍然有泛化的迹象，如果说"发掘信息来源，开拓信息渠道，建立信息库存，加速信息流动"也属于狭义的信息资源开发，那如何使它区别于信息资源管理活动呢？我们无妨将此处的"狭义"改为"广义"，也就是说，任何能够改进和加速信息资源交流与利用的活动均属于广义的信息资源开发。狭义的信息资源开发是一种创造和生产新的信息产品的活动，是信息资源服务的一种高级形式。

信息资源开发本身可分为潜在信息资源开发和现实信息资源开发两大部分。潜在信息资源开发是一个含义极为广泛的概念，教育和大众传播领域是开发潜在信息资源的两大主导部门。特尔斐法、访谈法、问卷法和测试法等则是开发潜在信息资源的主要研究方法。至于一般的信息资源管理活动，只有用户信息需求研究属于潜在信息资源的开发活动。现实信息资源开发则是信息资源管理机构的主要任务之一，它本身大致又可分为文献信息资源开发和网上信息资源开发两大部分。文献信息资源开发以生产各种形式、不同层次的新型文献信息产品为目标，以加工、研究和编纂等为主要手段，以存储的丰富信息资源为开发对象。网上信息资源开发则以形成各种信息产品（包括软件等）为目标，以先进的信息技术为手段，以网络中的信息资源为开发对象。

信息资源开发的最终目的是形成信息产品。信息产品有多种类型，可分为不同的层次。简单的线索型信息产品对应于语法信息层次的信息资源开发，复杂的知识型信息产品对应于语义层次的信息资源开发，实用的个别化的信息产品则对应于语用层次的信息资源开发。当然，三层次划分只是一种相对的分类。

信息资源开发是一种市场导向型的研究活动，它需深入信息市场了解用户的热点需求或重点用户的迫切需求或接受用户的委托，制定相应的研究课题，然后通过信息资源的搜集、提炼、归纳、整理、比较、分析、综合、演绎、推理和调适，形成能反映和满足用户信息需求的信息产品，并将这些信息产品推向市场，以实现其社会价值和经济价值。信息资源开发的实质是一种研究活动，但又不同于一般的学术研究，其最终目的不是为了形成一种理论、一种学说或一项专利，相反，它是为理论学说的形成、决策的制定、课题申报与论证、信息消费等活动服务的，因此它是一种前导性的研究活动。同时，信息资源开发是由市场机制驱动的，经济效益是其运行的核心动力，因此它也是一种实用性和经济性的研究活动。

信息资源开发也是一种高层次的信息服务，它既不是纯粹的学术研究活动，也不是纯粹的生产经营活动，而是两者的结合，是信息资源储藏量的积累发展到一定的程度由信息资源管理机构所设计或引进的一种"发电机制"，目的是将蕴藏在信息资源体系中的"势能"转化为"电能"，变输"水"为输"电"[32]；虽然提供的服务内容有所区别，但服务的性质是不变的。需要强调的是，狭义的信息资源开发是信息资源管理过程的一个环节，是立足于丰富的信息资源储藏的一种信息再生产活动；与此后的信息咨询活动相比，信息资源开发是生产和形成信息产品的过程，信息咨询服务则是以这些信息产品为依据提供事实、数据、线索和文本等的过程。

5.7.2 信息产品结构论

信息产品或称信息商品，是以信息为对象，经过开发、加工、组织和转换而形成的，能满足用户信息需求的，可在市场中自由移动的信息媒体。日本 LEC·东京法思株式会社在其编著的《怎样开发商品》一书中将信息产品划分为三大类型（图5.9）[33]，其依据是信息产品生命周期的幅度，也就是说，保存型信息产品具有长期的保存价值，短命型信息产品的保存价值相对差一些，即时型信息产品几乎没有保存价值，它们在被人们接收的同时也就消费掉了。仔细地分析，日本学者的信息产品概念和分类是宽泛的，这些产品类型大多数是信息资源生产阶段的产物，不妨称之为生产型信息产品；我们在此谈的信息产品是信息资源开发阶段的产品，是信息资源再生产的产物，它们不同于出版社出版的书籍和广播电视机构播放的节目，我们可称之为再生型信息产品。生产型信息产品和再生型信息产品构成了信息产品的两大板块。

情报财 { 保存型高级加工财——书画、专门杂志、报纸缩印版、记录、胶卷、软件程序、数据库
短命型低级加工财——周刊杂志、商业广告传单、用户电报传真
即时型各种加工财——广播、电视节目、电影、戏剧、音乐会、比赛项目、数据电话、电话商谈 }

图 5.9　商品概念的体系化（部分）[33]

注："财"在日语中相当于商品。

再生型信息产品因信息资源管理机构的不同而有所变化，有趣的是，对于某类信息资源管理机构是本职的工作对于另一类信息资源管理机构则是信息资源开发工作，反之亦然。例如，广播电视机构将各种节目中有保存价值的信息开发出来以书籍、期刊、报纸等形式出版发行，可视为一种信息资源开发工作，这些书籍、报刊论文和资料目录等也就是再生型信息产品；出版社和杂志社根据所编发的书刊文章摄制录像带或录制录音带，无疑也是开发信息产品的过程；等等。但无论如何，再生型信息产品都是对生产型信息产品进行再开发的结果，都具有浓缩性、间接性和适用性等特征。撇开信息资源管理机构之间的区别，再生型信息产品大约可归纳为索引类、汇编类、综述类、述评类和预测类五大类型，这可以称为再生型信息产品的种类结构。

索引类信息产品也称线索型信息产品，其功能是为人们利用信息资源提供线索和指引服务。索引类信息产品包括各种目录、书目、文摘、题录、索引、新书通报、广播电视节目预报和网络服务器登录菜单等。几乎所有的信息资源管理机构都开发和提供索引类信息产品，"广播电视报"相当于广播电视部门提供的一种节目目录产品；"新书目"是出版发行部门提供的书目类信息产品；"藏书联合目录"等是图书馆提供的产品；"引文索引"等是情报系统提供的再生型信息产品；等等。在西方发达国家，还有所谓"目录公司"[33]，它们编制商品分类目录，以影响消费者的购物决策；各种联机检索中心、文摘社和索引社等也可以说是"目录公司"。当然，索引类信息产品的主要开发者和提供者还是图书馆、情报中心和各类新兴的网络公司。

汇编类信息产品是根据特定用户的信息需求将相关的信息资源汇集起来，加以鉴别筛选，并按一定顺序编排而成的一种信息产品，它不仅提供线索，也提供具体的事实、数据、图片、论文和名录等。汇编类信息产品主要包括文集、图集、手册、年鉴、大事记、人物年谱、机构名录和"新闻集锦"等。出版社、杂志社、报社和档案馆等是汇编类信息产品的主要开发者和提供者。

综述类信息产品是对某一时期内某一学科或专题的信息资源进行较全面的收集和较系统的分析，并归纳整理、综合叙述而形成的一种信息产品。综述类信息产品主要包括各类综述、学科总结、专题总结、年度总结、年度进展和"一周新

闻回顾"等。例如，中央电视台每周日晚的"体育大世界"栏目就是对一周国内外体坛重要新闻的综述。综述类信息产品的主要开发者和提供者是各类情报中心、信息中心和大众传播机构。

述评类信息产品是围绕某一学科或专题，在对大量的相关信息资源进行归纳综述的基础上，进一步做出评价和提出建议而形成的一种信息产品。述评类信息产品主要包括各类评述、评论和点评等。述评类信息产品的主要开发者和提供者依然是各类情报中心、信息中心和大众传播部门。需要说明，"书评"类产品虽然不同于述评，但从"评"的角度出发，也可归入此类；出版发行部门、图书馆是书评的主要开发者和提供者。

预测类信息产品是在大量综述和分析某一学科或专题的相关信息资源的基础上，找出其发展规律，并进而预测未来一段时间内的发展动向和趋势而形成的一种信息产品。预测类信息产品主要包括各类预测、展望和趋势分析等。情报中心、信息中心和广播电视部门等是预测类信息产品的主要开发者和提供者。

再生型信息产品是信息开发过程的产物，如将一个完整的开发过程分解为信息的采集、筛选、提炼、评论、预测和序化等六个主要环节，那么上述五类产品所包含的环节数是不一样的。我们将每类再生型信息产品所包含的环节数及其有机联系称为再生型信息产品的内在结构，则上述五类产品的内在结构分别为：

索引类：采集＋序化

汇编类：采集＋筛选＋序化

综述类：采集＋筛选＋提炼＋序化

述评类：采集＋筛选＋提炼＋评论＋序化

预测类：采集＋筛选＋提炼＋评论＋预测＋序化

可以看出，信息产品所包含的环节数越多，其开发就越复杂，越艰难，但其价值也越大，这是符合马克思的商品价值理论的。

5.7.3 信息产品开发策略论

信息产品开发和学术研究是两个不同的领域，研究的目标是探索未知，弄清规律；产品开发的目标则是为市场提供能满足人们不断变化着的需求的新产品并获取利润。因此，信息产品开发必须选准目标市场，保证高智力投入，紧跟技术进步，确立竞争优势，实现规模经营和争创名牌产品，这些观念和措施也就是信息产品开发的策略。

选准目标市场是信息产品开发的首要问题，可称之为市场定位策略。与生产型信息产品相比，再生型信息产品的市场定位有以下特点：其一，影响市场细分的主要因素是文化程度、职业、收入和兴趣等因素，如大学教授、科研人员、决策者、拥有私人电脑者和自学者等都是再生型信息产品的主要用户。其二，再生型信息产品的目标市场的容量一般不大，开发者多选择差异性市场营销策略，即需根据不同细分市场的需求差异，有针对性地生产多品种、系列化的产品，并采取有区别的促销手段，例如可针对独生子女教育的需求开发和提供"儿童读物推荐书目"等。其三，在目标市场中，再生型信息产品用户最关心的产品属性主要是质量、档次、针对性、连续性、服务和价格等，这些因素构成一个多维空间，某一具体产品在这一多维空间中一定有一点与之对应，这一点就是产品的市场定位点，例如美国的"SCI"——《科学引文索引》(Science Citation Index)期刊就是以其高质量而占领市场的，它选录的来源期刊须经严格的论证。市场定位策略要求信息资源开发者根据用户对产品不同属性的重视程度，运用有目的的措施，有力地塑造产品鲜明的、与众不同的个性和形象，从而使产品在市场中确立自己的位置，这是信息产品开发的第一步，也是最关键的一步。

保证高智力投入是确保信息产品质量和档次的重要前提。再生型信息产品的生命周期比较短，用户层次又比较高，需求批量也比较小，这就要求信息资源开发必须注意速度和时效，及时地对主要品种进行更新换代，不断改善产品结构，提高产品档次，尽可能地预测用户将要产生的新的需求并为之服务。要实现这些目标，就必须聚集一流的开发人才和管理人才，组织力量联合攻关。再生型信息产品是一种智力产品，是生产型信息产品的再生，而开发人员的智力则是实现这种再生的主要机制。对于某些高档次的信息产品如述评类和预测类产品，开发人员还可在优化组合的基础上，通过"特尔斐法"等手段"借用"高层次用户的智力，以便使这些信息产品达到和保持高质量。

紧跟技术进步是提高产品开发效率的重要举措。整个信息资源管理领域都是现代信息技术高速渗透和普遍应用的领域，先进的信息技术不仅可提高信息产品开发的效率，而且从根本上说还是信息产品更新换代的主要原因。例如，Internet和各类信息网络的迅速发展激发了人们对网络目录（机读目录）的需求，而机读目录的出现又极大地提高了各种专题目录、综述、述评或预测类信息产品的开发速度。展望未来，网络信息资源开发将是热点，而相关的再生型信息产品的形成将需要更多的技术投入。

确立竞争优势是信息产品开发的制胜法宝。信息市场中充斥着形形色色的信息公司和信息生产者，信息资源开发部门同它们展开竞争的主要办法就是确立自己的竞争优势。可从两个方面确立这种优势：一方面，信息资源管理机构拥有丰富的、动态的信息资源储藏，这是信息产品开发取之不尽、用之不竭的源泉；另一方面，信息资源开发是为信息生产服务的，它所开发的再生型信息产品信息含量高，更新速度快，涵盖范围大，具有鲜明的特色。例如美国的"CA"——《化学文摘》(Chemical Abstracts)期刊和我国的《全国报刊索引》等就较好地确立了自己的竞争优势。

实现规模经营是提高信息产品开发效益的核心问题，也是目前困扰信息资源开发工作的主要问题。要实现信息产品的规模化经营，首先应选准目标市场，即要把握信息市场的主脉搏，根据潮流化的信息需求开发信息产品，如对独生子女开发和提供高质量的推荐书目，对股民开发和提供股市综述和预测信息等就有望实现规模化经营。其次要实现信息产品的标准化，可以断言，谁的产品标准获得市场的认可，谁的产品就将在市场竞争中获胜，而标准化正是规模化的前提。再次要强化高技术手段的应用，以高技术的优势换取规模效益，例如，利用计算机信息检索技术可在极短的时间内针对多样化的信息需求开发出多种推荐或参考书目，这也相当于一种规模经营。总之，只有规模化才能降低成本，提高质量，才能战胜对手，占领市场，才能获得高效益。

创造名牌产品是信息产品进入国际市场的基本策略。名牌产品的创立绝非一朝一夕之功，它往往是一代人甚至几代人拼搏、敬业和努力的结晶。要创立名牌，开发者必须拥有"用户意识"、"质量意识"、"第一意识"、"创新意识"和"形象意识"，必须一贯地爱惜和维护自己的产品。诸如美国的 CA、SCI 和四大报告（PB 报告、AD 报告、NASA 报告、ERDA-DOE 报告），我国的《读者》文摘杂志和《全国报刊索引》等就可称之为再生型信息产品中的"名牌"。

开发本身只是一个方面，要最终实现产品的经济效益和社会效益，开发者还须运用适当的价格策略、分销策略和促销策略，这将是更为复杂和艰险的探索。

5.7.4 信息产品开发的方法论

信息产品开发实质上是一种研究过程，科学研究的方法论同样适合于信息产品开发活动。由于再生型信息产品的特殊性，信息产品开发的方法论主要是由信息分析、信息综合和信息预测三类方法组成的；信息分析是手段，信息综合是目的，信息预测是发展，综合起来形成三位一体的结构。

信息分析是将概念化的用户信息需求分解为各种简单要素及其关系，然后分别进行研究，找出其中的主要因素及其关系，并以此为依据组织信息资源的方法。信息分析主要包括要素分析、矛盾分析、结构与功能分析和动态平衡分析等方法。关于信息要素分析法，它是将作为整体的特定信息需求及其对应的信息资源分解为各个简单的要素，并分别进行研究，例如，可把家长对独生子女的期望分解为正常发育的需求、道德教育的需求、求知的需求、全面发展的需求和游戏的需求等。关于矛盾分析法，在构成一个事物的若干要素之中，一定两个或几个要素是主要的要素，它们之间的关系就形成了该事物的主要矛盾，例如，对于家长而言，孩子的道德教育和求知教育是信息需求的主要矛盾，但对于儿童来说，游戏的需求和求知的需求则可能是主要矛盾，矛盾分析法即是对这些矛盾进行分析研究。关于结构与功能分析法，在组成事物的若干要素之间有主要矛盾关系也有次要矛盾关系，所有这些矛盾关系的总和就是事物的结构，事物的结构通常是由功能所决定的或依功能而变化的，例如，以有利于儿童的健康成长和全面发展为目的和以盈利为目的所编纂的儿童读物的结构是不同的。关于动态平衡分析法，作为系统的信息需求及相关信息资源总是存在于更大的系统之中，总是与周围其他系统进行着不间断的交流，总是在动态发展中寻求平衡，例如，在社会主义市场经济环境中，家长对孩子的期望也发生了微妙的变化，《图说资本论》就是一种积极的尝试，各种《儿童学钢琴》、《儿童学绘画》等丛书更是信息产品开发动态对应的产物。

信息综合是将与特定用户信息需求相关的零散的信息资源通过归纳整理，依据一定的逻辑关联、效用关联或形式关联，组成能够反映事物全貌和全过程，并能满足用户信息需求的信息产品的过程。信息综合主要包括主题综合、归纳综合、模型综合和移植综合等方法。主题综合是围绕某一主题集约信息资源并形成信息产品的方法，例如，编制儿童读物推荐书目的过程就是主题综合过程，定题服务（Selective Dissemination of Information，SDI）的本质也是一种主题综合。归纳综合是依据归纳逻辑从大量信息资源中推导、衍生新知识新结论，从而形成信息产品的方法，它是高层次信息产品如综述类、述评类信息产品开发常用的方法，例如，《国外信息资源管理理论述评》的撰写就需采用归纳综合方法。模型综合，即模型本身是一种结构，依据模型组织信息资源是开发信息产品的行之有效的方法，例如，可根据统计模型组织数据，可根据管理过程模型"计划—组织—指挥—控制—协调"集约信息资源等。移植综合是将相关学科的理论、方法或模型移入目标学科，在交叉渗透的过程中实现综合的方法，例如大众传播学就是在引入申农信息论模型的基础上结合传播实践，综合相关信息资源所形成的学科理论。综合是从部分到整体的过程，分析则是从整体到部分的过程，它们是相互联系的两个方面，分析是综合的基础，综合是分析的目的。

信息预测是在综合大量信息资源的基础上，归纳总结出信息资源所表征的事物的发展规律，并根据这种规律预测未来一段时间内事物发展趋势的一种方法。信息预测方法主要包括时间预测法、空间预测法和特尔斐法。时间预测法是根据事物在时间序列中呈现的节律性、周期性或连续性等特征，由已知推测未知，由现在推知将来的一种方法，趋势外推法、指数平滑法等都是时间预测法，例如，美国图书情报学者兰卡斯特（F. W. Lancaster）在20世纪70年代提出"三无图书馆"的设想时就运用了时间预测方法。空间预测法是根据各种要素在空间中的集聚及其变化情况预测物质、能量、信息乃至人口的空间转移走向的一种方法，例如，科技史中对科学研究中心转移规律的研究就涉及空间预测。特尔斐法是充分开发和利用专家的潜在信息资源以测知未来的方法，目前各地区的社会经济规划方案的确立就常常采用特尔斐法。

信息分析、信息综合和信息预测是一个方法整体,在实际的信息产品开发过程中,它们常常以不同组合的形式出现。例如,开发索引类信息产品多采用信息分析为主,信息综合为辅的方法组合,开发预测类信息产品则同时涉及信息的分析、综合和预测,可谓多方法组合。信息产品的开发尤其是信息产品的规模化经营,是一个有待探索的重大问题,信息资源管理机构应积极面对,知难而上,因为强化开发功能将是信息资源管理的一个重要发展趋势。

5.8 信息资源传播和服务

将信息资源管理机构采集、组织、储存的信息资源和开发的信息产品提供给用户,以满足其信息需求的过程,即为信息资源的传播和服务,这是信息资源管理过程的最后一个环节。如将信息采集看作社会大系统对信息资源管理机构的输入过程,那么信息资源传播和服务就是信息资源管理机构向社会大系统的输出过程,是实现和衡量信息资源管理机构的价值的过程。

5.8.1 传播和服务

如不加限定,"传播"或"服务"都可涵盖整个信息资源管理过程。据美国传播学家施拉姆(W. Schramm)和波特(W. E. Porter)的解释,人类传播是两个或两个以上的人之间分享信息的关系,目的是谋求信息、劝说、指导(教育)和娱乐。人类传播的方式有面对面的传播,通过书信、文电进行的传播和使用机械媒介(如电话)进行的传播等。人类传播部分靠语言进行,部分靠非语言符号,如手势、表情和姿态等。[34]无疑,此处的传播是广义的概念,相当于泛指的"信息交流"。"服务"的含义更为宽泛,仅就信息服务而言,它足以包容几乎全部的传播领域和所有的相关信息部门,例如,美国关于信息服务业的统计口径就包括七个基本方面数十个行业领域[35]:

1)处理服务。日常事务服务、应用服务、数据输入/输出、灾害复旧。

2)网络服务。联机数据库服务、可视图文服务等电子信息服务、增值网络、电子邮政、电子数据处理等网络应用。

3)专门服务。咨询、教育、训练、软件开发。

4)系统集成。系统设计、程序编制、机器、网络管理、软件开发、教育、训练。

5)系统营运。处理服务、专门服务。

6)软件产品。系统控制和数据中心管理、系统软件、应用软件。

7)交钥匙系统。机器、软件开发、系统集成、咨询、教育、训练。

可见,广义的传播或服务都是一种泛指的社会现象,作为信息资源管理过程的一个环节，传播和服务是指直接面向信息用户的工作，是将信息资源管理机构采集、组织和储存的信息资源和开发的信息产品提供给用户，以满足其信息需求的过程。

传播和服务是一个过程的两个方面，在信息资源管理过程的框架中，传播是服务的实质，服务则是传播的外在形式。例如，广播电视节目的播放是一种传播活动，但同时也是广播电视部门所提供的一种服务；图书馆的藏书外借和阅览是一种典型的服务形式，但其实质不外乎是知识和信息的传播。考虑到信息资源管理领域不同部门的传播特点，可把信息资源的传播和服务看作一个分级传播和服务过程，广义的大众传播有两个阶段：第一阶段是原始信息的收集、加工和传播，该阶段的传播者主要是编辑、记者、播音员和节目主持人等；第二阶段是对第一阶段传播的信息进行精选、组织、加工、储存和再传播，该阶段的传播者主要有图书馆、情报机构和信息中心等。大众传播的两个阶段如同接力赛，最终目的是把信息传递到大众手中，图书馆等信息资源管理机构处在"第二棒"的位置上，这是图书馆不同于其他类型大众传播（如广播、电视、报刊和出版等）的主要原因。[36]也就是说，大众传播一般不经过系统的储藏而直接把所采集和加工的信息资源传递给用户；图书馆等机构则有针对性地系统储藏大众传播发送的信息资源，再有选择地传递给特定的用户，它们相当于大众传播在特定社区或特定社会组织内的延续和补充。在传播学中，有所谓的"两级传播论"，这种理论认为概念往往先从无线电广播和报刊流向舆论界的领导人，然后再从这些人流向人口中不那么活跃的部分。[34]这种理论后来遭到批评，批评者认为它过于简单化和片面化。但就实际情况而言，"舆论领袖"是存在的，这里不妨将"舆论领袖"置换为图书馆等机构，这样能帮助人们更好地理解信息资源管理机构之间的分工、合作关系。

信息资源传播和服务的性质与范围因信息资源管理机构在传播过程中所处的位置而异，处于一级传播位置的广播电视等单位多在大空间中进行传播，它们可以在瞬时间将信息传递给广阔空间内的众多用户，因此可称之为空间传播。处于二级传播位置的图书馆、档案馆等单位的传播空间有限，它们可将系统储藏的信息传递给一定空间中的未来用户，因此可称为时间传播。在特定时空中，突出传播的方向和方式，信息资源传播和服务还可细分为四种模式：

1）多向主动传播模式。它是传播者根据自身的任务和目的组织信息资源并将其传递给事先没有确定的用户的过程，诸如广播电视节目的播放、图书报刊的发行和目录文摘的报道等均属于这种模式的传播。

2）单向主动传播模式。它是传播者根据用户信息需求分析结果将信息资源传递给事先确定的用户的过程，诸如定题情报服务、决策支持服务、信息策划服务和特殊读者的上门服务等均属于这种模式的传播。

3）多向被动传播模式。它是传播者组织、积累信息资源并根据事先未确定的用户的要求为其提供信息资源的过程，诸如图书档案的借阅、观众（或听众）点播和复制服务等都属于这种模式的传播。

4）单向被动传播模式。它是传播者根据确定的用户的要求为其提供信息资源的过程，诸如信息咨询、广告服务和科技查新等都属于这种模式的传播。

信息资源传播和服务的四种模式实质上是"两级传播"的展开和具体化。

信息资源传播和服务是信息资源管理机构对社会大系统的反作用过程，是最终实现信息资源共享的过程。通俗地讲，信息资源传播和服务是信息资源管理机构面向社会和市场的窗口，信息资源管理活动的效益和价值如何，最终要通过传播和服务来体现。诸如电视节目的收视率、图书报刊的发行量和纯利润、图书馆藏书的利用率、情报中心和信息中心的课题经费等都是对信息资源传播和服务效果的衡量，是信息资源管理活动价值的间接体现。从用户的角度考虑，信息资源传播和服务的过程也就是用户对信息资源的利用过程，这个过程通常又体现为信息资源消费与生产的统一。

5.8.2 信息资源传播和服务的方式

信息资源传播和服务的方式常常因信息资源管理机构的不同而呈现出丰富多彩的变化。如撇开信息资源管理机构之间的区别，将具体的传播和服务方式汇集起来，联系信息资源管理过程和现代信息技术进行划分，则这些方式大体可归入三种类型：一是基于信息检索的传播和服务，或称信息资源提供服务。二是基于信息资源开发的传播和服务，或称信息咨询服务。三是基于现代信息网络技术的网络信息资源提供和开发服务，这是前两类服务方式在网络环境中的集成与统一。

信息资源提供服务是最基本的信息资源传播和服务方式，它是在基本不改变所采集或储藏的信息资源的形态下，有选择地（选择相当于一种广义的检索行为）为用户提供信息资源和服务的活动。可以认为，信息资源提供服务是信息检索过程的逻辑延伸，没有检索也就谈不上信息资源的提供服务。归纳起来，信息资源提供服务大约又有以下形式：

1）广播电视节目的播放。

2）图书的出版发行。发行可看作出版活动的延伸，是出版部门的信息资源提供服务。

3）图书、图片或档案展览。

4）报纸和杂志的发行。

5）新书通报。

6）图书馆藏书的外借和阅览。

7）档案的开放和提供利用。
8）文献复制服务。
9）信息发布服务等。

信息咨询服务是在信息资源提供服务的基础上发展起来的一种传播和服务方式，它的前提是信息资源的开发，基本特点是改变所采集或储藏的信息资源的形态以产出新的信息产品，实质是信息资源开发活动向市场的延展。信息咨询服务的表现形式主要有：

1）观众或听众热线解答。
2）出版发行书目服务。
3）报刊论文索引服务。
4）图书、档案馆藏线索咨询服务。
5）事实、数据咨询服务。
6）定题情报服务。
7）进行中科研项目追踪服务。
8）信息预测服务。
9）用户教育服务等。

网络信息资源提供和开发服务是建立在现代信息技术的基础上的，它以计算机硬件和通信设备为依托，以应用软件为手段，以数据库信息资源为利用对象，一方面可将信息资源提供服务和信息咨询服务统一起来，另一方面又有助于最大限度地实现个别化服务。网络信息资源提供和开发服务的主要形式有：

1）图文信息电视广播服务。
2）电子出版物和电子杂志的发布。
3）电子函件。
4）电子公告板服务。
5）联机公共目录查询服务。
6）光盘远程检索服务。
7）远程电视会议服务。
8）用户电子论坛。
9）用户点播服务等。

信息资源的传播和服务是联结信息资源管理机构和信息市场的重要活动，从信息市场的角度分析，这些传播和服务都是有偿的，区别仅在于有些服务需要用户即时付款，有些服务用户已通过某种方式（如纳税）先期付款，有些服务用户则在后期活动（如科学研究成果的应用）中间接付了费。当然，从现实情况看，信息资源的传播和服务分无偿与有偿两种方式，其中，信息资源提供服务多取无偿服务方式，信息咨询服务和网络信息资源服务则多取有偿服务方式。至于有偿和无偿孰优孰劣,不可一概而论,应辩证地认识这个问题：从提高国民素质的高度出发,信息资源的无偿服务方式还需保留,正如义务教育不能取消一样；但从信息市场运行和信息产业发展的角度来看,信息资源有偿服务的范围应逐步扩大,也就是说,信息资源管理机构必须加大资源开发力度,有条件的机构还应全部推向市场,在竞争中谋求生存与发展,这是信息资源传播和服务发展的必由之路。

5.8.3 信息资源传播和服务对社会的影响

作为信息资源管理机构的输出形式,信息资源传播和服务必然会对社会产生影响。从最终意义上说,信息资源传播和服务对社会的任何影响都是通过作为中介的用户起作用的。在这个过程中,用户接受服务,消化信息资源,并将其转化为生产力,从而影响人类认识与改造自然的进程和人类社会的进步与发展。也就是说,信息资源传播和服务对用户的影响是直接的,而对社会的政治、经济、文化和科学技术等的影响则是间接的。

信息资源传播和服务对用户的影响主要表现在：

1）它所吸引的用户数量。诸如电视收视率、报刊订户、图书发行量、图书馆和档案馆的注册读者、情报中心和各种网络的用户等都可反映信息资源传播和服务的影响广度。

2）用户闲暇时间的利用结构。如可按每周平均计算,每人每天接触各种信息媒介的时间,其中电视、录像、无线电广播、CD唱盘、报纸、杂志、图书、漫画、电话各多少小时或分钟。类似的时间结构比例能够反映信息资源传播和服务的影响程度。

3）用户用于信息服务的支出费用。如可统计全国每户用于信息的开支约为多少元,其中各种信息媒介的支出分别为报纸、图书杂志、CD、磁带、光盘、电影剧场娱乐门票、联机费用等各多少元。[37]类似的费用及其比例统计可反映信息资源传播和服务的影响强度。

4）用户知识结构的改变,包括用户世界观、价值观和认识方法的进步,知识信息总量的增长,实践技能的提高等,这些内容可反映信息资源传播和服务的影响深度。

信息资源传播和服务通过用户对社会的影响主要表现在：

1）科学技术成果的数量与质量。信息资源传播与服务直接影响科技人员的科学生产率,影响科研成果和技术发明的数量与质量,影响生产力水平的提高。

2）物质产品的信息含量。如将物质产品的成本做简化计算,1元成本费用中信息费用所占的比例就是该产品的信息含量,一般而言,一种产品的信息含量越高,其竞争能力就越强,产品的信息含量与信息传播和服务有紧密的关联。

3）决策的成功率。决策是一个信息加工和再生过程，而信息资源传播和服务则决定着该过程的"原料"（即信息资源）供给，从而间接地决定决策的成功率。

4）社会的信息化。社会信息化是通过开发利用信息资源促进科学技术进步和社会生产力的提高，促进整个社会经济、科技和文化全面发展的过程，而信息资源传播和服务则是社会信息化必不可少的前提条件。

信息资源传播和服务的直接目标是为用户提供信息资源生产或信息资源消费所需的各种信息资源和服务。作为消费资料，信息资源在被用户消费的同时也增加了用户潜在信息资源储备和信息产业的产值；作为生产资料，信息资源被用户投入信息再生产过程，以期形成新的信息资源，这将是新一轮信息资源管理过程的起点。信息资源传播和服务就是这样通过影响用户进而影响社会的，它肩负着实现信息资源管理活动价值的使命，同时也维系着信息资源管理过程的动态平衡。

主要参考文献

[1] 孟广均等. 论信息资源及其活动. 情报学进展（1996～1997年度评论），1997：75～99

[2] 霍国庆. 信息资源管理的三个层次. 中国图书馆学报，1996，(5)：68～71

[3] Pao M L. Concepts of Information Retrieval. Englewood：Libraries Unlimited, Inc., 1989. 176～194

[4] 伊恩·罗伯逊. 社会学（上）. 黄育馥译. 北京：商务印书馆，1990

[5] 孙耀君. 西方管理思想史. 太原：山西人民出版社，1987

[6] 乐国安. 现代应用社会心理学. 兰州：兰州大学出版社，1995

[7] 郑杭生. 社会学概论新编. 北京：中国人民大学出版社，1987

[8] 霍国庆. 图书馆与人的全面发展. 山西图书馆学报，1994，(2)：19～23

[9] 王雨田. 控制论、信息论、系统科学与哲学. 北京：中国人民大学出版社，1988

[10] 戴元光等. 传播学原理与应用. 兰州：兰州大学出版社，1988

[11] 严怡民等. 情报学基础. 武汉：武汉大学出版社，1987

[12] 郑瑞林. 论情报源. 情报学刊，1992，(2)：85～89

[13] 严怡民. 情报学研究导论. 北京：科学技术文献出版社，1992

[14] 国家科学技术委员会. 中国的知识产权制度. 北京：科学技术文献出版社，1992

[15] 宋彩萍，霍国庆. 信息组织论纲. 中国图书馆学报，1997，(1)：20～22

[16] Dahlberg I. Conceptual structures and systematization. International Forum on Information and Documentation, 1995, (3)：3～24

[17] 张琪玉. 情报语言学基础. 武汉：武汉大学出版社，1987

[18] 邓绍兴，和宝荣. 档案管理学. 北京：中国人民大学出版社，1989

[19] 黄宗忠. 文献信息学. 北京：科学技术文献出版社，1992

[20] 徐伯蓉. 杂志编辑学. 北京：中国书籍出版社，1981

[21] 霍国庆. 信息论在图书情报领域中的应用. 图书情报工作，1995，(3)：31～34

[22] 北京大学图书馆学情报学系，武汉大学图书情报学院. 图书馆学基础. 北京：商务印书馆，1991
[23] 姚云鸿等. 现代信息技术. 济南：山东教育出版社，1995
[24] 钟义信. 信息科学原理. 福州：福建人民出版社，1988
[25] 日本科学技术情报中心. 科学技术情报手册（修订版）. 高崇谦等译. 北京：科学技术文献出版社，1988. 387
[26] K. B. 塔拉卡诺夫. 情报学. 何士彬译. 北京：书目文献出版社，1993
[27] Kantor P B. Information retrieval techniques. Annual Review of Information Science and Technology, 1994, (29): 53
[28] 赖茂生等. 科技文献检索. 北京：北京大学出版社，1994
[29] Janes J W. Networked information retrieval and organization: issues and questions. Journal of the American Society for Information Science, 1996, (9): 711~715
[30] 陈志宏等. 关于开发利用我国图书馆信息资源的思考. 见：信息资源与社会发展. 武汉：武汉大学出版社，1996
[31] 乌家培. 信息资源与信息经济学. 情报理论与实践，1996, (4): 4~8
[32] 霍国庆，尚珊. 信息咨询：图书馆与市场经济的接口. 图书情报工作，1996, (6): 11~15
[33] LEC·东京法思株式会社. 怎样开发商品. 上海：复旦大学出版社，1995
[34] 威尔伯·施拉姆，威廉·波特. 传播学概论. 陈亮等译. 北京：新华出版社，1984
[35] 时文生，金允汶. 世界信息服务业的发展现状与前景. 情报理论与实践（增刊），1995: 263~308
[36] 霍国庆. 大众传播过程中的图书馆. 晋图学刊（增刊），1994: 1~3
[37] 曾民族. 电子信息时代的信息服务和管理. 情报理论与实践（增刊），1995: 139~170

6 信息资源的网络管理

20世纪60年代产生的以计算机为基础的信息系统,为人们大规模地组织、处理和有效利用信息和信息资源奠定了基础。当今的信息系统已从最初的数据处理发展到融管理方法、知识处理、智能处理乃至支持决策和组织战略发展规划于一身的综合系统,信息系统和由若干个独立信息系统互联而形成的信息网络,正日益渗透到人类社会生活的各个领域,对人类社会和人类本身产生了巨大的影响。

6.1 信息系统和信息网络

信息系统与信息资源管理有着密切的关系,以至于有些文献把信息系统管理(information systems management)简单地等同于信息资源管理[1,2]。其实,这种观点是有局限性的,因为信息系统所代表的是人类信息管理事业在技术方面的特征,也即强调的是主要依赖于信息技术解决问题,或曰信息资源的技术管理,而信息资源管理这一领域除重视信息系统所代表的技术手段外,还更多地引入了经济的、法律的、人文的手段,具有更高的层次。正因为如此,信息资源管理才具有如德国学者布洛曼(P. Bromann)所说的"战略特征",是"信息系统的发展"[3]。之所以出现前文所述的概念混淆,我们以为,可能是由于现代计算机技术、通信网络技术等信息技术的飞速发展使信息系统和信息网络的功能更强大,影响更深远,致使某些学者只看到了技术层面,而忽略了其他层面。但无论如何,信息系统、信息网络同信息资源管理的关系十分密切,这是毋庸置疑的。

6.1.1 信息系统的概念和发展历程

1. 信息系统的基本内涵

同"信息"、"系统"的定义具有多样性一样,信息系统这种与"信息"有关的"系统"其定义也是远未达成共识。试举几例如下:

1)《大英百科全书》对"信息系统"的解释是:有目的、和谐地处理信息的主要工具是信息系统,它对所有形态(原始数据、已分析的数据、知识和专家经验)和所有形式(文字、视频和声音)的信息进行采集、组织、存储、处理和显示。原则上，任何保存记录的系统如通讯录或火车时刻表都可以被认为是信息系统。[4]

2）巴克兰德（M. Buckland）认为信息系统是"提供信息服务，使人们获取信息的系统，如管理信息服务、联机数据库、记录管理、档案馆、图书馆、博物馆等"[5]。

3）达菲（N. M. Dafe）等认为信息系统大体上是"人员、过程、数据的集合，有时候也包括硬件和软件。它采集、处理、存储和传递在业务层次上的事务处理数据和支持管理决策的信息"[6]。

4）我国学者吴民伟认为信息系统是"一个能为其所在组织提供信息，以支持该组织经营、管理、制定决策的集成的人机系统。信息系统要利用计算机硬件、软件、人工处理、分析、计划、控制和决策模型，以及数据库和通信技术"[1]。

理解不同的定义还可列举很多。从中可看出，广义理解的信息系统包括的范围很广，各种处理信息的系统都可算作信息系统，包括人体本身和各种人造系统。狭义理解的信息系统仅指基于计算机的系统，是人、规程、数据库、硬件和软件等各种设备、工具的有机集合，它突出的是计算机和通信等技术的应用。在这两种理解之间的第三种思路，是像巴克兰德界定的那样，把负有信息采集、组织、加工、传递和服务职责的信息资源管理机构和各种基于计算机的处理信息的系统统称为信息系统。我们基本同意巴克兰德的见解，因为虽然随着现代信息技术的广泛应用，很多传统的信息资源管理机构（如图书馆、档案馆等）的计算机应用水平达到了新的高度，很多原本以手工为基础的人工信息系统正向以计算机为基础的信息系统转变，但不能因为强调计算机化的信息系统而忽视大量存在的以人工为基础的信息系统，更何况计算机化的信息系统的建设必须密切配合组织机构的目标、结构、管理水平、环境和需要，它并不意味着一切都计算机化和自动化，很多方面都需要人工信息系统的配合，不能完全由机器代劳。美国信息系统专家戴维斯（G. B. Davis）曾指出："现在人们所关心的不是计算机是否要用于信息系统，而是各种处理工作究竟应该计算机化到何种程度。"我们理解，他的话一方面道出了信息系统中应用计算机的必然趋势，另一方面也说明必须明确哪些信息处理应该或不应该计算机化，这里实际上包含着否认"唯技术论"的思想。

2. 信息系统的发展历程

信息系统从概念上讲在计算机问世之前业已存在。但它的加速发展和日益为人瞩目却是计算机广泛应用之后的事。自20世纪初泰罗创立科学管理理论以后，管理科学与技术得到迅速发展；在它同统计理论和方法、计算机技术、通信技术等相互渗透、相互促进的发展过程中，信息系统这一专门领域迅速形成。其间，管理会计、运筹学、管理与组织理论、计算机科学这四个学科领域的作用特别重要。

这里不去追溯信息系统，尤其是人工信息系统的早期发展史，而着重讨论一下作为用计算机处理信息的人机系统的信息系统，它在近半个世纪以来的发展历程和趋向。

卢泰宏在其《国家信息政策》一书中，从系统管理功能演化的角度用图 6.1 描绘出信息系统的发展[7]。

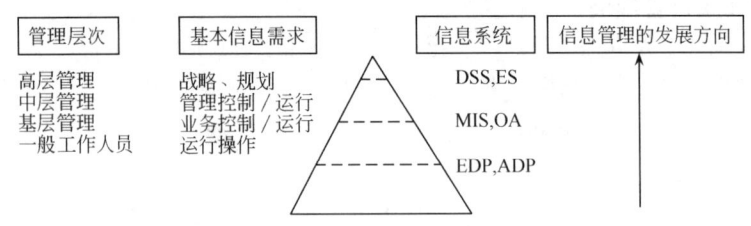

图 6.1　信息系统管理功能的发展

注：EDP——电子数据处理，ADP——自动数据处理，MIS——管理信息系统，
　　OA——办公自动化，DSS——决策支持系统，ES——专家系统。

信息系统的发展经历了以下阶段：

1）电子数据处理系统（Electronic Data Processing System，EDPS）。电子数据处理系统是用计算机代替以往人工进行事务性数据处理的系统，所以也有人称其为事务处理系统（Transaction Processing System，TPS），这一阶段从 20 世纪 50 年代初商业界第一次用计算机处理工资单、财务报表、账单等开始。在电子数据处理系统或事务处理系统中，数据的采集、编辑、加工、输出等一系列处理都是严格地按照事先给定的步骤进行的，系统目标与决策无直接关系，其目的仅是为一个部门处理和获取有关数据，因而是一种纯数据处理系统。电子数据处理系统有一些缺陷，如受限于当时计算机的能力和人们对计算机的认知，完全模拟人工系统，数据采集因速度慢且容易出错等成了该系统最薄弱的环节等。

2）管理信息系统。管理信息系统是在事务处理系统基础上发展起来的第二代信息系统，但两者有显著的区别：事务处理系统是处理和获取数据，仅涉及一个部门内的操作性活动，如买票、订货等；管理信息系统则为管理提供信息，是一个部门的管理工具，它强调管理方法和技术的应用，强调把信息处理的速度和质量扩大到组织机构的所有部门，从而增强组织机构中各职能部门的管理效率和能力。

管理信息系统的设想最早出现于 1961 年，当时的美国经营协会（AMA）发表了加拉赫（J. D. Gallajher）关于建立管理信息系统的设想，即建立一个全面性的企业信息系统，能为各级管理部门获取信息。这时的系统最大的特点是有了公共数据文件或数据库，初步实现了数据的统一管理和资源共享。到了 20 世纪 70 年代初，以数据库、数据通信为基础，以方法库、模型库应用为特点的管理信息系统得到了发展。此后，管理信息系统的发展更为迅速，成了国内外管理领域中一个重要的研究和应用分支。概括而言，管理信息系统的主要特点有：是一个人机结合的辅助管理系统；面向管理，具有系统管理信息的功能；可以通过信息流对管理活动进行有效的协调、约束和控制；可以辅助并优化决策，但仅限于结构化的管理问题。这点也是管理信息系统的主要缺陷。

3) 决策支持系统（Decision Support System，DSS）和专家系统（Expert System，ES）。决策支持系统的概念是美国学者莫顿（S. Morton）于 20 世纪 70 年代初首次明确提出的。它是辅助决策工作的一种信息系统，其特点是重点在"支持"而非决策工作的自动化。决策支持系统的特点主要有：

① 在决策支持系统中数据库的基础上能对信息进行快速、有效的检索、分析、综合并传输给决策者；对外部的信息采集有潜在的灵活性。

② 具有专门的结构存储和研究备用的模型方法，提供模型的比较、连接、合成的功能。

③ 采用主动权在决策者一方的人机交互对话方式，帮助决策者完成决策过程。

④ 面向的问题主要是半结构化或非结构化问题。对于决策问题中的结构化部分，系统能使管理者容易使用系统中的数据，用模型和软件加以程序化；对于非结构化部分，系统为管理者创造便于发挥人类洞察力的环境，让决策者做出判断。

⑤ 系统只起辅助决策的作用，它对问题的解决方法和答案形式具有灵活性。

⑥ 能够对用户需求做动态性分析，各种功能可及时修改、扩充、完善，便于用户学习和使用。

结合上述特点可以看出，决策支持系统与管理信息系统还是有不少区别的，尽管后者是前者的基础。详细情况如表 6.1 所示。[8]

专家系统的研究、研制与开发活动始于 20 世纪 80 年代中期，作为一个颇有前途的领域，至今仍方兴未艾。专家系统是用于处理那些通常需要经验和专门知识才能解决的问题的信息系统，涉及的问题领域如复杂的诊断、计划安排、预测、监督与控制和数据分析与解释等，应用领域如工业、商业、国防、金融和教育等，在传统的信息资源管理机构图书馆和情报机构中，专家系统的应用也在不断扩大，情报检索、文献分类、馆藏发展和用户培训等方面都有成功的专家系统原型。

表 6.1　决策支持系统和管理信息系统的区别

项　目	决策支持系统	管理信息系统
目　标	提高决策的效益	提高信息处理的效率
任　务	满足系统决策活动的信息需要	完成系统例行的日常信息处理
设计思想	实现一个具有巨大发展潜力的灵活的开发系统	实现一个相对稳定的协调的工作系统
设计方法	强调充分发挥人的经验、判断力、创造力	强调系统的客观性
工作方式	强调人的作用，人机对话工作方式	强调处理过程的科学化，工作过程中尽可能少地减少人工干预
驱动方式	模型和用户驱动	数据驱动
信息管理方式	分散使用信息，系统设计强调决策者个人的需要	集中管理信息，系统设计强调全局的信息需求

马丁指出，典型的专家系统一般由知识库、推理机制、知识采集模块和人机界面构成。专家系统的显著特点是具有知识库、专门的数据和决策规则。[9]此外，根据马丁的总结，数以千计的使用中的专家系统还有几个共同的特点：处理问题的水平与人类专家的水平相当；高度面向具体问题领域，可阐释其推理；可在存在不确定性的条件下提供多种可选方案。在西方，人们普遍认为专家系统是人工智能（Artificial Intelligence，AI）领域30年发展中最重要也是最富有成果的方面，兰卡斯特等美国学者甚至在专家系统和人工智能之间划起了等号。

4）办公自动化系统（Office Automation System，OAS）和多媒体信息系统（Multi-Media Information System，MMIS）。严格说来，办公自动化系统/多媒体信息系统只是前文所述的电子数据处理系统（或事务处理系统）、管理信息系统和决策支持系统等几类信息系统的一种综合应用，不可简单地把这两者称为新类型的信息系统。但是，正是办公自动化系统在20世纪80年代的广泛应用、多媒体信息系统在90年代的勃兴，才使信息系统这一领域更加引人注目，而多媒体信息系统自身也成为各类信息系统应用的方向。

办公自动化系统是以计算机、通信设备（如电传、传真、电话、电子邮件等）和办公室专用产品（如复印设备等）为基础的人机系统，是对以文字为主，包括数字、声音、图像等办公信息进行采集、加工、传输和利用的系统。但由于现代社会的办公室应是而且正成为整个组织机构信息化的一个重要组成部分，所以应把办公信息系统的含义理解为：利用现代信息、管理科学和行为科学，对各类办公信息进行采集、加工、存储和交换的，具有办公室自动化系统、管理信息系统和决策支持系统等综合功能的人机系统。它除了可进行一般事务处理和信息处理，以求利用现代化手段提高办公效率和质量外，还可沟通上下关系、加快信息流动速度；它既可为组织决策提供准确及时的信息支持，还可提供方法、手段和模型等多种辅助决策支持，因此它无疑是一种综合性的信息系统。

多媒体技术问世于20世纪80年代中后期，在90年代得到了迅猛发展。作为数据库技术和多媒体技术集成之结果的多媒体信息系统，近年来颇为引人注目，成为广受重视的研究和开发领域。这主要基于两个原因：其一，很多应用本身就是多媒体的。如办公自动化系统、地理信息系统（GIS）、计算机辅助设计与制造（CAD/CAM）、医学辅助诊断（MAD）和各种演示与展示应用（如产品性能展示、科研实验结果介绍与演示等），它们输入和输出的数据除数值和文本外，还包括声音、图形、图像和视频等多种媒体的数据。其二，实现多媒体信息系统的技术条件已经具备。硬件方面有供输入与演示用的声霸卡、视霸卡、大容量光盘等；软件方面具备了支持多媒体数据的Windows和UNIX环境与高压缩比的压缩、还原新算法和标准（如JPEG和MPEG）；通信方面已可利用可供快速存取的高速宽带数据通信网。因此，在用户需要和技术推动的双重作用下，多媒体信息系统应运而生并得到迅速发展。

多媒体信息系统的特点主要有：

① 传统的信息系统只是为管理文本数据和统计数据中的图表设计的，而多媒体信息系统可存储以数字形式表示的文本、统计图表、声音、图形和图像等媒体类型的数据信息。

② 用户可方便地检索所存储的各种媒体的数据，包括不做任何复杂分析的演示性检索和按语义内容进行的内容检索。

③ 提供浏览功能。

④ 提供编辑功能，用户可以修改或建立新的媒体对象。

⑤ 用户可用页面扫描仪或声音采样器（如MIDI）从系统外部输入媒体信息。

⑥ 可提供大容量存储能力。这涉及存储技术、共享技术、分布式结构和宽带网、局域网或广域网等网络技术。

⑦ 可采用数据压缩技术减少存储需求并加速数据在网络上的传输。[10]

多媒体技术和多媒体信息系统已广泛应用于可视电话与电话会议、工业自动化、办公室自动化、家庭自动化、电子教学、医疗会诊、军事电子模拟训练、电子通信、电子娱乐、电子动画与广告、电子查询与咨询系统、电子玩具、机器翻译、电子出版、电子图书馆和智能机器人等诸多领域[11]。多媒体信息系统有着广阔的发展和应用前景，可以说，分布式多媒体信息系统是以管理信息系统为代表的信息系统在未来的发展方向。

6.1.2 信息系统的开发和建设

1. 信息系统开发的基本方法

信息系统本身的建立是一项很复杂的工作，因此它的开发和建立要求有一套

行之有效的科学方法。在实际应用中,人们经常使用如下方法:

1) 生命周期法。生命周期法又称为结构化系统分析与设计、结构化方法或结构化开发生命周期法(Structured Development Life Cycle approach, SDLC)。其特点是将整个信息系统的开发过程从头至尾划分为若干阶段,预先明确规定每一阶段(或步骤)的任务,而后按一定准则顺序完成,因而这是一种预先严格定义需求和任务的方法。生命周期法、企业系统规划法、战略数据规划法等大都属于这类预先定义的方法。[12]这类方法的共同特点有:

① 预先明确用户需求,从用户需求出发设计系统,也就是有目的、有步骤地对系统的环境、目标、限制条件、功能、效益等进行科学的调查分析。

② 从上到下地设计或规划信息系统。

③ 对生命周期中的需求分析、系统设计和系统实施各阶段进行明确的分工并严格分离。

④ 强调文档的标准化、规范化和确定化,以保证各阶段衔接。

⑤ 运用系统分解和综合技术,将复杂系统简明化。

⑥ 强调阶段成果的审定和检验,以便减少系统开发中的隐患。

生命周期法虽然是技术上业已成熟、有成效的一类方法,但也存在一些缺陷,如预先定义难以运用于非结构化问题,研制周期长,对人力物力财力要求较高等。

2) 原型设计法。原型设计法(prototyping approach)是20世纪80年代以来兴起的另一类系统开发方法。它不过分强调系统开发的阶段划分,而是在获得一组基本的需求后,快速地建造一个接近用户要求的原型,然后根据用户的反馈和开发者对系统理解的加深对要求进行补充和细化,进一步修改原型,直至用户满意结束开发任务。

原型设计法强调以下几点:

① 并非所有的需求都能预先定义或按定义执行,这点与生命周期法不同。

② 原型法强调快速地构建原型,因而尽量使用软件开发工具和已商品化的软件包。

③ 原型法为人们提供一个生动、动态的演示模型,这比生命周期法实施阶段中以前都是提供文字报告和图表要直观生动,而且便于修改或求精。

④ 原型法鼓励用户对需求提出更多、更高的要求,从而使信息系统能真正满足管理和决策的需要。

原型设计法在使用中也有一些限制,如仅应用于规模小、目标易变的项目,对于规模大或目标比较稳定的项目则力不能达。另外,应用原型法的设计过程中还有可能出现前功尽弃的最坏情况。因此,在实际使用中,应根据实际情况选用,两者也可结合使用。

另外,信息系统设计开发中还有一种方法,即曾任世界控制论学会主席的比尔（S. Beer）于 20 世纪 70 年代提出的活性系统模型（Viable System Model, VSM）方法。[13] 80 年代以来，活性系统模型已广泛应用于工业、商业、运输、文教卫生和政府机关等不同类型组织的管理信息系统设计与开发工作中，取得了积极的成效。

3）面向对象的系统开发方法[14]。起源于面向对象（object oriented）的程序设计语言（如 Smalltalk），并于 80 年代后期得到迅速发展的面向对象开发方法，90 年代在信息系统（尤其是管理信息系统）的开发中得到了广泛的应用。一般的系统软件设计都着眼于用所选择的程序设计语言对处理过程的细节进行描述，从而引入了诸如功能的求精、过程模拟块和结构化设计等概念。而面向对象的开发方法强调系统设计之前的系统分析，强调以系统中的数据信息为主线，全面、系统、详尽地描述系统的信息，建立系统的信息模型，指导系统的设计。它要求确定系统所要处理的对象、这些对象是如何构造的、在这些对象上可进行些什么样的操作。最后用面向对象的程序设计语言去实现对象，构建系统，从而达到需求分析、设计和实现过程在概念上的一致性。

面向对象的开发过程包括以下几步：第一，识别对象及其属性。第二，识别每个对象涉及的操作。第三，建立对象间的接口。第四，实现每个对象。以上步骤可递归使用，直到得到详细设计或是软件得到代码实现。

面向对象的系统开发方法具有如下特点：

① 引入了数据抽象和封装、类、继承和消息传递等特性。

② 突破了传统的数据与操作分离的模式，将数据与有关的操作封装为对象，较好地实现了数据的抽象。

③ 在对象间的关系上，不像结构化设计那样只有模块间的调用，而是采用了较灵活的消息传递方式。

④ 由于引入了类和继承的概念，便于实现系统软件的演化和扩充。

⑤ 设计思想接近客观实际并符合人类惯常的思维方式，易于为人们接受。

面向对象开发方法被认为是提高软件生产率、提高软件质量、降低开发费用、减少开发时间的一种新的开发技术。虽然这种方法仍有待于深入发展，但 90 年代中期以来面向对象数据库管理系统等应用和产品越来越多的事实，昭示了面向对象开发方法的美好前景。

2. 信息系统建设的原则与关键问题

在信息系统建设中应坚持的原则主要有：必须有建立信息系统的实际需求和迫切性；坚持高层领导对建立信息系统有深入的了解和介入，并与专家相结合的原则；坚持管理科学化的原则；坚持系统研制人员与用户相结合的原则；坚持自上而下、自下而上两方面相结合的原则；坚持硬件投资和软件投资相结合的原则;坚持系统设计的简单性、灵活性、统一性、整体性和经济性原则。此外,从组织的角度来看,信息系统建设中还应强调信息系统的建设目标、集中化程度、建设水平与组织的目标、组织的集中化程度、组织的管理水平分别对应一致的原则,信息系统建设还必须适应组织的环境。

在根据以上原则并采用前文所述的科学方法建立信息系统的过程中,有哪些因素或关键问题左右着信息系统的成败呢?

布洛曼曾用图6.2[3]来表示企业环境中信息系统建设的主要成功标准。

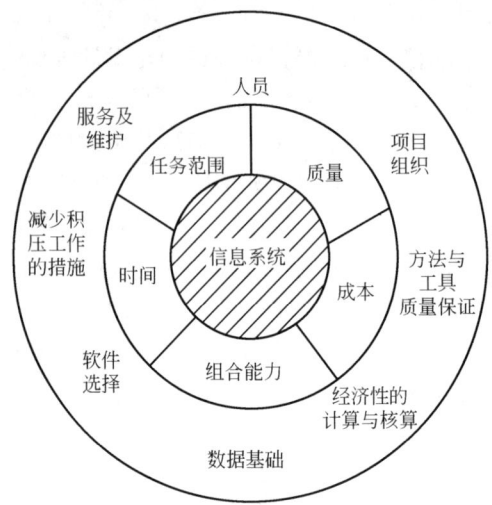

图6.2 信息系统建设的主要成功标准

布洛曼指出,要消除信息系统建设中的障碍,应把重点放在:

1) 在计划执行前和执行中彻底搞清楚各方面所要求达到的水平。

2) 严格检查为专业部门提供服务的程度,减少对具体事务的顾及/适应,有限制地接受迫切但又未列入计划的任务,这样可以较早地执行最有效的信息系统计划。

3) 在建立信息系统中,有必要系统地观察市场,在不同的硬件制造商、软件提供者和应用者中选择系统。

4) 通过使用各种方法与工具和对组织/系统发展的结果进行全面监督,来提高系统发展的能力。

5) 要赢得时间和提高生产能力,就要增加成本和维护费用,可能还会出现风险。

6) 专业部门工作人员要在以下三个方面加强参与:分析并提出系统构想;制定个人数据处理方案;维护并适应系统。

根据时任国家信息中心主任的高新民等1995年对美国14个先进信息系统的实地考察[15],可把信息系统开发和建设中应当重视的关键问题总结如下:

1）系统设计人员和用户业务人员应紧密合作，充分沟通，共同努力弄清楚信息系统的需求目标和可能出现的变化，以尽量减少系统失败的风险。

2）具有一个好的总体规划。总体规划需明确的是信息系统的全局性和长远性。前者是指要考虑系统的边界、外部环境、内部结构、功能分解、人力资源配置以及资金的投入和回收等问题；后者则指要考虑系统的扩充、技术更新的衔接、初期投入的保护和回收等。西方先进信息系统的成功经验表明，好的总体规划往往使信息系统建设既便于操作又易于管理，获益的可能性也大大增加。

3）采取分步实施、滚动发展的实施策略。这主要是指对总体规划确定的目标和功能进行选择，先做需求稳定、容易见效的功能，并争取早日获得回报，而后再做其他功能。

4）系统集成时尽量采用符合国际标准或事实标准的现有硬软件，以减少二次开发工作量，缩短信息系统建设周期。

5）高度重视信息流程的合理化和制度化。

6）强调信息系统的开放性、可扩张性和互操作性，以减少投资风险，对付信息技术生命周期短和信息系统投资周期长之间的矛盾。

7）重视用户界面的适应性设计。

8）重视信息系统建设的风险分析，并把它贯穿于整个项目的执行过程中，进而发现可减少或消除风险的对策，以提高系统开发和建设的成功几率。

9）严格的项目管理是保证信息系统成功的关键。

10）不仅要保证必需的初期投入，还要重视信息系统运行维护和保养的投入。布洛曼也指出，信息系统的维护/保养工作处理不当或未给予足够重视，则会成为整个系统应用和发展中的"瓶颈"环节。因此，有必要在系统开发前的规划阶段就突出信息系统维护/保养所需的人力和费用。

以上 10 个方面虽然可能不尽全面，但它们对于国内信息系统的开发与建设，无疑是有着重要的借鉴价值的。

6.1.3 信息网络

1. 信息网络的基本概念

信息网络一词在今日人们早已耳熟能详，但论及信息网络的概念，却不那么容易确定。像信息系统既包括计算机化信息系统又涵盖人工信息系统一样，信息网络的概念也包括两个方面，这是由网络这一概念本身的两种含义引起的。马丁曾指出："在现代术语中，网络可定义为一组个体或组织为实现某种特定目标相互联系而形成的一个系统。"[16]这可以算作一种广义的网络，如图书馆之间为更好地实现资源共享和更好地为用户服务而组成的图书馆网络。狭义的网络可以看作是通过远程通信方式把成员的计算机资源和信息资源连接起来的网络。人们熟知的信息网络还是在狭义的网络概念基础上使用的,人们也把建立在信息数据与计算机、通信三者结合基础上的信息网络看作是现代信息社会的基础设施。

关于信息网络的定义,目前还没有一个共同的界定,有人也把信息网络称为计算机网络、信息通信网等。邹志仁等给出的信息网络定义为:信息网络是由信息源和信息汇作为节点,连同节点间的联系通道组成的系统。钟义信认为,信息网络主要是指各种信息系统所构成的信息网络体系以及为了支持这个网络体系有效运转所需要的网络标准、通信协议、操作规程、传输编码等[17]。我们认为,钟义信的定义是合理的。第一,它涵盖了信息网络是信息数据、计算机、通信三者结合的产物这一基本共识。第二,它说明了信息网络是由通信网平台和大量应用信息系统构成,这符合实际情况。第三,它体现了信息网络的直接目的,即运用以光纤、卫星和高速通信为基础的网络通信技术,实现信息系统从个体化向整体化和集成化的演变,将分布地域不等的信息系统和计算机连为一体,实现各种信息资源实时地传递、交换和共享。第四,它的实用色彩很浓,不像前一种定义那么抽象,因而既便于修改,又易于人们理解和接受。本章下面所讨论的信息网络或网络环境都是狭义的,而且以钟义信的定义为基点。

2. 信息网络的分类

信息网络是以资源共享(硬软件和信息数据等)为目的的多机系统,它将若干地理位置不同并且具有独立功能的计算机信息系统和其他外围设备,通过通信线路和设备连接起来,在网络操作系统作用下,实现各种网络资源的共享和管理。

根据不同的分类原则,可区分出不同类型的信息网络,例如:

1)按网络的拓扑结构分类。网络拓扑结构是网络的几何构成,指网络各个节点的连接方法和连接形式。以此分类可分为环形网络、星形网络、树形网络、总线形网络和复合型网络等。

2)按网络的地域范围分类。可分为国际、国内、地区等。Internet 即是目前世界上连接国家最多、使用最广泛、影响最大的国际信息网络,CHINANET(中国共用计算机互联网)、CHINAGBN(中国金桥信息网)、CERNET(中国教育和科研网)和 CSTNET(中国科学技术网)是典型的国内互联网,而北京中关村地区的 NCFC(中国教育科研示范网)则是地区信息网络。

3)按网络的用途分类。可分为军用信息网、民用信息网,或者综合信息网、专业或行业信息网等。如"三金"工程中的金桥网就是一种综合信息网,而金关工程建立的国家对外贸易信息网则是行业信息网。

4)按网络的传输速度分类。可分为高速信息网和中低速信息网。

此外,还可从网络的传输协议、信息交换方式、网络的功能、组织方式、目的等不同角度对信息网络进行分类。这里着重讨论按网络连接范围划分出的局域网（LAN）、城域网（MAN）和广域网（WAN）。

1）局域网。在企业内部或办公楼范围内通过高速传输线路连接计算机与终端和终端与终端的网络，称为局域网或局部网。局域网一般包括主机、工作站或 PC 机、文件服务器、打印服务器、通信服务器、传真服务器、数据库服务器、网络硬件（网卡、网线、网络通信设备等）、网络软件（网络操作系统、网络服务器软件等）等。局域网中每种设备都作为一个"站"与网络中的"节点"相连。局域网通过电子函件设备和文件传输程序使信息在本机构内部传播，并能以低成本实现硬软件资源共享，还可通过"桥"（bridge）或"网关"（gateway）与其他局域网或广域网或大型计算机信息系统连接，从而扩大信息传输范围。

利用局域网技术进行信息系统组网，即构成信息网络，主要有三种方式：以太网（Ethernet）、令牌环网（Token Ring）和高速光纤环网（FDDI）。表 6.2 为这三种局域网的主要性能指标的比较。[18]

表 6.2 3 种局域网的主要性能指标比较

类型 比较项目	Ethernet	Token Ring	FDDI
传输率	10Mbps	16Mbps	100Mbps
最大跨距	2.5km	10km	100km
拓扑结构	公共总线、星/簇	环	环
通信媒体	CC、UTP、OC	STP、UTP、OC	OC、UTP、STP
每站联网费用比	1	2.5	10
媒体访问方式	CSMA/CD	TOKEN PASSING	—
高负荷适应性	低	中	高
实时性	无	有	有
优先权机制	无	有	有

注：CC——同轴电缆，UTP——不屏蔽双绞线，OC——光缆，STP——屏蔽双绞线，CSMA/CD——载波侦听、多路访问和冲突检测。

2）城域网。城域网又称都市网，它处于局域网和广域网之间，其地域范围覆盖整个城市，使用的仍是局域网技术。

3）广域网。广域网通常是指邮电事业部门经营和管理、超越部门和地域的远程公用信息通信网。局域网之间相互连接的通信网也泛称为广域网。组建计算机广域信息网时，应根据需要和需求，选择可靠性高、功能丰富、配置灵活、易于扩展的网络产品。信息系统组网时可选择的广域网资源类型有：

① DDN 数字专线。这是点到点的工作方式，传输速度在 64kbps 以上，传输质量和可靠性较高，适合长时间的大数据量传输，但价格较贵，而且在树状结构中中心节点需要许多端口和线路。

② PSTN 拨号线。内部有交换功能，可点到多点连接，传输速率较低，适合随机的小数据量传输，是最容易得到、最便宜的备份线路。

③ 综合业务数字网（ISDN）。可以很高的速率同时传输语音和视频数据，适合星型或树型拓扑结构；可动态分配带宽，建立连接时间极短，适合于间歇性数据、传输峰值可变的环境；使用时才付费，可用作备份网络。

④ X.25。包交换网可提供 9.6kbps ~ 64kbps 的传输速率，数据传输虽然可靠，但效率较低；适合网状、树状结构的应用，大量数据传输可用永久虚电路（PVC），随机数据传输可用交换虚电路（SVC）。

⑤ 帧中继（frame relay）。速率可达 64kbps ~ T1/E1（2Mbps）；由终节点决定重传，额外开销小，效率高；比 X.25 速率快，效率高，又比 DDN 成本低，在降低网络复杂性的同时又提高了性能。

⑥ 异步传输模式（ATM）。其速率可达到 T1/E1 ~ Gbps；集成了混合信息（图像、语音和视频）的同步传输和传统的数据传输；具有极好的网络性能和最少的路由选择功能，以及非常完美的从局域网到广域网的连接方式；因简化了网络管理，可降低投资成本。

表 6.3 是对上述六种信息网络组建技术的优缺点和适用环境的比较[19]。

表 6.3　信息网络组建技术比较

种类	速率	优点	缺点	适用环境
模拟	≤28.8kbps	易得，廉价	带宽，质量	后备，均衡
DDN	9.6kbps ~ 45Mbps	高速，高质量	昂贵，不灵活	恒定大量数据
X.25	9.6kbps ~ 64kbps	可靠，易得	效率低，带宽有限	终端到主机
帧中继	64kbps ~ 2Mbps	中间设备少易过渡到 ATM	不适用于过度的突发通信	LAN – LAN
ISDN	64kbps ~ 2Mbps	同时传输语音和视频数据，使用时才付费	不易得	后备，突发，语音视频
ATM	25Mbps ~ 2.4Gbps	高速，多媒体	标准未定	多媒体，实时性高

广域网还有另一种情形，即增值网。它一般是指政府或政府认可的企业经营的网络。这种网络一般从通信部门租用大容量低价格通信线路，再增加功能，提高原通信设施和服务水平，为最终用户提供网络服务。增值网在西方国家非常发达，知名的商业增值网 Compuserve 即是一个代表。Compuserve 增值网是在公用和私营通信物理网的基础上建立一个服务平台，它既是通信网基本服务的用户，又是网络增值服务的提供者，同时还提供一些信息。这类由信道（物理网络）、基本服务、增值服务、信息提供构成的增值网，已成为西方信息服务业的支柱。

增值网中的增值服务主要包括：

① 增强型的通信服务（enhanced communication services）：电子函件、报文

传输、数据网络服务、远程会议和视频会议等；

② 事务服务（transaction services）：电子数据交换、销售点电子资金汇兑、家庭银行、远程购物和订票等；

③ 信息服务：联机数据库、电子出版服务等。

除上述外，还有些其他增值项目，但据西方专家预测，在不远的将来占据支配地位的是电子数据交换（EDI）和视频会议（video conferencing）。[20]

3. 信息网络与信息资源开发

信息网络的建设既包括通信网络的建设，又包括信息资源子网的建设。这就涉及信息资源的开发问题，在很多情况下，信息资源网络建设也就是信息资源的开发过程。从历史上看，人类信息资源的开发方式是与计算机信息处理系统的发展交织在一起的，大致有以下阶段：

1）独立的信息处理方式，即最初的单机处理阶段。这种方式解决了信息资源有序化、规范化处理和信息检索效率问题，但存在着信息交换、资源共享、统一管理等方面的困难。

2）集中的信息处理方式，即主机—终端模式。这种方式形成了最早的联机网络。其优点是信息组织效率高，资源共享方便，信息访问方便，但存在价格昂贵、很难满足各类用户的需要等问题，而且数据更新难度大，时效性差，长期维护比较困难。

3）自上而下的信息处理方式。它采用数据库技术和广域网技术，根据行业管理需求建立专门的信息网络。这种方式中数据信息可及时更新，传输手段有所进步，但从长远看，不易保证数据的完整性、时效性、准确性和权威性。

4）分散处理、统一共享的信息处理方式。在这种采用了 Internet 有关技术的方式下，不同节点、不同用户开发独立的信息资源，资源分散存放和维护，采用统一的技术标准，从而实现了信息资源在更大的范围内共享。其优点是信息传播速度快、范围广。但也存在一些问题，如更新信息资源比较麻烦，信息资源的规范性和安全性都比较差，难以在较大范围内进行有效的组织和管理等。

Internet 在近些年得到迅猛发展，应用十分普及，但它是一个没人管理的网络，网上信息大多未经编辑和控制，缺乏权威性和可靠性，而且安全性差、通信线路带宽相对过窄等问题也严重阻碍了它的商业应用。在这种情况下，得益于计算机网络技术的进步和计算模式从客户机/服务器（client/server）结构逐渐向浏览器/服务器（browser/server）模式的转变，内联网终于应运而生。内联网技术的引入既为信息资源开发提供了新手段，又为信息网络的发展指明了可能的方向。

Internet 的主要技术特点是采用标准的客户浏览器，所有用户使用统一的作业操作平台，采用和 Internet 一样的信息传输协议，保证了不同网络的互联；采用了 HTTP、CGI、HTML 等多种标准技术；虽然建立在公共互联网上并应用其技术，但它缩小了网络范围，服务专门化，网络管理严格。采用内联网技术开发信息资源和组建信息网络有以下优势：

1）内联网具有良好的标准体系，使信息资源开发工作有良好的操作规范。

2）内联网具有良好的开放性，网上业务信息可直接进入 Internet，信息共享的范围得以扩大，信息利用率和时效性都可得到提高。

3）内联网具有良好的安全机制，防火墙使一般用户不能从外部 Internet 访问它，但不同密级的信息资源可在规定领域内自由流动。

4）用内联网技术组建信息网络，不仅费用较低，安装、维护和人员培训都比较容易。

5）用内联网技术开发信息资源，有助于建立良好的信息资源运营机制，便于信息增值，从而提高信息网络增值服务的能力和水平。[21]

当前，应用内联网技术实现企业内部信息网络是信息网络技术的主要发展方向。它对于发展中的中国在信息网络建设方面有着特别的意义。国内应用内联网技术建立信息网络的实例已经不少，如 1997 年完成的山东省淄博市周村区域公共信息网，即为区域信息资源网建设中应用内联网技术的例子，又如国家信息中心、国家计委学术委员会软件评测研究中心采用内联网技术构筑的"行业信息资源网"，以及有关方面在建设政府内部信息网络方面的尝试（农业部的内联网已于 1996 年 7 月建成）等。有关专家指出，在互联网络技术已成为国内外信息化建设实用标准的今天，适应和采用内联网技术是信息网络系统设计与应用的最佳选择。因此，内联网技术将对信息网络的发展产生深远的影响。

6.2 信息资源的布局和共享管理

同人力、资金、能源和材料等资源一样，信息资源也有个合理配置、合理布局的问题。事实上，信息资源的合理配置和布局是信息资源管理的核心要素之一。而信息资源共享可以说是同一个问题的另一个方面，共享是合理配置和布局的目的，小到一个组织机构的局域网信息系统，大到一个国家的广域网信息系统建设，都需要进行信息资源的合理配置，都是以共享为目的的。本节将简要讨论信息资源的布局与共享。

6.2.1 信息资源的布局

1. 信息资源布局的含义

信息资源的布局是指信息资源在时间、空间和数量三个方面的有效配置。时间上的配置是指信息资源在过去、现在和将来三种时态上的配置。信息资源的价值对时间具有很高的灵敏性，即时效性强，因此在时间上的配置对其效益的发挥影响极大。信息资源的空间配置是指其在不同部门（产业部门、行业部门和行政部门等）和不同地区之间的分布，即在不同使用方向上的分配。信息资源数量上的配置包括存量配置和增量配置，也就是对已有信息资源的配置和不断产生的信息资源的分布。信息资源在时间、空间和数量上相互结合后配置的结果，就形成各种各样的结构，结构的合理与否取决于配置是否合理，而这又最终影响着信息资源共享的状况。

虽然以上所述是针对更高层次的全国信息资源配置和布局而言，但是，对一个信息网络系统进行信息资源的有效配置，也一样包括时间、空间和数量三个方面，只不过两者的复杂程度、涉及的因素等方面有所差异罢了。

2. 信息资源配置的特性

1）层次性。信息资源本身的层次性和用户需求的层次性决定了信息资源配置的层次性。所谓信息资源本身的层次性是指信息内容上的层次性和信息载体上的层次性。信息内容可以有深有浅，可以是一次信息、二次信息或三次信息；载体上的层次性则指信息可以是文献信息，可以是电子化信息（脱机形式的和联机网络形式的），还可以是实物信息。用户需求的层次性是指不同层次的年龄结构、文化结构、知识结构组成的用户群对信息资源的需求和使用，在类别、时间、水平、范围、深度上都有所不同，从而形成一定的专指性和不同的层次。

因此，在配置信息资源时，就要根据信息资源的层次性和用户需求的层次性来确定信息资源的配置结构。

2）动态性。信息资源的配置不是一成不变的，尽管它有相对的稳定性，但总的趋势是不断变化、发展的。信息资源配置的动态性主要受五方面因素的影响，即信息资源供给能力的动态性、信息资源本身的动态性、信息资源需求的动态性、信息资源价格的动态性和信息资源购买者经济实力的动态性。所谓信息资源供给能力的动态性是指由于社会政治、经济和科技等因素的影响，信息资源供给能力是不断变化的，因而其配置不得不做相应的调整。信息资源本身的动态性是指：一方面，任何信息资源都附载于某种物质载体之上，而任何物质载体的寿命都是有限的，因而信息资源的物质载体有一个新陈代谢过程，其所附载的信息资源也相应地要提前做某种转移；另一方面，任何信息资源的内容或性能都有其时代性和局限性，因此也有个不断淘汰、剔除和更新的动态过程。信息资源需求的动态性是指随着社会的发展和时代的进步，信息用户的兴趣、爱好、追求和任务等变化很快，从而导致其对信息资源需求的动态性。信息资源价格的动态性是指信息资源价格的涨落调节着信息资源在社会不同部门、机构或个人之间的配置，使其处于动态变化之中。信息资源购买者经济实力的动态性是指在各种主客观条件作用下，信息资源购买者的经济实力并不始终处于同一水平，随着时间的推移，它会有所波动，这必然影响信息资源的配置能力。

3）渐进性。信息资源的配置有一个从不合理逐步趋向合理的过程。所谓合理性是指经济上的合理性，即用一定的配置成本取得最大的配置效益，或用最小的配置成本取得一定的配置效益。这是对配置合理性的静态表述。还有一种动态表述方式，就是用尽可能小的配置成本取得尽可能大的配置效益。合理配置是信息资源配置追求的目标。

3. 信息资源布局的目标和原则

从上述对信息资源配置含义和特性的描述，可以得出信息资源布局的目标为：在一种由多个信息系统相互连接而形成的信息网络中，从网络整体需要出发，进行信息资源布局。通过网络内各信息系统的协调合作，逐步形成一个互通有无，互相补充，方便用户的信息资源结构体系，从而在有限的客观条件下，利用群体优势，以尽可能小的投入发挥尽可能大的网络中各类信息资源的整体效益。

根据信息资源布局的目标，可以归纳出以下几条以资源共享为导向的布局原则：

1）满足需求原则。即进行信息资源布局时，应以满足社会需求作为出发点和归宿。信息资源合理布局的目的就是为了有效利用信息资源，因此，从社会需要出发，适应和满足社会经济发展和建设的需要是信息资源布局时应遵循的最基本的原则。

2）系统性、完整性原则。即从时间、空间和数量三方面尽可能保持整个网络中信息资源的全面性、系统性，以保证能充分满足用户多方面的需求。

3）合作性原则。即分立的各信息系统能够进行合理的分工与合作，在信息资源布局中能立足整体，放眼全局，以大局为重，相互配合，调剂余缺，避免不必要的重复和浪费，从而发挥出整体效益。

4）一致性原则。即信息资源的加工、标引等要统一，实行标准化，这样才能保证布局的目的——共享得以实现。

除上述四条原则外，在当前的网络环境下，还有两点需要引起重视：

1）信息资源的配置既要有整体观、全局观，又要充分考虑一时一地的硬软件条件、资源条件和用户实际需求，努力使配置的结果便于用户对信息资源的利用。要考虑用户对信息资源在地理上的可近性、在获取手段上的方便性、在形式上的可接受性和在内容上的可理解性。比如，在通信网络尚不发达的地区过分强调网上信息资源而忽视脱机的磁带、光盘类信息资源则显然失当。美国康奈尔大学的 Albert Mann 图书馆是一座现代化程度很高的图书馆，它在配置电子信息资源时的经验和做法就很富有启发意义。[22]该馆根据用户需求的预期水平、资源使用的方式、合同协议的限制、本馆的通信网络条件和费用等因素，将电子信息资源分为五个层次进行配置：第一层为通过该馆网关系统在校园网上传递的资源，包括本馆自身配置的磁介质文档和链接的资源，如 Dialog 数据库和 Internet 上可存取的文档。第二层为通过网关在校园网上传递，但预计同时使用量不会太大且可以接受检索速度稍慢的资源，如 CD-ROM 期刊全文光盘以及使用量相对较少的书目库和数值库。第三层是响应需求后才通过网关联机传递的资源，即并不总是以联机形式传递。第四层为不在校园网上传递，但可在馆内局域网上存取的资料。第五层是只能在馆内独立工作站使用的资源，包括许可证协议严格禁止在网络上传递的资源和所有使用频次较低的文档。如果说相对于整个国家的信息资源配置而言，区域信息网络中的资源配置是属于微观层次的话，那么 Albert Mann 图书馆的配置模式则是这种微观配置和布局的成功实例。

2）信息网络中信息资源的配置应该突出信息安全这一原则。从大的方面讲，一个国家在配置广域信息网中的资源时，应该考虑国家安全的需要，估计到信息资源可能会因种种意外和人为因素遭受侵袭、破坏甚至摧毁，因此，信息资源在地理区域的分布上应有相应的配置方案。从小的方面看，信息资源配置的目的虽是信息资源共享，但共享的前提是信息不能被损坏和随意篡改（这样的例子已不胜枚举），而且涉及安全、隐私、企业竞争利益等方面的信息资源也不能毫无安全保障措施地配置在网络上。进行信息资源配置时必须考虑信息安全因素。

4. 影响信息资源有效配置的因素

（1）市场竞争和价格体系

市场是资源配置的主要手段。根据帕累托（Poreto）最适度原理，在既定的技术和资源条件下，如果不使至少一个消费者的满足水平下降，便不可能使其他消费者的满足水平提高[23]。在实际配置资源时，就必须通过市场竞争和价格体系比较优劣，协调配置，把有限的信息资源投入到效益最好的经济活动中去。

价格是信息资源供需变化的指示器，价格体系给每个生产者、资源所有者或消费者带来生产可能性和资源可得性。市场上信息资源供需热点的变化往往以价格信号反馈的方式表现出来，并通过价格体系对资源配置进行优化。

（2）信息资源管理立法

信息资源是一种经济财产，是一个组织或机构得以有效运行所不可缺少的资产、运行媒介和支持工具。信息资源的宏观和微观配置，都与信息资源管理方面的立法和条例等有密切关系，完善的法制对于信息资源的合理配置和共享有着重要的意义。以政府信息资源的配置为例可以略见一斑。通过立法确定政府信息资源的地位、政府部门间资源共享的范围和原则以及保障措施等，可以确保各政府部门能获得支持其机构运行、支持其宏观管理和决策职能所必需的信息资源，还有助于政府部门在信息资源配置中根据法律把安全保密范围以外的信息资源纳入公共服务体系，便于公众及时了解和监督政府行为。这对于整个国家的信息资源的进一步丰富、合理有效的配置和共享都是有积极作用的。另外，立法中对于知识产权保护和计算机犯罪的预防与惩治等方面的完善程度，在很大程度上也会影响人们对信息资源配置的积极性。

（3）管理体制

科学的管理是进行信息资源有效配置不可缺少的手段。信息资源的科学管理就是运用现代化管理方法来研究信息资源在经济活动中被利用的规律，对信息资源配置过程中的种种矛盾进行统筹规划和组织协调以求得最优化的经济效果。政府信息资源的配置也需要科学的管理，因为它要求政府部门之间的跨部门合作和部门利益的有机协调，需要一个具有协调能力的管理部门和有效的管理体制。

（4）信息资源使用者情况

信息资源使用者的偏好倾向、接受教育的程度、职业状况和工资水平以及国民的文化传统都会影响信息资源的配置。

（5）技术条件

即信息资源越丰富，信息技术越发达，信息资源的配置和利用也越趋于合理和有效。以我国教育部所属高校图书馆进行的网络环境中信息资源配置活动为例，即可看出技术条件对资源配置的影响。1994年，其前身国家教委决定在实施"211"工程的同时，选择若干所资源基础较好、有一定技术条件的大学图书馆给予专项投资，用现代化技术手段加以装备和改造，重点建设一批文献信息中心，形成包括多种层次、多种类型，用现代通信网络连成一体的面向全国的"文献信息共享服务系统"（ALINet）。这一建设工程以文献信息资源共享为出发点，以建立文献信息资源总网和使网上资源与服务达到较高水平为目标，实质上就是对文献信息资源在新的技术条件下根据需要和趋势进行再配置的大系统工程。国内其他文献情报系统也有类似的工程，这些在20世纪70~80年代的技术条件下是不可想像的。

上述只是影响信息资源合理配置的几个主要因素，实际上还有其他许多因素也在不同程度上影响着信息资源的配置。因此，在配置信息资源时，应对这些因素进行综合考虑，探索一种最合理、最有效同时又经济的配置模式，以尽可能小的投入获得尽可能大的社会效益和经济效益。

6.2.2 网络环境中的信息资源布局

随着以通信、计算机和信息的结合为代表的信息网络的进步，随着社会信息化进程的加快，一个网络化、数字化的信息环境正在加速形成，一个不受国别、地理、时间和经济制约的限制而共享全球信息资源的电子信息时代正快步向我们走来。

20世纪90年代以来，随着美国"国家信息基础设施：行动计划"（NII）的提出，法国、英国、加拿大和日本等发达国家、韩国和新加坡等新兴工业化国家与地区以及其他发展中国家纷纷推出各自的"信息高速公路"计划，整个世界掀起了一股建设"信息高速公路"的浪潮。Internet的迅速普及和一批与全球信息资源共享相关的行动计划的纷纷出台，使全球信息资源共享逐渐从愿望变成现实。

在这种网络化、数字化的新信息环境中，信息资源总量更加丰富，类型更加繁多，信息资源的建设、开发、利用和共享的模式也在发生变化，这自然会对信息资源布局提出新要求。

既然信息环境已出现了新的变化，在进行信息资源布局时也应采取新的思路。我国信息资源布局应放到全球这个整体大环境中来考虑，为此，应从以下两方面着手：

1) 在全球信息资源网络中定位。我国由于信息技术比较落后，信息资源基础相对薄弱以及微观管理手段和宏观管理体制上的不足，在信息资源，特别是电子信息资源的开发、利用上和国外相比有很大的差距。现在的基本情况是我们单方面地从国外大量输入信息资源，利用各种联机检索终端和通过网络检索国外的数据库，而很少有我国的信息资源向他国输出。这种依赖性的状况实在令人担忧，因为一旦别国利用这些数据库和其他网络资源卡我们的脖子，提出种种不合理的要求，我们必定受制于人，处于极其被动的地位。唯一可行的办法是我们自己也成为全球信息网络中的一分子，拥有自己独特的数据库，不但是网络信息资源的使用者，同时也是网络信息资源的提供者。这样，我们才有可能立于不败之地。因此，我们要积极建设自己的特色数据库，并尽快使其进入网络，开展服务；同时还应有我国自己的电子图书、电子期刊等信息资源。

2) 在全国信息资源网络中定位。科学技术、社会科学、经济三大系统应突破封闭自守的现状，联起手来，分工协作，根据各自在科技信息资源、社会科学信息资源和经济信息资源方面的优势，建立相应的数据库，进而形成网络，这样既可形成整体优势，又各具特色，同时还可避免重复建设所造成的巨大浪费。同样，下属的科技信息研究所、档案馆、图书馆、专利局、标准中心等也应根据自己的特色，开发信息资源，互相补充，扬长避短。

6.2.3 信息资源共享面临的问题

信息资源合理布局的目的，就是为了实现信息资源的共享。我们应该看到，在现代信息环境中，信息资源共享还面临着许多问题。

(1) 信息安全问题

在现代计算机网络支撑的信息网络中，信息源不是高度集中、绝对封闭的，而是在合理布局的基础上，形成了分散、众多的信息源体系。在纵横交错的信息网络中，信息安全问题应运而生，它一般是指信息的完整性、保密性和可用性的保护，还涉及信息系统（网络）的安全、数据库的安全、个人隐私保护、商用信息安全、国家机密保护等方面。而传统数据保密技术的不完善、网络传播的随意性、计算机病毒、计算机犯罪等都使信息安全问题变得严峻和复杂。

(2) 国家主权问题

Internet 连接了 170 多个国家和地区，超越了传统跨国界信息交流中的政治、经济、文化的差异和隔阂，大大降低了不同国别、民族和信仰的人们进行交流的限制，但它给各国和地区保持国家主权、政治独立和文化独特性制造了麻烦。信息资源的交流与竞争发生于国家之间，就会出现涉及国家主权的重大问题。Internet 在全球的蔓延使跨国数据流与日俱增，而发达国家和发展中国家在子网的分布、网络用户的数量和网络资源利用方面存在巨大的差距，已出现了"信息富国"和"信息穷国"之分。非英语国家和发展中国家更多的是单向接受 Internet 信息，再加上网络资源的复杂性，这些国家自然将比以往更多地受到西方国家的影响。现在，亚洲国家和其他一些发展中国家已经注意到美国和西方通过 Internet 在政治和意识形态上的影响和渗透。国际上在信息领域的摩擦多数也是出于各国为维护国家主权、文化独特性、本国法律和道德伦理等方面而产生的分歧和抵制。

(3) 知识产权问题

在网络化、数字化的信息环境中，全球信息资源共享更具条件，但同时知识产权也更易受到侵害。非法拷贝、数据库著作权的确认和保护原则、多媒体和网络中的知识产权保护等问题，只有在知识产权真正得到保护才有可能真正得到解决，信息资源共享也才能切实得以实现。为此，现在世界各国纷纷制定各种法律和政策，以确保在妥善保护知识产权的前提下实现信息资源共享。但是，过于严格的保护措施，特别是某些发达国家对待发展中国家的不公正态度又会阻碍全球信息资源共享的真正实现。因此，如何在信息资源共享与知识产权保护之间寻找平衡点，是一个亟待解决的问题。

(4) 语言障碍问题

语言障碍对文献信息资源的交流和共享有着不可低估的阻碍作用。现在网上的信息资源基本上以英文为主,这对大多数母语是非英语的人来说,不啻为一个获取信息资源的严重阻碍。因此,如何克服语言障碍,是网上信息资源能否得以共享的一个关键所在。在这方面,法语非洲国家的一项举措具有重要的启发意义。据报道,1997年5月在"法语国家信息高速公路问题部长级会议"上,法语非洲国家决定鼓励各国进入Internet,在网络上建成一所法语大学,由该大学在Internet上提供用法语撰写的全部论著和研究材料,同时由法语国家资助自动翻译电子函件和网页的软件开发与应用,以彻底改变法语行将被"殖民奴役"的局面。这项计划虽然出发点在于维护法语的传统地位,但它对克服法语非洲国家网络用户的语言障碍,无疑具有积极的意义。

总之,在信息资源共享中,我们应该处理好以下几方面的关系:

(1) 全球信息资源共享与越境数据流之间的关系

作为一个发展中国家,我国的社会信息化水平和信息服务业的国际竞争能力都远远低于发达国家。因此,在网络化、数字化、全球信息资源共享的新的信息环境中,我们更要注意越国数据对我国的不利影响,及时制定相应的政策和法律,以便一方面能促进全球信息资源共享,另一方面又能合理限制日益增长的跨国数据流。

(2) 信息资源共享与知识产权保护之间的关系

我们应根据形势发展的需要,借鉴他国经验,结合我国实际,制定一系列保护知识产权的政策和法律。在新的技术环境中,对其他作品形式(如电子数据库)的著作权保护的立法需求是十分迫切的,需要引起有关方面的高度重视。

(3) 信息资源共享与国内信息资源建设、开发之间的关系

前面在论述信息资源布局时已经谈到,在利用别国的网上资源时,我们也应该积极建设、开发自己的信息资源,建设自己的数据库。当前,网络建设与信息资源开发已成为世界各国新的竞争焦点,它既是国家信息基础设施中的主体部分,又决定了教育科研的竞争能力和国民整体素质,因此,必须高度重视国内信息资源的建设与开发利用。一方面,国内信息资源的开发有助于使我们摆脱对国外信息资源的严重依赖,促进我国信息产业的发展和壮大;另一方面,我们又可凭此在全球信息网络中占有一席之地,初步具备在信息网络中"平等对话"的能力,不至于完全受制于人。

(4) 数字化信息资源共享与传统文献资料之间的关系

随着信息技术的发展和Internet的普及,以及各类型电子出版物的爆发性增长,电子化信息资源越来越趋向于占据主导地位。在发达国家,迅速发展的信息服务业基本上是以电子信息为主体进行管理和服务的。正在发展中的电子图书馆、数字图书馆、虚拟图书馆进一步强化了这种趋势,似乎人类真要迎接无纸时代的到来。但实际情况远非人们想像的那样乐观。以数据库为例,目前全世界的

数据库已达 9000 多个，记录总数超过 50 亿条，但和人类几千年来积累下来的浩瀚的文献信息总量相比，仅仅是沧海一粟。虽然现在许多国家也实施了一系列把文献信息数字化的计划，但已数字化的毕竟只是一小部分，如到 2006 年底，美国国会图书馆 856 公里长的书架上有 1.345 亿件文献，但只完成了 1100 多万件的数字化转换[24]。因此，在相当长一段历史时期内，数字化信息和文献信息将并存、互补。现阶段的文献资源建设必须处理好数字化网络信息资源、传统印刷型文献和其他非印刷型资源（如磁带、磁盘、光盘）等的比例关系。

6.3 网络环境中的信息资源管理

在世界范围内业已形成的一种崭新的网络环境中，信息资源出现了诸多新的特点，信息资源管理也面临着许多新的挑战和有待解决的问题。

目前对网络信息资源和网络信息资源管理的本质存在多种看法，不过从大的方面看，大致可分为两种：一是狭义的网络信息资源管理，实际上只是网上信息组织的另一种说法，研究的重点是针对网上信息的特点探索其序化和控制的理论、方式、方法和手段。二是广义的网上信息资源管理，即把一般管理的基本原理应用于整个网上信息活动过程，强调通过信息内容和信息技术的全面集成来提高网上信息活动的效率和效益，并使这种活动能够更好地为实现特定组织目标甚至经济和科技发展等极其广泛的社会目标服务。目前研究得较多的当属前者，网络环境中信息资源的组织已经成为当前网络信息资源管理的一个热点问题，故下面的讨论也以此为侧重点。

6.3.1 网络环境中信息资源的组织

1. 网络环境中信息资源的组织方式

信息组织是对信息资源进行序化和优化的过程。网络环境中，信息资源的组织优化更为重要。基本的组织方式有四种：文件方式、数据库方式、主题树方式和超媒体方式。文件方式简单方便，Internet 提供了诸如 FTP 一类的协议来帮助用户利用那些以文件形式保存和组织的信息资源。但文件方式只能是网络信息资源管理的辅助形式，或者作为信息单位成为其他信息组织方式的管理对象。数据库方式是当前普遍使用的网络信息组织方式，能处理大量数据，但缺乏灵活易用的界面机制。主题树方式提供了一个基于树浏览的简单易用的网络信息检索与利用界面，但不适合建立大型的综合性的网络资源系统，只适用建立专业性或示范性的网络信息资源体系，如 Gopher、Yahoo、InfoSeek 等著名的搜索引擎工具都采用这种方式组织信息资源。超媒体方式是 Internet 上占主流地位的信息组织方式，它与传统的线性信息结构不同，是利用超文本技术以更适合于信息的自然结构的方式来组织信息，能够充分表达各种信息之间内在的联系，让使用者能够方便、灵活地浏览、获取所需要的信息。目前最流行的服务 WWW 就是以超媒体的形式将分布在全球的惊人数量的信息组织起来的。

2. 网络环境中信息资源组织的发展

事实上，文件方式和主题树方式并不是占主流地位的信息资源组织方式。当前信息组织基本是以数据库方式和超媒体方式各自独立发展的。

数据库方式是将要处理的数据经合理分类和规范化处理之后，以记录的形式存储于计算机中。当前流行的关系性数据库就是从规范化的数据中抽取出相应的字段建立成表，并以"键"的形式来处理表与表之间的联系。一个完整的 client/sever 结构的数据库系统通常是由前台的数据库开发工具、后台的数据库管理系统和用户所待处理的数据构成的。

利用数据库技术组织信息资源可极大地提高信息的有序性、完整性、可理解性和安全性。数据库技术与网络技术的融合极大地方便了用户利用和开发信息资源，提高了效率。但数据库处理的对象通常是结构型的、以数值形式为主的数据类型。在一个决策支持系统中，对于事实型数据、离散型数据，当前的数据库技术尚无法达到令人满意的效果。

超媒体技术则是以超链接（hyper link）的方式将位于不同页面上的信息有效地连接组织起来，这时信息是由许多页面及其上面的各种信息形式（如文字、表格、图像、声音、动画等）组成的。

以超媒体技术组织信息，可使信息系统得到任意收缩，具有良好的包容性和可扩充性；可组织各类媒体的信息，方便地描述和建立各媒体信息之间的语义联系，超越了媒体类型对信息组织与检索的限制；可通过链路浏览的方式搜寻所需信息，具有较高的灵活性。由于超媒体的种种优点，它已成为 Internet 上占主流地位的信息组织与检索方式。当然，利用它组织信息资源也存在着缺陷：当超媒体网络过于庞大时，很难准确而迅速地定位于真正需要的信息节点上。

随着应用的发展，超媒体技术需要与其他信息技术相互结合，才能充分发挥超媒体技术的作用，以更好地组织网络信息资源。它同数据库的结合就是最为典型、也最为迫切的一种，其原因如下：

1）随着现有的超文本/超媒体系统的不断扩展，迫切需要能够存取以前或者是在其他系统中积累的大量信息，而这些信息绝大多数都存放在数据库中，例如在 Web 中，很多情况下最终都要检索存储在各种数据库中的数据（信息）。

2）绝大多数的超文本参考模型都没有提供节点和链信息的具体存储结构（这当然是为了避免局限于某种具体的存储方法，提高灵活性），然而在实用的超文本系统中，就必须要考虑如何有效地存储和管理这些信息，有些系统采用了文件的方法，有些系统则借助于数据库。从发展来看，当超文本系统形成一定规模时，也就是形成所谓的 hypertext large 系统，存储及其相关的问题就成为极其重要的制约条件，数据库作为存储管理的基础必须要和超文本紧密配合。

3) 从数据库技术本身的发展来看，现有的关系数据库（RDB）和面向对象数据库（OODB）在不同程度上都存在对相互联系着的多媒体信息缺乏表达能力的问题。而超媒体技术则是一种较好的表达途径，因此，应将超媒体技术与数据库技术相结合，建立新型的数据库系统。

3. 网络环境中信息资源组织的技术手段

网络环境中信息资源组织的技术手段主要集中在通用标记语言（SGML、XML、HTML 等）和元数据、都柏林核心集（Dublin core）。

（1）SGML 标记语言

20 世纪 60 年代，国际商业机器有限公司（IBM）便着手研究通用标记语言（Generalized Markup Language，GML）来描述文件及其格式。1978 年，美国国家标准局（ANSI）将通用标记语言规范成标准通用标记语言（Standard Generalized Markup Language，SGML）标准。1986 年，国际标准化组织（ISO）发布了 SGML 的正式文本——"SGML ISO8879：1986"，使 SGML 成为通用的描述各种电子文件的结构和内容的国际标准，为创建结构化、可交换的电子文件提供了依据。利用 SGML，可以将来源不同的原始资料，如 SGML 片段、字处理文件、数据库查询结果、图形文件、视频文件等资料，组装在同一个文件中，利用文件格式定义（Document Type Definition，DTD）自由定义文件结构、添加标记或验证电子文件是否遵循 DTD 所定义的结构。

（2）HTML 标记语言

SGML 过于繁复，难以应用。随着 Internet 的广泛应用，需要人人都易上手的描述语言。于是 SGML 的子集——超文本标记语言（Hyper Text Markup Language，HTML）应运而生。

HTML 语言简单易用，它提供了一种文本结构和格式，使其能够在浏览器上呈现给访问它的用户。HTML 不同于一般的 ASCII 文件，是对 ASCII 文件的一种增强版本。它在文件中加入标签，可以显示各种各样的字体、图形及闪烁，还增加了结构的标记，如头元素、列表和段落等，并且提供了到 Internet 上其他文档的超文本链接。由于 HTML 成为 Web 上的通用语言，用它可以方便地制作网页、建立链接，很快它便成为了 Web 蓬勃发展的基石。

但是，HTML 过于简单，随着 Web 文件内容的增多和形式多样化，越来越显得不适应，原因是 HTML 定义了唯一的文件类型，而且标记集不能被改动，简单易用却牺牲了语言的性能。

(3) XML 标记语言

1996 年 11 月，在美国波士顿召开的 SGML 年会上，新的数据描述语言——XML（eXtensible Markup Language，可扩展标记语言）公布于世，并向 W3C（World Wide Web Consortium）正式提案。相对于 HTML 只是 SGML 衍生出来的一种文件格式，XML 则免除了 SGML 的繁复但仍保持其威力，这使 SGML 的优秀品质能方便而直接地被用在 Web 开发上。

XML 继承了 SGML 具有的可扩展性、结构性和可校验性。它与 HTML 语言相比，主要区别在于：

1）可扩展性方面。HTML 不允许用户自行定义他们自己的标识或属性，而在 XML 中，用户能够根据需要自行定义新的标识及属性，以便更好地从语义上修饰数据。

2）结构性方面。HTML 不支持深层的结构描述，XML 的文件结构嵌套可以复杂到任意程度，能表示面向对象的等级层次。

3）可校验性方面。HTML 没有提供规范文件以支持应用软件对 HTML 文件进行结构校验，而 XML 文件包括语法描述，可使应用程序对此文件进行结构确认。

从表面上看，XML 文件与 HTML 文件比较相似，都以一对相互匹配的起始和结束标记符来标记信息，但两者功能不同，HTML 用来显示数据，XML 则是描述数据对角，后者可以多种方式显示，也可以由其他应用软件进行深入的处理。在超链接方面，HTML 虽然可以链接本机或其他主机上的文件，但只能指定单向且固定的链接位置，XML 则可以建立多重链接，除目标网页位置外，同时可提供如何从其他网址链接的信息，可以进一步指定目标网址找到后的动作，是否自动显示或搬运到原有的文件内。

XML 是一个开放式的标准，它包括三个相互联系的标准：

① XML（可扩展的标记语言，eXtensible Markup Language）。

② XSL（可扩展的式样语言，eXtensible Style Language）。

③ XLL（可扩展的链接语言，eXtensible Linking Language）。

这三个标准相辅相成，使 XML 语言在数据标记、显示风格和超文本链接方面功能强大，对数据交换十分便利，被称为 Web 风格的 EDI（电子数据交换）。

(4) Web 革命

XML 描述数据本身，不像 HTML 仅描述数据的显示，这使 XML 可以支持灵活多变的 Web 应用。XML 可以从不同的来源集成数据，将多个应用程序所生成的数据纳入同一个 XML 文件并传送到客户机上，被解析出来的 XML 数据可以在本地被编辑或操纵，即本地用户非常容易实现对 XML 数据的有效利用。

Web 开发者经过努力发明了针对各种应用的格式，支持这些格式需要做大量传统的工作：读取、分析、注释并存储数据，还要把它们格式化以便显示。使用 XML 和支持工具，可以不要做这么多程序性的工作，具有 SGML 风格的 DTD 可以使数据定义变为说明方式，数据的分析和确认也不需要程序性逻辑，显示的格式化理论上只要 XML 在对象模型和浏览器对象模型间进行映射。

微软公司提出了 XMLData 方案建议，使用 XML 写 XML 元数据，快速开发 XML 应用，并使结构和内容两者的确认简化。XML 为 Web 数据带来了结构化、智能化和互操作性，将会引发 Web 查询技术、Web 数据库技术乃至 Web 数据交换技术的全面革新。

(5) 元数据研究

为了有效地解决查找网络资源的问题，元数据这一概念被提了出来。元数据的英文名称为"metadata"，意为"data about data"，即关于数据的数据。它用来揭示各类电子文献的内容及特性，进而达到网络资源的组织、分类、标引等目的，是描述 Internet 信息资源的一种数据格式。由于电子文件所具备的多种多样的格式和控制方法，它们可能不能被每个人直接使用：因为也许人们不熟悉或不了解它的格式；也许它的内容被加密了；或者它只有在交费后才能被接受；也或者这个资源太大，存取起来既困难又费时。在这些情况下，元数据能支持用户决策过程。它包含的数据元素集就是用来描述一个信息对象的内容和位置，以便能在网络中方便地查找和检索。目前网上数字资源比较常用的元数据格式有 MARC、都柏林核心集、VRA 核心类目、REACH 著录元素集等。

在众多的元数据格式中，都柏林核心集的研究已成为焦点。

都柏林核心集是国际组织 Dublin Core Metadata Initiative 拟定的用于标识电子资源的一种简要目录模式。它一出现就被北美、欧洲、亚洲和澳洲 20 多个国家认同，不仅图书馆、博物馆，不少政府机构、商业组织也已经或准备采用。

它的产生，源于制订者从传统的图书馆读者通过卡片目录查询、借到所需图书的办法得到启示：在网络上检索电子资源，也可以借助于反映这些电子资源的目录信息。于是都柏林核心集的拟定者们参照图书馆卡片目录的模式，制定了 15 项广义的元数据。这些数据是：名称（title）、创作、制作者（creator）、主题与关键词（subject and keywords）、说明（description）、出版者（publisher）、发行者（contributor）、时间（date）、类型（type）、格式（format）、标识（identifier）、来源（source）、语言（language）、相关资源（relation）、范围（coverage）、版权（right）。

综观上述 15 项元数据，可以看出：首先，它比较全面地概括了电子资源的主要特征，涵盖了资源的重要检索点（1、2、3 项）、辅助检索点或关联检索点（5、6、10、11、13 项），以及有价值的说明性信息（4、7、8、9、12、14、

15)。其次是它简洁、规范。这 15 项元数据不仅适用于电子文献目录,也适用于各类电子化的公务文档目录和产品、商品、藏品目录,具有很好的实用性。

都柏林核心集的 15 项元数据集,既包含电子资源重要的检索点和超文本链接信息,也包含有关电子资源的描述性信息,是读者通过目录检索、阅览最终电子资源的有效手段与桥梁。其应用范围广泛,不仅涵盖图书馆,更涵盖政府机关、电子商务和博物馆等众多领域的信息处理,它的作用远远超过 MARC 格式。

4. 网络信息资源组织的几个理论问题

网络信息资源的组织是一种分布模式,其信息对象可能并不存储在同一个地方,而是分布在不同的服务器上。网络信息资源组织目前还有许多难点尚未解决,诸如信息资源种类繁多、节点多媒体化、新陈代谢快、信息不稳定、资源分散、无序、随机变化大、累积与保存困难以及标准化、规范化等问题。其中理论的关键点表现在以下几个方面:

1)网络信息组织与知识组织问题。所谓知识组织,是指对事物的本质和事物间的关系进行揭示的有序结构与知识的序化。网络信息组织的目的是向人们提供便于利用的、可以帮助解决问题的序化的知识,而不是大量无用的信息。因此在组织网络信息时要严格控制网络信息的质量,对网上信息进行有效的评价和筛选,为用户提供有价值的信息。

另外,分类法和主题法是知识组织的主要工具,网络组织中要充分吸收传统分类法和主题法的优点,将其与网络信息资源组织的特点相结合,有效地进行网络信息的组织。

2)网络信息组织的标准化问题。在网络信息资源组织中,搜索引擎的分类体系不统一、类名的设置不规范、分类的层次不尽合理、搜索引擎标引方式也没有统一的规范。有的对网页全文进行标引,有的仅标引网页的标题、URL、关键段落的前几个单词和文本的前 100 个词。另外,生成关键词的技术也不一样。由于信息的组织与标引缺乏控制,使得信息的误查率、漏查率高,因此应该对网络信息进行规范化处理,现在最主要的方法就是采用元数据。组织 Internet 信息资源,促进网络信息资源的发现是元数据的基本功能。

3)充分合理地揭示网络信息资源问题。组织与揭示网络信息资源要通过多层次、多方位的描述和分析,从而促进网络信息资源的合理利用。网络信息组织的对象不要仅停留在对信息特征的描述上,应该深入到知识单元,扩大标引广度、增加数据库的标引深度,提高信息的增值过程。

4)自动化技术在网络信息组织中的应用问题。由于网络信息的种类繁多、数量庞大,以手工方式对网络信息进行处理已不能满足网络信息组织的需要,而是急需采用自动化的信息组织手段。在网络信息组织中应该发展和利用自动分类、自动标引、自动编制分类表和词表以及自动编制目录、索引、文摘等技术。

5）后控词表在网络信息组织中的应用问题。以自然语言组织和检索信息方便易行，但是同义词和近义词得不到控制，词间相互关系得不到揭示，最终会影响信息的检索和利用；单纯采用自然语言还会造成查全率降低。解决这些问题最好的办法就是采用后控词表。后控词表是自然语言与规范语言结合的理想形式，应积极研究它在网络信息组织中的应用。

6.3.2 网络环境中信息资源检索的焦点——智能化搜索引擎

1. 搜索引擎的基本理论

搜索引擎是一种浏览和检索数据集的工具。传统搜索的范围基本上局限于企业数据库、增值网络服务（VAN）和桌面文件。但 Internet 的迅猛发展使得搜索范围扩大到整个网络。面向 Internet 的搜索引擎是从各种网络资源中浏览和检索信息的工具。这些网络资源包括：Web、FTP 文档、新闻组、Gopher、E-mail 和多媒体信息等。

按照搜索引擎提供的功能和使用的技术来分，目前 Internet 上的搜索引擎大致可以分成三类：

1）一般搜索引擎。利用网络蜘蛛对 Internet 资源进行索引，一般无需人工干预。所谓的网络蜘蛛是一个程序，通过自动读取一篇文档遍历 Web 的超链接结构，从而递归获得被引用的所有文档。不同的搜索引擎搜索的内容不尽相同：有些着重于站点搜索，有些搜索包括 Gopher、新闻组、E-mail 等。搜索引擎的性能主要取决于索引数据库的容量、存放内容、更新速度、搜索速度、用户界面的友好程度和是否易用等。这类引擎的代表有谷歌（http：//www.google.com）、百度（http：//www.baidu.com）、雅虎（http：//www.yahoo.com）和 Alta Vista（http：//www.altavista.com）等。

2）元搜索引擎。接受一个搜索请求，然后将该请求转交给其他若干个搜索引擎同时处理，最后对多个引擎的搜索结果进行整合处理后返回给查询者。整合处理包括消除重复、对多个引擎的结果进行排序等。例如 All4One（http：//all4one.com）和 FastFind（http：//www.symantec.com）就是这样的搜索引擎。

3）专用引擎。譬如人物搜索、旅行路线搜索和产品搜索等。这些搜索都依赖于具体的数据库。例如 Canada411（http：//canada411.sympatico.ca），它能根据姓名搜索出该人的电话号码。

搜索引擎的其他分类方法还有：按照自动化程度分为人工与自动引擎；按照是否具有智能功能分为智能与非智能引擎；按照搜索内容分为文本搜索引擎、语音搜索引擎、图形搜索引擎、视频搜索引擎等。

一般说来，无论上述哪一种搜索引擎都是通过某种界面跟用户交互，接受用户查询特定信息的请求，然后对用户查询请求进行分析。譬如，将查询请求分解成若干关键字，在分析用户请求之后，在索引数据库中不断进行匹配，挑出符合条件的信息，同时按照匹配程度的高低对结果进行排序，最后将排序后的结果返回给用户。因为网络信息时刻变动，所以搜索引擎在后台通过所谓的网络蜘蛛漫游 Internet，它们负责采集网络信息，自动对采集到的信息进行分析，并按照一定的格式，将采集到的信息保存到本地索引数据库中。

搜索引擎要想完成搜索任务，必须解决两个关键问题：一是如何建立索引数据库，二是如何分析、匹配用户的查询。建立索引数据库要用到网络蜘蛛。初始化时，网络蜘蛛一般指向一个 URL（Uniform Resource Locator，统一资源定位符）池。在遍历 Internet 的过程中，按照深度优先或广度优先或其他启发式算法从 URL 池中取出若干 URL 进行处理，同时将未访问的 URL 放入 URL 池中，这样处理直到 URL 池空为止。对 Web 文档的索引则根据文档的标题、首段落甚至整个页面内容进行，这取决于搜索服务的数据采集策略。网络蜘蛛在漫游的过程中，根据页面的标题、头、链接等生成摘要放在索引数据库中。如果是全文搜索，还需要将整个页面的内容保存到本地数据库。

用户最关心的是搜索结果是否能够满足自己的需要，尤其是当搜索引擎可以获得的信息资源非常多的情况下。目前，搜索引擎仍不能很好地理解人的查询请求。因此目前采取的一种常见的策略是将用户的查询请求分解成若干关键字，根据这些关键字计算 Web 文档与用户请求的匹配程度，从而挑出若干匹配的文档。匹配程度的衡量准则很多，但主要的有：一种是根据关键词在文档中出现的频率确定它对用户请求的匹配程度，另一种是计算关键词出现次数和页面总词数之比。不同的搜索引擎采取的匹配策略是不同的。Google 是一个表现出色的搜索引擎，在匹配用户请求的过程中，它考虑到了关键词的频率、位置甚至格式等信息以衡量文档对用户请求的匹配程度。

但是基于关键词匹配的搜索技术有较大的局限性。首先，它不能区分同形异义。其次，不能联想到关键词的同义词。目前一种有生命力的搜索引擎技术是基于内容的搜索引擎。基于内容的搜索不是根据字形，而是试图理解用户的请求，同时根据文档的内容选出符合用户要求的文档。这里所谓的理解包括用户查询的理解和文档内容的理解，它允许用户以非常自然的形式提出查询请求，采取语义网络、汉语分词技术等分析用户的请求，了解用户真正的需求。

2. 当前搜索引擎发展面临的主要问题

当前搜索引擎发展面临的主要问题包括以下几个方面：
1）网络信息量迅猛增加，人工无法对它们进行有效的分类、标引和利用。

Internet 为实现多种交互和交易提供了电子通信平台。对企业而言，它们需要处理比以往更多的信息，传统处理方式已经不能承受如此重负而使得决策缓慢、效率低下。对普通用户而言，简单的关键词搜索，返回的信息数量之大，往往让用户无法承受。

2）Internet 用户面对的是非常多的随机的未组织的信息，从如此庞杂的信息海洋中取出对用户最有用的信息是搜索引擎面临的一项挑战，而信息的有序化组织也是搜索引擎高效工作的前提。

3）一些站点在网页中大量重复某些关键字，使其容易被某些著名的搜索引擎选中，以期借此提高站点的地位，但事实上却可能没有提供任何对用户有价值的信息。这些情况更加加深了评价信息有用性的难度。

4）人们总是期望挑出最新的信息，然而网络信息时刻变动，实时搜索几乎不可能。就是刚刚浏览过的网页，也随时都有更新、过期、删除的可能。好的搜索引擎必须在速度和效率上进行仔细的权衡。

5）迄今为止，搜索对象主要是文本。多媒体技术的发展对搜索引擎提出了更多的要求。人们期望引擎不仅能挑出自己需要的文章，还能挑出自己所关心的图片、电影、音乐等。

6）搜索引擎的关键问题之一是如何采集与整理网络信息，也就是如何将网络信息有序化。为此，搜索引擎需要定期不断地访问网络资源。然而，遍历如此庞杂的网络本身就是一件非常困难的事情。目前网络带宽不足，网络速度不够理想，使得搜索引擎搜索网络资源的速度较慢。举个例子，假定网络连接良好，连接一个网站需要 3 秒钟，那么处理一个 B 类网段如清华大学的 166.111.0.0 ~ 166.111.255.255 共 65 536 个 IP 地址就需要 65 536×3 秒 = 1 996 608 秒 = 54.61 小时，也就是说，即使是在网络速度比较快的情况下，把整个 B 类网段遍历一次，也需要两天多的时间。

因此传统的搜索引擎不能适应信息技术的高速发展，新一代智能搜索引擎作为一种高效搜索引擎技术在当今网络信息时代日益引起人们的关注。

3. 新一代智能搜索引擎研发方向

智能搜索引擎设计追求的目标是：根据用户的请求，从可以获得的网络资源中检索出对用户最有价值的信息。目前的理论研究认为智能搜索引擎应有三个主要的特征：

1）网络蜘蛛智能化。网络蜘蛛通过启发式学习采取最有效的搜索策略，选择最佳时机获取从 Internet 上自动采集、整理的信息。众所周知，信息动态更替无时无刻不在进行之中，即使在搜索过程中，文档也会被添加、删除、改变。因此，智能引擎需有一个设计网络蜘蛛，自动完成在线信息的标引。

搜索引擎能在 Internet 或内联网的任何地方工作，尽可能地挖掘和获得信息。网络蜘蛛既可采集特定站点的信息，又能遍历整个 Internet，对整个 Internet 进行标引。为了提高搜索速度，智能搜索引擎可以同时启动多个引擎并行工作，将各个引擎的搜索结果整合，作为一个整体存放到数据库中。

智能搜索引擎具有跨平台工作和处理多种混合文档结构的能力。例如，既能处理 HTML，又能处理 SGML 和 XML 文档以及其他类型的文档，譬如 Word、WPS 等。

智能搜索引擎应具有高的召回率和准确率。所谓召回率是指一次搜索结果集中符合用户要求的数目与用户查询相关的总数之比。所谓准确率是指一次搜索结果集中符合用户要求的数目与该次搜索结果总数之比。

智能搜索引擎应该可以支持多语言搜索，允许用户可以用中文输入查询英文或其他语言的信息。

2) 能为特定用户提供相关信息。智能搜索引擎能通过观察用户的行为，了解用户的兴趣爱好，另外能通过不断的训练学习增长智能。每次用户都要对引擎返回的信息进行评价，并使智能引擎根据用户的评价调整自己的行为。智能搜索引擎还能对搜索结果进行合理的解释。智能搜索引擎具有主动性，可以在任何特定的时候（如用户最关心的信息发生了某种变化的时候）用各种方法与用户取得联系，这些方法包括电子函件、电话、传真、寻呼机、移动电话等。智能搜索引擎还可根据用户特定时刻的位置信息，选择恰当的方法跟用户通信。

3) 搜索引擎人机接口智能化。智能搜索引擎可以通过自然语言和用户交互。它采取诸如语义网络等智能技术，通过汉语分词、句法分析和统计理论有效地理解用户的请求，甚至能体会出用户的弦外之音，最大限度地了解用户的需求。

6.3.3 网络环境中信息资源管理面临的挑战

从总体来看，由于在网络环境中，信息资源在数量、结构、分布和传播范围、类型、媒体形态、内涵、控制机制、传递手段等方面，都与传统的信息资源有显著的差异，呈现出新的特点，对传统的信息资源管理的方法和技术带来了很大的影响，具体体现在以下方面：

1) 网络信息资源具有大数量、多类型、多媒体、非规范、跨时间、跨地域、跨行业、多语种等特点，举凡文本、数据、图形、图像、声频和视频等均位列其中，信息资源管理对象的复杂性和多样性空前增加。

2) Internet 的价值来自使用者的知识和创造力，在很大程度上网络的增长和网上信息资源的动态快速增加是由用户驱动的，但缺乏有效的统一管理机制，信息安全和信息质量都不免令人忧虑。

3) 信息分布和构成缺乏结构和组织，信息源不仅分散无序，而且其更迭和消亡也往往无法预测,因此增大了信息资源管理的难度。

4) 信息发布具有很大的自由性和任意性,隐私型信息进入了公共信息传播渠道。由于缺乏必要的过滤、质量控制和管理机制,不仅学术信息、商业信息、政府信息、个人信息混为一体,而且诸如大量种族歧视、不健康的信息也得以扩散,引发了许多方面的问题。

5) 正式出版物和非正式信息交流交织在一起,使传统的人类信息交流链的格局被打破,各方在网络上既可以是信息的生产者、发布者,也可以是传播者和使用者,对学术交流环境产生了深刻的影响。

6) 信息流动跨越了国境和疆界,既极大地促进了人类信息资源的共享,又带来了一些意想不到的问题,如文化冲突、信息侵略、信息威慑等。这当然对信息资源管理中的人文层面提出了新的要求。

因此,在网络环境中,信息资源管理所面临的新挑战不仅源自于技术方面,正如在第一节指出信息系统管理和信息资源管理之间的差别时所说的那样,信息资源管理早已不是一个单纯的技术性问题,它的经济层面和人文层面已经越来越为人关注。在网络环境中,这两个层面的意义和作用将会更加突出,因为信息资源管理更多地涉及经济(如网络经济、信息检索经济学)、政治(如国家竞争、政治宣传、信息自立、信息侵略)、法律(如网络安全与犯罪、盗窃与欺诈、利用网络散布恐怖主义、知识产权保护、信息骚扰等)、文化(如文化冲击、文化渗透)、伦理(如道德自律、行为守则)等多方面的问题。解决网络环境中信息资源管理面临的问题,无疑需要从技术、经济和人文这三个层面展开多学科、多视点的综合性研究。

主要参考文献

[1] 吴民伟. 信息系统的开发与管理. 北京:中国人民大学出版社,1992

[2] B. B. 普列斯努欣. 论信息资源的管理. 国外社会科学快报,1991,(1)

[3] P. 布洛曼. 企业宏观情报管理. 刘达等译. 北京:科学技术文献出版社,1992

[4] 邹志仁. 信息学概论. 南京:南京大学出版社,1996

[5] M. 巴克兰德. 信息与信息系统. 刘子明等编译. 广州:中山大学出版社,1994

[6] N. M. 达菲等. 信息管理. 吴贺新等译. 北京:科学技术文献出版社,1988

[7] 卢泰宏. 国家信息政策. 北京:科学技术文献出版社,1993

[8] 邹志仁. 信息学概论. 南京:南京大学出版社,1996

[9] Martin W J. The Global Information Society. England:Aslib Gower,1995. 48~49

[10] 龙守谌. 多媒体信息系统. 中国计算机报,1995-6-20

[11] 游宏梁等. 多媒体与超文本技术综述. 见:张力治. 情报学进展(1996—1997年度评论). 北京:兵器工业出版社,1997

[12] 张大洋. 计算机信息系统建设中的若干问题. 见:乌家培等. 新兴的经济信息系统建

设. 北京：中国计划出版社，1991

[13] 周海昌. 系统分析的新思维——VSM 模型介绍. 见：乌家培等. 新兴的经济信息系统建设. 北京：中国计划出版社，1991

[14] 梁翎. 管理信息系统（MIS）软件开发方法评述. 中国国防科技信息，1995，(516)：103~105

[15] 高新民. 信息服务与信息网络建设——赴美考察观感. 计算机世界，1996-01-08

[16] S. K. 马丁. 图书馆网络（1986—1987）. 中国科学院文献情报中心，1995.2

[17] 钟义信. 国民经济信息化与"CHINA 计划". 情报学报，1995，(2)：81~91

[18] 何军. 基于信息高速公路的信息系统管理研究. 武汉大学博士学位论文，1996.37

[19] 宋起岚. 面向发展的网络. 信息经济与技术，1997，11（4）：42~43

[20] Martin W J. The Global Information Society. England：Aslib Gower, 1995. 77~78

[21] 王文照. 关于信息资源开发建设的思考. 信息经济与技术，1997,11(6)：18~19

[22] 汪冰. 电子图书馆理论与实践研究. 中国科学院文献情报中心博士学位论文，1997.105

[23] 胡昌平等. "社会主义市场经济中科技信息（情报）工作机制研究"课题报告. 国家自然科学基金项目（79370057），1996

[24] Year 2006 at a glance. Library of Congress. http：//www. loc. gov/about. 2007-07-07

[25] 我国科技情报搜集服务体系研究报告. 国家科委软科学研究课题，1992.181~183

[26] 肖希明. 文献资源共享：系统、环境与模式研究. 武汉大学博士学位论文，1995.144~147

[27] 陈秀美. WWW 检索工具的选择与比较. （台）资讯传播与图书馆学，1996，2（4）：41~63

[28] Sha V T. Cataloguing Internet resources：the library approach. The Electronic Library, 1995, 13（5）：467~470

[29] 隋利玲，郭瑜. Internet 上专业性信息资源指南库的建设. 现代图书情报技术，1997，(2)：20~23

[30] 陈昭珍. 电子学术图书馆的馆藏发展与维护. （台）大学图书馆，1997，1（1）：24~36

[31] Robert M Gurn. Measuring information providers on the Internet. Computers in Libraries, 1995, 15（1）：42

[32] 李慧文等. 计算机信息系统及当代信息资源规划. 北京：北京出版社，1989

[33] 邹生等. 信息系统工程概论. 北京：中国计划出版社，1993

[34] 姜旭平. 信息系统分析——概念·结构·机理，分支与发展. 长沙：湖南科学技术出版社，1993

[35] 王峥嵘. 浅谈目前流行的三种网络技术. 信息系统工程，1996，(2)：61~62

[36] 沈辅成，沈英. 图书馆网络信息系统建设之研究. 情报学报，1996，(1)：46~50

[37] 王德明. 信息技术在咨询工作中的应用. 情报理论与实践，1993，(3)：53~55

[38] 陈太一等. 美国信息高速公路的体系结构：过渡策略和关键技术. 世界电子信息，1995，(1)：18~24

[39] 叶培大. 对发展我国高速信息网的思考. 世界电子信息，1995，(1)：24~26

[40] 刑星. 电子出版物与图书馆. 情报资料工作，1994，(3)：43~44

[41] 徐振华. 数据库建设的几个问题. 情报学报, 1994, (5): 365~369

[42] 杜链. 我国信息资源开发利用的现状和经济信息资源网的建议. 信息系统工程, 1995, (3): 3~4

[43] 乌家培. 信息资源与信息经济学. 经济学动态, 1996, (2): 8~11

[44] 付立宏等. 浅析信息资源配置的特性. 情报资料工作, 1993, (6): 10~12

[45] 查先进. 论我国信息资源的有效配置. 情报科学, 1994, (2): 12~15

[46] 谷跃麟. 发展中国家实现情报资源共享所面临的问题. 情报科学, 1992, (3): 18~21

[47] 胡昌平等. 论我国科技信息资源社会化的开发与利用. 情报理论与实践, 1996, (5): 10~12

[48] 徐从康. 文献资源布局的评价体系研究. 情报理论与实践, 1993, (2): 9~11

[49] 田克俭. 整体文献资源建设和资源共享. 情报资料工作, 1993, (2): 13~15

[50] 周文骏等. 走向网络化、数字化信息环境的全球信息资源共享问题. 中国信息导报, 1996, (8): 13~14

[51] 高珍珠. 天津市科技文献资源现状及合理布局研究. 情报学报, 1994, (2): 114~125

[52] 张钟. 当前 Internet 的某些热点问题. 情报学报, 1996, (1): 15~24

[53] 李玲. 美国研究图书馆网络. 现代图书情报技术, 1995, (3): 30~34

[54] 朱战备等. OCLC 与 Internet 的连接. 现代图书情报技术, 1996, (5): 14~16

[55] OCLC 的联机信息检索系统 FirstSearch. 现代图书情报技术, 1996, (5): 59

[56] 郝群, 杨子竞. OCLC 的进展及其与 Internet 的联系. 现代图书情报技术, 1996, (3): 61~62

[57] 陈慧捷. 从 Internet 到信息高速公路. 情报学报, 1994, (6): 445~453

[58] 中野捷三. 美国研究图书馆组织大纲. 国外图书情报工作, 1992, (1): 15~18

[59] The information society. Electronic Library, 1996, 14 (3): 268

[60] Burton Paus F. Regulation and control of the Internet: is it feasible? Is it necessary? Journal of Information Science, 1995, (6): 413~425

[61] 喻凌云等. OCLC——自动化技术和通讯手段与图书馆结合的成功范例. 中国图书馆学报, 1996, (4): 71~74

[62] Dasgupta K. Internet: the international electronic superhighway and the library. International Forum on Information Documentation, 1993, (2): 21~25

[63] Dasgupta Krishna. Internet: the international electronic superhighway and the library. International Forum on Information and Documentation, 1993, (2): 24~25

[64] McMurdo George. Electronic writing——the net by numbers. Journal of Information Science, 1996, (5): 381~390

[65] Lim Ban Seng. Using the Internet as a strategic business tool. Aslib Proceedings, 1996, (2): 47~52

[66] Alan Willis. Internet payment: the issues. Aslib Proceedings, 1995, (11~12): 241~243

[67] Chris Leiby, Mark Konkol. Security issues on the Internet. Aslib Proceedings, 1996, (5): 126~127

[68] Robert Carolina. Legal structure of the Internet. Aslib Proceedings, 1995, (11~12): 235~240

[69] Yitzhak Berman. Discussion groups on the Internet as sources of information. Aslib Proceedings, 1996, (2): 31~36

[70] Mark Watson, Basen Callahan. Evaluation and support of Internet software. Information Technology and Libraries, 1996, (3): 26~33

[71] Janet Balas. Beyond Veronica and Yahoo: more Internet search tools. Computers in Libraries, 1996, (3): 34~38

[72] Herring E. Information management: the convergence of professions. International Journal of Information Management, 1991, (2): 144

[73] Chang T C E, Kanabar V. On some issues of information resource management in the 1990s. Information Resource Management Journal, 1992, (2): 4

[74] 史蒂夫·莫里斯等. 知识经营师. 韩松译. 广州: 广东经济出版社, 2000. 9~12

[75] OCLC. The Dublin core: a simple content description mode for electronic resources. http://purl.org/dc/. 2001-08-03

[76] Baker Thomas. Languages for Dublin core. http://cs.ait.ac.th. 2001-08-03

[77] 祝小静. 浅谈网络环境下的信息组织. http://www.im.pku.edu.cn/xslt/article/zhuxiaojing. 2001-08-03

7 信息资源的宏观管理

对信息资源进行宏观管理的目的是保证信息资源的开发利用、信息技术的推广应用以及信息系统和信息网络的建设能有组织、有规划、有机协调地进行,从而使各类信息资源的战略价值和经济潜能能以低成本高效率的方式充分发挥出来。本书第5、6两章分别论述了信息资源的过程管理和网络管理,本章将把研究视角转向信息资源的宏观管理,主要从以下几方面展开论述:信息服务业;信息市场;信息政策与法规;信息资源管理的宏观调控体制。

7.1 信息服务业

对信息资源进行有效管理的目的之一是加强信息资源的开发利用,充分发挥信息资源的价值和作用。从宏观上看,借助现代通信、网络和计算机技术等手段和工具对信息进行采集、加工、整理、增值、传播的过程,即信息资源的开发利用,无疑将会推动信息资源的共享,而开发利用的不断强化和面向市场,则必然促进信息服务业的发展。因此,信息服务业的发展,既是人们对信息资源进行有效管理和深入开发利用的结果,又为更高效的信息资源宏观管理提供了必要的外在条件。一般而言,信息服务业越是发达的国家,其信息资源的宏观和微观管理水平相对也越高。

7.1.1 信息产业概要

信息产业诞生于20世纪后半期,它是信息技术飞速发展和普及应用、国民经济实力大大增强和社会信息需求日益旺盛等背景要素综合作用的结果。时至今日,信息产业不但是一个新兴的充满活力的高技术产业,而且是一个内容涵盖十分广泛的产业。

关于信息产业的定义、内容、分类、地位、作用、特征、管理和发展战略等方面的研究,成为国内外多个学术领域共同关注的焦点,其成果之多可谓汗牛充栋。这里只从信息产业的内容或组成部分的角度,将与信息内容和信息资源开发利用关系最为密切的信息服务业,从庞大的产业体系中浮现和突出出来。

1. 信息产业的定义

对信息产业下定义的尝试很早就开始了，最初人们只是试图区分信息产业与知识产业、数据处理产业的界限。但不久人们就发现区分信息产业与知识产业是困难的：有人认为，被划入知识产业的出版、报纸和广播等领域如果归入信息产业实际上也是合理的，而另一些人则认为信息产业是知识产业的一部分，教育、研究与开发、信息交流工具、信息机械和信息服务这五个方面构成的知识产业可以涵盖信息产业。一种是交叉关系，一种是从属关系，这种定义上的争执伴随着经济的发展一直延续着。而数据处理服务和数据提供服务这两部分则已比较早地被确定为信息产业的组成要素。

美国信息产业协会（Information Industry Association，IIA）从信息产业的组成成员角度给出了一个定义："信息产业的成员是指利用新技术或革新的信息处理方法，提供信息产品和服务的出版者和信息服务机构。"该定义的优点在于包括了信息产品和信息服务两个方面，但缺点在于对新技术的利用仍做了严格的规定，从而限制了信息产业的范围。实质上，这个定义类似于欧洲信息提供者协会（European Information Providers Association，EURIPA）对电子信息产业所下的定义，或者说可算是一个针对非印刷型介质或产品的总则。

在国外学者给出的众多定义中，泽尔科斯基（P. G. Zurkowski）的认识是比较全面的。他从内容出发界定了信息产业的八个部分：

第一部分：信息内容服务机构和人员，包括新闻机构、图书馆、信息中心、数据库服务机构、信息经纪人等。

第二部分：信息内容包装服务，其产品如图书、报纸、电影、录音制品、磁带、录像带等。

第三部分：信息设施服务，如数据处理、分时服务、交钥匙（turnkey）服务等。

第四部分：信息技术，包括计算机、终端机、办公设备、印刷、打印、制图等。

第五部分：集成技术，包括集成电路、调制解调器、电路板和数字电路等。

第六部分：交流技术，包括无线电、电视、电话和转播系统等。

第七部分：交流信道，包括邮政、电话、电报、传真和卫星通信信道等。

第八部分：广播信道，包括无线电和电视网络、多点分布式信息服务系统等。[1]

泽尔科斯基的定义从总体上对信息产业进行了较好的描述，既显示出信息产业不仅仅是一个服务产业，与所传播的信息内容有关，又表明它同传播的一系列步骤和手段有关。因此，也可以把上述八个部分分为两个方面，前三个部分为信息内容业务，后五个部分为信息技术业务。

国内对信息产业的理解也不尽相同。陈昭楠曾系统地整理了国内关于信息产业含义和范围的七种观点[2]。其中的一种观点认为，信息产业由信息基础设施产业和信息服务业两大部分组成，前者是指为信息服务提供设施的产业，包括计算机设备、通信（含广播）设备、电子控制设备、感测设备、元器件设备等的制造和销售业；后者包括信息处理服务、信息提供服务、系统集成与服务、软件开发与服务等。

近几年，随着人们对信息产业问题讨论的不断深入，国内学术界逐渐放弃了从产业构成角度来定义信息产业的做法，而转向从经济活动和经济结构角度试图进行整合性的界定。最具代表性的看法有如下两种：

1）信息产业是以信息为资源、以新兴的信息技术为基础，专门从事信息资源和信息技术的研究、开发和应用，生产、储存、传递和营销信息商品（包括以信息设备和器件为主的硬件和以各种载体提供服务的软件），为经济发展与社会进步提供有效服务的综合性生产活动的行业[3]。

2）信息产业是关于信息劳动者、信息产品（信息知识产品和信息设备产品）和信息服务的生产、流通、分配与消费的一切信息经济活动的总和[4]。这种定义有一个前提，即把信息劳动者、信息产品和信息服务都视为信息资源，而这些资源的生产、流通、分配和消费即为信息产业的本质。

以上两种定义虽不能说已臻于完善，但毕竟提供了一种新的视角和认识方式。更重要的是，它们显著地突出了信息资源在信息产业中的重要地位，这和以往的许多定义过于强调硬件设备制造和信息技术形成了对照，第二种定义甚至还把信息资源的广义配置活动视为信息产业的本质和核心。这些认识也都标志着人们正越来越重视从信息资源管理的角度更深入地理解和界定信息产业。

2. 信息产业内容的划分

美国信息产业协会曾把信息产业的内容大体分为六个组成部分：

1）一次信息服务活动和机构、公司。这类机构以提供事实信息为己任，产品或服务既有传统形式的书刊又有现代化形式的联机数据库。

2）二次信息服务活动和机构、公司。这类机构提供的不是信息本身，而是参考书目、书目数据库、指南、年鉴等指引型的信息。

3）以计算机为基础的信息提供活动。这类信息公司可以提供包括一次信息、二次信息在内的更大范围的信息存取。一般是通过购买数据库的有限权利在专门市场上分发、销售这些信息。

4）信息销售活动和系统。这类公司承担着从提供事实信息到设计专门信息系统的各种任务。除提供信息服务外，此类公司还开展各种信息咨询和技术咨询活动。

5）讨论会、会议服务机构。

6）信息支持服务系统和机构。包括计算机机构、学术和公共机构以及大型图书馆合作组织提供的分时和其他计算机处理设施。

应该指出，美国信息产业协会的信息产业内容划分是有很大局限性的，突出信息服务既是它的一大优点，也是它的短处，因为它低估了生产硬件、软件、存储设备和各种外围设备的计算机部门在信息产业中事实上已形成的显赫地位，另外，它显然对电子信息产业的涵盖能力不足。

欧洲联盟信息市场观察组（IMO）在1994年度的报告中，则给出了一种非常广义的信息产业构成，如表7.1所示[5]。

表7.1 广义信息产业的构成

信息内容	信息传输	信息处理
主要生产者	主要基础结构	主要设备
印刷、电子和多媒体出版	公共电信（PSTN）	计算机和外围设备制造
电影、视频和电视	光纤网	处理器制造
节目制作/出版	有线网	用户电子产品
声频制作/出版	卫星网	电信/卫星接收设备
	无线、蜂窝和移动网络	运行软件
		应用软件
二级代理商和服务	第二层基础结构	第二级产品和服务
贸易、零售和专业传输	TV/无线广播信道	传输、打包和复制
设计、专业制作和复制	增值网络服务	专家程序设计/界面设计
权利经纪业务和许可	智能"高速公路"	软件生产工具

上述两种构成划分要么过于狭窄，要么过于宽泛，使人难以对信息产业的内容形成总体性认识。我们认为，刘昭东对信息产业的划分是比较合理的，他清楚地把信息产业的内容分为信息技术设备制造业和信息服务业两大部分，如表7.2所示。[1]

表7.2 信息产业的两大部分

信息服务业		信息技术和设备制造业
电子信息服务	传统信息服务	
计算机信息处理	科学信息	微电子技术与器件制造业
软件生产	图书	计算机技术与硬软件制造业
通信网络系统	文献	通信与网络及设备制造
数据库开发应用	档案	多媒体技术与设备制造
电子出版物	标准	视听技术与设备制造
办公自动化	专利	缩微复印技术与设备制造
以计算机和通信网络为基础的信息咨询服务	图纸	电子出版技术与设备制造

刘昭东的划分方法最具特色的地方是把信息服务业与信息技术和设备制造业置于平等的地位，并根据信息服务所含的技术内容，将信息服务业分为传统的信息服务业（以印刷文本为主体的信息服务）和现代的电子信息服务业。虽然他对电子信息服务业内涵的描述还存在可商榷之处，但这种划分方法本身是值得肯定的。信息技术与设备制造业是信息产业赖以蓬勃发展的基础和依托，而信息服务业则在信息产业中占有相当重要且日趋显著的地位，大有成为信息产业主体之势。信息服务是信息生产活动的延续，是连接信息产品生产者和信息商品消费者的桥梁与纽带，因此，信息服务业发达与否，既是对信息资源开发利用的成效进行检验的一种尺度，又是信息市场成熟与否的重要标志。

现在从国外来看，美国商务部 2003 年对信息产业的划分边界较清晰，也更合理，可供我们参考借鉴，如表 7.3 所示[6]。

表 7.3 美国商务部关于信息产业的划分

硬件业	软件/服务业
计算机和设备	计算机编程
计算机和设备批发贸易*	软件包
计算机和设备零售贸易*	软件批发贸易*
计算和办公机器	软件零售贸易*
光磁记录工具	计算机集成系统设计
电子管	计算机处理、数据编制
印刷电路板	信息恢复服务
半导体	计算机服务管理
中性电子元器件	计算机租赁
工业测量仪器	计算机维护和修理
测量电流的仪器	计算机有关的服务
实验室分析仪器	
通信设备业	通信服务业
家用视听设备	电话和电报通信
电话和电报设备	电缆和其他电视服务
广播和电视通信设备	

*来自计算机制造商的分支机构销售额中的批发和零售。
资料来源：吴敬琏. 论现代信息通信技术如何渗入和改造各产业部门. 见：中国信息年鉴（2006）. 388~394（原美国商务部. Digital Economy, 2003）[7]

7.1.2 信息服务业

1. 西方国家的信息服务业构成

美国是世界上信息产业和信息服务业最为发达的国家之一。它的信息服务业由七个大类构成：

1）信息处理服务，包括网络增值服务、联机和脱机信息处理服务、远程计算服务和数据录入服务。

2）网络服务，包括电子函件、电子数据交换、电子信息服务。

3）系统软件。

4）应用软件。

5）一揽子委托服务，包括用户软件、软件包、设备采购和其他技术支持服务。

6）系统集成服务。

7）专业培训、咨询和系统运行管理等。

欧洲各国的信息服务业分类不尽一致，但总的来说与美国大体一致。如欧洲国家中信息服务业规模最大的英国，采用了两大块的分类方法。第一块是电子信息提供业，又分为三个部分：第一，联机信息服务，包括回溯数据库服务、实时信息服务、电子函件和远程会议服务、通往外部主机的网关服务和其他联机服务。第二，脱机信息产品提供服务，包括原始文献提供服务、CD-ROM 与其他光介质信息提供服务和其他二次信息产品。第三，其他相关服务，包括联机查寻的培训、第三方数据库的生产与管理、文献处理咨询和包括定制的开发工作在内的其他咨询服务。第二块被统称为其他信息服务业，包括：数据处理业；交钥匙系统服务（包含 CAD/CAM 服务）；定制软件服务；系统软件服务；专业服务（包括通用软件的开发和咨询、教育与培训）；网络服务（包括增值网、电子数据交换、电子转账等）；系统操作服务；系统集成服务。

日本信息服务业的分类更细。1992 年的日本信息服务业白皮书将信息服务业分为五个大类：信息处理服务、软件业、设施管理、数据库服务、市场研究与调查和其他服务。具体的业务内容如下：

1）增值网络（VAN）服务。主要包括两类业务：一是利用增值通信网络提供代码、格式和协议等的转换与网络服务。二是使用服务机构自己的计算机系统，利用从电信部门租借的通信网络，提供库存控制、科学计算、统计分析、规划和预测等服务。

2）联机信息处理服务。

3）脱机信息处理服务。是指在一定时间内、为一定的目的、将一定数量的数据存储在卡片、磁带、磁盘等介质上，并对这些数据以批处理方式计算的一种服务。

4）数据录入。是指将数据录入到计算机系统的媒介中的服务。

5）远程计算服务。是为用户提供在一段时间内分享一个计算机系统的服务。

6）设施管理。是根据用户需求，管理或运行一个信息系统或计算机系统的服务。

7）数据库服务。是采集、存储、处理并根据用户需求提供数据和信息的服务，包括通过电信网络的联机数据提供服务和通过纸张、磁介质等的脱机数据提供服务。

8）用户软件。根据客户要求开发或准备软件的服务，还包括软件维护服务。

9）软件产品。是指事先为大量和通用目的而开发的便于订购的软件，由第三方销售这类软件的情形也归于此类服务。

10）市场研究和调查。根据客户要求，通过调查公民、消费者和产业部门取得数据，用统计方法处理调查数据，向客户提供调查结果、预测及其依据的服务方式。

11）其他调查。如公众意见收集服务、思想库服务等。

12）其他服务。包括咨询、研讨班、培训和不属于以上类目的服务项目。

2. 我国的信息服务业构成

1992年，中国信息产业商会受电子工业部委托，对我国的信息服务业分类构成进行了初步研究，提交了《中国信息服务业发展研究》的综合报告。该报告在对国内从事信息服务的企事业单位进行广泛调查的基础上，结合国际上流行的信息服务业分类方式，把我国的信息服务业构成分为如下五个大类：

1）信息提供业。主要工作内容有：数据库信息检索服务、联机信息检索服务、联机信息服务（如电子函件、电子布告板等）、文本信息产品提供服务（如刊物式和剪报式信息提供）。

2）信息处理业。主要工作内容有：计算机计算服务和分时服务，数据输入、处理和验证服务，穿孔打印服务，机时租赁服务，光学扫描数据服务，计算机制表服务，磁盘间转换、磁盘和磁带间转换服务，信息输出打印服务，电子数字交换服务，增值网络服务，库存管理，受托数据处理等。

3）软件开发与服务业。主要内容有：应用软件、系统软件和支持软件的分析与设计、开发与维护，按需修改用户软件，通用软件的销售，进口软件的销售，定制软件的开发等。

4）系统集成服务业。主要内容有：计算机及外围设备的管理人员、操作人员、维修人员的提供，CAD/CAM系统服务，计算机辅助工程（CAE）系统服务，计算机网络系统集成，综合计算机办公自动化系统，计算机系统集成，交钥匙系统，计算机设备管理服务，计算机硬件和系统的需求分析等。

5）咨询业及其他。主要内容有：提供调查报告，定题研究，现场咨询，辅助决策咨询，为用户培训软、硬件操作和使用人员，为用户办培训班培训维修人员和其他不便划归上述四类的服务。[8]

上述信息服务业的分类虽然比较细致深入，但总结的多是20世纪80年代中后期至90年代初的信息服务内容。现在回顾国内外的信息服务业分类方式，会发现有很多崭新的信息服务方式是它们无法涵盖的。90年代中期以来信息服务业最大的发展莫过于网络化信息服务的异军突起，网络化信息服务的技术特性如："无墙"、"无缝"、"透明"的通信网络；全球性、全国性或地区性的覆盖面；采用宽频传输文字、图像、影视、声音等多种媒体；提供各种类型的信息服务，包括数据库、全文文本、电子函件、文件传输、电子布告、电子论坛等；通过网关、网门、智能开关和链接等把分布的系统联成一体；对用户没有时间和空间限制；采用人工智能、专家系统、超文本、友好界面等让用户访问网络上的各种信息资源等[9]。无疑，Internet 的迅速普及、电子信息资源的爆发性增长、各种信息技术的飞速发展和有机融合，将把信息服务业推向一个新的发展阶段，它在服务内容、方式、深度、广度、效果和效益等方面都将迈上一个新的台阶，成为信息产业中名副其实的主体产业。

3. 发展信息服务业对信息资源管理的影响

在某种意义上，可以把发展信息服务业看成是对信息资源进行宏观管理的一种手段。对此，可以从以下两方面理解：

1）信息资源管理的目的就是把信息资源的价值和作用充分发挥出来，而信息服务业的社会职责也正在于借助信息技术把信息资源转换为财富，满足人们各方面的需求。所以两者的目的是一致的，都是为满足社会提高生产力、促进文明进步的信息需求服务的。曾民族在讨论信息资源与信息服务的关系时曾指出[10]，信息服务的完整提法应该是信息管理和服务，如同信息检索完整的提法是信息存储和检索一样。众所周知，数据库是对信息资源进行有效组织和管理的一种工具，而数据库建设在今天必须放在用户信息利用模型的框架内进行，必须更新传统的或 20 世纪 70～80 年代的信息服务方式，以适应越来越多样化的信息需求和当代信息技术支撑的信息服务的特点，因此，信息服务业既然是对信息资源的开发和利用，那么它的发展对信息资源的管理方式的演进是有积极的导向意义的。

2）发展信息服务业，对信息机构的信息资源管理能力和处理能力提出了更高的要求。在电子信息资源越来越丰富的今天，电子信息的采集、处理、存储、传递、共享和交流，文字、图像、图形、声音、视频等多媒体信息的管理，Internet 中异常浩瀚的网络信息资源和应用系统，都要求信息服务机构加强对电子信息资源的管理和处理能力，这已成为信息服务业能否满足用户需求，求得自身生存、发展和壮大的关键因素之一。

总之，信息服务业的发展既为信息资源的管理提供了外在条件并指明了方向，又对信息资源管理提出了加强管理能力和处理能力的要求。有效的信息资源管理必将促进信息服务业的进一步发展壮大。

7.2 信 息 市 场

7.2.1 作为信息资源宏观管理重要手段的信息市场

信息市场的概念一般有广义和狭义两种。广义概念认为信息市场是指信息交换关系的总和,其中包括信息商品交易的场所和信息商品的交换、流通或信息贸易。狭义概念把信息市场仅视为信息商品交易的场所,即指具体的有形市场。目前,在学术研究和实践领域、统计部门中,人们越来越倾向于使用广义的信息市场概念。

信息市场作为信息资源宏观管理的重要手段,主要是指它既可推动信息资源的开发利用,又是实现信息资源合理配置和合理流动的重要手段。发育成熟的信息市场具备以下功能:

1)通过信息市场,能使信息及其产品的交换得以实现,从而拓宽信息交流渠道,促进信息资源更广泛地为人利用。

2)通过信息市场,可以加强信息部门的横向联系,以信息市场固有的规律来联系和协调社会各信息机构的活动,打破彼此之间的封锁和隔阂,使其获得沟通,使信息资源共享的实现更具条件和可能性。

3)通过信息市场,可加速信息流动,缩短信息从提供到利用的周期,增强其实效性。

4)通过信息市场,可以优化信息机构的信息行为,因为信息市场最能客观、公正地反映与评价信息机构对信息资源进行管理、开发和经营的水平,因此,信息市场有助于提高各个信息机构的信息资源管理能力和处理能力。[11]

正如信息产业中与信息资源管理关系最密切的是信息服务业一样,信息市场中与信息资源管理联系最紧的就是信息服务市场,尤其是电子化的信息服务市场,包括商品化的信息产品和相关服务的交易,而不包括信息设备制造业生产的产品的交易。为此,下文将从电子信息服务市场的划分准则和统计准则入手进行初步研究,这两方面的准则无疑是信息资源宏观管理的基本工具。

7.2.2 划分电子信息服务市场的准则

要对信息部门的经济活动下一个准确的定义是很困难的,尤其在现在技术急剧发展,娱乐、电信和信息业越来越趋于一体化的情况下更是如此。但是,确定和区分电子信息服务市场又是非常必要的,为此,我们提出如下五条划分准则:

准则1 信息存储和开发的媒介或渠道:

(1)联机信息服务

1)回溯性联机数据库服务。

2)可视图文服务。

3)实时信息服务。

4)声音电文(audiotex)服务。

(2)脱机信息产品

1)磁介质。

• 磁带;

- 磁盘。

2）光介质。

- CD-ROM；
- 交互式光盘（CD-I）。

准则 2　信息利用：

（1）专业目的

（2）教育目的

（3）个人目的

准则 3　信息内容：

（1）书目

（2）全文本

（3）数字化数据

（4）图像

（5）声音

（6）结合（如多媒体等）

准则 4　所提供服务的主要功能：

（1）信息

（2）交易

（3）交流

（4）计算

（5）娱乐

准则 5　可获得服务的层次：

（1）外部

（2）内部

（3）封闭（closed）用户组

如果把准则 2 和准则 4 结合起来，可以形成一个以模型形式区分市场的工具。在该模型中，我们把教育目的归入专业目的之中，如表 7.4 所示。[12]

表 7.4　服务和利用模型[9]

服务类型	利用类型	
	专业目的	个人目的
信息服务	（a）	（f）
交易服务	（b）	（g）
交流服务	（c）	（h）
计算服务	（d）	（i）
娱乐服务	（e）	（j）

该模型中各因素所表征的不同市场之间的界限是很难划分清楚的。就目前来看，大多数针对信息服务市场的研究集中在要素（a）上，也就是为专业目的利用的信息服务市场，我们可以把它叫做"核心市场"。也有一些研究把要素（f）部分也包括在内，例如可视图文服务。还有一些研究还包括要素（b）部分，如在运输、旅游、银行和金融等领域。可以说，几乎所有交易、交流和娱乐服务都含有"信息要素"，模型中各个要素所代表的不同市场之间越来越趋向于集中和集成，就充分证明了这一点。

需要强调的是，当我们把研究集中在核心市场时，也应该考察模型中其他要素的发展情况，如硬件、软件、新的媒体或技术等的进展和突破等，因为它们对核心市场会产生很大的影响。

如果要研究以专业利用为目的的信息服务市场，也就是这里所谓的"核心市场"，就需要对研究范围进行仔细界定，比如，可利用上面提出的 5 条准则进行市场细分。

为了更具体、详细地阐明问题，本节的研究将集中于电子信息服务市场，这样，核心市场就可如表 7.5 所列出的那样[13]。

表 7.5　专业利用目的的电子信息服务市场

供方：
数据库生产者/拥有者
　　—回溯性数据库服务
　　—实时服务
可视图文服务
Audiotex 服务
电子函件服务
联机信息服务的分发者
脱机信息产品的分发者
　　—CD-ROM 分发者
　　—其他
脱机信息产品的批发商/零售商
需方：
最终用户
　　—潜在的
　　—现实的
中介
　　—机构/组织内部
　　—信息经纪人

表 7.5 列出了专业利用目的的电子信息服务市场的两方——供方和需方。对

市场供方所提供的特定服务类型进行说明，需要严格而明确的指导原则，该原则介绍如下：

(1) 可包括在内的服务

1) 核心市场的供方所提供的服务可以是：

① 任何拥有标准的存取设备，既愿意又能够支付相关费用的人都可公开获取的服务（完全公开获取性）。

② 不具有完全公开获取性，但特定专业或产业部门的人员一般可以获得的服务。服务费用并不直接支付，而是以固定的成员费的形式付给服务提供者（封闭用户组）。

2) 用于专业利用目的的所有电子信息服务。这里的"专业"是一个广义词，包括产业和商业、公共管理部门和政府部门、大学和研究机构（包括学生）等领域的所有用户，而且不管这些用户对电子信息服务的消费是在工作地点进行的还是在家里进行的。

3) 主要是有偿（非免费）提供的所有电子信息服务。这里还要指出，大多数以赢利为导向的信息服务机构也提供一些免费服务，但并不意味着这些信息机构就要被排除在电子信息服务市场的供方之外。同样地，这一准则也适用于那些以非赢利为导向的信息机构，如公共部门中的信息机构等。虽然它们以免费服务为主，但有时也为相关的服务收取一定的费用，即使所收取的费用还不够全部成本费，这些服务也要被归入有偿服务之列。

(2) 可排除在外的服务

1) 所有以非专业利用目的为导向的电子信息服务，也就是所谓的"消费者服务"（表7.4）。

2) 主要不是以提供信息为目的的所有电子信息服务（表7.4），即使这些服务有时也以专业利用目的为导向。

3) 所有内部的信息服务，如公司内部或机构内部的服务等，因为这些服务对不在这些特定公司、机构或企业工作的人来说不具有可得性。

7.2.3 电子信息服务市场的统计准则

这方面涉及两个问题，一是关于电子信息服务市场的"统计单位"，二是为了测度这种市场所需要的合适、可行的"统计指标"。这里仅对第二个问题进行具体的讨论。之所以不讨论第一个问题，是因为各个国家的统计局或其他更大范围的统计组织，如欧盟统计局（Statistical Office of the European Union, EUROSTAT）等都制定了一些关于统计单位选择的指导方针，我们在研究中可直接利用。

关于统计指标，要求是适合于测度电子信息服务市场中各种不同经济活动的变量，因此，它们应具有如下特征：

1）对不同层次（如洲、国家、产业、个人等）的决策者来说，统计指标应具有可分析性。

2）为达到对比调查结果（如不同国家之间）的目的，应能够利用这些统计指标建立一个比率体系，如电子信息服务的收入和国民生产总值或其他国家总体经济数据之间的比率。

3）不同的统计指标应使用相同的测度单位。货币就是集合不同领域、不同层次的经济活动的唯一单位。

4）像其他所有市场一样，货币应作为测度电子信息服务市场供需两方面活动的最有用的统计指标。

根据上述特征，可以得出描述电子信息服务市场的规模和发展状况的主要统计指标或变量：

——供应者数量；

——用户数量；

——数据库数量；

——口令数量；

——联机小时数；

——雇员人数；

——供应者收入；

——用户支出额。

上面这些指标各有自己的优缺点。为了评判它们在研究中的适用性，我们将根据上述统计指标的总特征对它们逐一加以讨论。

（1）供应者数量

不同市场的供应者是描述这些市场发展状况的一个重要经济变量，它们或被直接计算出来，或被制成图表的形式。如果根据提供者的特定特征对这些变量进行区分，它们就更有研究价值。具体来说，具有区分价值的特征有：

1）所提供的服务或产品的类型。

2）价值链中的供应者类型。

3）学科领域。

4）雇用人员的数量。

5）收入的范围或种类。

6）市场份额。

7）国际化或国际所有权的程度。

8）收入的地区分布。

（2）用户数量

与供应者数量类似，用户数量也是测度电子信息服务市场的一个重要经济变量，可按下列特征对它进行细分：

1）用户类型：最终用户、不同种类的中介等。

2）所利用的服务或产品的类型。

3）所属的学科领域。

4）所在的经济部门。

5）所在组织的规模。

6）地区分布。

（3）数据库数量

有不断更新的国家和国际数据库指南对数据库的种类与数量进行报道。这一指标可按下列特点进行细分：

1）提供的联机和脱机服务。

2）内容：书目、事实、全文本、数字化数据、带图表文本、多媒体等。

3）所涉及的学科领域：商业和经济学、法律、科学和技术学科等。

利用所出版的各种数据库指南可获得这方面的数据，但数据库指南一般未区分下列两种数据库：

1）世界范围内的、重要的、得到广泛使用的数据库，如化学文摘数据库、医学引文索引数据库、预测数据库等。

2）仅适用于地区或小用户组的小数据库，如加利福尼亚分区房地产数据库等。

换言之，所提供的数据库的数量并不是反映电子信息服务市场的一个充分指标。

（4）口令数量

传向联机系统拥有者的口令数量并不是反映一定时期内每个订户使用量的一个充分指标。

1）联机系统拥有者之间通过计算机相互连接，如果一个联机系统拥有者为它的用户提供接近其他联机系统拥有者的技术通道（即所谓的"栈"），那么这些用户是否也应算作那些拥有者的用户呢？实际的情况常常是这部分用户被重复计数。

2）有些拥有者不把被分配的口令算在总口令数目之内，而把与订户或他们的机构所签订的合同包括在内。但在正常情况下，一份合同所包括的往往不止一个口令。

3）为了培训和市场营销等目的，一些拥有者往往把大量"免费"口令分配给学校或类似机构。

最后，据估计，只有大约50%的被分配的口令与现实用户相对应。

(5) 联机小时数

对联机信息服务的利用来说，与联机系统拥有者联机的小时数是另一个重要的统计指标，但是它也有一些明显的缺点。

很多联机系统拥有者部分地根据联机小时数来计算价格，但现在正出现一个新趋势，即拥有者不是根据联机小时数来定价，而是根据信息的多少来定价。例如，根据打印出来的书目的数量或所传递的数据量来计价。此外，越来越多的拥有者以一次总付款或固定订购价格等方式提供限制或非限制性的服务。而且，联机小时数经常包括"免费"（如免费试验查找、内部查找、测试数据库的查找等）联机时间在内。

(6) 雇员人数

雇员人数是用来评价、测度信息产业规模和发展状况的一个常用指标。

可以根据以下特征对雇员人数这一指标进行细分（即在下列部门中雇员的人数）：

1) 管理/行政管理。

2) 销售/市场营销。

3) 数据采集/编制索引/编辑等。

4) 技术支持功能。

雇员人数这一指标如果和下面供应者收入这一指标相结合，就可以用来对比不同供应者的生产率。在进行这种比较时，应考虑多方面的情况，如比较不同供应者的不同产出活动时，就要考虑区分是对母体机构负有一定任务的供应者，还是具有独立服务性质的供应者。

(7) 供应者收入

电子信息服务的不同供应者在一定时期内的收入、营业额或销售额，是测度电子信息服务市场规模和发展状况的真实统计指标。

一般来说，许多供应者，特别是大的供应者常把自己的收入看作机密，不愿公开泄露，因此要想采集到准确、可靠的收入数据是很困难的。

不过，在这一问题上应注意以下几点：

1) 虽然一些供应者把收入数据看作机密，但竞争对手和其他专家则不这么看。另外，具体到一个国家，对收入数字的粗略估计很快会被修改，因为在每个国家，具有一定地位、实力的供应者的年收入是一个"公开的秘密"。

2) 如果能对要研究的电子信息服务市场的收入情况先做一个大体的估计，在进行实际调查时也许会赢得更多的合作者。德国有关方面所做的一系列有关调查已证明了这一点。

通过采集收入数据，可以比较电子信息服务市场和其他市场的成绩，也可以把电子信息服务市场的成绩和反映一国经济状况的总指标（如国民生产总值、国内生产总值等）进行对比。这样，就能建立一个可衡量不同国家电子信息服务市场相对成绩的对比率体系。

在使用供应者收入这一指标时，由于不同经济部门中不同类型的供应者所采用的价格和市场政策不同，因此可能出现一些问题，例如：

1）一些供应者（如联机系统拥有者）作为一个更大组织的一部分，短期内的收入可能仅涵盖他们单位时间内总费用的一部分。

2）其他在自由市场条件下运作的"独立"供应者短期内则要在收入中包括所有的花费。

3）一些由纳税人资助的供应者，由于一些所谓的"政治原因"，收入中仅包括他们年花费的很小的一部分。

4）至于 Internet 上的供应者和用户，只有充分依赖所传递的数据量才能进行有效的衡量。

总之，在许多情况下，收入不是测度电子信息服务市场中经济活动情况的一个充分统计指标。这时，就应该结合考虑其他指标，如单位时期内的花费等。

（8）用户支出额

用户在一定时期内对不同类型电子信息服务的支出，是从需方角度测度电子信息服务市场的规模和发展状况的一个比较合适的统计指标。

在一般市场研究中，供应者的收入和用户的支出是互补的，可被用来控制调查结果。对于一个国家总的电子信息服务市场，存在着如下逻辑关系：

国内供应者的总收入 − 出口 + 进口（外国供应者的国内收入）= 国内用户的总支出（由国内供应者和国外供应者提供的电子信息服务）。

不过我们应意识到，收集用户支出数据比收集供应者收入数据更加困难。在实践中，可以应用下列特征对用户支出这一指标进行细分：

1）不同媒体。

2）不同学科领域。

3）数据库的不同内容。

4）来自世界不同地区的供应者等。

综上所述，测度电子信息服务市场中经济活动的基本统计指标应包括：

1）供应者和用户数量。

2）雇员人数。

3）供应者收入。

4）用户支出额。

附加的指标可以包括：

1）数据库数量。

2）信息服务和信息产品的量化数量指标：口令数量、联机小时数、CD-

ROM 数量、磁盘数量等。

3）单位时间内供应者的花费。

4）信息服务和产品的价格。

通过上述分析和讨论可以看出：测度电子信息服务市场中的活动是相当困难的，但是：

1）确实需要关于电子信息服务市场的可靠、最新的统计数据。无论对政府部门、产业协会、研究人员，还是对电子信息服务市场中扮演不同角色的人来说，这些统计数据都有同样重要的意义。

2）从长远来看，信息服务业自身应积极准备和积累这些可靠、详细的市场统计数据。各国政府在这一领域所从事的活动应以确定必要的、一致性的定义和采集数据的正确方法与必要工具为目标。

3）为保证各国政府所支持的相关计划项目与电子信息服务市场的现实状况和对信息服务业的需求相一致，在执行这些项目的过程中，各国进行紧密的合作是绝对必要的。

7.3 信息政策

随着信息技术的广泛应用和社会对信息需求的不断增强，一系列必须借助于信息政策才能解决的问题纷纷出现。这些问题不仅直接影响着一个国家，甚至还影响着全球经济、文化、社会和政治结构的各个方面。因此，各个国家纷纷行动起来，开始制定一系列的信息政策，以确保在未来的发展中能抢占制高点。同时，理论界也对这一新的领域展开了积极的研究和探讨，以便为信息政策制定的实践提供理论依据。本节试图从理论和实践两个方面对信息政策做一概括性阐述。

所谓信息政策，就是与信息的创造、存储、处理、传播和利用有关的所有公共法律、规章和计划，它具有复杂性和动态性，会随着环境的变化不断改变和进行调整。由于信息政策的多重属性和特点，研究者们从不同的角度对信息政策进行了界定，但在一点上似乎取得了共识，即研究者几乎都把信息政策的制定看作是与国家层面相关的一个问题，同时，制定政策的活动也趋向于集中在一些特定的问题领域，如政府信息的控制，信息部门的支持和信息市场的发展，信息保护和信息自由，学校、图书馆等公益性服务机构的信息提供和教育，对国家研究与发展的支持和对国家信息基础设施的投资等。但也有少数研究者，如奥尔纳（Orna）、圣克莱尔（St. Clair）、法尔（Farl）和沃尔沙姆（Walsham）等，从部门角度来考虑信息政策问题。

7.3.1 基本要素

关于信息政策的基本要素，研究者们从不同角度发表了许多研究成果，其中比较有代表性的有以下几位。

1. 罗兰的观点

罗兰（Ian Rowlands）认为不存在一项无所不包的信息政策，而是由多项政策构成的信息政策体系去解决各种特定问题，在各种竞争的利益团体之间寻求有效的妥协。信息政策应具有弹性、动态性和对不断变化的环境条件作出反应的能力。

罗兰指出：信息政策不仅能规划信息活动（能动的信息政策），而且能对信息活动做出反应（被动的信息政策）。如电子商务在世界范围内的快速发展已导致各国政府采取不同的行动，从全盘参与政策制定过程，到快速立法、改革税收体制等。能动的信息政策从科技政策领域可见一斑，许多国家通过确立革新战略，制定长短期发展目标，明确优先发展的技术领域，形成了一个配套的鼓励机制，从而确保在科技领域的竞争优势。

在此认识基础上，罗兰提出了等级式信息政策要素说（图7.1）[14]。

图 7.1　罗兰的等级式信息政策要素

1）基础政策。基础政策适用于整个社会，对信息部门有直接或间接的影响，为信息部门活动创造社会、经济环境，如税法、劳动法、教育政策等。基础政策是水平信息政策和垂直信息政策的基础，缺乏基础政策将无法制定和实施水平信息政策和垂直信息政策。

2）水平信息政策。适用于整个信息部门并对这些部门产生直接或间接的影响，如数据保护政策、信息自由政策、隐私政策等。

3）垂直信息政策。适用于某一特定类型的信息部门或某一特定的信息活动领域，如地理信息政策、公共图书馆服务政策等。垂直信息政策是为了解决特定信息部门和领域的问题与需要而制定的。

罗兰的等级结构体系的优点在于：将信息政策放在一个更广阔的公共政策的背景中加以考察，从而有助于信息政策功用的发挥。但这同时也造成了涵盖范围的扩大化，既包括教育、社会和产业政策，又包括信息部门政策，如知识产权、信息存取政策等。此外，信息政策的三个层次之间存在着相互影响和作用，有时甚至出现交叉和重叠，从而不利于对信息政策及其构成的理解。马蒂恩（J. Martyn）就曾指出："缺少水平信息政策并不一定意味着没有政策。相反，信息政策可以为基础政策所涵盖。实际上，不存在独立的信息产业政策、电子政策，信息政策必须遵循产业的总体政策。只有这样，才能保证自由市场在规范化的环境中运作，并在需要时，利用法规条例进行适当的调节和管理。"[10]

等级式信息政策要素说表明：与信息政策相关的权力、影响和决策不会集中在政府的某一个部门，而将分散在不同部门之中。因此，为了使信息政策的制定和实施相互协调，具有互补性和连续性，就必须有一套行之有效的政策价值观和总体框架起指导与约束作用。换言之，信息政策体系应能对新技术的不断发展和变化以及信息时代的特点作出快速反应。

2. 莫尔的观点

1991年，莫尔（N. Moore）在《信息政策》一书的导言中提出，信息政策应包括四大方面：

1）法规方面。包括个人隐私权、版权、知识产权、法律义务、信息保护、信息自由等。

2）宏观经济方面。涉及信息部门的发展、信息经济的测度、信息基础设施、教育和培训（人力资源）的投资等。

3）组织方面。涉及对信息处理过程和信息技术进行管理的各个方面。

4）社会方面。包括个人为在社会上更有效地发挥作用而必须具备的信息能力、读写和计算能力，信息富有者和信息贫穷者之间的差距等。[11]

在上述认识的基础上，1993年，莫尔提出了层面-因素信息政策要素说（表7.6）[15]。

表7.6　莫尔的层面-因素信息政策要素

	产业（层面）	组织（层面）	社会（层面）
信息技术			
信息市场			
信息工程			
人力资源			
立法和规章			

莫尔指出，制定信息政策在"信息敏感"国家和"信息隔绝"国家都会产生深远的影响。在现实社会经济环境中，信息政策的属性一方面表现为通过发展信息产业和信息市场，作为刺激经济增长的工具，另一方面，如果不对产业组织做大的调整，不改变对信息自由流动和跨国流动的态度，上述目的将无法达到。因此，信息政策应在产业、组织和社会三个不同层面上共同运作，而每个层面又必须考虑到信息技术、信息市场、信息工程、人力资源、立法和规章五个因素。

在莫尔的政策模型中，产业政策主要涉及一个国家范围内与信息部门发展相关联的政策问题。组织政策是在组织内部，为了达到提高生产率、效率和竞争力的目的，把信息作为一种资源加以管理和处理的方法。社会政策主要考虑与个人和社会团体相关联的信息需求与信息供给。在制定政策的过程中，除了确立三个大层面的目标外，还可以发展一些更具体的目标，从而强化以下原则：使所有人都能方便、平等地获得信息，抵制信息垄断，构建信息网络以适应社会各团体的需要，政府有义务向公民提供社会、政治和经济信息。

在三个层面需要考虑的因素中，信息技术包括通信设施、决策支持系统等政策目标；信息市场不仅局限于商业信息的交换，还担负所有信息交换的使命；信息工程强调扩大信息管理和利用的活动范围与过程；人力资源是政策框架的中心要素，着眼于培养公民具有处理、利用信息和从信息社会的各种机会中获益的技能与态度。

莫尔的层面–因素信息政策要素说建立了因素与层面之间的关系，不但为分析信息政策的各种目的提供了框架，而且有助于确认制定政策的合适领域。但该体系缺少一个相关的总体经济、社会和文化框架，因而无法处理全球经济中的复杂问题。

3. 希尔的观点

1994年，希尔（M. W. Hill）在《国家信息政策和策略》一书中指出，信息政策体系由下述要素构成：
1）政府对信息的获取。
2）政府中的信息管理。
3）政府对信息和传播技术的利用。
4）信息技术产业。
5）电信和网络。
6）信息经济。
7）工业、农业和商业。
8）科学和技术信息。

9）信息产业。

10）图书馆和档案馆。

11）公共部门和私营部门问题。

12）向公众发布官方信息。

13）出版、媒体。

14）跨国数据流。

15）隐私权和数据保护。

16）社会事件。

17）健康和消费者信息。

18）教育和工作。

19）信息自由：国家安全、犯罪预防。

20）法律方面。

21）知识产权和工业产权。

22）质量和可靠性。

23）研究：信息的生产。[11]

4. 赫尔农和雷利的观点

1991年，赫尔农（Hernon）和雷利（Relyea）在《信息政策》一文中构建了一个信息政策分类体系，主要要素包括：

1）与信息政策有关的联邦组织：提供联邦信息的政府机构的结构。

2）联邦政府和信息部门之间的关系：从事政府信息生产、分配、传播的机构和组织的责任与角色。

3）信息技术：信息技术的应用及其对政府信息提供的影响。

4）政府信息经济学：政府提供联邦信息的费用和效益。

5）公众获取政府信息的能力：公众获取联邦信息的权利和政府的责任。

6）信息自由和隐私权保护：在保护不应泄露的信息的同时，公众获取政府机构记录的权利。

7）秘密和保护：为了保护公众利益和国家安全，政府有不公开信息的权利。[11]

5. 伯格的观点

1993年，伯格（Burger）在《信息政策——评价和政策研究框架》一文中主要采用了恰特兰德（R. L. Chartrand）和米勒夫斯基（S. Milevski）设计的信息政策体系，将信息政策体系的要素划为九大类：

1）联邦信息资源管理。

2）用于教育、革新和竞争的信息技术。

3）电信、广播和卫星转播。

4）国际通信和信息政策。

5）信息披露、机密和隐私权。

6）计算机法规和犯罪。

7）知识产权。

8）图书馆和档案馆政策。

9）政府系统、票据交换所和传播。[11]

这些信息政策体系都在一定程度上概括了信息政策的要素，但也都存在着一些缺陷，如希尔的信息政策体系没有全面涵盖信息政策的各个方面，而且由于没有对广义和狭义的概念进行区分，以至于有些要素相互重叠；赫尔农和雷利则侧重于政府信息，因而他们的信息政策体系具有明显的局限性；伯格所引用的恰特兰德和米勒夫斯基的分类方法较好地涵盖了信息政策的要素，但如果能把重点放在经济方面，并划分出不同的层面，会更加强该体系作为一个分析工具的价值。

6. 马费成等的观点

我国学者马费成等按照政策的五要素——政策主体、政策目标、政策问题、政策内容、政策形式，构建了国家信息政策体系[16]。

（1）政策主体

政府是国家信息政策的主体。

（2）政策目标

这是指通过制定信息政策所实现的利益协调和分配关系。

（3）政策问题

这是指能够列入政策制定议程的客观社会问题，即信息政策应该解决的社会矛盾和问题。信息政策问题分为经济问题和法律问题。

1）经济问题。

宏观层次上：

① 信息产业发展与投资。

② 信息基础设施建设。

③ 信息资源管理。

④ 信息技术管理。

⑤ 人力资源的投资。

⑥ 信息经济测度标准和信息化指标的制定。

微观层次上：

① IT 行业、网络产业（如电信业）的垄断。

② 出版业（垄断竞争市场行业）的高额利润。

2)法律问题。

知识产权保护:

① 工业产权保护、专利权保护、技术转让。

② 版权、著作权保护。

③ 商标权、域名保护。

信息安全:

① 信息公开与信息保护。

② 国际信息合作与国家信息主权的关系。

③ 计算机病毒、黑客程序防范与计算机网络安全。

④ 电子商务的电子签章和数字认证。

(4)政策内容

国家信息政策内容可简化成经济和法律两个层面。

1)经济层面。

① 宏观产业发展经济问题。

② 微观市场经济问题。

2)法律层面。

① 知识产权保护。

② 信息自由流动与信息安全。

(5)政策形式

这是指国家制定并发布执行的有关信息政策内容的文件、指南或规定。

7.3.2 理论框架和方法

1. 理论框架

1990年,兰卡斯特(T. Lancaster)和伯格在《宏观信息学、微观信息学和信息政策》一文中提出,应从宏观和微观两个层面来看待信息政策问题[11]。其中宏观层面主要涉及规模现象,如宏观经济、社会价值、国家政策、教育事宜等。微观层面则与个体及其活动、价值等有关,包括用户、信息人员、个人价值和动机等。两个层面相结合有利于分析个体与大规模集成现象之间的关系,在文化、组织和技术相互作用的过程中,更好地理解和认识信息政策,探讨有关的问题和冲突,寻求全面的解决办法。

在上述理论框架基础上,克里斯蒂安松(Kristiansson)和卡杰伯格(Kajberg)从信息政策所涉及的层面和方面入手,建立了层面-方面信息政策模型(图7.2)[17],说明制定、评价、研究信息政策时应考虑的各个方面和层面,从而揭示信息技术革命引发的全球技术、经济、社会环境变化所带来的一系列现象

（这些现象涉及微观层面、宏观层面和经济、社会、文化、技术等所有相关方面）之间相互影响的方式，如全球信息经济的发展对微观层面的组织各个方面，包括技术、文化、教育、结构等的影响。

图7.2和图7.3从总体上描述了信息政策体系[17]。图7.2"方面"栏的一系列因素是按重要程度的先后次序排列的，即高层因素影响低层因素。具体来说，就是技术、经济因素影响社会、文化、组织、管理、教育等因素。图7.3对资源和信息处理过程进行了划分。

方　面	角度/层面
空　间	全　球
技　术	国　际
经　济	国　家
社　会	地　区
文　化	产　业
组　织	组　织
管　理	个　人
教　育	信息系统
政　治	
法　规	

图7.2　信息政策的分析框架

资　源	处理过程	
信息技术 信息基础设施 信息系统 人力资源	信息密集计划： • 学　习 • 教　育 • 研　究 • 革　新 • 采集的发展 • 决策的判定 • 信息控制 • 信息经济 —生产和发明 —分配和交流 —风险管理 —查找和协调 —处理和传播 —商品生产 —政府活动	• 信息生命周期 —生产/创造 —采　集 —处　理 —综　合 —分　析 —传　播 —分配/传播 • 存　储 • 检　索 • 利　用 • 处　置 • 失　效

图7.3　具体说明信息政策作用的资源领域和处理过程

2. 方法

从上面有关信息政策体系、框架、模型的分析，可以看出，关于如何确立信息政策体系，按照何种标准划分信息政策体系结构，目前还没有形成统一的认识。不过，伯格在《信息政策——评价和政策研究框架》一书中比较系统地概括了构建信息政策体系的方法[12]。

第一种方法：在特定政治目标的基础上，设计信息政策的分类。

第二种方法：按照影响信息政策的相关政治因素，构建信息政策体系。

第三种方法：从经济或法律角度出发，根据信息政策制定者所要考虑的各种问题和相关选择对象，设计信息政策体系。

第四种方法：依据信息政策的制定、实施部门，建立信息政策体系。

第五种方法：从公共部门和私营部门的角度出发，构建信息政策体系。

第六种方法：根据信息政策的主要领域确立信息政策体系，包括信息经济、知识产权、信息自由、信息提供与传播中公共部门与私营部门之间的相互作用等。

第七种方法：以信息政策的理论基础为依据构建信息政策体系。伯格指出，赫尔农和雷利的工作就是成功地利用这种方法的典范。他们通过梳理信息政策的发展历史，明确了制定信息政策的中心领域和问题，从而构架起信息政策理论框架。

7.3.3 层次和内容

1. 层次

在上述理论框架和信息政策模型的基础上，我们认为，可以根据指导和调整范围的不同，将信息政策分为三个层次。

（1）宏观层次的信息政策

这一层次的信息政策是从战略高度调整和解决涉及全局性的问题，如明确信息产业在国民经济中的战略地位，改善社会的信息环境和提高全民的信息意识等。如2000年通过的《中共中央关于制定国民经济和社会发展第十个五年计划的建议》中就提出：大力推进国民经济和社会信息化，是覆盖现代化建设全局的战略举措。以信息化带动工业化，发挥后发优势，实现社会生产力的跨越式发展。

（2）中观层次的信息政策

这一层次的信息政策是调整和解决信息工作中的问题，如当前重点扶植的产业、信息成果的奖励和转让等。如我国在"十五"期间，国家重点推进超大规模集成电路、高性能计算机、大型系统软件、超高速网络系统、新一代移动通信装备和数字电视系统等核心信息技术的产业化；加快发展软件产业和集成电路产业，支持新型元器件、计算机网络产品、数字视听产品的发展，提高信息化装备和系统集成能力，满足市场对各类信息产品的需求；积极发展信息服务业特别是网络服务业，抢占未来通信服务的制高点。中观层次的信息政策主要运用区别对待的手段，对某些方面给予优惠政策，使其取得突出成效，从而"以点带面"，促进全局发展，实现整体目标。

（3）微观层次的信息政策

这一层次的信息政策主要是通过各种形式的活动，影响和指导具体的信息机构和团体。如明确信息机构工作绩效的评价指标；引导各信息机构根据当前的重点，对本部门的机构、人员、经费等做出相应的调整和变动，使所有信息机构的微观行动与国家的总体计划有机地衔接起来。

2. 内容

我们认为，还可参照上述信息政策的要素等，筹划信息政策的具体内容，例如：

（1）国家信息化发展道路的战略选择

一个国家信息化发展的道路要根据本国政治、文化、经济、科技等方面的状况，结合世界信息化的趋势，做出切合国情的战略选择。比如美国信息化道路的战略选择是凭借强大的经济和技术实力，保持世界霸主的地位；而中国目前还处于工业化阶段，而且这个阶段还要持续相当长的时间，因此，在推进信息化的进程中，就采取把信息化和工业化结合起来，以信息化带动工业化的发展战略。

（2）信息技术发展政策

信息技术是信息化的动力和源泉，是实现社会信息化的主力和基石，因此，许多国家都把信息技术政策作为信息政策的重要内容。信息技术政策的主要内容包括：世界信息技术发展趋势的跟踪和预测、本国信息技术的优先发展领域等。

（3）信息产业发展政策

信息产业是一个需要巨大投入的产业，因此，为了促进信息产业的发展，使其发挥在国民经济中的支柱作用，就必须采取优惠政策，扶植其发展，如加大资金投入、提供优惠贷款、减免税收等。

（4）信息资源管理政策

其内容主要包括：国家信息管理部门的设置、政府及企事业单位信息机构的设立、信息专业人员的配备与培养等。

7.3.4 一些国家的信息政策

1. 美国

美国没有颁布统一的国家信息政策，但政府通过各种政策的活动介入信息管理。由于制定信息政策的权限不明确，事实上许多政府机构都在一定程度上控制信息，在一定范围内制定信息政策。现阶段，负责信息政策的主要机构有：联邦管理与预算局（OMB）、国家电信和信息管理局（NTIA）、白宫科技政策办公室、国家科学基金会（NSF）科技信息处、联邦通信委员会（FCC）、全国图书馆与情报科学委员会（NCLIS）等。由于美国是一个法制国家，对信息产业的规范更多的是通过立法的方式实现的。

美国虽然没有统一的国家信息政策，但在其各个部门所制定的信息政策中，却始终贯穿着三条基本原则：

1）信息自由流动。

2）企业在信息市场上自由竞争。

3）政府实行优惠政策扶植信息产业的发展。

20世纪90年代以后，美国政府更加重视政策的引导性，例如，1993年克林顿政府制定的"国家信息基础设施：行动计划"（俗称"信息高速公路"计划）是一份具有划时代意义的政策性文件。在这份文件中，提出铺设覆盖全国的光纤网络，用网络将政府部门、科研机构、企业、学校、医院、图书馆和家庭连接起来，利用网络传输视频、音频、数字、图像等多媒体信息。一旦整个计划完成，美国的政治、经济、文化以及人们工作和生活的方式都将发生巨大变化。紧随其后，许多国家也都制定了自己的"信息高速公路"计划。

还例如，为了促进和指导电子商务的发展，美国也从政策的角度对其加以规范，如《全球电子商务政策框架》确立了电子商务的五项原则：

1）私人企业应居网络的领导地位，政府尽可能组织企业自律。

2）政府应避免对电子商务的不当限制。网络应该发展成为以市场导向为主的产业，政府避免对电子商务做不必要的新规范。

3）如果政府必须参与，其目的在于支持与实施一种可预测的、一致而简单的电子商务法律环境。

4）政府必须承认网络的特殊本质。Internet的非凡成功，归因于它的分权化特性，没有中央主管机构和从上而下的管理传统。过去60多年来制定的有关通信、广播、电视的管理框架已不适用于网络环境，政府应重新审查和修改可能妨碍电子商务的现行法律与规范。

5）电子商务的推动应以全球为基础。支持网络电子商务交易的法律框架应该是在全球范围内一致的、可预测的结果。这种结果与特定的买方或卖方所处的管辖地是无关的。

2. 法国

1963年，法国发表了具有划时代意义的《布特里报告》，提议建立一个具有协调功能和促进作用的高效率的、以有代表性的信息机构为中心的、非集中化的全国信息网络，并成立专门委员会负责协调实施。这个报告成为法国信息政策的基础性文件，确立了直至今日的法国信息政策的方向。

从 20 世纪 60 年代起，法国政府通过了一系列信息技术政策，推动以计算机为核心的信息技术及其产业的发展，如 1966～1980 年，法国政府先后制定了三项"计算机计划"；1978 年，法国政府推出了一项新的"集成电路计划"；1982 年开始实施为期五年的"小型计算机计划"；1985 年又实施了一项为期四年的"信息科学四年规划"。

法国的科技信息事业由国家统一管理和协调。1970 年，全国科技信息网开始组建。1973 年，国家科技信息局成立，负责制定国家科技信息政策，资助和指导全国科技信息网、专门部门信息网和地区科技网代办处。1977 年 9 月 19 日，国家科技信息局改组，成立科技信息委员会，负责研究并向政府提出国家科技信息活动的方针和政策。1986 年，法国全国八大信息专门机构提出《国家科技文献信息政策》，涉及信息服务、信息市场、信息传递服务的分散化和信息技术在科技信息工作中的应用等问题，强调重新评估专门图书馆、文献中心、科技信息机构的作用。

法国信息政策的突出特点是注重保护本国的信息主权和民族文化传统。1976 年，法国总统德斯坦委托财政部总稽核西蒙·诺拉（Simon Nora）和孟克（Alan Minc）撰写了著名的《社会的信息化》（The Computerization of Society）研究报告，在法国以及全世界产生了深刻的影响。该报告对信息政策的进展及其社会化结果进行了分析，提出要在信息领域内保护国家利益和民族文化，防止少数国家称霸世界信息市场。基于"信息自立"的国策，法国确立了信息政策的总体目标为：①全面发挥市场能力。②技术上自给自保。③出于国家安全和威望的考虑，不受外国的控制。④将法国引入信息时代。在这一政策目标的指导下，法国对信息产业的投入不断增加。1985 年，法国政府又出台了规模宏大的《全民信息计划》，提出五年后 70% 的人口能够掌握和使用信息技术。这一计划促使法国信息事业在 20 世纪 80 年代迅速发展，社会信息化水平大大提高。

1998 年 1 月，法国政府正式提出《为法国进入信息社会做准备》的政策，强调投资信息基础设施建设、推动公共服务的信息化、提升产业的创新开发能力、鼓励企业信息化并引入电子商务模式等内容，同时也指出培养信息教育师资和利用信息科技促进法国传统文化创作、保护与发展的重要性。此后，法国政府成立了直接向总理报告的"部际信息社会委员会"，负责进行跨部门政策的整合与协调。近些年，法国信息政策在缩小"数字鸿沟"、利用信息科技促进法国传统文化的创作、保护与发展，加强数字环境中的版权保护，推进电子政府建设等领域取得了良好的进展。

3. 日本

日本是一个能源和自然资源都非常贫乏的国家，这使得他们更加重视信息资源的价值。日本经济之所以能在第二次世界大战后的废墟上迅速重建，并在20世纪70年代成为世界经济大国，是与日本政府重视发展信息技术、积极扶植信息产业的发展分不开的。

日本信息政策的制定始于20世纪50年代，当时日本正在寻找一种可以改变严重受制于正日渐衰落的重工业和极其依赖于进口的经济结构。这一问题在迅速发展的新电子技术上找到了答案，这些新技术既可作为出口产品，又可作为日本工业和社会现代化的新基础。因此，日本开始实施电子工业技术振兴政策，重点发展自有技术。1957年6月，日本政府制定了以赶超美国为目标的《电子工业振兴临时措施法》（即《电振法》）。60和70年代，日本确定了以电子计算机作为信息技术的主攻方向，先后制定了《超高性能计算机的开发》、《关于管理信息系统的开发和利用的建议》、《信息处理振兴事业协会及有关法律》（即《信振法》）、《特定电子工业和特定机械工业临时措施法》（即《电机法》）、《特定机械、信息产业振兴临时措施法》（即《机信法》）等。这些政策的目标是促进大规模集成电路计算机技术和信息情报处理产业的发展，内容涉及确立信息技术的优先发展领域、为新技术领域的研究和开发提供资助、有选择地保护创新技术、对所支持的项目给予低息贷款等。

进入80年代以后，随着国际信息环境的变化和日本国内信息环境的新发展，日本通过修订《信振法》、制定《计算机联合开发指导方针》和《软件生产工业化系统》等加强软件开发，提高计算机应用水平。1989年又实施了《软件生产开发事业推进临时措施法》，以缩小与美国软件工业技术的差距。通产省和有关省厅还特别加强了对数据库行业的管理和控制，如1985年出台的《关于数据库服务的中间报告》指出，必须采取统一的方针政策来促进政府和民间数据库服务业的振兴。1985年实施的《电气通信事业法》、1986年修改的《著作权法》、1987年通产省建立的"数据库准备金制度"等都为日本数据库行业提供了有效的政策保障。

90年代初，在美国提出"信息高速公路"计划后，日本政府宣布着手建设"信息流通新基干网"，并于1994年10月颁布了《日本信息技术基础设施建设新政策》和《对技术立国的建议》，有组织地推进本国的信息化。同时，开始重视信息公开和个人隐私方面政策的制定，在1999年出台了《信息公开法》。

21世纪后，日本信息化政策的重点是发展信息化网络，扩大网络应用技术，将日本建成世界信息化技术强国，使其"IT特区"和"信息化都市"成为世界数一数二的技术高地。为此，2000年，日本国会通过了《高度信息与电信网络社会形成基本法》，《e-日本战略》则确立了信息化的目标和方向。

概括起来，日本信息政策有四个基本要素，即提高人民的福利、通过信息利用形成国际合作、开发尖端技术和开发信息资源。其中开发尖端技术的目的主要不在于技术上领先，而是摆脱对自然资源的依赖；开发信息资源的目的主要不是为了增加本地资源和提供量，而是调整信息贸易逆差。

日本信息政策的成功制定和实施，不仅使日本成为汽车、消费电器等领域中效率和质量的象征，而且在信息技术和信息产业的许多领域都与美国旗鼓相当，大大增强了日本的经济实力和国际竞争力。

7.4 信 息 法 规

同信息政策密切相关的是信息法规，它被人们用作另一种手段对信息活动加以调控。

7.4.1 信息法规的含义

信息法规是指对信息活动中的重要问题进行调控的法律措施，这些措施涉及信息系统、处理信息的组织和对信息负有责任的个人等。原则上说，可用处理其他法律问题的方式处理与信息有关的法律事件，但在实际操作中，信息法律事件常常有其特殊的处理方式。

随着信息法律的发展，目前，一门新兴的学科——信息法律学正在逐渐形成。

7.4.2 总体上的信息法律问题

法律调控是通过制定法律规则，在相互冲突的利益之间寻求平衡点。法规可能会明显地有利于一方而损害另一方的利益，但在大多数国家中，法律常常意味着是各种利益的一种折中。从整个社会的角度看，立法者将根据具体利益，制定出公平、合理的规则。

信息，作为一种劳动产品，其创造者在得到精神上的报酬的同时，也有权利要求获得物质上的利益，而一般公众则希望能免费获取和利用各种信息；当信息的利用可导致新信息的创造，成为进行高层次教育和社会持续变革的一种主要力量时，这种利益又上升到社会层次。因此，对三种不同利益进行平衡，最终以有利于整个社会的原则成为版权法的基础，而版权法正是信息法律最重要的领域之一。

信息通过信息系统可供人们存取和利用，这些系统既可以是手工系统，也可以是电子系统；它们既可以像图书馆目录一样是内部系统，也可以是具有商业性质的外部系统。但无论怎样，信息系统代表着一种经济投资。因此，为了确保这种系统能持续运转,就需要制定某种法规加以保护。在一定程度上说,版权法仍然适用,但对于电子信息系统则需要一种更贴切的法律规定。

随着社会的发展,信息在人们生活中扮演着越来越重要的角色,随之而来的是人们对信息人员的知识和技能也寄予越来越高的期望,期望他们不但能提供最及时的信息,而且能根据信息提出建议和提供事实答案。这就涉及信息行业应设立一个职业标准的问题,即信息人员可以满足用户的哪些要求,哪些类型的咨询不包括在信息人员工作范围之内。而这一标准的法律重要性在于它为确定职业责任提供了依据。随着信息化社会的发展,这一法律问题将变得越来越重要,因此,应予以认真对待。

从上所述可以看出,为了解决各方面的利益冲突,制定信息法律是很有益处也是很必要的。为了提高信息处理的可能性和信息行业满足社会信息需求的能力,信息法律是很重要的手段。

近年来,信息法律调控的框架也发生了变化,变得更为复杂和富有挑战性,经济上的国际化尤其加强了这种变化。信息是无国界的,信息跨国传播和交流已是一个司空见惯的现象,但信息流动具有社会和经济上的重要性却是一个新观念,因此,限制跨国信息流动成为一个新问题。但由于信息技术的广泛应用,这种限制变得极为困难。另外,信息的商品色彩比以往更为浓厚,国际信息市场的发展和竞争是全球经济发展的必然结果。由于上述多种原因,国际信息法律的调控变得更为重要,可以说,信息已成为国际法律中最重要的主题之一。

7.4.3 网络环境中的信息法律

网络环境的形成始于信息交流传输方式的改变,而知识产权从本质上讲是一种"信息产权",是一种对符合某些法定条件的"信息"的法律保护权。因此,网络环境对法律的挑战,首先产生于对知识产权法律制度的冲击。

1. 作品和录音制品的数字化问题

网络环境对知识产权保护提出的新问题,主要体现在版权保护领域、作品和录音制品的数字化问题等。作品和录音制品的数字化是网络环境构成的基础,也是网络环境中版权保护的前提条件。

1996年12月《世界知识产权组织版权条约》(WCT)通过,其所附的议定声明明确指出:"《伯尔尼公约》第9条所规定的复制权及其所允许的例外,完全适用于数字环境,尤其是以数字形式使用作品的情况。不言而喻,在电子媒体中以数字形式存储受保护的作品,构成《伯尔尼公约》第9条意义下的复制。"

1996年12月通过的《世界知识产权组织表演和录音制品条约》(WPPT)所附的议定声明中对这一问题也有类似的规定:该条约所规定的复制权及其例外,

"完全适用于数字环境,尤其是以数字形式使用表演和录音制品的情况。不言而喻,在电子媒体中以数字形式存储受保护的表演或录音制品,构成这些条款意义下的复制"。

虽然作品或录音制品的数字化属于对原作品或录音制品的一种复制行为,并不形成新的作品、录音制品,但也要受到版权法的限制与保护。这是对传统的文学艺术作品的版权和录音制品邻接权的保护,是从传统的传播媒体延伸到网络环境的基本依据。因为作品或录音制品要进入网络环境(俗称"上网"),首要的条件就是将其数字化。在网络环境中,传播(俗称"网上"传播)的是数字化信息(作品和录音制品);在网络环境中,对作品和录音制品的利用,包括将其"下载"(俗称"下网"),也离不开数字化的操作。

2. 作品和录音制品在网络环境中传播的问题

作者(版权所有人)对其作品在网络环境中的传播是否有权利加以控制这一问题,在经过争议和实践以后,WCT 第 8 条已作出明确的规定:"文学和艺术作品的作者应享有专有权,以授权将其作品以有线或无线方式向公众传播,包括将其作品向公众提供,使公众中的成员在其个人选定的地点和时间可获得这些作品。"这种专用权被称为"向公众传播的权利"。

与此相对应,WPPT 也给予表演者和录音制品制作者对其享有版权邻接权的录音制品授以"因广播和向公众传播获得报酬的权利",这种权利是"一次性合理报酬的权利"(见 WPPT 第 15 条)。

这一权利的明确,增加了版权所有人对其作品、表演者和录音制品制作者对其录音制品的一项专有权,即未经版权所有人、表演者和录音制品制作者的许可,不得将其作品或录音制品"上网"和在"网上"传播。

3. 对作品和录音制品技术保密的问题

数字化的作品和录音制品的复制是一件极为容易的事情,速度快,成本低,质量好,几乎与原件没有差别。在网络环境中,对数字化作品和录音制品的复制变得更为简便易行。为了保护作品或录音制品不被他人任意复制、盗版,权利人对其作品或录音制品采取加密的技术措施是完全正当和必要的,而针对这些加密技术措施的解密行为,将会直接导致对权利人合法权益的极大损害。

WCT 第 11 条对于制止这种解密行为作了明确规定:"缔约各方应规定适当的法律保护和有效的法律补救办法,制止规避由作者行使本条约所规定的权利而使用的、对就其作品进行未经该有关作者许可或未由法律准许的行为加以约束的有效技术措施。"

与此对应的是,在 WPPT 第 18 条中作了与 WCT 第 11 条措辞几乎完全相同的规定,只是将"作者"替换为"表演者或录音制品制作者",将"作品"替换为"表演或录音制品"。

4. 作品和录音制品的权利管理信息问题

这里所讲的"权利管理信息",是指"识别作品、作品的作者、对作品拥有任何权利的所有人的信息,或有关作品使用的条款和条件的信息,和代表此种信息的任何数字或代码,各该项信息均附于作品的每件复制品上或在作品向公众进行传播时出现"(WCT第12条第2款),或指"识别表演者、表演者的表演、录音制品制作者、录音制品、对表演或录音制品拥有任何权利的所有人的信息,或有关使用表演或录音制品的条款和条件的信息,和代表此种信息的任何数字或代码,各项信息均附于录制的表演或录音制品的每件复制品上或在录制的表演或录音制品向公众提供时出现"(WPPT第19条第2款)。在网络环境中,这种"权利管理信息"往往是以"数字或代码"的电子形式表达的,更容易被人更改、消除,造成侵权和盗版。因此,对于未经许可的这类更改、消除"权利管理信息"的行为,特别是对这类"电子信息"的更改、消除,要严加禁止,这成为在网络环境中有效保护权利人合法权益的一个关键问题。为此,WCT第12条第1款、WPPT第19条第1款作了明确、具体的规定。

5. 数据库的保护问题

对于由可享有版权的作品构成的数据库,依照《伯尔尼公约》第2条第5款和第2条之二第3款的规定,可以作为汇编作品受到版权的保护。对于由包括不享有版权的"数据或其他材料"构成的数据库,依据WTO的《与贸易有关的知识产权协议》(TRIPs)第10条第2款的规定,"只要其内容的选择或安排构成智力创作,即应予以保护",也就是说,可以作为汇编作品受到版权保护。WCT第5条采用了与TRIPs第10条第2款基本完全相同的措辞。随着网络环境的发展和完善,数据库得到更为迅速的发展和更为广泛的应用。对于那些投资大,用途广,又不符合上述条件得不到版权保护的数据库,要求以法律给予切实保护的呼声日益强烈,在这方面走在前面的是欧盟和美国。1992年4月,欧盟提出《欧共体关于数据库版权的指令草案》,1993年发布;1995年通过了《关于数据库法律保护的指令》(96/9/EC),1996年3月11日生效,率先采用特别权(Sui generis right)对那些存在实质性投入而构成的数据库提供法律保护。这一保护已经超出版权的保护范围。根据1996年2月、1996年5月欧盟和美国先后提出的建议,世界知识产权组织(WIPO)于1996年8月30日公布了《关于数据库的知识产权条约》实质性条款的基础提案,基本上采用了欧盟和美国的建议,准备给数据库提供特别权的保护。这一提案原准备在1996年12月的会议上与WCT、WPPT

同时讨论通过，但未能通过。1997年以后又进行了多次讨论，仍未能通过。因此，对于数据库特别权的保护，至今仍是一个尚未得到统一解决的问题。

6. 网络环境中版权侵权责任和权利限制的认定

目前对于网络应用主体的认定可分为内容提供商、服务提供商和信息接受者三类。根据应用主题的不同来确认其不同的版权侵权责任和权利限制。法学界对于应用主体的版权侵权责任和权利限制的一般认识如下。

（1）内容提供商的责任

由于他是通过网络向公众提供信息，就应该与其他向公众提供信息者一样担负同样的责任。如不能提供复制他人的作品，不能未经版权人允许把他的作品上载到自己的网络，否则就是侵权。有人说，网络是信息共享的工具，许多网络不收费，人民群众随便看，是好事，法律不应该强行去控制网络空间。这种看法是错误的。做好事是对的，但要用自己的财产，谁也没有权利拿别人的东西去慷慨。在国际上已经明确创设了关于版权人、录音制品制作人、表演人的网络传播权，就是说在国际保护方面，这个权利已经确定了。

（2）服务提供商的责任

服务提供商可分成很多类，如提供链接服务，提供结账服务，提供公告板等，但他本身并不组织和筛选信息，只提供服务。他的责任可分为两部分：一部分是为他自己的行为承担责任，另一部分是因为他为别人的行为提供了服务而承担的责任。为自己行为承担责任又可分成两部分，一是作为不断地存储和发送大量信息的"传输管道"，他根本无法对每条信息进行审查，所以法律不应对"管道"施加太高的责任标准。二是服务器代理缓存，这是为了解决网络拥堵的一个技术措施，但它也有法律问题。你的服务器储存了人家的网站，是一种复制行为，这构不构成侵权？对这个问题要作具体分析，有一种缓存是自动的，这种自动产生的复制件是没有经济价值的，不构成侵权。但还存在一种高级缓存，就是有些服务商对服务的内容进行组织和筛选，把一些特别热门、很"酷"的网站，全部缓存在自己的服务器里。这就超出了服务提供者的范围，他就应该承担责任。服务提供商要不要为其他人的侵权行为负责？无数的人在利用网络传播信息，其中有的是侵权的信息、盗版的信息，要服务提供商为此承担责任，是不大合理的。要承担也应在技术上可行和经济上合理的范围内承担，但这个标准迄今一直不明确。美国法律的基本着眼点是不知者不为过。服务提供商的责任必须是过错责任，就是说，只有他知道有人在传播侵权材料的情况下，才承担责任。

（3）超文本链接的版权侵权责任

"链接"的形式很多，例如加框，或者说"开小窗户"去链接。链接最根本的特性，就在于设"链"的人本身并没有"链"，没有复制，没有发行，也没表演。它只告诉你要找东西的地址，因此，它基本上够不上侵权，如果侵权发生，那不在于链接，而在于"链"的标志。

（4）网络上的浏览和缓存

浏览一个橱窗，只是眼睛看，没有知识产权问题，但浏览一个网页，电脑会有一个储存的过程，这就跟知识产权有关系了。但版权制度中有一个重要的规则，叫"合理使用"，即权利限制。就是说，为私人的学习、研究、欣赏的目的而使用作品，是允许的，属于"合理使用"。它无需取得权利人的许可，也不需要向权利人支付费用。

（5）用户计算机的就地缓存和远程教学

用户计算机浏览器有自动缓存的功能。用户第一次访问一个网页，就会自动在浏览器中留下一个"复制"，这是解决网络拥堵的一个好的技术措施，这不受法律的限制。正像为了使用软件把软件装入计算机所产生的复制，不属于侵犯软件版权的复制一样，是属于权利限制的范围。对于教学，版权法和计算机软件管理条例一直是有权利限制的。凡课堂教学使用作品，不构成侵权。不过，只有注册学生才能够看，只有为了说明特定问题才能使用某些材料，不能使用一些无关紧要的背景材料，而且应采取必要的技术措施给版权人一定的权利保障。

7.4.4 具体信息法律例证分析

除了上面提到的《世界知识产权组织版权条约》（WCT）、《世界知识产权组织表演和录音制品条约》（WPPT）、《伯尔尼公约》、《与贸易有关的知识产权协议》（TRIPs）外，下面我们将以四个信息法律为例展开若干实证分析。之所以选择这四个例子，就在于它们都强调了总体信息法律所应考虑的问题。

1. 关于版权法的197号议案

该议案是1994年2月9日呈交给丹麦议会的丹麦新版权法议案。它以1981～1990年产生的八个官方报告为基础，是北欧国家对版权法多年讨论的结果。该议案的内容并非全是新的，但它确实是使版权法更符合时代发展需要的一个尝试。这里仅介绍与图书馆有关的法律规定。

该议案的第12、16、19、71部分对图书馆所涉及的信息法律问题作了明确的规定。

第12部分是关于为个人使用的目的，不经版权所有者同意而复制被保护作品的可能性。议案中规定：第一，任何人都可以为需求者提供复制件。这意味着图书馆可为它的用户提供复制件服务。第二，不准复制数字形式的信息。即图书馆不能帮助或以其他方式鼓励复制以数字形式存在的任何作品。第三，不准复制音乐作品（包括乐谱）或电影作品。原因是复制品和原作品有同样的效果。这意味着，将来图书馆不能再为用户提供音乐作品和电影作品的复制件。第四，不能使用图书馆中的设备复制音乐作品和电影作品。

第16部分是关于图书馆为自己使用的目的而具有的复制权利。进行这类复制的目的主要是确保能为后代保存信息。议案规定，除了现在使用的照相、缩微复制方法外，图书馆还可利用其他方法进行复制，但使用后者产生的复制件在未经版权所有者同意的情况下，不许借出图书馆或以其他方式在图书馆外传播。此外，需要指出的一点是，第16部分的规定并不适用于应用特殊规则的计算机程序。

第19部分是关于当被保护的作品公开销售时，对其复制件进行传播的权利。这是丹麦法律中的一条新规定，它建立在首次销售原则的基础上。议案规定：第一，依照图书馆收费法案，复制品的传播不影响收费权利。也就是说图书馆可有偿为用户提供复制件。第二，不能把机读形式的电影作品或计算机程序（包括作为图书馆工作一部分的计算机程序）借出图书馆。

第71部分规定对不满足版权能力总要求的目录等进行特殊保护。这对事实数据库、书目数据库和图书馆来说是很重要的。法律规定保护期为15年（从数据库生产年的下一年算起）。

2. 关于公众获取信息的《信息自由法》

《信息自由法》颁布于1966年美国独立日，在《美国法典》中被编为第五篇第522节，题名为"公共信息：行政机构规则、意见、命令、记录和程序"。《信息自由法》确立了公众提出信息请求和获取政府信息的程序。

整个法律分为七部分，其中第一部分规定了：①政府各行政机构应当向公众提供的公共信息，包括在《联邦登记》中公布的信息和根据信息请求向申请人披露的信息。②处理信息请求的程序、费用和时间。③在信息请求被拒绝的情况下，投诉的程序等。

第二部分规定了不适用于本法律的九条豁免事项，包括：①为了国防或外交政策的利益，由行政命令设立的标准所特别授权予以保密的事项。②只与行政机构内部人事规则和惯例相关的事项。③由法规规定特别免予披露的事项。④从个人和通过特权或者秘密地获得的贸易秘密和商业或金融信息。⑤非行政机构的一方当事人在与行政机构诉讼中不能依据法律获得的行政机构之间或行政机构内部的备忘录或信件。⑥披露会造成对个人隐私明显的不法侵害的人事和医疗资料以及类似的资料。⑦为执法目的而收集的记录或信息。⑧负责规范或监督金融机构的行政机构制定的、与金融机构的利益有关或供其使用的检查、运行、条件报告。⑨有关油井的地质和地球物理信息与数据，包括地图。

第三部分是不受该法律限制的三种例外：①当一项申请涉及获得第二部分⑦所描述的记录，并且调查或诉讼程序牵涉到可能触犯刑法；有理由相信调查或诉讼的对象不知道该调查或诉讼悬而未决或能够合理认为披露记录的存在会干扰执行程序，行政机构可以在该情况持续的时间内处理这些记录而不受本节规定的限制。②当由刑法执行机构按告发人的姓名或个人识别号所保存的告发人记录由第三方按照告发人的姓名或个人识别号要求获得时，行政机构可以处理这些记录而不受本节规定的限制，除非告发人作为告发人的身份被官方证实。③当提出的申请涉及获得由联邦调查局保留的有关外国情报、反情报或者国际恐怖主义的记录，并且这类记录属于第二部分①规定的机密信息时，只要记录处于机密信息状态，联邦调查局就可以处理这些记录而不受本节规定的限制。

第四部分指出除了该法律的特别规定之外，未授权拒绝向公众提供信息或者限制公众对记录的获取，不得以该法律为依据拒绝向国会提供信息。

第五部分规定了司法部长在围绕《信息自由法》处理记录请求中的作用。

第六部分对"行政机构"、"记录"两个术语进行了界定。

第七部分规定行政机构主管应制定并使公众可申请获得行政机构记录或信息的参考资料或指南，并确保其实现。

3. 关于域名保护的"反域名抢注消费者保护法"

为了顺应电子商务的发展潮流，保护网上消费者的合法利益，美国国会于1999年11月29日通过了《反域名抢注消费者保护法》（以下简称"法案"）。法案为美国《1946年商标法》（即习称的《兰哈姆法》）增添了一个专章。法案针对恶意域名抢注行为的规范、救济措施和对物诉讼等作出了一系列崭新的规定。

（1）法案规定了更为详尽周密的"恶意"认定标准

法案规定，若任何人带有从他人商标蕴含的商誉中牟利的恶意目的（bad faith intent），注册、交易或使用与具有识别性的商标相同、混淆性相似或对驰名商标产生淡化效果的域名，则商标持有人可对该人提起诉讼。法案非穷尽性地列举了九个可确定被告是否存在"恶意目的"的考虑要素：

1）被告在系争域名中享有的任何商标权利或其他知识产权权利。

2）系争域名反映被告的法定名称或其他通常用于识别该被告的名称（即绰号）的程度。

3）被告是否在真实的商品或服务提供过程中，对系争域名曾经先前进行过任何使用。

4）被告是否在系争域名之下的网站中对于商标进行了合法的非商业性或合理使用。

5）被告是否通过对网站在来源（source）、主办关系（sponsorship）、从属关系（affiliation）或批准关系（endorsement）等方面故意制造令人发生混淆的可能性，或为了牟取商业收益，或带有抹黑或贬损商标的意图，故意将消费者引诱至可能侵害涉案商标代表的商誉的、系争域名之下的网站。

6）被告是否曾经为盈利目的向商标持有人或任何第三方发出过转让、销售或以其他方式出让域名的要约，但实际却没有在真实的商品或服务提供过程中对于域名进行过任何使用或没有使用该域名的意图，或被告先前曾经从事过类似行为。

7）被告在申请域名注册过程中故意提供重大的、误导性的错误联络信息，或故意不保持联络信息的准确性，或被告先前曾经从事过类似行为。

8）被告在明知其注册或收购的域名同他人的商标相同或混淆性相似，或对他人的驰名商标可能产生淡化效果的情况下，仍然大量注册或收购多个域名。

9）被告的域名注册中所包含商标的识别性与其驰名程度。

(2)"法案"提供了更为丰富多样的救济方式

传统商标法律制度提供的救济方式在适用于域名争议时存在一定程度的局限性。为此，"法案"充分利用其作为成文立法所具有的权威性，将救济方式多样化：除惯常采用的禁止令救济方式外，"法案"还明确授权法庭可作出判决，命令将系争域名没收、撤销或直接转让予商标的持有人。"法案"中更为重要的改进是增添了法定赔偿金（statutory damages）这一救济方式。依据"法案"，即便商标持有人无法证明其已经由于抢注者的域名抢注行为遭受到了实际损害，但其仍然可选择依据法案的授权，申请由受案法院在 1000~100 000 美元的范围之间确定一个赔偿数额，作为抢注者应向原告支付的法定赔偿金。值得指出的是，"法案"关于法定赔偿金的规定存在溯及力的例外，即该种救济方式并不适用于"法案"生效前已注册的域名。

(3)"法案"确立了更为便利直接的对物诉讼

"法案"在充分考虑网络空间的虚拟性和跨国境性的基础上，确立了更便利于商标持有人直接主张域名权利的对物诉讼制度。"法案"规定，若商标持有人在尽其合理努力后，仍无法确定系争域名注册者的具体身份，则其可以直接将系争域名作为被告，向系争域名注册地的联邦地区法院提起对物诉讼。若法院认为系争域名确实以恶意目的被注册、交易或使用，则法院可判令将系争域名没收或转让予商标持有人。

4. 关于网络环境中青少年保护的《儿童互联网保护法》

2000 年美国国会通过的《儿童互联网保护法》确定了学校和公共图书馆过滤的网络内容，肯定了制定互联网安全政策的必要性，规定当学校和图书馆享受 E 级计划（E-rate Program）的优惠待遇或将联邦资金计划——"中小学教育法：教育技术"计划（ESEA Title II-D：Ed Tech）、"图书馆服务与技术法"计划（LSTA）的拨款用于购置上网计算机和支付与互联网存取有关的直接费用时，必须遵守下述要求：

1) 学校和图书馆只有证明采取了某种互联网安全措施，才能获得 E 级计划提供的互联网上网优惠。措施包括在所有提供互联网存取的计算机上安装某种类型的过滤软件或防范技术，拦截、过滤：①淫秽；②儿童色情；③当用户是青少年时，对青少年有害的"视觉描述"（visual depictions）。

2) 制定监控青少年在线活动的政策。

3) 制定政策解决下述问题：①青少年存取互联网和 Web 网页上不适当信息。②当使用电子邮件、聊天室和其他形式的电子交流工具时，青少年的安全性和隐秘性。③青少年未经授权进行存取，包括黑客入侵和其他非法的在线活动。④未经授权披露、利用和传播青少年的个人信息。⑤限制存取对青少年有害的资料。《儿童互联网保护法》不要求跟踪青少年或成年人的互联网利用记录。

7.5 信息资源管理的宏观调控体制

信息资源管理的宏观调控体制是指与信息资源的收集、存储、传播、利用及其支撑技术相关的管理体系和制度，是从战略高度对信息资源进行有效配置和合理使用的一整套调控办法。由于各个国家的社会制度、历史文化背景和社会价值观不同，在这个大环境中产生、发展起来的信息资源管理宏观调控体制也就有所不同。但随着信息资源跨国流动的加剧，随着信息产业的国际化，以及由此带来的一系列国际化现象和问题，信息资源管理的宏观调控体制也呈现出一种趋同倾向。

本节拟从三个比较有代表性的国家——美国、日本、中国和一些国际组织所做的工作入手，初步讨论一下信息资源管理的宏观调控体制。

7.5.1 美国信息资源管理的宏观调控体制

美国信息资源管理宏观调控体制是协调式分散模式的典型。一方面，在美国盛行的实用主义、分散主义的价值观支配下，信息产业形成了分散多元的体制，缺乏集中统一的管理和政府的行政干预，缺少一个权力集中，能从总体上对信息产业充分发挥行政中心甚至协调中心作用的机构，但另一方面，美国政府又通过一些部门分别制定一系列有关信息产业的政策、法规，使处于分散状况的各种信息机构形成基本完善配套的体系。

1. 体制与有关机构

美国从 20 世纪 50 年代就开始制定信息政策，其中"远程通信与自动信息系统的国家政策"和"政府信息资源管理"，以及一系列研究报告、建议，如科技情报委员会"关于全国科技文献处理系统的建议"、全国图书馆与情报科学委员会的报告"图书馆与信息服务的国家规划：行动目标"、洛克菲勒报告（题为"国家信息政策"）等都对信息资源的管理和信息产业的发展起了巨大的推动作用。特别是克林顿执政后，在1993年9月制定的"信息高速公路"建设计划，不但把美国信息产业的发展推向高潮，而且在整个世界掀起兴建信息高速公路的热潮。此外，美国政府还制定了一系列信息法规以保证信息产业的正常发展，如《信息自由法》、《计算机软件保护法》、《国家电信法案》等。美国在信息政策的制定中有以下三个发展趋势：第一，扩大政策的范围，从原来的科技信息政策向开发国家信息资源的信息政策发展。第二，鼓励竞争，消除信息服务中的贸易壁垒，从而强化自由市场的作用。第三，保证信息自由流动并平衡个人、公众在独占、安全和道德上的权利。

鉴于信息资源的重要地位，美国虽然缺乏统一集中的管理，但分别设立了一些强有力的管理机构，以通过高效行使有关的管理职能，实现对信息资源的有效管理。管理的目标是使信息在网络中的分配和使用达到最佳化。除总统经常过问信息工作以外，前面提到，还设立了联邦管理与预算局、国家电信和信息管理局、白宫科技政策办公室、国家科学基金会科技信息处、联邦通信委员会、全国图书馆与情报科学委员会等。其中全国图书馆与情报科学委员会是一个常设的联邦机构，负责协助总统和国会处理图书馆和信息服务方面的政策事务。很多重大的信息政策都出自这个具有高度权威性的机构。如1990年该委员会提出了美国的公共信息准则并被通过。该准则认为公共信息是为发展和维护公众利益的国家资源，应由联邦政府负责生产、编辑、维护，并为公众共享，为此它还提出了八条具体的管理准则。1991年它在白宫图书馆和信息服务会议上又向总统提出了面向21世纪的图书馆和信息服务业发展的战略与对策。联邦管理与预算局是行使信息资源管理的另一个重要机构，其主要使命是协助总统发展、执行其政策和计划，代表总统制定和解决所有有关预算、政策、立法、规划、购买、电子政府和管理等问题。联邦管理与预算局的信息与法规事务办公室辅助联邦管理与预算局局长完成联邦政府信息协调与指导功能，监督联邦规章和信息要求，制定政策改进政府统计工作和信息管理。该办公室所制定的信息政策主要涉及九个主题，即电子政府动议、信息质量、信息技术政策文件、信息技术开支、计算机安全、隐私指南、隐私参考资料、政府文书销毁法、信息自由改革法。除上述机构外，还有一些私人单位、学术团体、公益事业机构、专业协会等也从事信息政策的研究并提出有关的报告。如美国《半导体知识产权保护法》是由美国半导体行业协会（SIA）起草，国会讨论通过的，最后上升为世界贸易组织《与贸易有关的知识产权协议》（TRIPs）的八个重要组成部分之一。美国通信工业协会（TIA）从1992年开始，组织美国国内众多的协会起草了《电信法》，1996年正式通过国会立法。这两项法律有力地推动了克林顿政府"信息高速公路"计划的形成和实施。

在联邦政府内的信息资源管理方面，美国则建立了比较健全的自上而下的管理与协调体系。各部门行政首长对本部门的信息资源管理工作负主要责任，行政首长指定一名高级官员——信息主管负责按照《文书工作削减法》（PRA）执行本部门的信息资源管理职能。各部门在管理与预算局的统一指导、协调和监督下进行信息资源管理工作。国务院、商务部等相关部门负责与其职责有关的信息资源管理工作。为了加强对统计信息的管理，美国还任命了一位训练有素、经验丰富的专业人员担任国家首席统计官，并成立由首席统计官担任主席的统计政策跨部门委员会，协助管理与预算局开展相关工作。这里再具体介绍一下有关机构：

（1）管理与预算局

在美国的政府信息资源开发利用工作中，管理与预算局（Office of Management and Budget）起着举足轻重的作用，它负责整个政府信息资源开发利用工作的协调与管理。该局下设的信息与法规事务办公室（Office of Information and Regulatory Affairs, OIRA）专门设立了信息政策与技术处，负责向管理与预算局局长提供有关联邦政府信息资源管理政策方面的建议。

它在政府信息资源开发利用方面的主要职责为：

1）总体领导和协调联邦政府信息资源管理。

2）发布政策、方针和工作步骤，协助其他政府机构进行综合、有效、高效率的信息资源管理。

3）提出、审查和修改法令、法规与机构工作程序的建议，以改善联邦政府的信息资源管理。

4）根据相关规定审查、批准或不批准政府机构关于从公众收集信息的建议和计划。

5）与总务署署长磋商，编制和出版能满足联邦政府信息技术需要的5年计划的分年度报告。

6）通过对各政府机构的信息计划、信息采集预算、信息技术获取计划、财政预算等的审查，评价各机构的信息资源管理情况，明确已发布的信息政策的不完善部分。

7）在国家档案与记录署的协助下，对联邦文件管理职能进行政策监督，并协调文件管理政策、计划和其他信息活动。

8）在总务署署长的协助下，有选择地审查各机构的信息资源管理工作，以符合《文书工作削减法》每三年复审一次的要求。

9）审查各机构与信息安全、保密、共享和解密有关的政策、工作与计划，以确保符合隐私法和有关法规。

（2）其他相关机构

除管理与预算局外，以下这些机构也承担了信息资源管理的部分责任。

1）国务院。国务院（Department of State）负责向管理与预算局提供有关美国在国际信息政策方面的立场和政策的建议，并确保这些立场和政策与联邦政府信息资源管理政策是一致的，同时还要确保美国能够参与国际信息技术标准的制定工作。

2）商务部。商务部（Department of Commerce）在政府信息资源开发利用中的主要任务是：

- 制定并颁布联邦政府信息处理标准和指南，确保信息技术采购、管理、安全和利用的效率与效益。
- 为管理与预算局提供有关联邦电信资源采购和管理政策的建议。
- 为管理与预算局和相关机构提供有关信息技术开发利用方面的科技咨询服务。
- 组织对通信技术和联邦电信系统改进、扩充、测试、运行和应用的研究与评估，并向管理与预算局和相关机构报告研究成果。
- 在国务院和管理与预算局的协助下，制定对政府信息工作有影响的电信规划、政策和项目。
- 确定在电信和信息处理技术标准化方面的需求，并在国防部和总务署的协助下，确保这些技术的有效应用。

3）国防部。国防部（Department of Defense）在信息资源开发利用方面的主要任务是：在总务署的协助下，制定统一的联邦政府通信标准和指南，确保国家安全、应急准备和政府管理的连续性。

4）总务署。总务署（General Services Administration）在信息资源开发利用方面的主要任务是：

- 为管理与预算局和各联邦政府机构提供有关信息技术采购的建议。
- 对联邦政府机构提出的有关信息技术采购、租赁和维护的相关事宜进行协调。
- 制定信息技术采购准则，并遵照准则指定采购授权机构。
- 根据法律授权，对联邦政府机构在信息技术采购、维护和保存方面提供指南和规范，并对联邦信息处理标准的实施提供指导。
- 制定促进各政府机构之间信息技术共享的政策和指南。
- 根据《联邦资产与行政管理法》的规定，管理信息技术基金。

5）人事管理局。人事管理局（Office of Personnel Management）在信息资源开发利用方面的主要任务是：

● 制定和实施联邦政府公务员信息资源管理培训计划，定期对联邦政府提出的信息资源管理方面的人事管理需求进行评估。

● 负责实施培训从事设计、运行或维护信息系统工作的联邦公务员的计划。

6）国家档案与记录署。国家档案与记录署（National Archives and Records Administration）在信息资源开发利用方面的主要任务是：

● 根据《国家档案与记录法》的规定，对联邦政府的文件管理项目进行管理。

● 协助管理与预算局制定与文件管理有关的标准和指南。

除了分散式体制和政策指导外，美国信息宏观调控体制的另一个特点是：注重协调国家和私有部门之间的关系，最直接的表现就是国家高级管理部门对企业直接发布指令（限价、许可证控制业务范围等）或对某一领域直接给予投资支持。美国研究与发展的费用和人员半数以上集中在私有企业和团体，这些企业和团体对信息的生产、利用起着至关重要的作用。为了促使国家和私有信息企业良好地协作，美国在第二次世界大战期间就开始采用合同制，使两者密切地结合起来并积极地相互支持，国家主要的信息项目和计划也大都由公私团体联合承担。这种合作进一步完善了美国的信息体系，增强了自我调控能力。

近些年，随着信息产业规模的日益扩大和信息产业的日益国际化，分散式体制的不足日益显现：首先，分散的市场不能依靠自身的力量进行宏观经济调控；其次，过于分散的信息企业之间很难相互协调，它们都从自己的利益出发，抢占或垄断资源，常常会妨碍信息活动的正常进行，不利于信息产业的健康发展。为此，政府认识到应更深入地介入信息产业领域，而不应仅仅停留在一般性的协调上。克林顿政府在国家信息基础设施建设中所起的作用和为此而专门成立"信息基础设施特别小组"，都体现了在这方面的改进。目前，虽然美国各界对政府介入信息产业的程度有不同的看法，但都一致认为：政府应通过鼓励竞争、为创造更大的利润和获得更快的增长创造条件来支持信息产业的发展。具体地说，政府应致力于发展整个信息产业都需要的电信、教育与培训、研究与开发等领域的基础设施建设，采取国家甚至国际层次上的立法、标准化、咨询等行动。人们对政府在信息产业中的作用至少有三点已经很明确：第一，鼓励充分利用现有的服务。第二，发展有利于信息产业的法律和财政结构。第三，消除贸易障碍和限制。毫无疑问，随着信息产业的发展，美国政府对信息资源的宏观管理将不断改善和加强。

2. 管理规划

根据《联邦信息资源管理政策》的规定，联邦政府各机构应制定综合的、贯穿信息整个生命周期（包括创建或采集、处理、发布、使用、存储和销毁六个环节）的信息资源管理规划。

(1) 信息采集

美国联邦政府规定各机构只能采集履行职责所必需的信息，而且采集的信息应具有实用价值。联邦政府各机构的信息采集计划必须经过联邦政府各机构内部评估和管理与预算局的评估和批准后才能实施。在进行内部评估前，政府机构应将信息采集计划在《联邦公报》上公示 60 天，以征询公众和其他联邦机构的意见。每年都有专门的信息采集预算。还规定尽量利用电子化的方式采集信息，以提高工作效率和降低成本。

(2) 信息共享

美国政府要求各联邦机构要营造一个开放的系统环境，便于机构之间实行信息共享，避免重复建设。具体来说，主要有以下要求：

1）各机构在开发信息系统时，应加强异构的硬件、软件和通信网络平台之间的互操作性、应用的简便性和系统的可升级性。

2）确保计划开发的信息系统和需要完善的现有信息系统没有与本机构内部、其他机构和私人机构的信息系统重复。

3）如果经济合算，在采购新的信息技术之前，应首先通过机构内和机构间的共享满足信息技术需求。

4）在可行和法律允许的范围内，应努力与其他政府机构进行信息系统的共享。

为提高政府工作效率和效益、降低错误率和减轻信息采集对公众的负担，美国建立了个人信息共享机制，并规定在共享个人信息时要遵循以下要求：

1）政府机构共享个人信息要得到当事人书面的或电子形式的同意。

2）共享个人信息之前应告知当事人，并在《联邦公报》上公示 30 天后才能共享。

3）限制个人信息的再次公开和发布，确保被共享的个人信息的准确性，对被共享的个人信息实施安全控制。

4）将隐私权保护评估作为新的政府信息系统开发的必要组成部分。

(3) 信息公开

在美国，政府信息属于公共财产，公众享有平等获取政府信息的权利。美国政府信息公开的原则是：政府信息公开为原则，不公开为例外；政府信息面前人人平等；政府拒绝提供信息要负举证责任；法院具有重新审理的权力。

美国政府信息公开的方式主要有三种：第一种是必须在《联邦公报》上予以公开的信息，这些信息主要是那些具有普遍指导意义的规范性信息，如政府机构制定的实体法规章和相关的政策说明与解释等。第二种是虽然不要求在《联邦公报》上公布、但必须以其他方式主动予以公开的信息，如对公众有影响的行政办事手册和指南。第三种是那些既不在《联邦公报》上登载、又不主动公开的信息，可以根据申请人的申请公开，政府机构应在收到申请10日内对是否予以公开做出决定。对于拒绝提供信息的决定，申请人可以提出复议，政府机构应在收到复议申请后20日内答复。这是政府信息公开制度中运用最多的一种方式。对于政府机构应当公开而没有公开信息和政府机构拒绝公众申请而不公开信息的情况，公众有权向法院提起诉讼。

美国法律明确规定了以下九类可免予公开的政府信息：

1）总统行政命令确定的国防或外交秘密。

2）纯属行政机构内部的人事规章和工作制度。

3）其他法律明确规定不得公开的信息。

4）涉及第三方的商业秘密和第三方向政府机构提供的含有秘密的金融、商务与科技信息。

5）除了正与该机构进行诉讼的机构之外，其他当事人依法不能利用的机构之间或机构内部的备忘录或函件。

6）公开后会明显地不正当侵犯公民隐私权的人事、医疗档案或类似的个人信息。

7）为执法而生成的某些记录和信息。

8）金融管理机构为控制金融机构而使用的信息。

9）关于油井的地质和空间地理信息。

但是，美国法律还规定了"可分离性"原则，即凡是可以从含有免予公开的信息中分离出来的非保密信息，都应毫无保留地予以提供。

美国政府要求各联邦机构确保公众能够及时、公平地获取公共信息，应避免进行或者允许他人以本部门的名义进行排他性的、限制性的或其他妨碍公众及时、公平获取信息发布产品的活动。在适当的和预算范围内尽量采用电子方式发布信息。信息发布产品的定价应与发布信息的成本持平，不应将采集和处理信息的成本计算在内。对公众重新使用、转售或重新发布政府信息发布产品时，不应再向其收取版税和其他费用。

（4）电子文件管理

《联邦信息资源管理政策》要求管理与预算局和国家档案与记录署同总务署合作，制定文件管理政策、规则、标准和指南，并监督其实施。该政策还要求联邦政府各机构积极实施文件管理政策、规则、标准和指南，及时制定联邦政府文件维护计划，确保公众能够获取以各种格式和媒体保存的文件，并为所有公务员和合同商提供与其职责相关的文件管理培训和指导。

(5) 统计信息管理

美国政府非常强调统计信息管理工作，在《文书工作削减法》中还对此做了专门的规定：

1) 管理与预算局应制定涉及统计信息采集程序和方法、统计信息发布等的相关政策、规则、标准和指南并监督其实施。

2) 应加强各机构在统计信息系统建设方面的合作。

3) 联邦各机构应及时公布统计调查和研究结果，并在保护隐私权和个人数据的前提下，促进统计信息的共享。

(6) 隐私权保护

美国的《隐私权法》就政府机构对个人信息的采集、使用、公开和保密等问题进行了详细规定，以规范联邦政府处理个人信息的行为，平衡公共利益与个人隐私之间的矛盾。该法的主要内容涉及个人文件公开的限制和登记、公民查询和修改文件的权利、对政府机构的限制和要求、免除适用的规定等方面。美国隐私权保护的主要原则是：

1) 个人有权知道自己被政府机构记录的个人信息及其使用情况。

2) 为某一目的而采集的公民个人信息，未经本人许可，不得用于其他目的。

3) 个人有权查询和请求修改关于自己的个人信息记录。

4) 任何采集、持有、利用或传播个人信息的机构，必须保证该信息可靠地用于既定目的，合理地预防该信息的滥用。

7.5.2 日本信息资源管理的宏观调控体制

日本是世界上最早把信息资源视为财富并积极开展信息工作的国家，也是依靠科技立国、信息兴邦的典范。

日本信息产业的发展很大程度上得力于政府的支持，得力于行之有效的信息资源管理宏观调控体制。日本政府专门设立了信息产业审议会，由该审议会负责制定信息产业政策并保证政策的顺利实施。为了使所制定的信息产业政策能得到广泛的理解和支持，还在信息产业审议会内成立了专门的信息产业分会。该审议会成员来源广泛，包括著名学者（经济学家、理工科学者和社会人文学科学者等）、新闻界人士、工商界人士以及工会和消费者团体的代表等。这就保证了能够集思广益，听取多方面意见，而且当意见不一致时，可及时协调处理，以达到统一认识的目的。这样，全国各方面人士都能在实际行动上配合政府的工作，积极执行各种信息产业政策，使政府的宗旨和方针在实践中得到贯彻和落实。

除了制定各种信息政策，日本政府还积极支持建立了许多信息产业的行业性团体组织，如信息处理振兴事业协会、信息服务产业协会、日本数据处理协会、日本 PC 机软件协会、日本信息处理开发协会、协同系统开发、西格玛等。这些行业协会、组织团体都有自己明确的目标和职责，它们沟通了政府与信息企业之间的关系，维护了行业利益，加强了不同行业间的协作，对日本信息产业的发展起到了积极的促进作用。

总之，日本信息产业的成功很大程度上应归功于适当的信息产业宏观调控体制，其经验值得各国参考和借鉴，特别对那些缺少能源或可创造财富的资源的国家来说，更具有参考价值。

7.5.3 中国信息资源管理的宏观调控体制

我国信息产业采取的是集中式的宏观调控体制，按行政隶属关系层层进行管理。在政府的直接指导下，这种集中式的管理有利于组织大规模的研究，从整体上推进信息业的发展。在历史上，这种体制对我国科技情报业的建立和发展确实曾起过巨大的推动作用。但不能不看到，过度的集中导致了管理体制的僵化，使社会各系统的信息机构始终处于多头离散状态，形成了条块分割、协作水平极其低下的散乱结构。随着经济体制改革的深入，20 世纪 80 年代以后我国出现了大批集体所有制和私有制的信息开发机构，成为信息产业中一支极其活跃的力量。同时，国家也在国有制的各信息机构中进行了改革，采取"分流"等办法把它们推向经济建设的主战场，让它们在市场竞争中求生存，谋发展。可以说，我国现在的信息体制基本上呈多种所有制并存状态。

党和政府对信息产业的发展给予了极大的关注。1984 年，邓小平就强调"开发信息资源，服务四化建设"；江泽民等国家领导人也对信息技术、信息产业、信息资源、信息化和它们对振兴中国经济的重大作用作了一系列明确的指示，还提出要建设一些国家级信息网络。

国家对信息资源管理的宏观调控，可以国家经济信息系统为例略加说明。国务院于 1986 年批准了该系统的设计任务书，为了统一领导，还组成了由一位国务委员主持的国家经济信息系统领导小组，并成立了国家信息中心。经过五年的建设和发展，至 1990 年，国家经济信息系统的主系统已建成 30 个省级信息中心、250 个中心城市级信息中心和 1500 个县级信息中心，共拥有大中小型计算机 142 台、微机 5500 台，以及一支多达万人的专业队伍，显示出政府宏观调控的力度和效果。

1993 年美国提出"信息高速公路"计划之后，我国政府对这一信息化新趋势也十分关注。政府在结合我国实际的基础上，及时强调要努力推进我国国民经济的信息化。有鉴于此，1993 年底成立了由国务院副总理邹家华任主席的国家经济信息化联席会议。1996 年 3 月，在北京电子商务国际论坛上，邹家华强调指出：信息化是未来经济和社会发展的一个新兴生产力，中国政府已把信息化建设提到了议事日程上来。为加强对全国信息化工作的领导，国务院成立了国务院经济信息化领导小组，该领导小组的主要任务是制定国家信息化的方针、政策，组织制定国家信息化的发展战略、总体规划，以及协调跨部门、跨地区、关系国民经济和社会发展的国家重大信息工程项目。在《国民经济和社会发展"九五"计划和2010年远景目标纲要》中，信息化、信息产业的发展和信息基础设施建设都被提到了相当的高度，放在了突出位置。

1998年3月31日，在经过部委调整之后，成立了中华人民共和国信息产业部。它的设立表明中央已经充分认识到了信息产业在国家经济发展中的重要性，也标志着我国信息资源管理的宏观调控进入了一个崭新阶段。信息产业部的职责涉及18个方面：

1）研究拟定国家信息产业发展战略、方针政策和总体规划，振兴电子信息产品制造业、通信业和软件业，推进国民经济与社会服务信息化。

2）拟定电子信息产品制造业、通信业和软件业的法律、法规，发布行政规章；负责行政执法和执法监督。

3）统筹规划国家公用通信网（包括本地与长途电信网）、广播电视网（包括无线和有线电视网）、军工部门和其他部门专用通信网并进行行业管理。

4）组织制定电子信息产品制造业、通信业和软件业的技术政策、技术体制和技术标准；制定广播电视传输网络的技术体制与标准；负责通信网络设备入网认证和电信终端设备进网管理；指导电子信息产品质量监督与管理。

5）负责全国无线电频率、卫星轨道位置、通信网号码和域名、地址等公共通信资源的分配与管理；负责无线电台（站）设置审批、无线电监测和监督检查，依法组织实施无线电管制，协调无线电干扰事宜，维护空中电波秩序。

6）依法对电信与信息服务市场进行监管，实行必要的经营许可制度，进行服务质量监督，保障公开竞争，保证普遍服务，维护国家和用户利益；制定通信网之间互联互通办法和结算标准并监督执行。

7）制定通信与信息服务资费政策，确定基本邮政、电信业务收费标准并监督执行。

8）负责组织党政专用通信网的规划、建设与管理；管理国家通信网络监控调度中心和国际通信出入口局；组织协调党政专用通信、救灾应急通信和其他重要通信；保障国家通信与信息安全。

9）根据产业政策与技术发展政策，引导与扶植信息产业的发展，指导产业结构、产品结构和企业结构调整，指导国有企业重组、组建企业集团；合理配置资源，防止重复建设。

10）推进电子信息产品制造业、通信业和软件业的科研开发工作，组织重大科技项目攻关和引进技术的消化、吸收、创新，促进科研成果产业化；扶植民族工业。

11）对军工电子实行行业管理，研究提出军工电子发展战略、方针政策和规划，与军队及国防科学技术工业委员会的规划相衔接并组织实施。

12）研究制定国民经济信息化发展规划，协助业主推进国家重点信息化工程；指导、协调与组织信息资源的开发利用；指导电子信息技术的推广应用和信息化普及教育。

13）组织与指导主要邮政、电信企业的财务汇总、缴拨与清算；协调邮政、电信企业的经营关系，按国家规定组织对邮政和电信普遍服务的补贴；按照管理权限，管理机关和直属单位的干部。

14）代表国家参加有关国际组织，签订政府间协定，组织对外经济技术合作与交流，处理政府间相关事宜。

15）研究对香港特别行政区及澳门、台湾通信与信息政策，处理有关事宜。

16）负责行业统计及行业信息发布。

17）办理国务院交办的其他事项。

18）根据国务院规定，管理国家邮政局。

但是，我们应该看到，我国信息业长期以来形成的条块分割体系并没有从根本上消除，部门、行业封锁仍然严重，科技信息系统与逐渐发展起来的社科、经济信息系统之间，虽然业务上有许多重叠和交叉，但各有领地，互不相容，信息资源共享的水平很低，再加上缺乏必要的政策协调，致使总体的离散状态并未有太大的改观。

信息政策作为保证国家信息系统健康发展、协同工作的重要调节机制，对于信息资源的有效管理和信息产业的发展都起着战略性的指导、协调作用。但我国信息政策内容比较陈旧，基本上还局限于传统的信息系统建设和工作规程，至今信息政策没有突破性进展，发布的若干规程也不具有政策的权威性，没有得到严格执行。

总之，我国信息产业宏观调控体制尚处于一种不成熟状态，不能很好地指导、调控信息产业的发展。因此，要想在21世纪抢占经济制高点，就必须真正重视信息资源的价值，强化国家的信息政策，促进信息产业协调、高速发展，而这一切，离不开一个完善、灵活的信息产业宏观调控体制。在这方面，美国对信息资源进行宏观管理和促进信息产业发展的有关举措值得借鉴。美国采取的主要措施有：

1）提高信息的利用率和可用性。具体包括：强化开发和信息采集；消除各种实际的障碍；确保隐私和机密；扩展信息资源；保证免费的公共使用和方便使用；对特殊集团减少使用关卡；规划未来目标。

2）强化国家的信息政策。具体包括：加强信息的传递与供给；修改版权条款；保证充分及时地利用公共信息；提高政府利用信息的积极性；保证智力自由；扩展信息基础设施和传输网络；支持经济部门建立面向特殊经济部门的信息中心。

3）加强信息网络建设。具体包括：加强计划与协调活动——为领导提供共享信息网络和支持社会各级的合作；支持合作发展信息资源；加强数据库利用；促进公私部门合作；组合和共享信息资源——跨越现有障碍，共享资源；改进乡村信息服务；建立标准以保证网络系统的兼容性；共享法律信息；制定所有格式信息的开发政策和方法；建立教育信息网络。

4）加强组织建设与管理。具体包括：组建国家级的监督机构，如建立国会委员会和国家研究所；修改财政政策；落实现有的联邦基金支持信息产业。

5）加强对多种需求的服务。具体包括：评价规划的有效性；提高文化素质；在社会中实现充分的共享；扩大人力资源开发；满足不同社会团体的需求；通过超常方式扩大服务。

6）培训用户，如培训技术的使用。

虽然不同国家针对各自不同的客观条件、社会需要和历史传统形成了不同的信息资源管理宏观调控体制，并且各具特色、互有短长，但无论哪一种体制，只要能适应国情，能促进信息资源的有效管理和开发利用、推动信息产业的发展，对这个国家而言就是适宜的体制。当然，国与国之间在信息资源宏观管理手段和调控体制方面的相互借鉴、取长补短，还是非常必要的，它有助于各国建立并完善高效合理的信息资源管理宏观调控体制。对于我国来说，尤其需要借鉴美、日等发达国家的经验教训。

7.5.4 有关国际组织的行动

除了各个国家对信息资源管理进行宏观调控外，许多国际组织也积极致力于推进信息化，通过制定各种国际政策和推广各种相关计划，来推动信息资源管理的纵深发展。

1）联合国教科文组织（UNESCO）。从 1966 年起，联合国教科文组织就开始致力于信息政策的制定。该年联合国教科文组织设立了一个测试世界科学信息系统灵活性的项目——世界科技信息系统（UNISIST）。该项目的目标是帮助改进基础设施，发展和提高信息系统。1974 年又启动了另一个更具有普遍性的项目——国家信息系统规划（NATIS）。国家信息系统规划的前提是：政府有责任保证公众最大限度地公开获取信息资源，并通过制定作为国家发展计划一部分的信息政策来予以实现。而通过世界科技信息系统计划的实施，联合国教科文组织帮助成员国制定和发展国家信息政策。1976 年，这些计划合并为综合信息计划

(PGI)。联合国教科文组织的整个信息活动大体可分为四部分：促进政策和计划；改进方法和标准；发展基础设施，改进技术；促进信息人员和信息用户的教育与培训。

1999~2000年联合国教科文组织又决定将GPI与1985年启动的政府间信息计划（Intergovernment Information Program，IIP）合并为全民信息计划（Information For All Programme，IFAP）[18]。它是唯一整个致力于促进全球利用信息和知识的政府间计划，为国际合作和国际与地区合作提供了一个框架。它支持为建立一个公正、自由的信息社会和缩小信息富有与信息贫穷之间的差距而发展共同的战略、方法和工具。现在侧重研究三个领域：信息素质；信息技术对伦理、法律和社会的影响；信息保存。它很重视与其他政府间组织，特别是信息管理和保存的专门组织，如IFLA（国际图书馆协会联合会）和ICA（国际档案理事会）密切合作。到2006年初，全世界已有50多个国家委员会成立。

2）经济合作与发展组织（OECD）。经济合作与发展组织是经济发达国家讨论和协调信息政策的最活跃的场所。1980年，该组织曾在巴黎召开"80年代的信息、计算机和通信政策"高级会议，反映出发达国家在信息政策问题上的国际协调立场。1985年经济合作与发展组织通过了一个《越境数据流宣言》，旨在经济合作与发展组织范围内解决信息跨国流动带来的个人隐私、民族文化发展、国家主权、知识产权、国际贸易、信息安全等方面的问题，但在实际执行中并不顺利。20世纪90年代中期以来，经济合作与发展组织在电子商务方面做了大量工作，先后颁布了20多项政策推动电子商务的发展，并于1998年10月7~9日在加拿大渥太华召开了"一个无国界的世界：发挥全球电子商务的潜力"的部长级电子商务会议。

现在，其科学技术与工业理事会下设有信息、计算机与通信政策委员会（Committee for Information，Computer and Communications Policy），负责制定使信息社会的利益最大化的政策。该委员会下的信息经济组研究信息与通信技术、互联网和电子商务的发展、传播与利用对经济和社会的影响；信息安全与隐私组研究可采取什么政策来支持全球网络社会中的信任、信息安全和隐私；远程通信与互联网组研究远程通信与互联网政策，审视信息基础设施的发展，以及促进OECD成员国之间的经验交流。[19]

3）世界贸易组织（WTO）。20世纪90年代中期以来，世界贸易组织在促进国际信息政策的协调和规范方面的作用日渐增强，例如确立了产品贸易、服务贸易、知识产权保护的法律框架。

《与贸易有关的知识产权协议》（TRIPs）是当今世界知识产权保护领域中涉及面广、保护水平高、保护力度大、制约力强的一个国际公约，标志着保护知识产权的新的国际标准的形成。TRIPs完全肯定和要求全体成员国必须遵守并执行

《保护工业产权巴黎公约》、《保护文学和艺术作品伯尔尼公约》、《保护表演者、录音制品制作者和广播组织罗马公约》、《关于集成电路知识产权保护条约》这四个国际公约。同时，全体成员国还须按对等原则执行约 10 余个国际公约，主要是巴黎公约的子公约。尽管由于发展中国家强烈反对，世界知识产权组织的两个互联网条约——《世界知识产权组织版权条约》和《世界知识产权组织表演和录音制品条约》没有包括在上述国际公约之内，但是 TRIPs 吸收了这两个条约的主要部分并要求成员国执行，如对计算机程序、汇编作品、出租权的规定等。

TRIPs 将世界贸易组织的基本原则延伸到知识产权领域，强化了协议的执行措施和争端解决机制，把履行协议保护产权与贸易制裁紧密结合在一起；强化了知识产权执法程序和保护措施；明确了对于知识产权有关程序的行政终局决定，和接受司法或准司法当局的审查或者有机会提交司法当局复审。

除了 TRIPs 外，世界贸易组织的数字议程还确定了互联网版权方面的立法目标：使《世界知识产权组织版权条约》和《世界知识产权组织表演和录音制品条约》于 2001 年 12 月之前生效；将《世界知识产权组织表演和录音制品条约》的原则延伸至音像表演；使广播组织适应数字时代的发展；在可能缔结关于数据库保护的国际条约方面取得进展。

4）世界知识产权组织（WIPO）。世界知识产权组织自从根据 1967 年《建立世界知识产权组织公约》成立以来，就在促进使用和保护人类智力作品方面发挥了巨大的作用。该组织负责通过国家间的合作促进对全世界知识产权的保护，管理建立在多边条约基础上的关于专利、商标和版权方面的 23 个联盟的行政工作，并办理知识产权法律与行政事宜。世界知识产权组织的很大一部分财力用于同发展中国家进行开发合作，促进发达国家向发展中国家转让技术，推动发展中国家的发明创造和文艺创作活动，以利于其科技、文化和经济的发展。目前，世界知识产权组织管理着涉及知识产权保护各个方面的 23 项国际条约。

电子商务和知识产权保护有着内在的、密不可分的联系，因此，世界知识产权组织对电子商务领域表现出极大的关注。1998 年 12 月 23 日，世界知识产权组织公布了有关域名问题的阶段性报告，并于 1999 年 4 月 30 日公布了最终报告《互联网名称和地址管理及其知识产权问题》。报告针对互联网上由域名引发的问题包括域名与现有知识产权的冲突提出若干建议，包括域名登记注册程序（如注册申请采用签订协议的形式，要求注册申请人提供可靠、准确的联系方法信息并在限定范围内公布，域名生效须缴纳注册费、定期办理续展手续等）、争议解决程序（该程序主要针对滥用域名注册程序和恶意的注册与使用行为，不包括善意发生的权利冲突，而且仅适用于与商标权冲突的情况）、驰名商标的认定条件、特殊保护的排他机制等。

1999 年 9 月 14~16 日，世界知识产权组织在日内瓦召开了国际电子商务和知识产权问题首次会议，重点讨论了电子商务技术发展趋势、电子商务的潜力、发展中国家与电子商务、电子商务的法律问题和有关电子商务的政策问题，并涉及网上销售出版物、音乐、电影和软件，域名和商标问题，电子版权管理，网络空间监控，网上纠纷解决，在线服务商的可靠性，安全与加密，电子图书馆和博物馆，以及专利和商标数据库等议题。

5）欧盟（European Union，EU）。欧盟是一个集政治实体和经济实体于一身、在世界上具有重要影响的区域性一体化组织。它既是信息的重要生产者和利用者，也是欧洲信息产业发展的重要促进者和推动者；它不仅致力于促进信息技术的发展，而且鼓励人们充分利用以这些技术为依托的现代信息服务。

从20世纪90年代起，欧盟在规划、指导欧洲信息社会的发展中起到了非常重要的作用。从一定意义上说，欧洲信息社会的发展和转型是在欧盟的全方位领导下进行的。10多年来，欧盟以"信息社会"为主题，制定、颁布了一系列指令和行动计划，推进欧洲社会、经济、文化、教育等领域的电子化、数字化。从总体来看，欧盟的信息政策可划分为三大类——规范市场、促进信息社会、开拓利益和15个领域——共同体走向信息社会、当前总体立法框架、电子欧洲行动计划、互联网、网络安全、数据保护、信息社会中的版权和相关权利、电子商务、卫星通信、无线频率、电信与信息服务市场、协调和标准化、跨欧洲网络、支付系统、计划。它在"信息社会"方面的工作目标是"确保欧洲的企业、政府和公众在形成和参与全球知识与信息经济中起领导作用"[20]。

除了上述五个组织，其他一些国际组织也通过各种方式涉入信息政策领域，如国际电信联盟（ITU）、国际电信用户团体（INTUG）、国际标准化组织（ISO）、联合国国际贸易法委员会（UNCITRAL）和国际图书馆协会联合会等。

总之，对信息资源管理的宏观调控已跨越国界，逐渐成为一项越来越引人注目的国际事务。因此，各个国家要同各种国际组织联手，共同创造一种适合各国国情而又最有利于信息资源的开发、利用和管理的宏观调控体制。

主要参考文献

[1] 刘昭东等. 信息工作理论与实践. 北京：科学技术文献出版社，1995
[2] 陈昭楠. 国内外关于信息产业含义和范围的几种观点. 中国情报信息，1993，(4)：10
[3] 时文生等. 信息产业的基本含义和范围界定初探. 情报理论与实践，1994，(3)：1~4
[4] 靳娟娟. 信息产业结构研究. 武汉大学博士学位论文，1996.11
[5] 王春颖. 1995年世界信息市场基本状况. 见：情报学进展：1996~1997年度评论. 北京：兵器工业出版社，1997
[6] 吴敬琏. 论现代信息通信技术如何渗入和改造各产业部门. 见：中国信息年鉴（2006）. 北京：中国信息年鉴期刊社，2006. 388~394
[7] The Economics and Statistics Administration. Digital economy（2003）. http：//www.esa.doc.gov/

2003. cfm. 2006 – 07 – 13

［8］王可等. 中国信息服务业发展研究. 中国信息产业商会，1992
［9］曾民族. 电子信息时代的信息服务和管理. 见：情报学进展：1994～1995 年度评论. 中国国防科学技术信息学会，1995. 139 ～170
［10］曾民族. 发展面向电子信息资源的信息服务业. 计算机世界报，1996 – 02 – 12
［11］胡继武. 信息科学与信息产业. 广州：中山大学出版社，1995
［12］Schwuchow Werner. Measuring the "information markets"：a personal experience. Journal of Information Science，1995，（2）：123 ～132
［13］Schwuchow W，Bremeier W，Graumann S. Manual on assessing markets for electronic information services for professional purpose. EU，Luxembourg，1994
［14］Rowlands I. Understanding information policy：concepts，frameworks and research tools. Journal of Information Science，1996，22（1）：13 ～25
［15］Moore N. Information policy and strategic development：a framework for the analysis of policy objectives. Aslib Proceedings，1993，（11/12）：281 ～285
［16］马费成等. 信息管理学基础. 武汉：武汉大学出版社，2002
［17］Kajberg Leif，Kristiansson Michael. An overview of the field of information policy. International Forum on Information and Documentation，1996，（1）：3 ～9
［18］Information For All Programme（IFAP）. http：//portal. unesco. org/. 2007 – 07 – 07
［19］Information and Communications Policy. http：//www. oecd. org/. 2007 – 07 – 07
［20］Information Society. http：//europe. eu/. 2007 – 07 – 07
［21］James T. An Information Policy Handbook for Southern Africa. International Development Research Centre，2001
［22］Oppenheim Charles. Some legal issues for electronic information. International Forum on Information and Documentation，1996，（1）：10 ～18
［23］Kristiansson Michael. A framework for information policy analysis based on changes in the global economic forces. International Forum on Information and Documentation，1996，（1）：19 ～29
［24］Blume Peter. Legal and ethical issues of information. International Forum on Information and Documentation，1996，（1）：30 ～37
［25］辛欣. 国外信息政策掠影. 中国技术经济科学，1995，(5/6)：47 ～51
［26］裴晓风. 中美情报政策比较研究. 国外情报科学，1993，(1)：1 ～6
［27］卢晓宾. 日本信息产业发展的现状分析及对我们的启示. 国外情报科学，1993，（4）：56 ～60
［28］国务院决定成立经济信息化领导小组. 图书情报工作动态，1996，（3）：21
［29］陈曙. 东西方信息产业管理体制的比较研究. 情报业务研究，1994，（1）：67 ～69
［30］Mcloughlin Glenn J. The national information infrastructure：the Federal role. Journal of Academic Librarianship，1995，（5）：390 ～397
［31］乌家培. 中国在政府管理中促进信息技术应用的战略与政策. 信息市场报，1996 – 06 – 12
［32］杨子竞. 日本信息服务机构及其成长原因. 图书馆工作与研究，1996，（3）：52 ～55
［33］秦黍舀. 美国政府信息电子化政策及发展. 情报理论与实践，1996，（1）：56
［34］卢泰宏，沙勇忠. 信息资源管理. 兰州：兰州大学出版社，1998
［35］谭祥金，党跃武. 信息管理导论. 北京：高等教育出版社，2000

8 社会信息化和信息化社会理论探讨

在 21 世纪初的今天回顾人类在 20 世纪走过的历程,会清楚地发现,最大幅度、最快速度、最为深刻地改写人类生活面貌和社会景观的,莫过于始自 20 世纪中叶,至今仍在跃动不已的信息技术革命。这场革命在深度、广度、速度和力度等方面远远超过了历史上的任何一次技术革命,促进了人类新的社会经济产业和经济形态——信息产业和信息经济的形成与发展,推动着人类进入一个崭新的信息化社会。半个世纪里风起云涌、渐次波及全球众多国家和地区的信息化浪潮,谱写了 20 世纪人类最为波澜壮阔的乐章。

8.1 信息化的兴起、内涵和时代特点

1946 年,世界上第一台电子计算机 ENIAC 在美国宾夕法尼亚州立大学诞生,标志着以信息技术为核心的新技术革命的开始。自此以后,人类处于一个大变革的时代,作为社会发展三要素的物质、能源和信息的关系发生了深刻的变化:在历史上一直处于从属地位和起隐性作用的信息要素,终于在技术革命的推动下迅速成长为支配人类社会发展进程的决定性力量之一,人类由此开始从主要依赖物质和能源的社会步入物质、能源和信息资源三位一体的社会。正是在这种宏观背景下,西方发达国家开始掀起了以发展信息科技,开发利用信息资源来促进社会经济进步的浪潮,从而拉开了从工业化社会迈向信息化社会的帷幕。从工业经济到信息经济,从工业化社会到信息化社会,是一个动态演进的信息化进程。信息化已成为推动世界经济和社会发展的关键因素,是 20 世纪人类发展大舞台上的主旋律之一。

8.1.1 信息化兴起的背景

信息化的兴起,有着深刻的社会、经济和科技背景。

1. 信息科技的迅速发展和广泛应用

20 世纪以来,人类在信息、新材料、新能源、生物、空间和海洋等六大领域取得了重大的突破和进展,其中信息技术的飞速发展尤为突出:差不多每一个 10 年都有与信息技术有关的、影响深远的技术创新出现,如 40 年代以前的电话、

电报、载波机、无线电广播和通信，40年代以后陆续问世的晶体管、计算机、雷达、激光、集成电路、微处理机、卫星通信、光纤通信、移动通信、智能计算机、神经计算机、综合业务数字网、ATM 网、Internet 和虚拟现实技术等。信息技术的不断突破和成群崛起，不仅加快了各种新知识、新技术、新文化的传播，推动了全世界范围内的信息流通和创新活动，而且在本质上扩展和延伸了人类信息器官（用来从外界获取信息的感觉器官、用来传递信息的传导神经系统、用来处理和加工信息的思维器官，以及用来发挥信息实际效用的效应器官）的功能，增强了人类自身的体力功能和信息功能，大大提高了人类认识自然和改造自然的各方面能力。

信息技术的广泛应用，不仅对生产方式、经营方式、管理方式和行为等经济活动有直接影响，而且还强有力地渗透到人类社会生活的各个方面，直接或间接地引起人们生活方式和质量、文化教育活动、价值观念等的变化。仅就经济活动而言，作为生产力发展中重要因素的信息技术，它的广泛应用可以扩大经济单位的生产能力，提高生产自动化程度，改善劳动条件，提高产品质量，从总体上促进生产增长；可以扩大市场，优化市场资源配置和重组；有助于改良经济组织的结构；可以减少劳动投入以及物质和能量的消耗，在促进产业增长的同时改变产业结构，推动既节约能源和物质又具有高附加值的知识、技术密集型信息产业的发展，有助于信息经济规模的形成与扩大。在这种意义上，有学者认为所谓信息化就是"国民经济各部门和社会活动各领域普遍应用先进信息技术，从而大大提高社会劳动生产率和工作效率以及大大改善人民物质、文化生活质量的过程"。[1] 这种认识无疑表明，信息科技的飞速发展和广泛应用于社会各领域，是信息化兴起的重要背景和动因之一。

2. 信息经济的崛起和壮大

在人类经济活动史上曾长久占据主导地位的物质经济结构模式，在经历了从狩猎社会、农业社会到工业社会的持续增长之后，终于在 20 世纪 50～70 年代达到了发展的顶峰，并逐步向非物质经济即信息经济结构模式转化。物质经济的发展的确给人类带来了繁荣和进步，但同时这种模式也加剧了人类与其赖以生存的自然环境之间的矛盾。尤其是 20 世纪以来物质经济的加速发展带来的诸如物质资源匮乏、能源短缺、环境污染加剧和人口膨胀加速等一系列难题，迫使人们寻找和转向另一种经济发展模式——大力发展信息经济。正当能源、水资源、矿产资源和土地资源等日益短缺并威胁到人类的生存之际，人类又从知识爆炸、信息爆炸中获得了新的启示：信息资源不仅储量无限，而且还能在开发利用中不断增值，因此，促进信息技术应用、加快信息资源开发利用是促进社会经济发展的必由之路。正因为如此，60年代以来，美国、日本和欧洲等发达国家一直致力于推行"信息资源化"政策，试图通过大力发展信息产业来扩大信息经济的规模，力求形成一种物质经济与信息经济共同发展、互补共进的新格局。信息经济的发展不仅要大力开发信息资源和壮大信息产业，还要求把信息作为投入要素广泛运用于经济活动各领域，这就必然会在整个经济领域掀起大规模"经济信息化"的浪潮，并逐步渗入、带动和促进社会其他领域的信息化。因而，作为信息化的最初表现形式和最早勃兴领域的经济信息化，其信息化程度或称信息经济的发展水平，是衡量整个社会信息化程度的一项重要依据。

3. 理论研究的推动作用

西方学术界最先注意到信息化这一社会现象，并对其展开了全面研究。从20世纪50年代开始，一些有远见的学者就已敏锐地洞察到，随着信息科学技术的发展和应用，以开发和利用信息资源为主的信息活动将会逐渐成为人类的一项主要社会活动，而且随着时间的推移，这一变化将会演变为一场巨大的社会经济变革，并且最终使人类从工业时代迈入信息时代。正是基于这一考虑，西方许多学者分别从哲学、社会、政治、经济、文化和价值观等角度入手，对这一正在形成中的社会现象进行了分析考察，并将现代社会中正在发生的这场大变革称为"信息化"。50年代初，美国学者马克卢普（Fritz Machlup）对美国的知识产业进行了研究。60年代初，日本的梅棹忠夫研究了信息产业的发展壮大及其对社会经济的影响，并首次提出"信息化社会"这一概念。70年代，美国学者贝尔（Daniel Bell）对其1959年提出的"后工业社会"概念进行了系统的概括，认为后工业社会是一个知识社会，信息将发挥关键作用。同一时期，美国学者波拉特（Marc U. Porat）运用自己的方法体系成功地对美国1967年的信息经济规模进行了分析测算。1978年，法国学者诺拉和孟克发表了《社会的信息化》作为法国政府的报告，其中探讨了信息化社会的模式、结构、特点和社会信息化的政策、机理与挑战。80年代，美国学者托夫勒、奈斯比特（John Naisbitt）、英国学者马丁等都对信息化社会的有关问题进行了深入的研究。90年代初，奈斯比特和阿伯迪妮（P. Aburdene）在《2000年大趋势》一书中充分展示了信息时代和信息经济社会里个人、集团、国家、区域和全球各方面的变化与发展趋势。[2]

我国进入20世纪80年代以后才注意信息化问题的理论研究，除了陆续将上述西方学者的有关论著和思想引入之外，有三次研讨会对我国的信息化理论研究和实践进程起到了很好的推动作用：1986年12月20~22日首届"中国信息化问题"学术讨论会在北京举行[3]；1989年5月"信息社会的建设与生活"国际研讨会在北京举行[4]；1993年11月9~11日"信息化与经济发展"国际会议在北京举行，大会主要讨论了中国信息化对经济发展的影响、信息化理论和信息技术产业化等主题[5]。自从1993年9月美国提出信息高速公路建设计划并在全球形成紧跟之势以来，我国对信息化等问题的讨论达到了一个新的高潮，各类学术会议接连举行，新闻媒介持续追踪，学术刊物连篇累牍，一时间，信息化成为热门话题。更重要的是，我国的信息化工程陆续启动，国民经济和整个社会的信息化有了实质性的进展。

可以说，正是由于学术理论研究的推波助澜作用，才使"信息化"一词渐渐为人耳熟能详，才逐渐使人们认识到"信息化"是人类社会进步的标志，是社会发展的大趋势。这种观念和认识上的变化又进一步促使人们去追求"信息化"，从而在实践中推动和加快了信息化的进程。

8.1.2 信息化的内涵

"信息化"、"信息化社会"等词首先源于日本。1963年，梅棹忠夫在其所著《信息产业论》一书中首先向人们描绘了"信息革命"和"信息化社会"的前景。当时他就预见到信息科学技术的发展和广泛应用将会引起一场全面的社会变革，并将人类社会推入"信息化社会"。但梅棹忠夫未能对"信息化"概念做出完整的、准确的阐述。日本学者竹内启（东京大学经济学教授）曾指出："数年来一直在日本被使用的信息化一词，其概念并不是很严密，它基本上具有互相关联的两方面含义：一是基于微电子学的信息处理、信息通信技术的发展及其广泛普及。二是其结果使大量信息在社会上流通、储存和被使用。"[6] 可见，"信息化"这一特定概念的内涵在理论研究中尚未清晰一致。

1967年，日本政府的一个科学、技术、经济研究小组在研究经济发展问题时，比照"工业化"概念，正式提出"信息化"概念，并尝试从经济学角度界定其内涵：信息化是向信息产业高度发达且在产业结构中占优势地位的社会——信息社会前进的动态过程，它反映了由可触摸的物质产品起主导作用向难以捉摸的信息产品起主导作用的根本性改变。[7] 尽管现在看来，这一定义并不全面，但它无疑为后来的信息化理论研究及其实践应用确立了一个基本方向，即"信息产业"。

由于"信息化"涉及各个领域，是一个外延很广的概念，因而不同领域和行业的研究人员在研究"信息化"问题时，往往具有不同的研究角度和出发点，致使"信息化"概念内涵的表述不尽一致。代表性的认识如：

1）信息化主要是指以计算机技术为核心来生产、获取、处理、存储和利用信息。换句话说，信息化就是计算机化，或者再加上通信化。[8]

2）信息化就是知识化，即人们受教育程度的提高以及由此而引起的知识信息的生产率和吸收率的提高过程[7]。

3）信息化就是要在人类社会的经济、文化和社会生活的各个领域中广泛而普遍地采用信息技术[7]。

4）信息化就是通信现代化、计算机化和行为合理性的总称。通信现代化是指社会活动中的信息流动是基于现代化通信技术进行的过程；计算机化是社会组织内部和组织间信息生产、存储、处理、传递等广泛采用先进计算机技术和设备管理的过程；行为合理性是人类活动按公认的合理准则与规范进行。[9]

5）信息化是生产特征转换和产业结构演进的动态过程，这个过程是由以物质生产为主向以知识生产为主转换，由相对低效益的第一、第二产业向相对高效益的第三、第四产业演进。[7]

6）信息化是指国民经济发展从以物质和能源为基础向以知识和信息为基础的转变过程，或者说是指国民经济发展的结构框架重心从物理性空间向知识性空间转变的过程。[10]

7）信息化是指从事信息获取、传输、处理和提供信息的部门与各部门的信息活动（包括信息的生产、传播和利用）的规模相对扩大及其在国民经济和社会发展中的作用相对增大，最终超过农业、工业、服务业的全过程。[11]

8）信息化在经济学意义上是指由于社会生产力和社会分工的发展，信息部门和信息生产在社会再生产过程中占据越来越重要的地位，发挥越来越重大的作用这种社会经济的变化。[12]

9）信息化即信息资源（包括知识）的空前普遍和空前高效率的开发、加工、传播和利用；人类的体力劳动和智力劳动获得空前的解放。[11]

10）信息化是利用信息技术实现比较充分的信息资源共享，以解决社会和经济发展中出现的各种问题。[11]

显然，上述10种代表性定义的着眼点和界定方式各有不同。有的着眼于物质技术手段，如1）、3）、4），即突出硬件设备和技术支持；有的仅强调知识信息这类软件要素，如2）；有的立意于经济角度，如6）、8）；有的强调信息化的社会结果和运动过程，如5）、7）、9）、10）。应该说，上述定义各有合理之处，但也均有不全面或以偏概全之嫌。在我们看来，"信息化"中的"信息"实质上是指"信息资源"，它是信息本身和支持信息活动的各种物质、技术、手段等的集合，也就是说，要创造适宜的条件，运用先进的手段，把信息视为一种战略性社会资源来开发和利用。从更深一层意义上来说，要实现信息化，就要实现信息开发的产业化和信息利用的社会化。我们认为，信息化这一概念的内涵至少应包括以下几个要素：

1）信息资源：信息本身作为一种资源，在量的积累上必须要达到一定的高度，即比较普遍地存在于人类社会的各个领域；普遍地、不断地迅速加强信息资源开发，广泛采集和积累信息，迅速流通和加工信息，有效利用和繁衍信息，通过信息资源开发创造出越来越多的物质和精神财富。

2）信息观念：即指人们在思想和行动中都自觉做到重视信息，利用信息；

信息观念深入人心是各领域广泛实现信息化的重要条件之一。

3）信息技术：迅速增加和扩展信息技术的利用，使之广泛渗入社会实践的各个领域，不断地与其他技术融合产生各种新型技术，显著提高社会实践的效益和效率。

4）教育水平：信息资源的开发和利用、信息技术的普及和应用、信息观念的形成和强化等有赖于国民文化素质的提高，而发达的教育则是提高人口素质的关键因素。

5）信息共享：要通过快速有效的信息交流实现信息资源在全社会范围内的充分共享。

6）运动目标：要解决的问题应产生社会和经济效果，也即产生对社会经济的正面影响。更概括地说，就是要使信息资源和信息技术的特性在社会实践中越来越充分地发挥作用，逐步形成以它们为基础的社会实践的新流程、新结构、新功能和新观念。

信息化是一种全新的社会发展现象，它是在不断演变的过程中逐渐形成的。最先表露出来并被人们注意到的现象就是所谓的"信息产业化"。信息产业化是指信息工作、信息行业发展演变成集中的信息产业的过程，它要求按照客观经济规律办事，以市场需求为导向，将分散在一、二、三次产业和各行业部门中的，与信息的生产、流通、交换和分配等直接相关的企事业单位和个人重新进行调整组合，以便把各种类型的、盈利的或非盈利的信息活动按产业发展的要求进行组织，从而在微观上形成专门从事信息活动的经济实体，在宏观上形成具有独立地位的产业——信息产业。信息产业的出现和发展壮大不仅改变了既有的经济结构，还为传统产业的改造提供了先进的信息技术装备，促使其向扩大信息消费的高级阶段发展。这样，信息化过程中就出现了第二种现象——"产业信息化"，即指由同类企业（非信息企业）组成的某类产业在生产经营活动中重视对信息资源的开发利用，大量采用先进信息技术手段，实现高度自动化信息处理，减少甚至免除人的干预。产业信息化促进了传统产业的升级换代，也改变了属于传统产业部门的企业的内部组织结构，使企业普遍建立起专门为企业内部提供各种服务的信息机构，而且随着产业信息化程度的不断提高，这种机构的规模和权力也不断扩大。另外，产业信息化即使当代信息需求和利用突破部门和行业的限制，走向多样化和社会化，又促进并带动了信息技术产业和信息服务产业的发展。

信息化进程中出现的第三种现象是"经济信息化"。它既是指经济生活逐步实现信息化的过程，又可指这一过程所追求的目标或运动的结果，即经济生活的全面信息化。从这个意义上说，经济信息化就是产业信息化和信息产业化的互补共进过程，其结果是传统产业因信息产业和信息技术的不断渗透而得到改造并向深度发展，信息产业则由于有传统产业的支撑而迅速向广度方向发展，并逐渐从

"朝阳产业"发展为"主导产业",最终成为第一大产业,结果达到整个国民经济活动的信息化。

随着经济活动各部门、行业、领域的不断信息化,人类社会生活的其他领域,如文化、教育、科研和卫生等都将逐渐实现信息化,从而最终实现整个社会的信息化,即"社会信息化"。

8.1.3 信息化的层次和发展阶段

一般认为,信息化有三个层次:第一个层次是劳动工具信息化。工业化过程中人们注重利用的是劳动工具的物理、化学和机械等属性,信息化过程中人们迫切需要的是通过信息技术增强劳动工具的信息属性,即使劳动工具自动化、智能化。第二个层次是社会生产力系统的信息化,即在第一个层次基础上首先使生产实现自动化、信息化,然后再使流通、分配、交换和管理等部门、行业实现自动化、信息化,最终实现整个国民经济的信息化。第三个层次是社会生活(包括家庭)信息化。在这三个层次中,前两个层次基本上属于经济信息化的范畴,经济信息化又奠定了整个社会和家庭生活实现信息化的基础。

从理论上分析信息化的发展阶段,可将其分为两个阶段:第一阶段是开发与信息有关的物品和与信息有关的服务。第二阶段则对信息产业的发展具有推动作用,影响信息产品和信息服务的使用,改进各种社会经济系统。

从实践角度看,西方发达国家自20世纪五六十年代兴起信息化运动以来,大致是沿着劳动工具信息化→社会生产力系统信息化→社会信息化这样三个层次逐层推进的。其间,大致要经历或即将经历以下几个阶段:

1)大力发展信息工业阶段。此处的信息工业主要是指信息设备器材制造业。以计算机和通信设备为代表的信息设备器材是信息化的物质基础,所有的发达国家都将其列入优先发展之列。

2)大力发展先进的网络通信系统阶段。网络通信系统是信息化社会的神经网络,它的普及和完善程度是衡量信息化水平的重要标准。发达国家在信息工业发展起来之后,都致力于建立现代化的网络通信系统。从最初的分别用于传输文字、声音和图像的专用网,到20世纪80年代的综合业务数字网,再到90年代的国际计算机互联网络Internet和宽带综合业务数字网(B-ISDN)、异步传输模式网(ATM),乃至21世纪的智能化、集成化综合信息网,网络通信系统的功能越来越强大,覆盖范围越来越广,为人类经济贸易活动和社会生活的信息化创造了条件。

3)大力发展信息服务产业阶段。发达的信息服务产业是推进信息化的又一必备条件。从近些年信息服务业的发展来看,有着悠久历史的传统信息服务,如新闻报纸、期刊杂志、图书档案、印刷出版、广播和电影电视、市场调查、咨询、广告等,随着信息技术装备的加强和电子信息技术应用的增多,与从计算机、通信方面衍生出来的现代信息服务,如电子数据交换、数据查询和数据传输、电子邮件、数据库联机检索服务、光盘脱机和联机服务、网络化信息服务和信息系统集成服务等,逐渐融合形成了所谓的"信息内容产业"(information content industry)。[13]可以说,信息内容产业或信息服务产业的发展,不仅壮大了信息产业的总体规模,而且也大大促进了社会信息资源的开发与利用。

4)传统产业信息化阶段。上述三个阶段实质上都属于信息产业化的范畴,构成了信息化的部分内容。几乎所有的产业部门,如农业、工业、商业、交通运输业、旅游业和金融保险业等,都存在信息化的问题,即产业信息化问题。从微观角度看,产业信息化主要表现为企业的信息化,包括生产过程的信息化和管理过程的信息化,即企业要在生产、经营和管理等各个领域大量采用自动化设备、计算机信息管理系统和建成现代化通信系统等,以实现通过信息流来控制物质流和能源流,通过信息资源的开发和信息的有效利用来提高企业的生产能力与经营管理水平,增强企业在国内外市场中的竞争力。

5)社会管理系统信息化阶段。这里的社会管理系统主要指政府部门。随着社会经济、科技、文化和教育等的不断发展,政府的各级行政管理部门需要采集、处理和传递的信息日益增多,因此搞好信息工作是政府有效发挥作用的前提,这就迫切要求政府部门实现以办公自动化为基础的信息化。例如,行政管理部门在面对提高办事效率、交通秩序、医疗保险、环境保护和制止犯罪等诸多问题时,通过引入计算机和通信技术与装备来实现办公自动化,可以及时获取解决这些问题所需要的信息,从而提高管理效率,大大促进社会劳动生产率的提高。

6)社会生活全面信息化阶段。概括地说,在这一阶段,除上述几方面都实现了信息化以外,人类社会生活的所有其他方面,如消费、家庭生活、文化娱乐、教育和医疗卫生等都实现信息化。

以上几个阶段的区分当然不是绝对的,实际上它们之间可能存在着交叉重叠关系。从目前的情况看,发达的市场经济工业国一般处于第四、五两个阶段,个别国家(如美国)正向第六个阶段发展;新兴工业化国家和地区正从第二、三阶段向第四阶段过渡,个别国家(如新加坡)已全面进入"传统产业信息化"阶段;发展中国家的信息化进程较慢,但在20世纪90年代全球新一轮信息化浪潮的推动下,其步伐已明显加快。

8.1.4 信息化的时代特点

"信息化"不是一个静止、孤立的概念。说它不是静止的,是因为它的内涵和特点在不同的历史发展阶段有不同的表现;说它不是孤立的,是因为信息化与信息技术、信息产业、信息产品、信息市场和信息化社会等范畴密不可分。我们描述信息化的时代特点，显然要以运动和普遍联系的哲学原理为依据。20世纪90年代以来，信息化方面呈现出鲜明的时代特色。

1. 信息高速公路建设掀起了20世纪90年代新的全球信息化浪潮

所谓"信息高速公路"是对"国家信息基础设施"的形象诠释，它以计算机技术、网络通信技术等先进的信息技术为基础，以光纤、卫星通信和数字微波等为主要信息传输载体，以最快速度传递和处理信息，最大限度地实现全社会信息资源共享和高度社会经济信息化为目的，运用遍及各个地区的大容量、高速交互式信息网络把政府机构、科研单位、公司企业、医疗部门、图书馆、学校和家庭等的信息终端联结起来，从而奠定面向未来的社会基础设施。自1993年9月美国宣布正式实施"信息高速公路"建设计划以来，日本、英国、法国、德国、加拿大、韩国、新加坡、中国台湾、巴西、阿根廷、巴拉圭、乌拉圭、波兰、丹麦、芬兰、荷兰和瑞典等国家和地区都推出了相应的信息高速公路计划。信息高速公路建设被广泛认为是推进信息化的必由之路。韩国前总统金泳三对此曾有精辟的论述："如果不加快国家信息基础设施建设的进展并通过信息化来提高生产力，就无法实现国家的发展。"[14]

1995年以后，广受重视的国家信息基础设施出现了向区域信息基础设施（RII）和全球信息基础设施（GII）发展的重大趋势。这种趋势首先源于1995年2月西方七国（G7）经济高峰会议，会议提出正式在全球启动NII，并扩展成GII；而在1995年5月召开的亚太经济合作会议（APEC）上，许多政府首脑又提出合作兴建区域信息基础设施（RII），这样就形成了从NII→RII→GII的趋势（图8.1）。种种情况表明，以信息基础设施建设为表现的新一轮信息化浪潮正在全球兴起。

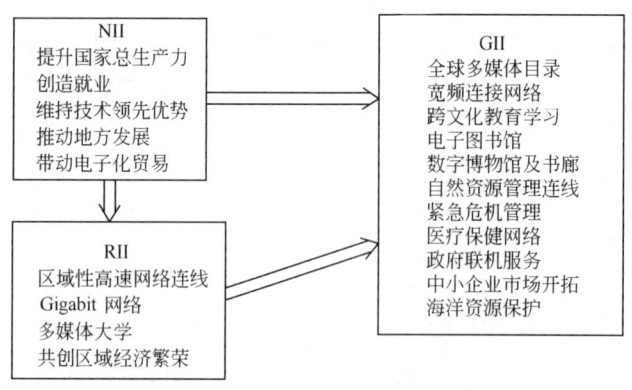

图 8.1 从 NII→RII→GII 的发展趋势[15]

2. 信息产业向多极化、国际化和结构高级化的方向发展[16]

信息产业的多极化、国际化走向除与世界政治经济格局的多极化相一致外，还与信息产业发展的一些自身特点相适应。一方面，信息产业在社会政治经济中的战略地位决定了包括广大发展中国家在内的世界所有国家和地区都期望能够自主地建立起本国强大的信息产业并拥有先进的信息技术，因而当今世界信息产业领域中出现了前所未有的激烈竞争，美国、日本和欧盟等发达国家或地区一统天下的信息产业发展格局，正逐步向发达国家、经济欠发达国家、新兴工业化国家与地区和发展中国家相互竞争的多极化方向发展；另一方面，世界经济发展进入了区域化、集团化和国际化的时代，世界各国、企业集团和信息机构都在不断完善其遍布全球的信息网络，将信息迅速地超越各个有着固有的文化、社会与政治体制和国家的疆界，在全球范围内输出，因而信息产业走向了立体多维的国际大舞台。

信息产业结构走向高级化源于以下几个推动因素：一是信息产业比任何产业部门都更具有专门化的特点——产品专门化、服务专门化、人才专门化和组织机构专门化，从而使结构效益在信息产业中上升到最重要的地位。二是信息产业属高度知识密集型产业，其技术创新和管理创新的出现在各个产业部门之间不呈现均匀分布，往往在某些特定部门首先出现，然后通过结构关联效应逐步在所有产业部门实现。三是日益纷繁的多样化社会信息需求促使信息产业结构变动的频率加快，结构转换能力对信息产业的持续发展至关重要。当前，世界各国都把促进产业结构的高级化作为推动信息产业发展的重要手段。

3. 信息技术进入以缩小化、数字化与智能化、开放系统和网络计算等为主要特征的崭新时代

信息技术缩小化趋势是微处理器、多机并行信息处理技术、存储介质及其技术等综合作用的结果。在数字化和智能化方面[17]，整个电子信息技术正从模拟技术向数字技术全面推进，数字电视、数字录音和数字收音机等采用了数字技术的消费类电子设备已大量问世，整个通信系统向综合业务数字通信网（将电话、电报、传真乃至电视综合在一个数字通信网中）方向过渡。在数字化的基础上，各类电子信息设备同计算机技术相结合，正向着智能化、自动化的方向发展。美国麻省理工学院教授尼葛洛庞帝（N. Negroponte）将信息技术数字化和智能化这一重大变化称为"数字革命"[18]，认为它对社会的信息化进程和人类生存的方式将产生根本性的影响。

信息产业和社会信息化的发展对传统的专有/独占式信息系统提出了挑战，信息系统走向开放系统已是大势所趋。目前，世界著名信息企业都在竭力开发

"开放"产品和制定开放性技术规范,包括通信、数据库、用户接口、操作系统和软件开发工具等几乎所有的计算领域。

网络计算的主要技术特征是通过客户机/服务器方式协同计算,充分调动网络中各系统的功能,实现信息资源的高度共享,迎合了信息时代网络无处不在、信息传输方式日益多样化对数据读取和存储的复杂要求。

信息处理从单独的数据、文本、声音和图像转向多媒体是一个巨大的变化,而多媒体技术的开发将带来微机市场的进一步繁荣。功能强大的工作站和高档微机在局域网和办公自动化领域发挥着重要的作用,被认为是人机信息系统的办公自动化的发展使智能打字机、个人计算机、语言/数据工作终端、个人信息交换机、激光打印机、传真机等技术的研制和应用更为普及。据有关资料介绍[19],早在20世纪40年代,发达国家的一些公司、企业、政府部门就开始了办公自动化的进程,我国在20世纪70年代才开始起步,但发展迅猛,国家投资建设的经济、科技、军事、公安和国家高层领导机关等12个大型信息管理系统就代表了我国一级水平的办公自动化系统。无疑,今后随着信息处理、通信等技术的进步,办公自动化系统将向数字化、智能化、无纸化和综合化发展,它的普及程度也会有较大的提高。

4. 信息产品的随身化和家庭化促进了家庭信息化程度的提高

家庭生活信息化是特指为充实家庭生活,提高生活质量而引进信息技术、增强家庭生活信息功能的过程。信息产品的随身化和家庭化趋势显然有助于增强家庭对信息实施控制和处理以及进行通信的功能。在信息产品随身化方面,目前已经出现了侧重于数据处理的个人数字助理(PDA)和侧重于智能化通信的个人通信系统(PCS)。与此同时,信息业者也正积极促进PDA和PCS的融合,以创造出功能更完善的信息产品,如个人信息系统(PIS)、个人信息管理师(PIM)和信息化电器(IA)等。信息家用产品将成为未来20年信息市场的主流。美国IBM和HP等超级信息厂商近年来都积极朝着"信息产品家庭化"的方向努力,与此同时,开发家用信息产品也是家电制造业者努力的方向。据报道,日本SONY公司已与美国IBM公司签约,计划共同开发系列家用信息产品[20]。

8.2 信息经济的特征和定量测算

8.2.1 信息经济的含义和特征

信息经济这一概念最早是由美国企业家霍肯(Paul Hawken)在《下一代经济》一书中提出来的,它区别于以物质和能源为基础的物质经济,是以知识和信息为基础的经济。信息经济概念的出现标志着人类社会的经济发展已从农业经济、工业经济进化到一个新的历史时期，即以信息技术为物质基础，以信息产业为部门构成，以信息活动作用的强化为主要特征的信息经济时期。

信息经济得以形成的前提是信息的商品化，其实质是已成为商品的信息起主导作用的经济。人们对信息的经济特性和商品属性的认识，最早是在1921年，美国经济学家奈特（F. H. Knight）发现"信息是一种主要的商品"。[21]他指明有大量投资用于信息活动并有各种组织参与信息活动。此后，随着人们认识的深化和科学技术，尤其是信息技术的进步，信息的经济特性和商品属性逐渐地被揭示出来：信息是有价产品，不是可以自由索取的无价免费品；信息不但自身具有成本、价值和价格的商品要素，而且直接影响市场中各种商品的价格和供求关系，信息是商品，既有交换价值，又有使用价值；信息有其市场，即信息市场，它的形成是信息服务业、信息产品和信息技术相辅相成实现大发展的结果；就经济价值而言，信息可以增值，是增值的重要源泉。随着信息产品和服务商品化程度的不断提高，以及信息市场规模的不断扩展，每一种产品中的信息成分将逐渐增大，国民生产总值和就业总人数中有关信息的产值和从业人员所占的比例也将逐渐增大，当信息组分达到相当比例时，就形成一种新型的经济结构，即信息经济。当信息组分高于物质组分而占主导地位时，社会将发展成为信息经济社会，信息经济便成为影响一个国家或地区经济、社会和科技发展的强大动力。

信息经济的形成和发展，不仅受到经济界、信息界和社会学家、管理学家与未来学家的广泛重视，而且许多国家和地区的决策层、国际组织等也甚为关注。对信息经济特征的认识虽仍在研究探讨之中，但相对比较一致的看法有：

1）在资源开发上，除物质资源开发外，更注重对智力、知识和信息资源的开发利用，一个以信息为核心的全新的创造财富的新观念、新体系将产生并发挥作用。

2）在经济发展上，服务业将大大发展，信息业的增长将成为经济发展的主要因素。信息经济时代的发明创造之多，信息流通速度之快，信息覆盖范围之广，将为经济高速发展提供良好的机遇。

3）在就业结构上，从事知识产业、信息产业的人数将大幅度提高，并将代替直接操作机器者，逐步占据主导地位。

4）在决策上，将更多地依赖于数据、信息的迅速流动、传播和利用，智能技术日益成为制定政策的辅助手段，信息将成为经济、社会和科技协调发展的源泉。

5）在生产组织上，独立型、分散型、单一型将逐步向联合型、综合型、协同型发展。从资金筹集、原材料获取、人才与技术引进到生产、销售等，这些不连续的环节将逐步形成有机相连的整体。

6）在生产技术上，大批量传统工业化生产逐步朝更能符合用户特定需求，更能发挥本身特点，更便于售前售后服务，更符合生态平衡和环保原则的高新技术、集约化方向发展。

7）在地域范围上，各个国家和地区的经济发展将更多地相互补充，相互促进。信息技术与经济日益紧密的结合正推动着全球自由贸易的发展，国际化、全球化的信息系统将为全球统一市场的建立奠定基础。由于无所不在的信息通信网络使信息流通摆脱了时空限制，信息经济基本上成了跨越国界的跨国经济。[22]

8.2.2 信息经济的定量测算

信息经济的宏观测算和信息化水平测度，可以从总体上对一个国家或一个区域的信息环境之优劣程度进行量的评估，对于完善信息管理，开发信息产业，制定信息政策等许多方面都有重要意义。

1. 波拉特（Porat）方法

最早从事信息经济测算研究的是马克卢普。他用最终需求法对20世纪50年代美国的信息经济规模作过初步的计算分析。70年代后期，波拉特在马克卢普所开创的有关知识产业的理论基础上，提出了一套有适用性和可操作性的信息经济测度方法。该方法能根据经济统计资料具体对信息经济进行分析和测算。波拉特方法的核心内容是将信息部门从国民经济各部门中逐一识别出来，然后根据信息活动的产品和服务是否在市场上出售，将信息部门划分为一级信息部门和二级信息部门。前者指向市场提供信息产品和信息服务的企业，后者指政府部门和非信息企业为了内部消费而提供的一切信息服务。[23]

波拉特研究中对信息经济规模的测算，是通过信息部门增加值占国民生产总值的比重、信息部门就业人数占总就业人数的比重这两个指标来体现的：

1）一级信息部门测算方法：首先根据"国家产业划分标准"（SIC），将一级信息部门划分为知识的生产与发明业、信息的分配与传递业等八大类116个小类，然后采用最终需求法和增值法这两种测算GNP的常用方法来测定一级信息部门的产值。

2）二级信息部门测算方法：把不向市场出售的信息服务的价值看作是为提供这种服务所消耗的劳动力和资本这两种资源的价值总和。即二级信息部门的增加值由以下两个可测算的投入量构成：二级信息部门的信息劳动者的收入，二级信息部门购入的信息资本的折旧。

3）信息部门就业人数测算：从美国已有的422种标准职业中归纳出五大类（即知识生产类、知识分配类、市场调查经纪类、信息处理类和信息设备类）属信息职业，再将其进一步划分为13个小类。同时还对一些具有"复合性质"的职业采用典型调查法确定出28种"半信息职业"。在此基础上统计出信息部门的就业人数。

波拉特首次从国民经济各部门中识别出信息行业，以定量方式反映信息行业或信息劳动力在整个经济部门中的比重及其变化，具有开拓意义。特别是对二级信息部门的明确划分和测度更具有创造性。但波拉特方法也存在着一些不足之处，已被人们认识到的如：对于信息活动、信息行业和信息职业等的划分尚缺乏统一的科学标准；测算中所采用的某些方法和某些数据欠合理，如二级信息部门信息劳动者创造的价值在时间和空间上都存在不小的差异，致使测算结果的可比性受到影响；此方法对统计资料的要求较高，运算也比较繁杂，因此各国在运用波拉特方法测算本国信息经济规模时都做了一些变通或简化处理。

2. 日本的信息化指数法

日本学者提出的信息化指数法主要从信息量、信息装备率、通信主体水平和信息系数四个方面来定量测算社会信息化的发展水平：

1）信息量：根据人均年发出函件数、人均年通话次数、每百人每天报纸发行数、每万人年书籍发行网点数和每平方公里人口密度等指标进行测算。

2）信息装备率：根据每百人电话机数、每百人电视机数和每万人电子计算机数等指标进行测算。

3）通信主体水平：根据第三产业人数占就业总人数的百分比和每百人中在校大学生人数等指标进行测算。

4）信息系数：用个人消费支出中衣食住行外的杂费所占比例来表示。

将以上指标与某一基年指标值相比所得到的就是信息化指数，具体计算公式为

$$社会信息化指数 = \frac{\sum_{i=1}^{4}\left(\frac{1}{n}\sum_{j=1}^{n}\frac{X_{ij}}{S_{ij}}\right)}{4} \times 100\%$$

式中，X_{ij}是某项指标的实际数值；S_{ij}是该项指标在被确定为比较基准的时期或地区的数值。

日本的信息化指数法在衡量社会信息化水平和发展进程方面有很多可取之处。首先，该方法所用的统计资料较易获得，指标较少且计算简单，易于操作，故实用性较强。其次，该方法既可从时间序列角度研究信息时代的发展趋向（即在有较完整的时间序列数据的情况下可对未来的信息化发展趋势进行量化预测），也可从空间截面上考察不同国家或地区之间信息化的程度差异，而且通过细致的数据处理和对比分析，还可能发现信息化过程中的结构性失衡或缺陷。当然，信息化指数法也存在一些缺陷，主要表现为：指标体系不够全面，只反映了社会信

息流量和信息能力等某几个方面，有些重要方面，如信息需求满足程度就未能体现出来；在汇总计算上仅采用算术平均法也不尽合理，难以区分出不同参数（指标）的不同贡献；该方法的测度结果是无量纲的相对量，即确立某一基准点前提下的相对比较值。该值只有相对的意义，没有绝对的意义。[23]

3. 信息利用潜力指数模型法

信息利用潜力指数（Information Utilization Potential，IUP）是由美国学者鲍科（H. Borko）和法国学者米诺（M. J. Menou）于1982年正式提出的一种测度方法[24]。IUP模型是多变量、多层次的信息环境评估模型，包括反映一个国家信息基础设施和信息利用潜在能力的各种变量共达230个，其中27%的变量反映国家的基本条件，20%反映信息的需求和利用，53%反映信息资源和活动。这230个变量按结构和功能两大方面分组，产生出21个结构组和17个功能组，分属于三个结构子集和六个功能子集。

鲍科和米诺运用IUP模型对34个国家进行了实际测算，得出了几方面的国别排序结果。这种方法试图将各类信息活动的相关参数都包容在一个系统内，因此层次多，参数多，计算比较复杂，但由于IUP方法在运用中各层次的值都须经过数据检验和专家论证，因而较可靠，适用于对多个国家或地区的信息活动状况、信息利用潜力等的分析比较。同前两种测算方法相比较，IUP方法的影响还不大，应用也不广泛。

1993年，米诺在《测算信息对发展的影响》一书中又对IUP模型法进行了修订[25]，主要是使IUP模型法的实用性和合理性更强。

4. 经济-信息活动相关分析法

1982年，美国学者厄斯（B. K. Eres）运用三因子多参数模型分析了87个欠发达国家的信息活动与经济社会发展的相关性[26]。厄斯主要通过49个变量做相关分析，衡量每个国家社会经济发展程度与其信息活动水平的相关性，然后以文字传播总量、技术和图书馆这三个主要因子衡量每个国家的信息活动水平。每个因子下面又分多个参数，这样就构成三因子多参数模型。然后根据每个因子的分析结果对87个欠发达国家进行排序、分类，同时按GNP值排列各国的社会经济发展状况，以反映经济实力对信息活动的影响。厄斯的经济-信息活动相关分析法为构建信息活动-经济发展的关联模型提供了很有助益的思路。

5. 信息环境评估模型

因为信息经济宏观测度的主要作用可以理解为对信息环境进行评估，所以卢泰宏在国外上述信息经济测算方法的基础上，于1992年提出了信息环境评估模型的总体框架，并对广东珠江三角洲地区的信息环境进行了初步评估[27]。这一总体模型认为，信息环境的优劣可以从信息活动水平评估、信息传播基础结构评估和信息需求满足程度这三方面进行测度和衡量。这三个方面形成三个子模型，每一子模型都由一系列因子决定，而每个因子都由一组可测度的变量产生。例如，"信息活动水平评估"子模型的因子包括信息流量、信息装备水平、信息活动主体水平和信息机构水平等。"信息流量"因子包括的变量有邮件数、电话交换数、传真与电报数、大众传媒（报纸、广播等）传播量和图书馆流通量等。该模型中的因子与变量的筛选和权重的确定，采取了定性与定量相结合的方法，运用了多元统计分析中的有关方法（如因子分析、主成分分析）对样本数据进行处理分析，并在概念层面和操作层面之间进行多次的反复调整。

卢泰宏提出的信息环境评估模型可看做是我国学者对国外信息经济宏观测算方法进行改进的一次成功尝试，将对信息经济测算方法的逐步完善和进一步创新起到积极的推动作用。

8.2.3 信息经济学的两大流派和主要研究内容

信息经济学是信息科学和经济学相互交叉融合而成的新兴学科，它的产生动力主要来自两个方面：一是由于传统经济理论指导经济实践越来越显乏力，迫切需要修正、补充和改进，二是新技术尤其是电子信息技术的出现和在经济活动等方面的广泛应用带来了巨大变化，需要一门新的经济理论和学说加以研究。正是这两方面的动力产生了信息经济学的两个不同流派，即以斯蒂格勒（G. Stigler）、阿罗（K. Arrow）为代表的对经济机制中引入信息范畴进行研究的微观学派和以马克卢普为代表的对信息经济进行整体研究的宏观学派。

1961 年，美国芝加哥大学的经济学家斯蒂格勒在《政治经济学》杂志上以"信息经济学"为题发表了对信息经济学领域进行开创性研究的著名论文，标志着微观学派的产生。此后它的发展大致可分为三个阶段：20 世纪 60～70 年代，斯蒂格勒把信息范畴引入市场经济理论，认为信息是一种商品，研究了信息的成本和价值、信息的提供和信息采集间的关系、信息的获取和所付出的成本对价格、工资、厂商的生产与投资决策以及其他生产要素的影响等问题。70～80 年代，阿罗发表了系列论文，对信息经济学进行了开拓性研究，使微观学派的研究重点逐渐转移到不确定性、非对称性和信息刺激机制的设计等方面，努力使资源的配置在信息不完全条件下达到次优状态，消除不对称信息带来的资源配置的扭曲，并把此学派的研究内容扩大到信息的获取、传播、开发与研究、控制与预测、教育以及信息效益和信息系统等方面。80 年代以来，微观学派开始总结以往的信息经济理论，并逐步加以完善和系统化，而且在信息范畴的基础上对经济学进行创新，诸如提出了新的福利经济学、新的厂商理论、完全资本市场、竞争理论、垄断理论、经济组织理论和宏观经济学等许多新观点。这时的信息经济学研究已进入了正规化阶段，充分显露出它对经济学科发展和创新的特殊意义。微观学派的主要人物有斯蒂格勒、阿罗、斯蒂格利茨（J. E. Stiglitz）、罗思柴尔德（M. Rothschild）、斯彭斯（A. M. Spence）、拉德纳（L. Lardner）、阿尔奇安（A. A. Alchian）、赫什雷弗（J. Hirshleifer）和日本的野口悠纪雄等。[28]尤其值得一提的是，我国学者谢康于1995年出版了《微观信息经济学》一书，系统地总结了西方微观信息经济学的成果，结合中国社会主义市场经济发展过程中出现的具体问题，系统论述了微观信息经济学发展历程、基本概念、理论体系和方法论。[29]这本著作的出版对我国信息经济学的深入发展起到了一定的推动作用。

1962年，马克卢普发表的《美国的知识生产和分配》这一专著，标志着信息经济学宏观学派的诞生。它的发展可概括为两个阶段：20世纪60年代至70年代中期，马克卢普通过对美国1958年知识产业的生产进行统计测定和数量分析，得出了知识产业占国民经济的比重，确立了信息经济作为一种新的经济力量在社会经济结构中的地位。1977年，波拉特发表了九卷本巨著《信息经济》，为宏观学派地位的确定奠定了理论基础。波拉特首次把产业划分为农业、工业、服务业和信息业四类，把信息部门分为第一信息部门和第二信息部门，利用列昂惕夫（Leontief）矩阵和账户分析法等对1967年美国信息经济的规模与结构进行了详尽的统计测算和数量分析。1981年，经济合作与发展组织（OECD）成员国开始采用波拉特方法测算各国的信息经济规模。80年代中后期，英国、法国、日本、欧盟、澳大利亚、瑞典、新加坡、马来西亚和委内瑞拉等先后用波拉特方法进行了本国或本地区的信息经济研究和测算。我国也于1986年用波拉特方法对我国1982年的信息经济状况进行了系统的定量分析。在波拉特信息经济理论获得广泛重视并被各国用于实际测算的同时，有关信息化社会的研究也取得了一些进展，斯托尼尔（Tom Stonier）、霍肯、鲁宾（M. Rubin）和日本的增田米二等对此做出了重要贡献。1988年，马丁发表了《信息社会》一书[30]，美国学者帕克（M. M. Parker）出版了《信息经济学》专著[31]，进一步丰富和发展了宏观学派的研究内容。此外，托夫勒、奈斯比特等就信息化社会和社会信息化等问题进行了探讨和展望，奈斯比特在其1990年出版的《2000年大趋势》一书中就明确指出"90年代是信息经济社会，信息经济越发展，工作就越好，工资也就越高，"并展望了"从美国、欧洲到环太平洋地区富裕的信息经济社会的形成"。[2]

从发展历程上看，信息经济学的微观学派和宏观学派在研究目的和研究方法上是不同的。微观学派注重从信息角度重新考察经济活动，是对经济中的信息问题进行研究，目的是为了修改补充自斯密（Adam Smith）以来的新古典经济学。内容主要涉及：对信息的价值和作用机制的认识，分析不确定性的理论和市场信息在经济活动中的地位与作用，如信息与经济行为、资源分配、企业组织结构、消费者偏好、产品生产和市场销售等方面的关系，信息流动渠道的疏通与改善，信息的处理与辨识，开发与管理等。微观学派主要采用数理经济学、计量经济学等数学方法进行定量研究。宏观学派则着眼于运用经济手段对信息经济进行测算分析，目的是研究国民经济中信息产业的作用、地位和发展壮大以及经济与社会活动各领域中的信息化问题，揭示信息经济的力量和不同经济形态之间的渗透与相互关系。宏观学派主要采用投入产出分析法、国民收入和生产账户分析、信息化指数法等定量方法。

虽然两大流派循着不同的路线，采用不同的方法分别进行研究并取得了积极成果，但正是两方面的共同努力使信息经济学在20世纪70年代获得了独立的学科地位。1976年美国经济学会在经济学分类中正式列出了信息经济学，1979年又召开了首次国际信息经济学学术会议，1983年国际性的刊物《信息经济学与政策》(Information Economics and Policy) 在荷兰创刊，这些都标志着信息经济学作为独立的经济学科的地位已被确认。

信息经济学诞生以来的30多年，正是20世纪信息技术革命风起云涌的岁月，整个经济和社会都处于巨大的变革之中，人们的观念和对客观事物的认识也不断地处于调整、深化和扩展之中，因而对信息经济学这门新兴学科的研究对象和内容的认识也处于发展阶段，存在着不同的观点。乌家培等曾将信息经济学研究的主要内容归结为三大方面八类问题：一是信息的经济研究，包括信息的费用与效用问题，信息资源的分配与管理问题，信息系统的经济评价问题。二是信息经济的研究，包括信息产业的形成和发展问题，信息经济的含义和测量问题，信息技术对经济发展的影响问题。三是信息（学）与经济（学）关系的研究，包括信息与经济的相互关系和作用问题，信息学与经济学的相互交叉和结合问题。[21]也有人认为信息经济学的研究对象和范围包括信息活动的经济机制和经济规律；与信息商品的生产、分配、流通、消费全过程有关的社会关系和经济关系；影响信息活动和信息系统经济效益的自然因素与社会因素；信息作为生产要素的特征、功能以及对社会、经济、科技的作用条件和作用规律；不完全信息和不对称信息条件下经济活动、经济行为的特征与规律等。[32]此外还有其他一些认识，其中有些仅是表述上的不同，有些则在观点上相去甚远。

概括而言，信息经济学的研究内容大致可归纳为以下几个方面：

1）经济行为中的信息问题。主要指市场决策信息的经济研究，如市场竞争中信息的引入及其价值实现；信息在经济活动中的利用，尤其是经济决策水平和信息消费水平的关系；在信息完备程度不同条件下的经济决策特征、模型和效果差异等。

2）信息产品和信息服务的经济研究。把信息作为一种商品研究其成本、价格的构成因素和形成机制、具体衡量尺度、具体成本核算与收费等，信息产品的生产组织方式、市场交换规则与流通渠道，保护信息产品的条例、法规与政策等。

3）信息系统的经济研究。如信息系统的经济效益评价（包括信息活动本身的经济效益评价和信息使用的经济效益评价）；信息需求分析，包括决定信息需求的因素如决策者素质、支付能力、价格、未来期望等的研究，信息系统中信息资源的配置与经济管理等。

4）信息产业的经济研究。对信息产业的产生、发展、影响、界定、分类、结构、测算、组织管理、政策法规和发展规划等进行研究，信息产业在国民经济中的地位与作用以及同其他产业的关系等也需深入探讨。

5）信息化社会和社会信息化的有关研究。如信息技术的社会经济影响及其与信息化社会的关系，社会信息化的进展、测度，信息化社会的特征、对社会经济的影响和所提出的要求，信息经济的总量与结构同社会信息化发展之间的关系、作用规律等。

将上述不尽全面的研究内容换个角度来高度概括，可以初步认为：经济决策是信息经济学的逻辑起点，信息经济效益是其核心范畴，信息需求与信息供给构成了信息经济学的微观基础，信息产业是其中观层次，信息经济总量与结构则是信息经济学的宏观整体。这种认识既比较符合信息经济学的发展历史，又能涵盖信息经济学领域研究近十几年来所取得的主要成果。

20世纪90年代是全世界市场经济工业发达国家信息经济大发展的年代。尤其是美国1993年提出的信息高速公路建设计划和随后各主要发达国家推出的信息技术发展计划，既大大推动了世界信息经济的发展和社会信息化的进程，又带动了信息经济学研究领域的扩展和研究内容的深化。有的研究者将90年代信息经济学的特点称为"面向实践"[9]，认为信息经济学已从过去的偏于构建自身的理论框架、寻找学科分析手段等方面挣脱出来，开始深入剖析信息活动中的经济问题和经济现象以及经济活动中的信息行为，并在实践中提炼和升华自己。从有关文献对1990~1994年信息经济学研究进展的综述来看，这一阶段的信息经济学在理论上没有大的突破性进展，偏重于总结以往的理论和理论方法的实际应用，的确构成了90年代信息经济学研究"面向实践"的时代特色。

8.3 信息化社会的有关理论

8.3.1 信息化社会的含义和特征

虽然早在1959年美国社会学家贝尔就开始着手研究信息化社会的问题，虽然近几十年，尤其是20世纪90年代以来世界所有发达国家和致力于现代化与信息化的发展中国家都在热烈地谈论如何迎接信息化社会的到来，但并未明确究竟何为信息化社会,即对信息化社会这一概念的内涵还没有一个公认的基本定义。1988年马丁在《信息化社会》一书中对信息化社会的含义做了如下的解释和界定:"信息化社会是一个生活质量、社会变化和经济发展越来越多地依赖于信息资源的开发和利用的社会。在这个社会里,人类生活的标准、工作与休闲的方式、教育系统和市场都明显地受信息和知识进步的影响。"[30]原苏联学者莫伊谢耶夫(H. Moиceeв)则认为:"信息化社会是信息技术的发展同自然界、社会和人的高度契合的社会。"[21]日本学者北原安定在《通信革命》一书中写道,"在现代社会里,信息的生产、加工和流通所产生的价值,已经超过传统工业的物质生产、加工和流通所产生的价值。整个社会已经进入了信息化社会的时代"[33],显然他是从产值角度出发,用描述的方法来界定信息化社会的。另外,日本通产省产业结构审议会信息产业部对信息化社会下的定义是:"造成人类智能创造力普遍开花的社会。"[34]国外学者还提出了其他一些定义。

我国学者所提出的定义,从内涵表述上来看更为全面。如20世纪80年代中期徐德保认为"信息化社会是一个把信息看作比物质或能源更为重要的资源,以信息的生产为中心,使社会和经济发展起来的社会"[33]。90年代初期乌家培等认为"信息化社会是指这样一种社会,它区别于农业社会、工业社会,而是以知识和信息为基础的社会,它以现代信息技术的出现和发展为技术特征,以信息经济发展为社会进步的基础"[21]。90年代中期刘昭东等认为"信息化社会是以信息为社会发展的基本动力,以信息技术为实现信息化社会基本特征的手段,以信息经济为维系社会存在和发展的主导经济,以信息文化改变着人类教育、生活和工作方式以及价值观念和时空观念的新兴社会形态"[17]。相比较而言,刘昭东等的定义最为综合,涉及信息、信息技术、信息经济和信息文化等范畴,较好地总结了国内外学者的研究成果,是基本上可以接受的定义。

信息化社会的有关特征一直是学术界研究的一个重点。在此方面首开先河的无疑是贝尔。1959年他首次提出"后工业化社会"这一概念,并用以说明信息化社会。1962~1973年,他对信息化社会的基本特征和发展趋势做了系统的探讨,先后发表了《后工业社会:推测1985年及以后的美国》(1962)、《关于后工业社会的札记(Ⅰ)、(Ⅱ)》(1967)等论文,以及1973年的《后工业社会的来临——对社会预测的一项探索》等著作。贝尔认为后工业社会主要有以下五方面的基本特征:

1)在经济上,由制造业经济转向服务性经济。
2)在职业上,专业人员与科技人员取代企业主面居于社会的主导地位。
3)在中轴原理上,理论知识居于中心,是社会革新和制定政策的源泉。
4)在未来方向上,技术发展是有计划、有节制的,重视技术鉴定。
5)在制定政策上,依靠新的"智能技术"。[35]

按照奈斯比特的观点，贝尔所说的"后工业社会"就是信息化社会。他认为信息化社会始于1956年和1957年。理由是：1956年，美国历史上第一次出现了从事技术、管理和事务工作的白领工人的数量超过了蓝领工人。正处于鼎盛年代的美国工业社会将要让路给一个新的社会，在这个新的社会里，有史以来第一次，大多数人要处理信息，而不是制造产品。1957年，苏联发射了第一颗人造地球卫星，这是正在成长中的信息化社会不可缺少的技术催化剂，信息技术也从此步入了全球化的卫星通信时代。奈斯比特预测信息化社会将有以下一些主要变化：

1）知识和信息是主要的资源和财富。
2）从农民到工人，再到职员，是职业发展史的必然趋势。
3）信息业的增长是经济增长的主要因素。
4）技术的发展从强迫性技术向高技术和与高情感相平衡的方向发展。
5）信息流动时间的加快使全球信息化已经到来。
6）人们的生活习惯和生活方式由农业社会的向过去看，工业社会的注重现在的发展到信息化社会的向未来学习等。[36]

托夫勒在《第三次浪潮》一书中，把工业化社会（第二次浪潮）的特征归结为规格化、专业化、同步化、集中化、好大狂和集权化这六个相互联系的方面，而正在来临的信息化社会（第三次浪潮）则具有与之相反的特征，即：

1）多样化。规格化、少品种大批量生产是工业化社会的特征，要求人们受同样的教育并具有相同的价值观；在信息化社会，借助计算机等可实现多品种小批量的生产方式，从而提供多种产品和服务，以满足不同的价值观的要求。人们可以接受多种教育，具有不同的价值观。

2）综合化。工业化社会中所有工作都有细微的分工，实行高度的专业化；信息化社会中借助计算机等则可实现系统化和综合化。

3）非同步化。工业化社会要求人们的工作时间同步化；而信息化社会可以通过计算机把全部工作调整、综合起来，实现弹性工作制。

4）分散化。工业化社会实行集中化原则；信息化社会则可采用综合现场需求，进行分散处理，然后根据需要再集中的原则。

5）最优化。工业化社会追求大规模，企业都以最大限度获取利益为目标而工作，这种"大规模化"也可称为"好大狂"；在信息化社会中，要求企业对社会、股东、从业人员和顾客等各方面都有最优化的关系。

6）分权化。工业化社会导致中央集权，在企业内部是向大企业的集权化发展；信息化社会则有利于权力的分散。[37]

日本学者增田米二认为，信息化社会以计算机为发展核心，从计算机化的发展过程来看，可分为四个发展阶段：

1) 第一阶段，大致介于 1945~1970 年，是以大科技为基础的计算机化。计算机主要被用于军事和宇航领域，国家机构是推行计算机化的主体。

2) 第二阶段，大致介于 1955~1980 年，是管理的计算机化。主要范围是政府机构和企业，主要目标是提高管理效率，增加国民生产总值。

3) 第三阶段，大致介于 1975~1990 年，是社会的计算机化。主要是用计算机来增进社会福利，满足社会需求，人民群众可以使用计算机参与解决某些社会问题。

4) 第四阶段，大致介于 1975~2000 年，是个人的计算机化。每个家庭都有计算机，每个人都可以从计算机系统中获取他所需的资料，解决面临的问题，追求未来的目标。个人将成为计算机化的主体。[38]

增田米二在其 1982 年出版的《信息化社会》一书中列举了"作为与目前的工业化社会截然不同的人类新社会"的信息化社会的六大特点：

1) 以计算机作为科学技术的发展核心。

2) 信息革命所产生的大量信息和科技知识被系统化、科学化地组织起来，并加以有效地保存和应用。

3) 由信息网和数据库组成的信息公用事业成为社会的基本结构，取代工厂的生产并分配信息产品。

4) 信息化社会的主导工业是"智力工业"，其核心是"知识工业"。

5) 信息化社会以实现"时间价格"为目标，即对未来先行计划，而后予以实现的价值观。

6) 信息化社会发展的最高阶段则是大量生产知识和全社会的计算机化。[39]

马丁在美国和欧洲有关专家的理论基础上，另辟蹊径地把信息化社会的特征归结为以下五条衡量标准：

1) 技术标准。信息技术必须是这个社会的关键性动力量。

2) 社会标准。信息必须保证提高人们的生活质量，整个社会要有广泛而强烈的信息意识。

3) 经济标准。信息必须成为经济活动中的关键性因素，既是一种资源、服务活动和流通的商品，也是就业和增值的源泉。

4) 政治标准。信息能够增进民主和自由，加强人们的各种参与和妥协。

5) 文化标准。信息具有文化价值。[39]

以上所述学者的观点和理论都具有一定的科学性和合理性，在世界范围内引起了强烈的反响，使信息化社会这一特定概念为越来越多的各方面人士所接受。我国学者在对上述有关理论和预见进行认真分析之后，综合归纳出信息化社会的以下几个主要特点：

1) 信息、知识和智力越来越成为社会发展的决定性力量。

2) 信息技术、信息产业和信息经济日益成为科技、经济、社会发展的主导因素。

3) 信息劳动者、脑力劳动者和知识分子的作用越来越大。

4) 社会经济生活分散化、多样化、小规模化、非群体化和节奏加快的趋势日益强化。[8]

8.3.2 有关信息化社会理论的争论和反思

关于信息化社会理论的争论，其焦点主要集中于对信息化社会的实质问题的探讨。原苏联学者尼库里切夫等不认为信息化社会是未来社会的发展方向，他们的理由是：第一，说"信息化社会的两大特点是社会由生产商品转向劳务，理论知识决定社会的发展方向"这种观点否认了创造剩余价值的源泉是物化于机器中的学者、设计师和工人等的劳动。第二，说"民主发展的前提是自由信息流；计算机和电视的发展将使人民有可能进行瞬间的全民投票，从而避免一切社会冲突"这种观点抹杀了资本主义制度固有的阶级矛盾。第三，说"信息化社会"只揭示了社会发展的技术方面的问题而否认了社会实质的问题。[21]

日本学者笔坂秀世也否认"高度信息化社会"的提法[21]。他认为资本主义社会固有的阶级矛盾随着信息化的冲击不是淡化而是更加激烈，资本主义社会的发展方向只能是打破旧的生产关系朝着社会主义和共产主义方向发展。此外他还认为：第一，说"信息化社会不仅是物质生活丰富而且是精神生活丰富的社会"与事实相违背。例如，随着信息化的冲击，日本存在的住宅紧张、低工资、时间过长的紧张劳动，以及精神颓废、文化衰退、国民生活质量下降等现象正好说明即使是高度信息化也不能治愈资本主义固有的痼疾。第二，说"信息化社会是中小企业占优势、人口分散、通信发达、环境优美、尊重人性的和谐社会"否认了资本主义制度的矛盾。因为高度的信息化在资本主义制度下只会造成更大的社会灾难。

美国学者罗斯扎克（Theodore Roszak）1986年在所著《信息崇拜：计算机神话与真正的思维艺术》一书中指出："……现在已四处可闻'信息经济'、'信息化社会'等花哨而不严谨的话题，所谓的'信息化社会'中的信息技术明显具有使政治力量集中化，形成新形式的社会混乱和统治的能力。"[40]

上述原苏联和日本学者的争论意见，无疑是就资本主义制度下信息化或高度信息化的社会后果问题进行争辩。西方学者（主要是英美学者）所说的"信息化社会"，不只是局限在技术社会形态意义上的生产力发展和技术发展的一个阶段，而是既包括生产力、技术发展水平、产业结构，也包括社会生产关系、上层建筑、人们的思想意识、生活方式、思维方式，还包含家庭关系、民族关系、国际关系等多方面的内容，实际上是一个综合性的社会形态概念。应该说他们的许多理论和观点都有积极意义。但是，在这些学者的学说中也存在着忽视以至抹杀社会经济形态的区别，把社会主义和资本主义两种根本不同的社会经济形态相提并论，以所谓的"信息化社会"来统一资本主义社会和社会主义社会，否认资本主义过渡到社会主义的必然性等错误。如果不是用信息化社会这一概念来否认资本主义制度与社会主义制度的对立，或否认共产主义社会的发展大方向，那么着眼于生产力和科技水平的"信息化社会"的提法是有积极意义的。信息化社会与共产主义社会并不矛盾，共产主义社会必然是高度发达的信息化社会。

罗斯扎克的争论意见则是另一层意义上的，即人们不能只看到信息化社会到来的美好一面，而看不到其消极的一面。他在《信息崇拜》一书中指出："不论信息时代的前景多么诱人，我们付出的代价从未超出过所得到的东西。对隐私的侵犯使我们失去了自由，选择政治的堕落又想使我们失去民主，计算机化的战争机器更是对人类生存的直接威胁……"[40]当然，他的议论更多的是针对信息技术的负面影响的，但这些讨论的确提醒人们更细致、更深刻地认识信息化社会中那些并不使人感到振奋，甚至还使人感到忧虑的问题。例如：

1）信息技术革命在创造出更高的工作效率和生活效率的同时，也制造出无数的信息垃圾，或到处送发大量无关资料，无端占用了被动接受者的大量时间。

2）信息产业的高度发达既提供了大量崭新的就业机会，又报废了可能更多的传统工作，从而使许多人沦为祭品，失业在哪里都是严重的社会问题。

3）当信息系统担负起人类不能、不便或不愿承办的工作时，也会因自身的特性带来新的工作风险。例如在美国，机场、医院、银行、学校、电话局、政府机关甚至战略预警系统等，20世纪90年代以来都有过中央系统失灵或出现故障的记录，有的造成极大困扰，有的其潜在后果不堪设想。

4）信息服务业为顾客提供各式各样的现代化服务时，这些服务的自动化不仅造成了新的失业，也可能带来服务业的非人性化倾向。人与人之间电信往来的增强和对信息技术设备依赖程度的加大，减少了人与人面对面接触的机会，社会交往的被忽视导致人际关系变得疏远，更加冷漠而且缺乏人性，社区也有可能出现离心倾向。

5）信息控制系统的广泛应用在有效地阻遏了某些传统类型的犯罪发生的同时，也为另外一些传统犯罪提供了更好的条件（如用高科技设备来武装），可能还会创造出一些新的犯罪手段。实际上，充斥在今日信息网络上的电子强盗、黑客（hacker）、骗子、流氓和无赖等正在嘲弄着新一轮的人类"文明"。

6）各种信息技术、电化教育设备在推动教育进步的同时，更有大量的无益于身心健康和智力发展的电子产品与电视节目一道，侵吞着孩子们远远多于上课时间的宝贵光阴，其消极影响甚至危害不容忽视。

7）当国家与社会团体应用现代信息技术控制系统对自己的公民或社会成员

进行全面管理时,它们对人类行为的全面监控也成为可能,即个人隐私不仅无密可保,还有可能被全面剥夺。

8）当计算机全面渗入社会各个角落之时（这点无疑是信息化社会的标志之一）,设计软件者和软件使用者之间,有知识有条件使用计算机的人和无知识无机会使用的人之间的差距越来越大,可能会形成"信息穷人"和"信息富人",没有知识的人将会沦为"社会乞丐"。

9）信息处理系统把人的选择充分简化时,我们越来越多的工作转化成了 0 或 1、Y（Yes）或 N（No）的选择,或是 A、B、C、D 式的圈点,这种铺天盖地式的简单选择对人类生活真实而完整的意义,我们尚不清楚。

10）信息化社会中四处充塞、到处流动的信息可能会淹没真正的思维艺术；有人警告说：人类的思维能力可能正在退化,全球范围内人们的文字能力也已经在降低。

上述 10 个方面的描述显然并未穷尽信息化社会中人们所面临的问题。罗斯扎克富有远见地指出："那种把信息看作知识,看作思想,看作财富,看作一切的盲目狂热,将带来人类文化的严重退化","信息化社会的发展,并不会简单导向'美好的民主',因为它既可能导向一盘散沙式的过度民主,也可能干脆导向铁板一块式的绝对专制"。因而,在迎接信息化社会的到来,展望其美好前景的时候,必须对它带来的种种难题有足够的心理准备和应对方略。

综合以上论述,虽然学术界对信息化社会的含义、特征尚有不同见解,对信息化社会的理论也有一定的争议,人们对信息化社会面临的种种问题也越来越加以关注,但是,作为社会生产力发展新形态的信息化社会无疑将是真实的存在,既不可忽视前文所列举的那些问题,又必须充分认识到信息革命的正面效果和信息化社会的前景。正如美国微软公司总裁盖茨（Bill Gates）在《未来之路》一书中所说的那样,"这是一个值得一活的时代"。

主要参考文献

[1] 钟义信. 国民经济信息化与"CHINA 计划". 见：国家自然科学基金委员会. 高速信息网络与并行处理研讨会论文集,1994

[2] J. 奈斯比特,P. 阿伯迪妮. 2000 年大趋势. 军事科学院外国军事研究部译. 北京：中共中央党校出版社,1990

[3] 中国科技促进发展研究中心. 首届中国信息化问题学术讨论会论文集. 北京：电子工业出版社,1987

[4] 李春宝,横井宽. 通向信息社会之路. 北京：新时代出版社,1992

[5] 李京文. 信息化与经济发展. 北京：中国社会科学出版社,1995

[6] 竹内启. 信息化带来的产业、经济的变革. 见：李春宝,横井宽. 通向信息社会之路. 北京：新时代出版社,1992

［7］谢阳群. 信息化的兴起与内涵. 图书情报工作, 1996, (2): 38
［8］乌家培. 信息与经济. 北京: 清华大学出版社, 1993
［9］杨列勋. 90年代面向实践的信息经济学. 见: 情报学进展: 1994~1995年度评论（第一卷）. 中国国防科技信息学会, 1995: 73
［10］王可. 信息化——一种新的世界发展战略与中国的选择. 见: 中国科技促进发展研究中心. 首届中国信息化问题学术讨论会论文集. 北京: 电子工业出版社, 1987
［11］谢阳群. 信息化的兴起与内涵. 图书情报工作, 1996, (2): 39
［12］葛伟民. 信息化与信息商品化. 见: 首届中国信息化问题学术讨论会论文集. 北京: 电子工业出版社, 1987
［13］乌家培. 关于发展我国信息产业的思考. 情报学报, 1996, 15 (5): 350~353
［14］汪冰. 国家信息基础设施建设的热潮与我国的进展和对策. 情报学报, 1995, 14 (4): 265~275, 282
［15］汪冰. 电子图书馆理论与实践研究. 中国科学院文献情报中心博士学位论文, 1997
［16］汪冰等. 对当代世界信息产业发展特点的分析. 情报资料工作, 1995, (6): 3~6
［17］刘昭东. 信息与信息化社会. 北京: 科技文献出版社, 1994
［18］N. 尼葛洛庞帝. 数字化生存. 胡泳等译. 海口: 海南出版社, 1997
［19］http://www.csdn.net/develop/article/17/17327.htm
［20］Cook W J et al. Fast lane to the future. US News & World Report, Jan. 17, 1994: 56~58
［21］乌家培等. 经济信息与信息经济. 北京: 中国经济出版社, 1991
［22］刘昭东等. 信息工作理论与实践. 北京: 科技文献出版社, 1995
［23］卢泰宏等. 信息宏观测度的研究（上）. 情报学报, 1992, 11 (5): 321~328
［24］Borko H, Menou M J. Index of Information Utilization Potential: the Final Report of the IUP Pilot Project. Los Angeles: Graduate School of Library and Information Science, Univ of California at Los Angeles, 1982
［25］Menou M J. Measuring the Impact of Information on Development. Ottawa, Canada: International Development Research Centre, 1993
［26］Eres B K. Socioeconomic conditions related to information activity in less developed countries. JASIS, 1985, 36 (5): 213~218
［27］卢泰宏等. 信息环境评估模型. 信息系统建设, 1992, (2): 23~30
［28］杨列勋. 信息经济学的分野和情报经济学的归属. 情报学报, 1992, 11 (6): 475~480
［29］谢康. 微观信息经济学. 广州: 中山大学出版社, 1995
［30］Martin W J. The Information Society. London: Aslib, 1988
［31］Parker M M. Information Economics. New Jersy: Ablex Publishing Co., 1988
［32］葛伟民. 信息经济学. 上海: 上海人民出版社, 1989
［33］樊昌信. 信息社会与中国的通信事业, 通向信息社会之路. 北京: 新时代出版社, 1992
［34］中国科技情报研究所《快报》编辑部. 世界新产业革命动向. 北京: 科学技术文献出版社, 1984
［35］丹尼尔·贝尔. 后工业社会的来临: 对社会预测的一项探索. 高铦等译. 北京: 商务印书馆, 1984

[36] 约翰·奈斯比特. 大趋势——改变我们生活的十个新方向. 梅艳译. 北京：中国社会科学出版社，1984
[37] 阿尔文·托夫勒. 第三次浪潮. 朱志焱等译. 北京：三联书店，1983
[38] 梁枢等. 信息时代与民族复兴. 青岛：青岛海洋大学出版社，1991
[39] 岳剑波. 信息环境论. 北京：书目文献出版社，1995
[40] 西奥多·罗斯扎克. 信息崇拜——计算机神话与真正的思维艺术. 苗华健等译. 北京：中国对外翻译出版公司，1994

9 社会信息化和信息化社会实践概述

随着社会信息化进程的加速,从信息到信息资源、信息技术、信息服务业、信息产业、信息经济、信息高速公路、信息革命、信息社会、信息全球化等这一信息链条,正史无前例地、奇迹般地呈现在人类面前。而信息资源管理就是为这一链条的所有这些组分服务的,小至基层组织机构的一切信息活动,中至各行各业的信息化建设和全社会的信息化建设,大至信息全球化,都离不开信息资源管理这一主要基础的强有力的支撑。可以说,信息资源管理的水平如何,已成为一个国家社会发展水平的重要标志之一。

9.1 国外重要的信息化工程

因为信息化已成为推动世界经济和社会发展的关键因素,成为人类进步的新标志,所以许多发达国家从20世纪80年代以来推出了大量以实现信息化为目标的信息技术发展规划、信息产业振兴计划、信息经济成长计划等。尤其是90年代初风靡全球的信息高速公路建设,更使信息化成为政府官员、学界人士、大小企业家乃至寻常百姓都广泛瞩目的名词。本小节主要对国外一些重要的信息化工程进行介绍和评述。

9.1.1 部分发达国家的重要信息技术发展计划

信息技术的发展和广泛应用,既促进了人类对信息资源的开发和利用,又壮大了信息产业和信息经济的规模,更为经济领域和社会领域各方面的大规模信息化奠定了坚实的物质基础。表9.1列举了部分发达国家的重要信息技术发展计划[1]。

表9.1 信息技术发展计划

实施期限	计划名称	研究开发项目/目标	预计经费投入
美 国			
1984～1993	战略计算机计划	超级计算机研制 人工智能技术	13.45亿美元
1989～1992	高性能计算机与通信计划	高性能计算技术 通信技术	6.38亿美元

续表

实施期限	计划名称	研究开发项目/目标	预计经费投入
1996	新一代互联网计划（Internet 2）	实现超高速光纤网 新一代互联网和应用技术	5亿
1999	面向21世纪信息技术研发战略（第二代信息技术IT2研发计划）	开发先进互联网技术和高端计算 下一代互联网	13.7亿美元
2005	网络和信息技术研发计划	新一代高速宽带互联网	20亿美元（2007年28亿美元）
日本			
1992~2000	神经网络研究与光电子计算机研制计划	人工智能技术 光电子计算机研制	9亿日元/年
1993~1998	SIGMA计划与超SIGMA计划	高级软件应用开发	300亿日元
1993~	大型项目的研究与开发总体规划	高性能计算机系统开发 先进机器人技术 交互式数据库系统	1000万~2000万美元/年
1993~	未来产业的基础技术研究与开发计划	新材料、电子、超导技术和生物技术等4个领域14个大项目	200万~1500万美元/年
2001~2005	电子日本战略（e-Japan）	网络基础设施开发 电子商务与电子政务的环境	
2005~2015	无处不在的网络日本（u-Japan）	普遍的通信 新一代网络 可靠与安全	
西欧			
1983~1992	ESPRIT信息技术计划	信息通信技术	30亿欧洲货币单位
1985~	EUREKA计划	欧洲计算机计划 欧洲通信网计划 欧洲机器人计划	2300亿法郎
1986~1995	尖端通信科研合作计划	超大规模集成电路 集成光电子技术 大屏幕平面显示技术	1500亿欧洲货币单位
1987~1992	欧洲先进通信研究与开发计划	通信技术 网络技术	45亿法郎

续表

实施期限	计划名称	研究开发项目/目标	预计经费投入
1989~	欧洲联合亚微米硅计划	宽带通信 数字式音频广播 光电子技术	3800万欧洲货币单位
英 国			
1989~2000	信息技术联合研究计划	信息技术	20亿英镑
2001	e-Science 计划	信息技术	2.5亿英镑
德 国			
1993~1996	信息技术促进计划	信息技术	120亿马克
1999	21世纪信息社会创新和就业行动计划	发展互联网基础设施	30亿马克
2002	信息技术研究2006计划	信息与通信技术	
法 国			
1993~1996	信息技术计划	信息技术	20亿法郎/年
1998	信息社会政府行动计划	大力发展互联网 政府机构信息化建设 ICT创新	

注：① 本书在引用时做了整理，并增加了新内容。② 在欧盟（原欧共体）的计划中，除 EUREKA（尤里卡）计划外，从1985年起，先后出台了医疗先进信息（AIM）、数据资料自动化（CADIA）、公路运输信息通信（DRIVE）、信息培训（DELTA）、数据电子传输（TEDIS）、自动翻译（EUROTRA）、信息服务市场（IMPACT）、通信（RACE）、地区通信网（STAR）等项目。欧盟于2001年初又提出第六个科技发展计划——"2002~2006年科技发展框架计划"，其中包括以36亿欧元发展信息技术。

9.1.2 部分国家和地区的信息高速公路计划

所谓信息高速公路计划即对国家信息基础设施（NII）的形象诠释，一般包括以下四个层次：

1) 传输层。是最基础的一层，主要指建设以光纤为主体的高速率、大容量、宽频带的传输干线，并辅之以电缆、卫星、移动通信等多媒体、多接入的传输手段。

2) 网络层。主要指以异步传输模式（ATM）为主体的多媒体综合交换设施和智能化监控、调度、管理服务的网络系统。

3) 终端系统层。主要指电话、传真、计算机、有线电视、光盘、立体声设备和交换机等种类繁多的设备。

4) 信息服务层。是建设信息基础设施的直接目的，不仅包括电话、传真等传统电信服务，还涉及电子邮政、信息资源共享与查询、分布式科学计算、数据操作、协作环境与设备操作、可视电话、电视会议和交互式视频点播等众多应用前景广泛的服务。

此外，人力资源，即生产信息、开发和应用各类服务系统、提供信息服务等的人才，在国家信息基础设施建设中也占有举足轻重的地位。

1993年美国出台NII计划以来，全球许多国家和地区都随后推出了各自的NII计划。此后信息高速公路建设成为了全世界最重要的信息化工程。表9.2和表9.3分别归纳了1993~1994年和1995年若干国家和地区在这方面的计划。

表9.2 部分国家和地区的信息高速公路计划（1993~1994年）[2,3]

国家和地区	计划名称	完成年限	投 入
美 国	国家信息基础设施建设计划	20年	4000亿美元
日 本	省际研究信息新干线 Mandara计划 全国光纤网	2015年 5年 15年	9500万美元 1万亿日元 不详
欧盟（原欧共体）	信息社会	10年	9000亿法郎
英 国	信息高速公路	10年	380亿英镑
加拿大	信息高速公路	10年	7.5亿加元
南锥体四国	地区性光纤网络工程 连接美国的海底电缆工程	3年 3年	7500万美元 不详
新加坡	"2000年智慧岛"建设计划	15年	12.5亿美元
韩 国	信息高速公路计划	20年	553亿美元
中国台湾	台湾信息高速公路	10年	100亿美元
印 度	信息高速公路建设	不详	7000万美元

表9.3 1995年启动的部分国家信息化工程[4]

国家或地区	时 间	项目名称
美 国	1995	草拟"高性能计算与通信计划"指导新方案
波 兰	1995.3	正式实施"科学信息基础设施发展规划"
丹 麦	1995	实施"丹麦2000年信息社会"计划
芬 兰	1995.1	批准"芬兰信息社会国家战略"
荷 兰	1995	实施"国家电子高速公路行动计划"
瑞 典	1995.1	改组信息技术委员会
日 本	1995.2	确定"面向高度信息通信社会的基本方针"
欧盟（原欧共体）	1995.7	实施"信息2000年计划"

9.1.3 国外建设国家信息基础设施的特征分析

1) 政府高层人士亲自负责国家信息基础设施建设。如在美国由时任副总统的戈尔亲自负责，有人还评价说："戈尔心里除了发展信息高速公路以外，似乎别无它事。"日本由科学技术厅、文部省、邮政省和通产省负责主管，羽田孜首相执政时期还在内阁设立了"高度信息通信推进本部"，并将信息通信作为政府的主要工作领域之一。原欧共体委员会主席雅克·德洛尔提出将信息高速公路列为优先发展项目，由欧共体委员会工业委员、财政委员和若干企业巨头共同负责具体实施。

2) 发达国家和地区都斥以巨资建设各自的信息基础设施。从表9.2来看，在投资总量方面美国以4000亿美元高居榜首；就年均投资强度而言，发达国家每年平均投入达上千亿元人民币以上，按人民币与外汇可比价格计算，美国为1740亿元/年，欧盟为1364亿元/年，韩国为240亿元/年，日本为14.5亿元/年，加拿大为4.8亿元/年；而从每年人均投资强度来看，新加坡居首位，达到了4000元/(人·年)，美国次之，为690元/(人·年)，韩国为560元/(人·年)，欧盟为400元/(人·年)，加拿大约为18元/(人·年)。

3) 私营企业分担NII建设的大部分费用。因为建设NII所需要的持续多年的高强度投资，对任何国家的政府而言都是独力难支的。各国比较一致的做法是：政府在战略上引导、立法上支持、政策上调整、实施中协调各方力量，政府拨专款用于启动，投资主要靠各大财团和企业界。如美国政府总投资只占全部预算的7.5%左右；日本Mandara计划预算的1万亿日元大部分由各地自治团体分担；欧盟委员会在最初5年欧洲信息社会的初建阶段只能出资330亿法郎，另外的4100亿法郎要靠私人投资；英国380亿英镑的预算中仅英国电信公司一家即占了100亿英镑；韩国信息高速公路建设的第一部分是国家高速信息网建设，由政府出资11.2万亿韩元，第二部分是地方高速信息网建设，由民间企业共同投入43.5万亿韩元，几乎是政府投入的4倍。可见，私营企业界是建设国家信息基础设施的主要资金提供者。

4) 各个国家和地区实力最雄厚的电信公司，在建设NII中作用十分突出。它们不仅出资最多，而且拥有技术、人力、设备基础和经营优势（如某种程度上的垄断），已成为合作的核心和推进的主力。

5) 各个国家和地区都非常重视合作，并把合作开发作为共同进步的手段。从国家层次看，日美合作建立信息高速公路，日韩合作进行下一代信息通信网的连接试验，英法也在积极合作开发，而欧盟信息社会计划的实施本身就有赖于各成员国的通力合作。从公司企业看，合作的范围就更广泛了，如英国电信公司、西班牙的Tellefonica公司、意大利的STET/ASST公司和瑞典的Telia公司等合作试验一个连接全欧洲的高速数字光纤网 GEN，美国 AT&T 公司与 18 家大型欧洲电信经营公司合作建设试验性的泛欧 ATM 网络 PEAN，至于两国或三国主要电信公司之间的合作就更加频繁了。

6）发达国家和地区主要采取两种方式推进 NII 建设。一种是政府引导、民间为主型。政府以政策主导民间的需求，并修改法令法规配合民间的推进进程。有代表性的为美、法、德和中国台湾地区。另一种是政府为主型，日本、韩国、新加坡和加拿大属于此类。此外，英国的情况比较特殊，不能简单地归于上述某类，政府只制定了限制通信垄断的政策，并没有明确建立多媒体服务系统方面的规章制度，也没有对参与建设的公司企业的力量进行统一调整和有效利用，所以英国报刊发文指出，英国的这一状况已造成了"力量的分散和浪费"。[5]

总之，信息高速公路是信息技术和社会信息化发展到一定阶段的产物，它的发展会大大加速社会的信息化进程，带来社会综合生产力的变革，引起世界经济和社会质的飞跃。这一趋势将不以我们的主观意志为转移，这也就是为什么不论大国或小国、发达国家或发展中国家，都致力于根据国情拟定各自的国家信息基础设施计划的原因。因此，信息高速公路的建设，对各个国家和地区乃至全球的信息化起到了极大的推动作用，是人类社会迈向信息时代的主要标志。

9.2 我国推进信息化的历程和战略

9.2.1 我国走信息化之路的必要性

作为发展中的大国的我国，选择信息化这条道路，有其历史的必然性：第一，信息化的价值和深远影响，使我国在面对发达国家占领信息化这一制高点的挑战时，不得不考虑如何采取相应的战略对策。第二，全球性的信息化浪潮表明这是不可逆转的趋势，日益与国际社会接轨的我国不能不正视这一现实。第三，选择信息化之路，也是中国的国情使然，如果现在继续沿袭外延扩张的经济发展模式，我国就不可能在较短的时间内赶上发达国家。第四，信息化对于我国国民经济各领域实现跳跃式发展，改变科技落后的状态，在较短时间内大大提高人均受教育水平和人口文化素质，有着特殊的贡献。这一切表明，我国选择信息化之路的背后，既有外在的压力和推动力，又有内在的发展驱动力。

美国麻省理工学院斯隆管理学院原院长瑟罗（Lester Serrow）在其力著《21世纪的角逐》中指出："在历史上，无论个人、企业还是国家，若要致富，一是要拥有比竞争对手更多的自然资源；二是要天生富有，获得人均占有资本（包括工厂和设备）高于别人的优势；三是要使用更高超的技术；四是要拥有更多的技术工人。具备上述条件，加上合理的管理，成功便有了保障。"[6]瑟罗的提议虽非金科玉律，但对照一下中国的现实情况还是不无启发意义：显然中国不是资源大国，耕地、森林、草原、淡水等物质资源的人均占有率远低于世界平均水平，分别为世界的 32.3%、14.3%、32.3%、28.1%（1989 年比较数字）[7]，此外，矿产资源中除钨和锑以外，其余都大大低于世界人均水平。我国又不是天生富有，资金不足是我国经济发展的瓶颈之一。使用的技术在很多方面与国际先进水平有较大差距（全国工业普查的结果表明我国工业设备中在 20 世纪 80 年代中期应淘汰的就占 50% 以上）。技术工人的技能和数量、质量都落后于发达国家，平均受教育水平也有很大差距。至于管理方面的差距那就更大了。与我国较低的人均物质和能源占有率形成鲜明对照的是，我国每单位国民生产总值中的物耗和能耗却高居世界前列，诸如能源利用率仅为 30%（工业发达国家均在 50% 以上），能源对 GNP 产出率仅为世界平均水平的 1/7 和日本的 1/12，能源消耗系数却比发达国家高 4～8 倍[7]。而在物质、能源消耗水平居高不下的同时，我国每单位 GNP 中信息的消耗却不到世界平均水平的 1/12，呈居低不上之势[6]。这种种情况表明，如果继续沿袭旧的发展模式，而不转向寻求一种巨大的变革性力量，中国将无法缩小与发达国家的差距。

强化信息资源开发利用，加强信息技术应用，推动经济和社会的信息化，就是这种巨大的变革性力量。信息化对于处于现代化进程中的中国无疑具有特殊的重要意义。

9.2.2 我国信息化发展历程

进入 21 世纪以来，"信息化"的理念已深入人心，"信息化"已成为中国经济、社会发展新的动力源。

对中国信息化发展进程的划分在理论界存在着二阶段、三阶段、四阶段，甚至七阶段之说。但无论怎么划分，每一阶段均有其里程碑的事件和重大的工程，以及国家信息化战略的阶段性特点。这里依据当前的主流观点按三阶段来划分我国"十五"计划（2001～2005 年）之前信息化的发展历程，并简述每一阶段的主要进展和特点（间有交叉）。此后则宜按五年计划时期划分阶段。

1. 第一阶段（1978～1992 年）

随着美国托夫勒的力著《第三次浪潮》、美国奈斯比特的力著《大趋势——改变我们生活的十个新方向》和其他学者类似著作传入我国，国人在改革开放的初期已朦胧地感受到信息化的涌动，认识到信息在未来社会中的地位和作用。1978 年全国科学大会后国家即制定了《1978～1985 年全国科学技术发展规划纲要》，在其中明确提出国家发展信息技术的政策。1982 年成立了电子工业部。1984 年在国家计委成立了信息管理办公室，负责推动国务院有关部委经济信息系统的建设工作。同年，国务院发出通知指出，为了迎接世界新的技术革命，加速我国四个现代化的建设，必须有重点地发展新兴产业。而在现代新兴产业群中，信息产业是最重要、最活跃、影响最广泛的核心因素。

1984年9月19日，邓小平同志为《经济参考报》的题词"开发信息资源，服务四化建设"和同年10月中共十二届三中全会通过的《中共中央关于经济体制改革的决定》中，将我国信息化建设提上了议程。1984年11月，国务院发布的"我国电子和信息产业发展战略"指出我国电子和信息产业要实现两个转移：第一，把电子和信息产业的服务重点转移到为发展国民经济、为四化建设、为整个社会生活服务的轨道上来，为此，必须把电子信息产业在社会各个领域的应用放在首位。第二，电子工业的发展要转移到以微电子技术为基础、以计算机和通信装备为主体的轨道上来，并确定集成电路、计算机、通信和软件为发展的重要领域。

1986年3月，国家科委编制了《高新技术研究开发计划纲要》，俗称"863"计划，1987年3月第六届全国人民代表大会第五次会议正式通过并组织实施。在"863"计划中，信息技术被列为7大重点发展领域之一。该计划投资100亿元，其中，信息技术相关项目的投资约占投资总额的2/3。为了促进中国信息化的发展，唤起人们对信息化的认同和重视，1986年2月在北京还召开了首届中国信息化问题学术研讨会。

该阶段的特点是：由于信息化的概念刚刚被引入，人们对信息化的认识还较肤浅。国家对信息化的政策尚处在整顿、调整、试探性的摸索阶段。信息化的发展逐步从依附于农业、工业和第三产业演变成为独立的信息产业；逐步从军工转向民用；逐步从部分技术引进发展到多层次、全方位的高技术"拿来主义"。国家的信息化发展战略也呈现局部行业优先发展和探索，再由部分行业（原只侧重于电子工业）的试点逐步辐射到其他的行业。

2. 第二阶段（1993～1997年）

1993年3月，国务院提出和部署建设国家公用经济信息通信网（即金桥工程），同年12月，国务院批准成立国家经济信息化联席会议，确立"实施信息化工程，以信息化带动产业发展"。"联席会议"的成立和"金字系列工程"的陆续启动，标志着中国信息化掀开了新的一页。1996年1月，联席会议改组为国务院信息化领导小组，由20多个部委共同组成，统一领导和组织协调全国的信息化工作。1996年5月，第八届全国人民代表大会第四次会议通过了《国民经济和社会发展"九五"和2010年远景目标纲要》，其中提出的一项重要目标是："国民经济和社会各领域应用现代化电子信息技术取得很大进展，计算机应用在生产、工作和生活中的普及程度有很大提高，初步建立以宽带综合业务数字技术为支撑的国家信息基础设施,国民经济信息化程度显著提高。"

1997年4月国务院在深圳召开了全国信息化工作会议。会议确定国家信息化的定义、信息化体系六大要素及其指导方针、工作原则、奋斗目标、主要任务等,并通过了"国家信息化'九五'规划和2010年远景目标",将中国互联网列入国家信息基础设施建设,并提出建立国家互联网信息中心和互联网交换中心的建议。

1993~1997年信息化建设的标志性的工作有:1994年4月,NCFC工程通过美国Sprint公司连入Internet的64k国际专线开通,实现了与Internet的全功能联结,从此,中国被国际上正式承认为有国际互联网的国家。同年9月,中美双方签订关于国际互联网的协议。1994年1月,吉通通信有限责任公司成立;1994年7月中国联合通信有限责任公司成立;1994年9月,CHINANET的建设开始启动,1997年12月,实现了与CSTNET、CERNET和CHINAGBN的互联互通。[8]

该阶段的特点是:随着信息化技术的不断发展,人们逐渐认识到信息化已成为实实在在的现实,信息化工程的实施极大地提高了劳动生产效率和人民的生活质量。国家在宏观上确立了中国国家信息化的定义和国家信息化体系;提出了国家信息化建设的方针和原则;制定了国家信息化发展规划和促进信息化建设的一系列政策;确立了"实施信息化工程,以信息化带动产业发展"的指导思想;启动了"金卡"、"金桥"、"金关"等重大信息化工程,并取得了实质性的进展。从此,我国的信息化进入了有组织、有计划推进的阶段。

3. 第三阶段(1998~2001年)

1997年4月首次全国信息化工作会议召开,时任副总理的邹家华同志作了题为"把握大局,大力协同,积极推进国家信息化,为国民经济持续、快速、健康发展和社会全面进步服务"的主题报告,会议全面部署了信息化工作。此后,全国的信息化工作从解决应急性的热点问题,走上为经济发展和社会全面进步服务,有组织、有计划的发展轨道。

1998年3月,信息产业部成立,主管全国电子信息制造业、通信业和软件业,推进国民经济和社会信息化。信息产业部下设国家信息化办公室,其主要职责为:第一,研究制定推进国民经济和社会信息化发展规划。第二,指导各地区、各行业的国民经济信息化工作。第三,协助业主推进重大信息化工程。第四,组织协调和推进全国软件产业的发展。第五,研究制定有关信息资源的发展政策和措施,指导、协调信息资源的开发利用和信息安全技术开发。第六,推动信息化普及教育。1999年12月,为加强对国家信息化工作的领导,国务院决定成立国家信息化工作领导小组,同时撤销国家信息化办公室,成立国家信息化推进工作办公室。

2001年3月,第九届全国人民代表大会第四次会议通过了《国民经济和社会发展第十个五年计划纲要》,该纲要对"加快推进国民经济和社会信息化"做了进一步的规定,明确提出要按照应用主导、面向市场、网络共建、资源共享、技术创新、竞争开放的发展思路。要求努力实现我国信息产业的跨越式发展,加速推进信息化,提高信息产业在国民经济中的比重。2001年7月,由信息产业部会同有关部委共同研究制定的《国家信息化指标构成方案》出台,这是全球首例由国家制定的信息化标准。2001年9月,历时一年多的《"十五"信息化发展重点专项规划》和《信息产业"十五"计划纲要》等陆续出台,为加速推进信息化提供了更为具体的行动指南。

1998~2001年,信息化建设的标志性工作主要有:1998年政府完成了邮政与电信的分离和电信的政企分开工作,有力地促进了邮电与电信的市场化。1999年,中国网络通信有限责任公司(中国网通)成立,中国电信改组,中国联通重组,中国通信领域进一步打破垄断,竞争格局逐步明朗化。2000年,中国电信公司、中国卫星通信公司、中国移动通信公司先后成立;同年12月,中国第一家中外合资的电信营运公司——上海信天通信有限公司成立,打破了中国电信企业的垄断性竞争格局。1999~2000年,中国联通互联网、中国网通公用互联网、中国移动互联网、中国国际经济贸易互联网先后开通使用。2000年1月,中国国家重点企业电子商务网络启动。2000年5月,中国最大的建筑企业中建总公司与中国第二大电信企业中国联通就联通接入网工程达成全面合作共识,这是迄今为止国内最大规模传统产业与信息产业的一次合作。2000年7月,中国互联网公司——sohu.com正式在美国上市。2000年7月国家软件产业基地在上海浦东软件园揭牌。[8]2001年8月,重新组建国家信息化领导小组。2001年12月,国家信息化领导小组召开第一次全体会议,提出了每一个全国信息化专项规划。

该阶段的特点是:信息产业部努力推动电信体制改革,进行了政企分开、邮电分营、电信重组和结构调整、国有企业改革等;初步形成了中国电信、中国移动、中国联通、中国网通、中国铁通等多家电信运营公司开展市场竞争的格局;与此同时,会同有关部门,在国民经济信息化方面,做了大量工作。经过第一、第二阶段的摸索和发展,我国信息化政策在第三阶段后期基本上形成了完整的体系(既有短、中、长期政策的制定,也有分行业、分层次的政策体系架构),政策的规范性、逻辑层次性、科学性和可行性更趋于完善,政策的方向性更加明确、统一。

4. 第四阶段(2001~2005年)

"十五"期间(2001~2005)是中国开始进入全面建设小康社会,加速推进社会主义现代化的新的发展阶段。经过五年的努力，中国的信息化建设取得了明显的进展。

信息化发展的指导思想、战略目标和重点任务更加明确。在此期间，自国家信息化领导小组重组以来先后召开了五次会议，对信息化发展重点进行了全面部署，做出了推进电子政务、振兴软件产业、加强信息安全保障、加强信息资源开发利用、加快发展电子商务等一系列重要决策，审议通过了一系列指导性文件，明确了未来信息化的发展方向。各地区、各部门逐步建立起信息化管理机构，研究制定了本地区、本部门的信息化发展规划和具体政策，在认真贯彻落实，不断开拓进取中取得了重大进展。

信息网络实现了跨越式发展，成为支撑经济社会发展重要的基础设施。五年间，中国电话拥护总数由2.3亿增加到7.5亿。电视综合人口覆盖率由93.7%提高到95.29%。互联网上网人数由2250万上升到11 100万。上网计算机数从892万台增加到4950万台。互联网国际出口带宽从2799M增加到136 106M。电话用户、网络规模已位居世界第一，互联网用户和宽带接入用户均位居世界第二。

信息产业持续快速发展。五年间，中国通信业务总量和业务收入年均增长分别为27.6%和13.4%。电信资费改革使广大消费者得到更多实惠。第三代移动通信技术的研发、产业化和网络技术试验等工作取得突破性进展。2005年，信息产业增加值占国内生产总值的比重达到7.2%，对经济增长的贡献度达到16.6%。电子信息产品制造业出口额占出口总额的比重已超过30%。

信息技术在国民经济和社会发展领域的应用效果日益明显。信息技术在国民经济重要行业和关键领域的推广应用工作得到进一步加强，日益成为破解"三农"问题、振兴装备制造业、提高企业管理效率和促进节能降耗的重要手段。信息技术改造传统产业不断取得新的进展。企业信息化整体水平进一步提高。信息服务业蓬勃兴起。电子商务发展势头良好，网上交易规模不断扩大。面向消费者的电子商务稳步发展。社会信息化步伐明显加快。教育、文化、公共卫生、劳动和社会保障、环境保护和灾害预警、救灾等社会公共领域信息化工作有序推进，惠及百姓生活，为和谐社会建设发挥了积极的促进作用。

电子政务成为转变政府职能、提高行政效率的有效手段。国家电子政务总框架初步形成，中央政府门户网站正式开通，政府网站体系日益完善，成为政府面向社会提供管理和服务的重要窗口。海关、税务、审计等领域信息化建设和应用成效显著。

信息资源开发利用水平不断提高。政务信息资源建设和服务取得成效，国土资源和全国人口等基础数据库的建设与应用取得新的进展。农业、科技、教育、文化、卫生等领域信息资源的公益性开发利用不断推进。

信息安全保障工作逐步加强。制定并开始实施国家信息安全战略。互联网安全管理进一步完善。社会各方面的信息安全意识普遍增强。

信息化基础工作进一步改进。《电子签名法》颁布实施,《电信法》、《政府信息公开条例》立法进程加快,《信息安全条例》加紧研究。信息技术标准化工作逐步加强。信息化人才队伍不断壮大。

总体上看,经过"十五"期间的工作,中国信息化发展已具备了较好的基础,开始进入全方位、多层次推进的新阶段。随着国家信息化发展战略和信息化"十一五"专项规划的贯彻实施,中国信息化建设将继续保持快速持续协调发展,取得更加显著的成绩。[9]

9.2.3 我国重点信息化工程和领域

1. 互联网络

互联网络在中国的发展历程一般认为大致可分为三个阶段:

第一阶段:1986年6月~1993年3月科研试验阶段。我国一些科研单位和高等院校开始研究Internet联网技术。此阶段的网络应用只限于小范围内的电子邮件服务。

第二阶段:1994年4月~1996年起步阶段。1994年4月北京中关村地区教育与科研示范网络工程进入互联网,实现了与Internet的TCP/IP连接,从而开通了Internet的全功能服务。从此中国被国际正式承认为有互联网的国家。在此阶段,CHINANET、CERNET、CSTNET和CHINAGBN等多个互联网络项目在全国范围相继启动,互联网开始进入公众生活,利用互联网开展的业务与应用逐步增多。

第三阶段:1997年至今的快速增长阶段。1997年开始至今互联网络在中国一直呈现了快速发展的态势。根据2007年7月18日中国互联网信息中心发布的《第二十次中国互联网发展状况统计报告》,截至2007年6月30日,我国网民人数达到了1.62亿,仅次于美国(但普及率低,仅12.3%),其中宽带上网的网民人数为1.22亿。上网计算机数达6710万台。手机网民人数达4430万人。

目前我国有10大互联网络单位:

中国公用计算机互联网(CHINANET)

中国科技网(CSTNET)*

中国教育和科研计算机网(CERNET)*

中国金桥信息网(CHINAGBN)(现并入网通)

中国联通互联网(UNINET)

中国网通公用互联网(CNCNET)

中国移动互联网(CMNET)

中国国际经济贸易互联网（CIETNET）*
中国长城互联网（CGWNET）*
中国卫星集团互联网（CSNET）

其中四家为非赢利单位（带 * 者）。都拥有独立的国际出口。[10]

这里着重介绍一直被认为是四大骨干互联网的 CSTNET、CHINANET、CERNET、CHINAGBN。它们的建成时间、运行管理单位和业务性质等如表 9.4 所示。[11]

表 9.4　中国最早的四大骨干互联网

网络名称	运行管理单位	国际联网完成时间	业务性质
CSTNET	中国科学院	1994.4	科　技
CHINANET	原邮电部	1995.5	商　业
CERNET	原国家教委	1995.11	教　育
CHINAGBN	原电子工业部	1996.9	商　业

中国科技网（CSTNET）最初为中关村地区教育与科研示范网络（National Computing & Networking Facility of China，NCFC），该工程是由世界银行贷款，国家计划委员会、国家科学技术委员会、中国科学院等配套投资和扶持，中国科学院主持，联合北京大学、清华大学共同实施的。1989 年 NCFC 立项，1992 年该 3 院校网分别建设完成。1993 年 12 月 NCFC 主干网完工，采用高速光缆和路由器将此三院校网互联。1994 年 4 月 NCFC 连入 Internet 的 64k 国际专线开通，实现了与 Internet 的全功能联结，整个网络正式运营。从此我国被国际正式承认为有网际互联网的国家。现 CSTNET 已接入 45 个城市 1000 多家科研院所和高新技术企业。

中国公用计算机互联网（CHINANET）于 1994 年 2 月由原邮电部与美国 Sprint 公司签约，为我国全社会提供 Internet 的各项服务。1994 年 9 月，中国电信与美国商务部签订中美双方关于国际互联网的协议，协议规定中国电信通过美国 Sprint 公司开通两条 64k 专线（一条在北京，一条在上海），由此开启了 CHINANET 的建设。1995 年初该网与 Internet 连通，同年 5 月正式对外服务。现在它是由中国电信经营管理的中国带宽最宽、覆盖范围最广、网络性能最稳定、信息资源最丰富、网络功能最先进的互联网络。其国际出口总带宽已突破 6G，业务范围覆盖全国所有电话通达的地区。

中国教育和科研计算机网（CERNET）是由原国家教委主持兴建的一个全国性教育和科研互联网。1994 年兴建，1995 年 11 月与 Internet 连通。现已有 28 条国际和地区性信道，总带宽达到 250Mbps，与其联网的高校、中小学等教育与科研单位达 900 多家，其中高校 800 多所。该网以公益性服务为主，所以采用免费或低收费方式服务。

中国金桥信息网（CHINAGBN）是由原电子工业部承建的互联网。1993年8月，李鹏总理批准使用300万美元总理预备金支持启动金桥前期工程建设，1994年6月，金桥前期工程建设全面展开，年底开通。1996年8月，原国家计委正式批准金桥一期工程立项（被列为"九五"计划国家重大续建工程项目），同年9月连入美国的256k专线正式开通。它是在全国范围内提供商业服务的两大互联网之一（另一个是CHINANET）。它将覆盖全国30个省、市、自治区的500多个城市，连接数万个企业，同时对社会提供开放的Internet接入服务。

2. "金"字工程

1993年党和国家领导人提出全民使用信息卡的倡议，国务院随即启动了"金卡"工程。"金卡"工程广义上是金融电子化工程，狭义上是电子货币工程，是中国一项跨系统、跨地区、跨世纪的社会系统工程。此工程拉开了"金卡"、"金关"、"金桥"这"三金"工程的序幕。"三金"工程是为加速中国国民经济信息化进程，提高宏观经济调控和决策水平，推进金融体制改革和信息资源共享，由原电子工业部协同中国人民银行、原邮电部等有关部委，按照"统筹规划、联合建设、统一标准、专通结合"的指导方针推出的建设工程。

在"三金"工程之后，中国以"金"字打头的工程如雨后春笋般出现。2002年，国务院17号文件明确提出"十二金"的概念。17号文件要求加快12个重要业务系统的建设：继续完善已取得初步成效的办公业务资源系统、金关、金税和金融监督（含金卡）四项工程，促进业务协同、资源整合；启动和加快建设宏观经济管理、金财、金盾、金审、社会保障、金农、金质和金水等八项业务系统工程建设。业界就把它们统称为"十二金"工程。[12]

"十二金"工程的顺利实施推动了我国各行各业进行信息化的热情，因此，1998年后，"金"字工程渐渐不再由某个部委主导，而是由各部委去建设。这样一来，垂直于各部委、行业的"金"字打头的信息化工程纷纷出现，如"金智"、"金交"、"金贸"、"金旅"、"金企"、"金卫"、"金土"等，形成了一大批"金"字工程齐驱并进共促信息化的局面。但铁路、高检、煤矿等重点行业虽也有信息化工程建设，却未冠以"金"字。下面简要介绍其中一些工程的内容和建设目标。

（1）"金关"工程

金关工程是我国政府于1993年提出，1996年3月交外经贸部负责实施的利用计算机网络技术实现对国家的对外经济贸易和相关领域进行标准化、规范化、科学化、网络化和现代化管理的一项国家信息化重点系统工程。工程的近期目标是建设好配额许可证管理、进出口统计、出口退税、出口收汇和进口付汇核销4

个应用系统，实现外经贸相关领域的网络互联和信息共享；中长期目标是逐步推行各类对外经贸业务单证的计算机网络传输，提高对外经济贸易的现代化管理水平，实现国际电子商务，增强国家的宏观调控能力。到2001年底，"金关"工程在网络建设、应用系统建设、标准化体系建设、安全体系建设等方面都取得了重要的进展，并在全国118个省市设立了网络节点，实现了与各地外经贸管理机关、部分企业和我国驻外经商机构的联网，实现了与相关部委的联网，近期目标已经初步实现。现在为适应我国加入WTO和实现电子政务的需要，正以"金关"工程与基础，全面推进相关部委外经贸电子政务建设。

(2) "金信"工程

"金信"工程即国家统计信息工程，是"九五"期间国家信息化工程的基础性、关键性的工程之一，对于加速我国统计现代化的进程，进一步提高统计信息的科学性、准确性、及时性、全面性和使用的方便性，提高统计对国民经济宏观决策的快速支持能力，实现统计信息的全社会共享，促进统计信息的国际交流具有十分重要的意义。经过几年的工程设计和实施，即顺利完成了工程的建设任务，实现了国家、省、重点城市和部分地市统计局的三级统计信息广域网络，构造了统一的广域网骨干传输平台，为统计业务数据处理、信息服务、办公自动化等应用提供统一的中速数据传输通道；建立了三级统计局局域网络和安全保密系统；建立了基于网络和数据库技术的一些统计应用系统，构造了国际互联网/局域网服务体系的统一平台，为各级政府和社会提供及时、方便的统计信息；完成了整个工程的广域网、防火墙、IP电话、Open Mail电子函件等系统的集成、开发、运行、管理和技术培训工作。在"十五"期间计划进一步加强统计信息标准化工作；完成统计工作平台的建设工作；继续完成统计信息网络的延伸和提速工作。[13]

(3) "金桥"工程

前面已稍做介绍，"金桥"工程即国家公用经济信息通信网CHINAGBN，是以建设我国重要的信息化基础设施为目的的跨世纪重大工程。1996年8月，金桥工程被正式批准列为国家的107个重点工程项目之一，由吉通通信有限责任公司作为业主，承担金桥工程的建设、运营和管理。"九五"期间已完成前期工程，由初期以卫星传输为主的窄带数据网，发展成为以地面光纤宽带传输系统为主、面向用户的、可支持多业务的全国性新型电信业务网。初步形成了全国骨干网、省网、城域网三层网络结构，其中骨干网和城域网已初具规模，覆盖城市超过100个，同时建成了数百个VAST卫星小站。公司的规模也得到了同步的大规模发展，在全国设立了100多个吉通分公司。网络采用DWDM、SDH、ATM、IP等多种先进技术，全程全网统一管理，具有开放式网络构架，调度灵活，可以承载包括语音、数据和图像等多种综合业务，能面向社会提供多种高可靠、高质量的国际国内通信服务。目前金桥网拨号用户数已近80万，专线用户已逾1000，其中包括政府部门、媒体系统及一大批国内知名的企业用户。吉通网络"十五"的总体目标是在全国建成高速宽带综合业务通信网，覆盖全国200个经济发达城市，以数据通信作为基础承载的通信网络。该网络以客户为中心，以应用为先导，采用先进的 IP/ATM/FR/DWDM 等技术，提供数据、话音、图像、多媒体与信息服务。[14]

(4) "金税"工程

1998年6月，金税工程项目建议书经国务院批准，国家计委同意立项。2000年5月，国家税务总局调整了金税工程建设方案和实施计划，确定了金税工程的建设目标是：在全国国税系统，建立从区县国税局、地市国税局、省国税局到总局的四级广域网络；在区县设立数据采集中心，在地市以上设立三级稽核中心；建立覆盖全国区县以上稽查局的四级协查网络；在区县或以下配备防伪税控税发票发行和发售子系统，在区县以下税务征收机关配备防伪税控报税子系统和认证子系统；将防伪税控开票子系统推广到全部增值税一般纳税人。金税工程的主要任务是：通过采用防伪税控系统技术，对增值税专用发票进行防伪，并进一步监控税源；同时利用防伪税控系统统一进行增值税的数据采集，将采集的增值税发票使用明细等有关信息送到上级稽核中心进行计算机交叉稽核，将稽核结果交由协查系统进行协查，各级税务稽查部门根据协查系统提供的信息进行重点稽查，以堵塞和防止增值税纳税中的偷、漏、骗税行为，使增值税管理工作逐步纳入科学化、规范化的轨道，达到对规模庞大的增值税专用发票的有效管理，最大限度地减少税款流失。

2001年7月，增值税防伪税控发票开票、认证、交叉稽核、协查四个子系统在全国全面开通，总体运行情况良好，在加强增值税专用发票管理，打击偷、骗税犯罪行为，增加税收收入等方面起到了积极有效的作用。现正规划和实施金税工程三期建设，将税收征管工作完全置于网络化的环境中运行。

(5) "金智"工程

在"金"字工程中，实现教育信息化的工程称为"金智"工程，也就是CERNET。CERNET于1995年12月建成，是我国第一个由国家投资建设的、基于TCP/IP体系结构的全国性学术计算机互联网络，是全国最大的公益性互联网络，也是世界上规模最大的学术网。CERNET完全由我国技术人员独立自主设计、建设和管理，已经成为我国教育信息化的重要基础设施，也是我国信息基础设施的重要组成部分。CERNET的建成促进了我国教育信息化的发展，大部分高等院校、部分中小学已经建成或正在建设校园网，使广大师生都可以方便上网，实现了图书馆等资源的共享，促进了国内外的学术交流，为网上合作研究提供了基础环境，大大改善了这些学校的办学条件，提高了教学质量，并促进了教育体制、教学方法等方面的改革。在此基础上，教育部已经批准 40 余所大学成立网络学院，开展远程教育，扩大办学规模。此外，在中小学开始实施"校校通"计划，使更多的中小学联网，促进教育体制从"应试教育"到"素质教育"的转变。

CERNET 的建成还大大简化了高校招生录取工作。从 1998 年开始，我国依托 CERNET 逐步实现网上高校招生录取工作，大大节省了招生工作的人力、物力和财力，并增强了招生工作的公平性和透明性，取得了重大的社会效益和经济效益。CERNET 的建成促进了我国计算机网络领域科研实力的提高。依托 CER-NET，许多高校承担了国家攻关计划、863 计划、国家自然科学基金项目等许多有关计算机网络关键技术的研究工作。其中，清华大学等 14 个高等院校和科研单位承担的《"九五"国家重点科技项目（攻关）计划"计算机信息网络及其应用关键技术研究"》（1996～1998 年），围绕全国性计算机信息网络的建设进行课题研究，重点解决大型计算机信息网络体系结构、组网建设、管理运行和典型应用系统开发中的关键技术，推进了我国大型计算机信息网络的建设及其有效的应用。CERNET 在国内已经率先实现了与下一代国际互联网 Internet 2 的互联，并将在我国的下一代互联网研究中发挥积极的作用。

(6)"金交"工程

交通部从 20 世纪 80 年代初即启动了公路、水运信息系统的建设工作，成立了交通部经济信息领导小组，于 1987 年制定了《交通运输经济信息系统（TEIS）总体规划方案》，构筑了交通运输经济信息系统的三级体系结构。1989 年，交通部成立了中国交通信息中心，负责交通信息系统建设的统一协调和组织实施。部直属企事业单位和省市交通厅局也相继成立了信息中心或类似机构，负责本地区、本部门信息系统的建设和发展规划制定，并开发了一些需求迫切、见效快的业务系统，使交通运输的信息化水平有了显著提高。在各部门、各地区研究提出本部门或本地区信息化"九五"规划和 2010 年发展纲要时，交通部又根据国务院的总体要求和公路、水运交通战略发展规划的总体精神，从现实条件和国内外信息化发展趋势出发，组织编制了《公路、水运交通信息化"九五"规划和 2010 年发展纲要》，以建立和应用我国交通运输信息网络（CTInet）为龙头，全面牵动交通运输信息基础设施建设，为培育和发展交通运输信息服务产业，实现交通信息化创造坚实、良好的基础条件。

(7)"金旅"工程

2000 年 12 月，国家旅游局决定在全行业实施"金旅"工程。"金旅"工程由三个基本的部分组成：一是政府旅游管理电子化，利用现代化技术手段管理旅游业；二是利用网络技术发展旅游电子商务，与国际接轨，最大限度地整合国内外旅游信息资源；三是提高政府的公众服务水平，更好地为公众服务。为了实现这些目标，国家旅游局在 2001 年初步建立了全国旅游部门的国家—省（自治区、直辖市）—重点旅游城市—旅游企业四级计算机网络，重点建立起面向全国旅游部门的，包含旅游业的业务处理、信息管理和执法管理的现代化信息系统，初步形成了旅游电子政府的基本骨架；同时，该系统还将建立一个旅游电子商务的标准平台，建立行业标准，提供对旅游电子商务应用环境与网上安全、支付手段的支撑，支持国内企业向电子旅游企业转型。

(8)"金盾"工程

2001 年 4 月，国务院原则通过"金盾"工程立项。"金盾"工程主要包括公安基础通信设施和网络平台建设、公安计算机应用系统建设、公安工作信息化标准和规范体系建设、公安网络和信息安全保障系统建设、公安工作信息化运行管理体系建设和全国公共信息网络安全监控中心建设等。"金盾"工程是全国公安信息化的基础工程，是实现警务信息化或电子化警务的基础。总体工程五年内完成，分两期建设，一期工程要重点建设好一、二、三级信息通信网络以及大部分应用数据库和共享平台等工程，周期暂定为三年。二期工程主要任务是完善三级网和延伸终端建设以及各项公安业务应用系统，逐步实现多媒体通信，全面实现公安工作信息化，周期暂定为两年。

(9)"金卡"工程银行卡应用

此项工程的目的是全面促进金融、财税和商业管理的现代化，带动我国信息产业的发展，加速国民经济信息化的进程。"金卡工程"的目标可概括为：大约用 10 年时间初步建成我国现代化的、实用的电子货币系统，在 400 个城市的 3 亿人口中推广普及信用卡的应用，实现支付手段的革命性变化，跨入电子货币时代。"金卡"工程的实施促进了全国信用卡业务的联营和发展。

截至 2005 年底，全国共有发卡金融机构 175 家，发卡总量约 9.6 亿张。银行卡 2005 年全国交易总额达 47 万亿元。截至 2005 年底，我国持卡消费占社会商品零售总额的比例为 10%，北京、上海、广州、深圳等发达城市这一比例已达 30% 以上，接近发达国家 30%~50% 的水平。与此同时，银行卡受理环境建设也不断改善。截至 2005 年底，全国可以受理银行卡的商店、宾馆、饭店等特约商户约 39 万家；各金融机构共安装自动柜员机（ATM）8 万多台，销售终端机（POS）近 61 万台。银行卡功能已从单一存取款和消费，逐步扩展到投资、理财服务。

为推动银行卡跨行联网通用，实现资源共享、联合发展，从 1994 年起，全国 12 个进行"金卡"工程电子货币应用试点的城市先后开展了银行卡交换中心建设工作，并于 1997 年陆续投入运行，逐步实现了这些城市或区域内的银行卡跨行通用，改善了当地用卡环境，推动了银行卡业务的快速发展。目前 IC 卡已在金融、电信、社会保障、税务、公安、交通、建设与公用事业、石油与石化等许多领域得到广泛应用。"十五"期间，我国 IC 卡发卡量由 2000 年底的 5.4 亿张增加到 2005 年底的 25 亿张，增长了四倍。[15]

(10) "金农"工程

"金农"工程即农业综合管理和信息服务系统。建设目标为：建立以县城为主要信息源的农业基本情况数据库，为国家宏观调控和满足社会对农产品的总需求提供服务；建立灾情监测、预报与防治和市场商情的信息系统，为引导农业生产、防灾与抗灾、增加收入，扶贫脱贫提供信息支持。"十五"期间已完成"金农"工程粮食子系统项目建议书的编写，正组织开展"金农"工程省级子系统项目建议书的编写工作。

(11) "金企"工程

"金企"工程即企业生产与流通信息系统。建设目标为：在中央、省和中心城市建立三级企业数据库和产品数据库，并建立宏观调控信息系统，为国家宏观调控提供科学依据；连接一批大中型企业的信息网络并逐步扩大，为企业转轨建制、进入市场、结构调整、技术改造和搞活流通提供技术信息服务，进而对各类企业进行信息引导。

(12) "金宏"工程

"金宏"工程即国民经济宏观决策服务系统。建设目标和内容为：建立综合统计、产业经济、财税、物价、投资、资源、资产、能源和交通等国力数据库，为国家高层机构提供信息服务，并逐步向社会开放，建立国民经济和国家办公决策支持系统，为国家领导人的宏观决策提供科学依据。在宏观经济管理信息系统项目协调领导小组的统一协调和领导下，"金宏"工程正依托国家发展和改革委员会、财政部、商务部、中国人民银行等八个部门，组织建设 10 个共享数据库，初步实现宏观经济管理部门间的互联互通和信息共享，提高业务管理信息化和科学决策水平。

这些工程是我国重要的信息化工程。它们的提出和先后实施引起了国内外的广泛瞩目。这些信息化工程对于建设我国的国家信息基础设施，发展我国的信息产业，壮大我国信息经济的规模，推动我国国民经济和社会的信息化水平的提高，增强我国的经济实力、竞争力和综合国力，具有深远的意义。从某种角度来说，这些信息化工程的价值，恐怕只有在若干年后才能为国人更全面、更深刻地理解。

上面已对一些主要的"金"字工程做了简要介绍，下面再重点对"政府上网和电子政务"、"企业上网和电子商务"、"家庭上网和电子社区"做些论述。这首先是因为我国国民经济和社会发展第十个五年计划信息化重点专项规划所提出的首要任务，即"推广信息技术应用，提高信息化水平"中具体包括"要大力推进政务信息化，充分发挥企业主体作用，积极发展电子商务，加快推进社事业信息化"等，与此正相对应。其次是因为在任何一个社会中，与电子政务相关的行为主体主要有三个，即政府、企（事）业单位、居民。因此政府的业务活动也主要围绕这三个行为主体展开，即包括政府与政府之间的互动、政府与企（事）单位的互动和政府与居民的互动。在信息化社会中，这三个行为主体在数字世界的映射，构成了电子政务、电子商务和电子社区这三个信息化的主要领域。

3. 政府上网与电子政务

近些年，许多发达国家为了提高其国际竞争优势，相继推出国家信息基础建设，并规划用网络构建"电子政务"作为提高政府办公效率的重点。从世界范围看，美国、日本、欧盟、新加坡等都按各自的特色加紧建设自己的电子政务，如著名的美国白宫站点。联合国经济社会事务部把推进发展中国家政府信息化作为2001年的重点，希望通过信息技术的应用改进政府组织，重组公共管理，最终实现办公自动化和信息资源共享。在世界各国积极倡导的"信息高速公路"的五个应用领域中，"电子政务"被列为第一位（其他四个领域分别是电子商务、远程教育、远程医疗和电子娱乐）。可以说"政府信息化"是社会信息化的基础。政府部门实现全面信息化包括办公自动化、网络化、电子化等，可以更有效率的行政流程为人们提供更广泛的、更快捷的信息和服务。

(1) 政府上网和电子政务的基本概念

政府上网是指各级各地政府部门利用 Internet/Intranet 等计算机、通信和网络等技术，在国际互联网上建立正式站点，推动政府办公自动化和进行网上便民服务，在网络上实现政府在政治、经济、社会、生活等诸多领域中的管理和服务职能。我国政府上网工程是中国电信、国家经贸委信息中心联合全国人大、全国政协、最高人民法院、最高人民检察院和国务院各部委办局的信息主管部门共同发起，得到各地方政府的积极响应，在统一规划、协调下，组织各级各地政府的信息部门、电信部门、科研机构和IT企业等力量，旨在安全有序、高效经济地推动政府上网的跨世纪的系统工程。

目前，我国已经启动的"政府上网"工程是丰富国家信息网资源和推进政府部门开展"电子政务"应用项目的一项重要举措，是全面实现电子政务的前奏和条件。可以这样说：政府上网的最终目的是实现电子政务或电子政府。

关于电子政务，目前的说法很多，如"电子政府"、"网络政府"、"政府信息化"等。人们对这一概念的界定也各有千秋。有人认为，电子政务（e-government）就是应用现代化的电子信息技术和管理理论，对传统政务进行持续不断的革新和改善，以实现高效率的政府管理和服务。上海市提出的电子政府概念是在国际互联网上实现政府的工作，可以使自然人、法人从电子化的渠道最大限度地获得政府的信息和服务,通过技术手段使政府事务处理信息化、规范化、网络化。[16]还有的人认为:电子政务就是政府机构应用现代信息和通信技术,将管理和服务通过网络技术进行集成,在互联网上实现政府组织结构和工作流程的优化重组,超越时间、空间与部门分隔的限制,全方位地向社会提供优质、规范、透明、符合国际水准的管理和服务。[17]

电子政务是一个系统工程,建立电子政务必须符合三个基本条件:

1)电子政务是依托国际互联网和现代信息技术,借助于电子信息化硬件系统、数字网络技术和相关软件技术实现政府的综合管理和服务的系统。硬件部分包括内部局域网、外部互联网、系统通信系统和专用线路等。软件部分包括大型数据库管理系统、资源共享交换平台、权限管理平台、文件形成和审批上传系统、新闻发布系统、服务管理系统、政策法规发布系统、用户服务和管理系统、人事和档案管理系统、福利和住房公积金管理系统等多个系统。

2)电子政务是处理与政府有关的公开事务、内部事务的综合系统,除政府机关内部的行政事务以外,还包括立法、司法部门和其他一些公共组织的管理事务,如税务、审务、社区事务等,将传统政务的内涵和外延进行全方位的拓展,使政府的管理和服务功能更趋完善和健全。

3)电子政务是新型的、先进的、革命性的政务管理和服务系统。电子政务并不是简单地将传统的政府管理事务原封不动地搬到互联网上,而是要对其进行组织结构的重组和业务流程的再造,使其更高效、快捷地处理政务。因此,电子政府在管理方面与传统政府管理之间有着显著的区别。

(2)政府上网和电子政务的主要内容

我国政府上网的主要内容包括:第一,政府职能上网,就是将政府本身和政府各部门的职能、职责、组织机构、办事程序等可以公开的都在网上发布。第二,政务公开,网上公布政府部门的文件、资料、档案、数据库等。政府上网会促进社会资源的共享和利用。第三,日常活动上网,就是在网上公布政府部门的各项活动,把网络作为政务公开的一个渠道,这是加强政府办事的监督力度的重要方法。第四,网上办公,就是建立一个文件资料电子化中心,将各种证明和文件电子化,实现办事业务流程信息化,提高办事效率,减少政府开支。

在政府上网正式实现电子政务后,其具体内容可包括以下几个方面:

1)政府间的电子政务。是上下级政府、不同地方政府、不同政府部门之间的电子政务。主要包括:

① 电子法规政策系统。对所有政府部门和工作人员提供相关的现行有效的各项法律、法规、规章、行政命令和政策规范,使所有政府机关和工作人员真正做到有法可依,有法必依。

② 电子公文系统。在保证信息安全的前提下在政府上下级、部门之间传送

有关的政府公文，如报告、请示、批复、公告、通知、通报等，使政务信息十分快捷地在政府间和政府内流转，提高政府公文处理速度。

③ 电子司法档案系统。在政府司法机关之间共享司法信息，如公安机关的刑事犯罪记录、审判机关的审判案例、检察机关的检察案例等，通过共享信息改善司法工作的效率和提高司法人员的综合能力。

④ 电子财政管理系统。向各级国家权力机关、审计部门和相关机构提供分级、分部门历年的政府财政预算及其执行情况，包括从明细到汇总的财政收入、开支、拨付款数据以及相关的文字说明和图表，便于有关领导和部门及时掌握与监控财政状况。

⑤ 办公自动化系统。通过电子网络完成机关工作人员的许多事务性工作，节约时间和费用，提高工作效率，如工作人员通过网络申请出差、请假、文件复制、使用办公设施和设备、下载政府机关经常使用的各种表格、报销出差费用等。

⑥ 电子培训系统。对政府工作人员提供各种综合性和专业性的网络教育课程，特别是适应信息时代对政府的要求，加强对员工与信息技术有关的专业培训，员工可以通过网络随时随地注册参加培训课程、接受培训、参加考试等。

⑦ 业绩评价系统。按照设定的任务目标、工作标准和完成情况对政府各部门业绩进行科学的测量和评估。

2）政府对企业的电子政务。指政府通过电子网络系统进行电子采购与招标，精简管理业务流程，快捷迅速地为企业提供各种信息服务。主要包括：

① 电子采购与招标。通过网络公布政府采购与招标的信息，为企业特别是中小企业参与政府采购提供必要的帮助，向他们提供政府采购的有关政策和程序，使政府采购成为阳光作业，减少徇私舞弊和暗箱操作，降低企业的交易成本，节约政府的采购支出。

② 电子税务。使企业通过政府税务网络系统，在家里或企业办公室就能完成税务登记、税务申报、税款划拨、查询税收公报、了解税收政策等业务，既方便了企业，也减少了政府的开支。

③ 电子证照办理。让企业通过国际互联网申请办理各种证件和执照，缩短办证周期，减轻企业负担，如企业营业执照的申请、受理、审核、发放、年检、登记项目变更、核销、统计证、土地和房产证、建筑许可证、环境评估报告等证件、执照和审批事项的办理。

④ 信息咨询服务。政府将拥有的各种数据库信息，如法律法规规章政策、政府经济白皮书、国际贸易统计资料等，对企业开放，方便企业利用。

⑤ 中小企业电子服务。政府利用宏观管理优势和集合优势，为提高中小企业的国际竞争力和知名度提供各种帮助，包括为中小企业提供统一的政府网站入

口,帮助中小企业向电子商务供应商争取有利的能够负担的电子商务应用解决方案等。

3)政府对公民的电子政务。指政府通过电子网络系统为公民提供的各种服务。主要包括:

① 教育培训服务。建立全国性的教育平台,并资助所有的学校和图书馆接入互联网和政府教育平台;政府出资购买教育资源并向学校和学生提供;重点加强对信息技术能力的教育和培训,以适应信息时代的挑战。

② 就业服务。通过电话、互联网或其他媒体向公民提供工作机会和就业培训,促进就业。如开设网上人才市场或劳动市场,提供与就业有关的工作职位缺口数据库和求职数据库信息;在就业管理和劳动部门所在地或其他公共场所建立网站入口,为没有计算机的公民提供接入互联网寻找工作职位的机会;为求职者提供网上就业培训、就业形势分析,指导就业方向。

③ 电子医疗服务。通过政府网站提供医疗保险政策信息、医药信息、执业医生信息,为公民提供全面的医疗服务,公民可通过网络查询自己的医疗保险个人账户余额和当地公共医疗账户的情况;查询国家新审批的药品的成分、功效、试验数据、使用方法和其他详细数据,提高自我保健的能力;查询当地医院的级别和执业医生的资格情况,选择合适的医生和医院。

④ 社会保险网络服务。通过电子网络建立覆盖地区甚至国家的社会保险网络,使公民通过网络及时全面地了解自己的养老、失业、工伤、医疗等社会保险账户的明细情况,有利于加深社会保障体系的建立和普及;通过网络公布最低收入家庭补助,增加透明度;还可以通过网络直接办理有关的社会保险理赔手续。

⑤ 公民信息服务。使公民得以方便、容易、费用低廉地接入政府法律法规规章数据库;通过网络提供被选举人背景资料,促进公民对被选举人的了解;通过在线评论和意见反馈了解公民对政府工作的意见,改进政府工作。

⑥ 交通管理服务。通过建立电子交通网站提供对交通工具和司机的管理与服务。

⑦ 公民电子税务。允许公民个人通过电子报税系统申报个人所得税、财产税等个人税务。

⑧ 电子证件服务。允许居民通过网络办理结婚证、离婚证、出生证、死亡证明等有关证书。[14]

(3)政府上网和电子政务的重要意义

我国政府上网的意义主要有:

1)有利于我国对外开放,扩大中国与国外的交流,树立中国各级政府在国际互联网上的形象。我国加入世贸组织后,政府的各项职能都必须尽快地与国际接轨,按照国际惯例使本国经济政策透明化,并与世贸组织成员国经济政策协调一致。只有这样才能在激烈的国际竞争中获得胜机。

2）有利于推进我国社会信息化的进程。在推进国民经济信息化进程中，各级政府部门除了发挥对社会的引导和推进作用外，更应从自身做起，率先垂范，抓住时机实施"政府上网"，从而改变中国信息化建设领域长期以来在硬件、软件和信息服务业投资上的严重比例失调的状况，极大地丰富网上的中文信息资源。以政府信息化为龙头，可全面提升我国社会信息化的水平。

3）有利于政务公开，推动我国社会的民主化进程。通过公开政府部门机构组成、职能、办事程序等，提高政府工作的透明度，方便公众行使对政府工作的民主监督权利；提高政府的办事效率，促进政府的勤政、廉政建设，推动我国社会的民主化进程。

4）有利于政府信息资源的共享共建。目前我国政府掌握着大部分有价值的信息资源，据统计，政府部门的信息资源占全社会信息资源总额的80%。政府上网可以使这些资源得以最大限度地共享。同时，也可避免诸多信息资源的重复建设，最大限度地发挥政府信息资源的社会效益和经济效益。

5）可以改善政府服务的质量和拓宽服务的领域，强化政府对社会深层次问题的发现和解决的能力。

6）可以提高公务人员的信息技术水平和能力，提高办事效率，加强政府管理职能的监管水平和力度，促进政府各部门之间的有效沟通。

7）通过政府对信息产业界主要力量的引导和组织，促使各级政府上网，实现政府信息资源的市场价值，引导和形成新的消费热点和经济增长点，从而带动相关产业群落的发展，营造有利于中国信息产业发展的"生态环境"，加速中国信息产业和国民经济信息化的发展。[18]

（4）国内外的发展概况

1）几个主要国家的概况。

① 美国：在众多实施电子政务的发达国家之中，美国是起步最早、发展最迅速的国家，目前已进入扩建和推广实施阶段。2000年6月，总统克林顿宣布要在三个月内建成一个超大型电子网站——"第一政府网"（firstgov.gov），旨在加速政府对公民需要的反馈，减少"橡皮图章"和工作环节，让美国公众能更快捷、更方便地了解政府，并能在一个政府网站站点内解决竞标合同和向政府申请贷款等问题。"第一政府网"内容丰富，类目详尽，一方面完成了全美50个州以及各地县、市的有关材料和网站的链接，另一方面又按经济与商业、农业与食品、艺术与文化等行业进行归类，各类行业介绍网站已能随点随通。美国政府网的网上交易也已展开，在全国范围内实现了网上购买政府债券、网上缴纳税款和买卖邮票、硬币等。美国出台的《2001电子政务法案》规定在联邦政府管理与预算局下设立一个联邦首席信息办公室主任职位，下设信息政策组和信息与规范

事务组，目的是统筹政府各部门的电子政务管理、建设、监督、执法等工作，加强统一领导。美国出台的《政府纸张消除法案》还声称，美国将尽可能在2003年10月以前实现政府办公的无纸化作业，使美国公民与其政府的互动关系实现电子化。

这里重点介绍一下2002年起美国政府在电子政务中推动实施FEA（联邦政府组织架构）的简况。FEA具有很多鲜明的特点，表明美国联邦政府的电子政务政策正在发生重大的转变，即由原先注重具体项目、业务与资金配给的特别管理，转变为通过引入绩效管理、制定业务规范、明确技术标准而将电子政务纳入制度化运行轨道的例行管理。

美国是最早实施电子政务的国家，也是最早面对与之相关的各种问题的国家。长期以来，重复建设、信息孤岛、效益低下等问题一直苦恼着美国政府的信息化建设。为此，美国政府一直在寻求破解之道。最后在2002年，联邦政府管理与预算局提出了"联邦政府组织架构"（Federal Enterprise Architecture，FEA）项目，并为此成立了"FEA项目管理办公室"。FEA的目的是将整个联邦政府的所有机构的错综复杂的关系当作一个大型的组织系统，根据信息化和电子政务的基本规律，大胆地规划网络环境中全新的联邦政府行政管理体系。FEA由五个参考模型组成，即绩效参考模型（FEA-PRM）、业务参考模型（FEA-BRM）、服务构件参考模型（FEA-SRM）、数据参考模型（FEA-DRM）和技术参考模型（FEA-TRM），它们共同提供了联邦政府的业务、绩效与技术的通用定义和架构。如果政府机构要建立理想的组织架构，这些参考模型将可作为系统分析政府的业务流程、服务能力、组织构件和所用技术的基础。这些模型可专门用于帮助跨部门分析、发现政府的重复投资和能力差距，寻找联邦机构内部与联邦机构之间的协作机会。可以说，由于FEA正在成为联邦政府行政管理的日常工作内容和操作工具——如FEA已经用于美国联邦政府2006～2007财政年度的预算编制，美国的电子政务正趋于成熟。其思路和方法值得借鉴。

② 英国：英国是联邦制国家，但在电子政务建设上实行统一、协调的领导，如任命了电子大臣，全面领导、协调国家的信息化工作，并由两名官员协助其分管电子政务和电子商务。联邦政府个部门也设电子主管官员，共同组成电子大臣委员会，为电子大臣提供决策支持。英国政府先后制定了《政府现代化白皮书》、《信息时代公共服务战略框架》和《21世纪政府电子服务》等一系列规划，其主要指导思想是建立"以公众为中心"的政府，因此其政府电子政务建设的特点是"平民化"色彩较浓，如到2002年即建立了6000个"英国在线中心"，遍布在所有人群密集的地方，为没有上网条件的人提供上网天地，进行ICT（信息与通信技术）培训；还在全国设立了1000个新的信息技术培训中心，为求职者提供免费的电脑技能培训。现在正建设"英国在线中心"的网络系统，

将所有这些中心连接起来,为公众提供终身的电子教育。

英国早在 2001 年 1 月即启动了政府的网站,将公民、商业和教育等部门的网站与政府的办公室系统安全地连接在一起,提供每年 365 天和每天 24 小时的"无缝"服务。目前政府机构网站的总数已达 1000 多个,英国的成年网民中,有 18%的人使用政府机构网站获取服务或官方文件等信息,每星期的访问请求超过 2000 万次。人们现在可以通过网络利用多项政府服务而无需再排长队。

③ 德国:德国电子政务由德国内政部总体负责,包括协调、规划等。内政部"首席信息化官员办公室"负责全国信息技术领域的综合协调,下设"联邦政府信息技术协调和咨询处"、"德国信息安全处"和"联邦在线 2005 项目组",在全联邦电子政务整体规划和统筹建设方面发挥着极其重要的作用。德国各邦享有很高的自主权,但在电子政务上坚持由中央集中统一规划。2000 年德国总理发布了"联邦在线 2005"计划,目标是使所有政务实现网上办公,以便公民、企业、院校和其他管理机构能更方便、快捷、有效地获取联邦政府的各种服务。2002 年 6 月,联邦政府试运行政府网上采购平台,同时提出了"全体上网"的 10 点赶超计划。这个计划强调"利用互联网如同学会读书写字一样重要",具体目标是 2001 年所有的学校都要与互联网实现联网;全部公共图书馆都要实现联网;到 2005 年,德国联邦政府的一切公共服务都能从网上获取。此外,德国政府还鼓励社会各界联合加大信息技术的发展力度。经济界为此成立了以信息技术产业为核心的"德国 21 世纪"协会,时任总理的施罗德亲任该协会的顾问委员会主席,前总统罗曼·赫尔佐克担任名誉主席。该组织提出,要为社会转型创造最好的条件,国家行政机关要成为使用现代技术的表率。

④ 日本:日本的国家信息技术战略是 2001 年 1 月开始的"电子日本战略"(e-Japan),目标是在 2005 年使日本成为世界最先进的信息技术国家。下一阶段的国家信息技术战略是"无处不在的网络日本"(u-Japan),以信息技术的全面、深入应用促进信息产业的发展。但日本的电子政务是日本政府于 2000 年 3 月正式启动的"电子政务工程"。其主要内容是通过国际互联网等网络系统办理各种申请、申报、审批等手续和实施政府网上采购计划,至 2003 年已投入实际使用,现可在网上办理申报税金,递交有价证券报告,审批核电站建设、出口产品等政府各部门的 3000 多项业务,政府网上采购计划也已全面实现。

⑤ 法国:从 1997 年起,法国开始逐渐接受国际互联网电子政务。目前已在国际互联网建成了大约 60 个政府机构站点,已入网的政府部门包括教育、电信、环境等部门。法国政府建有一个政府各部门站点的索引站点,各个政府部门站点都在左上角有一个该索引站点的标志,该站点提供了按名称、职能等方式检索政府机构的功能。其中比较著名的有爱丽舍宫站点和总理站点,在这两个最高政府首脑站点中,用户可以发 E-mail 与总统联系,还可以了解政府内阁成员的个人情

况、政府年度工作报告等。法国最近的电子政务策略是在2004年2月公布了电子行政方案,其主要目标是使所有公民都可获得电子化行政服务。

⑥新加坡:从1981年即开始发展电子政务,目前其电子政务的发达程度备受世人瞩目。新加坡政府的目标是使新加坡的电子政务居于世界前五名之内。新加坡的电子政务系统完全由国家控制,没有私人参与。政府每年要在这项工程上花费大量的资金,但电子政务的实行也为政府节省了许多办公费用。现在,新加坡的电子政务估计每年可为其政府节省2300万美元,政府希望今后每年节约的资金能达到4600万美元。现在新加坡电子政务可以为其公民提供200项以上的服务,公民可在"电子公民中心"的站点轻松获取医疗保健、商务、法律法规、交通、家庭、住房、就业等各项网上信息和服务。[14]

⑦加拿大:从2000年开始,加拿大政府开启了一项所谓的"e-分组"战略,从以用户为中心的原则出发,一共归纳出35个政府信息和服务群组。据此,在2001年1月完成了加拿大政府门户网站。用户可按"加拿大公民"、"加拿大企业"和"非加拿大公民"三类选择进入。加拿大政府在电子政务方面的努力主要包括电子报税、工作与学习网络、为企业服务、健康网组电子医疗记录、远程医疗、全国医疗机构的联网和会诊、网上护照申请和更换、网上通关(海关)、出口申报等。

2)我国的概况。1999年1月,在信息产业部、国家经贸委的支持和指导下,中国电信、国家经贸委经济信息中心联合48个部委的信息主管部门共同发起政府上网工程,推出了政府上网工程主站点,并得到了全国范围的积极响应。政府上网工程主站点的正式开通标志着我国电子政务的启动。经过三年多的发展,已有70%以上的地、市级政府在网上建立了办事窗口,政府网站已达3000多个。据报道,2003年以来"中国上海"门户网站全面升级,不仅推出全新的英文版,而且在国内率先推出个性化版本——"我的中国上海",针对市民、企业、投资者、旅游者、弱势群体等不同对象,提供更加多样化、个性化的网上办事和网上服务。如今,从网上申请执照、网上并联审批、网上年检、网上报税,到网上办理入境签证、网上关税查询、网上申请护照、网上申请慈善援助、网上聘请律师……"中国上海"门户网站的网上服务由点到面、由内而外、由浅入深,不断走向人性化、多元化和国际化。目前,"中国上海"门户网站拥有144项网上受理、咨询或投诉项目,561项2000多种下载表格,工商、财税、公安、社保、民政等部门正在尝试开展在线互动服务。据统计,"中国上海"门户网站2002年累计访问人数超过3000万人次,已成为上海市民和社会各界了解政情、网上办事的重要途径。[19]但是目前我国的电子政务发展总体上仍处于初级阶段。2001年7月公布的《中国电子政务研究报告》的统计资料显示,时代财富科技公司(www.FortuneAge.com)根据政府机关的基本信息、政府网站的信息内容和用户服务项目、网上政务的主要功能、电子政务的推广应用等四个方面共计30项评价指标构成的较为全面的评价体系,对我国196个政府网站的电子政务度进行了评价,结果表明,我国的电子政务度仅为22.6%。令人高兴的是,到2005年底,中国政府域名(gov.cn)注册量达到23 752个,政府网站达到11 995个。中国中央政府门户网站(www.gov.cn)也于2005年10月1日开始试运行,并于2006年1月1日正式开通。[20]各政府网站发布了大量政府信息便于社会共享,各地政府网站已成为承载当地政府信息资源的主流网站。政府上网工程的稳步发展对于推动国民经济信息化的进程起了重要的作用,电子政务已初见雏形。

我国制定的电子政务建设目标分为近期目标、中期目标、宏观目标。

近期目标为:有计划、有步骤地建设和整合统一的电子政务网络平台,为在网络环境下实现各主要业务系统的互联交换和资源共享,以及规范政府管理和服务,创造必要的条件;继续完善和建立一批重点的政务、业务系统;规划和开发一批战略性、宏观性、基础性和公益性的政务信息资源;积极推进公共服务;基本建立起电子政务安全保障体系;建立电子政务标准化体系;完善公务员信息化培训和考核体系;建立并完善电子政务法律法规和制度。在2002年中国电子政务技术与应用大会上,国务院信息化工作办公室负责人提及,我国将规划建成人口、法人机构、空间地理与宏观经济四大数据库和办公资源、宏观经济、金税、金关、金财、金融监管、金审、金农、金水、金质、金盾、金保12个业务系统,同时构建相应的标准化体系和安全保障体系,加强人才培养和法制建设。

中期目标为:"十五"期间我国电子政务建设的相关规划是:形成标准统一、功能完善、安全可靠的政务信息网络平台,逐步实现同层次和上下级政府机构之间的信息交换和信息共享;支持政府公用功能性系统和事务性系统的开发和应用;重点业务系统建设取得显著成效;基础性、战略性政务信息库建设取得重大进展,信息资源共享程度明显提高;中央和地方各级政务部门的管理能力、决策能力、应急处理能力和公共服务能力得到较大的加强;与电子政务相关的法规和标准付诸实施,电子政务体系框架和安全保障体系初步形成,并为下一个五年计划的电子政务建设奠定基础。

宏观目标为:第一,在互联网上提供政府的公共信息服务,具体地说就是政务公开和信息发布。职能、法规、程序、时限等,凡是要行使的一切职责,包括处罚原则,必须彻底公开。同时,政务信息应每天发布、更新。第二,提高政府效率,降低政务成本,提升政府的服务形象。具体地说,一是实现网上办公,在网上开展审批、申报备案、年检、注册和无纸化办公;二是与其他相关部门互联互通,实现网上数据资源共享;三是在网上进行政府的电子采购和交易;四是网上监管,建立投诉举报机制,查处打击违法行为,建立信誉查询系统。第三,为政府的日常运转、宏观调控、中长期规划等提供决策支持,提高政府的决策水平和竞争能力。第四，使政府信息化带动全社会信息化，以信息化带动工业化和现代化，发挥后发优势，实现社会生产力的跨越式发展。

2006年7月发布的《中国电子政务发展报告No.3》指出，在"十一五"时期将逐步由办公自动化与政务信息上网阶段向业务信息化与网上政务阶段过渡。该报告认为，中国电子政务发展进程将呈现以下四个阶段：办公自动化与政务信息上网阶段、业务信息化与网上政务阶段、流程优化与全面普及阶段、深化提升与政务创新阶段。

（5）存在的问题和解决的措施

1）目前存在的主要问题。虽然"政府上网"工程实施几年来已取得很大进展，但总体来看还处于刚刚起步的阶段，从硬件设备条件到软件和人员配备等，从信息内容的组织到内容的更新，从网页的制作到便民服务的实施都有许多亟待解决的问题。

① 域名不规范。一是有些政府部门将其主网页建立在非政府域名甚至商业网站上，从域名上难以分辨出是政府网站还是非政府网站，影响了政府网站的权威性和严肃性；二是从行业上看，各委办局的政府网站域名五花八门，导致行政上具有隶属关系的政府网站在域名上没有体现出任何联系，更与上下级单位缺乏衔接和统一，造成政府信息资源特征的混乱，也不利于政府网站的有效监督和管理；三是部分建成较早的政府网站抢占了易于与其他政府部门混淆的域名、加以地名缩写为前缀的政府域名中，有的机构没有考虑到域名重复的情况，使得域名资源不能进行有效合理的分配；四是由于域名不规范，有的采用英文全称，有的采用英文缩写，有的用拼音全拼，有的用拼音缩写，有的政府域名直接加上所属行政区划的缩写，而有的则以连线表示，让用户很难记住，因而不利于政府网站的宣传。根据调查显示，大多数的政府网站均采用了较为规范和权威的gov.cn为后缀的网络域名，但也有许多政府网站采用了非gov.cn为后缀的网络域名。

② 网站的信息资源贫乏。信息资源的丰富程度，决定了政府网站的建设质量和能够为公众提供的服务程度，目前，从已经建成的政府网站来看，普遍存在着信息资源相对匮乏、部分信息陈旧、网页的更新周期相对较长等问题。有的政府网站过于随便，过于商业化，给人的感觉并不是一个政府网站应有的风格。政府部门掌握着大量的经济信息资源和其他信息资源，拥有的数据库达上千个，但大部分数据库都是死库。长期以来政府信息资源的大量建设资金投入到硬件设备上，缺乏信息录入、信息更新、信息深加工的专职资金和技术，更缺乏把这种信息资源进行加工后产生增值的手段。

③ 网站的实用性不够。根据对我国196个政府网站的调查，其中可以正常浏览的为172个，有效阅览率为87.8%。在可以正常浏览的网站中，只有7.6%的政府网站有一项或一项以上的政府表格下载功能，可以实现网上提交申请/申

报的网站只有6.4%，可以在一定范围内在线查看处理结果的政府网站只有2.3%。尽管具有网上投诉/网上举报功能的政府网站为18.6%，但对于网上投诉具有反馈或者回复查询功能的政府网站只有2.2%。调查结果也表明，政府网站信息的不完整性比较突出。政府机关的一些基本信息对用户来说很难从网上获得，如办事指南、政府机关的联系信息等。调查发现，73.2%的用户认为"办事指南以及网上联系方式"为电子政务的基本内容，但实际上只有21.5%的政府网站设有"办事指南"栏目，提供政府公告的网站为13.4%，网站同时列有地址、电话、E-mail三种联系方式的只有22.7%。而公布机关内部具体办事部门联系方式的比例更低，分别为：联系电话（25.6%）、联系E-mail（5.2%），同时公布电话和E-mail的只占4.7%。[21]

④ 缺乏统一规划和统一标准。我国虽然在总体规划上有一些纲领性规划，但没有制定相应详细的发展规划。因此开展电子政务时往往各自为政，采用的标准也各不相同，业务内容单调重复，造成新的重复建设。以北京为例，当初北京市政府做网上办公系统时，针对北京工商、税务、经委、科委等15个不同部门，同时拟定了15个标准，结果就形成了15个不同的门户，也就是15个信息孤岛。15个门户、15个信息孤岛是不可能实现电子政务的高效率的，也违背了建立电子政务实现资源共享的初衷。由于缺乏整体规划，在宏观层面上对各级政府和部门电子政务的建设也就不可能进行很好的协调。如何在统一的规划和标准下，整合现有资源，防止重复建设和各自为战，成为政府信息化和电子政务发展中的关键所在。

⑤ 政府工作人员的素质、观念未跟上，信息化技术水平还不高。我国政府工作人员习惯于传统的办事程序、办事方式，大多数政府工作人员不具备一定的电脑网络等现代化办公知识和能力。更重要的是他们没有跟上新技术发展的意识、观念，致使许多政府职能无法在网上实现。

⑥ 网站的安全性不高。这是电子政务建设过程中面临的一个十分紧迫的重要问题。很多单位在公共信息网和内部办公自动化网络之间，没有从物理上完全隔开，这样就会在信息安全性和保密性上存在风险和隐患。从科索沃战争期间俄罗斯黑客攻击欧盟网点，到中美撞机事件后中美两国黑客互侵对方政府网站，以及大陆与台湾黑客的屡次网上交锋，都表明国际互联网已经开始成为"信息战"的主战场。从应用角度分析，电子政务系统与其他信息系统的最大区别在于所承载的信息流和数据更为重要，对安全性、可靠性的要求更高。而选择进口商业软件，首先面临的就是操作系统内部的服务、传输协议和信息加密等涉及信息安全的各种核心技术不透明的问题，不仅政府部门对于软件本身是否有安全性的漏洞或缺陷无从了解，而且基于操作系统的二次开发也只能在有限的范围内进行。这种水平的透明性和安全性显然不能满足政府处理政务和提供公众服务的需求。因

此，安全建设是电子政务建设的基本保证；在电子政务产品的选择上，具有完全自主知识产权的技术、产品和解决方案成为首选。

⑦ 相关的法律、法规还不完善。随着互联网技术的飞速发展，虽然我国加紧制定了一系列的法律、法规，如《中华人民共和国计算机信息系统安全保护条例》、《中华人民共和国计算机信息网络国际联网管理暂行规定》、《计算机信息网络网际联网安全保护管理办法》等，但在发展的速度上仍显得相对滞后，更新也不及时。

2）应采取的解决措施。针对上述问题，应积极采取如下对策：

① 强化领导，实行全国统一规划、同步构建。可以借鉴国外先进国家的经验，在国务院建立电子政务的领导机构，统一领导、组织实施中央政府和地方政府的电子政务建设。为此，可以实行"总体统筹、分工负责"制。总体统筹就是国务院领导机构根据我国的国情和我国社会信息化建设的现状，确定我国电子政务的建设模式和建设目标，结合"信息化带动工业化"的战略目标，遵照WTO的基本规则，对全国政府信息化建设进行统一规划，制定统一标准、相关政策法规及管理办法，对重大工程的资金进行统筹安排。分工负责就是各部委、各地方按照统一的规划、标准，负责具体项目的实施。

② 整合政务信息资源，建设和改造政务数据库。应积极进行全国范围内的政务信息资源整合，打通各级政府和部门之间的封闭屏障，实现各级政府部门的互通互联；理顺和改造政务数据库，重视对信息资源的不断开发、更新和维护；推动政府信息资源对社会的开放，使其发挥巨大的社会效益和经济效益。还须搞好政府的"三网四库"建设。"三网四库"即内联网（办公业务网）、专用网（办公业务资源网）、外联网（政府公共信息网）和人口基础数据库资源数据库、法人基础数据库、空间基础数据库和宏观经济数据库。"三网四库"的框架是我国政府通过吸收国外在电子政务领域的最新研究成果和对我国当前电子政务建设的深入研究，提出的一套三位一体的电子政务理论框架。"三网四库"是我国政府的行政决策、指挥系统，是国民经济与社会发展重要信息上传和国家行政决策下达的中枢系统之一，具有很强的规范性和指导性。在"三网四库"的基础上，应建立多地方、多部门协同运行的综合业务应用系统，使行政决策系统和行政业务系统有机整合，促进政务优化，推动机构改革，有效地促进电子政务的开展。[22]

③ 应有统一的顶级域名和完整的链接列表。各中央部、委、省级站点应有统一的顶级域名，以方便人们查询。还应有一个可链接到各级各类不同政府部门的中心网站，即建立政府信息门户网站——"Firstgov 网站"，构成政府对外宣传、提供服务和树立形象的网上橱窗，构成政府联系公众和企业的纽带、信息发布的窗口和开展网上政府采购、电子商务的门户。还应加强信息搜索引擎的设

立，提供多途径多入口的查询，同时设立便捷的目次和索引，最大限度地方便用户的使用。

④ 主页应形象统一并易于查询。对于唯一的代表国家的政府部门的主页来说，应有表现政府统一形象的标识和标志、统一的界面和规范的栏目，以显示出政府的形象和权威。页面内容应有一定的严肃性，但也应有一定的活泼性和趣味性。

⑤ 加强人员培训和信息技术知识普及工作。电子政务建设是一项信息知识含量高、信息技术要求高、对人员的素质要求也比较高的工作，因此，应加强对政府工作人员的相应的培训力度，通过培训，使他们树立现代办公意识、观念，并具有一定程度的现代办公知识和能力，提高计算机应用水平，做到能够无障碍地实现技术手段的转换，实现无纸化办公和网上互动式操作。

⑥ 提高政府网站的安全性。可以通过以下具体的措施，提高政府网站的安全性和可靠性，如采用防火墙、认证技术、入侵检测技术、加密技术、Web 页面监测与自动修复技术，对站点进行监控和审计，采用备份和自动恢复功能与网络防病毒措施。还应加快生产出以自主知识产权技术为核心的设备和软件，取代外国产品，掌握主动，从根本上杜绝安全隐患。

⑦ 扩大宣传，提高网站知名度。政府上网工程是一项庞大的系统工程。其规模大、范围面广。各政府部门应采取多种方式对本部门的站点进行宣传，扩大知名度，使站点变成"热点"，增加网站的影响力，成为增进政府与社会各界沟通联系的渠道，更好地为社会各界服务。

⑧ 重视电子政务的立法工作。每一个新事物出现时，总会带来新问题，此时相关的监管法律就会出现其滞后性。为此，我国在启动电子政务后应结合本国的具体情况，借鉴国外的经验，及时跟进相关法律、法规的制定，改变目前法律、法规落后的局面。例如，针对计算机网络就应考虑主要制定两方面的法律法规，一是保证和保护互联网的各种网络系统、网站、信息安全运行的法律法规。二是能够惩治利用互联网犯罪的法律法规。

4. 企业上网和电子商务

（1）企业上网和电子商务的基本概念与主要特点

1）企业上网是指企业利用计算机、通信和网络等技术，在国际互联网上建立自己的网站，通过国际互联网宣传产品和服务，与用户及其他企业建立实时互动的信息交换，实现生产、流通、交换、消费各环节的电子商务，最终实现企业经营管理全面信息化。

企业上网是 21 世纪企业为适应新形势下竞争需要而做出的战略选择，因此，中国企业上网工程的主题为"新竞争战略"，口号是"上网提高竞争力"。中国企业上网工程导航和服务中心主站点为 www.SinoEOL.com("中国企业在线")。

该工程是在国家经贸委、信息产业部指导下，由中国电信通信集团联合国家经贸委经济信息中心、大型国有企业、各行业协会共同发起，由中国电信数据通信局、国家经贸委经济信息中心承办的系统工程，该工程广泛联合 ISP/ICP、软硬件厂商、系统集成商为广大企业上网创造良好的网络环境、商业环境和社会服务环境，共同推动企业在中国电信各级电子商务平台上建立主站点，建成 21 世纪的网上企业园区，并广泛深入开展电子商务应用。该工程通过行业或地方特色企业产品与服务的网上展示交易会等方式，使上网企业收到实效，最终实现经营管理广泛应用电子商务，大幅度提高企业竞争力。

企业上网工程作为政府上网工程的深入和延续，是为加速我国迈入网络社会实施的三部曲（政府上网、企业上网、家庭上网）中的第二部曲，也是推动和检验三部曲成功与否的至关重要的一环。企业上网工程有利于建立现代企业制度、转换经营机制；有利于提高企业的管理水平和国际竞争力；有利于促进我国经济结构的调整和产业升级，开创国有企业改革和发展的新局面。

2）电子商务的提法起源于 20 世纪 70 年代。当时一些大公司通过建立自己的计算机网络实现各个机构之间、商业伙伴之间的信息共享，这个过程被称为 EDI（电子数据交换）。EDI 通过传递标准的数据流可以避免人为的失误、降低成本、提高效率，据估计世界 1000 个最大的企业中，95% 以上的在使用这一技术。它过去是、现在也是电子商务的基础。

今天，国际互联网为电子商务带来了飞速的增长。例如 EDI 技术已经摆脱了以前旧式的昂贵的公司独立网络，而融于国际互联网；更多的企业和企业之间的商务活动则干脆直接采用 Web 技术来进行。

关于电子商务的概念主要有以下几种说法，从中可以看出它们是大同小异的：

① 1997 年在比利时布鲁塞尔召开的全球信息社会标准大会上提出的电子商务定义是：电子商务是参与交易的各方之间以电子方式而不是以物理交换或直接物理接触方式完成的任何形式的业务交易。

② 1997 年 11 月国际商会在法国巴黎举行的电子商务会议将电子商务定义为：电子商务是指整个贸易活动实现电子化。

③ 美国学者卡拉科塔和惠斯顿在他们的专著《电子商务的前沿》中提出：广义地说，电子商务是一种现代商业方法，这种方法通过改善产品和服务质量，提高服务传递速度，满足政府、厂商和消费者降低成本的需求。这一概念也用于通过计算机网络寻找信息以支持决策。一般说来，今天的电子商务活动是通过计算机网络将买方和卖方的信息、产品和服务联系起来，通过电子商务活动和构成信息高速公路的各种计算机网络得到一条将买方和卖方联系起来的商务链路。

④ 电子商务是在国际互联网、万维网、企业内联网和企业外联网络上开展网上广告、网上销售、网上订货、网上购物、网上支付、网上服务和网上送货等网上商务活动。

⑤ 电子商务是采用现代信息技术手段，以通信网络和计算机装置替代传统交易过程中纸介质信息载体的存储、传递、统计、发布等环节，将买方、卖方、合作方和中介方等联结起来并进行各种各样商务活动的方式，从而实现商品和服务交易管理等活动全过程的无纸化和在线交易。

⑥ 电子商务是通过信息网络以电子数据信息流通的方式进行的各种商务活动。它通过电子方式处理和传递数据，包括文本、声音和图像。它涉及许多方面的活动，如货物电子贸易和服务、在线数据传递、电子资金划拨、电子证券交易、电子货运单证、商业拍卖、合作设计和工程、在线资料、公共产品获得等。

⑦ 电子商务是指两方或多方通过计算机和某种形式的计算机网络（直接连接的网络或 Internet 等）进行商务活动的过程。

⑧ 电子商务是用现代信息技术，以数字化的网络通信为基础，通过计算机处理商务的各种环节，从而实现商品销售、服务交易和商务管理的数字化。

我们认为①和②是基本上反映了电子商务本质的最简明的说法，其他的说法几乎都是对它的补充或具体化。

这里略述一下企业上网与电子商务的关系。电子商务是在网上开展的一种先进的交易方式。电子商务强调参加交易的买方和卖方、银行或金融机构和所有合作伙伴，都要通过企业内联网、外联网和国际互联网密切地结合起来，共同从事在计算机网络环境下的商业电子化应用，实现在真正意义上的电子商务。企业上网是开展电子商务的前奏和基础。国际互联网上的电子商务市场是一个资源丰富的信息库，能够实时地为用户提供所需要的各类商品的供应量、需求量、发展状况以及买卖双方的详细情况，从而使厂商能够更方便地研究市场，更准确地了解市场和把握市场。国际互联网上的电子商务市场又是世界各地厂商进行宣传的好渠道，全球性的国际互联网可使电子商务的广告传播面最广而成本最低。可以说，企业上网的最终目标是使企业积极使用并用好国际互联网这一先进、高效的工具，成为我国互联网的主角之一，而电子商务将成为其主流业务。

3）企业上网和电子商务的主要内容可包括：

① 货物贸易。网上商品的展示、查询、定购、在线支付、在线数字认证等，如网上商店。

② 服务贸易。网上服务项目的传输、资金的电子运作、在线股票交易、在线拍卖和其他各种在线服务。

4）企业上网和电子商务的主要特点是：

① 行销成本低。通过电子商务，所有商品可在网上发布，既可通过网络主

动散发，又可通过网络随时接受需求者的查询，无需再负担促销广告费。

② 经营不受场地的限制，主要体现在两个方面：一是可利用网络将营业窗口网络化、无形化，商家无需投入巨资在各地设立营业窗口，每个用户一上网就进入商家的窗口，商家没有或只有很低的店面租金成本。二是电子商场的经营者在"店铺"中摆放多少商品几乎不受限制，具有无与伦比的商品经营能力，且经营方式灵活，经营者可以在全世界范围内采购、销售各种商品。

③ 支付手段高度电子化。随着安全电子交易标准的推出，各银行金融机构、银行卡发放者、软件厂商纷纷提出在网上购物后的货款支付办法，如银行卡、电子现金、智能卡、储蓄卡等。电子货币的持有人可以方便地购物和从事其他交易活动。

④ 便于采集和管理客户信息。在收到客户订单后，电子商务服务器可自动汇集客户信息到数据库中，对收到的订单和意见进行分析，寻找突破点，引导新产品的生产、销售和消费。

⑤ 特别适合信息商品的销售。对于计算机软件、电子报刊、图书等电子信息商品，电子商务是最佳的选择，用户可在网上下载所购物品。电子商务生来具有的"全球性"特征使各国对其十分重视，网络的跨国界和触角的广泛，使网上的交易能够打破国界的贸易壁垒。[23]

(2) 企业上网和电子商务的实现步骤和基本模式

1) 其实现步骤可分为：

① 建立企业网站。建立企业网站的过程与现实中申请成立公司的过程非常类似，首先应注册企业的域名，然后建网站开办的地点（通过选择网络平台服务提供商实现）和方式（如采用虚拟主机方式或托管方式），接下来是制作企业主页，并在网站上提供相应的功能（如在网站上增加用户反馈表、电子邮件等功能），并在网站上对企业及其产品与服务进行宣传。经历了以上几个步骤后，一个最基本的企业网站就建成了。

② 开展商务应用与组织市场推广。如果企业的目标是利用自己的网站开展商务活动，实施电子商务，那么在网站上还需要建立能够进行商务活动的应用系统。如一个进行商品销售的网站，需要建立专门的商品检索、采购、支付、订单处理和客户服务等系统，复制物理购物流程。另外，也需要对网站进行市场宣传推广，提高客户对网站品牌的认知度，如将企业网站登录到搜索引擎、发布企业的产品信息、发布招聘信息等。

③ 改善商务运作步骤，加速企业信息化建设。不能认为企业有了网站，可以在网站上进行商品销售就算建成了电子商务。电子商务是整个贸易活动的电子化，是把电子工具应用于企业的生产、销售、客户服务以及整个供应链全过程。目前，我国企业的信息化程度普遍较低，应用水平不高，在未来将严重制约企业

电子商务应用的开展。因此，中国企业开展电子商务时，改善商务运作步骤，加速企业的信息化建设势在必行。这是最基本的需求，也是电子商务得以顺利、健康发展的保障。

2）其基本模式为：

① 企业—企业电子商务（B2B），是企业间商业信息的电子化交换，是目前应用最为广泛的一种。企业之间通过网络交换信息，传递各类电子单证（如订单、发票、付款通知等），从而使贸易交易全过程实现电子化和无纸化。通过专用网络或增值网络进行的电子数据交换是这类电子商务产生和发展的基础和前身，而随着国际互联网的发展，基于 XML 的业务信息交换正成为该类应用的核心。

② 企业—个人消费者电子商务（B2C），实质是电子化的零售业（即网上购物），在国际互联网上已建立了各种形式的电子商场，提供了从鲜花、书籍到计算机、汽车等各种消费品和服务。由于国际互联网提供了双向的交互通信，节省了企业和消费者的时间、空间，提高了交易效率，节省了各类不必要的开支。

③ 企业—政府管理部门电子商务（B2G），是指企业与政府管理部门之间各类信息的电子化交换。

④ 个人消费者—政府管理部门电子商务（C2G），是指个人消费者与政府管理之间各类信息的电子化交换，政府管理部门通过网络发放社会福利金，征收个人税款等。

⑤ 企业内部的电子商务，即企业通过防火墙等安全措施将内部网络和信息系统同外界隔离，将企业内部的各项业务利用内联网有机地联系起来，以实现自动处理企业内部业务操作及工作流程，到达企业各个部门之间的业务信息传递、处理和共享。它是增加企业商务活动处理的敏捷性和对市场快速反应的有效手段。[24]

3）从事电子商务必须具有以下基本条件：

① 子商务网络平台。包括国际互联网、内联网、外联网和其他通信网，如电话网、分组交换网、数字数据网等。

② 电子商务安全体系。拥有各种电子安全技术和 CA 证书体系。

③ 电子商务支付系统。电子货币、信用卡、智能卡等。

④ 电子商务业务操作系统。网上购物、网上订货、网上服务、网上拍卖、网上银行等。

(3) 实现企业上网和电子商务的意义

1）可进行网上广告宣传。企业可充分依赖和发挥国际互联网的功能强大的特性，利用企业的 Web 服务器在网上进行广告宣传，宣传自己的产品和服务，宣传自己的特点和优势，在网上树立本企业的良好形象，在激烈的市场经济竞争中占得先机，拓展企业的生存和发展空间。同时，与以往的各类广告相比，成本最为低廉，但给顾客的信息量很丰富。

2）可进行网上信息采集。企业上网即可进行网上信息采集，同时，也可对销售活动进行紧密跟踪，及时、准确地采集客户和合作伙伴的大量信息，采集竞争对手的信息，并能够进行在线分析，及时做出科学决策。

3）可进行网上营销。商家和企业开展联机售前和售后服务，在国际互联网电子商务的实际业务中非常重要。国际互联网电子商务在线交易系统可为商家和企业提供有效获取交易活动的全部历史信息，向购买者提供联机顾客服务的信息，方便快捷地进行顾客服务管理。

4）可进行网上电子采购。商家企业上网后，上网的客户就可以进行电子采购。为了有效地经营管理国际互联网电子商务，商家和企业应该能够联机，实时地操作订单、销售业务和电子商务全过程，实现在线销售、在线预订、在线购物、在线支付、在线结算和在线送货等，保证商家和企业可以对销售活动进行紧密的跟踪。同时，顾客也需要在线、实时地查阅账户报告书和了解自己在网上订购商品的状况，实现网上电子采购。

5）可进行网上在线支付。商家和企业上网并在网络银行开设账户就可以进行网上在线支付，商家和企业可以利用销售点终端软硬件设备对交易信息进行捕获，并与收单行处理器的主机系统通信，然后，主机系统通过金融网络进行授权，最终与商家或企业进行交易结算。

6）可改善内部管理，提高运营效率。国际互联网支持企业建立企业内联网。这种网络可与国际互联网连接但能够分割内外网络系统，也可以通过国际互联网将世界各地的分支机构组织到内联网中。企业人员外出时使用笔记本电脑，可以在任何地方以打长途电话的方式远程连接到企业网络，或者通过当地的ISP以网络漫游方式经国际互联网与企业内联网连接。

(4) 国内外企业上网和电子商务发展简况

1）国外发展简况。据联合国贸易与发展会议（UNCTAD）近期发表的《电子商务与发展报告》称，到2002年年底，全球互联网用户人数将达到6.55亿，比2001年同期增长30%。2002年网上商品和服务的销售额将达到23亿美元，比2001年同期增长50%。到2003年，这个数字将增长到39亿美元。该报告还指出，按照目前的增长率，到2006年，企业和个人购买的全部商品将有18%是在网上购买的。使用手机等移动设备购物的移动商务预计2002年全球的销售收入将近500亿美元，西欧和北美在未来三年内在移动商务市场将处于领先地位。这篇报告又称，到2005年，亚太地区的销售将占全球移动商务的40%，达到2250亿美元。[25]

几乎所有的专家都预测在未来几年内,电子商务会飞速发展。eMarket 认为公司和公司之间的电子商务贸易额将从 1997 年的 56 亿美元发展到 2002 年的 2680 亿;个人网上购物将从 1997 年的 18 亿发展到 2002 年的 260 亿。美国市场调查公司(Gartner Group)认为,企业为了降低营运成本会转至网上进行采购,企业对企业间的电子商务市场具有无穷的爆发力。根据该公司的研究,全球企业间电子商务市场的规模在 2000 年为 4030 亿美元,2001 年为 9530 亿美元,2002 年达到 2.18 万亿美元,2003 年达到 3.95 万亿美元。到 2004 年全球企业间电子商务市场规模将达到 7.29 万亿美元之巨,是 1999 年的 50 多倍。全球企业间电子商务市场规模在 1999 年为 1450 亿美元,到 2004 年将占全球销售总额(105 万亿美元)的 7%。[26]

从前面的数字可以看出,到 2004 年全球企业间电子商务市场销售额才仅占全球销售总额的 7%,说明全球的电子商务市场还很小。据 2002 年进行的一项调查发现,即使在经济发达的美国,许多大型企业也处在电子商务的最初阶段。目前美国几乎所有的企业都有一个站点,上面列举产品和服务报价,但是只有 40% 的企业接受网上订单,28% 的企业可以实现网上交易,25% 的企业还没有开展网上商务的计划,1/3 的企业承认它们尚未系统地开展电子商务。接受调查的企业中 82% 到目前为止还是在利用传统的专用网络进行交易,而没有采用基于 Web 技术的国际互联网。这些接受调查的企业(包括制造业、金融服务业和批发零售业等大型企业)每年利润至少在 10 亿美元以上。

不过,大部分企业都很乐观,46% 的企业预计,到 2003 年它们 10% 的利润将来自网上交易,而目前,80% 的企业只有不到 5% 的利润来自网上交易。80% 的企业打算通过网络为用户提供更方便服务。[27]

2)我国发展简况。2000 年 1 月由国家经贸委、信息产业部、科技部联合发起并组织实施的"企业信息化工程"正式启动,这是我国企业信息化大发展的里程碑。2000 年已成为中国的"企业上网年"。中国企业上网工程的目标是百万企业上网,千万商品入库,大中小型各类企业上网数在三年内实现每年递增 100%。同时企业上网分为三个级别的应用标准:一级应用要求企业在网上建立网站及主页,使用电子邮件作为常用通信手段之一;二级应用要求参加行业网上展示交易会,产生网上供需信息和客户服务信息交流行为;三级应用要求在企业内部管理、对外经营广泛应用电子商务。

我国电子商务活动开展时间不长,但政府部门对此给予了高度的重视,电子商务的发展态势很好。前面已提及,从 20 世纪 90 年代初开始,相继实施了"金"字工程。从 1994 年起,我国部分企业就开始涉足电子商务,并取得了喜人的成绩。以现代信息网络为依托的中国商品交易中心(CCEC)、中国商品订货系统(COGS)、中国远洋运输集装箱信息系统、库存商品调剂网络等商务系统也陆续投入运营。由政府上网所触动的海关报关单和外汇联网的外汇核销系统,不仅提高了办事效率,也有效地促进了进出口企业的电子商务化。

根据中国社会科学院报道,2005年国内网上成交额达到5500亿元左右。传统企业应用电子商务方面有了很大改观,电子商务已逐渐融入企业的生产经营活动中,传统企业日益成为B2B主体。2005年,我国B2B市场交易额达到800亿美元,B2C的网上支付额约为20亿元,C2C市场交易额达137.1亿元。[28]在2002~2006年,根据WTO规则,中国将允许全球网络公司直接拥有49%~100%的网络公司股份,并允许银行、运输、保险等大范围存在,势必刺激全球各类网上书店、网上CD店、网上礼品店等涌入中国。同时,长期困扰中国电子商务发展的网上支付、网下运输、网中平台将迅速融入世界的标准化,大批具有全球战略眼光的中国企业也将利用网上商店推销。在这几年的发展中将呈现出这些特点:

① 电子商务基础设施将有极大的发展。
② 国际化带动电子商务。
③ 企业成为电子商务发展的主力。
④ 家庭数字化为电子商务的发展提供新的热点。[29]

不过总的说,中国电子商务水平还处在初级阶段,在信息化基础建设、网络运营质量、企业信息化普及率、物流体系、金融支持体系和社会化信用体系以及意识观念等方面与发达国家比较还存在着很大的差距和不足,还需要加快发展,不断改进。信息产业部已表示将进一步推进电子商务发展,为其创造技术、网络、商务和法制环境,大力推进企业的信息化建设,尤其是传统大型企业的信息化建设,为电子商务发展奠定良好的应用基础。

5. 家庭上网和电子社区

(1) 家庭上网

"家庭上网工程"是由中国电信联合相关部委办局、教育科研机构、社团组织、ISP/ICP、软硬件厂商和新闻媒体等,于2001年12月启动的一项系统工程。面向社会公众普及网络知识,创造上网条件,降低上网成本,大幅度扩大网络用户规模,实现计算机网络在个人和家庭生活、学习、工作等方面深入广泛的应用。

"家庭上网工程"是中国电信为加快中国迈入信息社会而实施的继"政府上网工程"、"企业上网工程"之后的又一项重大工程,是前两项工程的发展和延续。家庭上网工程的启动标志着"三部曲系统工程"将形成有机互动的良性循环体。

通过三大上网工程,实现各行各业、千家万户联入网络,最终形成"网络社会"。以"社区信息化"为主题的家庭上网工程，与政府上网工程、企业上网工程共同从社会生活的不同领域构架了中国的信息化框架，使我们的社会生活全面实现信息化。

家庭上网的主要内容包括：

1) 选择在电子社区（或称数字社区或智能小区）置业。这些社区都有一个基本配置的小区宽带网，通过综合布线在每个家庭至少布设一个电脑接口和一个电话接口，或增强型的配置，有超过两个的电脑接口，而这些接口模块都是通过10M以太网的方式联入小区设备机房，小区网络再通过光纤主干与城域宽带网相连，这种以太网的连接方式与家庭信息网络组建可以方便对接。

2) 组建家庭局域网。当家庭有多于一台电脑设备时，就肯定要组建家庭局域网。局域网是组建家庭信息网络的核心，也是沟通计算机与家电（将来的网络信息家电）之间联系的桥梁，家用电脑、电话、传真、打印机、扫描仪、数码相机、可视对讲摄像头都是连接到家庭局域网的基本元素。综合布线的作用不仅将城域宽带网连接到家庭，而且可以在家庭内部根据具体需求安装家庭布线系统。家庭布线也是组建家庭局域网的基础。

3) 选择合适的智能家居产品。目前国内成熟的产品包括：

① 安防。包括可视对讲门铃和小区相连的可视对讲系统、电话家庭自动报警系统等。

② 灯光控制产品。以轻触式电子开关/调光器/遥控器为代表的产品，能实现灯光智能控制和遥控。

③ 电器智能控制产品。选用可控插座，就可通过电子开关、遥控器或电话控制这些电器。

④ 选择家庭电话小交换机。在家内有多于一条外线而且分机多过两条时，应选用一个小交换机。

⑤ 选用其他智能化配件。这里面的选择很多，如家电自动启动设备、空调智能调节设备、网络家庭影院、环境自动控制系统、智能抽水马桶、家庭机器人等。

⑥ 进一步选择合适的网络家电和信息家电产品。这些产品许多是专门针对宽带网接入后的家庭设计的。

⑦ 条件更好时，还可选用家庭控制主机。这是数字家庭的核心，因为它会决定很多更高级的智能家居产品的选配。[30]

(2) 电子社区

2001年10月建设部召开了全国建设信息工作会议，并公布了《建设行业"十五"规划发展纲要》，其中除提出要推进建设行业的信息化外，还针对中国国情提出了建设数字社区这一新的概念。过去的提法也不少，如智能社区、电子社区、信息小区、虚拟社区等，但这些提法只是角度不同而已，事实上是一回事。现在提出的数字社区又被认为是上述范围的扩大和内涵的发展,可以包容上述提法。其实不管怎么说都是使社区实现信息化。这里按《中国信息年鉴》中的多数提法选用"电子社区"。

电子社区,就是通过数字技术、网络技术将管理、服务的提供者与每个家庭相连接的社区。这种数字化的网络系统,可使社区的管理者与家庭之间实时地进行各种形式的信息交互。作为信息化时代高科技发展的一个综合性产物,电子社区建设是一项具有中国特色的系统工程。它不仅涉及政府部门进行社区规划、管理和服务,还涉及应用计算机技术、信息与通信技术、电气控制技术与机电一体化技术等诸多学科和领域。现代高科技的应用营造出了一个个丰富多彩的数字社区。数字化社区的实现将使人们生活、居住的社区变得智能化,变得更充实、更丰富多彩。

电子社区是以网络化、智能化和信息化为基础,定位于服务并分解为政府服务、社区服务、家政服务和个人服务四个方面。它们是为地方社区生活提供全方位、多元化服务的数字化社区服务体系。它集中了社区宽带网络系统、社区服务系统、社区管理系统、智能控制系统和互联网应用等先进技术。这些网络集成实现了多网融合,包容了生活、娱乐、医疗、保险、金融等一系列的系统工程在内。

在电子化数字化的社区,社区内的家庭可以在任何地点用计算机通过国际互联网访问登录到一个特定的虚拟社区,家庭在上面可以获得有关自己居住的现实社区所有的管理信息和服务,其主要内容包括:网上物业管理、网上购物、网上教育、网上家庭理财、网上医疗、网上娱乐和现实社区等全方位的生活资讯及其服务。具体包括:

1)物业管理和安防系统。包括工程的文件管理、居民信息管理、设备检修、维护管理、社区管线信息管理、物业收费自动化系统、来客访问管理、设备运行状态信息管理及调控、闭路电视监控、电子巡更系统、防灾及应急联动、社区停车场管理、三表计量抄表系统(IC 卡或远传)、社区机电设备监控、社区电子广告牌等。

2)信息通信服务和管理。通过社区信息服务平台,实现视频点播业务(VOD)、国际互联网访问服务和相应计费服务、通用电子邮件服务、个人主页服务、网络域名服务、用户求助和咨询服务、网络聊天服务、休闲讨论(论坛)服务、网络电子公告(BBS)、公共信息服务、用户调查服务、网上阅读服务、网络代购、代订、征订服务、远程医疗和教育服务、远程购物服务、远程游戏服务、网上学校等。通过应用平台达到社区综合信息管理。通过有线电视网、卫星电视网、公共电信网、国际互联网,达到综合通信网络服务。

3)数字家庭服务。通过应用平台达到家庭保安报警服务、紧急求助报警服务、家庭电器自动化控制（信息家电）服务、音频、视频、数据、图像等服务。

(3) 家庭上网和电子社区的发展

随着21世纪的到来，现代高科技和信息技术正在由智能大厦走向智能住宅小区（电子社区），进而走进家庭，现代社会的家庭正在以追求家庭数字化、智能化带来的多元化信息和安全、舒适、便利的生活环境作为理想的目标。国家也在《2000年小康型城乡住宅科技产业工程项目实施方案》中，将建设数字化、智能化小康示范小区列入国家重点的发展方向，因此也就必然促使数字化、智能化技术从智能大厦建设热向社区数字化、智能化乃至家庭数字化、智能化的方向发展。

这里仅以新加坡为例说明国外已实现家庭信息化的概况。1998年新加坡推出了新加坡模式的家庭智能化系统——"未来之家"。在"未来之家"，当早晨起床时间一到，卧室音响设备就会自动播放主人爱听的"起床曲"唤醒主人；浴室的电灯会在主人进入时自动亮起，这时，厨房的煮咖啡器也会自动煮水，等主人出来时，就有热腾腾的咖啡等着他；在客厅，主人只需轻轻按动综合功能遥控器，就可十分方便地通过家庭影院系统播放电视节目、VOD点播、DVD播放、上网查询邮件和当天的重要新闻。主人出门后，家庭智能化系统就会自动启动安全保卫系统，一旦有人非法进入住宅或发生意外事故（如火灾、煤气泄漏、老人疾病紧急求助），系统就会立即自动通知主人，或向有关警署报警。在外的主人接到报警后，也可用电话拨接上家庭智能化系统，开启家中的数码电话机上的特别对讲器，听听家里有没有奇怪的声音，甚至质问不速之客"你想干什么"。主人在下班回家前，可通过手机遥控家里的空调机将其调节到舒适的温度，当主人完成操作后，电话里会传来柔美的声音"空调已开启"，还可遥控家里的其他电器设备（如热水器等）。因此"未来之家"也是一个会"说话"的智慧之家。目前在新加坡已有近30个社区近5000户家庭采用了"家庭智能化系统"。美国也已有近4万户家庭安装了这一类的"家庭智能化系统"。

国外智能家庭为我国在这方面的发展提供了很好的样板，随着数字技术、网络技术和家电研发技术的进一步发展，我国智能化家庭领域无论是网络连接技术，还是自动化技术都将有极大的发展。专家预测，在未来3~5年内：第一，将实现家庭网络设备接入的多样化。到2003年，我国将有4723万人不需通过计算机就可实现上网。第二，家庭内部网络将会普及。大多数家庭将拥有不只1台PC或网络接入设备，从而需要设置家庭信息控制系统，该系统不仅将完成网络接入，还将是家用电器、照明、安防、三表计费和与小区网络连接的物业管理系统的集中控制中心。第三，智能家居产品的概念将更广泛地延伸。智能化、人性化、艺术化将是智能家居产品的特点。在这方面日本的发展比较快，如家庭机器人、智能抽水马桶就是代表。另一个重要特点是个性化定制，如家庭的装修、家电设备、衣物和玩具等，其选配和安装都需要家庭的参与。可以预见，几年后，家家户户都可以走到街边的商店买到智能家居用的遥控器，家庭自动化产品，家庭布线产品、配件和工具，更多的人会定制一套智能家居系统。

这里再简述一下近期我国电子社区的发展情况。

政府在一个社会系统中居于核心的地位，它肩负着对整个社会导向、协调、控制、管理和服务的功能，经济的发展、社会的进步、文化的繁荣、人民生活质量的保障等，都离不开政府的主导作用。政府上网和电子政务、企业上网和电子商务离不开政府的主导作用，家庭上网和电子社区建设同样如此。2000年国家民政部决定将先进的信息技术引入社区服务中来，在全国大中城市开展"便民工程"。"便民工程"以民政信息资源和专项社会事务管理职能为基础，围绕社区建设工作，以社区服务为切入点，建设集热线电话、国际互联网、单键呼叫三位一体的智能呼叫中心，形成社区服务信息平台，在传统社区服务手段的支持下，为社区居民提供方便快捷的服务。

目前，上海、大连、北京、青岛等城市的社区服务工作已充分利用了信息技术，为广大市民带来了实实在在的便利，取得了良好的社会效果。如上海市已建成集电话网、互联网、呼叫系统为一体的完善的社区服务网络。结合业务特点，上海市还在互联网上开通了社区服务网（www.88547.com），该网站包括婚姻网、慈善网、老龄网、彩票网、康复网、殡葬网、儿童网七个子网站。这些网站都是坚持以人为本，如老龄网开设了"养生有道"、"特色门诊"、"社区医院"、"运动健身"等栏目。2000年5月该市又开通了"金秋"老年人援助呼叫系统，为社区老年人、残疾人提供紧急救助、法律、医疗、心理咨询等服务。

2001年7月国家民政部又发布了《全国民政系统信息化2001~2005年发展规划纲要》，"纲要"明确地把"便民工程"列为以后五年民政系统信息化建设的主要任务，要通过实施"便民工程"，全面推进社区信息化工作，努力实现社区资源信息化、服务网络化。一方面抓好网络的基础设施建设，使老龄工作、最低生活保障、优抚安置、社会福利、婚丧服务等民政业务可通过国际互联网、热线电话、呼叫系统进行查询、办理，实现资源共享；另一方面要建立一支既懂民政业务又掌握信息技术的人才队伍，以保证社区信息化工作的顺利开展。[33]

人们已认识到，家庭和个人用户是网络信息产品最终的消费者，推动以家庭为代表的网络用户快速稳定的增长，形成各种网络客户群，已成为行业主管部门和相关产业最为关心的问题。"家庭上网工程"规定的目标是2001~2002两年中，在全国50个城市建成1000个社区信息服务连锁站，特大城市建设10个信息化小区，大型城市五个信息化小区，中小型城市一个信息化小区；2004年，社区信息服务连锁站覆盖全国超级以上城市，全国主要城市20%的小区实现信息化；2005年全国网络用户约为1亿，30%以上的家庭通过多种终端连入网络，城镇家庭、个人生活和社区服务等领域80%的信息流可通过网络应用来实现。

"十一五"期间我国社区信息化的主要任务是建设社区公共服务网和各级社区公共服务中心，构建一体化政府公共服务平台，完善社区居民自治体系，促进社区商务服务创新，推进公共服务产品发展及其在社区的应用，规划和开发信息资源。

9.2.4　我国推进信息化的战略

1. 与时俱进的信息化目标

党的十五届五中全会明确指出，信息化是我国产业优化升级和实现工业化、现代化的关键环节，要把推进国民经济和社会信息化放在优先位置。大力推进国民经济和社会信息化，是覆盖现代化建设全局的战略举措。要以信息化带动工业化，发挥后发优势，实现社会生产力的跨越式发展。将信息化放在如此高的战略地位，在党中央全会决议中是第一次，是党中央站在时代的前列做出的伟大战略决策，这对发展我国信息产业、加速推进信息化，提高信息产业在国民经济中的比重具有重大而深远的历史意义和现实指导意义。

《2006—2020年国家信息化发展战略》为我国的信息化描绘了美好的前景，制定了明确的目标。[31]它规定的战略目标是：综合信息基础设施基本普及，信息技术自主创新能力显著增强，信息产业结构全面优化，国家信息安全保障水平大幅提高，国民经济和社会信息化取得明显成效，新型工业化发展模式初步确立，国家信息化发展的制度环境和政策体系基本完善，国民信息技术应用能力显著提高，为迈向信息社会奠定坚实基础。其具体目标是：

——促进经济增长方式的根本转变。广泛应用信息技术，改造和提升传统产业，发展信息服务业，推动经济结构战略性调整。

——实现信息技术自主创新、信息产业发展的跨越。

——提升网络普及水平、信息资源开发利用水平和信息安全保障水平。

——增强政府公共服务能力、社会主义先进文化传播能力、中国特色的军事变革能力和国民信息技术应用能力。

它规定的战略重点是：

1) 推进国民经济信息化。推进面向"三农"的信息服务；利用信息技术改造和提升传统产业；加快服务业信息化；鼓励具备条件的地区率先发展知识密集型产业。

2) 推行电子政务。改善公共服务；加强社会管理；强化综合监管；完善宏观调控。

3) 建设先进网络文化。加强社会主义先进文化的网上传播，改善公共文化信息服务，加强互联网对外宣传和文化交流；建设积极健康的网络文化。

4）推进社会信息化。加快教育科研信息化步伐；加强医疗卫生信息化建设；完善就业和社会保障信息服务体系；推进社区信息化。

5）完善综合信息基础设施。推动网络融合，实现向下一代网络的转型；建立和完善普遍服务制度。

6）加强信息资源的开发利用。建立和完善信息资源开发利用体系；加强全社会信息资源管理。

7）提高信息产业竞争力。突破核心技术与关键技术；培育有核心竞争能力的信息产业。

8）建设国家信息安全保障体系。全面加强国家信息安全保障体系建设；大力增强国家信息安全保障能力。

9）提高国民信息技术应用能力，造就信息化人才队伍。提高国民信息技术应用能力；培养信息化人才。

它提出的战略行动包括：

——国民信息技能教育培训计划；

——电子商务行动计划；

——电子政务行动计划；

——网络媒体信息资源开发利用计划；

——缩小数字鸿沟计划；

——关键信息技术自主创新计划。

它提出的保障措施包括：

1）完善信息化发展战略研究和政策体系。

2）深化和完善信息化发展领域的体制改革。

3）完善相关投融资政策。

4）加快制定应用规范和技术标准。

5）推进信息化法制建设。

6）加强互联网治理。

7）壮大信息化人才队伍。

8）加强信息化国际交流与合作。

2. 信息化进程中存在的问题和应对策略

如果可以把我国推进信息化的历史追溯到邓小平同志提出"开发信息资源，服务四化建设"的1984年，那么，迄今为止我国在这方面既取得了如上所述的显著成就，又面临着一些前进中亟待克服的困难。例如，电信基础设施虽经20世纪90年代的急剧高速发展而名列世界前茅，但缺乏统一规范，为互联互通埋下隐患，而且缺乏相应的竞争机制（如资费标准因而居高不下，服务态度居低不上）[32]；市场信息需求尚不旺盛，而数据通信服务等在未诱导需求的情况下规模扩张过快；在集成电路、先进计算机系统、ATM、多媒体信息处理、多媒体通信等关键信息技术领域仍落后于发达国家，关键技术和产品依然受制于人，最明显的是执中国市场中计算机主机和软件之牛耳的大多数是外国品牌和产品；信息服务业自身的行业规范仍处于形成期，缺乏大型骨干企业，也没有行业主管部门或能起行业规范作用的协会，数据库中绝大多数还不成气候，社会效益已经非常有限，更遑论经济效益了；在应用信息技术改造传统产业，推进产业信息化方面，不同行业、不同地区、不同企业对推进产业信息化的认识不同，基础也有极大的差距，信息技术应用中也有过大量失败的教训（最显著的就是纷纷上马建成的信息系统或闲置不用或效益低下或根本未实现"以信息技术和信息流优化管理"的目的）；几年来我国成立的国家信息化工作领导机构和相应的办事机构，在规划、政策、统一认识和促进发展方面起到了一定的作用，但在我国长期存在的部门利益、行业割据等障碍面前，这种作用的力度还不够。除上述种种问题外，我国在信息化大潮面前还缺乏认识和理论上的足够准备，例如，决策层、研究层对信息化与国家利益和长远发展的关系，对工业化、现代化和信息化的关系具体认识不深；对信息化的发展战略、道路与方法等涉及全局的问题还缺乏有深度的高层次见解；研究层的不同领域之间、不同行业之间缺乏有效的沟通，致使各个具体的信息化大相迥异；在研究和国家宏观管理部门，能全面把握信息化在技术、经济、社会和文化等各方面的知识及其内在的相互关系的人才严重缺乏，对什么是信息化，信息化的发展规律，中国信息化的起点、有利和不利条件、过程、目标和模式选择，政府、企业和个人各自应发挥什么作用等重大理论问题缺乏深入的探讨，甚至对国外信息化的历程、发展规律、经验教训等问题都未进行深入的研究。还有，2002年我国加入WTO后，我国的信息产业迎来了诸多发展机遇，为有关企业参与国际市场竞争创造了良好的发展空间，但也有一些负面影响逐渐显现了出来，这也是必须关注和研究、解决的问题。

中国在推进信息化的进程中面临上述林林总总的问题，又面对着国际上在信息科技与信息化领域中的激烈竞争和残酷争夺制高权的压力与挑战，可以说是挑战大于机遇，任重而道远。为此，我国应当采取积极、合理、科学的战略措施推动我国经济和社会的信息化进程。

乌家培精辟地指出："中国搞信息化，既不能照抄照搬外国的信息化模式，也不能搞自我封闭，拒绝学习和借鉴他国的信息化经验；既要循序渐进，避免回过头来不得不'补课'，又要抓住机遇，在可能的情况下跳跃一些并非必走不可的阶段。同时，不能就信息化论信息化，而应从国民经济和社会发展的全局来思考和解决信息化问题，既要多方论证，尽力而为，积极推进，又要慎重准备，量力而行，防止冒进。"[33] 这种认识无疑是非常准确的。前国家经济信息化联席会议所确定的"统筹规划，联合建设，统一标准，专通结合"的原则不仅是"金桥"工程的指导方针，而且同样适用于整个国民经济和社会的信息化。在信息化中应坚持的主要原则有：

1) 坚持"充分利用现有资源，尽力挖掘一切潜力"的原则。
2) 坚持"先试验后推广，分步渐进"的原则。
3) 坚持"有限目标、重点突破"的原则。
4) 坚持"充分调动中央、地方和民间多个积极性"的原则。
5) 坚持"有竞争、有合作"和"信息共享"的原则。
6) 坚持"统一标准和规范"的原则。

根据上述原则和既定的指导方针，当前我国推进信息化的关键在于：第一，促进信息技术在国民经济各行业和社会各领域中的广泛应用，开发信息资源，使信息化落在实处，取得实效，为信息产业和信息基础设施的发展营造一个大市场。第二，集中力量支持信息科技关键领域和关键产品的研究开发与产业化生产。第三，对信息产业的其他部门和信息基础设施的建设，政府部门应该制定适应趋势、符合国情的产业政策和发展规划，制定相应的标准和规范并狠抓其应用和实施。第四，集中力量抓信息技术应用技能教育和信息网络普及教育，诱导社会的信息需求，培养人们了解信息、善用信息的信息素质。

从20世纪80年代开始，我国领导人就非常重视信息化问题。1984年，邓小平为国家信息中心题词："开发信息资源，服务四化建设"。江泽民也敏锐地指出："四个现代化，哪一个也离不开信息化。"90年代以后，我国高层领导人和政府对信息化工作继续给予高度重视，在国家宏观政策和规划中都强调了信息化的重要性。如《中华人民共和国科技进步法》、《中共中央、国务院关于加速科技进步的决定》、《中华人民共和国国民经济和社会发展"九五"计划和2010年远景目标纲要》等一系列重要纲领性文件，都以浓重的笔墨强调信息基础设施建设对发展国民经济和社会进步的重要意义。"九五"计划把邮电通信业作为要继续加强的、与能源、交通和原材料等工业并列为四大基础工业的重点来安排，把电子工业作为与机械、石化、轻纺、建筑和建材等并列的要振兴的五大支柱之一来发展，把信息咨询业作为要积极发展的第三产业中的新兴产业来部署等，都是正确的、及时的。在实施"九五"、"十五"计划的基础上，我国还要在21世纪前15年基本形成现代化通信体系，并使电子信息等高技术的产业化取得明显进展，特别是国民经济和社会文化领域应用现代化电子信息技术要有很大的发展，计算机应用在生产、工作和生活中的普及程度也要有很大的提高，还要初步建立以宽带综合业务数字网技术为支撑的国家信息基础设施，使国民经济信息化程度显著提高。

尽管中国在推进信息化的征程中会遇到数不清的困难，但中国实现信息化的前景是美好的、光明的。21世纪是信息的世纪，又是中华民族历经19世纪前的辉煌、19世纪的磨难、20世纪的艰难前进而再度崛起、自立于世界民族之林的伟大世纪，让我们携起手来为共同实现这一目标，拥抱"中国的世纪"（奈斯比特在《亚洲大趋势》一书中的用语）和信息的世纪而努力吧！

主要参考文献

［1］刘昭东等. 信息工作理论与实践. 北京：科技文献出版社，1995

［2］汪冰. 国家信息基础设施建设的热潮与我国的进展和对策. 情报学报，1995，14（4）：265～275，282

［3］李正男. 信息高速公路. 北京：电子工业出版社，1995

［4］国家科委国际科技司. 1995年世界科学技术发展年度述评. 1996

［5］西方主要工业国技术政策的基石. 参考消息，1994-08-04，（3）

［6］杨学山. 信息化：世纪之交的战略抉择. 战略与管理，1996，（6）：81～88

［7］甘师俊. 关于《中国21世纪议程》的汇报. 中外科技政策与管理，1994，（1）：6

［8］姜爱林. 中国信息化发展的历史变迁. 图书馆学研究，2002，（4）：84～89

［9］国务院信息化工作办公室. 中国信息化发展报告（2006）. http://www.e-gov.org.cn/ziliaoku. 2007-07-20

［10］互联网发展史. http://www.pc812.com/nopc. 2007-07-20

［11］钱华林. 中国科技网络. http://www.cnnic.net.cn/daily/1997 10/7.Shtml. 1997-10-09

［12］吴玉征. 金字工程"金"字标杆是否还需再立. http://www.e-gov.org.cn/news. 2007-06-16

［13］倪志良. 中国信息年鉴（2001）. 北京：中国信息年鉴期刊社，2002

［14］吉通通信有限责任公司. 中国信息年鉴（2001）. 北京：中国信息年鉴期刊社，2002

［15］中国信息年鉴（2006）. 北京：中国信息年鉴期刊社，2006

［16］姚乐野. 关于发展我国电子政务的思考. 四川大学学报（哲学社会科学版），2002，（4）：17～21

［17］李广乾. 电子政务及其国外发展. 杭州"天堂硅谷"制度建设研究课题组，2001

［18］张红卫. 政府上网中的信息资源开发. 中国信息导报，1999，（4）：25～27，29

［19］肖春飞等. 虚拟政府沪上亮相. 北京青年报，2003-03-04

［20］中国信息年鉴（2006年）. 北京：中国信息年鉴期刊社，2006

［21］电子政务研究报告（摘要版）. 互联网实验室，Chinabyte，2002-01-09

［22］李广乾. 我国电子政务的现状与问题. 中国第三产业，2002，（6）：4～9

［23］徐汀荣等. 电子商务原理与技术. 北京：科学出版社，2001

［24］吴志刚. 电子商务概述. 中国电子商务年鉴（2002）. 中国电子商务年鉴编辑部，2002

［25］http://www.e.westchina.net

［26］http://www.Pack.net.cn

［27］http://www.21echina.com

[28] 中国社会科学院互联网研究发展中心. 2005 年中国电子商务市场调查报告. 2006

[29] 富迪顾问公司. 2001~2002 年电子商务发展概况. 中国信息年鉴（2002）. 北京：中国信息年鉴期刊社，2002

[30] 贺庆勋. 2000 年社区信息化发展概况. 中国信息年鉴（2001）. 北京：中国信息年鉴期刊社，2002

[31] 2006~2020 年国家信息化发展战略. 中国信息年鉴（2006）. 北京：中国信息年鉴期刊社，2006

[32] 安树兰. 清华大学校园网和图书馆自动化系统. 现代图书情报技术，1996，(6)：12~16

[33] 乌家培. 中国信息化道路探索. 经济研究，1995，(6)：67~72

[34] 蒋国华. 信息与信息化社会. 中国科学报，1996-10-09